荆楚文庫

〔咸豐〕蘄州志

〔清〕潘克溥　纂修

荆楚文庫編纂出版委員會
武漢大學出版社

荆楚文库

〔咸豐〕蘄州志

XIANFENG QIZHOU ZHI

圖書在版編目(CIP)數據

〔咸豐〕蘄州志/〔清〕潘克溥纂修.
—武漢:武漢大學出版社,2021.3
ISBN 978-7-307-22039-3

Ⅰ.咸…
Ⅱ.潘…
Ⅲ.蘄春縣—地方志—清代
Ⅳ.K296.34

中國版本圖書館 CIP 數據核字(2020)第 273100 號

責任編輯:李　程　黄河清
整體設計:范漢成　曾顯惠　思　蒙
責任校對:汪欣怡
出版發行:武漢大學出版社(中國·武漢)
地址:武昌珞珈山
電話:(027)87215822　　郵政編碼:430072
録排:武漢恒清圖文菲林輸出工作室
印刷:湖北新華印務有限公司
開本:787mm×1092mm　1/16
印張:33.75　插頁:6
版次:2021 年 3 月第 1 版　2021 年 3 月第 1 次印刷
定價:158.00 元

ISBN 978-7-307-22039-3

《荆楚文庫·方志編》編纂組

組　　長：賀定安　陽海清（執行）

副 組 長：劉傑民（執行）　王　濤　謝春枝　范志毅（執行）

參編人員（以姓氏筆畫爲序）：

王　濤　李云超　宋澤宇　范志毅　柳　巍　馬盛南　陳建勛

梅　琳　張　晨　張雅俐　陽海清　彭余焕　彭筱瀓　賀定安

劉傑民　謝春枝　嚴繼東

編　　審：周　榮

顧　　問：沈乃文　李國慶　吴　格

出版説明

湖北乃九省通衢，北學南學交會融通之地，文明昌盛，歷代文獻豐厚。守望傳統，編纂荆楚文獻，湖北淵源有自。清同治年間設立官書局，以整理鄉邦文獻爲旨趣。光緒年間張之洞督鄂後，以崇文書局推進典籍集成，湖北鄉賢身體力行之，編纂《湖北文徵》，集元明清三代湖北先哲遺作，收兩千七百餘作者文八千餘篇，洋洋六百萬言。盧氏兄弟輯録湖北先賢之作而成《湖北先正遺書》。至當代，武漢多所大學、圖書館在鄉邦典籍整理方面亦多所用力。爲傳承和弘揚優秀傳統文化，湖北省委、省政府決定編纂大型歷史文獻叢書《荆楚文庫》。

《荆楚文庫》以『搶救、保護、整理、出版』湖北文獻爲宗旨，分三編集藏。

甲、文獻編。收録歷代鄂籍人士著述，長期寓居湖北人士著述，省外人士探究湖北著述。包括傳世文獻、出土文獻和民間文獻。

乙、方志編。收録歷代省志、府縣志等。

丙、研究編。收録今人研究評述荆楚人物、史地、風物的學術著作和工具書及圖册。

文獻編、方志編録籍以一九四九年爲下限。

研究編簡體横排，文獻編繁體横排，方志編影印或點校出版。

《荆楚文庫》編纂出版委員會

二〇一五年十一月

前言

《〔咸豐〕蘄州志》二十六卷，清潘克溥纂修，清咸豐二年（一八五二）刻同治二年（一八六三）修版印本。牌記鎸：『咸豐壬子仲冬重鎸 蘄州志 本衙藏板』。修志姓氏末鎸：『岡邑梓人李楚棟鎸刻』。

潘克溥，字霖洽，號澤農，清山東夏津人，道光辛巳年（一八二一）舉人，官蘄州知州，有《詩經説鈴》《蘄州集》等。

據志前潘克溥《序》，蘄州前明有甘氏、翁氏、郝氏諸志，入清後散軼無存，幸盧公『得舊志於故家毛氏而古事始有傳者』，康熙三年（一六六四），盧紘依舊志纂修，是爲盧氏志。乾隆二十年（一七五五），知州錢鋆又修，是爲錢氏志。道光甲辰年（一八四四），前州牧勞光泰建議創修志書，翌年開局，志事未竟而去，『其稿已具大略』。潘克溥繼任，『取舊志而切究』，再加搜集考訂，補缺詳略，正舛删冗，於咸豐二年（一八五二）成志。其梓方成，蘄州即遭戰亂，學宫藏板經歷兵燹，少有存者。同治二年（一八六三），知州黄式度來蘄，旁搜採訪，於邑人梁鵬家中訪得殘板，又於匠人手中求得一帙，遂補缺次序，重加刊刻而使書成。

志分十二綱：地理、建置、賦役、學校、職官、選舉、著述、人物、列女、藝文、雜志、外志。卷一設總序、纂修姓氏、凡例、圖繪等。是志體例大致依前志，前志又依盧志。其書有取材自舊志、史傳諸書者，有新增者，爲免觀者生疑，一一旁註來源。較之前志，是志體例有所變動和改進。變動者，如『沿革』『選舉』『職官』，舊志皆用表，是志不再沿用該體例。蘄地沿革俱照史籍註明；『選舉』以歷代科目爲次序，分目彙書，據家譜採入者不入；『職官』則仿通志體例，以蒞任年代先後爲序。改進者，如『鄉鎮』一目，舊志統載無分別，是志以鄉爲綱，鎮市附於各鄉之後；『列女』一目先書其氏，後書其夫，重其事以合體。此外，是志特新增『著述』一門，分經、史、子、集四部及雜著，爲一邑立言之盛事。

較之前志，是志内容有删有增。删者如山川古蹟有重載傳會者俱删之；『藝文』一志，『舊志所載有傷忌諱者，有入怪誕者，有文不足傳、人不足重、無關緊要者俱删之』。新增補入者則甚多。『學校』一志，未詳者據《大清通禮》、通志、各府州縣志補入，舊志未有者亦附入。『職官』『選舉』各門目新增者數量，依時期羅列於《凡例》之中，『人物志』所增者亦於《凡例》有所簡介。

據《中國地方志聯合目録》，北大、湖北、南京等館藏有該志。本次影印以湖北省圖書館藏清咸豐二年（一八五二）刻同治二年（一八六三）修版印本爲底本，偶見漫漶、字跡不清等現象，以同版藏本相應葉替補。

（彭筱溦）

目録

卷之一

序……三
蘄州志纂修姓氏……五
蘄州志凡例……七
蘄州志目録……一〇
圖繪……一三
蘄州城圖……一四
蘄州輿圖……一六
麟皋江皋……一八
太清夜月……二〇
鳳寺晨鐘……二二
龍磯夕照……二四
城北荷池……二六
金沙夜泛……二八
鴻洲煙雨……三〇
龜鶴梅花……三二
雨湖漁舫……三四
浮玉新磯……三六

卷之二　地理志上

沿革……三九
分野……四三
疆域……四四
形勢……四五
廂坊……四六
鄉鎮……四六
山川……四八
山……四八
水……五五
水利……六〇
津梁……六一

卷之三　地理志下

風俗……六六

土産……七〇
古蹟……七四
陵墓……七六
金石……七九
卷之四　建置志
藩封……八一
城池　關隘附……八四
公署……八五
祠祀……八七
營汛……八九
驛遞……九一
坊表……九二
卷之五　賦役志
户口……九五
田賦……九七
軍屯附……一〇〇
徭役……一〇二
積貯……一〇五
蠲恤……一〇六
卷之六　學校志
廟學……一〇八
書院……一一四
卷之七　職官志
文秩……一一九
武秩……一二八
卷之八　職官志
名宦……一三二
卷之九　選舉志
進士……一四六
舉人……一四八
貢生……一五八
武科　武功附……一六五

辟薦……一六六
封贈……一六八
恩蔭……一七〇
世襲……一七〇
吏仕……一七一
例職……一七二
卷之十　著述志
經部……一七四
史部……一七五
子部……一七七
集部……一八〇
雜著……一八四
卷之十一　人物志
儒林……一八五
文苑……一八七
忠節……一九三
武勳……一九八
卷之十二　人物志
仕蹟……二〇〇
篤學……二一三
卷之十三　人物志
孝友……二二一
卷之十四　人物志
正直……二三四
恬退……二四一
卷之十五　人物志
尚義……二四七
隱逸……二五七
方技……二五九
流寓……二六〇
卷之十六　列女志
元明已旌節婦……二六一

貞女……二六三
孝婦……二六三
孝女……二六三
烈婦……二六三
烈女……二六四
國朝已旌節婦……二六四
貞女……二七〇
卷之十七　列女志
國朝未旌節婦……二七〇
貞女……二八九
烈婦……二九〇
賢媛……二九〇
卷之十八　列女志
新增已旌節婦……二九一
卷之十九　列女志
新增未旌節婦……三〇五
貞女……三一四
孝婦……三一六
烈婦……三一七
烈女……三一七
賢媛……三一八
壽婦……三三〇
卷之二十　藝文志
古文　唐宋元明各體文……三三一
卷之二十一　藝文志
古文　國朝各體文……三八〇
卷之二十二　藝文志
古文　國朝各體文……四一〇
卷之二十三　藝文志
賦……四四五
詩　唐宋元明古今體詩……四四九

卷之二十四　藝文志
詩　國朝古今體詩……四六一
卷之二十五　雜志
祥異……四九四
兵事……四九八
卷之二十六　外志
仙釋……五〇三
寺觀……五〇七
鬼神……五一五
摭聞……五一九

咸豐壬子仲冬重鐫

蘄鄉志

本衙藏板

序

志者何記其實也實者何按其實詳其事也第思有昔有而今無者如虎之類是也有昔無而今有者如漆之類是也有昔少而今多者如蕤之類是也有昔多而今少者如白花蛇之類是也又況陵谷迭遷天地不能永

保其形勢文武是式人才亦代昭其興隆固不止節婦貞女之日出制度沿革之日異也則志之宜續修也恨恨矣爰考蘄志始見於宋史藝文係陸氏丁氏其越前明而有甘氏志翁氏郝氏志及至

國朝散軼無復存幸盧公潛巖得舊志於故家毛氏而古事始有傳者嗣後有錢氏志迄今已九十餘年則志之須重修也彌彌矣前牧勞公曾有志焉草創而未就迨予涖蘄張生海門以此事相商予曰志之時義大矣哉所以昭制作徵文獻詳物產廣見聞而勵風化固司牧者之責也何敢辭

因萃諸士友取舊志而切究焉缺者補之略者詳之舛者正之冗者刪之他若山川道里重見而互異者今則考其實而一之婦女節孝彙集而無序者今則按其年而第之務古準今條分縷析自夏徂秋迄冬而蔵厥事庶制作於以昭焉文獻於以徵焉物

擁於野評而見聞於野廣風化於野
勵而則志之有益於蘄也應應矣雖
然猶不敢以為完書也考訂未必盡
確引徵未必求周採訪未必無遺其
有望於後之君子者不更鑁鑁乎是
為序
旹
咸豐二年歲官壬子十二月既望知
蘄州事辛巳
恩科舉人潘克溥澤農氏撰

蘄之有志由來舊矣前牧勞倡重修
議已略具規模旋移官而其事未竟
歲壬子潘公蒞茲土為之參考就緒
梓方竣未及成帙而粵匪擾境都人
士藏板黌宮罹賊火罕有存者癸亥
秋余來是邑采風問俗欲索志覽之
不獲懼其散軼久而遂銷沈也於是
旁搜博訪獲殘板於梁生鵬家而全
豹未窺終以為憾梁生更力為蒐求
得一帙詢厥由乃前續修告成時匠
人竊刷以售諸鄉民者夫物之存亡
有數是書也不能逃兵燹於聖人之

宮而轉得存於匠氏之手其亦有幸有不幸也因將殘缺者補之失次者序之捐分廉俸重加剞劂書既成特綴數語備誌顛末用著梁生之勤并為後之君子告時

同治二年癸亥歲十二月朔同知銜署蘄州事巴東縣知縣己酉科舉人善化黃式度蘭丞氏謹跋

蘄州志纂修姓氏

裁定

湖北黃州府蘄州知州夏津潘克溥

監修

蘄州學正漢陽舉人劉德銓

蘄州學訓導通城舉人郭亦棠

分修

蘄州州判四川廩貢魏作霖

潛江縣學教諭胡敏

貢生候選訓導李瑞玉

舉人黃體仁

舉人何朗

蘄州學優行生員駱之錯

蘄州學增廣生員張瀚

蘄州學廩膳生員張憲遠

分校

蘄州學增廣生員梁鵬

蘄州學生員楊希震

監　生　管芗瀛

監　生　楊燄烈

監梓　蘄州吏目浙江監生王廷幹

岡邑梓人李楚棟鐫刻

鄖志修校姓氏

江防道 翁學淵　知州 崔一濂　州同 梁　膺　學正 楊　演

訓導 羅天爵　王　猷　吏目 李　煜

鄉官知府 王　儼　鄖守正　舉貢 陳吉言　高　暘

楊　芳　廩生 田于藍　鍾　沂

盧志修校姓氏

知州 王宗堯　學正 尚登岸　州判 王尊標

吏目 沈敏林

鄉官郎中 謝　覾　布政 李本晟　參政 盧　紘　僉事 熊光裕

知府 高　培　州同 張效葵　知州 陳正道　知州 李炳然

方　舟　汪　藹　張承瑞　王　協

縣丞 張效鍊　教諭 董良宣　董良因　陳言先

葉俊士　馮　琮　封　岳　舉人 顧咸泰

張承位　李必泰　劉遐祚　貢生 晏　昇

張士淑　張　泮　孫天衢　貢監 李　槓

原授推官 顧景星　官監 盧昭初

錢志修校姓氏

知州 錢　鋆　學正 程大中　訓導 黃冊元　州判 魏　根

黄岡舉人周茂建　廣濟舉人張　璧　興國廩生胡與遐　鄉紳舉人張兆講

廩生陳于座　李叢生　何錦坊　陳守約

李　岱　增生李必然　張學址　生員王世求

李永年　張源皤

乙巳倡修姓氏

知州勞光泰　學正張廷華　漢陽舉人何景蓮　德安舉人何兆蓮

鄉官知縣陳廷揚　舉人陳本中　陳甲三　張聯璧

陳耀辰　黄體仁　蔡景星　訓導方梁材

採訪拔貢方應珪　優貢吳之驥　廩生伍錫淞　陳孔皆

張鳳翎　張予銘　何　選　高翔藻

胡之準　童家鵠　增生蕭　蘭　張鳳翽

陳信濂　陳之原　生員張如照　胡　奎

駱之錯　方淩漢　楊培典　田相緯

王學仁　柴　森　胡方士　李元度

劉繩武　管喬林　張　謌　杜赤棠

經理增生張　瀚　貢生劉芹堂　附貢楊大彭　生員查文瀚

蘄州志凡例

一斯志之修距乾隆乙亥舊志相去九十八年道光甲辰邑侯勞建議倡修乙巳設局聘州中士夫入局編輯手彙成帙尋奉調隨州事未竟而其稾已具大畧今則再加搜輯考訂閱八月而其書始成殆有數焉以存乎其間也

一舊志以盧志爲藍本所引多不注書名未免後人妄生疑議茲於各欵攷据史傳諸書及盧志顧氏志論新稾所引陳氏志稾編戶錄志略諸目必旁注於各欵之下其餘以上舊志以上新稾新增一一注明以示區別

一國史首天文而後地理邑志以地理爲主而天文次之仍從舊志

一沿革選舉職官舊志皆用表今則沿革蘄地或爲國爲郡爲州爲路爲府爲縣俱照史籍注明選舉照歷代科目以次彙書據家譜採入者不錄職官以蒞任年代先後倣通志體也

一藩封爲分封藩國舊志所載僅有蘄春公達奚長孺

唐有蘄王緝後周有蘄王熙誨宋有蘄王韓世忠明有蘄國公康茂才皆非藩國以封與附閱者須分別觀之

一山川物產風俗古蹟山川古蹟有重載傅會者俱刪之物產自唐宋以來所貢者俱書之至於蟲類與家禽家畜尋常物產皆所不載

一鄉鎮舊志統載原無分別今則以鄉為綱鎮市附於各鄉之後

一營汛驛遞據州冊營册錄入與舊志稍有更易

一戶口田賦俱本賦役全書州冊積貯蠲恤二条俱本舊志

一學校舊志单立一門最為鄭重而諸賢先儒名氏俱未詳今據　大清通禮通志及各府州縣志補之至考棚義學與賢聚英二庄為作育人材之基舊志所未有者亦附入

一職官選舉舊志多有遺漏今職官內於陳得二人周艮胡穎據陳書隋書補入於隋得一人史祥據通志補入於唐得七人徐齊聃宋之問鄭紳據唐書補入李伉薛宏宣薛巖據宰相世系表補入杜敏據金石錄補入於五代得三人馮敬章王承雋李平據通鑑補入於宋得十六人譚延貴趙艮規呂溱許將陸師閔徐處仁王蛙孔彥舟孫惰萬文勝乃猷張可大據宋史補入韋孝寬據通志補入仲彌性俞尚厲使君據宋詩補入選舉內得進士三人馮杰據宋史理宗紀補入李挺丁酉及舉人十八人陳浩何宗湉張貴宗錢重器廖正僑張步雲胡邦謙張鵬祥張文光黎世俊俱據通志科分補入至於秩官宋之夏倪本蘄人

劉摯朱服元之顧士徵俱流寓今編入人物傳不復混入職官宋之岳飛劉光世孟珙均係遙領非正官科目順治間之謝觀康熙間之欽士佃楊可喬雍正間之熊淇或歸舊籍或遁籍後人新籍舊志俱已收入今未便刪

一吏仕為途甚多所以廣登進之路無論官職大小已仕者例應登載舊志於例頁及各色職銜俱載入未免太濫今則前已載者錄之不應載者一概從略

一人物惟隱逸儒林不能多得逸民尚矣仍舊志儒林

一類百年來所增者惟陳愚谷一人忠節武勛明季而后亦少見至於仕蹟爲佐理之材文苑爲杰出之士篤學爲苦心之詣恬退爲淡泊之人孝友爲門內之行正直爲剛方之侶尚義爲好善之徒外及方技皆吾邑所不乏若夫蓬麻并植蕭艾同儔未敢一體濫入

一列女舊志首書夫名氏與體不合今則先書氏次及夫重其事也所錄節婦自十八至三十歲爲率過此者不錄年例不符三十者亦不錄現存之人有實行

可紀俱附賢媛孝婦之列

一藝文詩古文詞舊志所載有傷忌諱者有入怪誕者有文不足傳人不足重無關緊要者俱刪之新所收者不過十之一二

一雜志兵事舊志有未根考据者今據史傳正之

一外志仙釋舊志以石晉書於隋唐之前於時代不合今移錄之寺觀則分鄉詳錄鬼神一節舊志謬誤尤多如城隍以靈祐侯爲威靈公二郎神爲秦李兆子黑神爲三閭大夫子蕭公晏公爲蘄地水神張七相公爲七郎神諸如此類悉據史傳諸書正之至摭聞爲藝文之餘事并存之

一志卷次序俱照舊志

一志卷綱目舊志立綱十今增輿圖著述目六十有八今增廂坊金石輿圖舊志僅繪城署五鄉二圖盧志所繪十景删去今仍從盧志著述一門爲立言之盛事或出縉紳大人之手或爲山林草野之言皆人物之實據讀書之士即不能通顯亦可以抒其蘊并足以激發後學未呈書籍者不載著述之目廂坊爲一

邑首善之地其名不可略金石皆古人之實迹有關地理故增入之

一是志分修人少且又無才學識三長亥豕魯魚固所不免閱者諒之

蘄州志目錄

卷之一

總序　纂修姓氏　凡例　總目　圖繪

卷之二

地理志上

沿革　分野　疆域　形勢　廂坊　鄉鎮

山川　水利　津梁

卷之三

地理志下

風俗　土產　古蹟　陵墓　金石

卷之四

建置志

藩封　城池　公署　祠祀　營汛　驛遞

坊表

卷之五

賦役志

戶口　田賦附軍屯　徭役　積貯　蠲恤

卷之六

學校志

廟學祭典樂器　祭器樂舞　祭品樂歌　書院興賢聚英二庄義學附

卷之七

職官志

文秩　武秩

卷之八

職官志

名宦

卷之九

選舉志

進士　舉人　貢士恩拔歲副　武科　辟薦　封蔭

例仕　例職新入未載

卷之九

著述志

經部　史部　子部　集部　雜著

卷之十一

人物志

儒林　文苑　忠節　武勲

卷之十二
人物志
仕蹟　篤學
卷之十三
人物志
孝友
卷之十四
人物志
正直　恬退

卷之十五
人物志
尚義　方技　流寓
卷之十六
列女志
元　明　國朝舊志已　旌節烈各欵
卷之十七
列女志
國朝舊志未　旌節烈各欵
卷之十八
列女志
國朝新增已　旌節烈各欵
卷之十九
列女志
國朝新增未　旌節烈各欵
卷之二十
藝文志
古文唐宋元明各體文

卷之二十一
藝文志
古文　國朝各體文
卷之二十二
藝文志
古文　國朝各體文
卷之二十三
藝文志
賦　詩唐宋元明古近各體

卷之二十四
藝文志
詩　國朝古近各體
卷之二十五
雜志
兵事　祥異
卷之二十六
外志
仙釋　寺觀　鬼神　摭聞

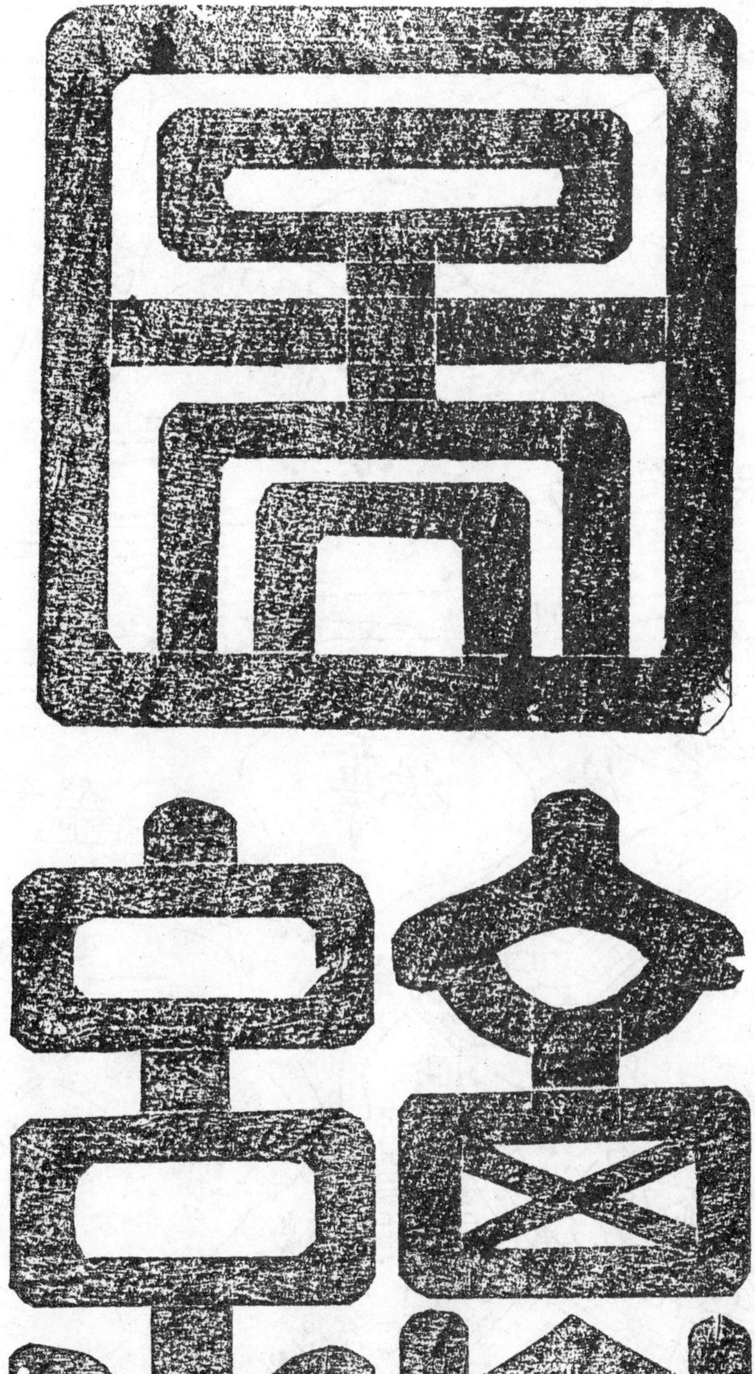

蘄州

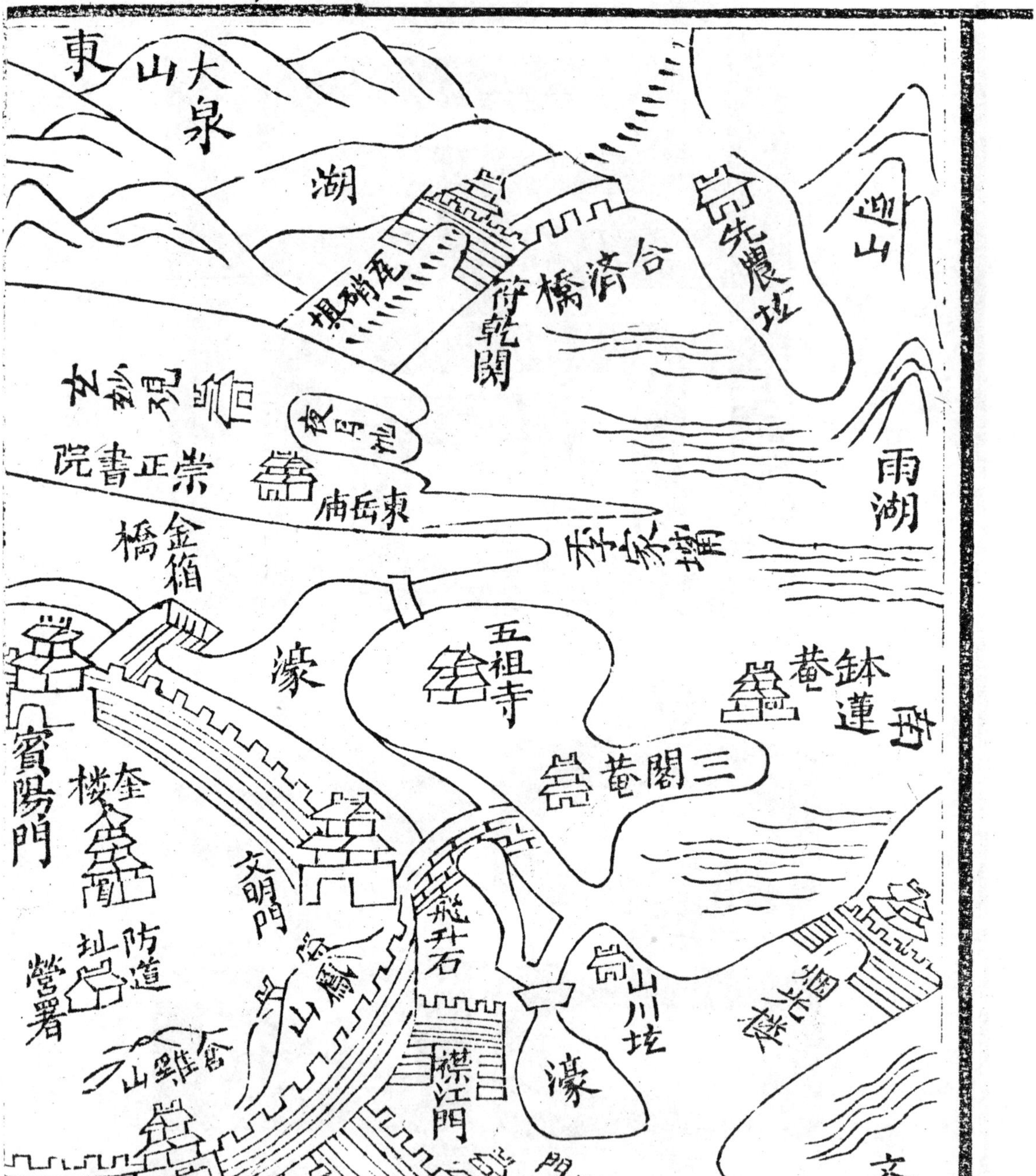
東
大泉山
湖
合濟橋
先農壇
迎山
雨湖
崇正書院
東岳廟
金箔橋
濠
五祖寺
鉢蓮菴
三閣菴
賓陽門
文明門
飛升石
山川壇
濠
襟江門
文昌閣
浮玉亭
大江

城圖

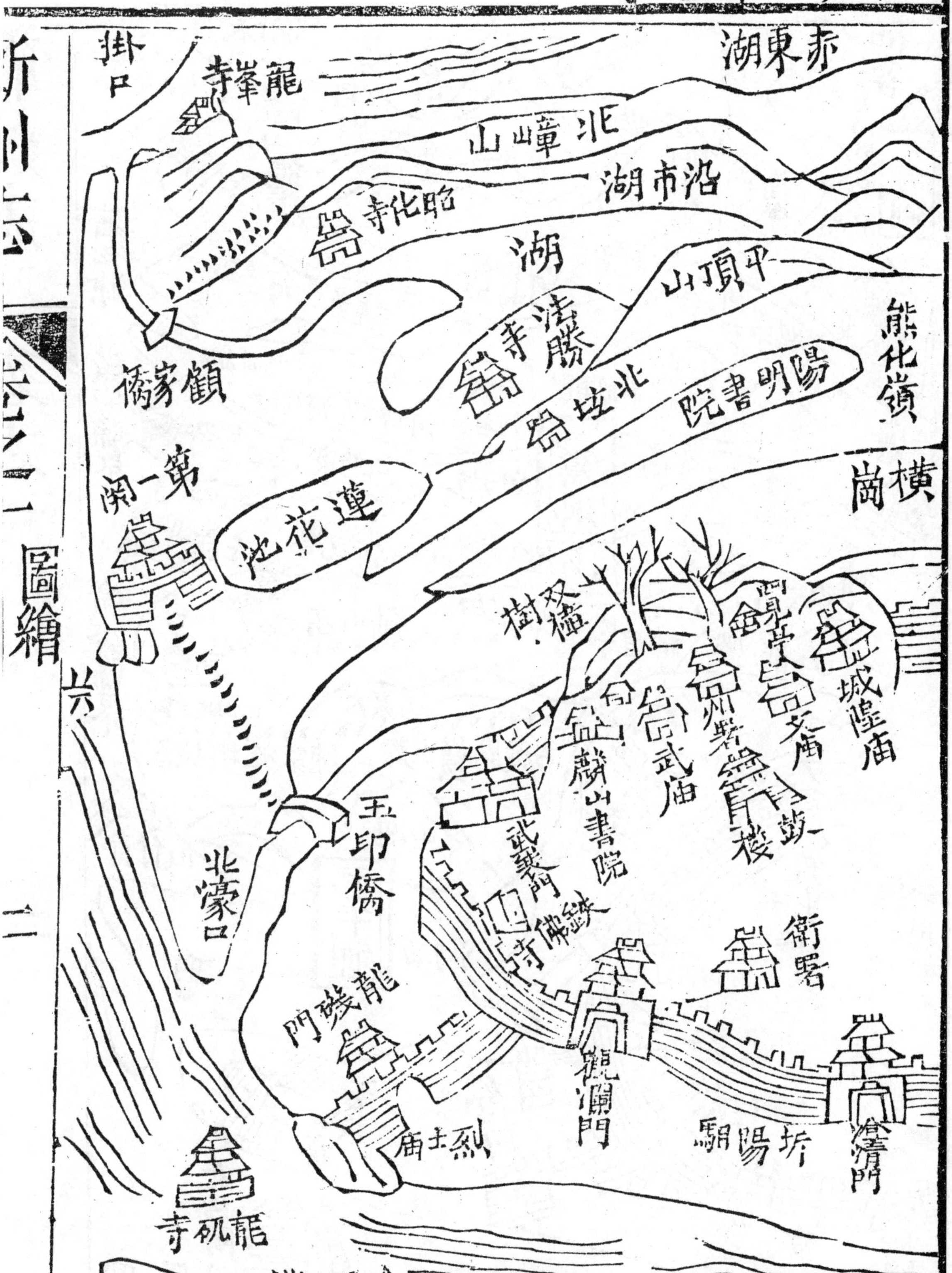
赤東湖
北嶂山
沿市湖
龍峯寺
掛口
昭化寺
湖
平頂山
勝法寺
嶺家衙
北坛
陽明書院
熊化鎮
横崗
蓮花池
第一關
双檜樹
城隍廟
文廟
州署
武廟
麒麟書院
鼓樓
武襄門
鐵佛寺
玉印橋
北濠口
衛署
龍蟠門
觀瀾門
烈士廟
圻陽驛
龍矶寺
封矶洲

蘄州

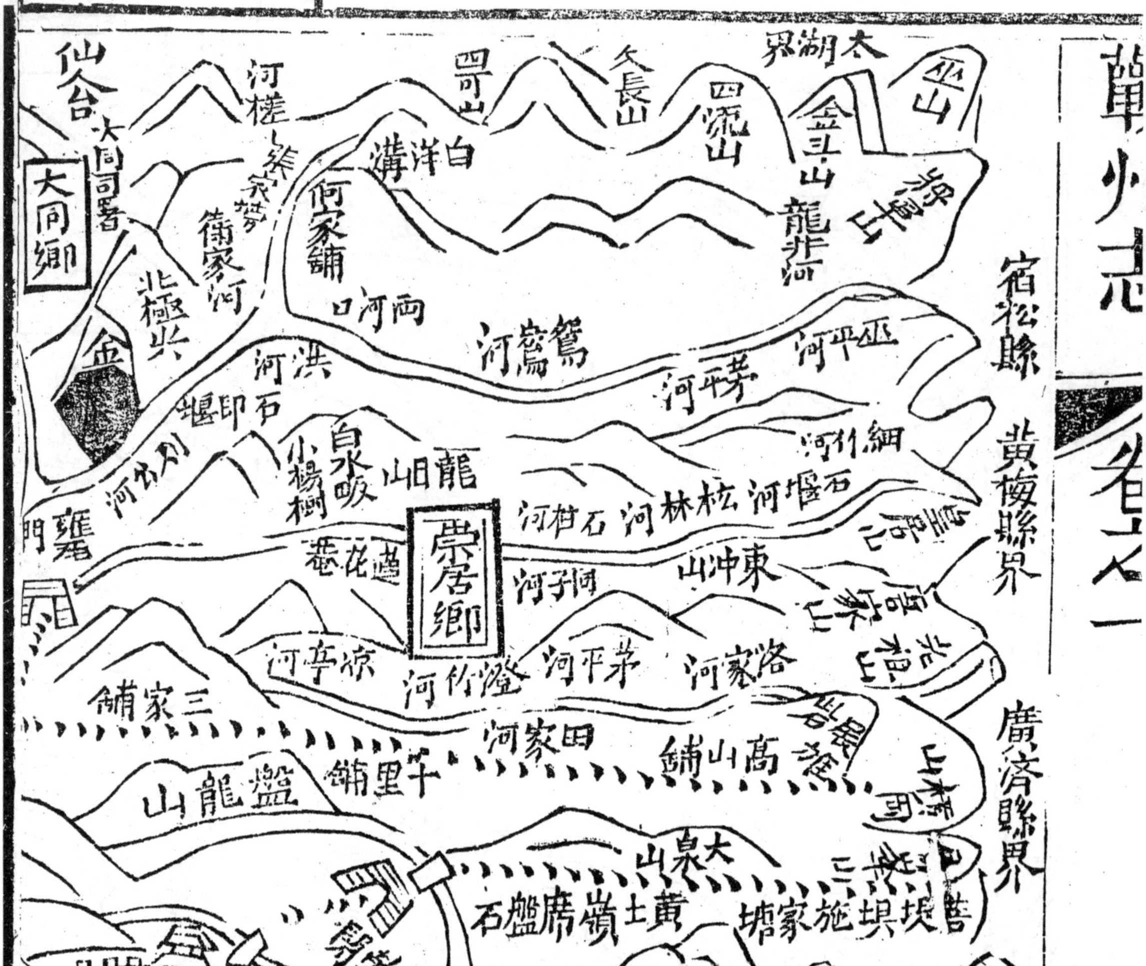
太湖界
四望山
長山
金斗山
白洋溝
何家舖
西河口
巫平河
茅平河
細竹河
石堰河
松林河
崇居鄉
東冲山
凉亭河
洛家河
三家舖
田家河
高山舖
千里舖
盤龍山
大泉山
黃土嶺
施家塘
迎山
青竹山
安平鄉
雨湖
大同鄉
宿松縣
黃梅縣界
廣濟縣界
東門
南門
鳳山門
小西門
州治
文昌閣
興國州界

蘄州志 卷之一 二

輿圖

自州城四至交界各若干俱詳疆域志
英山界
石魁山
古佛寺
獅子口
石鼓河
關口河
老鴉山
風火山
牛皮砦
三角山
青山鄉
五岳
橫車舖
火炉舖
西河驛
易家河
城
古羅州
漕家河
白雲山
白池湖
北嶂山
元峯山
宣撫山
永福鄉
彭思橋
茅山港
蘄水縣界
赤東湖
牛馬坳
沿市湖
龍峯山
麒麟山
荷池
馬下山
掛口
龍矶門
西門
大冶縣界
龍矶寺

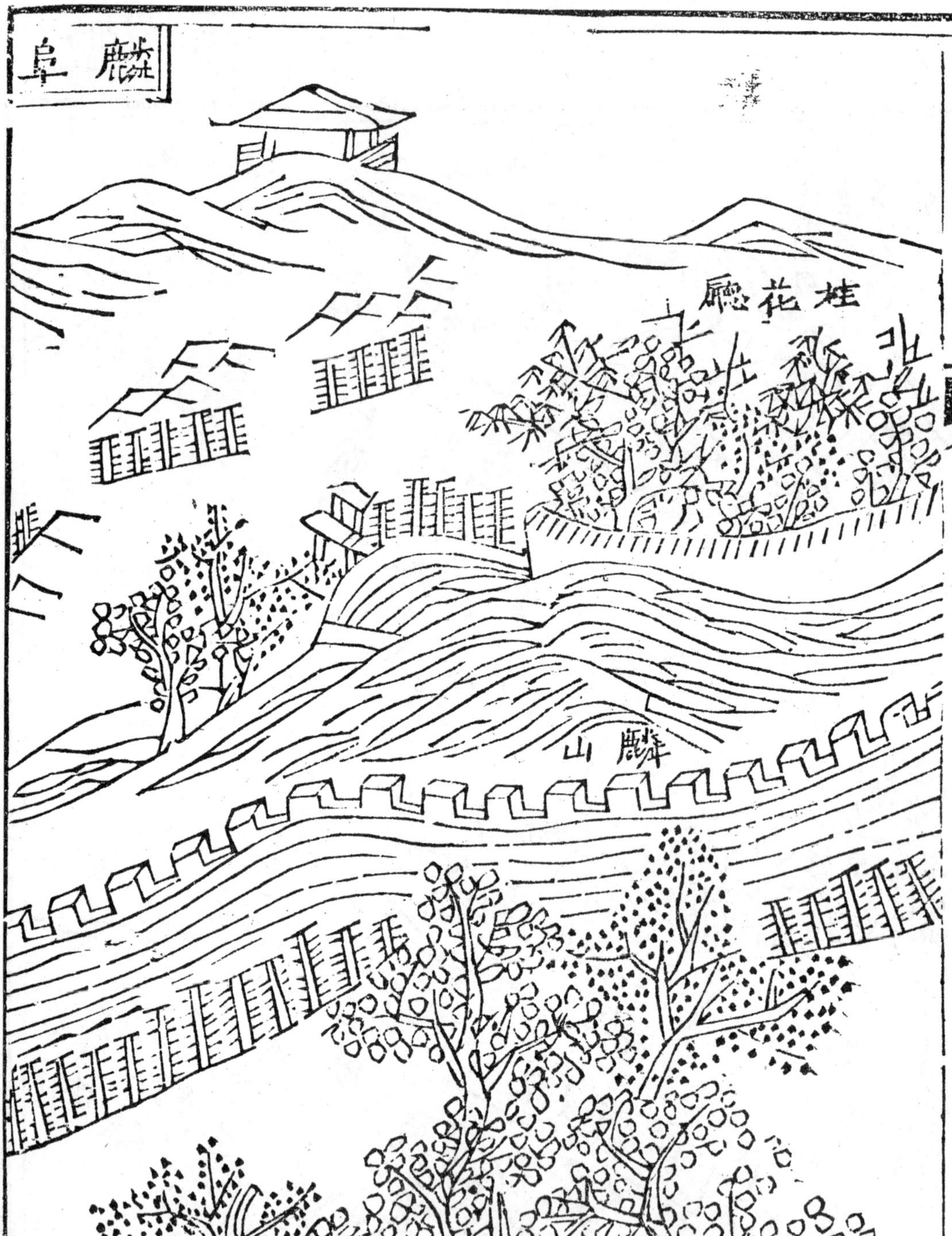
麟阜
桂花廳
麟山

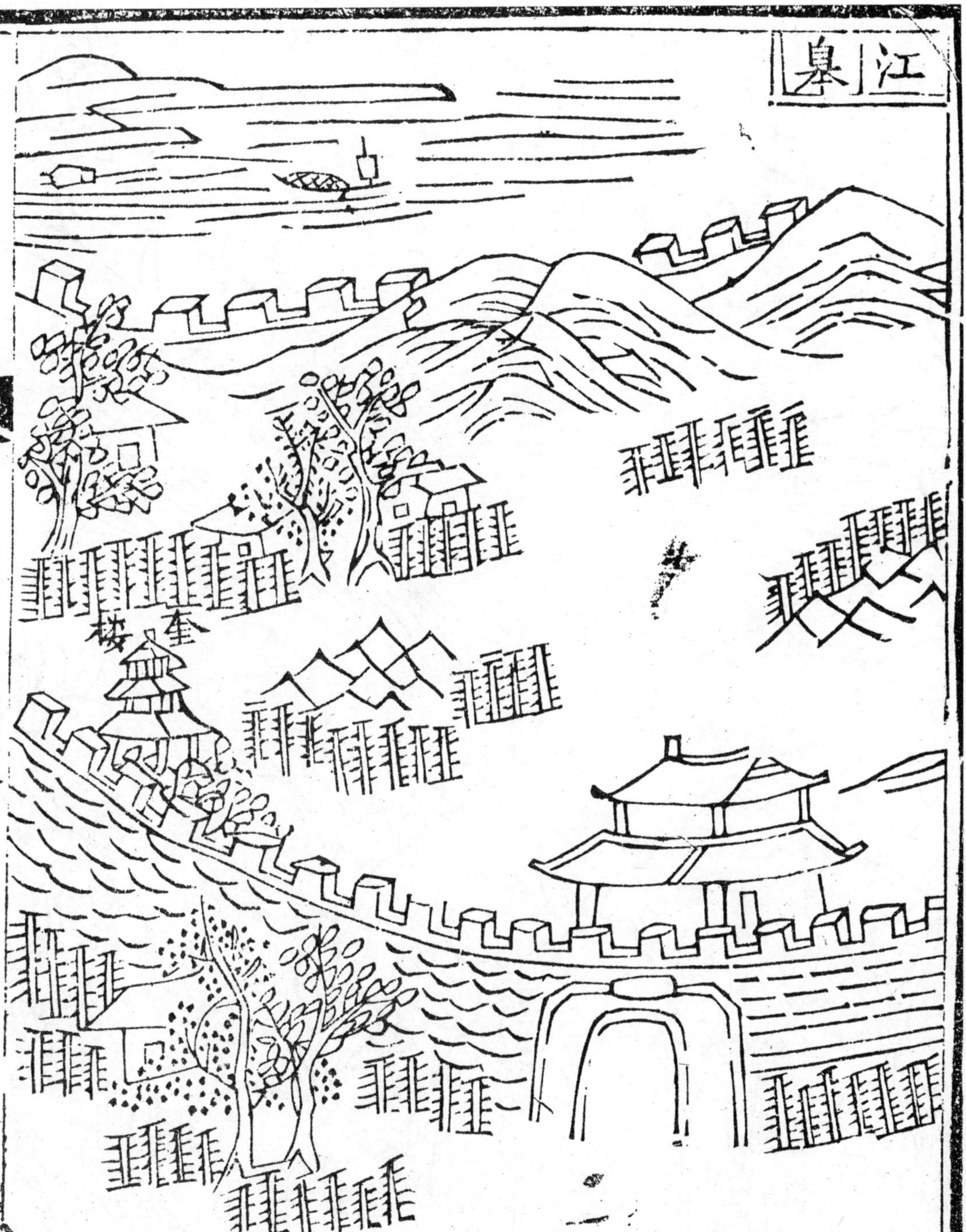
江皋
奎樓

太清

沂州志　卷之一　圖繪　一

鳳寺
鐘樓
鳳山禪林

晨鐘

龍磯

夕照
沂川志
卷之一
圖繪

城北

荷池
沂州志
卷之一
圖繪
七

金沙

夜泛

鴻洲

沂州志　卷之一　圖繪　二

龜鶴
鶴山
蘄州志
卷之一
十一

梅花

雨湖
缽蓮花

漁舫
五祖寺

浮玉
文昌閣

沂州志 卷之一 圖繪

蘄州志卷之二

知蘄州事夏津潘克溥纂修

地理志上

沿革

蘄地周以前無攷春秋戰國屬楚秦屬九江郡此沿革之始也厥後爲國爲郡爲路爲府爲縣析合不常今據各史地理志曉然可稽者備著之志沿革

歷代沿革考

蘄春以水限多蘄菜因以爲名 寰宇記

蘄州蘄陽郡禹貢揚州之域春秋及戰國時並屬楚秦置三十六郡屬九江郡漢蘄春縣之地 十道志

蘄春屬江夏郡 漢志

東漢爲蘄春侯國 東觀漢記

魏使廬江謝寄爲蘄春郡典農 吳志

蘄春縣吳立爲蘄春郡 宋書州郡志

蘄春郡晉武帝太康元年省 宋書州郡志

蘄春縣改屬弋陽郡惠帝時屬西陽郡孝武時又屬新蔡郡 太康地記

蘄春孝武帝改曰蘄陽 晉書地理志

按野客叢書簡文帝鄭后諱阿春遂改蘄春爲蘄陽簡文卽孝武父也

蘄陽宋孝武大明八年還屬西陽 宋書州郡志

齊昌郡永明四年割郢州屬豫州 南齊州郡志

蘄陽縣徙江州置太陽戍後齊齊昌郡移治於此也 水經注 按後齊當是南齊非北齊也

蘄陽梁改曰蘄水後齊改曰齊昌置齊昌郡 隋書地理志

大建五年八月罷南齊昌郡 陳書宣帝紀

齊昌郡後齊置羅州後周改曰蘄州開皇初郡廢 隋書地理志

蘄春郡武德四年改爲蘄州天寶元年改爲蘄春郡乾元元年復爲蘄州 舊唐書地理志

蘄春縣武德四年省蘄水縣入焉 唐書地理志

景定元年蘄州移治龍磯 宋史地理志

蘄州至元十四年改總管府 元史地理志

蘄州路元屬河南江北行省太祖甲辰年爲蘄州府洪武九年降爲州改州治蘄春縣省入屬黃州府 明史地理志

國朝因明之舊 廣輿記

南郡

通考蘄屬九江郡隸揚州圖內復因漢江夏郡有蘄春又隸荆州圖內晉書地理志曰六國時其地爲楚秦取鄢郢爲南郡漢分南郡爲江夏郡之蘄屬及置十二州因舊名爲荆州統南郡舊說謬據此蓋秦之南郡地大北抵襄陽南抵江夏西北舉唐鄧而蘄屬九江不與焉漢乃割南郡北境並九江南境爲江夏郡蘄始隸焉南郡別自有十八縣蘄在秦屬九江在漢屬江夏謂蘄爲南郡誤 顧氏志論

漢初分南郡爲江夏郡仍隸荆州蘄春屬江夏建安十三年曹操盡得荆州何夔傳曰建安中袁術與橋蕤攻蘄陽蘄陽爲魏固守則蘄之爲魏有赤壁之敗南郡以南屬吳吳後遂與蜀分荆州於是南郡零陵武陵以西爲蜀江夏桂陽長沙三郡爲吳而荆州之名南北雙立是此時蘄屬吳建安二十五年孫權自公安都鄂分江夏郡爲武昌郡屬以武昌下雉尋陽新陽柴桑沙羨六縣皆江南地而蘄改蘄春郡又省郡爲縣屬弋陽郡魏又改弋陽爲西陽今之光黃州地也黃初三年以江北諸郡爲郢州四年吳擄叛將晉宗於蘄春復置蘄春郡先是宗爲浠口守將叛入魏至是擄宗還齊王芳本紀云自帝卽位至嘉平五年郡國縣道多所署省俄或還復不可勝紀大抵蘄初屬魏赤壁敗復屬吳文帝時又屬魏繼又歸吳三國無地理參詳傳記如此 顧氏志論

潯水

潯本作尋漢屬廬江郡在江北蘄地也所謂以蘄陽之尋水並豫章之柴桑而立郡是也晉志惠帝永興元年分廬江之尋陽武昌之柴桑乃立尋陽郡始治江南潯陽記云古蘭城地 顧氏志論

南北隸郡

宋書州郡志晉惠帝分弋陽爲西陽國屬豫州蘄陽縣居西陽之第三及宋武盡得河南地蘄早爲宋有至明帝後魏南侵淮北及豫州西境悉遭陷沒則宋亦早失之史稱得失靡常考據難定加以載籍多燬不可得而詳宋文帝紀元嘉七年罷南豫並豫州八年割豫州秦郡屬南兖州十二月罷湘州還並郢州十六年正月復

分郢州置湘州二月分長沙江夏郡爲巴陵屬湘州閏八月復分豫州之淮南爲南豫州二十九年罷湘州還並荆州孝武帝紀孝建元年分揚州立東揚州分荆湘豫州立郢州於郢州立安陸郡大明二年復西陽郡三年割豫州梁郡屬徐州七月分淮南北復置二豫州四年以徐州之梁郡還屬豫州五年移南豫州治淮南於湖縣六年改豫州南梁郡爲淮南郡舊淮南郡並宣城八年六月以豫州之淮南郡復分宣城還置淮南十二月以王畿諸郡爲揚州以揚州爲東揚州前廢帝永光

元年割荆州隨郡明帝泰始二年分豫州立南豫州三年罷南豫州五年二月分豫州揚州立南豫州四月割雝州隨郡屬郢州割豫州義陽屬郢州以郢州西陽郡屬豫州六月罷南豫州後廢帝泰豫元年閏七月割南豫州南汝陰郡屬西豫州以西豫州廬江郡屬豫州元徽元年割南兗州之鍾離豫州之馬頭又分秦郡梁郡歷陽置新昌州立徐州四年割郢州之隨郡置司州以上或與蘄同郡或爲蘄所屬或隸蘄廢置紛紜殊無一定考蘄地當宋武初因晉制屬豫之西陽郡文帝元嘉元魏南侵豫及淮西皆不守歷三十年至孝建元年又分荆湘豫立郢州所謂度郢州是也於時西陽屬郢矣又五年爲大明二年復西陽郡不審所謂復者復自魏也耶抑省而復置耶明年分淮南北復置二豫州後魏南侵淮北至於瓜步豫州西境悉被陷害長淮遂爲北境則蘄入魏矣魏地形志曰以齊昌縣屬北江州恐即此時也泰始二年割郢州西陽郡屬豫州其時蘄又屬豫或者旋爲宋復耶泰始五年又度豫大抵終宋八帝六十年反覆如此蘄舊志但云屬豫州之西陽郡欠考

顧氏志論

羅州

梁天監初柳慶遠帶淮陵齊昌二郡守而王僧辨傳又有羅州刺史則梁初已改宋齊之制升縣爲郡不屬西陽而羅州不審何帝置或在簡文前耶至敬帝分齊昌五郡置西江州此時羅州又當廢魏地形志曰北江州領郡六蕭衍置魏因之齊昌郡居第二則梁初又當屬北江州矣大抵自縣升郡自郡升州州有刺史郡有太守其置齊昌郡即郡置羅州如今府治之附郭耳顧氏志論

南齊昌

陳初北失淮淝以長江爲界齊亦在所失天康元年周炅復之炅入朝田龍升復叛入齊炅又復之至宣帝盡復淮南經紀淮北則齊昌以北全復於陳陳書大建五年五月齊改縣爲郡者並復之七月戊申罷南齊昌郡南齊昌者因失齊昌故僑立也至是復齊昌罷僑郡顧氏志論

五蠻

北齊書大象中司馬消難舉兵反於時北距商雒南距江淮東西二千餘里巴蠻多叛推渠帥蘭雒州爲主號河南王以附消難按蘄在漢屬江夏自光武建武二十三年徙南郡蠻七千餘口於江夏界中此江淮有巴蠻之始水經巴水五蠻居之今蘄地也宋元嘉末又於西陽立十八縣以處豫部蠻民至是作亂顧氏志論

石穴洲

魏自太平眞君七年有河南淮北地以大江爲界都雒陽水經注曰蘄口洲上有蘄陽縣治徙石穴洲按即今掛口南對之洲宋時鴻宿洲也不審魏何時而徙先是

延興末詔州郡十丁取一以充行戶泰和末選募武勇十五萬人號羽林虎賁旋復擯抑兵民流宂江北大亂或者徙治此時耶不則在太平眞君末或太和中也顧氏志論

景定新城

舊志景定四年元復攻蘄守臣王彦明死之安撫使王益因遷今治按理宗本紀景定三年八月丁酉築蘄州城知州王益落階官正任高州刺史制置使汪立信上蘄州新城圖然則前此已遷治矣益以知州帶安撫使而彦明是蘄春縣令非守也蘄自嘉定十四年陷於金宋復之至端平三年爲元太宗八年復爲札刺溫火兒所攻孟珙解其圍嘉熙元年又攻三年又犯境史皆未言蘄陷惟元史張晉亨傳云中統元年晉亨之子好古移戍蘄州宋人攻蘄好古力不敵死之嚴實傳亦云宋人攻蘄勢甚張中統元年即宋景帝元年也又宋史地理志云嘉熙元年蘄春治宿松景定元年移治龍磯然則蘄之舊城自嘉熙已失凡二十餘年或僑治宿松境或攻或復其保民江上實則景定元年也至三年今城

成乃圖上耳蘄志謂四年元人設砲白雲山舊城陷始築今城者非嗣是相持十四年至德佑元年元人以舟師造城下管景謨始以城降元因廢舊城卽新城治之

顧氏志論

分野

蘄之爲翼軫分也本荆州言之也晉唐以來史志昭然度次皆得而考而論者往往引揚豫二州之宿牽連及之異同之故未易以一言槪也要其大較可覩焉志分野

星攷

翼二十二星十八度七十七分軫四星十七度又翼宿中有東甌五星軫宿中有軍門二星士司空四星青邱七星器府三十二星據明史東甌五星今無青邱七星今三其軍門二星士司空四星器府三十二星今俱無

舊按翼軫乃楚之總分舊志詳載星圖並附占驗楚中郡邑志皆可移易且如東甌器府等星已非古測則圖不足據翼主三公軫主宰輔其應甚大非一郡一邑之占今俱從畧

分野攷

封域皆有分星其說雖已見於周官然可攷者十二辰所屬而已天官書曰翼軫荆州漢書十二次之分因之蓋通全楚而言固無所據而斷其爲蘄州分也晉天文志曰汝南入房二度黃州志曰魏文帝分汝南立弋陽郡治西陽軑蘄春邾西陵期思弋陽皆其屬縣斷以蘄黃分入之星爲房二度按房主豫州汝南本豫州地故當入房西陽雖嘗屬豫而邾軑蘄春等邑地本在楚分野安得與時移易且分汝南在三國時晉時西陽則分

弋陽郡爲國屬豫州不云汝南故知入房之文就汝南故域言之非通指文帝時分立之汝南言也唐書古陳蔡許息江黃道柏沈頓蓼須頓胡防弦厲諸國皆壽星黃州志謂蘄爲弦子國地顧氏志論謂蘄在春秋爲蓼地故又以蘄爲角亢分攷弦國在今河南汝寍府光州春秋蓼凡三見據杜注一在今河南南陽府唐縣一在今河南汝寍府固始縣一在今江南廬州府廬江縣在廬江者爲舒蓼唐書壽星分之蓼當不指此餘二蓼弦國距蘄各數百里何所據而斷以爲蘄故地地在楚而

以鄭分野當之可乎且南陽府之蓼别爲張分謂蘄入張可乎一隅之地而數州之星互見不應分歧若此唐書天文志曰翼軫鶉尾也自房陵白帝而東盡漢之南郡江夏東達廬江南部濱彭蠡之西得長沙武陵又逾南紀盡鬱林合浦之地自沅江上流西達黔安之左在全楚之分按蘄州在漢爲蘄春縣屬江夏郡是蘄爲翼軫分也唐地理志淮南道古揚州之域安黄申光蘄爲鶉尾分或疑既稱揚州之域不當復分鶉尾不知蘄黄等處乃提出言之以别於揚州蓋謂淮南道固揚州之

域安黄申光蘄則鶉尾分也與前志自合明史天文志張十六度至軫九度鶉尾之次也湖廣之武昌府興國州荆州府歸州夷陵荆門三州黄州府蘄州襄陽德安二府安陸沔陽二州皆翼軫分晉天文志江夏入翼十二度湖廣通志由孝感西南抵漢川漢陽逾武昌泛樊口入黄州括二郡全境以至德安之安陸雲夢應城其地爲江夏郡入翼十二度或謂江夏入翼據晉郡而言晉江夏無黄州通志殆未深攷據明史武昌德安黄州同分翼軫蓋通漢江夏郡皆在一統志亦曰黄州入翼

十二度固不獨通志云然而唐書所謂中翼十二度終軫九度則明指漢之江夏可謂無黄州乎是又不待辨析而明也通攷楚北郡邑惟德安府之隨州襄陽府之均州光化縣爲張分餘皆分翼軫隋書地理志叙揚州分野蘄春郡屬焉其曰自斗十二度至須女七度則指言淮海之地故知非蘄州分通志亦以蘄在吳楚之境爲翼十二度終而斗之十度入歷攷星野雖壤地相錯皆不紊餘分謂逾蘄卽斗之分野可也謂吳楚之境爲翼與斗會不可也斗固不得與翼並載而房與角亢之

不應入蘄盍審矣夫星度遠而難知輿地近而可攷有定野然後有定星有定星然後有定度星度定然後徵應得稽焉蘄之爲楚野也其星翼軫也而度則翼也合史志觀之明白曉悉無可疑者論者往往泥析合不常之郡邑附會舊文而訖無定説故詳攷之如此

疆域

州境界吳楚之間輪廣數百里壤地交錯於黄郡稱衝要司牧者申畫郊圻愼固封守按圖而宣理之其爲責綦重云志疆域

州治在黃州府東一百八十里廣一百三十里袤二百五十里

東由安平鄉至廣濟縣楊林鋪界四十里縣前鋪七十里

西由州城經永福鄉至蘄水縣陸家鋪界六十里縣前鋪一百二十里

南自州城至興國州黃顙口江心界一十里州前鋪七十里

北由州前鋪至羅田縣鴉兒河界二百里

東南自州城至廣濟縣界十里

西南由州城至漳源口大冶縣界三十里

西北由州城經永福鄉至蘄水縣界一百里

正北由州城經大同鄉至英山縣界二百一十里

東北由州城經崇居鄉至黃梅縣界一百五十里

東北由州城經大同鄉至宿松縣界一百七十里至太湖縣界二百里

至省水路三百六十里陸路四百一十里

至京水路四千八百十五里陸路三千二百九十五里

形勢

因地賦形因形成勢非獨勝概足憑而已察原隰之包阻習山川之險易然後可高下其宜而布之利其因以爲備者在是焉志形勢

湖廣總志曰蘄州白雲西蟠大桴東踞江水從茅山十三磯紆行而趨九江鈷鉧之水入蘄河編戶之里六十四水陸交衝達於吳會形勢之地也

黃州府志曰蘄州北接光蔡東峙灊皖爲江右之籓籬淮西之屏蔽古來言地利者蘄口之險與夏口湓城相

爲頡頏豈非大江上下防遏爲難而蘄州雄峙江濵備禦尤不可不預乎

按北接光蔡據黃州形勢而統言之非蘄接光蔡也

舊志曰蘄州昔人稱爲吳頭楚尾荆揚交會之區背麟岡面鳳嶺山勢自横岡發來奔踞大江怪石林立鴻洲環其前諸湖繞其後左控匡廬右接洞庭佳山秀水環絡千里有鼓吹白雲之勝

劉誠意伯基曰蘄江爲諸省要會舟航往來必由之衝

盧紘曰蘄自宋元間移治以來建城濬湟麟阜翼左鳳

鸞拱右大江襟前諸湖帶後黃郡之藩籬而全楚之阨塞也

顧景星論曰蘄濱大江西南自荆襄順流千里而遥東北至吳千里而遥其陸北接汴洛淮徐千里而遥舟交馬錯數千里之衝自蘄左右前後千里內有關疆境者皆宜諳悉不獨蘄而已 以上俱舊志

廂坊

廂坊爲附郭之區四民雜處其中亦州境之要地也邑明季受禍最烈文獻無徵故里名不得而攷兹據

册錄所存者書之俾後來有所本云志廂坊

蘄城內外曰廂坊轄三圖圖卽里也以每里册籍首列一圖故不曰里而曰圖 通志

廂坊轄里三其名不可考 編戶錄

嘉會平政二坊 在州治前

文明坊 在儒學前

清晏寅賓二坊 在城東

鳳山坊 在文明門內

懷德豐樂通義威振勇知武定六坊 在州治西

仁和坊 在分司前

金沙坊 在治南

拱辰坊 在城北

兌澤坊 在澄清門內

和樂坊 在武襄門內

清江坊 在觀瀾門內

平沙坊 在澄清門內

全勝坊 在城東北

雄邊坊 在賓暘門

雄江坊 在法勝寺前

迎恩坊 在北門外十牌樓 以上俱見編戶錄

鄉鎮

古者畿內不過六鄉市不過二十肆入其境可稽而數也

國家涵濡煦育民用蕃富蘄以一州之地而五鄉二鎮諸市集皆屬焉民生愈厚則編查愈難非司牧之責與志鄉鎮

蘄州舊十四鄉今五鄉 太平寰宇記

五鄉曰安平曰永福曰青山曰崇居曰大同按青山之名見趙汝談嘉定辛巳涖蘄錄大同之名見洪邁夷堅志疑五鄉之名自宋已然 編戶錄

蘄州五鄉編戶六十四里 明統志

國朝編戶二十八里 湖北通志

安平有清化永豐義城黎企高山青石文頡諸里名與本郡之廣濟接界 陳氏志存稿

兩路口市　在州東五里

施家塘市　在州東二十里

菩提壩市　在州東三十里 以上本舊志

三渡橋市　在州北三十里

清水河市　在州東北五十里

土門市　在州北二十里

烏龜港市 土人云今作吳桂港非 在州北二十五里

陽段市　在州北三十五里 以上新稿

渴口市　在州北四十五里 舊志

按渴或作豁昔為魯咸伊地

白池湖市　在州北四十里 新稿

漕河鎮　在州北五十里此一大市集也 舊志

易家河市　在州北四十五里 新稿

高山鋪市　在州東北六十里

十里鋪市　在州北六十里

三家店市　在州北五十五里

新鋪市　在州北六十五里 新稿

西河市　在州北六十里即驛遞所也 舊志

火爐鋪市　在州西北六十五里 新稿

永福有茱萸長石新安諸里與本郡之蘄水接界 陳氏志存稿

蘄口鎮　在州西五里今廢按蘄口即今掛口 新稿

彭思橋　在州西北六十里有巡檢司署 舊志

按署舊在茅山後移建於此

黃北城市　在州西北六十里 新稿

橫車橋市　在州西八十里

按名見宋史

女兒街　州西北九十里接蘄水界 以上新稿

青山有歲豐武昌禮下松山神亭達城諸里與本郡蘄

水縣連界陳氏志存稿

黃墩河市　在州北七十五里新稿

分路街　在州北九十里

獅子口市　在州北一百一十里俱舊志

株林河市　在州北一百里新稿

崇居有合城安平東甘宮田童子白水諸里與本郡廣濟黃梅並安徽之宿松接界陳氏志存稿

甕門市石門如甕　在州北七十五里新稿

按其下即鈷鉧潭

劉公河市　在州北九十里新稿

按名見辛巳泣蘄錄

聶家壩　在州東北一百里新稿

胡家涼亭市　在州東一百五里

馬路口市　在州北一百里

蓮花菴市　在州東北一百里

青石嶺市　在州東北一百一十五里

望天畈市　在州東北一百二十里

芭茅街市　在州北一百三十里

桐梓河市或作童子　在州東北一百二十里

白水畈市　在州東北一百四十里以上俱新稿

大同有名義河東河西高砂長峪諸里與安徽宿松太湖英山接界陳氏志存稿

張家塝鎮　在州北一百六十里一大市集也舊志

汪家壩市　在州北一百三十五里新稿

大同市　在州北一百五十里巡檢署在焉舊志

兩河口市　在州北一百八十里新稿

檀林河市　在州北一百九十里舊志

所見諸里名永福僅得其三而四鄉各贏其一既未悉其省併之由而一圖中里名雜出參差蓋文獻之不足徵湖北為尤而蘄州又其最也編戶錄

山川

潛霍以南羣山蜿蜒數百里併赴於蘄川則大江東注四流之支三十六種之委皆會焉志稱吞吐吳楚不其然與英傑代興民用富庶蓋亦得高深之助云

志山川

山砦嶺巖洞附

麒麟山　在州治後山勢蹲伏以形似名明荆藩遺址山前中為州署左為學宮右為書院後一面為城 詩詳藝文

鳳皇山　在州治西南山勢軒舉以形似名上有洗墨池仙人臺千仞亭七葉寮今俱廢 詩詳藝文

鵲雞山　在治西南盧叅政紘構四照亭於其上今廢

卜羅山　在覲瀾門內即衛署基址所在 新稿

打鼓臺山　在州東五里山勢迤邐

迎山　在州南八里山形與治城相迎故名又名寅山

又名銀山山半有小菴相傳明高啓避跡於此居雨湖之東毗廣濟 詩詳藝文

龜鶴二山　在州東十里麓多梅花二山並峙形如龜鶴故名今梅無存 詩詳藝文

野狐山　在州東十二里

丫頭山　在州東十三里 詩詳藝文

蟠龍山　在州東十五里

百家冶山　在州東三十里一名白望山蘄竹所產處 通志 按白茅堂集謂宋鐵冶場也

麻寅山　在州東三十五里

大旺山　在州東四十里

紫玉山　在州東四十五里

羊蹊山　在州東北六十里

雲峯山　在州東北一百一十里

還元山　在州東北一百一十二里

四臨山　在州東北百四十里

小泉山　在州東北百五十六里

丹井山　在州東北百三十里井底有四竅按四時出泉世傳王全眞煉丹於此 明統志

掘斷山　在州東北百六十里

大原山　在州東北二百二十里

茅平山　在州東北二百二十三里

龍元山　在州東北二百三十五里

寶蓋山　在州東北二百三十七里

大泉山　在州東十里泉水清洌山麓有大泉寺華頂菴有仙人洞 詩詳藝文

蘇家山　在州東南十五里

安陽山　在州東南三十里

夫妻山　在州東南三十五里兩山對峙故名

象鼻山　在州西十里俗名高家山與龍峯石獅對峙即蘄河水口在掛口西岸

圓峯山　在州西四十里有東西二菴二梵祖師西竺僧隋唐間住此山半有泉土人祈雨輒應（詩詳通志）

城山　在州西三十五里

馬下山即馬驊山一名馬鞍山　在州西六十里舊志謂漢高祖征九江王英布下馬於此（井也漢蘄）在沛郡之蘄縣元至元二年並入宿州今在江南徐州府（詩詳藝文）

五岳山　在州西北六十里上有福勝寺仙人墓有井歲旱不竭祈雨即應

雨標山　在州西北八十里

白雲山　在州西五十里自旦至暮常有白雲繚繞其上隋時建塔寺焉又云沐湖得入定僧二人遣使送至蘄州白雲山再名之二僧遂入古井中隱沒（湖廣通志）

按白雲山即廣教山舊志兩載之非是（詩詳藝文）

茅山　在州西北六十里下有磯自鰈魚磯至嵐頭磯十三處古傳九里十三磯

磨盤山　在州西北六十里

盧師山　在州西北六十二里山巔平衍刻有三大字清勁蒼古未知昉於何時

壽眉山　在州西北六十五里

火爐山　在州西北七十里

靈虬山　在州西北七十五里（詩詳藝文）

麻石砦　在州西北八十里

琳山　在州西北八十里

蔣家山　在州西北九十里上平衍有田數頃抵蘄水縣界

六合山　在州西北百一十里有東洞龍王神井（通志）

北障山　在州北四里俗名缺齒山一名呂王城相近又有磨盤山（一在治北一在安平一在永福下鄉石灰壠舊傳金牛勝蹟）

盤龍山　在州北五里上有石鼓院舊志載麻衣道者無藥禪師二眞身在焉

龍峯山　在州北六里山勢聳拔爲州城屏障綿亘里

許至掛口東岸作蘄河水口下有石高丈餘形似狻
猊有石洞白花蛇産此今無
按顧氏志一名空石山
土門山　在州北二十里
宣撫山　在州北三十里
米家山　在州北三十五里山形鬱葱類小米畫意一
名虎兒山俗名獨山
細石山　在州北四十里
玩鶴山　在州北四十二里

蘄山　在州北六十里
雲霧山　在州北七十里山麓一石齒刺上有虎足跡
俗稱虎踏石相傳唐伏虎禪師伏虎於此
策山　在州北八十里石壁峻險上有石砦並策山寺
國初土人張相率鄉人築砦避難於此幾爲賊破忽有人
騎白馬擐甲冑持太阿賊見奔散寨得保全承平立
廟祀之有記詳藝文
豹子山　在州北百里有上中下三山峯巒聳秀
老鴉山　與豹子山相連如鴉展翅故名

西龍巖　在州北百一十里水口石鐫覩頤覩履四大
字
黑石寨　明末土人避兵於此上有黃茅尖佛乳尖
荆竹山　在州北百一十五里山勢綿遠曲隈中有燕
子巖元至正間汪不花聚鄉勇立寨禦紅巾賊
羊角山　在州北百二十里一名楊家寨即楊先春勦
賊處
北辰山　州北百二十里上有百神廟
風火山　州西北百二十里蘄州蘄水分界處

伏虎山　在州北百二十里形如虎伏故名
金鵞山　在州北百二十里北極峯下高聳峭拔四山
環拱三十六水逕繞其前滙鈷鉧潭山麓有金鵞寺
通志云嘗有金鵞出石間其上有龍鵞石
八卦峯相連有小八卦峯　在州東北百二十里山前
有畈名望天畈新補
北極尖　在州北百二十五里俗名白雞尖
獅子口山　在州北百一十里高十丈橫亘數百丈礫
石盤屈

祖師記山　在州北百一十里五峯排立下有大石盤
旋窩廣數丈中有石牀磴相傳祖師修煉處
女人寨　在州北百二十里與牛皮寨並峙寨下有黃
眉尖
葛場山　在州北百四十二里
堆金山　在州北百三十里
三角山　在州北百四十里峻嶒聳拔三峯突起大峯
中有老龍洞子午水潮洞口懸石鐫惟天在上四字
極古勁自洞而南左東龍巖右西龍巖中有會龍池
又有捨身巖慈應祖師覺慧處記詩俱詳藝文

大王山　在州北百五十里與英山接界新稿
鏡臺山　在州北百五十里
唐家山　在州北百六十五里抵黃梅界
河槎山　在州北百四十五里通志云一名查山其下
有河槎堡名勝志謂宋程谷隱居之所谷蓋珦之後
珦乃明道伊川兩先生父也
葉家山　在州北百六十里新稿
馬鞍山　在州北百七十里

兜鍪山　在州北百九十里石壁四匝形如軍盔北向
似壽翁首有石若列眉土人又呼壽眉寨
大桴山　在州北二百里
旋螺山　在州北二百一十里一名魁山一名仙人臺
有九十九隘高若列屏橫亘州北陟其巔可極目千
里西向石臺相傳劉五劉六修煉處山塢有寺明正
德間州人郝守正肄業於此手植杉二株蒼枝古幹
今無存詩詳藝文
久長山　在州北二百二十里

金斗山　在州北二百二十五里
玉屏山　在州東北里許俗名周公山明時州人周副
使禧施為漏澤園
象馬山　在州東北二里舊傳邊徼貢象經此一云荆
藩豢象馬處
羅漢山　在州東北五里
馮家山　在州東北三十里即馮大司寇母墓有華表
展旗山　在州東北六十里上有砦
高山　在州東北六十五里明崇禎丙子設險高山巖

濟尉魏時光以鄉兵守此被賊執不屈死 詩詳藝文
烏石山　在州西北七十里上有廟宇二所一爲胡仁二香火一爲劉先二香火
駱駝山　在州東北九十里坳口砌有石洞以便行人往來 以上三條俱新稿
小嶺山　在州東北六十五里
甕門山　在州東北七十五里俗稱涸龍奔江又五里有石門山俗稱石馬山 新稿
靖明山　在州東北九十里俗名太平砦上有寺清幽

軒敞土人呼爲大山坪
按太平山古名靖明上有靖明寺唐建宏治中重建鐘鏞記 詩詳藝文
屑峯山　在州東北百有五里抵廣濟界
九龍山　在州東北百一十里有龍井九處一名九潭山上有高谿寺
橫岡山　在州東北百一十里山之陽屬廣濟山之陰屬蘄州上有天柱峯捨身巖諸蹟 志畧 詩詳藝文
石人寨　在州東北百五十里石笋一枝宛如人立 詩詳藝文
道觀山　在州東北百五十里上有天帝觀
仰天窩　在州東北百五十里山峯圍繞如墻
蟠龍山　在州東北百六十里山自西北逆迴東南蟠屈二十餘里後臨石溪飛流瀑布千丈其下有龍津潭兩山石拱如門右挺一山當河衝封兩山之缺上有小洞名石觀音洞苔蘚重重形如佛龕人跡罕到昔傳一樵子緣藤而上見內有石觀音又名觀音窠對面有手巾巷石洞一名靈巖洞洞石上從五丈衡

十丈內有張金祖師眞身 志畧
獅子山　在州東北百六十里以象形名
烟波寨　在州東北百六十五里當水口突起如烟波有峭壁不可上
羅漢尖　在州東北百八十里形似羅漢故名頂有石洞土人縋而入歷數十重境漸幽澗懼而還 志畧
鼓角山　在州東北百六十五里舊傳天欲雨卽有聲如鼓角騰空谷中一名鼓吹山 見唐書 其北有古龍池兩山對峙如壁怪石齒齒中一澗僅丈餘內有潭

深不可底潭側有石洞風出其中俗呼風洞志略
龍目山　在州東北百八十里其下有宗渡河
小隘嶺　在州東北百八十里抵宿松界
石牛山　在州東北百八十里詩詳藝文
蘆林寨　在州東北百八十六里峯頂下窩豬水如湖
每歲生巨荻異於常産其懸岩下有長樂園石列二
神面目遊人比之古石丈人
將山一名將軍山　在州北二百里詩詳藝文
相山土人誤爲桐山　在州東北二百有五里抵太湖

縣界
巫山　在州北二百二十里秀翠如蜀之十二峯以上舊志
四流山　在州北二百四十里山與英山接界其水南
注蘄春西注蘄水北注壽州霍山東注太湖寰宇記
按此水北流入英山不注壽州霍山壽州去蘄甚遠
龍津巖　在手巾菴右州北百六十里兩山皆石中空
丈餘爲河道水口千尺懸石上瀑布若白龍一名白
龍巖又若噴雪一名噴雪巖下迴瀾爲龍津
牛皮砦　在州北百四十里四面皆險峻明崇禎間土

人避亂於此今基址城墻尚存志畧
流水巖　在青山上鄉懸巖千尺有瀑布若挂壁然同上
香爐巖　在仙人臺前
呌雨尖　在三角山歲旱呌雨輙應
黃茅尖　解公尖俱在青山鄉
晃石洞　在州北二百一十里大石盤礴山椒若巨靈
鼇砌頂有一石中分叩之聲若鐘鼓下有洞能容數
十人峭壁如削舊志
朱家洞　在青山鄉相傳祖師修煉處有浴盆今存

許家洞　在青山雞籠峯下相傳許氏先世値宋元兵
亂見洞門自開因避居之承平始出後求其故處不
可得乃建庵於峯東南曰慶雲志畧
紫雲洞　在黃茅尖之陽洞頂有大石可坐數十人陳
友夏鐫留雲伴月四字新稿
毛狗洞　在分路街左長亘七八里與麈鹿坪通內伏
有靈物每於春夏時雲氣一興立雨志畧
亥泉洞　在崇居白巖寺宋白巖和尚修眞處有石刻
蛇山古洞長亘十餘丈相傳土人避難於此志畧

水 江河湖池口磯洲港井潭泉附

江水自蘄水縣之迴風磯下十里逕唐家渡十里逕散花洲二十里逕茅山港二十里逕羅家埠又二十里逕掛口十里逕州治二十里逕烏林港十里逕馬口卽州治雨湖諸水入江處下卽廣濟界舊志又考湖廣通志蘄州自蘄水縣入境至廣濟界堡子墩止共一百二十里散花洲水勢平順茅山鎮水勢平順漳源口江南岸地水勢洶湧報部險要對磯洲水勢平順烏林港馬口今屬廣濟

蘄河發源於四流山之南過查家山爲龍井河田家橋牛頭冲諸水會之由青草坪至洪河尖何家舖白羊溝之水入焉又西大桴冲諸水會之又十里河南坂之水會之又東將軍山相山細竹河檀林河諸水會之爲兩河口又東三十里宿松界龍目冲之凉亭河入焉過張家塝西自葛塲山來之六溪河水注之又五里爲小楊樹馬鞍山水合清河冲水會瓢舖水入焉至芭茅街下東來張德彬冲王裕冲姜家冲水逕白水畈河會焉又四里西來之裴蔡二冲水逕水車

河注之又數里至望天畈東來七里冲小水注之至孫家林紫雲山龍鬚冲桐梓河諸水入焉又十里逕鴨公嘴西來石鼓冲水由白茅河注之又十里東南來諸水至蓮花菴入焉至劉公河西北之仙人臺康宗堡汪家壩獅子口澤霖河諸水會焉又數里自駱駝山東來金絲港水注之十里至甕門爲洗馬潭至關溪河西來蘄陽坪椰木衝至株林河胡家河諸水注之逕黃城河西來李達衝烏石河石梁堰石壁巖諸水入焉又五六里西有支河名王家港分大河之

派與高家新舖下流大河水會至白雲山前突起一洲左爲蘄河卽舊治所在右爲西河驛遞在焉蘄河東五里逕漕河黎企衝謝家河兩小水注之由漕河分爲二一遶渴口市西蘇家河水入焉歷二十里出葫蘆口一遶渴口市東由泗陽街至陳氏半畝園亦分爲二不里許復合又東二十里至三竇橋河下流東會於赤東湖其西河之水南八里逕易家河又西來橫車舖諸水注之又五里逕路口畈南城河之水會焉又里許至白池湖又十餘里歷楊公潭與渴口市西

水會至土門河下流與西箍埠河之水同入赤東湖至相見灣遂合流由掛口入江新稿參舊稿

州西北之水源出蔣家山琳山有自峽河合流至兩河口者有自蘄水段家河歷鄭家港至兩河口者俱滙蘄水策湖由茅山口入江

州東北之水源出廣濟隣西鄉崇陽橋栗木橋至州乾沙河清水河下河橋萬壽橋滙燕塘赤東諸湖由掛口入江二條俱新稿

按蘄河發源四流山衍爲龍井河巫溪河鴛鴦河洪

河石桂河凡六十里之水悉由英山分界由北而南者也其東北隅則自太湖分界爲石堰河駱家河細竹河蕭家河合流檀林河逕茅坪河與英界水會注宗渡河自是而西折十五里則由宿松分界之龍目衝諸水逕澄竹河凉亭河西五里爲六溪河又十里爲魏家河更十里至蔡家舖有自黃梅分界之白水坂諸水越十里則上由黃梅分界下由廣濟分界之三十六水及桐梓河逕鵶青河凡此皆水之由東而西者也西十里爲石鼓河源爲差近復十里有南自廣濟分界之櫰樹山水田家河水北流而入又西十里爲劉公河則西北隅由英山分界之鄧家河百丈河逕澤霖河注於東南十五里爲襄門潭又五里爲關口河有自蘄水縣流入州境之水會西龍河逕華家河蔡家舖河株林河白石河胡家河注之關口河踰五里爲黃城河則由蘄水之黃城街土陂山諸水流入州境此水之由西而東者也西南二十里逕舊治分爲二左蘄河逕漕河越土門山之陰右西河逕易家河踰土門山之陽並由濟西而東入州境諸水

滙於湖合流掛口注之江其獨流惟彭司一河源浠界蔣家山歸注茅山前若左赳南直祇劉全冲曹家冲兩水未入蘄河耳餘皆曉晰可指約志原委於此至於細流涓注殊未易悉數俟知者詳之舊志

河名

龍井河 州北二百二十五里

巫溪河 州北二百二十里

鴛鴦河 州北二百里兩山鎖流如鳥比翼

石堰河 州北二百一十里

洪河　州北一百九十里

細竹河　州北一百八十五里

駱家河　州北一百八十五里

蕭家河　州北一百八十里

石柱河　州北一百八十里

檀林河　州北一百九十里有市集

茅坪河　州北一百七十五里

澄竹河　州北一百七十五里

宗渡河　州東北百八十里龍月山下舊志以爲宋高宗南渡經此非也今名兩河口

六溪河　州北一百五十里

鄧家河　州北一百六十里

涼亭河　州北一百五十五里

百丈河　州北一百五十里

魏家河　州北一百四十里

桐梓河　州北一百二十里有市集

鵓青河　州北一百三十里

西龍河　州西北一百二十里

石鼓河　州北一百一十五里

田家河　州北八十里

華家河　州北一百一十里

澤霖河又名窄林河　州北一百里

劉公河　州北九十里名見泣蘄錄

胡家河　州西北九十里

株林河　州西北一百里有市集

達城河　州西北一百二十里

關口河　州西北八十里

黃城河　州西北七十五里

西河　州西北六十里有市驛在焉

甘餞絲河　州西北五十五里

易家河　州北四十五里

漕河　州北五十里大市集

簰埠河　州北一百三十里

彭思河　州西北六十里有市集

翻車河　按舊志在州東南八十里則非今所屬矣

渴口　州北四十五里

乾沙河　州東北十五里

清水河　州東北五十里 以上舊志

湖

雨湖俗名諸家湖　在南門外考一統志蘄州雨湖東通廣濟縣馬口湖入江民多業漁於此曲折周迴凡二三十里春多桃李夏盛芙蕖爲州最勝處 通志詩詳藝文 故李嵩岑有下雨湖不下西湖之語 志畧

赤東湖卽八里湖　在州北十里上納蘄河水下由掛口入江湖有九十九汊爲孔道所經州境湖之最大者曰赤東其東十里有湖曰沿市曰金沙曰西湖皆湖之支流 通志詩詳藝文

蓮市湖 俗名沿市湖舊志

西角湖 俗名洗腳湖　在州東北水漲時由大徑橋入金沙湖

燕塘湖 俗訛稱鴻塘湖　在州東北由沙徑入金沙湖

白池湖　在州西北四十五里有小市集 以上新稿

掛口 卽蘄口　在州西八里蘄河諸水會以入江處春冬水涸時灘上有泥極膩蘇窯戶取以釉瓦器謂之釉泥 志略

柳嶼一名鏡口　在雨湖 詩詳藝文

池

蓮花池　在北門外十牌樓 詩詳藝文

夜月池　相傳以爲城東有池中沉古鏡夜常吐光爲十景之一今淹沒無存矣 詩詳藝文四照堂集

磯

龍眼磯　在江心因宋大觀四年立廟祀順濟王故名水涸則廟在洲上

乾明磯　在大士閣南相傳羅真人飛昇處履跡猶存南對鴻宿洲 見通志

新生磯　在江心上有文昌閣浮玉亭俗呼釣魚臺道光二十九年大水閣廢

螃蟹磯　在第一關

南陽磯　在州西江濱接蘄水縣界今名月石磯 通志考水經注南陽出曰苟磯亦曰南陽磯仲雍謂之南陽圻一名洛至圻一名石姥水勢迅急

洲

鴻宿洲　在洲南二里一名金沙洲秋冬有鴻集於此宋景定四年元兵據白雲山設儌守者懼走保鴻宿洲通志鴻宿洲者即桑氏所云蘄陽洲酈氏所云石穴洲北朝魏時嘗徙治於此矣顧氏志論詩詳藝文

白田洲　在西江中北對月磯又名對磯洲

新興洲　在江心

琵琶洲　在江心以上舊志

楊段洲　在州北三十里

散花洲　在州西七十里抵蘄水界相傳爲三國周瑜

賞軍散花故名

艾家洲　在州西北八十里

漳源口　在江南岸抵大冶界以上新稿

井

官井　在大西門內街中舊志

硃砂井　在城內關聖行宮側水最清澈明荆府所鑿詩詳藝文

義井　在州西北十里

龍窟井　在永福鄉

冷水井　在城外缺齒山

六龍井　在白雲山下廣教寺

西河井　在白雲山下廣教寺

烏龍井　在青山土地河井上有宋嘉定六年題字志畧

東洞井　在東北二十里水清澈湧沸不竭石壁環抱峙立通志

雙水井　在三角山

留月井　在五嶽山

丹井　詳見丹井山內以上舊志

三眼井　在營衙右街

烏龜井　在花橋水最清澈冬溫夏凉能止熱疾新稿

潭

鈷鉧潭　一名洗馬潭在甕門山爲青崇大諸水所滙之處顧氏謂春漲每至洶湧奔迅澄澈時見大鯉魚長丈餘相傳龍也

葫蘆潭　在州一百二十里

鱖魚潭　在唐家山澗中横巨石酷似鱖魚故名

師姑潭　在州北四十里今名黃土潭名見泣蘄錄

泉

蘄州第一泉　在大泉山又有仙人洞

卓錫泉　在州東一百一十里

大盈泉　在州東十里四時不涸

溫泉有三　在桐梓河土人呼為梅家湯池水熱如湯隆冬可浴詩詳藝文

三十六水　在州東北源出黃梅縣界今名高溪河通志

水利津梁附

蘄南濱大江北接羣山諸湖絡其腹下流之區漲淤

時多陂塘之設皆利藪焉津梁所以利涉也王政重之詳建與修者使得藉是以不朽云志水利

蓮花池一名黃家塘在北門外周公山下水流四五里

永安壩在州西北十里赤東湖明萬歷二年修

瓦屑壩在州東明弘治年間知州陳壽築

東門壩與瓦屑壩近指揮李繼築

南門壩通河街羊子壕並迎山馬口諸處

菩提壩距州三十里安平以南水所注之處

許家塘在教場口北水流二三里

馬家塘在瓦屑壩水流一二里

施家塘在安平一圖二舖西水流二十里

周家塘在州治北缺齒山下水流四五里

盧家塘在安平五圖走馬嶺下水流四五里

清水塘在州東楊家井下十五里

袁家塘在安平四圖高廟山下水流二三里

白陂塘在安平下鄉白陂山下水流三四里

破塘在安平下鄉廖家山下水流四五里

馬婆塘在州北五十里

余家塘在渴口上畈水流六七里

藕塘一在鑽口山水流八九里一在關口河水流七八里

管怨庵古塘在寒婆嶺下水流里許

泉塘在黃土山下水流四五里

周家塘在長嶺山下水流三四里

五岳塘在西河驛水流七八里

董家塘在靈虬山下水流三四里

箭陂塘在火爐舖水流六七里

鴛鴦塘在永福馬驛山前水流七八里

楊家塘在永福烏石山下水流四五里
二聖塘在青山三圖花園嶺水流六七里
鮑家塘在青山下鄉俗名鮑家湖水流四五里
胡家塘在山口冲下水流三四里
陳家堰在安平五圖東高畈
白家堰在安平五圖蘇家畈
後河堰在高家畈水流三四里
蓮花陂堰在史河口畈
張輝堰在楊樹嶺畈

高家堰在永福下鄉
高秋堰在烏石山下
長港堰在青山黃城河畈
蕭落長堰與青山黃城河相近
白郎堰在大同三圖馬家畈以上舊志
按舊志所載塘堰水利皆有裨益於民田者至所載
灌注畝數今昔開墾淤塞以致有廣狹之異故不錄
白鶴堰在安平管家林山下水流七八里
童家堰在安平大王山西下水流可灌數百頃

六合堰在安平高德畈嘉慶三年高攀瀕糾六戸泉貫
田開溝建閘引河水灌田
駱家堰在安平八斗坵州北六十餘里
游家堰在安平馬家冲
冷泉陂堰在安平長林岡下
童家堰在大王山西麓下水流可灌數百頃以上新稿

津梁

金箱橋在東門外乾隆丙寅年建
玉印橋在北門外訓導陳欲珍捐募建

合濟橋在符乾閘口訓導陳欲珍監生張燕捐建道光
年間橋圮土人架木爲之
滑石橋在州治前宋景定五年安撫使王益建
新興橋在州北四里
高家橋在南門外
石鼓河橋去城一百一十五里陳法璧建
馬口橋在城南二十五里州民梁均宇募建不足鬻房
屋以竣功
西龍河橋在青山鄉州北一百二十里貢士陳欲瑛捐

建

天賜橋在青山松山寺下山隧長石壓兩岸成橋故名

西河渡在州北五十五里

掛口麟山書院渡在州北十里今廢

乾明渡在州治城西

沙徑渡在州北十五里陳惟聰戶王廷震戶各捐渡船一隻並置渡田有碑記

關口河一作關溪河在州北八十五里其河接洗馬潭下流水勢浩大分東西二流東流

國初生員李鄧林捐橋船並田稞三十二石嘉慶間貢生駱鍾蘭捐建橋其子理問駱以載復置渡前後共捐田課六十二石千總李泰續捐田課十七石西流胡登一駱公浩捐募橋渡置有渡田後田渡廢李泰復捐募置田課二十六石花園港店屋壹所

黃城河渡在州北七十五里陳惟聰戶捐竹筏二隻監生王乾胡便捐募橋渡並置田課附近有衍慶橋李登兆募建

按黃城河橋名陽春所置渡田計種五石七斗屬王乾管理乾卒子德等續理續置張淑宜田計種二石零二升五合又增置田計種三石零二升七合一勺而衍慶渡則附近上流之支河也先是李登兆募置渡田七斗田少而低邇來頻被水害租納難以敷費德以其渡附於陽春橋而更分陽春橋渡田之餘以助近地橋渡費之不充者約數處誠善舉也

亞公河渡州同陳法璧捐田課二十七石

白馬渡在州東關外

黃顙口渡在州南十里通興國州

易家河義渡在州西北四十里

顧家橋在一關外副憲顧闕建

吳公橋在大西門外

排埠橋在赤東湖西嘉靖丁酉年建

國朝乾隆間生員田之魁貢生江惟金捐募重修橋路置田道光丁亥生員余松齡監生杜相捐募續修橋路置田並建亭造船

大明橋在赤東湖口明嘉靖間建順治十五年李如嚴捐募重建孫湯嗣扶九承修並置義渡

芭茅橋在州南芭茅山之側官路

道人橋在州北漕河市前建以石甃架爲寛橋道光七年被水冲圮邑人高效曾募建復被水壞市公捐募改石甃爲轉蓬五座

善慶橋在西河驛爲孔道要津先是康熙年間邑人劉楚相湯有光陳于座許志士劉玉光袁剛鄭重倫正心兩次募建石橋皆未成乾隆年間貢生袁士昌改石甃架木爲梁募金不給捐銀五百兩橋始成近時里人募修名仍舊又有小橋

轉蓬橋在州北四十五里渴口市一名三洞橋康熙二十四年陳惟執捐建

中心橋在鴻宿洲明嘉靖十五年壽官鍾惠建

駱駝橋在崇居鄉明宏治元年衛舍人唐仁建

歐家渡在靑山鄉渡邊有石鐫雲路二大字

劉公河渡監生陳述古捐田一石四斗竹筏一隻

大王廟烏龜港（俗呼吳佳港）兩橋俱陳吳氏捐建（以上舊志）

新增

長壽橋在州東三十里康熙間田瑞芝重修道光戊戌徐才華補修

蓮花橋在州東三十五里元正統間趙容甫捐建嘉慶年間張梅山蓮橋二祖暨張石潭重修

大徑橋在州東北十里有渡張石潭捐

烏龜石橋在州北三十里有渡張石潭捐

陸家橋渡在州北三十里

萬壽橋有二一在下河廟乾隆庚子監生張用軒督修嘉慶癸酉張石潭補修一在白池湖置有田課

三寶橋（或作三渡）在州北三十五里有渡田

八里湖渡（即赤東湖俗呼八里）在州北十里監生龔逵捐渡船四隻有田課

相見壪浮橋在八里湖心職銜都司龔秉艮衛禦所龔秉極捐水涸時以便鄉城來往

泥河埠渡

白家堰渡

聚樂橋在州北高家新舖嘉慶間監生高勝蕤募建道光間監生高懷高斌捐募重建前後共置田課一百八十餘石

青雲橋在州北王家港
戴口渡在渇口貢生陳天篤捐有渡田
易家河橋在州北五十里置有田稞店租 以上安平鄉
蔡家橋在州西北圖峰山下鄉飲介賓王秀文捐渡船一隻監生余青美募造渡船一隻置田稞一十五石附近下流新開鎮在管家窯生員管宗桓等捐募置渡並有田稞
茅山港渡余履中捐船一隻並田稞十一石零
喇叭湖渡在硯家橋余法周捐船一隻置有田稞二十

石零
普福橋廣福橋劉思謙捐募建置有田稞
管家湖渡管宜謙訓宜議誨捐募有田稞 以上永福鄉
燕詒橋在闕口河貢生駱馥軒捐建
萬緣橋在株林河萬緣菴右陳理範陳開緒募建
集慶橋在青山董家河口監生駱磊軒捐募建置有田稞二十餘石
仁壽橋在州北馬路口駱龔二姓捐募建並渡簰一隻田一石三斗

三多渡在州北獅子口嘉慶間募建置有田課四十九石監生吳登甲經理
株林河渡乾隆癸酉陳洪緒捐置橋簰並置田一石一斗又陳正書女長姑復捐渡船一隻名濟陰渡置有渡田 以上青山鄉
甕門渡在州北七十五里鈷鉧潭口李方高建橋船並田稞二十石後衆募修
青崇橋在鈷鉧潭邊青崇二鄉交界處故名
萬歷橋在甕門明萬歷時建旁鐫有萬歷橋三字

花橋在州北百三十里庠生吳善玉建
善緣橋在州北百三十五里道光十九年里人朋建
六秀橋州北百三十五里三十六水之口傍有六秀橋石刻三大字有一聯云雲映松山秀橋鬬澗水清里人梅希楙募金重建
生孫渡在蓮花庵大河口乾隆丁酉陳虞廷建並置田
蜈蚣橋陳述古建
埒上橋陳菖湖建 以上崇居鄉
六溪渡在大同張家塝下街乾重三十九年陳士金捐

簰橋並置田稞復於道光元年士金支下續置簰一隻有田稞

善緣橋一名巴家橋在州北百二十里高溪畈交黃梅界

兩河口渡在州北百八十里道光丁亥監生吳澔捐並置田

小楊樹渡在州北百五十里里人程應魁捐有橫路舖田

趙家河渡在汪家壩下流道光二十二年汪忠霧捐田稞五十二石以上大同鄉

十景

麟阜江山　在州城內公署後

鳳麓晨鐘　在州城內西南

太清夜月　在東城外

龍磯夕照　在龍磯門列士廟前

城北荷池　在北門外周公山下

金沙夜泛　在州北十里

鴻洲烟雨　在州南二里

龜鶴梅花　在州東十五里二山並峙

浮玉晴沙　在江心文昌閣下

雨湖漁舫　在南門外

俱有詩詳藝文志

張在城俱清明白

蘄州志卷之三

知蘄州事夏津潘克溥纂修

地理志下

風俗

化於上曰風習於下曰俗其奢儉醇駁之較若性生者雖治世不能齊也今祗據州舊志及前輩所論列者紀於篇凡四禮之相沿時令之相尙民間徵逐從宜之故皆得而考焉志風俗

盧紘曰凡風俗大端無過奢儉儉所尙也而實與野有

辨奢所戒也而實與禮有辨紘生也晚猶及見吾蘄長老遺風賓賓然相先以孝讓周規折矩博帶裒衣所謂文學近於鄒魯者殆謂是歟至於敦尙節義閨門肅然別嫌明微尤稱善治小民之家重本業勤貿遷知所止足不敢妄生邪心不好訟里巷有爭輙與解山野之氓有至老死未嘗游市井者風俗之醇蔑以尙矣寖及末季好用多煩漸鄰誇鬬爰啟殲戮之禍論者謂數極滿盈天道所忌亶其然乎考舊志修於明嘉隆間猶余所謂先民懿軌也而作志者已緦緦然有江河日下之憂若見後此者其爲蒿目當何如耶邇乘喪亂之餘生理未復民間侈靡相耀甚者妨貴陵長加大破義之事亦多有焉夫

聖朝開創伊始嘉與海内返樸還醇家凜奇衺之禁斯

國綱有道之長則主持風教者不無責也 四照堂集

蘄春人性躁勁風俗果决包藏禍害視死如歸此則其舊風也自平陳之後其俗頗變尙淳質好儉約喪紀婚姻率漸於禮 隋書地理志

蘄州風氣和平士習文雅其俗舊號麗樸而近亦漸趨

侈靡有三吳風蓋緣地闢湖多生理頗易民以國稅爲急以息訟勸農爲務因易地樂土也 湖廣總志

立春之日塑土牛芒神於東門外元埶觀州官率僚屬詣觀迎春回署鞭春禮畢食春餅官紳士庶戶貼宜春二字 舊志

正月元日五鼓後州人悉洒掃廳宇門貼春符簷插梅栢競陳蠟炬茶果等物焚楮爆開門長幼悉正衣冠以次拜賀尤敬禮城隍諸神三日内輟市肆各盛服陳饌爲禮三日後彼此宴會謂之春酒各攜具祭奠先塋又

迎儺賽民家有世沿爲例者 舊志

十五日迎紫姑神以卜將來蠶事並占衆事 荆楚歲時記

江淮間俗尚鬼正月必衣服箕帚爲子姑神或能數數畫字 見東坡集

按子姑神俗謂之茅厠姑

自十日至十五日鄉城多爲龍燈之戲 志畧

二月十五日俗謂之花朝節婦女相邀於是日踏青 志畧

社日四鄰並結綜會社牲醪先祭神然後饗其胙

清明日士民於是日掃墓

四月八日諸寺各設香湯浴佛共作龍華會州民各食烏米飯謂之青精飯 志畧

五月五日端午採艾以爲人懸門戸上以禳毒氣 荆楚歲時記

州人是日插艾葉菖蒲於家廟巫祝例送硃砂黃楮符貼之門壁日正午闔家飲硃砂雄黃菖蒲酒小兒用塗眉耳諸處月內焚蒼朮凡男子未畢婚者饋送節禮角黍豚鵞之類女家以紙筆女紅答之自端一日至端午日競渡龍舟內外皆往觀自元旦外惟此節爲最醫人多於是日採藥 舊志

按隋書地理志屈原以五月望日赴汨羅土人追至洞庭不見船小湖大莫得濟者乃歌曰何由得渡湖因爾鼓櫂爭歸競會亭上習以相傳爲競渡之戲

六月伏日並作湯餅名爲辟惡 荆楚歲時記

六月六日諺曰城隍降誕蓋緣始築城之期也是日好事者迎神設醼鼓吹經朝相遞爲首名曰半年福 舊志

六月二十六日爲二郎神賽會之期州城漕河所費不可貲計 新稿

舊俗以六月某日賽二郎神一人前導山民呼行者舉行者名則元人小說所載孫悟空也是日蘄人無遠近皆來就觀輟市肆肅衣冠立於門出隻雞百錢爲壽必請命於行者以致於神一不與則行者機變畢動撓若生擊屋瓦器皿應手皆碎乾隆十九年知州錢鋆悉取像焚之二郎神如故 甲乙存稿

七月七夕州內各士民設瓜果競巧率兒女羅拜於是月之下亦昉古乞巧之遺意也

十五日爲中元節士民家各焚楮薦祖 以上舊志

尼僧道俗悉營盆供諸佛荆楚歲時記

蘄俗七月朔夜於景佑眞君廟伐鼓吹螺以小鉦巡於市名放兵望夜如之名收兵兵謂鬼也此十五日士庶家各祭亡者又自九夜至望日七日內斂錢作佛事所謂烏藍盆挈道書云中元考校也白茅堂集

八月十五日舊俗取促織虫相鬥設高案以貼金大餅焚香秉燭祭月

九月九日四民並籍野飲宴荆楚歲時記

十月朔日黍臛俗謂之秦歲首荆楚歲時記

仲冬之月采擷霜燕菁葵等雜菜乾之並爲鹹菹同上

十二月初八日炙以蓮棗作粥謂之臘八粥新稿

考荆楚歲時記十二月八日爲臘日諺語臘鼓鳴春草生村人並擊細腰鼓戴胡頭及作金剛力士以逐疫

楚俗尚鬼而儺尤甚蘄有七十二家邑人顧景星有鄉儺志與鄉儺作見白茅集茲不贅載

是日並以豚酒祭灶神荆楚歲時記

二十四日爲小除是夕凈厨用神馬草豆香燭之類祀灶謂之送灶至除夕復祀之謂之接灶

三十日爲除日洒掃庭宇貼春聯福字戸上插柏葉夜間祀祖先家人相聚歡飲謂之團年飲畢幼小衣冠向長輩前拜謂之辭年長輩以錢分予謂之壓歲通夜不寐謂之守歲以松竹生柴焚之名曰爆竹醫家例以蒼朮和丸相餽曰吉祥丹樹雙炭於門以紅紙束之曰將軍炭舊志

蘄俗婚嫁各因門第求配先通以媒妁卜吉擇日先具問名納采禮聘儀各從厚薄啟用金裝文本家禮女家具金銀庚牌書年月日答之告諸祖先將婚先期男家

再具茶禮釵鈿彩帛羊酒果餅之類送女家並具啟徧告女之親族謂之圍書女家隨力備粧奩先日迎送夫家比日壻乘輿鼓吹親迎輿前列用家雁取和鳴義用杯酒取合巹義用提燈取花燭義壻親以帨覆女首登輿女至壻家或尊長或小姑先爲婦塡粧授食用白布今用紅毡鋪道引入房壻親揭帨行交飲相答拜禮入帷坐外人俱却避不得見至次黎明起盥沐畢男女先謁祖先及翁姑闔門長幼女家先具茶果送之拜見時各陳手帨茶襆爲贄其尊長亦各以釵釧類爲新婦貽朝夕

凡三拜見越三日男具酒筵往謝於女家曰拜門酒女家亦具酒送女曰三朝飯其謝媒妁亦如禮匝月女始歸母家後往來如常雖六禮之成未必盡遵古制然大端民家於婚嫁爲甚鄭重卽臧獲之賤山野之僻男女必先以媒妁遺以聘貲無婚不以正者

親喪隨力先具衣棺沐浴掩殮畢殯於中堂列案於前及燈燭品供以父母遺衣陳尸於柩側男女披髮哭踊闔門先以白布裹頭衣用素三日用牲堂祭成服齊衰期功緦麻各以等差執喪之日家或不舉火親鄰相遺

以粥卽以布幣及孝服徧告於親族家有不能及者又陳訃單於門里黨聞者咸赴弔相答拜至親代送客更相執事子若孫執杖守柩至七七日而滿寢坐用草薦薦取苦塊義每七日設齋薦亡多用楮錢竭貲不惜親友於弔後各隨厚薄陳祭奠或用祭章牲醴楮帛諸儀喪家答以胙又通里各具旌儀醵送喪家樹旌請親友冠裳尊顯者舉之拜奠畢款酌而辭退七七日滿子孫及服親徒步具素柬徧踵謝或拜諸門外

葬必卜吉地仍先期陳告親里其赴弔仍如新喪時或送以旛仗鼓吹發引日導前送及墓而止或陳路祭遠則或先辭歸相答拜於路貴介家必請官長題主並祀后土其款宴送胙亦如舉旌禮既葬墓封或用馬鬣或用覆釜封樹畢子捧主鼓樂導送至家堂安位祭拜如禮或歸三日後不時往省亦有廬墓數月而始歸者其他親疎服各以遞降要於古制不相悖也

祭各不同有家祭有祠堂之祭有塋墓之祭子孫衆多者或租出祀田或金出醵積用具牲醴祭畢燕飲分胙而退又家居有歲時伏臘之祭祀神以牲醴祀先以湯

飯楮錢凡遇親生忌日禮亦如之祀神則有祠廟之祭里社之祭儺賽之祭祈禳之祭村野則有春秋社壇之祭祭之日必誠必信習俗所尚有由來也 以上舊志

男子戴抓拉帽卽查刺之轉音遼道宗名查剌燕居戴六瓣緊窄帽後因以名之崇禎中爭尚抓拉猶揪子撇兒也 顧氏州志

天啟末婦女梳粧尚浮渲易髻以髾盤旋甚綏名揪子輕幗名撇兒 同上

萬歷前士大夫高冠窄袖末年矮冠大袖婦女亦如之

同上

揖俗曰唱喏古人相揖作此聲唱喏者引氣之聲也唱者唱言也喏即所唱之聲拱手至地大唱聲曰大喏禮之隆也拱手至膝細聲唱曰半喏禮之殺也女子揖必唱萬福今皆無惟姆戲教嬰兒引手曰喏民間婦女相見曰叫叫猶曰唱唱亦唐宋遺風也 同上

土產

物有專產有通產通產不勝書擇其裨益於民生日用者分别紀之其專產竹艾龜蛇艮於他處抑地氣

使然歟志土產

淮南道蘄州土貢白紵簟鹿毛筆茶白花蛇烏蛇脯 唐書地理志

淮南西路蘄州貢苧布簟 宋史地理志

蘄州東北有百家冶山出蘄竹 明史地理志

蘄州竹以色瑩者爲簟節疏者爲笛帶鬚者爲杖 一統志

十二時竹產蘄州其竹繞節凸生子丑寅卯等字安福周俊叔得此植之家庭筍而竹者十之三 羣芳譜

白艾蘄州出 一統志

艾葉本草不著土產但云生田野自成化以來以蘄州者爲勝用充方物天下重之謂之蘄艾 本草綱目

相傳他處艾灸酒壜不能透蘄艾一灸則直透徹爲異也 本草綱目

李言聞蘄艾贊產於山陽采以端午治病灸疾功非小補 蘄艾傳

茶之美者蘄州之團面 本草綱目

宋榷茶之制擇要會之地爲榷貨務六一曰蘄州之蘄口鎮 宋史食貨志

雲霧茶出仙人臺味最佳諸茶莫及 郛稿

羅漢茶蘄州三角山出舊傳有異僧種之而去若雜以葷物即無味 一統志 又名花茶一名瓊枝即越中鹿角茶之類 彙苑

按仙人臺多產此茁時萌盡東向其味較珍珠茶爲佳

蘄州有三洞一曰龍洞在三角山神龍居之禱雨皆應而光景變化未嘗表露二曰龜洞在廣教寺龜生其中品類不一而綠毛者爲多三曰蛇洞在蘄州鎮側蓋白

花蛇所聚今不復有矣 夷堅志

綠毛龜蘄州出置壁間數年不死能辟塵 一統志

綠毛龜蘄州以充方物養鬻者取自溪澗畜水缸中飼以魚蝦冬則除水久久生毛長四五寸毛中有金線脊背有三稜底中如象牙色其大如五銖錢者爲眞他龜久養亦生毛但大而無金線底色黃黑爲異爾 本草綱目

綠毛龜所在有之惟蘄州爲異大如五銖錢背三稜隆起如圭腹甲色如象牙頭足皆有金線一圍舊說毛中有金線非也雷動出蟄以清水蓄凈盎中必日一再易

久之毛可滿盎旋轉盎中一絲不亂日食去血牛肉四分碎剪飼之雷收蟄入蟄綿褁藏筒中避蚊避蠅之說皆不然 黃公字說

白花蛇蘄州出能愈大風 一統志

蘄州有白花蛇一名褰鼻蛇諸蛇鼻向下此獨向上頂有方勝尾有指甲人劃破其腹則自赴水中以指甲洗去其腸蟠屈而死可治風疾 山堂肆考

花蛇湖蜀皆有今惟以蘄蛇擅名然蘄亦不多得市肆所貨官司所取者皆自興國州諸山中來其蛇龍頭虎口黑質白花脇有二十四方勝文腹有念珠斑口有四長牙尾上有一佛指甲長一二分腸形如連珠多在石楠籐上食其花葉人以此尋獲先撒沙土一把則蟠而不動以叉取之用繩懸起劙刀破腹去其腸物則反尾洗滌其腹蓋護創爾以竹枝定之屈曲盤起紮縛烘乾出蘄地者雖乾枯而眼光不陷他處者則否矣 本草綱目

蛇死目閉惟蘄蛇目開如生出蘄界者一開一閉 爾雅翼新稿

謹按蘄地花蛇有黃白黑三種黃白二花可貨數十

金黑花不過數金而已昔產龍峯山洞今無有惟三角山出一歲不能多得土人獲此物必食葷物方可否則其走如飛牙利而毒如人手足爲所嚙卽時必以刀斷去稍遲則不能救也今亦有方可治市肆所貨皆浙蛇非蘄蛇花與指甲皆同土人亦莫能辨但三角山二蘄交界之處相傳蛇一逾蘄水界則只存一目浙蛇無是也 志畧

烏蛇蘄州山中有之乾寧記云此蛇不食生命亦不害人多在蘆叢中吸南風及其花氣最難採捕多在蘆枝

上得之其身烏而光頭圓尾尖眼有赤光至枯死不陷如活者稱之重七錢至一兩者爲上（圖經本草）

蘄州烏蛇頭上有逆毛二寸一路可長半分已來頭尾相對得此多留進供腹下有白帶子一條長一寸者雄也（雷公炮炙論）

鰣俗呼鄧荷魚出江中（一統志）

麝蘄州或亦時有其香絶小一子纔若彈丸往往是眞蓋彼人不作僞爾（圖經本草）

地榆蘄州里人呼爲酸赭（本草綱目）

五加蘄州呼爲木骨（圖經本草）

蟹出茅山下者黃多而味甘較他處爲勝（志畧）

鯿出諸家湖水經注云青林湖饒美鯿不及此遠甚（舊志）

蘇釉泥出挂口（志畧）

菸葉出吕宋國番名淡巴菰萬歷間閩中人種之吸取其烟以禦瘴氣後内地種者漸廣獲利漸多頃年蘄州青山崇居大同諸鄉種之益盛歲可得十餘萬緡山地沙土盡歸於河河身日高濱河之田畢被潰决利之所在害亦隨之（陳氏志存稿）

簞舊傳百冶山竹爲之今百冶山無竹業簞者取他境竹爲之仍名蘄簞（新稿）

穀屬（以下通產）

秈（七月熟惟江西早六月熟）　稻（八月熟佳者金沙魚子二種秈糯稍劣）　大麥　小麥　蕎麥　苦麥　豆（有黃綠赤黑數種）　稨豆（白花者良）　刀豆　豇豆（陌上者多實架上者少實）　蠶豆　豌豆　粱　秫　黍　脂麻（白黑褐色三種）　稷　粟（龍爪狗尾二種）

蔬屬

筍　芥　葶　菘　芸臺　菠　芹　莧　馬齒莧

同蒿　蔞蒿　白花菜　花兒菜　萘　萵苣　薺　薑　韭　蔥　蒜　薤　胡荽　蘘（大小二種）　萊菔（紅白二種）　薯蕷（藤有青紅白三種紅者劣）　芋　百合　茭菰　菌　木耳　胡瓜　南瓜　冬瓜　越瓜　茄　絲瓜　甜瓜（色黃）　苦瓜　西瓜　壺盧　苜蓿　慈姑（生水田中荒年食之可療飢）　蕨（根可救荒作粉佳）　雨花菜（亦名珍珠菜）　鼠麴（楚之人呼爲米麴北人呼爲茸母）

草屬

萬年青　吉祥草　菖蒲　翠屏　洗手香　芭蕉　蕭　鳳尾　虎耳　蓼　苔　萍　蘋　藻　書帶草

藍靛俗名不雅馴者未錄

木屬

松　栢　桑　梓　槐　樟　楓　椿香臭二種　榆　棠

梨　棗　杉　檀黃白二種　黃楊　栗　楢　椰　株　楊

栁　桐　泡桐　烏臼　柘　柞　櫟　皂角　茶

楝　楮　冬青　棕櫚　狗骨　漆近日大同鄉種之　椒

果屬

杏　銀杏　桃　櫻桃　核桃俗稱　李　梅　枇杷

栗　柑　金橘　橙　石榴　梨　棠梨　羅漢果

海紅　葡萄　海棠果　山樝　藕　蓮子　芡實

薏苡　菱　烏芋　柚　木瓜　金瓜　柿　梀棗

花屬已入草木果之屬者不贅

蘭春夏二種　菊　蓮紅白二種有千葉重臺並頭　千日紅　十姊妹

牡丹　芍藥　繡毬　萱葵　荼蘼　月季　玫瑰

山丹　玉簪　剪秋羅　虞美人　罌粟　六月雪

藏金　金鍾子　子午　石竹　迎春　茉莉藤本木本

滴滴金　射干　雞冠　鳳仙　鳳耳　荷苞牡丹

美人蕉　老更嬌一名老少年　桂紅黃白三種月桂另種　芙蓉　山茶

鶴頂寶珠二種　蠟梅磬口狗蠅檀香三種　海棠有垂絲西府貼梗三種　玉蘭

辛夷　木樨　夾竹桃　瑞香花　金銀花　紫荊

杜鵑　梔子　木槿　淩霄　伏牛　天竺　西番蓮

鐵線蓮　魚子蘭

藥屬

白朮出唐家山形如鵞頭者更勝行蘇杭價重朱提　香附　蒼朮　槐花

土茯苓以上四味偏行各處　桑皮　莞厨　山查　忍冬花

葛根　烏藥　天花粉　王不留行　野菊　苦參

女貞子　絡石　葳蕤　蒼耳　何首烏　金櫻子

桔梗　紫蘇　茵陳　青蒿　石葦　貫仲　麥冬

威靈仙　石菖蒲　薏苡仁　白歛　藁本　香薷

骨碎補　劉寄奴　常山　石耳　海金沙　蜀葵

石藤㮕　牽牛　青葙子　淡竹葉　茜草　五葉藤

丹參　兒臼即獨脚蓮也　馬鞭草　巨骨皮　瓜蔞　羊

躑躅　益母草　夏枯草　旱蓮草　紫花　地丁

血見愁　穀精草　芫花　蒲公英　蚤休出仙人臺即七葉一枝花又名重臺金線　草三七　魚腥草　苦楝根　黃精　茯

苓　薄荷　藿香　良薑　石斛　白芨　天門冬

卷栢　覆盆子　淫羊藿　野大黃　藍花鏡名萬年青俗名九子治腫壽

以上十五味不盡產蘄即產蘄者不盡可用姑

登之以待參考　雲霧草出仙人臺治目疾孕婦忌用　鹿銜草出仙

人臺三角山等處治咳血　矮脚茶治咳血　以上三味本草未收然

現在所產因並登之

禽屬家禽不錄

梟　鷺　鷥　鳩　麥啄　雉　雁　慈烏　鵜鴣

鴛鴦　燕　扈　鸍　鷹　鴉　鵲　鸜鵒　鵑　鶴

鵓鴣　鸛　鴇　白鷳　鷸翠也不多見　鷦鷯　秧雞　鸂

鶺鴒　鴿　鸇　伏翼　鵂鶹　雀　鷹鳩郭璞云即布穀也江東呼

穫穀　鵙

獸屬家畜不錄

麂　兎　鮻鯉　貛　豺　狼　狐　狸　虎今無　麞

獺附蝟　鼬

魚屬

鰣　鱣　鮪　鱖　魴　鱅　陽鱎　鮧　鯖　鰉

鰻魚　鯇　鱵　鱭　鰷　石首　鰽　鱒　鰵　鰶

鰌　鰻　鱓　鮃　鮈　鯽　鯿　鱝　鯢　鼈　鰕

銀魚

石屬

赭石出麟山者佳爲丹青家所珍　水精石出唐家山　沙石供髹漆用

無名異土出白水里供髹漆用俗名妝由土訛名烏煤土　石灰有山灰河灰二種

蘇釉石出隱靜菴

貨屬

木棉紫白二種　布　紬　白蔴　苧蔴　大蔴　茶子碎

萆蔴　脂麻碎　紙出大俘衙　香末近日桐梓河出此松屑爲之

古蹟

地豈不以人傳哉其人往其蹟留後此有望古之思

焉過舊治者戀白雲瞻遺田者徜徉玉匣值美觀由

之以勵俗可也志古蹟

故城在安平鄉大河之東有鼓吹白雲之勝杜氏通典

謂蘄爲湖南北十州之舊郡也

翻車城在州東南八十里因與翻車河近故名舊志作

英布城謂漢九江王英布築城於此以示背楚歸漢

之意不確

三鐵一爲治內戒石前三鐵缸一爲鐵佛寺鐵佛一爲

鐵牯牛形家言蘄州地如簰形俗傳三鐵鎮蘄陽鐵釭明末癸未城破後爲江南人擊碎盜去鐵佛尚存至鐵牛相傳在南城濠邊土內有人浴濠中偶觸牛角城中遂犯火災

呂王城在州北四里缺齒山下相傳呂王築此蘄口鎮在呂王城前今瀦水處卽其遺址舊傳金兵屯白雲山移避蘄陽鎮卽此地 以上舊志

涵輝閣在舊治子城上蘇子瞻在黃客有道其霽容天在水春態柳藏橋之句軾欣然以色字易態字蓋賦

涵輝閣也自是涵輝之名益著 方輿勝覽

豈弟忠恕安民思政貴簡雙桂雙蓮等堂俱在舊治皆宋時建今俱廢 府志

超然觀環翠亭俱在蘄春郡城 輿地紀勝

煙霏樓見山樓俱在舊蘄春縣圃內今廢 府志

溪堂在舊治南宋至和中吳瑛致仕時隱居處也 名勝志

按司馬君實和吳庶仲送吳瑛歸隱詩云一朝投紱眞高士萬卷藏書舊世家蓋紀其實也

四見亭舊在白雲山頂宋治平中范純仁建州人林敏功爲之記後遷今治署後有亭仍以四見名之明知州李榮祖重建 有記詳藝文

國朝嘉慶年間知州顧澍改爲試鑑亭今廢 新稿

橫車橋在州西六十里今驛路舖遞所在也宋嘉定辛巳李誠之與金人鏖戰處 志署

仙人石在清水塘女足跡尚存 舊志

烈女墩在蓮花池 舊志

按顧氏論云蓮市湖俗名沿市湖湖中有曰彈子山者相傳元總管張某二女至正末寇亂義不受辱連

袂赴水死後生此石墩云

康茂才宅在青山上鄉 舊志

古教埸其址有三一在城東濠岸一在城南一在掛口江濱明吉安侯練軍處 舊志

鳳凰臺在乾明磯相傳羅眞人飛昇處

小山深處在州署內有樟樹三株明末獻逆陷蘄夜見三人擐甲持戈護城意卽樹神也今呼爲將軍樹 詩記詳藝文

江山一覽亭在鳳凰山兵備道劉亦齋建下有千仞亭

今廢
江山淸趣亭在鳳凰山之南明洪治間錦衣衛指揮同
知孫瓚建今廢 記詳藝文
玩鶴樓在州東北山上有古松一株極蒼秀 以上舊志
白雲深處亭在荆府內林木四匝翠峯環拱儼有淸虛
之狀荆藩搆亭於此今廢 詩詳藝文
沉香樓在麒麟山按遺址卽今內行宮地
梳粧臺在城內小教塲遺址在今考棚前 以上新稿 詩詳藝文
浮玉亭在新生磯文昌閣下明萬歷十七年知州徐希

明搆亭於上適梅川吳明仲給諫宴飲其上見水光
凝碧曰此浮玉也遂取以顏其亭今廢 詩詳藝文
鴻亭在州西南隅乾明磯禹王閣左下臨鴻宿洲
國初知州張士駟建今廢
莖草亭在東關外東山寺
風雲奇觀石在州治右明成化六年掘地得之首鐫此
四字後有詩二律無作者名氏荆藩移置邸中兵火
無存
七葉寮在鳳凰山今廢 詩詳藝文

遺所在雨湖北岸邑人李瀕湖著本草綱目處其孫副
使樹初建芝鹿山房於其左今廢
白茅堂在北城外熊化嶺顧氏宅後
按顧景星得先世外家馮午山尚書藏書八十一厨
杜門著述顏其堂曰白茅
四照堂在城南鶴雞山盧參政綋建 詩詳藝文
雲路在青山下鄉歐家渡去渡數武有石鐫雲路二大
字古勁可愛 以上舊志
知足知不足二齋在大同竹田冲工部虞衡司陳詩著

書處 新稿

陵墓

或貴或賢例得紀墓州自明諸王以下貴且賢者多
矣封樹碑誌皆不可攷兹但紀其可攷者志陵墓
明荆憲王朱瞻堈墓在永福下鄉復遷安平上鄉大泉
山
荆靖王朱祁鎬墓在安平上鄉大泉山
荆和王朱祐檷墓在永福下鄉白雲山後改葬諸家湖
韓家山與妃劉合窆

都昌惠靖王朱祁鑑墓在安平上鄉大泉山

惠靖王長子與父同墓

都梁悼惠王朱見溥墓在安平上鄉

都昌懷順王朱見潭墓在安平上鄉虎狼口

樊山莊和王朱祐樠墓在安平上鄉袁家嶺

東都昌王東軒悼僖王墓在大泉山之陽

永定端穆王墓在州南迎山

樊山溫懿王第三子鎮國將軍墓在缺齒山冷水井

都梁悼惠王第二子鎮國將軍墓在州東黃土嶺之陽

荆恭王朱翊鉅墓在安平上鄉翁家寢

荆敬王朱常涪墓在安平上鄉湯家寢

荆康王朱常㳂墓在安平上鄉熊家寢

都昌悼僖王朱祐樢墓在永福上鄉大王廟前

樊山溫懿王朱見濍墓在永福鄉蔡家橋

荆□王墓因國除無謚寇亂後葬李公氣墓并未封

荆端王墓在廣濟縣楊門張家寢

荆莊王墓在廣濟縣楊門武家寢

荆定王墓先葬廣濟縣朱老墳後遷無攷

蘄康國公父子墓俱在江宻鍾山祖墓俱在青山上鄉康家冲碑銘詳藝文

侍郎朱仕俊墓在黃土嶺

吉安侯柳艮正墓在打鼓臺

千戶陳福清墓在鳳凰山麓

御史馮思齊墓在江宻浦口香爐山祖墓在安平鄉大泉山第一泉側

大司寇馮天馭墓在頭鋪祖墓在迎山老美橋母墓在馮家林

方伯華仲賢墓編修華巒墓俱在馬口湖編修墓有李茶陵碑銘詳藝文

知府劉樽墓在迎山麓

解元陳吉言墓在下路港迎山

參政顧敦墓在甕門桃樹山

參政顧問副使顧闕墓俱在缺齒山始祖士徵墓在鹿耳石

御史周禧墓在符乾關外席盤石

太醫院判李時珍父言聞墓在竹林湖

醫賢楚王府奉祠李時珍墓在州東竹林湖祖墓在大
教場
副使李樹初墓在州東東湖庵父同知建中墓在盤龍
嶺母彭恭人墓在廣濟栗木橋仙姑山嗣父建木墓
在竹林湖 墓誌銘詳藝文
知縣李雲慶墓在東湖庵
僉事李新墓在頭舖地藏寺側
知縣田鵬墓在大金橋
進士田雨公墓在周公山

方伯張思齊墓在普提壩黃土塘
方伯張邦翼墓在圓峯山下張銘畈祖墓在蔡家店
都御使李儒墓并祖墓在竹林湖
參將李同春李棟墓在安平方家橋 墓誌銘詳藝文
主事李孟春墓在廣濟闢聖村土名茅山垠
侍郎李盛春墓在廣濟望夫山六府林之左
副使李際春墓在永福段家倉壽眉山
總兵李楷墓在野狐山
鹽運使提舉李樸墓在烏林港 舊志作烏䕏

參政李標副使李梃墓在崇居金鷲寺
御史饒京墓在竹林湖側今名饒家閣
御史王珙墓在楊門龍泉寺之左祖墓在渴口畈柏樹
林
副使晏攄忠墓在席盤石晏家壠山
知縣陳顯元祖墓在東山寺
指揮王啟墓在雨湖母墓在迎山王家林 墓誌詳藝文
都督同知程貞墓在安平彭祖平陽嶺
同知張敎葵知縣張承位墓俱在廣濟張家寢

知府馮汝承墓在州東五里八角塘
知州陳仁近墓在青山椰木冲祖惟聰墓在義龍窩啟
常墓在老鴉山
參軍沈士望墓在永福淸水塘
知縣王御龍與侯孺人合墓在州東二十五里百福山
知縣李本衍墓在荒草畈其父李櫃墓在廣濟劉玉林
繼母墓在徐家坳
知縣孫民則墓并祖墓在永福鄉
知縣陳履中墓在崇居馬驛冲

知縣熊淇墓在迎山

補遺附新增

宋閩清令蒲遠猶墓在安平獨山麓碑誌詳金石

明副使袁世振墓在洗脚湖

知府郝守正墓在南關外

知府蕭震墓與陳恭人墓在永福彭思橋大栅樹

流寓進士蔡相卽州崇居蔡氏之始祖也墓在崇居鄉木寨山下

都司沈槐山墓在北門外蓮花池沈家墩

知州易龍見墓在廣濟楊林鋪郭陽冲

知州易可訓墓在城南迎山均

知州易之豫墓在永福黃泥塘箬子地

知縣顧咸泰墓在迎山八方林

進士汪蘅墓在郝家壋以上補遺

知州陳艮翼墓在崇居石鼓冲口

工部虞衡司陳詩墓在安平鄉宋家嶺

進士劉之棠墓在迎山麓

遊擊何永清墓在大同栗木嶺

據錢志入

參政盧紘墓並祖墓俱在迎山

中丞李本晟墓在廣濟金山府

翰林欽士佃祖墓在烏林港

知縣李炳然墓在施家塘雞公嶺與朱氏合葬

徵士顧景星墓父天錫姑劉貞節墓俱在時思閘

温處道高埣墓在崇居鄉大林腦

知州李本蓁墓在杉木林旌節何宜人墓在涼蓬湖

知州李坦墓在燕塘湖張山壋

進士張正志墓在安平鄉

明咸將軍王紳墓在州大教場左

知府李樹墓在父盛春墓左山母董夫人墓在黎企廟

兒嘴

忠烈王玠墓在青山鄉獅子地

指揮程曠墓在崇居鄉

金石

自廬陵歐陽氏集古有錄而因是而作者諸家各有專輯凡古人金石之文遂詳於紀載而不可磨滅矣州金石無可攷天寶以來碑之佚者甚多其存者蓋一二焉兹無論存佚備錄其名以紀之志金石

唐碑

龍興寺故法現大禪師碑銘并序 湖北金石存佚考

天寶元年李適之撰吕向書 碑文佚文見文苑英華

刺史杜敏生祠頌 同上

乾元三年五月張璪撰史惟則八分書 金石錄

碑久佚史惟則名浩天寶中嘗爲伊闕尉集賢院待制後至殿中侍御史集古錄云唐世分隸名家者四人韓擇木蔡有鄰李潮及惟則也金石畧彙所書碑凡二十八而生祠碑居其一焉惜乎不得見之 金石存佚攷

新城門頌并序 同上

貞元十八年符載撰 碑久佚文見文苑英華詳藝文

四祖塔院碑 五代碑見通志

李璟正書篆額保大三年正月十日在蘄州 寶刻類編

天福八年癸卯南唐李景立改元保大 五代史十國世家年譜

宋碑

閬清令蒲遠猶自撰墓誌 金石存佚攷

元祐六年豫章黄庭堅書偕宋觀道士陳善淵摹刻墓在州安平鄉獨山之麓嘉慶十三年土人墾田得之 俱同上文詳藝文

六逸石題名 同上

六逸石在三角山上鐫元豐八年三月主事陳同知某文林郎編修某避暑憩題并刻有詩 盧志

觀頤視履石刻四大字 金石存佚攷

淳熙乙巳仲□趙不迹爲潘□書 錢志作潘震 蘄春三角佳山宗瑞石上 湖北通志

四字蘄水縣志以爲趙不迹書蘄州志以爲潘震書實則趙爲潘作也 金石存佚考

資福法堂記 同上

建炎二年釋惠洪撰 同上碑久佚文見石門文字禪

資福院禪師碑銘惠洪撰 同上碑久佚文見石門文字

教授廳記 同上

乾道九年朱子撰同上

蘄學舊有朱元晦教授廳記洪武初知府左安善摹

朱書體刻於壁文白茅堂集碑久佚文見本集詳藝

惠民倉記金石存佚考

嘉定十三年夏五月眞德秀撰碑久佚文見本集詳藝文

蘄春縣興學頌并序同上

元季危素撰同上碑佚文見本集詳藝文

明碑

華伯瞻編修墓誌銘

宏治中李東陽撰碑佚文見本集詳藝文

顧氏祠堂記新稿以下同

明王世貞撰碑存文詳藝文

盧氏祠堂記

胡周鼐撰文詳藝文

北門李氏龍磯挂纜碑記

李炳然撰碑現存文詳藝文

盧公神道碑銘

吳偉業撰碑佚文見本集詳藝文

蘄州志卷之四

知蘄州事夏津潘克溥纂修

建置志

藩封

蘄自東漢後代有封爵明之荆府傳世久遠系列史書其軼事時散見於舊説今雖國除亦其地文獻所由徵也志藩封

東漢

建武三十年封視阿侯陳俊子浮為蘄春侯國水經注

東觀漢記詔書視阿益濟南國改徙浮封蘄春侯浮卒子專諸嗣專諸卒子篤嗣後漢書陳俊傳

隋

蘄春公達奚長孺字富仁少植節操膽畧過人高祖受禪進位大將軍封蘄春郡公卒謚威隋書本傳

唐

蘄王緝順宗子咸通二年封八年薨

後周

蘄王熙誨世宗子顯德六年封

宋

蘄王韓世忠字良臣陜西延安人孝宗隆興四年四月乙酉追封蘄王

明

蘄國公康茂才字壽卿本邑青山人洪武二年封蘄春侯四年征蜀歿於鐵索橋下追封蘄國公謚武毅（封冊及傳詳藝文）

蘄春侯康鐸洪武三年封茂才子贈宣力武臣蘄國公謚忠愍（事實附茂才傳）

謹按自逵奚長儒至康鐸皆非藩國

荆憲王瞻堈仁宗第六子永樂二十二年封宣德四年就藩建昌有蟒出没王宮或凭王座大懼請徙正統十年徙蘄州王天資穎秀勤學好古長於吟咏每大慶會祇慎禮成無倦景泰二年表請朝上皇不許四年薨謚曰憲子靖王祁鎬嗣

靖王祁鎬憲嫡一子景泰六年襲封天順五年薨子見潚嗣

見潚靖王嫡一子次都梁王見溥次樊山王見澋潚與溥同母怨母之愛溥也召溥後苑錘殺之又謀殺都昌王見潭偪其妃見澋懼其及也盡上其不軌狀並其長子祐柄廢爲庶人武昌安置七年卒姪祐橺嗣

和王祐橺都梁見溥嫡一子成化十九年襲都梁封弘治七年進封十七年薨謚曰和嫡一子厚烇嗣

端王厚烇正德二年襲封性謙和溫粹耽情經史能詩尤工篆隸雖一藝之士輒折節下之以內隙地爲東庄顔曰白雲深處歲耘植其中以覘旱澇旱則爲民祈禱暴露不惜正德十年（史作嘉靖中）以疾辭祿不允詔富順王

厚焜攝朝謁嘉靖三十三年薨荆自靖王諸子交惡王每以爲慟於是務爲禮讓以飭宗人前後以疾辭祿者三俱嘗溫旨特命中使存問謚曰端子永定郡王載墭已先薨子翊鉅嗣

恭王翊鉅嘉靖三十四年以世孫襲封王嚴明有制表樊山王載㙺賢請訓諸子世子常泠尤殘恣言於朝廢爲庶人隆慶四年薨謚曰恭嫡二子常洁嗣

敬王常洁初封泰寧王萬歷三年襲封四年薨謚曰敬無子弟常㳉嗣

康王常盜恭王嫡三子封安城王七年進封盛著賢聲
二十五年薨謚曰康嫡一子由樊史作由櫢嗣
定王由樊字文伯號鳳岐丰神嶽嶽望若天人淹貫博
綜兼通繪事尤敬禮賢士人愛敬之天啓二年薨謚曰
定嫡一子慈㷛嗣
荆王慈㷛定王第五子以嫡出天啓六年嗣位聰敏多
材藝好嬉戲踈元妃桂氏寵嬖妾習巫術常有志遠遊
宮室衣服喜從民間稱號崇禎十五年革𥙷眼左金王
詭降於楚帥王召之飲盛陳女樂十六年正月張獻忠

陷蘄王先一月薨賊圍王宮盡掠其宮眷及所見伎樂
去元妃桂氏次妃劉氏及劉氏所生世子和至獲免明
年甲申
國朝受命荆國除桂氏逮至京師旋荷
恩放還桂氏州名家女儀止端莊數以義諫王因失寵至是
落髮雨湖頭陀菴爲尼以老
都昌惠靖王祈鑑以下荆藩支子郡王憲嫡二子正統八年封成
化十三年薨懷順王見潭惠靖王庶一子成化十六年
襲封十九年薨悼僖王祐槝懷順嫡一子弘治九年封
十一年薨厚熙悼僖嫡一子正德五年襲封嘉靖八年
薨載塎厚熙嫡一子嘉靖中襲封薨翊鏵載塎嫡一子
先卒無子除
都梁悼惠王見溥靖嫡二子成化二年封十三年薨後
子祐梱襲荆封郡爵例不襲
樊山溫懿王見濍靖庶三子成化三年封正德元年薨
莊和王祐構溫懿嫡一子正德四年襲封嘉靖七年薨
恭恪王厚焌莊和庶一子嘉靖十一年襲封三十年薨
載埁恭恪庶一子嘉靖三十六年襲封王折節恭謹以

文行稱讀書窮理著大隱山人集郡王女例請祿於朝
王四女皆妥士人不爲請嘗應詔上正禮正疏不報萬
歷二十五年薨子翊鉦嗣鉦埁庶一子字孟嘗穎異博
學工詩文當時與王弇州吳明卿詩筒往來著有廣謙
堂集震岳詩話與弟翊壓翊塑嘗共處一樓以詩唱和
號花蕚樓壓字仲良文學書翰俱有名嘗爲楚藩宗正
鉦薨子常滄萬歷三十二年封長子旣而襲封
富順王厚焜和庶二子正德九年封以詩畫名初荆端
王疾詔王代朝謁及端王子永定王長即謝攝事人尤

以爲賢萬歷四年薨載垬厚焜庶一子萬歷十年襲封十二年薨翊鍉載垬庶一子萬歷十有六年襲封薨常漍翊鍉庶一子天啓三年襲封薨由檽常漍嫡一子萬歷二十四年封長孫

永新安莊王厚煌和庶三子正德十三年封嘉靖二十七年薨恭懿王載澋安莊嫡一子嘉靖四十一年襲封萬歷十一年薨翊鏈恭懿嫡一子萬歷十三年未襲卒常渭翊鏈庶一子萬歷三十四年封長子旣而襲封

德安王翊鐯莊嫡二子嘉靖二十年封萬歷中薨常濐翊鐯嫡一子萬歷三十年襲封以上俱本明史諸王世表及通志並參舊志

謹按續文獻通考明謚法通考並於荆藩後列樹城郡王祐橏岷青郡王祐櫔考見潚子祐柄旣以罪遷置武昌見溥子祐棡進襲荆封郡爵例不承襲則此二王者未知何屬也明史諸王世表不載今亦不錄通志　舊志年代名目世次訛謬者概從通志更定

附舊按府志錄荆藩五王創都梁以下以都梁諸邸墓不在蘄也今考都梁諸藩或以嗣荆罷封或一二世無嗣觀其謚懷謚悼率多嗣君夭殤之文第邸墓勿深考未可據爲不在蘄而削也顧氏志論辨薛祿之封以蘄不以蘄其說甚詳考孔伯應江陵志餘有遼蘄水郡王貴熡墓是遼蘄水郡王在今荆州非蘄之荆府可知又志論謂蘄在魏屬弋陽有弋陽王一在前五季屬西陽有西陽王五公二皆引以爲蘄封建弋陽西陽隸地不一未暇深考俱從闕如

城池 關隘附

蘄舊治可考者爲羅州由羅州遷今治越數百年一皆相仍豈非江山之勝所憑者然與衛城池者關隘也符乾諸關其來舊矣附紀於後實與州治相表裏

云志城池

蘄州宋景定元年庚申移治龍磯宋史地理志

景定三年八月築蘄州城知州王益落官階正任高州刺史制置使汪立信上新城圖詔奬諭

景定四年癸亥元兵據白雲山設礮以攻守者懼走保鴻宿洲刺史王益遷城麒麟山卽今治

元末兵燹明洪武初遣指揮趙應清千戶許勝修建至天順成化間指揮胡善李廣胡瑄李泰田正王欽許泰

嘉靖間指揮李緒田雨公茆欽陳奇策王天相相繼補
修城周九里三十三步一千一百三十丈高一丈八尺
厚依山不可計舊有樓周列窩鋪三十所雉堞三千一
百六十五敵樓三座串樓九百九十間今廢門六東曰
賓暘西曰澄清西之右曰觀瀾西之左曰聚奎南曰文
明北曰雄武後改拱辰正德中知州楊清續修舊志
崇禎六年知州唐世熠相江山形勢城東一里有古渡
曰白馬久爲堤掘之合雨湖水架十丈木橋冦至則撤
城北五里曰逆水溝掘湖不及江者五丈爲敵樓塞之

築長垣以繚之西北亦築長垣迤邐達於江西南築女
城爲門二曰鳳山曰龍磯白茅堂集
國朝雍正六年知州華文振重修其池東南北闊十七丈
八尺西爲大江池舊有橋後橋圮池塞乾隆十三年知
州蔣尚德疏濬建橋亦循故道舊志
南門明時在鳳凰山之陽城下即大江相傳
國初水賊屢入城擾害遂移建於四牌樓前後因形家言
於科名不利嘉慶二十四年知州錢塘顧澍與鄉宦陳
愚谷議移建於州門前歲貢生王學智監修志略

道光二十四年二十五年知州勞光泰署知州楊明善
前後修補殘缺二十九年被大水淹沒女牆傾圮甚多
咸豐二年知州潘克溥捐俸爲倡勸輸修葺
城池之外復有關隘之最要者凡七
符乾關在東門外瓦屑壩雨湖蓮市湖相通
烟光樓在南關外前江後湖路最險要今毀
第一關在北門外里許左江右湖今江水南折關左成
洲
龍磯關在水西門外濱江

襟江門左南門外濱江
帶湖門在東南二關廂間臨濠上今無
鳳山門在乾明磯前

公署

畫城分署規制截如既正厥位則思其職居斯署者
不愧屋漏乃稱良牧也今耑一目詳著於篇使因是
以自考焉志公署

州署明洪武二年知府左安善建九年改爲州後正統
二年知州王坦景太二年知州陳範成化六年知州莊

輸成化十二年知州王宜繼修後為荆府折毀以其材建王府弘治十一年判官張宏復建正廳堂幕各三間東西二司（架閣司承發司今并入吏舍內）儀門譙樓各五間承發司土地祠堂各一間架閣庫十間（今作廣積庫二間）吏舍二十間左申明亭右旌善亭治後大觀亭三間嘉靖壬子知州崔一濂重修明末寇燬（舊志）大堂前木坊一座今存

國朝順治十八年知州王宗堯以次修復州署（同上）

乾隆九年知州蔣尙德於麟山頂添建書房三間耳房一間（府志）

嘉慶十八年知州顧澍於麟山麓建廳堂房三間道光十二年知州王逵修復大堂二十四年知州勞光泰復建五堂並左右耳房九間未能信齋一間二十八年二堂側被火知州劉咸新建堂上下二廳左右共十二間咸豐元年署知州董炳楠重修頭門鼓樓咸豐二年知州潘克溥並加修葺署後更有小堂深處繚以長垣（新增）

學宮在州署左（詳學校志）

學正署在學宮左麗澤堂訓導署在學宮右樂育堂二署圯毀咸豐元年學正劉德鈐訓導郭亦棠捐俸補修（新增）

州同署燬今裁

州判署在州署右儀門內（舊志）今在儀門外

道光五年州判陸嵩齡勸捐重修二十九年熊琛華並捐廉補修（新增）

吏目署在州署左儀門外（舊志）

道光二十七年吏目蔡正麟咸豐元年吏目王廷幹並捐廉補修（新增）

江防道署缺裁久圯

營都司署舊在水西門內乾隆十二年知州蔣尙德並紳士以江防道署基址改建（其舊署今作火藥局）

布政司公署在治西南明正統間遷東南知州姜浩建今廢（舊志）

清軍廠在賓陽門外遺址存

按察司署在州治東南今廢

府館在分司右今廢

衛守備署在水西門內卜羅山（以上舊志）乾隆八年衛軍士新修（府志）乾隆二十年守備劉鎮修整內舍（舊志）

茅山巡檢司署在州西北五十里舊志今在州西北六十里

大同巡檢司署在州北百五十里舊志

稅課司在州西門外廢址存

教場演武廳在賓陽門外

陰陽學在府館西南

醫學址連陰陽學有窮民藥局

僧正司在四祖寺

道正司在元妙觀以上舊志

火藥局在水西門內

附養濟院在城東東嶽廟右舊志

康熙間昆山徐惺以兵備道駐劄蘄州捐俸建屋二十楹白茅堂集

道光二十七年署知州楊明善支餉補修二十九年大水淹沒今存正屋一間

祠祀

有功德於民則祀之禮也其著者春秋報享載在令典他如忠節賢良卽於人心而私爲之俎豆者愛敬之至靈爽憑焉不可與通祀並紀與志祠祀

至聖廟在州署左詳學校

關帝廟舊在南門外順治六年韓參將友以荆藩舊址移建州治右歲久圮毀咸豐二年知州潘克溥暨紳士勸捐重修歲三祭春秋二仲上戊及誕日奉部頒示歲支餉銀叁拾伍兩柒錢肆分伍厘一在北門外民呼外行宮以別於城內也參舊志

社稷壇在北門外里許歲二祭春秋二仲戊日支餉銀拾兩

常雩祭在北壇行禮祭日初夏支餉銀伍兩

風雲雷雨山川壇在南關外祭日支餉同社稷

先農壇在東關外祭日同社稷支餉銀伍兩乾隆伍年奉　文以籍田存穀備祭如不敷司庫湊給

郡厲壇在州北三里歲三祭清明中元十月朔先一日詣城隍焚牒厥明導城隍木主於壇壇下列無祀鬼神共支餉銀拾貳兩乾隆七年減壹兩

牙纛廟在東門外大教場霜降祭

城隍廟舊在麒麟山西南明成化間移建麟山之東今

仍之歲無特祀惟厲祭壬之餘則附風雨山川壇以上並舊志

國朝嘉慶間衆姓重修其兩廊階地石面大賓張廷贊修

龍神廟在西門內官井側春秋二祭奉部頒示

文昌閣在南關外浮玉磯明萬歷間江防道吳國仕置田産以為春秋二祭經費餘則贍貧士及住持僧年久田被侵漁乾隆癸酉知州錢鋆請入麟山書院仍酌給租穀以供祀飯僧道光二十九年大水推圮石址尚存今支餉銀二十三兩八錢三分

江神夏至祭舊志

名宦祠在學宮左祀唐韓思彥　員半千　呂元膺宋呂誨　范純仁　王禹偁　林大年　梅執禮　李宥　虞策　韓世清　施溫舒　蕭服　劉光世　岳飛　李宗思　羅頎　王玠　李誠之　秦鉅　趙汝標　甯時鳳　嚴剛中　杜諤　阮希甫　林棨　葉適　余童　王益　秦希甫　王彥明　邱岳元趙賀翁　志榮祖　狄思聖　趙昭武明左安善　徐麟　孔思森　楊琪　李士安　王坦　金銑　莊轍　何綸　葉仕美　李純　俞敬　張弘宜　董佐　林宗　夏元吉　翁學淵　侯堯封　韓孫愛　吳國仕　王世德　徐希明　韓紹　黃仁榮　胡世賞　丁繼嗣　李若訥　陳應元　范中彥　王相悅　施元徵　唐登儁　張秉貞　路雲龍　鄭夢禎　何之圖　倫應祥　錢兆元　唐世照　陳策　岳璧

國朝范鳴珂　周漢傑　吳之應　王顯　呂暘

汪繼昌　楊志遠　李登第　張定邦　柳愈　方于光　金貴　王宗堯　韓友

鄉賢祠在學宮右祀宋吳瑛明康茂才　陳堯章　趙霖　馮思齊　熊翼　王翰　陳溱　張禧　甘瑩　華仲賢　華巒　陳大中　劉樽　周大霖　馮天馭　馮翺　馮鵬　張思齊　高鵬　李朴　李儒　顧問　李啟昭　周禧　李時珍　梁佳　邵思學　李同春　李盛春　李建中　李孟春　李際春

徐之徠　張星　李楷　李樸　李建木
岳鎮華　王之佐　李新　夏忠　董一化
李樹礽　盧如鼎　宋誠　顧闕　張邦翼
李梴　汪宗文　晏攄忠　郭承恩　孫仍
李化龍　王臣紀　饒京
以上二祠祭日同上丁
四賢祠在麟山書院東祀李誠之秦鉅王彥明王玠
崇賢祠在麟山書院東偏祀明學正林宗以上二祠祭
日同上丁

節孝祠在州治西
忠孝祠在學宫内
以上二祠祭日同上丁
報功祠在南門外祀明江防吳國仕
烈士廟在北門外龍磯門祀王彥明王玠

營汛

營汛祇載防地暨員弁兵丁額數志例也舊志并詳
俸餉見
國家優卹軍伍所以養之於無事之時者其厚如此今仍
之志營汛

蘄州營營制

順治三年設經制官五員
叅將一員　守備一員　千總一員　把總二員
額設兵丁五百名内有
馬戰兵一百名　無馬戰兵一百五十名　守兵二
十五名
康熙十三年奉裁
叅將一員　馬兵七十名　戰兵九十名　守兵四
十名歸黄州協統轄

康熙三十五年奉裁
戰兵一十二名
康熙四十四年撥
守兵七名歸鎮草鎮營
雍正八年奉
部在馬兵内選拔外委把總一員
雍正十年奉
部改都司營

乾隆二十七年奉
部在馬兵內選拔額外外委一員
乾隆四十七年奉裁
戰兵二十名　守兵二十二名
道光十二年奉裁
戰兵一名　守兵四名
現在額設經官四員
都司一員　千總一員　把總二員　千委把總一
員　額外外委一員

額設馬戰守兵二百三十二名內有
馬戰兵二十八名　無馬戰兵二十七名　守兵一
百七十七名
蘄州存城
都司一員　左哨把總一員俱駐劄蘄州城
外委把總一員駐劄西河驛塘
共馬戰守兵一百二十二名
有馬戰兵一十九名　無馬戰兵二十名　守兵八
十三名

分防黃梅汛
領哨千總一員駐劄黃梅縣城額外外委一員駐劄黃梅縣孔壠塘
馬戰守兵七十三名內有
馬戰兵九名　無馬戰兵四名　守兵六十名
分防廣濟汛
右哨把總一員駐劄廣濟縣城
戰守兵三十七名內有
戰兵三名　守兵三十四名
以上俱據營冊與錢志所載稍有更易

蘄州防城兵一百九名
旱汛
菩提壩塘防兵三名
西河驛塘防兵五名舊有官廳三間毗連兵房三間
並望牌望樓甬牆各一座烟墪三座被水冲毀咸豐
二年知州潘克溥修復
大同魏家河塘坊兵五名今裁
水汛附
漳源口塘防兵五名

茅山塘防兵三名
羅家埠塘防兵三名
栢林嶺塘防兵三名
掛口塘防兵四名
烟光樓塘防兵四名

蘄州衛

唐家渡塘防兵四名
艾家洲塘防兵四名
袁家湖塘防兵三名

施家洲塘防兵三名今移李家洲

以上二欵俱係道士洑營分撥不應載入州營汛之後但其地皆本州與州衛管轄之處故仍老志錄之以附於後

黄梅縣防城兵三十五名

旱汛

停前驛塘防兵五名
下新鎮塘防兵三名
孔壠驛塘防兵五名

清江鎮塘防兵五名
唐司月塘防兵五名
中路庵塘防兵五名
五沙坡塘防兵五名
兩河口塘防兵五名

以上係蘄州營分防千總耑轄

廣濟縣防城兵二十四名

旱汛

荆州舖塘防兵五名

雙城驛塘防兵五名

以上係蘄州營分防把總耑轄

驛遞

州舊有驛丞駐西河今奉裁統攝於司牧舖遞所在一仍舊額因事而振厲之不使廢弛其責實綦重云

志驛遞

遞運所舊在得勝寺右沿江迎恩坊額設大使一員明洪武五年知府徐麟剏建九年屬州嘉靖戊戌知州張洸重修今廢

蘄陽水驛舊在大西門外明洪武二年知府左安善剏建九年屬州額設驛丞一員今裁舊有坊

西河驛在州西北五十五里明洪武十二年知州孔思森創建額設驛丞一員

國朝乾隆十九年驛丞奉裁知州兼攝之其廳堂房舍俱備差事往來隨事修葺額設人夫二十名馬夫七名馬二十四其馬匹工料役食銀兩詳載田賦內以上舊志

蘄州共一十一鋪設鋪司一十一名鋪兵八十一名具係徭編

州前總鋪在湖東郡坊左右鋪司一名鋪兵十一名

東南十里達廣濟縣固城鋪十五里達武昌府興國

州黃顙口鋪舊在高山鋪下今改正

東十里至兩路口鋪鋪司一名鋪兵七名

十里至施家塘鋪土名檀樹崗鋪司一名鋪兵七名

十里至菩提壩鋪鋪司一名鋪兵七名

十里達廣濟縣楊林鋪

北五十里至高山鋪在高山里鋪司一名鋪兵七名

明楊晉有悲高山詩詩詳藝文

由高山鋪西北十里至十里鋪鋪司一名鋪兵七名

一十里至三家店鋪鋪司一名鋪兵七名

一十里至西河驛鋪鋪司一名鋪兵七名

一十里至火爐鋪鋪司一名鋪兵七名

一十里至橫車鋪鋪司一名鋪兵七名

一十里至女兒街鋪鋪司一名鋪兵七名

一十里達蘄水六廟鋪以上俱本通志

坊表

坊表旌善也前代率由仕宦

國朝則節孝爲多野人女子而有士君子之行風化之應具見於此故備志之以勸來者志坊表

明

忠孝　賢良二坊在荊府左右因端王辭祿賜褒　六腳牌坊在荊府前三坊現在

肅政坊在布政分司前　澄清坊在按察分司前

蘄黃重握　江漢巨坊二坊在道署左右兵部翁學淵建

湖東首郡在州前知州陳震獅建　宣化坊在州前

宣衛　振武二坊在衛左右　泮宮坊在儒學前

桂林秋色　杏苑春光二木坊在儒學左右一爲鄉試舉人一爲會試進士

解元坊在儒學左爲永樂丁酉程燧成化丙午科華鑾嘉靖乙酉陳吉言立

亞元坊在澄清門內為成化甲午科田鵬立

經元坊在武襄門外為正統戊午科宋誠立

登科坊有二一在武襄門外為正統甲子科陳溱一在聚奎門外為成化戊子科甘瑩立

俊士坊在文明門外為景泰庚午科張僖立

擢秀坊在武襄門外為景泰庚午科江琳立

飛黃坊在州西為天順己卯科華仲賢立

文奎坊在聚奎門外為成化乙酉科金巋立

登第坊在武襄門外為成化乙酉科易濂立

攀龍坊在澄清門內為成化戊子科何珍立

登雲坊在州南為成化丙午科甘瑩立

鵬程萬里坊在文明門外為景泰丙子科胡祥立

兄弟聯芳坊在賓陽門內為李孟春盛春際春立

進士坊凡五一在澄清門外為天順丁丑科王翰一在賓陽門為同科劉澄一在州西為成化乙未科華仲賢一在儒學右為成化丁未科華巒壽儒一在拱辰門內為嘉靖癸未科郝守正建

兩試掄魁在東門外為張邦翼建

都憲坊在州前為都御史熊翼建

方伯大史在州西為布政華仲賢編修華巒建

文衡柱史　侍郎　大廷尉三坊在東門外俱為馮天馭建

四牌樓前司寇後少宰左都憲右廷尉在東門外為馮天馭建其孫一鳳等重修改尚書都憲世家百歲

制誥坊在老美橋為馮天馭祖墓前　諭祭葬地在黃土嶺為馮天馭墓前

御史坊在東門外為誥封馮鵬建

臺憲坊在東門外為御史顧問建　豸繡坊巡按胡宗憲為顧問建

三桂坊在州治前為知府周祈郎中周祚御史周禧建

三輔造士兩浙薦賢在聚奎門內為御史周禧建

玉堂青鎖在東門內為庶吉士李盛春建

一門古道在聚奎門內為李盛春兄弟建

四牌樓在文明門內為參將李同春主事李孟春中丞李盛春參將李際春兄弟建

六朝文獻兩鎮干城在東門外為知縣李時珍同知李建中副使李建木兵備李樹初建

清朝執法奕世承恩二坊在拱辰門外為御史李載陽誥封李時言李元英建

發祥文武在竹林湖李儒墓前建　父子重光在竹林湖李時珍墓前建

司馬坊在盤龍嶺李建中墓右建

地官坊在澄清門外為郎中王翰建

晝錦坊在武襄門外為知府宋誠建

執法清朝在文明門內為御史王珙建

父子侍御在文明門內為御史饒京建

龍章寵錫　中都鎖鑰二坊在澄清門內為叅議劉如寵劉莪建

欽旌完節在文明門內為王珙祖母龐氏建

貞節坊在時思圃為顧氏建

國朝

邦家之光在崇居鄉焦藤樹為乾隆乙丑科進士陳履中建

節孝坊建在州者凡十旌表　李澤潤妻金氏　李之瑁繼妻諸氏　孝子王廷詔同妻張氏　由本起妻嚴氏本貴妻徐氏　洪方谷妻柯氏　劉峯妻呂氏　張偃妻張氏　李本蓁妻何氏同孫婦顧氏　陳治猷繼妻張氏同側室劉氏　桂佐廷妻張氏

節孝坊建在五鄉者凡十旌表　王琦妻熊氏　張大綸妻王氏　張復禮妻郭氏

胡啟商妻張氏　管宗咸妻沈氏　王溥懷妻董氏　孝子張仕秀　王作霖妻陳氏　張仕超妻駱氏　張拱辰妻王氏　必相妻羅氏

補遺并新增

節孝坊　陳漢猷妻袁氏　梅春幹妻陳氏　陳法賜妻詹氏　陳彭儒母吳氏嫂張氏　李來亨妻張氏子由虞　孝子李由夏　駱抒懇妻吳氏　周延光妻孫氏　田仁浹妻汪氏　王有憲妻張氏　王德駟妻胡氏　王德鈺妻張氏　張大頭妻李氏　張復俊妻章氏　劉萬侯妻張氏　劉之憲妻楊氏　庾天騰妻劉氏　童應修妻居氏　童扶九妻朱氏　林德豐妻童氏

貞女坊在賣信甫為黃立人妻高氏建

昇平人瑞坊在石馬山為百歲老人胡海洲建

旌墓坊在安平為封世經建

表賢坊在東門外熊化嶺為增廣生王亮猷之妻易氏建

完節坊在賓陽門外為儒童馮元凱之妻易氏建

蘄州志卷之五

知蘄州事夏津潘克溥纂修

賦役志

戶口

州戶口隋以前無可考今軍民兩籍軍籍詳賦稅內民籍歷有可稽國朝百餘年來休養生息之盛大略可觀矣志戶口

隋蘄春郡領縣五

戶叄萬肆千陸百玖拾隋書口無攷

唐蘄州領縣四

戶貳萬陸千捌百玖

口壹拾捌萬陸千捌百肆拾玖唐書

宋蘄春郡領縣五

戶壹拾壹萬肆千玖百柒宋史

口壹拾玖萬叄千壹百壹拾陸

元蘄州路領縣五

戶叄萬玖千壹百玖拾元史

口貳拾肆萬玖千叄百貳拾壹

按舊志戶口自明始今載隋以來存古今民數之槩也隋以前無考

明蘄州

戶壹萬貳千玖百叄拾伍舊志洪武貳拾肆年

口柒萬捌千陸百玖拾捌

按永樂拾年後遞有減至萬歷叄年戶柒千玖百壹拾肆口陸萬捌千伍拾我國初至康熙貳年分戶口丁數與萬歷年同

國朝蘄州

戶柒千玖百壹拾肆

口陸萬捌千伍拾

丁原額壹萬伍千伍百柒拾壹丁康熙肆年豁免運夫人丁叄百壹拾貳丁實壹萬伍千貳百伍拾玖丁自康熙拾壹年至伍拾年逐次編審增叄百叄拾捌丁共壹萬伍千伍百玖拾柒丁共徵丁銀肆千肆百陸兩柒錢貳釐陸毫貳忽壹塵貳纖貳渺又稟同不在額徵丁銀以內之優免丁銀柒拾叄兩玖錢陸分捌釐陸毫肆絲伍忽於雍正柒年

題准丁隨粮派歸入闔省糧銀均攤減原徵壹千壹百貳兩陸錢玖分玖釐肆毫壹絲貳忽伍微玖塵叁纖陸渺伍漠捌沙伍灰雍正柒年陞墾丁銀貳錢捌釐伍絲柒忽玖纖叁渺陸茫雍正拾貳拾叁及乾隆叁肆等年陞墾丁銀叁兩捌錢肆釐叁絲叁忽玖微玖塵貳纖玖渺玖漠肆茫通計丁銀叁千叁百捌拾壹兩玖錢捌分叁釐玖毫貳絲伍忽肆微貳塵捌渺肆漠玖茫壹沙伍灰

康熙伍拾伍年編審增益滋生人丁叁百壹拾捌丁

康熙陸拾年增叁百貳拾貳丁

雍正肆年增叁百叁拾叁丁

雍正玖年增叁百叁拾伍丁

乾隆元年增叁百柒拾壹丁

乾隆陸年增叁百柒拾貳丁　以上舊志

乾隆十一年增人丁叁百玖拾貳丁

乾隆十六年增人丁叁百柒拾伍丁

乾隆二十一年增人丁壹百捌拾丁

乾隆二十六年增人丁壹百柒拾捌丁

乾隆三十一年增人丁貳百捌拾肆丁

拾壹届共增人丁叁千肆百陸拾丁欽奉

恩詔永不加賦五年編審人丁一次於乾隆三十七年七月內奉准通政司咨乾隆三十七年六月內內閣抄出奉

上諭伍年編審不過沿襲虛文無裨實政嗣後編審之例永行停止

又於欽奉

恩詔事乾隆六年編審案內遵照　部文將該州雍正拾二十三及乾隆三四等年民賦新墾糧銀各照現今攤徵之則派徵叁兩捌錢肆釐叁絲叁忽玖微玖塵貳纖玖渺玖漠肆茫自乾隆七年爲始起徵

又於欽奉

恩詔事乾隆二十六年編審案內遵照　部文將該州乾隆二十三二十六年民賦新墾糧銀各照現今攤徵之則派徵丁銀陸兩肆錢玖分陸釐壹毫伍絲伍忽柒微伍塵柒纖捌漠玖茫自乾隆二十七年爲始起徵

又於欽奉

恩詔事乾隆三十一年編審案內遵照　部文將該州乾隆二十七年民賦新墾糧銀各照現今攤徵之則派徵

丁銀貳兩壹錢玖分肆釐叁毫伍絲叁忽壹微叁塵
柒纖叁漠玖茫自乾隆三十七年爲始起徵乾隆三十六年
屆當五年奉文停止造報新墾糧銀應攤丁銀奉准
戶部咨覆隨年攤徵嗣奉
上諭丁糧一事悉仍其舊復經詳請咨准　部覆湖北民賦
新墾地畝應派丁銀係按陞糧科則派算歸於五年
編審具題其題報五年編審人丁之例既已停止似
可無庸專案具題至攤派丁銀欽奉
諭旨悉仍其舊亦應仍以五年編次彙造攤徵丁冊隨同奏
銷送部以備查覈　以上新增俱本賦役全書

自乾隆三十一年以後戶口歷有滋生至咸豐元年除去流寓寄居軍戶外實在闔州土著民數貳萬陸千貳百伍拾壹戶計男婦大小共貳拾萬貳千叁百玖

拾壹丁口　新稿本稅冊

按軍戶丁數冊在衛所

田賦 軍屯附

蘄原則約三等賦準之其別爲蘆課絲麥帶徵雜項與舊額有增損者爲另欵軍屯欵目亦王政所關故彙附於此焉志田賦

原額上則田叁千伍百陸拾捌頃叁拾肆畝肆分陸釐叁毫每畝科米伍升陸合陸勺壹抄該米貳萬貳百石叁斗玖升捌合玖勺伍抄

山水鄉下則田捌百玖拾柒頃貳拾肆畝貳分肆釐肆毫每畝科米伍升該米肆千肆百捌拾陸石貳斗壹升貳合貳勺

原額上中則地壹百陸頃肆畝伍分玖釐貳毫每畝科米叁升貳合該米叁百叁拾玖石叁斗肆升陸合玖勺肆抄

山水鄉下則地玖百捌拾壹頃玖拾壹畝陸分壹釐捌毫每畝科米壹升陸合該米壹千伍百柒拾壹石陸升伍合捌勺捌抄捌撮

原額上則塘貳百頃壹拾伍畝每畝科米伍升陸合陸勺壹抄該米壹千壹百叁拾叁石肆升捌合柒勺陸抄捌撮

山水鄉下則塘捌拾叁頃壹拾畝伍分每畝科米伍升該米肆百壹拾伍石伍斗貳升伍合

以上原額田地塘共伍千捌百叁拾陸頃捌拾畝肆分壹釐柒毫載秋米貳萬捌千壹百肆拾伍石伍斗玖升柒合陸勺玖抄陸撮盧志順治十四年奉文丈量則例　舊志

據今册原額闔州田地塘共伍千玖百貳拾壹頃壹
拾玖畝壹分叁釐科糧貳萬捌千叁百肆拾叁石伍
伍斗壹升叁合貳勺柒抄捌撮陸圭玖粒 新稿
夏稅小麥貳百肆拾貳石柒斗壹升貳合肆勺 絲壹
百叁拾叁觔玖兩叁錢叁分陸釐 桑絲捌觔柒兩
肆錢叁項俱入秋糧內帶徵
漕南二糧正米
漕糧原額及雍正十一年以前墾增額共本色正耗增
貼米玖千陸百壹拾石捌斗玖升肆合肆勺貳抄伍

撮貳圭伍粒陸粟 舊志
南漕原額及雍正拾壹年以前墾增額共本色正耗米
柒千伍百貳拾玖石叁斗伍升叁合伍勺玖抄柒撮
叁圭柒粒 舊志
據今册應科漕南正米壹萬柒千壹百八十肆石叁
斗壹升叁合捌勺 漕糧正米玖千陸百叁拾伍石
陸斗叁合 南糧正米柒千伍百肆拾捌石柒斗壹
升捌勺 新稿
徵額銀壹萬玖千叁百柒拾陸兩玖錢肆分肆釐壹毫
伍絲陸忽柒微貳塵叁纖內有舊志原載班匠銀壹拾貳兩陸錢係乾隆二十三年奉文於奏銷册內刪除班匠名色統歸地丁條編造報
自康熙三十以後等年及雍正十一等年並乾隆十六
七年額外陞墾餉銀叁拾柒兩貳錢柒分壹釐陸毫
貳絲貳忽玖微肆塵伍纖陸渺叁漠壹茫
以上人丁田地塘加增玖釐餉及增益人丁額外陞
墾帶丁銀並優免丁共銀貳萬玖千肆百叁拾伍兩
陸分五釐柒絲陸忽柒微玖塵玖渺伍漠玖茫內除
豁免運夫丁銀捌拾捌兩壹錢伍分壹釐肆忽壹微

肆塵陸纖肆渺又除丁隨糧派等事案內闔省均攤
應減丁銀壹千壹百貳兩陸錢玖分玖釐肆毫壹絲
貳忽伍微玖塵叁纖陸渺伍漠捌沙伍灰又除優免
丁銀柒拾叁兩玖錢陸分捌釐陸毫肆絲伍忽又除
雍正七年墾派丁銀貳錢捌釐伍絲柒忽玖纖叁渺
陸茫又除雍正十二十三兩年及乾隆三四等年墾
派丁銀叁兩捌錢肆釐叁絲叁忽玖微玖塵貳纖玖
渺玖漠肆茫又除乾隆二十三二十六兩年墾派丁
銀陸兩肆錢玖分陸釐壹毫伍絲伍忽柒微伍塵柒

繖捌漠玖茫又除乾隆二十七年墾派丁銀貳兩壹錢玖分肆釐叁毫伍絲叁忽壹微叁塵壹纖叁漠玖茫

實徵銀貳萬捌千壹百伍拾柒兩伍錢肆分叁釐肆毫壹絲伍忽壹微伍塵肆纖肆渺捌漠壹沙伍灰（以上俱本賦役全書）

按舊志所載地丁正雜舊額（驢脚人丁雜課俱在內）及新加除各項開除外通計徵銀貳萬玖千伍百叁拾叁兩捌錢貳分肆釐捌毫柒絲玖忽貳微柒塵伍纖柒渺柒

漠壹沙伍灰內除優免丁銀柒拾叁兩玖錢陸分捌釐零實徵銀貳萬玖千肆百伍拾伍兩捌錢肆分肆釐壹毫零與賦役全書所載之數不符今并錄之以存其略（新稿）

起運

戶部工光各部寺地丁條餉及增益人丁額外陞墾共額銀壹萬玖千伍百陸拾陸兩伍錢貳分捌釐壹毫零內除奉撥

武聖三祭及廩糧又除動支正項抵浙省協濟驛站又除豁免運夫又除閩省均攤應減人丁外實徵銀壹萬捌千柒拾兩柒錢玖分陸釐叁毫伍絲壹忽肆微柒塵貳纖捌渺叁漠捌茫陸沙伍灰（內有雍正七年陞墾銀壹兩肆錢玖毫零係彙抵漢陽等縣重丁銀）

存畱

撥運供支官俸役食祭祀廩糧等項原額共銀伍千捌百貳兩捌分貳釐叁毫零內除徭役內及各項開除外實徵銀貳千陸百捌拾柒兩伍錢叁分叁釐肆毫肆絲貳塵玖纖叁渺肆漠肆茫伍沙又加入敬獻芻

蕘等事案內奉

部行令將起運地丁撥歸存畱項下補給州學膳缺故丁夫銀壹錢肆分柒釐貳毫零貳共實徵銀貳千陸百捌拾柒兩陸錢捌分陸毫肆絲柒忽壹微捌塵壹纖玖渺肆漠肆茫伍沙（以上俱本賦役全書）

據今册地丁正銀壹萬捌千伍百伍拾兩柒錢壹分伍釐存畱正銀貳千陸百捌拾柒兩陸錢捌分驛站正銀肆千伍百壹拾兩柒錢肆分柒釐隨漕正銀貳千柒百玖拾叁兩捌錢淺船正銀玖拾肆兩陸錢陸

分陸釐驢脚正銀玖百伍兩柒錢玖分實徵銀貳萬
玖千伍百肆拾叁兩叁錢玖分捌釐係合徵分解新稿

另欵

奉裁優免充餉銀肆百陸拾伍兩捌錢壹分貳釐貳絲
玖忽柒微肆塵優免丁銀總在數內開墾派增丁銀肆兩壹分
貳釐玖絲壹忽貳纖叁渺內有丁銀貳錢捌釐伍絲零彙抵重丁共徵
銀肆百陸拾玖兩捌錢貳分肆釐壹毫貳絲柒微肆
塵貳纖叁渺舊志

蘆課

原額各洲地叁百柒頃玖拾肆畝伍釐陸毫陸絲肆忽
肆微實徵課銀叁百叁拾陸兩叁錢陸釐柒毫肆絲
壹忽貳塵自乾隆四年以前新增額除泥套沙灘不
堪載課逐次坍卸又除鴨蛋洲撥歸江西外實在成
熟地草塌草壋共叁百壹拾頃柒畝叁分壹釐肆毫
柒絲肆忽實徵課銀肆百壹拾兩陸錢壹分貳釐貳
毫柒絲伍忽肆微又自乾隆九年以後等年至嘉慶
四年九年十四年新增額實徵課銀陸百肆拾陸兩
捌錢捌分捌釐柒毫貳絲柒忽柒塵賦役全書叅舊志新稿

雜稅

典舖肆座漕河典二座州城典二座每典完納稅銀伍兩
牙帖稅銀壹百叁兩壹錢舊載伍拾捌兩柒錢俱新稿
田房稅正額銀陸兩貳分伍釐盈餘銀兩儘徵儘解原無定額
額銷鹽引壹萬柒千柒百引今奉裁以上舊志叅新稿

軍屯附

軍屯舊志次次戎下今附賦稅衛員另列武秩糧石
數目屯伍坐落仍舊開存

蘄州衛

戶壹萬捌百壹拾玖乾隆十八年衛冊
口盛世滋生並士者不成丁男女大小人口共伍萬叁千叁百壹拾貳名
丁原額並康熙伍拾貳年以前編審增額共捌拾貳丁
徵丁銀壹拾陸兩肆錢於雍正柒年
題准丁隨糧派歸入通省屯餉均攤應減銀柒兩陸錢
捌分伍釐玖毫壹絲實徵丁銀捌兩柒錢壹分肆釐
玖絲其自康熙伍拾柒年至乾隆拾捌年編審增益
滋生人丁叁拾貳丁欽奉
恩詔永不加賦

土田

屯田地原額玖百伍拾頃叁拾陸畝捌分貳釐陸毫柒忽除荒蕪坍卸屯地外有地玖百貳頃貳拾貳畝壹分捌毫捌絲壹忽叁塵玖纖於雍正柒年報增玖拾陸畝叁分玖釐肆毫叁絲玖忽玖微貳塵貳纖實在成熟田地玖百叁頃壹拾捌畝伍分叁毫貳絲玖微陸塵壹纖貳糧柒千貳百玖石叁斗玖升捌合捌勺陸抄陸撮肆粒壹粟實徵銀貳千玖百陸拾捌兩壹錢玖釐伍毫壹絲叁忽壹微肆塵玖纖捌漠壹沙

以上屯餉丁糧共實徵銀貳千玖百柒拾陸兩捌錢貳分叁釐陸毫叁忽壹微肆塵玖纖捌漠壹沙

起運

布政司充餉銀貳千叁百壹拾壹兩陸錢壹分陸釐叁忽壹微肆塵玖纖捌漠壹沙又馬餉銀陸兩伍錢

糧道運軍安家糧銀貳百壹拾柒兩叁錢柒分柒釐陸毫又軍三造船銀壹百叁拾玖兩貳錢叁分

存留

官役俸食銀叁百貳兩壹錢

蘆課

蘆洲地原額及新增共徵銀柒百壹拾玖兩伍錢玖分壹釐伍毫玖絲肆微捌塵貳纖肆渺伍漠以上府志

左所原額屯糧百戶劉允卿伍下捌拾壹石貳斗柒升坐落江南宿松縣百戶賀君聖伍下貳百肆拾叁石捌斗陸升玖合貳勺柒抄一黃梅縣一江西德化縣百戶張本位伍下壹百石捌斗德化百戶金璧伍下壹百伍拾玖石柒斗宿松百戶戴聖章伍下貳百伍拾貳石叁斗陸升黃梅百戶趙瑞符伍下貳百捌拾叁石肆斗叁升德化

百戶王用極伍下貳百柒拾柒石玖斗壹升德化百戶張翼伍下壹百柒拾柒石柒斗肆升一德化一興國州百戶杭恕伍下壹百捌拾叁石貳斗肆升一德化一興國百戶蕭本忠伍下叁拾柒石陸斗興國

右所原額屯糧百戶劉一麟伍下肆拾貳石玖斗叁升興國百戶李正奇伍下壹百壹拾肆石壹斗肆升興國百戶麗忠伍下壹百肆石陸斗壹升興國百戶許昇伍下伍拾肆石黃梅百戶張寬伍下壹百陸拾石貳斗捌升興國百戶周德溥伍下壹百壹拾肆石肆斗江西瑞昌縣百

戶王時勳伍下伍拾陸石貳斗叁升興國
中所原額屯糧百戶史記事伍下壹百叁拾伍石伍斗
壹升宿松百戶梅羹伍下捌拾石玖斗貳升黃梅百戶陳
珪伍下壹百叁拾肆石叁斗伍升大冶縣百戶高承祖
伍下貳百陸拾石伍斗貳升一蘄水縣一大冶一瑞昌一蘄州百戶
黃鳳鳴伍下叁百壹拾貳石肆斗玖升黃梅百戶張元
極伍下貳百肆拾陸石柒斗柒升瑞昌百戶蕭明伍下
貳百捌拾石肆斗貳升瑞昌百戶劉忠伍下柒拾伍石
貳斗一黃梅一興國百戶鄭定伍下壹百壹拾貳石貳升瑞昌

百戶黃佑伍下壹百壹石肆斗捌升一黃梅一蘄水一瑞昌
前所原額屯糧百戶李士鰲伍下壹百壹拾伍石一黃梅縣
一興國一德化一瑞昌一蘄州百戶崔顯祖伍下壹百貳拾伍石陸
斗伍升一黃梅一興國一德化一蘄州百戶袁光繩伍下叁百肆拾
壹石伍斗貳升大冶百戶鍾聲遠伍下壹百貳拾柒石
肆斗貳升貳合內除塌卸柒石壹斗黃梅百戶許國忠
伍下肆百陸拾柒石伍斗柒升大冶百戶許登雲伍下
貳百陸拾陸石玖斗捌升內除坍卸玖拾捌石宿松百
戶陳魁伍下壹百貳拾壹石貳斗玖升興國百戶王長

廉伍下貳百捌拾捌石柒斗玖升柒合一德化一興國百戶
王祐伍下壹百肆拾壹石壹斗壹升興國百戶郝希賢
伍下叁拾陸石黃梅
後所原額屯糧百戶姚極伍下壹百柒石捌斗陸升一黃
梅一蘄水百戶田成龍伍下叁拾貳石捌斗叁升內除坍
卸陸石興國百戶郭世詔伍下玖拾石一黃梅縣一蘄水一德化百
戶曾倫伍下壹百陸拾壹石陸斗柒升一蘄水一大冶百戶
王依伍下貳百石玖斗肆升柒合蘄水百戶羅士奇伍
下壹百玖拾石叁斗柒升蘄水百戶錢元錫伍下貳百

柒石蘄水百戶郭民範伍下壹百貳拾玖石肆斗捌升
捌合一廣濟縣一興國一蘄州百戶吳懙伍下壹百伍拾伍石捌
斗叁合伍勺一大冶一蘄州百戶許爵伍下貳百石陸斗陸
升蘄州以上共柒千叁百貳拾柒石伍斗叁升

徭役

舊志據經費錄載徭役甚悉今多奉裁凡欵目可攷
者仍連類紀之別以分註見今制之畫一云志徭役

總督 派役 裁

提學 派役 裁

布政司　應朝長夫裁
按察司　表夫裁存銀陸兩捌錢
下江防道缺裁
驛鹽道　鋪兵分派壹名存銀陸兩
推官　派役裁
經歷　皂隸分派貳名存銀壹拾貳兩
知事　門子壹名存銀陸兩　皂隸肆名存銀貳拾肆
兩　知事員缺二項另解
知州　俸薪存銀捌拾兩　迎送上司傘扇銀裁　書辦壹

拾貳名銀裁　門子貳名存銀壹拾貳兩　皂隸壹拾陸
名存銀玖拾陸兩　雍正陸年奉文撥給件作及學習件作貳拾肆兩　馬快捌
名存銀肆拾捌兩　步快叁拾捌名除清減撥及民壯修理器械之
用　存銀貳百貳拾捌兩　燈籠夫肆名銀裁　轎傘扇夫
柒名存銀肆拾貳兩　禁卒捌名存銀肆拾捌兩
庫書壹名銀裁　倉書一名銀裁　庫子肆名存銀貳拾肆兩
斗級肆名存銀貳拾肆兩
儒學員二　俸銀存叁拾壹兩伍錢貳分分支　加級俸肆拾
捌兩肆錢捌分　書辦壹名銀裁　齋夫陸名存銀叁拾

陸兩分支　膳夫叁名存銀貳拾兩廩生支領　門子伍名存銀
貳拾壹兩陸錢
州判　俸薪存銀肆拾伍兩　書辦壹名銀裁　皂隸陸名
存銀叁拾陸兩　門子壹名存銀陸兩　馬傘夫貳
名工食存銀壹拾貳兩
吏目　俸叁拾壹兩伍錢貳分　書辦壹名銀裁　皂隸肆
名存銀貳拾肆兩　門子壹名存銀陸兩　馬夫壹
名存銀陸兩
茅山司巡檢　俸薪同前　書辦一名　皂隸貳名同前

大同司巡檢同前
蘄陽驛驛丞久缺
西河驛驛丞新裁
西河河泊所久缺
協濟武昌遞運所在省聽差紅船壹隻水夫壹拾名修
船銀壹拾貳兩共銀捌拾伍兩
武昌巡船水手肆名修船錢貳兩共銀叁拾肆兩肆錢
陸分陸釐肆毫
西河驛馬壹拾伍匹又新加叁匹共銀伍百柒拾柒兩

肆錢捌分柒釐

蘄陽驛站船水手貳拾貳名共銀壹百叁拾肆兩貳錢

蘄陽遞運所聽差馬船壹隻水夫壹拾肆名紅船壹隻水夫玖名共銀壹百柒拾兩叁錢

糧廳紅船壹隻水夫玖名又新加壹名共銀伍拾兩貳錢

協編襄陽府呂堰驛馬價正閏除改抵麻城縣額派荆州將軍祿米銀外實銀壹兩壹錢陸分陸釐

蘄陽驛支應銀肆百肆拾兩　鋪夫正閏共銀貳拾肆兩肆錢

西河驛支應銀貳百柒拾兩　鋪夫正閏共銀壹拾貳兩貳錢

走遞排夫壹百叁拾名內除轎傘扇夫陸名實存壹百貳拾肆名共銀玖百柒兩陸錢捌分

脚馬叁拾伍匹共銀捌百伍拾肆兩（應給走差）

現設排夫存肆拾名工食銀貳百玖拾貳兩捌錢（扣小建加閏）

脚馬存拾匹工料等銀貳百壹拾捌兩捌錢（扣小建加閏）

西河驛馬貳拾伍匹該工料等銀伍百肆拾貳兩貳錢（扣小建加閏）

二鎮巡司弓兵徭編陸拾叁名永充貳拾肆名存銀壹百玖拾柒兩陸錢肆分

各鋪司兵徭編捌拾壹名共銀伍百伍拾壹兩肆錢肆分永充壹拾壹名衣鞋閏銀壹兩捌錢共銀壹拾玖兩捌錢

各河渡夫壹拾名正閏共銀貳拾陸兩捌錢肆分黃顙口肆名西河肆名卦口貳名

各壇廟祭銀（見各祀）　鄉飲貳次銀壹拾伍兩

會試舉人長夫貳百捌拾捌兩　歲貢廷試長夫銀共壹拾貳兩　廩生叁拾名共糧銀柒拾貳兩　科舉生員盤費（裁）　歲科生童試卷供應（裁）　孤貧陸拾肆名口糧布花銀共壹百叁拾肆兩肆錢

按徭役三代所謂力役之征漢唐所謂庸賦先王仁政首重輕徭蓋爲鄉里小民言之非獨官府所使雜色諸人指爲徭役也

國朝康熙雍正間不惟庶民應差亦有生員充當總甲

乾隆元年

上諭深加優恤嗣後舉貢生監着行免派雜色差徭亦不得俾子弟充當永爲定令有碑在儒學黌墻間 新稿

積貯

積貯之法有常平有社倉有義倉義倉無聞常社所貯穀本息相資日益饒足在奉行者加之意而已便民諸倉今已改置僅撮其巔末附記於此志積貯

常平倉舊捨叁間一在州署頭門內一在州署頭門外後移置於內行宮內 武聖正殿兩廡階下及左右

角門外共計倉肆拾伍座 新稿

自康熙二十九年起至乾隆十九年底內易漕採買捐積捐監除節届撥賑外實貯穀壹萬肆千玖百柒拾伍石又原捐大麥陸石穀代 另據今冊實貯穀柒萬零

社倉分建鄉圖共陸拾陸座

本城貳座

三廂坊共陸座

安平鄉陸圖共壹拾伍座

永福鄉伍圖共壹拾貳座

青山鄉伍圖共壹拾貳座

崇居鄉五圖共壹拾壹座

大同鄉四圖共捌座

雍正元年勸捐每處舉士民中殷實老成者爲倉長經管倉穀春放秋還照例收息自雍正五年起至乾隆十九年分底城鄉合計共貯本息穀壹萬玖千伍百玖拾伍石柒斗伍升貳合捌勺壹抄伍撮叁圭至今數倍之已各家領存

便民倉在北門外 社稷壇左

按宋紹興叁年知州李誠之作惠民倉貯粟凡肆萬石明成化柒年知州莊輗修廣儲倉凡玖座伍拾肆間嘉靖五年知州季才剏廣儲另建預備倉今俱無成化拾肆年州人敘州府知府宋誠言於州守置便民倉先是壇左有倉是爲預便之北倉其址屬民誠捐資鬻而廣之嘉靖元年知州魏修與判官李昭重建今即其處納糧備運 見舊志郵政今彙入積貯 倉前大路雨若泥濘雍正拾年策山生監張爵張作楫張燀文等捐修石路州牧蔣給扁獎之

蘄州衛附

常平倉共陸間貯穀祇四間乾隆二十年毀於風衛守劉鎮捐修

在衛署前自康熙貳拾陸年至乾隆拾叁年除節屆

撥賑外實存穀壹千肆百壹拾貳石叁升內撥絶屯肆斗零與斗級

社倉分建肆拾柒伍共柒拾陸座每伍設倉長經管每

年春借秋還照例收息自雍正陸年起至乾隆拾玖

年底共存本息穀壹萬玖百陸拾捌石玖斗壹升玖

合捌勺陸抄肆圭玖粒貳粟

蠲恤

蘄之免租自宋始厥後雖有可稽然不數覯也

國朝深仁厚澤有加無已即小災眚亦得其報謹按應徵

豁免與恤政之通於蘄者彙得備書實政典之善舉

蘄志蠲恤

宋紹興元年蘄州旱詔免租二年蘄州饑命郡賑粟萬

石五年七月免蘄州上供及租稅三十年蠲蘄州附

種田租

紹熙元年拾壹月減蘄州歲鑄錢貳拾萬緡

嘉泰元年權罷蘄州監鑄錢

嘉定十五年詔蠲蘄州今年賦租右俱宋史

元至治元年正月蘄州饑賑糧三月

至順元年蘄州饑賑糧一月

至元三年詔發義倉米康蘄州

至正九年夏秋蘄州大水傷稼十一年賑被災人民

右俱元史

明景泰六年七年江水泛漲蘄州湖田盡沒命賑

成化十四年十五年蘄州大旱奏免田租三分之二

弘治十七年蘄州大旱免田租之半右俱通紀

嘉靖二年蘄州旱免田租有差　二十四年蘄州近

旱民無食奏免田租之半舊志

國朝順治元年大兵經過地方免正糧一年歸順地方免

三分之一　十年蠲免九年旱災十分之二　十一年

豁免順治六七兩年地畝人丁本折錢糧拖欠在民

者　十四年旱發積穀以賑知府于成龍勸民輸賑

十七年蠲免順治十二年至十五年民欠錢糧

康熙元年五月蠲免順治十五年以前未徵錢糧　三

年蠲免二年水災十分之三　四年三月蠲免順治十八年以前各項舊錢糧　十年大旱免本年錢糧十分之三　十三年十八年旱災俱奉文照分撤蠲免　二十五年旱災蠲免錢糧之半　二十八年蠲免餘項錢糧　二十九年旱災蠲免錢糧之半　四十四年蠲免四十五年地丁銀米舊欠未完者並停輸納　四十五年豁免四十三年以前未完銀米　五十年蠲免五十一年地畝人丁銀並歷年舊欠俱着免徵

雍正四年發帑銀採買穀石於省倉及府州縣應貯之處加謹收貯　八年蠲免湖北九年分錢糧肆拾萬兩

乾隆十年蠲免湖北十三年分應徵錢糧除漕糧額外其地丁銀米一概免徵以上府志

乾隆二十年三月二十八日大風雨壞民居隨發公項銀按給修復　三十一年全行蠲免錢糧　三十五年蠲免地丁錢糧　四十二年蠲免地丁錢糧　四十三年蠲免漕糧以上通志　五十年大旱蠲免漕糧秋冬發粟賑饑民賴以濟　五十三年蠲免低地錢糧　六十年蠲免次年地丁錢糧俱新稿

嘉慶元年蠲緩蘄州共四十五州縣地丁錢糧又未經被賊被水蘄州等二十四州縣應於丁巳戊午蠲免二次　二年蠲緩蘄州等十九州縣應徵錢糧　七年蘄州緩帶節年錢漕等項　八年蠲免蘄州十九州縣民屯正耗錢糧一分以上通志

道光十五年旱災征南緩漕十六年帶徵　二十九年水災州屬青崇大三鄉漕南二米緩一年帶徵安永

廂三鄉漕南二米緩兩年帶徵銀糧俱行豁免又安永廂被水災民發粟撫恤大口日給穀壹升小口日給穀伍合撫恤一月折穀銀陸千柒百貳拾兩叁錢　三十年水災安永廂下畈錢糧緩至咸豐二年帶徵以上新稿

按舊志蠲恤後附載義民顧禧陳滋古等捐穀賑饑事頗相類附於國典之後於體不合且此捐項已載入各人本傳中重出互見故置而不錄

蘄州志卷之六

知蘄州事夏津潘克溥纂修

學校志

廟學

古有學無廟釋菜奠幣卽於學漢始立廟於太學闕里唐武德初郡國皆立周公孔子廟貞觀中房元齡請停祭周公專祀孔子許敬宗奏天下州縣置三獻官其後州縣莫不有學皆有廟我

朝重道崇儒禮明樂備所以育人材而立教化之本者胥由於此故其序列較他志綦詳云志廟學

儒學在州治左中爲

大成殿墀下爲兩廡前爲大成門東名宦祠西鄉賢祠前爲內泮月拱橋又前爲欞星門又前爲外泮又前爲黌牆東道冠古今西德配天地東禮門西義路皆有門殿後爲明倫堂又後爲

崇聖祠墀下爲兩廡東爲麗澤堂學正署西爲樂育堂訓導署門外爲射圃以上舊志

正殿

至聖先師孔子正位南向

木主高二尺三寸七分濶四寸厚七分座高四寸長七寸厚三寸四分朱地金書

自周敬王四十二年魯哀公誄孔子爲尼父其後西漢成帝綏和元年詔封孔子世爲殷紹嘉公以主殷後從梅福請也封爵自此始平帝元始元年追謚褒成宣尼公謚號自此始明帝永平二年祀稱先師東漢和帝封褒尊侯靈帝繪先師像後魏太和十六年改謚文聖尼父後周進封鄒國公隋文帝贈先師尼父唐太宗貞觀十一年升爲先聖復尊爲宣聖尼父高宗乾封元年追謚太師武后天授元年封隆道公元宗開元二十七年謚文宣王宋眞宗大中祥符元

年上欲謚爲帝廷臣言孔子周陪臣周止稱王不當加帝謚元聖文宣王桓圭一冕九旒服九章五年改稱至聖文宣王元成宗大德十一年加封大成至聖文宣王明世宗嘉靖九年上用大學士張璁議撤去塑像改稱至聖先師孔子始定木主制我

朝順治二年易爲大成至聖文宣先師孔子從祭酒李

若琳請也順治十四年二月復改至聖先師孔子神
位從給事中張文光請也

國朝文廟匾額

聖祖仁皇帝康熙二十三年
御書萬世師表匾額康熙二十五年
御製至聖先師孔子贊序刊碑
世宗憲皇帝雍正三年
御書生民未有匾額雍正四年
上諭避孔子聖諱

高宗純皇帝乾隆三年
御書與天地參匾額
仁宗睿皇帝嘉慶五年
御書聖協時中匾額
今
上皇帝咸豐二年
御書德齊幬載匾額

四配

顏子元至順元年加封復聖公
曾子至順元年加封宗聖公
子思子至順元年加封述聖公
孟子至順元年加封亞聖公

嘉靖九年去爵號爲木主
木主高一尺五寸濶三寸二分厚六分赤地墨字

十二哲

閔子損　冉子耕　冉子雍　端木子賜位在宰予下
宰子予　冉子求　仲子由　言子偃
卜子商　有子若宋咸淳三年升　顓孫子師仝上

朱子熹康熙五十三年升

兩廡先賢

蘧子瑗衛人雍正三年復祀　林子放雍正三年復祀魯人
澹臺子滅明武城人　宓子不齊魯人
原子憲宋人　公冶子長齊人
南宮子适魯人　公晳子哀齊人
商子瞿魯人　高子柴衛人
漆雕子開蔡人亦作魯人　樊子須魯人亦作齊人
司馬子耕宋人　商子澤

梁子鱣齊人　巫馬子施
冉子孺魯人　顏子辛魯人
伯子虔　曹子䘏
冉子季魯人　公孫子龍楚人
漆雕子徒父　秦子商魯人鄭元以爲齊人
漆雕子哆魯人　顏子高
公西子赤魯人　壤駟子赤
任子不齊楚人　石作子蜀
公良子孺陳人　公夏子首魯人

公肩子定魯人一作晉人　后子處齊人
鄡單　奚容子蒧
罕父子黑　顏子祖魯人
榮子旂　句井子疆衛人
左人子郢魯人　秦子祖魯人
鄭子國一作薛子邦　縣子成魯人
原子亢　公祖子句茲
廉子潔衛人　燕子伋
叔仲子會魯人亦曰晉人　樂子欬魯人

公西子輿如　狄子黑
邽子巽魯人　陳子亢陳人
孔子忠孔子兄之子　琴子張
公西子蒧魯人　步叔子乘齊人
顏子之僕魯人　秦子非魯人
施子之常　顏子噲魯人以上俱唐開元中從祀
申子棖魯人仝上　顏子何魯人雍正三年復祀
左子邱明魯人雍正三年升爲先賢　縣子亶雍正三年增祀
秦子冉雍正三年復祀　牧子皮

樂正子克　公都子
萬子章　公孫子丑以上五人俱雍正三年增祀
周子敦頤　張子載宋陝西長安人
程子顥河南洛陽人　程子頤顥
邵子雍范陽人以上五人俱宋淳祐元年從祀雍正三年升爲先賢

兩廡先儒

公羊子高　穀梁子赤
伏子勝山東濟南人　高堂子生魯人以上俱唐貞觀二十二年從祀
董子仲舒北直廣川人明洪武十八年從祀　孔子安國孔子十一世孫

后子蒼 東海郯人明嘉靖九年從祀

杜子春 從祀仝上

諸葛子亮 雍正三年增祀

王子通 太原祁人明嘉靖九年從祀

范子仲淹 江蘇吳縣人康熙五十五年從祀

歐陽子修 江西廬陵人宋端平二年從祀

司馬子光 陝西夏縣人宋咸淳三年從祀

尹子焞 河南洛陽人雍正三年從祀

李子綱 咸豐元年從祀

毛子萇 孔毛俱貞觀二十二年從祀

鄭子康成 北海高密人

范子甯 鄂陵人鄭范俱雍正三年復祀

韓子愈 河南孟縣人宋元豐七年從祀

韓子琦 咸豐二年從祀

胡子瑗 泰州海陵人宋端平二年從祀

楊子時 福建將樂人明宏治八年從祀

謝子良佐 河南上蔡人道光廿九年從祀

羅子從彥 南劍人明萬歷二十一年從祀

胡子安國 福建崇安人

張子栻 四川綿竹人宋景定二年從祀

陸子九淵 江西金谿人明嘉靖九年從祀

黃子幹 福建閩縣人

眞子德秀 浦城人

何子基 浙江金華人

陳子澔 江西都昌人

金子履祥 浙江蘭溪人

文子天祥 廬陵人道光年從祀

李子侗 劍浦人朱子師俱元至正二十二年從祀

呂子祖謙 婺州人從祀仝上

蔡子沈 福建建陽人元至正二十二年從祀

陳子淳 福建龍溪人

魏子了翁 四川蒲江人

王子柏 金華人

趙子復 湖北德安人

許子謙 金華人以上十八俱雍正三年增祀

許子衡 山西河內人元皇慶二年從祀

吳子澄 江西廬陵人明正統八年從祀

胡子居仁 江西餘干人

王子守仁 以上三人俱明萬歷十二年從祀

羅子欽順 江西泰和人雍正三年從祀

呂子坤 道光八年從祀

孫子奇逢 道光八年從祀

陸子龍其 浙江平湖人雍正三年從祀

薛子瑄 山西河津人明隆慶六年從祀

陳子獻章 廣東白沙人

蔡子清 福建晉江人雍正二年從祀

黃子道周 福建漳州鎮海衛人道光五年從祀

湯子斌 河南睢州人道光三年從祀

劉子宗周 浙江山陰人道光二年從祀

兩廡從祀自唐貞觀始明嘉靖九年從祀九十人及孔門弟子稱先賢左邱明以下稱先儒罷蘧瑗林放秦冉顏何鄭康成范甯諸人祀凡前代增祀及

國朝增復先賢諸儒俱詳載分注

崇聖祠雍正元年奉

諭加封 孔子五代改啟聖祠爲崇聖祠

肇聖王木金父公 正中

裕聖王祈父公 東一室

詒聖王防叔公 西一室

昌聖王伯夏公 東次室

啟聖王叔梁公 西次室

木制與四配相同

配享

先賢顏氏無繇

孔氏鯉 在曾後

曾氏點

孟氏激 俱明正統三年自正殿兩廡升配

兩廡

先儒周氏輔成 明萬歷二十三年從祀

程氏珦 明嘉靖九年從祀

蔡氏元定 仝上

張氏廸 雍正元年從祀

朱氏松 嘉靖九年從祀

木制與十二哲同

祭典

歲以春秋二仲上丁日致祭學官分派正獻分獻官生員執事並樂舞姓名送州列榜前一日省牲祭之日五鼓齊集知州正獻暨四配學正訓導分獻東哲州判分獻西哲吏目分獻兩廡武職官陪祭考鐘伐鼓各就位執事者各執其事闢戶獻毛血樂舞者東西魚貫而進迎神奏咸和之曲歌咸和之章正獻官盥洗畢入殿初獻奏寧和歌寧和司尊者舉冪酌酒獻帛爵讀祝亞獻奏安和歌安和終獻奏景和歌景和禮皆如初獻飲福受胙奏宣和歌宣和送神奏祥和歌祥和瘞毛血闔戶徹饌焚祝帛禮畢

崇聖祠則學正訓導先期專祭祭禮視十哲

祭品

幣 牛 羊 豕 鹿 兎 帛 大羹 和羹

黍 稷 稻 粱 形鹽 藁魚 棗 栗 榛

菱 芡 鹿脯 黑餅 白餅 韭葅 醓醢

菁葅 鹿醢 芹葅 兎醢 笋葅 魚醢

祭器

簠百十五 簋百十五 洗二 玷二十八 勺二十八 籩二百四十八 豆二百四十八 登六 俎百三十三 篚二十 犧尊六 象尊六 大尊二 山尊二 壺尊六 著尊二 罍二 爵百十八 籩巾二百四十八 龍冪一 尊冪二十八 雲雷尊

一鉶一　又嘉慶二十一年大同鄉職員汪璉另有補捐祭器

陳設

先師帛一　爵三　登一　鉶一　簠一　簋二　籩八

豆八　牛一　羊一　豕一

四配帛一　爵三　登一　鉶一　簠一　簋一

籩六　豆六　羊一　豕一　每位一壇

十哲帛一　爵一　鉶一　簠一　簋一　籩四

豆二　羊一　豕一　每位一壇

兩廡帛一　爵四　簠一　簋一　籩四　豆四

羊一　豕一　帛羊豕每廡一餘則每廡四壇

崇聖祠

先師減太羹太牢

四配祠

十哲減豕首

從祀祠

兩廡減豕肉

二祭共支餉銀伍拾捌兩舊四十七兩　又香燭銀壹兩五

分

樂器

鼉鼓　大鼓　大鐘　麾　節　鎛鐘　編鐘

登歌鐘　特磬　編磬　登歌磬　琴　瑟　塤

篪　鳳簫　洞簫　龍笛　笛　雙管　笙　楹鼓

懸鼓　應鼓　鼗鼓　搏拊　柷　敔　鐃　相鼓

木鐸　籥笛以上樂器俱乾隆三年學正朱銓訓導甘昌祚同首士黄載華王鎮黄載安顧湛露王鑾張斌李時可捐造

樂歌

工歌八八

咸和　大哉宣聖道德尊崇維持王化斯民是宗典祀有常精

純併隆神其來格於昭聖容

甯和　自生民來誰底其盛惟師神明度越前聖粢帛俱成禮

容斯稱黍稷非馨惟神之聽

安和　大哉聖師實天生德作樂以崇時祀無斁清酤惟馨嘉

牲孔碩薦羞神明庶幾昭格

景和　百王宗師生民物軌瞻之洋洋神其宴止酌彼金罍惟

清且旨登獻惟三於嘻成禮

宣和　犧象在前豆籩在列以享以薦既芬既潔禮成樂備八

和神悅祭則受福率遵無越
祥和有嚴學宮四方來宗恪恭祀事威儀雝雝歆兹惟馨神
馭還復明禋斯畢咸膺百福

樂舞

六十四人

鼓聲既嚴旌節前導魚貫而進列行於陛上左右相向聽節生唱奏某舞則散而爲揖聽唱舞止則聚而成列凡歌一闋則舞一成奠帛三獻共四成始終共六變起於中而散於外初變則綴之中東西立象尼

山毓聖五老降祥再變而爲佾數稍前進象筮仕於魯而魯治三變而東西分象歷聘列國而四方化四變稍退後象删述六經告備於天五變而左右向象講論授受傳道諸賢六變而復歸於綴中東西立象廟堂尊享弟子分配

儒學生員額數文學十五名武學十五名府學名數由 學憲酌撥廩生三十名增生三十名

部頒書籍

御纂周易 詩經 春秋 朱子全書 性理 明史通鑑各一部

雍正年內頒

上諭十一部

乾隆年內頒

上諭六部

乾隆十年內頒

上諭一部

乾隆十二年內頒

上諭二部

聖諭廣訓 大清會典 學政全書 明史各一部

書院

廟學學之本也諸生朝夕肄業之處則有書院近州縣皆以次修舉蘄書院在麟山舊矣其詳定經費事宜俾得備書以貽來者志書院

書院基舍

前爲門門內左右兩房爲院役住房進爲會課所左廚房右門房再進爲講堂中間供奉

文昌帝君左右列號板號欖數条諸生聽講左邊爲山長

任舍外爲　四賢祠後移祠於　帝君右側以舊祠
爲住院肄業之所右前爲客堂後爲穀倉倉今毀再右
橫建肄業書房十五間久圮

書院田租

明防憲吳公國仕原置永福鄉靈山下彭司橋芙蓉寺
三庄田共計種四石二斗五升載制㪷穀九十四石
三斗又置安平鄉童家畈地名宋家壠蕭家灣劉家
塘三庄共計種三石四斗七升載制㪷穀六十二石
一斗今止五十五石

明知州錢兆元增置安平鄉地名菩提壩計種一石原
載大㪷穀一十五石今止制㪷穀一十一石七斗五
升以上舊爲文昌閣祀田知州錢鋆詳定附書院管理收給
監生陳鵬仝弟鸞乾隆十一年捐田坐落大同鄉張家
塝地名王家壋壩內二坵佃屋後二坵計六斗又地
名新塘塝九坵計七斗地名疺家壩堰壋二坵計八
斗共田二石一斗載制㪷穀三十二石六斗入書院
東關外白馬渡塘田一石五斗踩納穀課壩外繒課今
改納魚藕課

北關外牛馬坳官山脚田一十三坵山地大小二十四
塊載制斛穀九石二斗地課九十錢八百文原係康
熙間署州劉承啟貢生陳士眉捐置後因開墾互爭
乾隆十八年升州李泌斷歸書院
大同鄉地名國邊河田一石二斗竹子塘響龍壋田六
斗獺塘嘴田二斗載鄉斛穀四十石乾隆十八年知
州錢鋆詳明以公捐銀兩買入書院
青山鄉胡濟修入官田地土名皂角灣見塘灣馬地畈
共計種三石二斗共九十六坵外祭田三升七合共

載課制斛穀七十石地課銀一兩泉水溝金星面山
課銀五錢乾隆十八年知州錢鋆詳明以公捐銀兩
買入書院
安平鄉張姓互爭地名下河廟鴿鷹嘴基屋花地大小
一十四塊每年納課穀一石五斗地課銀一兩六錢
乾隆十八年知州錢鋆斷歸書院
大同鄉張從賓從貝先海履牧乾隆十八年捐田八斗
地名皇居山載鄉斛穀二十五石五斗五升
大同鄉監生田僎田用中乾隆二十一年捐田坐落青

山鄉地名黃城河石橋畈計畝六斗載鄉斛課十石
青山鄉石橋畈與田俱捐田相連計畝七斗載鄉斛穀十石乾隆丙子年知州錢鋆以公捐銀兩買入書院
李文甫捐田租五石在永福西鄉破家山原捐田在芙蓉寺康熙十一年易置
北關外顧家橋田地大小十四塊載制斛課九石地租九十錢二串四百文係童生陳起龍抵捐銀稟歸書院以上舊志
聶家壩楊林冲口田八坵計一石一斗載制斛課十九石監生黃達捐
永福鄉濫泥灘挂口園田一所熟地十六厢蘆地一段載制斛課六十石地租九十錢九千二百八十文淤地租九十錢五千文係前明州正路捐置
掛口蘆洲一段載春秋地租九十錢三十二千文淤地租九十錢一千文新淤地租九十錢十串文
安平鄉漕河鎮舖屋一所現收屋租九十錢十千文係王永茂捐置
安平鄉宋家料田一石六斗計制斛課二十四石係詹

姓互爭乾隆五十四年升州胡齊崙斷歸書院
崇居鄉沙坵水田八斗五升載制斛課八石二斗八升乾隆五十七年孫光治廷槐等捐置
安平鄉大山坪田地一所載制斛課二十石因田義康具控嘉慶十四年署州張斷歸書院
安平鄉下河廟陳家園水田四石五斗每年踩田納課道光十三年監生呂化新捐置
安平鄉白家堰田三石五升每年踩田納課道光十三年監生呂化新捐置
安平鄉周家壠田一石四斗七升五合載制斛課二十二石八斗道光十四年職員洪體循與李姓互控捐書院
崇居鄉吳家河田一石三斗載鄉斛課四十石道光二十五年張艮智子監生張如琪如琳等捐置
安平鄉高德畈田一石四斗二升五合載九六斛課二十八石五斗監生高振業子監生高唐等捐
安平鄉八石圍水田四石每年踩田納課係貢生劉芹堂與王昌明互控捐入書院 以上新稿

藏書

御纂周易　詩經　書經　春秋　性理　全唐詩各一部

欽定四書文　湖廣通志　康熙字典　綱鑑大全

朱子異同條辨各一部　生員陳于座捐備

書院條約

公課訂於每月十二日山長課期訂於每月初二日二十二日凡課皆扃門列坐彌縫編號與場屋規制略同每年定取正課生員十二名童生二十名每名按月給膏火九十錢一串一百文官課取第一名花

紅九十錢三百文二三名花紅九十錢各二百文附課考第一名給花紅升正課連考第二三名亦升正課正課連考榜尾者降附課課期一次不到者扣膏火三分之一二次不到者降附課凡考前五名者各繕原卷彙送採梓

講堂設立木榜凡書院內中式暨恩拔科歲入學者題名以昭勸勉以上舊志

考棚

嘉慶戊辰州主范寶璟倡議勸建考棚闔州紳庶樂

輸鼎建甲戌年首士駱自天王邦周張文楪葉承爟等樂輸重建道光癸卯年署州劉鴻庚陸恩綬先後勸諭闔州紳庶樂輸增建共計考棚七重其上爲登一春堂左廂房二間右廚房一間堂號一間俱在書院右除買附近居民地基外吳大本捐地基寬八尺長三丈二尺吳大渟捐地基寬八尺長三丈二尺吳宗福捐地基寬二丈五尺長四丈八尺詳載於碑新稿

義興庄在漕河上市內祀文昌

捐置田畝坐落課石大同鄉監生何開樞等捐石鼓

河螺螄廟二處水田玖石捌斗納租課壹百肆拾柒石肆斗叁升崇居監生龔達捐漕河圍壩水田伍石納租課壹百石州同黃寶峰捐馬家冲水田叁斗叁升納租課陸石又樂輸公項置班王圍田叁石伍斗貳升納租課柒拾貳石又置紗帽石田貳石叁斗納租課陸拾玖石以上詳通志

增置張家橋田課壹拾捌石道光二十六年職銜龔秉良秉極捐漕河楓樹林田畝貳石伍斗納租課伍拾石咸豐二年監生柴盛榮盛華盛玉貢生盛賢捐

大同鄉龍目冲楓樹鋪下首船形父厚安墓前田課叁拾石增生田相照捐大同鄉李家山田課拾石貢生田相綱捐大同鄉凉京河易家畈二處田課拾石

聚英庄在馮家堰道光二十二年職銜陳國治經理建廟内祀　武聖

道光七年國治將公項營息共置田課壹百伍拾餘石以助武庠鄉試資斧以上新稿

安廂興賢庄

咸豐二年監生徐才華仝弟金榜將原捐加廣未成

之田具呈改捐安平鄉城鄉會試費及文童入泮花紅其田三石七斗六升坐落樂家邊納稞壹百零四石四斗一升

本城義學

州縣之有義學有司延師儒以教民間子弟蓋猶古者里塾黨庠之遺也蘄舊有義學三今廢道光中州大夫及城内士庶力謀倡修得復還其舊其現經詳定章程用備書之志義學

本城義學

道光十八年署州林壽平倡捐勸建募化本城士庶樂輸並署學師鄧承源捐款建立東西兩學東學以充公房屋詳請改建左側為二林祠延請本城有學行諸生為師後張何兩學師牒州詳請分東西義學之俸增建南北兩學旋經州主龔槩詳請裁去北義學以其俸金作本城諸生鄉試賓興之資又經州主勞光泰定立章程三學學師以每届科歲考本城諸生等第前後挨次聘請一届一換允為良法樂輸之項條勒於碑除買修西學屋及開銷各項外實存足錢

一千一百五十串文存典生息一分二釐扣經管首士每歲收息錢除分送三學俸金外餘仍存典以作本城鄉會試賓興之資東義學道光二十二年舊經管李瑞玉修葺咸豐二年經管劉芹堂重修其二林祠因大水淹坍經費不足未修

東義學在儒學西齋前

西義學在北關内

南義學每年出錢二千文租賃學堂以上新稿

蘄州志卷之七

職官志

知蘄州事夏津潘克溥纂修

文秩

蘄陽歷代爲郡爲縣爲府爲路爲州建治不同而官之名號亦異故自魏至元官制難以類從肎以時代差次之其無可考者仍附於各代之後明以來始各分類編焉志文秩

魏

謝寄 廬江蘄春郡典農見吳書

晉宗 蘄春郡太守見通鑑

陳

黃詠 大建時齊昌太守陳書

黃正始 大建時齊昌太守見隋書

周旻 安城人定州刺史領齊昌郡事見隋書

胡穎 承聖時羅州刺史見陳書

周法尚 旻之子太守見舊志

隋

王世積 新囯人開皇時總管有傳見通鑑

史祥 字世休朔方人總管見通志

唐

李象 蘄春郡太守見舊志

員半千 字榮期全節人武德時刺史有傳

祖雍 高宗時安撫使

徐齊聃 字將道長城人高宗時司馬

宋之問 字延清汾州人睿宗時刺史

王晙 景城人開元時刺史卽王晴以上見唐書

李恍 蘄春令

薛宏宣 錄參軍

薛巖 司馬以上見宰相世系表

杜敏 乾元時刺史見金石錄

伊愼 字寡愼兗州人建中時刺史有傳

李實 道王元慶四世孫德宗時刺史

呂元膺 字景夫東平人德宗時刺史有傳

鄭紳 貞元時刺史以上見唐書

李道古 順宗時觀察使見舊志

李播 順宗時刺史見白居易詩

韓皐 順宗時觀察使有傳見唐書

裴時立 守眞曾孫稷山人元和時刺史唐書

裴遲 進士乾符時刺史見通鑑

韓思彥 錄事參軍有傳

蔡少霞 陳留人明經參軍

張舟 蘄春主簿

許文禎 刺史以上見舊

五代

馮敬章 乾德時刺史

王承壽 顯德時刺史

李平 顯德時刺史以上見通鑑

宋

譚延美 朝城人四遷至內殿初爲蘄州刺史

王禹偁 字元之鉅野進士乾德時知州有傳

明鎬 字化基安邱進士乾德時知州有傳

趙良規 字元甫乾德時通判

聶冠卿 字長孺新安進士乾德時通判有傳

楊偉 字子奇試賜及第天禧時錄事參軍有傳

錢易字希白進士眞宗時通判有傳以上見宋史
祖士衡字平叔上蔡進士眞宗時通判
程戡字勝之陽翟進士眞宗時通判
呂誨字獻可開封進士治平時知州有傳
林大年錢塘人英宗時知州有傳以上見宋史
孫昌齡熙寧時知州有傳
張商英字天覺新津人熙寧時知州以上見宋史
許將字沖元閩縣進士神宗時知州
胡宗回字醇夫宿從子用蔭登第元符時知州
劉沆天聖時知州有傳見舊志
李宥字仲嚴寬之子進士眞宗時知州有傳
呂溱字濟叔揚州進士眞宗時通判
范純仁字堯夫進士治平時知州有傳
李潛贛州進士英宗時知州有傳見舊志
沈起字興宗鄞縣進士英宗時知州
秦希甫字辨之進士元符時知州見舊志
陸師閔神宗時知州
蕭服字昭甫廬陵進士政和時知州有傳
陳過庭字賓玉進士政和時知州以上見宋史
李材宣和時通判以上見舊志
劉拯字彥修南陵進士元豐時知州有傳
徐處仁字擇之穀熟進士徽宗時知州
余童徽宗時知州有傳見舊志
劉光世字平叔保安軍人監蘄州防禦使
孔彥舟紹興時蘄黃鎮撫使
岳飛字鵬舉湯陰人紹興時舒蘄制置使
羅頎紹興時通判
馬防政和時知州
虞策字經臣錢塘進士元豐時通判有傳
梅執禮字和勝浦江進士徽宗時知州有傳
王甡知州以上見宋史
韓世清建炎時轄鈐蘄州有傳
喻樗字子才嚴州進士紹興時知州
王玠字介玉長洲人孔彥舟幕屬有傳
孫惰紹興時防禦使以上見宋史
章燾孝宗時知州有傳

汪安行績溪進士孝宗時教授有傳以上見舊志
施溫舒淳熙時知州見舊志有傳
范應鈴字旂叟豐城進士寧宗時通判有傳
秦鉅字子野檜曾孫嘉定時通判有傳
趙汝標防禦判官
甯時鳳蘄春主簿
嚴剛中蘄州大都監轄蘄口鎮倉官
江士旺　夏倪錢志倪翁
曹全　劉極
李宗思乾道時教授有傳見朱子教授廳記
葉適字正則永嘉進士光宗時知州有傳
李誠之字茂欽東陽人嘉定時知州有傳
阮希甫教授以下十三人俱嘉定時任
林桀蘄春縣令
杜諤錄事參軍兼司戶
孫中統制官
陳輿
邱卞俱小將
李斌軍士
邱岳進士推官見舊志
孟珙字璞玉
徐悳嘉熙時知州
乃猷寶祐時防禦使
管景模黃陂人德祐時安撫使以上見宋史
仲彌性知州以上見李洪詩
厲知州見戴石屏詩
王彥明蘄春縣令有傳舊志作州守誤
趙與裕司理參軍以上見宋史各有傳
王霆字定叟東陽人嘉定時知州有傳
萬文勝嘉熙時都統制
張可大嘉熙時知州
王益景定知州有傳
章孝寬知州見通志
俞倘由寺丞知蘄春縣見梅聖俞詩
桂壁貴溪人通判有傳
陳晦字大著知州有傳

夏埭 通判

程渭老 黟縣人主簿

麗籍 司理

林震

何閎 以上見舊志

元

張好古 字信甫行軍千戶中統時移戍蘄州有傳

趙貧翁 至正間總管有傳

狄思聖

趙昭武

志榮祖 雲中人

卜顏鐵木兒 駐控長江十六年有傳

解觀 吉水進士錄事參軍有傳

鄭鏞 眞定人通判

馬侃 以上見舊志

明 洪武初設知府附郭有蘄春縣十年改州省蘄春縣有巡檢驛丞等官嘉靖十五年始設下江防道僉事

駐蘄州今自巡檢下無考餘悉標類紀之

採訪使

夏元吉 字維哲湘陰進士建文己卯任有傳

下江防道

魏良輔 字師召新建進士嘉

劉光文 字繼純閬中進士二十三年任有傳

卜大同 字吉夫秀水進士二十五年任有傳

翁學淵 字原道遂昌進士二十九年任有傳

沈寵 宣城舉人三十二年任

周美 字濟叔崑山進士三十二年任有傳

麻瀛 宣城進士四十年任

孫裒 如皋進士四十一年任

包汁 嘉興進士四十三年任

袁世榮 華亭進士隆慶二年任

盛當時 華亭進士二年任

戢汝止 簡州進士六年任

楊松 海寧進士萬歷二年任

侯堯封 字欽之嘉定進士五年任有傳

王廷稷 晉江人八年任舊志係進士今查未得

劉宏道 常熟進士九年任

洪一謨 歷城人十一年任舊志係進士今查未得

李復聘 盩厔進士十三年任

李琦 江陰進士十五年任

陳朴 陳州衛進士十六年任

李文郁 禹州進士十九年任

丁繼嗣 字國雲鄞縣進士二十年任有傳

韓紹 歸安進士二十四年任有傳

沈孟化 永定進士二十七年任

黃仁榮 字勉仁南昌舉人二十九年任有傳

張應鳳 元城進士三十一年任

韓孫愛 字君溥慈谿進士三十六年任有傳

胡世賞 字爾思合州進士三十九年任有傳

吳國仕 字長谷歙縣進士四十三年任有傳

王世德 字迴溪永康進士四十五年任有傳

李如檜 陽信進士四十八年任

李若訥 字季重臨邑進士天啟二年任有傳

陳應元 字幼白汀州進士五年任有傳

范中彥 字濂儒范縣進士七年任有傳

儲顯祚 宜興進士崇正二年任

王相悅 字鞠劬泰州進士四年任有傳

施元徵 字曠如無錫進士五年任有傳

唐登儁 號灼洲富順進士六年任有傳

唐顯悅 仙遊進士八年任

張秉貞 字坤安桐城人十年任有傳

張定志 宜興進士十二年任

許文岐 字我西錢塘進士十三年任有傳

洪天擢 歙縣進士十六年任府志作世擢

知府

李安善 吳元年任有傳
徐　麟 廣濟人洪武四年任有傳

知縣

王德明 洪武初任蘄春縣令

知州

孔思森 曲阜舉人洪武十年任有傳
楊　琪 舉人永樂時任有傳
李士安 宣德時任有傳
王　坦 字子平郫城舉人有傳
錢　敏 舒城進士
姜　浩 以上正統時任
陳　範
金　銑 字宗潤山陽舉人有傳以上景泰時任
趙應隆 字文盛合州舉人天順二年任
何堯中 合州舉人天順時任

祖　轍 字中輿江盁進士有傳
錢承德 字世恒常熟進士有傳
何　綸 順德舉人有傳
王　宜 淦州進士
白福祥 祥符人舊志係進士今查未得
周廣榮 上高人以上成化時任
楊　淮 山陰進士
侯　直 字公繩華亭進士
陳　霽 秀水舉人以上宏治時任
佘　忠 無錫舉人
李　紳 內鄉舉人
葉仕美 閩縣舉人有傳
黃　嵩 浮梁舉人
李　純 字在誠莆田進士有傳以上正德時任
楊　淸 山陰人正德十三年任舊志係進士今查未得
魏　修 興化舉人嘉靖元年任
李孚先 莆田舉人
李　林 進賢舉人

周　南 字化文羽林衛舉人八年任
周　訓 盁州舉人
馬　淮 秀水舉人十五年任
高惟孝 偃師舉人二十一任
張　洸 鄱陽舉人二十年任
陳震鵰 閩縣舉人二十一年任
吳　鳳 貴溪舉人
萬　敏 南昌進士二十九年任
崔一濂 南海進士三十年任
谷鍾秀 餘姚進士有傳
范　信 金華舉人
石　璽 滁州舉人有傳
向天眞 眉州舉人
袁伯嵩 豐城舉人以上嘉靖時任
蕭奇勳 莆田進士
聶　瀛 保定人舊志係進士今查未得
楊　魁 江山歲貢以上隆慶時任
裴應時 河間舉人萬歷二年任

劉　默 臨川舉人四年任
路雲龍 宜興進士六年任有傳
徐希明 上虞舉人十六年任有傳
潘　珏 字玉宇婺源人有傳舊志科目年分未確
鄭夢禎 莆田舉人二十五年任有傳
譚　經 吳縣人
蔣如蘭 全州人
何之圖 字見義婺源舉人三十三年任有傳
侯大節 汲縣進士三十五年任
朱　圻 商城舉人三十七年任
趙善紀 南海舉人四十一年任
倫應祥 東莞舉人四十四年任有傳
湯應選 臨川舉人四十七年任
錢兆元 字長人仁和舉人天啟三年任有傳
胡承烈 山東歲貢六年任
唐世照 字伯闇灌陽舉人崇正五年任有傳
張叔鑑 新淦舉人十一年任
孫光祚 山東舉人十三年任

陳邦奎南海人十四年任　黃金榜上元舉人十五年任
陳登衡臨桂人

同知

萬惟民洪武時任　王倫淮安人
王韶應天人　陳琳浙江人
周仁廣廬陵人以上正統時任　劉夔江津人
何謙東莞人　馮艮夾江人
劉嵦浮梁人　林宗重莆田舉人
邱蘭光山人以上成化時任　魏雲興化人宏治時任

方溥祁門人　俞敬字一中永康進士
劉禾江都監生以上正德時任　沈濙吳江進士
吳中立字孔卓舉人　彭紳平樂監生
趙廷松字子俊樂清進士有傳　吳楦臨安吏員
馬璽無為州監生　李方宿遷監生
馬承學吳縣進士　李智程番監生
王誦興國縣選貢　燕冀遂甯監生
吳儲新建選貢　梁膺三水選貢以上嘉靖時任
周詵三水吏員　顧夢羽崑山恩生以上隆慶時任

尹復仁祥符人　何艮佐廣昌人
陳汶分水人　王承光涪州人以上萬歷時任天啟間缺裁

學正

李賢貴池歲貢洪武時任　傅舟有傳永樂時任
汪景福宣德時任　萬鈞黃陂人
陳璽以上正統時任　王諶蘇州人
董佐號勿菴臨川舉人有傳　林宗字存敬莆田舉人
朱成重慶人　陳瑄閩縣舉人
裘淑登天台舉人　倪憲仁和舉人以上天順時任

袁珽東莞舉人　李時達博羅舉人以上成化時任
劉瓚宣城舉人　黃玊臨安舉人
周綱晉江歲貢以上正德時任　倪鎧上虞舉人
王舜卿字帥西閩縣舉人有傳　周于德華亭歲貢
華榮金華歲貢　孔昭清遠歲貢
鄒士元萬安舉人　陳韞龍溪舉人
楊演武義歲貢　劉鵠翔閩縣舉人
岑性邛州歲貢　龍如卿萬載歲貢以上嘉靖時任
羅教四川歲貢　劉繹思桂林舉人以上隆慶時任

匡　直洛陽歲貢
沈　華昌化歲貢
李炳奎江西舉人
江有光沔陽舉人以上萬歷時任
裴晉卿松江舉人天啟時任
佘盛富順舉人
龍　憲常德舉人
馬　歲貢以上崇正時任殉難

訓導

陳堯章洪武時任
趙　霖
王　皜吳縣舉人以上永樂時任
陳　騰
李　素以上宣德時任
李　太鉛山歲貢
陳克仁莆田舉人
羅　鍾忠州歲貢以上正統時任

柯　茂池州歲貢
徐　仁蓬縣歲貢
黃　和安慶衛歲貢生以上天順時任
楊　浩嵊縣歲貢
李務本舉人
蕭　環新淦歲貢
衛永昌南豐歲貢
劉　聰江都歲貢
王一鄂巴縣歲貢以上成化時任
林　鍾連江歲貢
吳伯鈞內江歲貢
張　灝內江歲貢以上宏治時任
羅　昕儀隴歲貢
李　明名山歲貢
蘇　龍寍鄉歲貢
封　淵內鄉歲貢以上正德時任
王　啟賓州歲貢
章　鑰富陽歲貢

裴文釆字尚質貞陽歲貢有傳
趙士讓閩縣舉人
李　茂崇化衛歲生
胡　聰雲都歲貢
石　渠章浦歲貢
鄒　珉建水歲貢
鄭　器寶慶歲貢
陳　寵內江歲貢
宋　綱留守衛歲貢
聶少夔漢川歲貢
余士皐星子歲貢
喻大升富陽歲貢
羅天爵德化歲貢
范德光巴縣歲貢
王　猷江津歲貢
毛尚志河南歲貢　陶胡歲貢于四川
謝　恩直隸歲貢
程　序休寧歲貢

王　賓合肥歲貢
何　燭彭澤歲貢
先　知當塗歲貢
王時鳳合肥歲貢以上嘉靖時任
王　聘河南歲貢
吳道宣福建歲貢
王　春醴泉歲貢
李　綸興平歲貢以上隆慶時任
葉　仲仁和歲貢
高　校彭澤歲貢
陳　燭南昌歲貢以後多失考
米濟世蒲圻歲貢
熊　江西歲貢以上萬歷時任
韋大方江西歲貢
吳伯裔漢陽歲貢
魏應龍漢陽歲貢以上天啟時任
傅　孝感歲貢崇正時任

通判

李德元宣德時任
武信以上正統時任
鄭昕吳江人
李謙成化時任
劉佐進賢人以上宏治時任
周松年南溪人
譚崇巫山監生
孫琚豐城監生
張翥
鄭琚福建人
李能南溪人以上天順時任
張宏宜字時措華亭進士有傳
單軫慶符人
李昭廣德監生以上正德時任
孫甫犍爲進士
陳琨武進官生

文炯會昌吏員
徐光當塗監生
金翔金華舉人
徐貞臨川吏員
劉介齡南海進士
張應時吉水人以後多失考
管一鳴南陵監生以上萬歷時任
沈　浙江貢生以上崇正時
何進隆雲都選貢
賀望永新監生以上嘉靖時任
李桃歙縣人
王用禎南充進士
金標宣城人
陳策江西貢生有傳
錢元寀紹興吏目

吏目

王伯成宣德時任
鍾洪嘉定人
縱緘沛縣人
胡璉華州人宏治時任
劉濟霸州承差
黃偵大興監生
鄭杰常山監生
吳繼宗光山監生
杜　江西人天啟時任
楊春正統時任
柳經陝西人以上天順時任
丁都溧水人以上成化時任
謝實婺江舉人正德時任
奚銘新建監生
胡在德陽人
李煜邵武監生以後多失考以上嘉靖時任
胡自虞桐城吏員以上萬歷時任
諸之俊浙江人

國朝下江防道僉事一員康熙二年奉裁

知州一員　儒學學正一員
訓導一員　州判一員
吏目一員　大同司巡檢一員
茅山司巡檢一員　西河驛驛丞一員
陰陽學典術一人　醫學典科一人
僧正司僧正一人　道正司道正一人

下江防道

范鳴珂字鴻磐威遠衛恩貢順治二年任有傳
吳之允字象賢永年舉人八年任有傳
呂陽字全五無錫進士十一年任有傳
汪繼昌字徵五嘉興進士十四年任有傳
周漢傑字房仲安福舉人七年任有傳
王顯字純白曲周進士九年任有傳
趙映乘字瀚章祥符進士十三年任有傳
劉緝堯字無糜曲沃進士十六年任有傳

楊志遠字宏爾丹陽進士十八年任有傳　李登第號虞門廣宏貢生康熙元年任
楊大鯤字陶雲武進進士　徐惺字子星崑山進士九年任有傳俱舊志

知州

蘇中和襄陽人順治二年英王委任　張定邦滿洲生員三年任有傳
柳愈宿晉舉人四年任　方于光號澄嵐大興進士七年任有傳
包隆道浙江拔貢八年任　龐堯年遼陽貢生九年任
金貴號小泉滿洲貢生十年任有傳　王宗堯字銘一廣宿廕生
高子翼閩縣進士康熙十年任　李成材奉天貢生十三年任有傳
張士駰新建進士二十二年任　遲惟培正白旗舉人四十年任

劉國輔字長民奉天例監　王玠字寶峰鑲紅旗廕生五十八年任有傳
華文振字奎一宿州監生雍正五年任有傳　蔣嘉年鑲藍旗監生九年任
童鎮夏會稽監生十一年任　王松齡正白旗官生十三年任
劉淑字文錭臨汾貢生乾隆初年任有傳　蔣尚德字德輿奉天舉人八年任有傳
李泌字君采靈州進士十五年任有傳　錢鋆號檢亭常熟舉人十年任有傳以上舊志
劉義山東進士有傳署以下新增　張金管烏程監生三十六年署有傳
朱懋丙　謝夢草號西堂東官進士三十九年任有傳
陳嘉謨錢塘進士有傳　趙望齡號湘帆
李國騏嘉應舉人有傳　德泰正白旗人四十五年任有傳

高爲濟號未堂直隸舉人　王希曾四十九年任
常丹葵文州舉人五十一年署　胡齊崙號學山會稽人五十四年任
曾維道直隸拔貢五十九年任有傳　魏肇高號漱園柏鄉進士嘉慶二年任有傳
張琴號韻石北直舉人署　范寶璟號六泉嘉善進士有傳
椿齡號緹山漢軍進士有傳署　顧澍號伴槳錢塘舉人嘉慶十五年任有傳
張彭齡號述亭漢軍人十八年署　夢齡號菽原漢軍人二十一年署
鄧蘭薰號蕙儔江西舉人道光元年署　李鍔號蓮峰解州進士五年任有傳
林寅號賓甫福建人七年署　左章炳號晦菴雲南進士九年署
王達號稚山揚州翰林十一年任　馬鴻圖號朗齋山東廕生十二年署有傳

鍾振超號笙樓揚州進士十三年署　孫承恩號小航杭州附監生十四年任
愛祿滿洲人十七年任　林壽平號櫟夫侯官進士十八年署有傳
劉鴻庚號西垣會稽舉人十九年署有傳　陸恩紱號晴嵐浙江廕生二十一年署有傳
龔敀號克齋監生二十三年署　勞光泰號靜菴南海進士二十四年任
暘明善號理園江蘇進士二十五年署　劉咸號子受大興舉人二十七年任
董炳楠號鶴峽浙江舉人三十年署　潘克溥號澤農夏津舉人咸豐元年任現任

學正

熊仲龍漢陽拔貢　錢民瞻襄陽選貢
李開早武陵進士　任崇嘉魚舉人以上順治時任

尙登岸京山舉人
龔起燦潛江舉人
張友奎鍾祥舉人
丁鼎鍾祥舉人
王如治雲夢舉人以上康熙時任
朱銓東湖舉人以上雍正時任
江宗望漢陽舉人
程大中字拳時應城舉人後成進士有傳以舊志
高元量字容江武昌舉人

傅彬孝感歲貢
胡慶祖枝祥舉人
王泰生鍾祥舉人
劉清史監利舉人有傳
劉日章沔陽舉人
李功永字書竹黃陂舉人有傳
王世法字民表江夏舉人原籍蘄州有傳
譚則騰沔陽舉人以上乾隆時任以下新增
蕭錦字子僑孝感舉人以上嘉慶時任

王振龍監利舉人
張廷華號西巖犨川舉人
劉德鈴號賡堂漢陽舉人咸豐元年任現任

訓導

彭祖商監利貢生
龔學洵公安歲貢以上順治時任
唐振烈通山歲貢
楊我韶江夏歲貢
佘師龍漢川歲貢

蕭漢訓沔陽舉人
黃開甲字春臺大冶舉人署以上道光時任
毛之健巴陵歲貢
曾三壽監利拔貢
賀興初衡陽歲貢
岳東瞻字起霞漢川歲貢
陳作楫沔陽歲貢

周卜渥例貢
王一寧江夏歲貢
劉克宣建始歲貢
黃朋元保康歲貢以上乾隆時任以上舊志
孫萬均號運蒲監利廩貢陞經歷
王之孚號鶴舟江夏優貢
鄧承源江陵廩貢
張思誠號慎齋咸豐縣廩貢

江增福荆門例貢以上康熙時任
甘昌祚漢陽歲貢有傳以上雍正時任
吳之隆天門歲貢
魏鳴和號南岡蒲圻舉人以下新增
覃長運東湖廩貢以上嘉慶時任
宋德潤號海槎漢川廩貢陞浙江經
何皋號南原江夏舉人陞知縣
郭亦棠號珊屏通城舉人以上道光時現任

州判

田信安肅生員
邵殿邦縉雲拔貢
于連湲獲鹿貢生以上順治時任
吳自性嵊山人
黃卷益臨川監生
朱文楷武安監生有傳以上康熙時任
李日熙介休例貢以上雍正時任
王士讓安溪副榜有傳
魏根柏鄉拔貢以上乾隆時以上舊志

史可成遼東生員
吳多瑜寧波人
王奪標單縣進士
陳平廣寧蔭生
俞廷佐山陰監生
雷濯宛平監生
孫衍慶大興監生有傳
王會鉦瓊州生員
包涵號海隅海鹽人兩中副車以上新增

侯賜樂直隸拔貢　胡宗李常熟監生以上嘉慶時任

陸嵩齡大興監生原籍常熟　喀隆阿正白旗人筆帖式

馬　銓大興監生供事原籍山陰署　宋讓農雩都監生道光二十三年任

熊琛華高安監生二十五年署　魏作霖號雨山新都廪貢道光二十九年任

吏目

靳宏謨　高明則膚施吏員

范明琦寧波人　沈毓林浙江監生以上順治時任

鄭淑聲莆田人　陳法章會稽人

項　厚字博安錢塘生員有傳　韓宗晉餘姚人

萬士璜丹徒監生　仇天牧山陰監生

余嘉謨秀水監生以上康熙時任　陸　瀚仁和監生

汪自來石埭人　章鎭邦仁和監生以上雍正時任

任蔣玠蕭山生員有傳　賴朗選龍南武生

萬世信南昌監生　陳以積字熙載如皋生員有傳

李　濰元城人　秦廷諫山陰人署

胡惟忠歙縣貢生以上乾隆時任以上舊志　蔡世珠監生以下新增

許清萬四川監生以上嘉慶時任　方　進錢塘監生

李映嵩廣西監生　劉世儼江西監生

涂　楨大興監生原籍長汀　張　銑安鄉監生

潘　箴婺源監生　蔡正麟字子徵吳縣監生

王廷榦號午亭歸安監生以上道光時任現任

武秩

明武秩官自指揮以下皆衛職

國朝更制議罷天下衛所惟近漕渠郡縣間存漕船旣減屯丁亦僅取足供役餘則盡隸有司各衞止設守備千總等員督領漕運兼理屯糧而地方防守別置副將叅遊訓練兵卒人由選授而來兵由簡練而聚可

謂至周且詳矣志武秩

明明初甲辰以指揮趙應清千戶許勝陳過率部伍守禦蘄州巳酉立守禦千戶所洪武十一年指揮朱德領四千戶至改所爲衛正統八年建荆王府移於軍儲倉今在州西北領經歷司一鎭撫司一千戶所五左右中前後百戶所四十有七凡指揮並世襲凡蔭襲及軍政悉報上右軍都督府以達於兵部每歲撫按察其賢否曰考選軍政一人治衛事謂之軍政掌印一人掌操練一人督屯糧謂之軍政僉書又一人巡捕一人治軍器一人領漕運謂之現任管事不與此者謂之帶俸歲委帶俸一人入賀江洋設總巡迴風磯盤塘三哨每年衛指揮千百戶輪管

衛指揮

陳聚諸城人　茆　德合肥人

李畛 鳳陽人　王榮 南部人
李郁 洛陽人　田文 信陽人
王忠 五河人初授錦衣衛正千戶洪武乙未隨太祖渡江首克采石明年克南臺論功陞蘄州衛指揮使
岳得 清河人　李旺 都江人
姚勝 滁州人　李春 虹縣人
舒祥 興國人　胡誥 鳳陽人
王威 定遠人　王英 玉田人
李楷 其先息縣人任衛千戶萬歷年以功晉指揮僉累官左都督府僉事出鎮貴州
王啓 傳詳武勳　趙應清

田鳳　王天相 嘉靖間督修州城並四節祠
胡善　李廣
胡瑄　田正
李泰　王拱辰 崇正間襲俱舊志

鎮撫

袁德　唐鳳
梁棟 山陰人進士　陳友直 俱舊志

千戶

朱福　湯成
胡成　王隆
劉全　顧安
宋興　張麟
杜彬 太原人　朱真
季成 婺州人　朱郎
王彬　歐成 淮寧人
華稷　洪阿忠 四川人
程文聚 死難　吳真
陳福清 滁州人以功授千戶吳元間以功授千戶尋調陝西河州衛卒俱舊志

百戶

趙德成　王仲良 臨淮人
李慶　張德
劉勝宗　戴文雲
賀清　蕭義
麗興　周源
李華　劉華
蕭旭 宣德年襲　史整
鄭富　趙公保

方　英　梅玉典
高仲祥　黃　魯
陳　巖　許　宗
袁　福蘄水人　鍾　成
陳八郎　李　泰
王　潤　郝　成
王　翰　李能久
許添起　崔　福
羅　保　許必榮

吳勝一　田　斌
田足國俱舊志
國朝蘄州營叅將一員康熙十四年缺裁千總一員
把總一員外委把總二員
下江防道係中軍守備一員康熙二年缺裁
蘄州衛守備一員千總一員
百總一員

營叅將

韓　友字心吾陝西人陞湖南沅州總兵有傳　賀世虎山西人以上順治時任
王　魁　貢廷彖以上康熙時任今裁俱舊志

守備附道標守備

呂應翺　張德杰
王廷臣　于安邦以上順治時任俱道標守備今裁
張　祿　賀繼戈
程士然浙江武舉陞夔州遊擊死難後家於蘄　袁應登以上順治時任俱營守備
王俊民　張潛蛟武進士
張崇信　李蒔延武進士
余　鈞宛平武進士　于　淵武進士
曹建功　高可慶
楊正心武進士　萬孔府寗夏武舉以上康熙時任俱舊志

都司雍正十一年裁守備改設

韓　璠　趙如龍以上雍正時任
麻　錦武舉　王　烈侍衛
王　逢　梁文賢安順人
劉起英常德人　李治剛署
陳維傑建水人以上舊志　覲　德以下新增
王一魁　王　炎
常　泰　田　武以上乾隆時任
劉遇盛任邱武進士　廣　壽正藍旗人由閑散挑補前鋒

魏慎德 施南武舉
諶萬芳 溆浦武進士
吳　杰 鄖陽世襲守備署
肇　敏 滿洲武舉
石文棟 世襲咸豐二年現署

把總

譚　金 黃岡行伍新增
施似龍 德安行伍以上乾隆時任
陳聲遠 江南兵生

李登榜 本州行伍以上嘉慶時任
蔣尚英 黃岡兵生
王最義 本州行伍功加千總賞戴藍翎

衛守備

任之鼎
朱日芳 浙江武舉
耿　煓 京衛武進士
裴袞錫 武進士
齊國忠 咸寧武進士以上康熙時任

潘在田 汝陽武進士
張　璣 醴泉侍衛
富　興 滿洲世襲
董玉龍 直隸侍衛以上道光時任現任

涂近貴 黃岡行伍
唐萬年 德安世襲恩騎尉
黃科達 大冶行伍

王正魁 江夏行伍
陳　錦 江夏兵生
馬萬貴 江夏行伍以上道光時任現任

陰養蒙 東强武進士以上順治時任
張瑞鳳 武舉
陳　略 舒城武進士
蕭維翰 延安武進士
馬　彪 保定武進士

趙源長 上元人以上雍正時任
嚴秉則 四會武進士
王　以下新增
朱
范
龔　坦 合肥武舉
張
金　恂 雲南進士
焦元一 府谷武舉

劉光照 河南武舉
任　綍 渾源監生以上道光時任
慶　祥 滿洲武進士二年任現任

千總

李復奇
楊鎮邦 建德武舉
徐必成
吳宗煦 漢陽武舉
王時敏 貴池武舉雍正時任

劉方景 漢軍人
劉　鎮 宛平武舉以上舊志
葉
張
吳
李　湄 歷城監生
徐學海 湖南武舉
耿廷棟 祥符武舉以上乾隆時任
王　桓 旗人武舉以上嘉慶時任

楊廼澄 長清監生
丁維揚 山東武舉咸豐二年任

戚文郁 江西人以上順治時人
張　祿
郝培植 濟寧武舉
蘇門祜 漢陽武舉以上康熙時任
李　樸 曲沃武舉

吳進勳靈夏人以上乾隆時任以上舊志

積　昌漢軍監生嘉慶時任

曹煥堂汶上監生

何世昇漢軍武舉

顏兆燕

季光斌寶應監生

謝　以上道光時任現任

蘄州志卷之八

知蘄州事夏津潘克溥纂修

職官志

名宦

蘄在昔稱重地官斯土者自鎮撫觀察至於牧守令長往往多名公卿前志所採錄詳矣

國朝釐定官制以來愼重職守人思自立其比迹前烈者胥以次增入使來者有稽焉志名宦

隋此下至元官制不一概難分類編次明及國朝始以類從

王世積闡熙新岡人容貌魁偉腰帶十圍有人傑之表高祖受禪封郡公高熲美其才能甚重之授蘄州總管平陳之役以舟師自蘄水趨九江有功進位柱國詳隋書本傳

唐

員半千字榮期齊州全節人武后時入宏文館爲學士有清節武三思用事以賢見忌出爲豪蘄二州刺史半千不顯任吏常以文雅粉澤故所至禮化大行睿宗初召爲太子右諭德唐書本傳

伊慎字寡悔兗州人通春秋國策天官五行書李希烈反曹王皐拔爲大將會賊泝江徇地皐授慎兵與賊戰大破之拔蔡山九力遂下蘄州即拜刺史封南充郡王天子在梁州包佶轉東南財糧次蘄口賊遣驍將杜少誠以兵萬人遏江道不得西慎擊斬賊將許少華禮無留難 唐書本傳

呂元膺字景夫鄆州東平人有器識德宗時爲蘄州刺史頗著恩信嘗除夕錄囚囚泣曰某父母在歲旦不得省膺惻然悉脫械縱之而戒還期吏白不可膺曰

吾以信待人人豈我違如期俱至自是羣盜感義悉避境去 唐書本傳

韓皐字仲聞京兆長安人王叔文用事皐嫉之謂人曰吾不能事新貴從弟曄以告叔文叔文怒出爲鄂岳蘄沔觀察使 唐書附韓林傳

韓思彥字英遠鄧州南陽人蘄州錄事參軍嘗過汴有張僧徹者廬墓三年詔表其閭請思彥爲墓志餽縑二百不受徹固請乃受一縑命其家曰此孝子縑不可輕用其清介類是 唐書本傳

張舟蘄春主簿勾會敏給人稱其良 舊志

宋

王禹偁字元之鉅野人咸平初知黄州州境多怪禹偁手疏引洪範傳陳戒且自劾帝諭曰官云守土者當其咎帝惜禹偁才即日命徙蘄州謝表有云宣室鬼神之問敢望生還茂陵封禪之書已期身後帝曰禹偁其亡乎未踰月卒 宋史本傳

明鎬字化基密州安邱人中進士第補蘄州防禦推官改大理寺丞沉鷙有謀能斷大事 詳宋史

聶冠卿字長孺歙州新安人舉進士官大理寺丞左遷蘄州判嗜學工詩有蘄春集十卷 詳宋史

楊偉字子奇天禧元年獻頌召試學士院賜進士及第試秘書省校書郎補蘄州錄事參軍 宋史本傳

錢易字希白臨安人吳越王孫太宗時通判蘄州上言今四方長吏競爲殘暴非法之刑非所以助治請除之上嘉納焉 通志

劉沆字衝之永新人天聖中知蘄州有巨姓尹氏僞券侵田沆鞫奪之人服其明 舊志

李宥字仲嚴覺之子青州人大中祥符五年進士遷集賢校理遂直院知蘄州歲凶人散委嬰兒去者相屬於道宥令吏收取計口給穀俾營婦均養之每旬閱視所活甚衆或殺人以米十石給傭者使就獄曰我重賄吏爾必不死宥得其情論如法宋史本傳

吕誨字獻可開封鄖城人治平中爲御史時議尊濮王典禮誨力陳不可又彈歐陽修首建邪議併劾韓琦曾亮公附會出知蘄州尋徙晉州加集賢殿修撰知河中府詳宋史

范純仁字堯夫蘇州人仲淹子也皇祐元年進士及第治平召爲侍御史時方議濮王典禮與御史吕誨等論奏不聽純仁還所授告敕尋詔罷追尊純仁請出不已遂通判安州陞知蘄州宋史本傳

林大年錢塘人逋兄宥子英宗時侍御史連被臺移出治獄不肯行爲中丞唐介所奏降知蘄州卒於官宋史附林逋傳

李潛贛州興國人治平中進士授洪州叅軍歷知蘄州志識警拔事主以忠舊志

孫昌齡熙寧二年任殿中侍御史論新法忤王安石貶蘄州通判詳宋史

張商英字天覺新津人嘗降知蘄州從祀名宦

秦希甫字辦之元豐間進士爲陝西轉運判官以言罷職尋遷蘄州

蕭服字昭甫廬陵人第進士張商英當國引爲吏部員外郎送遼使得疾於道既愈還舊職以父老得請知蘄州宋史附沈畸傳

虞策字經臣錢塘人登進士第元豐間任蘄州通判時

蔣之奇以江淮發運上計神宗訪東南人才之奇以策對擢龍圖閣學士詳宋史

劉拯字彥修南陵人進士及第神宗時官監察御史蔡京編元祐黨籍拯歷陳漢唐黨禍京怒出知蘄州張商英入相召爲吏部尚書

梅執禮字和勝浦江進士官給事中以詩規宰相王黼黼怒罷顯謨閣待制出知蘄州宋史本傳

余童徽宗時知蘄州歲饑賑濟有方盡括境內人戶第爲三等量口貸之又度五邑地均粟置場立法伺察

民以爲便

韓世清知蘄州賊劉忠犯境世清與戰破之

王玠字介玉長州人倜儻能文黃庭堅謫鄂玠以文贄見甚爲庭堅稱賞紹興初孔彥舟爲舒蘄鎭撫使徙蘄口聘玠爲幕屬或止之玠曰吾慮之熟矣彼方駐兵於此倘能息其暴戾可以安全鄉井固非爲玠一身計也遂佐彥舟辦公及彥舟謀叛間計於玠玠開陳百端諭以順逆彥舟怒囚之越數日又問玠爭益力大罵曰逆賊恨不斬汝萬段彥舟縛玠並其家屬

俱沉於龍眼磯時紹興二年六月十三日也玠嘗有讀楚詞詩意以原自況及被害郡人悲其志爲立廟磯上周燔賦哀詞刻於石今與王彥明同祀烈士廟

按王玠非蘄職官以嘗佐彥舟辦公且哀其死事之烈也故舊志列宦績今從之

章燾宣城人孝宗時知蘄州寬平不擾蘄產竹簟例充苞苴燾悉罷之 通志

汪安行績溪人紹興間登第教授蘄州有政聲孝宗稱爲樸直做家老子遷朝奉大夫知澧州卒 舊志

李宗思乾道中教授遷建學舍切磋生徒朱子嘗稱其日力有程不獵不惰非俗吏所及 記詳藝文

施溫舒淳熙間知蘄州刻震澤語錄於州

葉適字正則永嘉人淳熙廷對第二除太學博士朱熹菴爲林粟所論適上疏言非是出知蘄州治務簡靜歷官至侍郎世稱水心先生 詳宋史

范應鈴字旂叟豐城人開禧元年舉進士丁內艱服除通判蘄州治有善聲 宋史本傳

李誠之字茂欽東陽人嘉定中知蘄州金人犯境誠之率兵奮擊殺其將卒數十人金使持書來脅降斬之

還其書會黃州失守援兵不至城遂陷子士允士宏巷戰死誠之引劍自刎妻許及婦若孫赴水死事聞贈朝散大夫封正節侯立廟祀之 本傳詳藝文

秦鉅字子野嘉定間通判金人犯境與知州李誠之協力禦戰城破歸署呼吏人劉廸火諸倉庫乃赴一室自焚有老卒冒火挽出之鉅叱曰我爲國死爾輩可求生掣衣就火死子浚瀈從死同時死者贈官有差 本傳詳藝文

阮希甫州教授金人犯境同李誠之秦鉅等死難贈通

直郎

趙汝標州防禦判官金人犯境同知州李誠之等死難

贈承務郎

林槩蘄春知縣城陷同李誠之死

甯時鳳字翔夫浮梁進士補州判官金人犯境知州李誠之檄時鳳共守卒死於難贈承務郎

杜諤州錄事叅軍兼司戶金人犯境殉難贈承務郎

嚴剛中蘄州都太監轄蘄州鎮倉庫金人犯境從李誠之等死贈承事郎

孫中蘄統制官與金兵巷戰死

江士旺陳興曹全邱卞俱皆小將與金兵戰死

李斌軍士與金兵戰死

趙與裕州司理叅軍金兵逼境率民兵百餘人奪闗出外求援僅身免全家十六人皆歿 以上俱舊志

王霆字定叟東陽人少有奇氣理宗時知州事建儒學舍及忠臣祠嘗貽書丞相杜範乞置瞰江三新城蘄春於龍尾磯安慶於孟城滁陽於宣化不報 南宋書本傳

孟珙字璞玉棗陽人嘉定十年金兵犯襄陽與父宗政屢立奇功端平二年以主管侍衛馬軍司知黃州節制蘄黃四郡蘄守張可大委郡去珙指畫戰守保障一方特賜金椀以旌其功 詳宋史

王益知蘄州政尚寬和景定四年元兵據白雲山設砲臨城益趨保鴻宿洲後開麒麟山立今治 詳宋史

程璧貴溪人通判州事元兵圍蘄太守徐弈逸去璧歃獻奮發申明大義率城中人日夜捍禦敵不能犯踰旬出奇兵擊之圍解 舊志

王彥明守蘄州元兵壓境力戰糧乏率家屬乘船至城

西中流鑿船沉死州人哀其烈立廟於死之北岸祀之 記詳藝文

按彥明蘄春縣令非守也查蘄州自移治以來元兵未嘗壓境考之宋史理宗紀及元史世祖紀對勘自明茲因廟祀多年未便删除姑存之 新稿

陳晦字大著知蘄州有惠政魏了翁作詩送之載鶴山文集 舊志

元

趙篔翁至正間任州總管有廉名 通志

張好古字信甫嚚識宏遠勇而有謀授行軍千戶戍宿州中統間移戍蘄州舊志

按元史世祖紀中統三年宋夏貴攻蘄縣張好古死之蓋好古所戍乃蘄縣非蘄州也姑存其略新稿

解觀江西吉水進士任州錄事執法不撓舊志

卜顏鐵木兒字珍卿至正十二年徐壽輝陷湖廣詔率軍討之十三年自池州戰捷進攻蘄州擒僞帥鄒普泰克其城進兵道士洑焚其栅欄抵蘭溪口賊之巢臼黃連砦又克而殲之分兵平兩巴河江路始通旋

合兵攻蘄水拔其僞都獲將相而下四百餘人壽輝僅以身免時諸將皆分道討賊卜顏鐵木兒獨控長江十六年卒生平廉介人不敢干以私常乘花馬時稱爲花馬兒平章云詳元史

明

夏元吉字維哲湘陰進士幼孤領鄉薦選入內庭書制誥洪武三十一年以戶部左侍郎充採訪使尋出鎮蘄州州人祠祀之以下傳俱本舊志右採訪使

魏良輔字師召號此齋江西新建進士任湖廣僉事巡撫翟瓚陸杰先後疏奏蘄州宜設防道以資彈壓朝議推良輔嘉靖十七年任團練管伍整飭官弁東南指臂晏如也時悍民趙季鼎勾引外盜擾境良輔招鼎諭以利害卽令誘盜渠魁王澮山宣公命擒之蘄境以安判府胥吏擾民良輔一規以正判王敬禮之公暇與諸生吳羣靈等講求正學皆知名於時以功擢山東左布政致仕歸移籍廣濟錢志據魏氏家乘補入不確

劉光文字繼繩號亦齋四川閬中進士嘉靖二十三年任蘄州鋤擊豪橫狐鼠屏跡甲辰乙巳仍歲大祲民

無敢剽刼四境晏如

卜大同字吉夫浙江秀水進士嘉靖二十五年任州僉事政尚清靜民賴以不擾

翁學淵字原道號丹山浙江遂昌進士嘉靖二十九年任州僉事興廢舉墜多善政前郝志淵有序

周美字濟叔崑山進士擢湖廣下江防兵備僉事沉毅縝密精兵法駐蘄州當洞庭彭蠡之交人爲盜藪白晝飛艇剽刼美立團操法作戰艘令材官日廵江上獲盜成獄卽日殪之盜由是戒不入境御下嚴峻雖

親故爲僚屬不假顏色暇則教課諸生頗多成就在
官廉介去之日宦橐蕭然後數年其子不能存活遊
至蘄僉事戢汝止嘆曰此豈清白吏之左驗乎爲婚
於蘄遂家焉

侯堯封字欽之嘉定人以御史出僉楚臬治蘄州潔已
愛民知沿江盜多柯陳遺孽急清之又甄其父兄之
良者諷諭之致感泣自縛其子弟沉之江彷朱子法
設社倉五十餘所於蘄口建飛梁築新生磯舟行無
恐州人肖像祀於闕聖祠

丁繼嗣字國雲鄞縣進士建節之初留心造士後多顯
達者設義民兵選士著兵民相安防捍周密後擢閩
撫

韓紹歸安進士任州江防道性簡靜事延民情令行強
禦雖籓府胥役必繩以法一時驕貴歛迹

黄仁榮字勉仁南昌舉人從臺中例轉風裁嚴整疾惡
如仇懲府役之違例取息者毫不寬假境内肅然

韓孫愛字君溥慈谿進士累遷湖廣江防叅議執法嚴
明課士興學修砌江岸及浮玉磯州人肖像祀之

胡世賞字爾思合州進士任監司雍容靜鎭不事操切
後擢浙江右叅政

吳國仕字長谷歙縣進士隆慶間任州江防道推誠愛
物捐俸數百金建文昌閣於浮玉磯置祀田二百石
兼賑貧士歲爲例士民德之爲立報功祠記詳藝文

王世德號廻溪永康進士任州江防道多惠政練達機
宜留心課士親爲披閱簡拔其尤刻有麟鳳會業增
築文昌閣磯嗣任李如檜建亭於上並祀報功祠

李若訥字季重臨邑進士任州江防道性仁孝治廉平

暇則讀書課子後以進表行敝袍裋褐圖書數篋而
已官庖無宿儲饑市米數升僅供晨炊其清節如此

陳應元字幼白福建進士任州江防道寬仁愛士洞悉
民情以詿誤去官士民追念之後復陞登萊延撫

范中彥字籛儒范縣進士任州江防道寬嚴兼盡扶善
抑强繼遷守憲去

王相悅字鞠劬泰州進士以御史建言例轉防道留心
申辨問斷必躬親片言而折暇則進諸生講課尋解
任去民間謡云昔有羊叔子項仲宣何似我公廉我

公只飲江中水不取錙銖作孽錢
施元徵字曠如無錫進士任州防道才優應務督兵親
擒麻城虎頭關冦宗籓不法者動色相戒攝學道篆
考貢考優一清宿弊遠道來者不留時刻貧士感之
唐登儁號灼洲富順進士任州防道簡易整肅不見威
厲聽斷明決多所保全
張秉貞字坤安桐城人任蘄州防道器宇宏深才猷敏
練時流冦隔里煙盤踞蘄鄉擄掠公親至渴口督勦
賊遂遁去後遷廣平道臨行士民頂香遮道扳卧從

未有也　舊志係進士今查未得
許文岐字我西杭州進士任州防道值獻賊陷蘄被執
不屈拘留營內岐密約被掠良民期四月起義殲賊
謀洩將殺之岐北向拜受刃死賜祭塟贈太僕卿詳
明史　已上江防道本　傳詳藝文
左安善洪武初守蘄州路未幾改路爲府節知府事創
衙署興學校公勤廉潔惠政及人
徐麟本府廣濟人河南知府自陳便祿養親調知蘄州
府以政績聞雖有創造民忘其勞　以上知府

孔思森先聖五十四代孫由鄉舉知州事洪武十年改
府爲州設科條振綱紀節用愛人政治一新
楊琪由鄉舉知州事有惠政奉民部榜移建預備四倉
調度民無所擾
李士安宣德間知州事伐石爲鄉舉題名碑風前勸後
人益力學
王坦字子平郾城舉人爲政寬平勸士愛民歷久不渝
金銑字宗潤淮安山陽舉人知州事學博政敏興學校
均徭役舉廢墜民感頌之有首菴集行世

莊轍字仲輿上元進士正統間知州事廉介仁惠建明
倫堂樂育堂貯書樓百務修舉不妨農時劇盜逼境
有被戕害者優恤之　詳通志
錢承德字世恒常熟進士知州事政簡刑清豪猾歛迹
舉廢墜陳便宜奬進士類後擢副使
何綸順德舉人知州事廉介剛毅加意倉儲出納明愼
一時攬納侵欺之弊胥清士民德之
葉仕美閩縣舉人知州事耿介剛明不爲時變所眛以
直見忤於宗室一日遇諸塗宗室將辱之公正色曰

朝廷衣冠不可毁也宗㙜爲之斂衽正德八年霸州賊劉六劉七泝流來冦公單騎招民入守郡賴以安

侯直字公繩華亭進士由主事知州事廉介愛民令行禁止不容私謁後擢陞副使

李純字在誠莆田進士正德中知州事潔巳愛民遇事能斷旋改知欽州

周南字文化號宜齋南京羽林衛人嘉靖間知州事崇居大同二鄉遠在窮谷賦稅不以時至南仁明廉愛開誠布信無敢有後時者後陞籓府長史

谷鍾秀餘姚進士嘉靖間知州事直諒子惠以循良聞

石璽滁州舉人嘉靖末知州事荆王常洽淫暴璽密疏陳狀詔廢爲庶人

路雲龍宜興人進士知州事性剛介明於聽斷築隄防修津渡造掛口浮橋民受其利

徐希明上虞舉人知州事値歲歉黄梅盜逼州境同判官陳策協力防禦民賴以安又蘄江中石磯爲商船患築磯建亭於上名曰浮玉望者知所趨避今文昌閣基是

潘珏字玉宇婺源人知州事作阜民倉踰年大旱發倉賑民多所全濟益廣廒庾積至八萬石在任久不調作歲寔亭記見志　按舊志稱珏由進士知州檢查未得志所載到任年分皆未可據也

鄭夢禎福建舉人知州事剛正不阿太監陳奉開採銀礦檄禎監稅禎極言不便一切反奉意奉劾禎及江防叅政沈孟化遂降調去

何之圖字見羲婺源舉人知州事素有文名吏才精敏在任年餘四境恬安以事去州人情之

倫應祥東莞舉人知州事廉惠精明重建東南二城樓

費約而功倍後陞審理

錢兆元字長人仁和舉人天啟間知州事潔明理學行事法古每聽斷必焚香告天服則進諸生講課時三王之國供用浩繁民多驚懼元以身任之民無擾後陞辰州同知泣送者萬計立詠德祠於江干以祀之詳通志

唐世照字伯闇灌陽舉人崇禎末知州事明敏勤勞時流冦隔里煙竄處青山鄉民多流離聚於附城掘濠築險分任流民日夜巡緝冦不敢窺尋以勞瘁致疾

卒已上知州

俞敬字一中號沙泉永康進士歷刑部員外郎左遷州同知廉介愛民興學勸士公暇則吟咏自適後陞惠州知府

趙廷松字子後號俟齋浙江樂清進士任刑部主事以不附權貴左遷州同知工詩文善書聽斷公明無敢賞緣後官陝西左布政已上州同

傅舟永樂間任州學正文學淹博應詔與脩性理大全

董佐號勿菴撫州臨川舉人授州學正博文識精性理

師道大振後家於蘄

林宗字存敬號敬齋莆田人天順中授州學正課習諸生諄諄誘掖士人於學宮祠祀之詳藝文記

王舜卿字師禹號慎菴閩縣舉人任州學正敏而好古文習爲之一變士有婚喪不舉者捐俸給之後官於廣東僉事已上學正

裴文采字尚質河南眞陽人由貢生任州訓導古貌古心待諸生義處僚友和陞獲鹿教諭去任有泣下者

右訓導

張宏宜字時措華亭進士東海弼之長子也以監察御史謫州判官吏事精悉才斷過人轉沔陽知州擢副使

陳策江西貢生萬歷中州判黄梅賊梅鍏詹三漢等倡亂踞州之柴家山楚撫約南操江合兵征剿知州徐希明同策居中調度指授方畧策奮勇突陣賊以銃中之不屈死後賊平獲策屍面如生詳通志　以上通判

國朝

范鳴珂字鴻盤威遠衛人由恩貢任州江防道

國朝初定當兵燹之餘人民凋喪廬室蕩然鳴珂多方撫綏稍復生理丁亥九江之變督禦躬親持以靜鎮民不驚擾尤所難也

周漢傑字房仲安福舉人任州江防道清平惠愛甫一年辭去

吳之允字象賢永年舉人任州江防道淡泊質直待人以誠卒於任

王顯字純白曲周進士任州江防道振飭風厲而宅衷甚平開崇正堂課士一時名士樂從之遊

吕陽號全五無錫進士以辟薦任州江防道神明獨斷吏役屏息行保甲造巡船增暸臺以清盜源自潯陽至漢川民咸安堵新蘄學宮課士衡文循循若師友尋罷去州人至今頌之

趙映乘字涵章祥符進士任州江防道溫醇沉靜有古重臣風

汪繼昌字徵五休寧進士順治間任州江防道時蘄民新集丈量混淆王庄多賠累繼昌鋭意釐剔涖任未久去論者惜之

劉緝堯號無庵曲沃進士任州江防道潔己愛民留心政治在任未久以憂去

楊志遠字宙爾丹陽進士順治間任州江防道以儉養廉以勤弭盜凡聽斷曲爲曉譬多感泣去者

楊大鯤字陶雲武進進士康熙間任州江防道博雅寬和立程校士所拔多名儁

徐惺字子星崑山進士康熙間任州江防道多惠政歲歉施賑全活甚衆建奎星樓與州人士吟咏其中風雅冠時已上江防道

韓友字心吾陝西人長弓弩諳方畧順治四年以叅將駐防時英霍土寇猖獗踞蘄上鄉友扼險設伏擒僞總兵曹德參蕩平四十八砦及江州僞將吳高率舟師攻蘄臨城下友開門迎擊一戰而殲之鎮蘄六載人民安堵援勦沅州陞沅總兵去州人祠祀之右叅將

程士然字燕又浙江武舉任州營守備訓練有方尋陞夔州游擊調漳州以不附耿逆遇害贈懷遠將軍其女許字蘄州舉人顧昌弟鵬奮屬送女至蘄遂家焉

右營守備

張定邦遼陽生員順治二年知州事當殘破之餘生理未復定邦政尚簡易催科不擾民甚愛之擢德安知府

方于光號澄嵐大興進士知州事器識通明時州田糧隱漏里役不均于光清積弊均勞逸貧民受利

金貴號小泉遼東人知州事治務簡靜蘄處江干最苦往來供役貴預策酬應悉身任之民無所擾序詳藝文

王宗堯號銘一廣寧廕生順治間知州事州治廟學燬於寇宗堯鼎新之民困於徭役宗堯請給僱役官歲

民大稱便

李成材奉天貢生康熙間知州事居官勤慎修舉廢墜不遺餘力境內稱治

劉國輔字長民奉天監生康熙間知州事官蘄最久諸弊革除時稱鐵面劉

王玠字寶峰奉天蔭生康熙間知州事斷獄明決暇則與諸生爲詩文課援筆立就歷十載陞石阡太守官至州瀋

華文振字奎一宿州監生雍正間知州事以慈祥稱調

郴州去攀轅祖餞者累日

蔣嘉年奉天例監雍正間知州事廉明公正案無留牘有利民者毅然爲之積弊剔除殆盡陞揚州太守轉甘肅臬司

劉淑字文錫臨汾貢生商籍揚州雍正間知州事性慈愛死罪輒不忍決甫一載因疾致仕瀕行念窮民逋欠社穀無償悉爲代完以紓民困民歌思之

蔣尙德字德輿奉天舉人乾隆八年知州事性醇厚引接善類平反疑獄興作不病民浚隍渠引渠水入江

水利以通移建營署置書院給諸生膏火前後捐俸若干載各碑記公暇與諸生剖晰源流往復不倦由是人益勵學後以疾卒於州

李琺字君采號靜軒陝西靈州進士乾隆庚午知州事甫下車搜沉卷三百餘審理案牘一空遇疑獄片言立決人稱神君姦民馬朝柱謀叛公偵知其實親赴楊河等處設法擒緝獲其軍器圖札窮其黨羽兵不勞而事寢蘄黃諸境晏如也以軍功陞本府太守蘄人作頌立石焉以上舊志

錢盌號檢亭常熟舉人知州事蒞任數年惠民不可枚舉至於重新書院勸捐增置田課備生童膏火又以其羨餘周卹寒儁尤爲愛士之實心乾隆乙亥與學師程夆時纂修邑志百年來俾後得以有所本者皆公之力也

劉義山東進士漢陽府同知攝州篆釐蠹剔弊有剛直聲

張金管浙江烏程監生以字學考取授通判乾隆三十六年署州篆衣布茹蔬清操自勵陞襄陽知府

謝夢草號西堂東官進士乾隆三十九年知州事多善政勸修文廟文昌閣以培士風

陳嘉謨錢塘進士知州事性廉介治嚴明士民稱之陞施南知府

李國騏廣東嘉應舉人知州事慈惠公平人不敢欺家世科第自康熙丁卯至乾隆癸酉兩翰林三進士鄉榜二十三人至今綿盛未艾

德泰滿洲正白旗人乾隆四十五年知州事時年二十餘崇儒術尚禮教治化一新陞漢陽知府官至川鹽

胡齊崙號學山會稽人乾隆五十四年由兵馬司副指揮補知蘄州多善政著有學山堂遺稿政蹟載稿中

曾維道直隸拔貢乾隆五十九年知州事潔己奉公勞心撫字時襄鄖教匪滋擾蘄地當上下游之衝調撥差遣軍需旁午公籌辦悉協而民不驚會憂訃至大吏慰留事平而後去士民遮道頂香泣送者衆

魏肇高號瀫園柏鄉人戊戌進士嘉慶二年知州事廉明慈愛尤汲引孤寒公暇與諸生講道論文粹然儒者之言解任時行李蕭然送者流涕

范寶璵號六泉嘉善人庚子進士性廉明威重寡言笑任蘄十二載門無私謁人呼爲冷面鐵心甲子鄉闈同考官所得皆知名士以疾歸奔送者呼聲震地

椿齡號繩山漢軍鑲黃旗人己未進士清介自矢禮讓化民貿托之弊悉絕捐修麟山書院並肄業齋房費數百金士林戴之戊辰同考官以得人稱後補興國知州亦多善政

顧澍號伴築錢塘舉人任蘄十二載性和政簡與民休息著有金粟影菴詩玉堂試帖詩餘等集士林珍之

勸修文廟城垣並奎閣以績著後擢德安同知

李謨號蓮峰解州進士道光三年知州事樸素剛直內外莫敢干以私聽斷明決人稱鐵面鏡心常平倉朽壞公脩補添建以廣積貯後多賴之碑詳藝文

馬鴻圖號朗齋山東蔭生道光十三年署州事勤慎明敏民間疾苦利弊悉親身訪之尤嚴緝捕盜賊遠颺夜戶不閉去之日焚頂泣送者塞途

林壽平號櫟夫福建侯官人壬午舉人道光十八年署州事德性堅定達於事理愛民若子課士如師勸脩

本城東西義學以育貧儒捐建北檀社稷壇以重農桑又勸捐考棚士民愛戴至今俎豆焉

劉鴻賡號西垣會稽舉人道光二十年署州事潔己愛民教育士類適洋匪滋事兵差羽檄絡繹不絕人心惶懼公籌辦安慰毫無驚擾捐書院膏火重脩考棚皆竭力經營至今歌頌之

陸懇綏號晴嵐浙江蔭生道光二十二年署州事敬以持己廉以厲操添脩考棚以廣童試士林便之俱知州以上新增

劉清史監利舉人康熙間學正工制舉業課諸生有法

李功永字書竹黃陂舉人乾隆間以聞喜知縣改任學正性恬靜課士之暇窮經不輟

王世法字民表號兩橋江夏舉人原籍蘄州自祖遷江夏其父昆季以科名盛世法補州學正桑梓之鄉尤相敬愛以文求正者觸手輒應丁外艱去以上舊志

程大中字拳時號是菴應城舉人爲州學正訓士有法先品行而文藝次之待門生若子姪然由學官成進士文章學問卓越一時學者宗之如泰山北斗乾隆乙亥與州牧錢檢亭纂修邑志生平著述甚富四書逸箋採入四庫館其餘在山堂集甲乙存稿等書俱梓行以上學正碑詳藝文新增

甘昌祚字景卜漢陽歲貢雍正間訓導時廟學頹圮昌祚修督冏偶日置座櫺廡間與諸生啜酒茗論文學正朱銓暨紳士皆樂與遊右訓導

宋文楷武安人康熙間州判勤敏有政聲

孫衍慶北直例監雍正間州判明敏稱職卒於任

王士讓福建五經副榜乾隆間州判文學淹雅曾充三

禮纂脩工蘭石畫卒於任以上州判俱舊志

項厚字博安錢塘生員康熙間吏目工詩古文勤於供職守憲孟世泰署其堂稱賢而隱於下位者也尋告歸

任蔣拾蕭山生員乾隆間吏目好論文研究根柢士多從之

陳以績字熙載如皋生員乾隆間吏目擒緝有方壬申平馬逆叙軍功以績與焉已上吏目俱舊志

蘄州志卷之九

知蘄州事夏津潘克溥纂修

選舉志

選舉之法歷代不同

國朝沿明制鄉會兩闈得人稱盛餘則貢成均者兼途並用示無方也胥次第紀之明以前蘄地科目頗失考姑存其可知者志選舉

進士

南唐

陳起

宋

陳子龍榜

甘霖 字起崖官復州教諭漢陽主簿　陳承惠 字端公侍郎

馮杰 據宋史理宗紀補

元

康茂才 至正間進士明勳臣

明

洪武十八年乙丑科丁顯榜

王瓛 知縣　張仕安 廣西縣丞

洪武二十七年甲戌科張信榜

張濟 文選司

建文二年庚辰科胡靖榜

王政

永樂四年丙戌科林環榜

胡琪 無極縣知縣

永樂二十二年甲辰科邢寬榜

熊翼 副都御史回籍光山有傳

天順元年丁丑科黎淳榜

劉澄 字巨淵主事　王翰 知府有傳

成化十一年乙未科謝遷榜

華仲賢 布政司有傳

成化二十一年丁未科費宏榜

華巒 翰林院庶吉士　壽儒 主事有傳

宏治十八年乙丑科顧鼎臣榜

張思齊 布政使有傳

正德三年戊辰科呂柟榜

陳大中轉運使有傳　余　志歷官提學主事郎中知府
正德九年甲戌科唐臯榜
劉　樽知鶴慶軍民府有傳
正德十二年丁丑科舒芬榜
高　鵬蜀府左長史有傳
嘉靖二年癸未科姚淶榜
郝守正知府有傳
嘉靖十四年乙未科韓應龍榜
馮天馭尚書有傳

嘉靖十七年戊戌科茅瓚榜
顧　問布政司參政有傳
嘉靖二十年辛丑科沈坤榜
劉　宦
嘉靖二十九年庚戌科唐汝楫榜
顧　闕副使有傳
嘉靖三十五年丙辰科諸大綬榜
李啓昭號印山知府
嘉靖四十一年壬戌科申時行榜

田成法號鑑堂御史　周　禧提學副使有傳
隆慶二年戊辰科羅萬化榜
劉如臯號允吾知縣
隆慶五年辛未科張元忭榜
李盛春翰林院庶吉士巡撫侍郎有傳
萬歷五年丁丑科沈懋學榜
李際春副使有傳　李載陽太僕寺少卿有傳
萬歷八年庚辰科張懋修榜
劉如寵號應沙按察司副使

萬歷十一年癸未科朱國祚榜
唐一鵬號翀宇御史
萬歷二十年壬辰科翁正春榜
李　挺據通志補
萬歷二十六年戊戌科趙秉忠榜
張邦翼會魁布政使　袁世振鹽法道有傳
丁　酉據通志補
萬歷四十七年己未科莊際昌榜
王　珙號長石巡按蘇常鎮陞太常寺少卿　李樹初赤城道有傳

田乃秤 有傳　蕭 震 知府有傳

天啟二年壬戌科文震孟榜

饒 京 御史有傳　李 梴 副使有傳

天啟五年乙丑科余煌榜

田雨公 有傳

崇禎十三年庚辰科魏藻德榜

王臣縉 會魁知縣有傳

國朝

順治六年己丑科劉子壯榜

盧 紘 會魁布政司左叅政有傳　汪 衡 知縣有傳

李本晟 巡撫有傳　謝 觀 號鶴坪上元籍蘄州人主事

順治九年壬辰科鄒忠倚榜

張正志 會魁推官有傳

康熙三十六年丁丑科李蟠榜

張仕渾 知縣有傳

康熙三十九年庚辰科汪繹榜

欽仕佃 翰林院庶吉士有傳　楊可喬 號壽門鹽山縣知縣

雍正八年庚戌科周霨榜

孫民則 知縣有傳

雍正十一年癸丑科陳倓榜

熊 淇 知縣有傳

乾隆十年乙丑科錢維城榜

陳履中 知縣有傳

乾隆二十八年癸未科秦大成榜

陳艮翼 履中之姪知縣推陞知州未任有傳

乾隆四十三年戊戌科戴衢亨榜

陳 詩 主事有傳

乾隆四十九年甲辰科茹棻榜

劉之棠 號甜亭有傳

道光十五年乙未科劉繹榜

陳廷揚 號小坡會魁鹽源縣知縣

道光二十七年丁未科張之萬榜

駱利鋒 更名敏修號鈍甫禮部主事

舉人

宋

黃元功 解元撲夷堅志補　甘 澤 字叔濟兩領鄉薦免解就省榜

陳公華崇寧乙酉科福州知府　賈紹南德化縣令

明

洪武十七年甲子科

張仕安進士　王瓛進士

洪武二十三年庚子科

葉銓知府

洪武二十六年癸酉科

柳隆井研教諭

洪武二十九年丙子科

汪佑教諭　朱彤主事通判有傳

建文元年己卯科

王政進士

建文四年壬午科

程式鄖縣訓導　王廷中彰明訓導

永樂三年乙酉科

胡琪進士　明晉光州學正

周和廣安州學正　張彤工部主事左遷大興縣丞

永樂六年戊子科

張价晉江教諭　陳倩

張恒

永樂九年辛卯科

潘慶威遠教諭　劉藴訓導

永樂十二年甲午科

徐顯緜竹教諭　胡僖

永樂十五年丁酉科

程燧解元雩縣訓導　鄭杜潮州知州

張惠贛州通判　曾榮知縣

余悅

永樂十八年庚子科

張璉　徐鐸

永樂二十一年癸卯科

何清　熊翼進士

胡仁德荆州教授

宣德七年壬子科

陳浩據通志補

正統三年戊午科

宋　誠副使有傳
正統六年辛酉科
劉　瑄有傳
正統九年甲子科
陳　溱有傳
正統十二年丁卯科
毛　晟　　劉　澄進士
景泰元年庚午科
張　禧推官有傳　　江　淋知縣

景泰四年癸酉科
王　翰進士　　黎　晃
景泰七年丙子科
胡　祥字應科崑陽州同
天順三年己卯科
華仲賢進士有傳　　王　誥
成化元年乙酉科
金　蘭字廷秀南昌府訓導　　易　濂知縣有傳
成化四年戊子科

甘　瑩知州有傳　　何　珍字廷獻廣東提舉
成化十年甲午科
田　鵬字萬里亞元乳原知縣　　何宗淯據通志補
張貴宗據通志補
成化十九年癸卯科
劉　臣字良弼　　壽　儒進士
華　彝字景明同知
成化二十二年丙午科
華　鑾解元進士　　甘　澤知縣有傳

宏治五年壬子科
陳　僖字君樂豐縣知縣
宏治八年乙卯科
張思齊進士有傳　　陳大中進士有傳
黃廷玉字德夫晉江知縣
宏治十四年辛酉科
楊　榮字本仁
宏治十七年甲子科
宋良臣字希夔誠之孫確山縣知縣　　鄒重器據通志補

正德二年丁卯科

余　志 進士

正德五年庚午科

王　儼 知府有傳　　劉　樽 進士

正德八年癸酉科

甘　棠 嵩府長史

正德十二年丙子科

高　鵬 進士　　李　朴 字淳夫隴州知州

劉　傑 字楚望忠州知州　　張　達 字德符定州知州

姜　茂

嘉靖元年壬午科

郝守正 進士

嘉靖四年乙酉科

陳吉言 解元有傳

嘉靖七年戊子科

李時言 字宜甫巴州知州　　馮天馭 進士

翁景昕　　張　仁 字長善思齊次子豐縣陞開封府判

嘉靖十年辛卯科

邵思學 字志道萍鄉知縣　　姜仲賢 字汝齊開封府通判

甘　澧 知縣有傳　　廖正僑 據通志補

嘉靖十三年甲午科

郭　欽 字舜邀資縣知縣　　陳素養

劉　提 字思獻　　劉　宦 進士

嘉靖十六年丁酉科

高　暘 字賓之蘇州府知府　　張大顯 字子晦處州府推官

顧　問 進士

嘉靖十九年庚庚科

楊　芳 字子春　　陳仁近 眉州知州有傳

張　莚 字汝賓

嘉靖二十三年癸卯科

姜　梅 字貫之有傳　　盧　奎 字聚東

胡　煥

嘉靖二十五年丙午科

田成法 進士　　楊　旦 字時行

易鴻磐 知縣有傳　　吳之翰 字維憲

陳其愚 字汝見

嘉靖二十八年己酉科
湯一賢字立之　化之行字子推
董仕仁字子重　洪大賓字汝泗
易龍見知州有傳　顧闕進士
陳文章字廷章　劉拯字思仁
嘉靖三十一年壬子科
周祈字子永知府有傳　周禧進士
甘繼忠字子顯玉田縣知縣
嘉靖三十四年乙卯科

馮天駿　韓表來
李啟昭　吳鳳瑞字翼靈有傳
曹承誥進士　甘受學眉州知州
嘉靖三十七年戊午科
周祚郎中有傳　徐之徠知縣有傳
王省吾　高世相
戴符字孟竹
嘉靖四十年辛酉科
史修　張步雲據通志補

余時禮府志作余登庸知縣　高儒字勉卜
王之佐知府有傳
嘉靖四十三年甲子科
壽表　李建中同知有傳
易可訓知州有傳　余時中字軫南岐山縣知縣
劉如臯進士　胡邦謙據通志補
李盛春進士
隆慶元年丁卯科
陳正誼　張鵬祥據通志補

吳之問　李孟春主事有傳
隆慶四年庚午科
張巽號戴谷思齊之孫　葉正奇號鳳岑
張日新字明所知縣　馬希遷號鶴洲復姓田黃州府學
萬歷元年癸酉科
李際春經魁進士　張邦彥號鳳梧知州
燕嗣召外學副使
萬歷四年丙子科
李載陽進士　張文光據通志補

萬歷七年已卯科
劉如寵 進士　劉廷策 號愛宇
唐一鵬 進士
萬歷十年壬午科
袁世振 進士　張星 同知 有傳
萬歷十三年乙酉科
陳其要 號水南　蕭明哲
宋道亨
萬歷十六年戊子科

張效堪 字學海　王之臣 號午洲陽朔縣知縣
李瓊 號龍石知府　史朝貞 京闈中同知 有傳
顧懋宏
萬歷十九年辛卯科
夏忠 有傳　江廷玉 外學僉事
陳王道 外學同知　黃鳳翔 外學
萬歷二十二年甲午科
張邦亨 號嘉宇知州　龔漢臣 外學知縣

萬歷二十五年丁酉科
張邦翼 進士　蕭世聘 號白延平府同知明哲之子
陳時宜 字綺城同知　汪宗文 副使 有傳
萬歷二十八年庚子科
王之栩 字蘧伯同知　劉世暄 字際之知州
劉銳 字蓄之知州　晏攄忠 副使 有傳
嚴恭 字士安京闈中
萬歷三十四年丙午科
王臣紀 知州 有傳

萬歷四十年壬子科
李梴 進士　蕭震 進士
田乃穉 進士　易道傳 字文叔
邵于行 字仲斂臨桂縣知縣　劉琛 字無異京闈中
曾鳳采 外學知縣
萬歷四十三年乙卯科
王珙 進士　田甬公 進士
茆世德 號三山外學
萬歷四十六年戊午科

李樹初進士　虢　京進士
李　新僉事有傳　洪名鼎外學
天啓元年辛酉科
袁雲龍外學
天啓四年甲子科
田　滙孝豐知縣　張孝葵知縣同知有傳
貢其志字以達江夏教諭　劉廷教外學
天啓七年丁卯科
李雲慶知縣有傳　康思孝

崇禎三年庚子科
金天宿字象先寍海知州　朱永昭字子布死難
崇禎六年癸酉科
陳奇思字仲啓
崇禎九年丙子科
李炳然丁丑會試副榜知縣　盧紘進士
王臣縉進士
崇禎十二年己卯科
梁之垣字紫房庚辰會試留京師甲申殉難　朱暇原名由籚字茂宏宗學生丙子己卯中額溢奉裁是科復中死難

國朝
順治三年丙戌科
汪　蘅進士　李本周有傳
董良宣字亦符武昌教諭
順治五年戊子科
李本晟進士
順治八年辛卯科
顧咸泰經魁知縣有傳　張正志進士
順治十一年甲午科

劉匡生有傳　張承位有傳
康熙二年癸卯科
劉遐祚教授有傳
康熙十七年戊午科
熊心璋有傳
康熙二十二年甲子科
張仕渾進士　陳正誼有傳
康熙二十六年丁卯科
林可喬本姓楊外縣人蘄州學進士

康熙二十九年庚午科
李永昇有傳　陳　諧有傳
張　梗字孟楠學正
康熙三十二年癸酉科
欽士佃榜姓周解元進士　顧　昌號培山有傳
康熙三十八年己卯科
劉文起有傳　張仕學教諭有傳
王夢弼教諭有傳
康熙四十四年乙酉科

胡宗憲經魁　張啓疆有傳
易時憲字若凡　黎世俊據通志補
康熙四十七年戊子科
張之梁教諭有傳
康熙五十年辛卯科
孫民則進士
康熙五十二年癸巳　恩科
張正問主事有傳　王　琮字廷瑞有傳
康熙五十三年甲午科

龔啓堂學正有傳
康熙五十六年丁酉科
劉　价字介人　汪　鵬有傳
雍正元年癸卯科
朱　忻字霽容
雍正二年甲辰科
高　岱字東瞻
雍正四年丙午科
熊　淇湖口學蘄州人江西中式進士

雍正十三年乙卯科
陳履中進士　熊慶源有傳
乾隆元年丙辰　恩科
張　彥字士彝截取知縣有傳
乾隆十二年丁卯科
劉萬寍號裹堂有傳
乾隆十七年壬申　恩科
呂士模字景靈
乾隆十八年癸酉科

張兆講 號易居 有傳

乾隆二十四年己卯科

吳成喻 號仙石

乾隆二十五年庚辰　恩科

陳艮翼 進士　陳守約 號龍崖 有傳

乾隆二十七年壬午科

王梓德 號素書 有傳　馮世振

乾隆三十年乙酉科

洛沛霖 號商亭經魁武昌教授有傳　方克壯 字居易

乾隆三十三年戊子科

胡　薰 號蘭亭 有傳

乾隆三十五年庚寅　恩科

張夢禮

乾隆三十六年辛卯科

陳佑瀅 號六峯 有傳　張文淵

乾隆三十九年甲午科

陳　詩 解元進士 有傳　高斯薰

乾隆四十二年丁酉科

汪泉逵 號浣溪漢陽訓導

乾隆四十四年己亥　恩科

張　椿 號石村經魁枝江訓導隨州學正有傳　張夢璿 號恕齋歸州學正 有傳

乾隆四十五年庚子科

劉之棠 進士 有傳

乾隆五十一年丙午科

陳豐露 號秋沅經魁 有傳　宋德輝 號玉山更名邦桑 江夏訓導有傳

方　蔚 字澤章 有傳　陳錦文 號平軒

乾隆五十三年戊申　恩科

吳煥鈞 號巳山 有傳

乾隆五十四年己酉科

蕭光縉 號瑀石 有傳　張學韶 號月岩 有傳

范位盤 號滌齋均州學正 有傳　陳艮珏 號韞山大冶襄陽通城訓導有傳

乾隆五十九年甲寅科

胡鴻薰 號鑑池黃陂教諭　蔡理元 字仔文鍾祥訓導

乾隆六十年乙卯　恩科

張文鵠 亞元　孟嗣琮 號醒園

嘉慶三年戊午科

李華郁號棣園亞元
吳　林號雨亭京山訓導
嘉慶五年庚申　恩科
蔡道中理元之子穀城訓導荆州教授
嘉慶六年辛酉科
李　昺號坤裳有傳
嘉慶九年甲子科
張文玘號逵池解元有傳
詹如松號鶴亭漢川訓導
嘉慶十二年丁卯科
陳時光號月臺有傳
胡翔鸞更名敏號遜甫潛江教諭

嘉慶十二年戊辰　恩科
葉　彪號嘯林有傳
李承洛號瑩壺鄖西訓導有傳
嘉慶十五年庚午科
陳其殷號平甫有傳
陳繼曾字鳳樓
嘉慶十八年癸酉科
陳錦階更名準號笏生由訓導知縣
田書田更名王號樹人武昌教諭
陳鵬枝號雲程選竹山縣教諭未任
嘉慶二十一年丙子科
余承書號藝圃
陳曉陵號小杜鄖縣天門教諭

道光二年壬午科
陳廷揚經魁進士
陳紹瑞號菊人有傳
道光十二年壬辰　恩科
詹　翰更名元瀚號西林
陳本中號爲山有傳
陳信煜號麗園
道光十四年甲午科
甘家遴號選樓有傳
胡榮美號濟門
陳懋烈號灼亭知縣
道光十七年丁酉科

陳甲三號辛甫經魁
黃兆魁號葵圃
道光十九年己亥科
陳太賡號皓齋
道光二十年庚子　恩科
張聯璧號次徵有傳
陳玉晃號璿生
陳耀辰號星樞
道光二十三年癸卯科
黃美鵠號翔雲
駱利鋒號斗間主事
道光二十四年甲辰　恩科

黃體仁 號藹人

道光二十六年丙午科

朱今元 號鼎臣

道光二十九年己酉科

陳焜烈 號鐵珊

咸豐元年辛亥恩科

何明 號雪園

貢生

元

蔡景星 號半如

汪陶 號小阜

朱仕俊 侍郎

明

馮思齊 御史

楊遜 河間通判

張允誠 江安教諭

以上洪武年

余觀 化州通判

以上建文年

昌祚 華亭知縣

呂仲和 廣德吏目

李思善 臨清主簿

曹正義 戶部主事

李瑄 大足知縣

李端 知縣

毛義 知縣

葉畿 知縣

葉蓁 知府

陳惇 重慶推官

馮銘 經歷

江永 餘干縣丞

曹善 縣丞

陳暹 西安知縣

盛源 縣丞

張清 永豐縣丞

馮志 祁門縣丞

以上永樂年

王志 經歷

陳惠 字澤民 丹陽主簿

寇昱 典寶

周傑 訓導

徐卿

以上正統年

潘浩 御史

王慶 知府

顧濂 衛輝經歷

熊兆 縣丞

李俊 主簿

潘譓 儀隴知縣

張通 增城知縣

翁裕 縣丞

朱諡 字懋寍 原武知縣 陞趙州未任

張禮 經歷

李茂 蕭山縣丞

朱訥 字懋慎 海寍衛經歷

陳昇 無錫主簿

周紹 主簿

王慎 教諭

趙昌 主簿

謝　忠照磨　　李　英縣丞

戴　珍　陳　恕漢州吏目　　張　顯泉州府訓導陞教諭

楊　英字邦傑　　張汞清路南吏目

以上天順年

何　瓚號近波高縣知縣　　陳　玘字文玉貴州都事陞知州

張　翼字敬之敘州府經歷　　傅　敬字寅之費縣知縣

呂　玉華亭縣丞　　張　綱訓導　鄒　誠訓導

宋　環　　曹　裕字尚寬

封　玉典簿　　陳　濟字時濟

熊　琳字廷章射洪縣教諭　　李　淮字深源贛州府訓導

顧　昊字伯元　　朱　易字宗義普安知州

朱　暉字用昭永寧衛知事

以上成化年

劉　琛字本章訓導　　馬　驄字廷甫

劉　廸字宗吉　　王　麟字應祥南雄府經歷

齊　賢字良弼惠州府照磨　　游仲瑀字正儀雷州府推官

宋　埜字伯山陝州同知　　馮　翱字時舉

曹　珙字廷獻　　曾　昇字君用德興縣丞

甘　銘字警中廣東布政司都事　　吳　山字景贍

張　瑩字本明訓導　　蔡萬鍾號鼎臣

以上宏治年

王　鸞字應期餘干訓導陞舞陽教諭　　呂允升字元吉

李　樂字大韶兗州府訓導　　甘　泉字淵夫

張　清字濂夫晉寧州學正　　馬　謙字益之

王　鳳字雍時鄆縣主簿　　李　顯廣安州判官

陳　祜字天相　　彭　珠字時重莘縣縣丞

邱　隆字汝昌莘縣訓導　　陳　斐字文善

胡思明字覲遠　　程仲甫字文英廣信府通判

陳　詠通判　　壽　鳳字宗岐清江縣丞

以上正德年

張思學字復初　　徐　金字聲之

陳　僚字君佐扶溝縣訓導　　馮　鵬字翀霄

嚴　泉字本深　　劉經濟敘州府通判

梁　珠字瑩卿副榜淳安縣主簿　　王仲儒字宗孔眉州學正

傅　京字以中　　劉經綸字亨甫忠州判官

張　漢字朝宗齊河縣教諭　　化　雨深州學正

李世賢字尚甫弋陽縣訓導　姚仲生字士元
王廷臣雅州吏目　楊仲金字時用安福縣丞
韓世奇　李仲孺字仕學
壽濂字希用南昌縣訓導　鄭逵字成章靖安縣訓導
盧宗字大器　田璽字信卿池州府訓導
宋良相字希說來安縣訓導　馬文龍字時見廣安州訓導
彭綬字廷章　鞠蕙字時芳
桂璉字汝器　張湘知縣
高鵾字汝化　劉作教諭

陳資教諭　李元貞訓導
韓萬鍾潁州學正有傳　黃思訓導
湯金　李頌訓導
田于藍訓導　顧闌號鳳巖有傳
鍾沂　李言聞號月池太醫院判

以上嘉靖年

余大中訓導　舒晴訓導
高曜訓導

以上隆慶年

王薦訓導　李鍾濂訓導
張文華訓導　姜仲卿
張積　田行轍
韓疏來　易之豫
陳伊　劉寓拯字水南
田澤　王顯仁
王之信號立宇　易可賢字鳳川武陵訓導
郭承恩字惺環教諭　全芳字仲宇通判
徐有成字景隆教諭　湯孫說字肖巖

張兌字繹谷教諭　馮士冠字湘南知縣
張維字養初有傳　侯來朝字賓臺教諭
楊一新字夢麟教諭　何其忠字葵南
華時行字樂吾　董一化字南鵾知縣
顧大訓字少桂通判未任有傳　化大訓字安宇常熟縣教諭
傅作相潼川知州有傳　李樸字質甫副榜鹽運司提舉
顧大儀字德和　陳吾惆字朗皐副榜有傳
吳傑字履高選貢未任　駱本善

以上萬歷年

張邦立
楊善
袁熙振 字慈明
李猶龍 字又朋知縣
葉芬 字召睿廣濟訓導
何光綬 字多榮同知
顧天錫 字垂光有傳
以上天啓年
張效方 字正甫荆門學正

張翼 字太乙仁和縣丞
李樹宗 字震寰
李枎 字開甫淮安同知
蕭之禎 字獻吉恩選福建平和縣知縣
何廷獻 教諭
周易
袁素亮 字公寥有傳
馮一麟 字仁趾揚洲訓導

徐有望 字卿雲
王有爲 字小酉鄞縣訓導
李廷模 字獻卿
馮樾 字星長推官
陳宰 字孺于
陳正 號宛邱死難有傳
蕭益 字上損恩選
陳顯元 有傳
田之璜 字黄玉恩選

茆遂梁 字具瞻建盂縣丞
張效侗 字愿之
夏思 字子扂
張效忱 字敦之
駱思騏 字冲逵
袁道林 字枝公恩選
袁玉振 字石長恩選
顧景星 恩選有傳
馮楫 字川来黄州府教授

李楨 有傳
蕭爽 字朗伯震之子
國朝
高培 有傳
陳王道 字正一恩貢趙州知州
陳之京 有傳
張士淑 有傳
葉彭 字陶倩知縣
張承瑞 有傳

蕭鼎 字周斗
皮浚明 鄞縣訓導
李坦 有傳
李本裕 字容渃
劉復周 字東明
王協 有傳
董良因 字翊明教諭

葉俊士 字渭公教諭
張效鍊 有傳
封岳 字咸五
欽國樑 兵馬司
張泮 字叔度副榜
以上順治年
晏昇 有傳
孫天衢 字幼奇教諭有傳
陳其勅 有傳

馮琮 字應黄教諭
陳言先 有傳
李淑 字淑八
方舟 有傳
李本亮 字元次訓導
陳文炳 有傳
易恂 字穉恭訓導

龔　栢有傳
王世鼎有傳
金天斗有傳
田之玉字與長
駱思白有傳
陳　常有傳
李本衍有傳
程大肇
桂儀廷字賓虞
馮以觀字我生
王永昌字錫齡
張如斗
葉世榮字仁瞻副榜
張之梁有傳
陳　謨有傳
張士灝有傳
李永震字乾初教諭
張啓翼有傳訓導

王世泰有傳
王永圻有傳
孫　芝字夫生訓導
呂呈瑞字輯五訓導
王　極字峻若
張　梓有傳
葉優士有傳
葉鳳翔字義瞻訓導
王天爵字子尊
朱家瑞字來儀
張世炳
馮　烱字蒼曉
傅傳道字天怨
舒嘉抱字和臣
袁孔士有傳字方魯號泰菴
張聯翼有傳
蕭　銓有傳
李澤溥有傳

葉鳳喈字天秀訓導
張仕厚有傳
方彭蠡有傳
王仔古有傳
張承頲字侶蘇
陳有夏有傳
朱　性有傳
陳治猷有傳
陳欲珍有傳
朱孔陽有傳
陳豐會有傳
以上康熙年
秦　京有傳
李光縉
駱漸逵字以天
湯力忠字首恕拔貢
李永宣有傳
劉文超有傳

李振玉字霞城
易時敏字遜瞻恩貢
黃天福有傳
葉枝茂字秦封
顧燕翼有傳恩貢
王　鎬有傳
張聯芳有傳
饒斌泰有傳
李生芳字世馥
董開生
王欽猷字思承有傳
李生棠有傳
蕭　濬有傳
陳履中
陳道兼字樹型
伊　琦有傳
張　翼有傳

陳廩年字卜來拔貢　易經字少文訓導
胡之偉有傳
以上雍正年
高尚正字看占　姜壎有傳
許熊字大占　張申字聖懷有傳穀城訓導
范正有傳　伍文宣
余正古有傳　游泮字登岡拔貢
王棫字斯佩有傳　王柯有傳
熊楚輝有傳　陳其秩字倫叙

董堪有傳　陳瑛字脩五
王球有傳　陳玖有傳
張崇煜字瓊賜　童巒字宗表
朱正述拔貢　孫超
張士度　褚經白
何錦坊恩貢　張艮木恩貢
劉之綱號松岩有傳　高斯柏恩貢
李培滋號蘭水恩貢有傳　陳艮珏乙酉拔貢
陳文斗號星亭拔貢四庫校錄授雲夢教諭　陳受琦號春圃己酉拔貢歷任衡州教諭簡

胡自梅乙酉副榜　胡薰庚辰副榜　姚宗沛戊子副榜　呂士模
張文淵庚寅副榜　童之軾戊申副榜
陳艮翮乙卯副榜有傳　李華郁壬子優貢中戊子亞元有傳
袁開宙號哲軒壬午歲貢有傳　王德修號損齋
童接驗號民庵　張煒號澈衢
陳洪廩　王世淮號北池
范卿組有傳　伍景儁號容齋
王材　葉青號春占
董夢龍　金起濤

陳天篤字厚齋　陳聖霖號雨亭
王一經　張泰矚號小山
孫振緒　王一元
張峻封　陳懋績號攸齋
涂渾字樸中　李永年
張文甲　顧啓賢有傳
劉之紳號白水有傳　張兆龍
胡永鉅　裴縉緯恩賜舉人賜翰林院恩
以上乾隆年

王彬德號布若有傳
顧啓鑾恩貢
詹之玉辛酉拔貢
葉翹秀癸酉拔貢
陳有執號念蓼有傳辛酉副榜
李永年庚戌　恩賜副榜
孫時行
王光賓
蕭光緒號晴嵐有傳

王　樂
張光鼎
吳金度有傳
吳祖信
顧啓環號步莊有傳
童昌旺
陳佑模有傳
張光鼎丁卯　恩賜副榜
張夢桂癸酉　恩賜副榜

胡有贄恩貢
范位模恩貢
方梁材號任廷貢崇陽訓導癸酉府拔
劉營詩號思溪有傳戊午副榜
余長齡號鶴皐甲子副榜
童啓倫號敍堂有傳己卯優貢
汪佑嫻號龍泉
張文玘中甲子解元有傳
陳丹墀有傳
袁之芬字訥一
陳復三
胡鴻曦
范世鰲
陳佑松
張攀桂
陳大猷癸酉　恩賜副榜
張學濂癸酉有傳　恩賜副榜

涂德符戊寅　恩賜副榜
以上嘉慶年
駱鍾蘭字若華　恩貢
陳光烜號旦卿任河南唐縣知縣乙酉拔貢現
陳　鈞號竹君壬午副榜
詹如南庚子副榜
田森才戊子　恩賜副榜
李　琳號華壁賜副榜癸卯　恩
王學智選南漳縣教諭未任有傳

胡　愿號謹堂訓導有傳荆州府學
詹文蔚
陳豐翥號鶴皐
田達材
張　提
錢　選
王錦鱗號海門有傳
王泳森號寶堂
許作龍號種松

陳德麟號子仁
方應珪號雪門丁酉拔貢
陳鳳翀丁酉副榜
吳之驥號展其優貢
吳華封庚子　恩賜副榜
葉卿琛
董逢科丙午　恩賜副榜
范廷光
胡鴻翔
李瑞玉號白田候補訓導
葉維城
陳　璦
詹　銘
葉翹榮
鄧祖德

岳崚漢號仙槎
袁鍾瑜字希瑪號玉峯
胡佳蔚
胡南薰辛亥　恩賜副榜
陳瑞林優貢
程天驥辛亥　恩科副榜
詹如雲

武科武功附

童啟伊號莘叟
葉維則
以上道光年
范霖辛亥　恩賜正榜
陳本升辛亥　恩賜副榜
方石麟壬子　恩科副榜
文抒藻

明

柳良正以功封吉安侯有傳
陳福清以功封千戶有傳
以上洪武年
王敵以功授指揮使有傳
宣德年
田有龍三科武舉解元廣西永寧守備有傳
李楷以功授總兵有傳
賈世儀字鳴山以功授校尉
以上萬歷年

操桂以功授忠信校尉調正遼都衛有傳
易貞吉叅將
田金甫以功授守備有傳

李標字峻甫武舉守備
劉克字元功三科武舉守備
朱家棟本姓甘號巽明
王屋即王可象字山公
以上天啟年
楊天貞字自強丙子科武舉有傳
毛一桂字士貭
熊轍守備
陳心鉉守備有傳

楊模武舉遊擊
李武字兼甫武舉
張贍字含赤
李棟以功授叅將
吳良材字文棟庚午科武舉
葉楨字容伯京衛千總
陳申舜字君憲定海副將

以上崇禎年

國朝

管遵王字仲成乙未科進士守備
丁彭字子修辛丑科進士
管一舉字日莘武舉
陳國瞻字叔望九江衛武舉千總
袁鼎字伯昭陝西衛武舉千總
以上順治年
王長年字永懷武舉

嚴均戊戌科進士
熊光字景望武舉京城安定門千總
張承斌字文子開平衛武舉千總
吳大觀字學禮守備
葉植戊子科武舉都司有傳
葉有德字樹滋武舉

葉　煥武舉有傳
管世英武舉
董開第字彥先
李世忠以功任都司有傳
以上康熙年
胡心作字理菴
王　路字從蟾
童有珩字楚玉督標把總
以上雍正年

胡國勳壬申科武舉
何永清字咸四號石峯乙酉科武舉辛卯科進士傳臚花翎侍衛授福建訂州鎮右營遊擊
張文藻以功任思南府遊擊
楊　鰲戊子科武舉
何見龍辛卯科武舉
吳尚賢有傳
陳金第乙卯科武舉
易光殿遊擊有傳
陳　臨以功授蒲圻千總陞守備有傳

王　煥武舉
張世斌
呂　玠字全蜀
童志怡字兆武荊州水師營把總
胡萬年字仁安
張　洪四川成都府守備
童　璋字朝玉己未科進士堤塘
陳起超字德侯選千總
江萬齡字涵萬候選衛千總有傳
張開第庚寅　恩科武舉
黃開榜丁酉科武舉
田開甲甲寅科武舉
陳文光丙子科武舉江南廬州衛千總
鄧光楚字有恭武庠援例江西袁州衛守備

以上乾隆年
黃金鎔丁卯科武舉黃陂千總
龔玉琳戊寅　恩科武舉
陳友見以功授陝西孝義廳把總
以上嘉慶年
黃美耀甲午科武舉
吳德田庚子科武舉
王定甲字晉賢己亥科武魁
李　發以功任興國營把總

孫開榜由行伍任道士洑經制外委
吳定元由行伍任黃州營葉家洲汛外委
以上道光年
吳　炳辛亥武舉
咸豐年
辟薦
南唐
丁必稱知臨江軍有傳
宋

陳甫吉丙子科武舉授衛千總
吳映輝以功授千總
高金榜以功賞千總任黃陂城守
駱定侯號遠臣乙未　恩科武舉
蔡耀清庚子科武舉
汪國泰甲辰　恩科武舉現署黃梅縣千總
王最義號醴門以功授蘄州營把總
孫宗元武生由軍功現任公安經制外委

林敏功　政和中徵召有傳

明

陳堯章　任本府儒學訓導歷臨安知縣

以上洪武年

李時珍　楚王薦於朝有傳

以上嘉靖年

李時珍　太醫院判鄉飲大賓有傳

方思池　耆賓

以上萬歷年

張　星　同知六登鄉賓

以上天啟年

孫世臣　字義所兩登鄉飲

崇禎年

國朝

顧景星　六科薦舉鴻博有傳

高　培　字尚予溫處道鄉飲大賓[illegible]大賓

易　恂　歲貢鄉飲大賓

張啟翼　訓導鄉飲大賓有傳

吳遵路　有傳　余玠

曾　黼　任吳縣知縣

徐之稼　知縣致仕五登鄉飲爲正賓有傳

李建中　同知三登鄉飲大賓有傳

胡朝宾　字正卿兩舉鄉飲耆賓

晏　昇　字東白歲貢鄉飲大賓有傳

駱士君　字克武鄉飲耆賓

馮以覲　拔貢鄉飲大賓有傳

易爲豫　字二如廩生鄉飲介賓

張克懋　字茂侯庠生鄉飲介賓

葉有德　字秀榮鄉飲耆賓

王　藻　字秀友庠生鄉飲大賓

吳心亮　字廷玉鄉飲介賓

陳其昴　字彥臣鄉飲耆賓

張逢會　理問鄉飲大賓

田可斗　字文舉鄉飲耆賓

湯顯名　字嗣武鄉飲耆賓

以上康熙年

李生榮　字谷友廩生以孝廉舉有傳

李永芬　字紫榮增生以孝廉方正舉

以上雍正年

張仕厚　字存古訓導鄉飲大賓

張　申　訓導鄉飲大賓有傳

張復溥　字育如庠生鄉飲介賓

張　貴　庠生鄉飲介賓

徐敦誠　鄉飲耆賓

陳播文　鄉飲耆賓

童學禮　字以立鄉飲耆賓

王　檽　字雲岩庠生鄉飲介賓

方其昌　庠生鄉飲介賓

賈鼎臣　字君仲庠生鄉飲介賓

吳本瑞　字瑞玉鄉飲耆賓

陳其芳　鄉飲耆賓

湯必聞　字又尚鄉飲耆賓

裴天明　字才高鄉飲耆賓

李永慶　字來譽考授州判以孝友舉

王東山　字集長庠生以孝廉方正舉

王有斐　字復衛州同鄉飲大賓

龔啟堂　學正鄉飲大賓

張協占　字咸卜庠生鄉飲介賓

袁開宙　字瘠來歲貢鄉飲介賓有傳

陳元耀　鄉飲耆賓

胡紹伊　鄉飲耆賓

熊華封乾隆十六年州牧李舉報老民赴京朝賀御賜龍頭朝杖養老銀牌緞疋頂帶

江惟金鄉飲大賓有傳　王開寅鄉飲大賓有傳

以上乾隆年

張廷贇縣丞鄉飲大賓有傳　陳受書字尚經庠生鄉飲介賓

鄧函春字理明鄉飲耆賓

以上嘉慶年

封贈

明

康文廣以曾孫茂才貴贈中奉大夫中書省叅知政事京兆郡公

康德懋以孫茂才貴贈資善大夫中書左丞京兆郡公

康壽以子茂才貴贈榮祿大夫同知大都督府事柱國追封蘄國公

馮寶以子思齊貴贈監察御史

以上洪武年

張允誠教諭以子彤貴封如其官

以上正統年

王恭以子翰貴贈主事

華珏以子仲賢貴贈刑部主事加贈常州府知府

以上天順年

張文以子思齊貴贈中大夫

以上成化年

易用明以子濂貴封文林郎

以上弘治年

陳理以子大中貴贈戶部主事　劉仲誠以子樽貴贈太僕寺丞

以上正德年

高政字扶辰以子鵬貴進階贈武德將軍　郝源字本淸以子守正貴贈員外郎

馮翺以孫天馭貴贈侍郎有傳　馮鵬以子天馭貴贈監察御史

甘銘以子澧貴贈都事加縣　曾璉以子訓貴贈經歷

周大霖以子禧貴贈御史　顧敦以子問貴封布政司叅議

易彖以子鴻磐貴封文林郎　王紳字碧池以子天相貴封明威將軍

以上嘉靖年

李儒以子盛春貴贈副都御史　李時珍以子建中貴封文林郎有傳

李時言以孫載陽貴封中憲大夫　李元英以子載陽貴封中憲大夫

袁　以子世振貴贈中憲大夫　張乾以子邦翼貴贈中憲大夫

蕭明哲以子世聘貴封奉直大夫　劉栽以子如寵貴封推官

易東以子龍見貴封奉政大夫

以上萬歷年

李建中以子樹初貴贈中憲大夫
李建木以嗣子樹初貴贈中憲大夫
蕭孟石以子震貴封工部營繕司主事
王之鄰以子珙貴封監察御史
以上天啟年
晏印台以子攄中貴封奉政大夫
李于節以子新貴封戶部郎中
李　櫝字莘甫以子本衍貴封文林郎
饒邦彥以子京貴贈監察御史
葉　芬以子植貴封武德將軍
以上崇禎年
國朝
李際春字和元以孫本晟貴贈中憲大夫
李　標字峻甫以嗣子本晟貴贈中大夫

李　梴字赤存以子本晟貴贈中大夫
盧　楷以孫絃貴贈中大夫
盧如鼎以子絃貴贈中大夫
汪禖如以子蘅貴贈文林郎
顧天祚以子咸泰貴贈文林郎
張邦基以子正志貴贈文林郎
李本蓁以子坦貴贈奉政大夫
王道隆以子協貴贈文林郎
張效論以子承瑞貴贈文林郎
高自見以子培貴贈中憲大夫
管廷機以子遵王貴贈定遠將軍
以上順治年
王御龍以孫開銓貴兩贈文林郎
王文炳字肅儀縣丞以子夢弼貴贈修職郎
張志翰字尊思以子仕渾貴贈文林郎
欽國樑兵馬司指揮以子仕佃貴贈文林郎

以上康熙年
張宏泳字穗岐以子仕學之梁貴兩贈修職郎
童一成以孫璋貴贈武德將軍
童心怡以子璋貴贈武德將軍
以上雍正年
陳法璧號鷺峰州同以孫良翼貴贈承德郎
陳　輝號祥庵監生以子良翼貴贈文林郎
陳先槃以孫詩貴贈奉直大夫
陳猷漢以子詩貴贈奉直大夫
吳　璘號玉峰以孫祖吉貴贈文林郎
吳洪兌號醉庵附貢以子祖吉貴贈文林郎
張　炳廩生以孫啟翼貴贈脩職佐郎
張正鼐庠生以姪孫申貴贈脩職佐郎
何開府以孫永清貴贈宣武都尉
何世屏以子永清貴贈宣武都尉

胡備三以孫心作貴贈武信騎尉
胡崇謙以子心作貴贈武信騎尉
楊本謨以孫世銓僉公封奉直大夫
楊　照號松村以姪世銓僉公封奉直大夫
楊　勳以子世銓僉公封奉直大夫
駱見麟以子沛霖貴贈脩職郎
童全任以子鑾貴贈脩職郎
陳士眉以孫文光貴贈武畧佐騎尉
陳起超以子文光貴贈武畧佐騎尉
易　蘭以孫光殿貴贈昭武都尉
易天澤以子光殿貴贈昭武都尉
陳文藻以子臨貴贈武畧騎尉
張兆魚以子大坦貴封武信騎尉
以上乾隆年
范卿絅號淡亭監生以子位盤貴贈脩職郎
陳　典號鳳齋以子受琦貴贈修職郎

蔡敬蒼以子理元貴貤贈修職郎
張盛財以子椿貴貤贈修職郎
胡昌和以子鴻薰貴貤贈修職郎
高斯湄以子金榜貴贈修武校尉
以上嘉慶年
王本瑛以子最義貴贈武信騎尉
陳振聲以子準貴封文林郎
詹興仁以子如松貴贈修職郎
胡鳴珠以子敏貴贈修職郎

蔡理元以子道中貴貤贈修職郎
宋世材以子邦棻貴貤贈修職郎
黃大猷監生以子金鎔貴封武畧騎尉
楊世銘以弟世璐貴贈修職佐郎
陳守銘以子曉陵貴贈修職郎
田正璧以子玉貴贈修職郎
何楷以子杰急公贈儒林郎

周凰以子大士急公封儒林郎
以上道光年
駱千蒻以孫利鋒貴贈奉政大夫
以上咸豐年
恩蔭
南唐
吳瑛以父遵路蔭官員外郎
明
康鋅以父茂才蔭封蘄春侯

駱萬森以子利鋒貴封奉政大夫
康鑑以父茂才蔭廣西指揮

康淵以祖茂才蔭散騎舍人
以上洪武年
馮汝承以父天馭蔭官知府
田足國以父有龍蔭蘄州衛百戶
以上萬歷年
國朝
盧照初以父紘蔭入監咨吏部考選
以上順治年
韓宗彥字文伯以父友蔭將仕郎

康永鐸之元孫蔭千戶
李榔以父盛春蔭官知府
易惟識以父貞吉蔭守備
韓宗愈字又昌友之次子蔭生仕陽朔知縣

以上康熙年
世襲
明
李斌以父信襲正百戶晉千戶
李景以父俊襲千戶
李震以父景襲千戶
李同春以父儒襲千戶
國朝
吳德桂以父尚賢死難襲雲騎尉

李俊以父斌襲千戶
李珍以父景襲千戶
李儒以兄震襲千戶
吳必海以祖尚賢死難襲雲騎尉

吏仕

明

童志井研縣典史　梅晟曲固縣縣丞　黃文四川吏目　黃裔福建巡檢

劉瓘廣西典史　楊洪濰縣所大使　張玉雲南巡檢　朱鑾贛縣主簿

劉憲留守衛經歷　項基仁壽縣典史　馮信清平巡檢　蔡鵬大使

張珍四川驛丞　劉源江西驛丞　王文倉大使　哈儀四川驛丞

熊俊字朝佐，廣東揭陽縣典史　李茂蕭山縣丞，以上洪武年　熊暄真定府大使，永樂年

蔡綸贛州倉大使　聶鎮宜賓縣典吏　陳福通州衛倉大使　許仲信新野典史

許希艮遼東典史　施濟四州吏目　趙仲仁　會訓覇州同知

田倫　劉英成化年　以上金相吏目　陶大本巡檢

張景　倓佐　何玉　程彩鳳字子部，工部營繕所所正　孔宗易　以上宏治年　劉廷輔

郁文俊　吳鑑　吳廷佐　劉彶

戚世賢　以上正德年　刁龍　盧基

康椒　酈僎　曹行忠　華岳

劉嚎　周廷珈　以上嘉靖年　田東字自湖，州判

李培字茂雲，照磨　馬廷詔字辛野，經歷　劉崙字京山　朱仲文字厚池，典史

馬廷馳字蕭麟，吏目　汪則孝字淳所，主簿　劉如盎字雉江，縣丞

毛瀚字又宇，吏目　張士選字楚愚，經歷　吳復佑字心源，吏目

馮楚才字自泉，巡檢　何光岳字乾所，大同宣府經歷　熊維岳

孫應奎字聚甫，典史　桑春茂字翼泉，典史　張效藝字映海，文思院副使

張浴　何時德字省岩，縣丞　周瀚字海宇，典史

王璽號楚璧，典史　張致和字蕭愚，縣丞　張其彥字東岩，知縣

吳廷卿字鳳山，照磨　李如森字養岳，大使　田芳字蕭莊，庫大使

朱正學字龍江，吏目　文孝字少松，吏目　劉如璧字沖元，司獄

趙廷藺字祥所　熊之翰字鳳衡，驛丞　易可求字楚衡，驛丞

陳世甲字璨宇　周澤字沛寰，巡檢　王士元字三石，主簿

周載鼎字象九，典史　朱廷祚字翼龍，典史　刁時化字少泉，典史

趙廷孫字祿所　朱艮相字葵所，驛丞　周宏先字浮玉

劉新民字愛甫，典史　韓可承字君烈　王琦字行甫，驛丞

鄭佐字蕭岩　於應祥字懷堂，驛丞　孫尚和字繼堂，典膳

易道光字華宇，吏目　陳文煥字仁卿，典史　孫應斗字光甫，典史

湯歷年字德甫，驛丞　李本大字容之，主簿　沈士彥字元美，驛丞

王珍字崑石，鴻臚寺　陳芳璧字稱樓，經歷　葉長春字培之，典史

韓文字章美，驛丞　陳其訓字鳳南，吏目　金艮相字正麟

汪宏濟字本卿，吏目　李燕字進卿，鹽大使　李國瑞字獻禎，巡檢

黃鳳喈字來虞以上天啟年　劉煒字晦甫典史　董威字獻可吏目
李本培　陳達之字顯　聶宗周字敬陽副使　李一本字元之
龔朝相字紫亭典史　方承繁字德衍　李樑字任宇
王承節字[illegible]司獄　沈一聘字文宇巡檢　王試字燮衡
張盛時字瀛沙　江萬里字扶搖　毛一彥字士美
程應科字懷泉　劉東志字敬宇　蕭明學字雲峯縣丞
胡正章字章宇　黃鳳鳴字來岡　侯一位字如砥
潘雲鵬字子昂　程文光字斗野　梅當春字公衍以上崇禎年

國朝

石之瑜按察司首領官　黃鳳喈懷寧縣丞陞經歷　以上順治年
王禎字樑甫汶上縣典史　周鼎字方南未任　尹驄字公選紙馬鎮巡檢
趙聲玉字霞珍容縣巡檢以上康熙年　葉永緒字啟勲典史署巡檢
張恢翮漢州吏目　吳祖吉字謙六由縣丞陞任東光寶坻淶水各縣知縣陞保定府通判
易泗由經歷署知縣　孟其鼇縣丞以上乾隆年　楊世璐歲貢襄陽府訓導
陳選字守先由武庠生例授縣丞陞授三河縣知縣　張夢選廩貢訓導以上嘉慶年
陳慶霖原名子熊號小岡廩生由鴻臚寺序班降捐巡檢　楊崇興號峻峯署荊州府訓導
江璧華廩貢署興國州訓導　陳輔辰字先琦縣丞　以上道光年
李斌分發江南南河縣丞奉河憲委差三次儘先補用

例職

明

宋奎字伯宿臨清提舉　宋璧字伯玉綦江主簿　張文字國華建昌通判
劉志以上成化年　陳仁惠字守介　吳英字廷杰處州府知府
以上宏治年　顧樋字濟川縣丞　張文憲字時範由廩生就例
陳大章字宗夔　楊楫字本載　馬廷玉字栗夫
李山字靜夫　翁景曉　王廷文字孟卿
李洪以上正德年　李世發字蒙甫　陳仁民字守治新喻主簿
張練字子素　韓世英字楚傑以廩生就例　馬廷賦字貞夫
馬如錦字子文　胡仲甲　高曙字寅之
傅榮　湯爵貴　梁佳州廩生就例縣丞
沈鈳　翁景曙　馬廷資
王廷節　王廷信　田乃獲字有年
馮天駿字艮仲錦衣衛千戶　翁景曠　孫廷楹
李世幹　李棻　陳仁滋字子雨以上嘉靖年
楊棻字芳台通判　王鑑號秉吾　劉如魯字敬夫縣丞
顧佃　袁光紱字袞伯光祿寺丞　周道亨字陽孺
馮汝振鹽提舉　孫世臣主簿　胡世則號乾封雲南府知府

蔡仲瑞 縣丞 以上萬歷年
周道充 字貴儒 縣丞
王可象 字孝儀 縣丞
李梓 字觀甫
史釆 字素之
嚴式玉 字伯虔
王琡 字二美
黃立釆 字襄中 經歷

國朝

王之鼎 字定仲
易道燦 字伯宣
周廸德 字伯咨 鴻臚寺序班
劉璣 字象若
汪褋如 字蟠叔
李模 字宏甫 指揮
李延慶 字長伯 死難
欽有陽 任荆府長史因籍蘄 以上崇禎年

王之賡 字明叔 平涼府通判
楊植 字亭伯 縣丞
張效藎 字念爾
張效鍾 字期伯 死難有傳
王肩隆 字爾錫 以上天啟年
韓之鼎 字調元
沈士望 字公輔 上書錄用

嚴壯 字大生
李國華 字耀宇
順治年 汪同江 字眷清
劉漢儒 字孔安
高克紹 同知
高克順 字子維 縣丞
陳肇元 縣丞
王文雖 字帝庸 縣丞
陳法璧 字鎮六

李本京 字元伯
張志翰
陳士眉 字眉白
王文炳 字肅儀 縣丞
韓世傳 字又韓 河州州判
陳可元 縣丞
陳贊元 州同
李生彬 字雉文
陳滋古 字書潤

李貞陽 字元開
李本淑 字心尼 州判 以上
葉有弼 字天右
王志博 字公遠 縣丞
王永蘯 字載侯 縣丞
王宗仁 字春若 河州州判
方應舉 州判
王上選 字銓士 縣丞
張啟泰 字仕來 縣丞

王有信 字立誠
陳於校 字名夏
陳之坦
張世珖 字映壁 縣丞
陳於棠 字蕚華 州同
陳信古
桂登瀛 字十洲 縣丞
張鏡 字研修
陳洪緒 字嗣有

王有斐 字復衡
王學古 字優士 縣丞
陳之壎
張世瓚 州同
李生樾 字彝尊
方彭年 字錢齡 州同
張士遜 字去矜
陳琛 字淮貢
陳鴻猷 字勤侯 縣丞

桂儼廷 州同
李敷生 字方伯
高益恒
陳於梁 字奕山
葉紹京 字鎬成 縣丞
王國珍 字廷瑜
張杓 字魁先 縣丞
蔡士元
陳之域 字丹書瀦 縣縣丞署

縣事陞授衛輝通判
田之玢 字宏道 縣丞
張棲 字薦華 州同
王世治 字傳霖 州同
張遠誨 字述今
王衡 州同
張逵誦 字式南 州判
何世浦
吳昌

李芳蘭 字景明 主簿
黃天祚 字亦人 縣丞
張梃 字松友 州同 以上康熙年
湯時弼 字任寰
張立誠 縣丞
方城 字千雉 縣丞
何開卷 字攡書
吳晟 字宗建 州同
江文理

陳文獻 字典章 縣丞
陳於榮 字聿修 州同
王鳳古 縣丞
王夢學 字時敏 州同
嚴世榮 字帝廷
黃天秩 字眷臣 州判
張炳文 字崇姬 州同
胡明治
張有應 字同人 縣丞

王佳士縣丞　王佳植字符三州同　王之經字備六州同
陳文藻字華章署正　胡心仕州同　朱萬齡州同以上雍正年
王鑾字召白　陳榮封字楷章　王德謙字禮尊
王程羲字象書　彭德備　王雍字理蒼
王德恒字次咸　黃天相　王思文字被南
王承彬字中燦　王世承字子配　王世溥
王德凱字敬廷　張暐字際昌　王鐸字振棠
葉承鳳　孫朝漢　王梓字荆才
王肇謨字卜昌　張國正字義和　袁士昌字介侯

吳綖字文度州同　吳琦字照寰　孫朝源
吳洪中字道原　袁濰字大渭　陳良寵
王夢蘭字心言　葉全斌字植泗　林之棟字廷桂
楊照字建夏　龔望隆字理遠　江惟金字繼緒
田禮高　李應祥

蘄州志卷之十

知蘄州事夏津潘克溥纂修

著述志

著述之家經尚矣史次之子次之集又次之然要皆各成一家交相爲用以爲經世之資當於四者觀其通也故列其目俾後之人可循次而考焉志著述

經部

易解汪宗文著通志　佚

周易郁溪記十四卷郁文初著通志

文初字郁溪官至肇慶知府此書爲河間賈棠所刊凡總論一卷上下經九卷繫辭上傳三卷而繫辭下傳至雜卦傳則皆標卷下以統之不復分析卷目蓋編次者之失也書中首推河洛縱横曼衍不出常談至於各卦象爻立論尤多僻異大率以五行生尅精氣骨肉爲言如解需於血出自穴則云乾者精氣之極而血脈之生通之中行需是已坤爲血脈之極而精氣之生通之中行晉是已出自穴者謂人自有生以來耳穴已有而今則天之通水自穴中出也目苞

之起亦猶是也解入左腹獲明夷之心於出門庭則云明之入也自右腹而下自左腹而上意異也火復則風生心開則意隨蓋愈鑿而障礙愈多矣 四庫全書

周易纂彖六卷陳本中著 稿存

本中號爲山壬辰舉人

三傳集解三禮解顧天錫著 通志 佚

鄉黨義考七卷胡薰著 通志 序詳藝文

四書類考三十卷陳詩著 序詳藝文

四書人名考二十卷陳詩著

六律正五音考四卷陳詩著

四書辨證張椿著

五經發意顧闕著 通志諸經總類 佚

說字顧景星著 通志小學 序詳藝文

景星字黄公康熙己未薦舉博學鴻詞其自稱推本許慎而大抵以梅膺祚字彙廖文英正字通爲稿本仍以楷字如編如丑字从彐从卜象手有所執也而列之於一部於六書之義未免有舛至於西域番文尤自别爲一體儒書所載已改爲楷畫非其本眞一概收載亦爲泛濫其注皆雜諸書不由根柢所列各書唐說文蜀說文葛洪字苑何承天纂文呂靜集韻李啟聲韻呂忱字林陽休之夏侯詠韻畧孟昶書林韻會林罕字源等目不知何從見之又以李燾說文五音譜爲徐鉉以陽桓六書泝源爲吳元滿以趙明誠金石錄爲歐陽修以張守節史記正義爲六書正義以司馬貞史記索隱爲六書索隱舛誤不一而足至於司馬光集韻解諸家目錄未著斯名米芾大宋五音正韻僅名見畫史中蓋欲爲之而未成亦非眞有其書也 四庫全書

天文樂律十卷駱呈符著 佚

道器括囊一千六百卷蕭霽著 佚

石圃澄源錄二百二十卷李春期著 佚

四書輯說三十九卷周易晰言十卷尚書集義五十九卷特牲饋食禮集訓一卷禮記纂錄四十九卷春秋通解二十卷胡薰著 稿存

四書通義 質疑典疑李昺著 稿存

史部

辛巳泣蘄錄一卷趙與衮著 詩詳藝文
曹彥約序李茂欽死守蘄城並毀其家立志最堅受
禍最慘或罪其志有餘而才不足則亦苛矣武定軍
入城反爲郡告示金陵軍及境而不恤郡池軍怯而
不進雖有張巡許遠之才不得霽雲萬春之助決不
能以千人之力守九里之郭却數萬衆騎之敵矣韓
昌黎語巡遠事以爲當是時棄城而圖存者不可一
二數擅强兵坐而觀者相環也不追議此而責二公
以死守亦見其自比於逆亂設淫辭而助之攻也私

意妄議從古則然要之久而自定
文獻通考百餘卷馮天馭著
三楚文獻錄李本晟著 佚
通鑑五十五卷李春期著 佚
諸羅守城日記一卷陳艮翼著 通志
知鑑錄五十五卷續綱目八卷讀史餘言二卷陳其般
著 稿存
讀史管見十卷胡鴻然著 稿存
楚中風雅數十卷汪蘅著

續高士傳八卷孝順實廣註十五卷顧大訓著 通志傳記
舉史三十卷戒史十七卷二十一史評論三十卷顧天
錫著 通志 佚
蘄春志十卷陸峻丁光遠著 宋史藝文志 佚
蘄州志九卷甘澤著 明史藝文志 佚
蘄州志十二卷翁學淵著 通志 序詳藝文
嘉靖三十一年壬子江防僉事遂昌翁學淵延鄉先
生思恩知府王儼懷慶知府郝守正與舉人陳吉言
高暘楊芳諸生田於藍鍾沂更加蒐輯爲十二卷曰

沿革曰選舉曰疆域曰建置曰版籍曰藩封曰名宦
曰人物曰祀典曰詩文 白茅堂集
蘄州志八卷夏忠著 佚
蘄州志六十卷顧天錫著 通志 佚
天錫子景星去其複重加以論斷首沿革兵考次江
防次震隣次戶口次貢賦次征榷次國用次郵政次
封建次職官次人物次選舉次疆域山川次城池藩
署次民風次仰占次災異次物產次軼事次祀典次
老釋次鬼神次書籍次詩文凡六十卷其雜論僅存

者今在白茅堂集知不足齋存藁

蘄州志六卷盧紘著 通志 序詳藝文

瀇巖得故蘄州志於舊家毛氏因据以爲本門類悉無所改而拾遺補闕考訂爲難今蘄之故家猶有存者知不足齋存藁

蘄州志二十卷錢鋆著 通志 序詳藝文

虞山延黃岡周茂建應城程大中及蘄士之知名者重事纂修別爲二十卷首地理子目十一凡 次建置子目八 次賦役子目五 次學校子目二 次職官爲表二而名宦附之 次選舉

爲表二 次人物子目十五 次列女分上下 次藝文子目二而分上下 次雜志子目二 外志子目三 蓋近來地志之窠臼也知不足齋存稿

通鑑補意顧闕著 通志 佚

讀史集論九卷顧景星著 通志 佚

臨清州志十八卷周禧著 盧氏縣志 佚

廣濟縣志十二卷陳詩著 通志

湖北通志一百卷湖北方域書九十九卷湖北史載八卷陳詩著

歷代紀元閏朔考陳詩著知不足齋書目

鹽法綱册十六卷袁世振著 通志政書一名疏理成書 佚 序詳藝文

史外叢談陳詩著

子部

性理三書圖解九卷韓萬鍾著 通志儒家

此云三者易學啟蒙律呂新書洪範皇極內篇也皆本無性理之名萬鍾蓋以永樂中修性理大全載此三書故從其後而追題之也原序稱其於啟蒙有三遇卦之卦之殊於律呂有管孔之異於皇極辨止戒之訛明象占之義今按其書於啟蒙考變占之十二

圖每爻必自一爻變至六爻皆變者依爻位逐次列之而各繫爻辭於下蓋本之韓邦奇啟蒙意見殊爲繁複其於遇卦之卦並無發明律呂管孔仍徑一圍三最疏之率亦毫無是正至燕樂字譜大呂太蔟夾鍾淸各用五字而以上下別之蓋唐宋相傳之舊法所以取夾鍾爲二十八調之準萬鍾於四淸祇列黃太夾而遺大律淸聲又云旋宮之法未考是其於燕樂尙茫茫無據何論雅樂耶皇極內篇係八止八戒小數縱橫當以悔凶休祥平災咎吉吝爲次刊本誤

以止之縱數列爲戎縱萬鍾據數正之則所考艮是然蔡沈此書非聖人而作易性理精義已以僭經斥之世亦無用以占者其謬否正無庸深辨耳 四庫全書

皇極註解韓萬鍾著 佚

象緯類編三卷韓萬鍾著 通志天文

是書成於嘉靖壬辰採丹元子步天歌逐段分釋並爲之圖以馬氏通考所記彗孛客流陵犯之屬分隷各星之下合二十八宿爲三十一條而五緯附於其後其自序謂便學者之考索非有所作大概與天元玉歷相同蓋當時未睹官本故又爲此裒輯耳 四庫全書

四脈發明一卷李言聞著 明史藝文志 通志醫家

月池人參傳 蘄艾傳 痘疹證治李言聞著 并佚

本草綱目五十二卷李時珍著 序詳藝文

時珍字東壁官楚王府奉祠正事跡具載明史方技傳是編取神農以下諸家本草薈萃成書復者芟之闕者補之僞者糾之凡一十六部六十二類一千八百八十二種每藥標正名爲綱附釋名爲目次以集解辨疑正誤次以氣味主治附方其分部之例首水火次土次金石次草穀菜菓次服器次蟲鱗介禽獸終之以人前有圖三卷又序例二卷百病主治藥二卷於陰陽標本君臣佐使之論極爲詳析考諸家本草舊有者一千五百一十八種時珍所補者又三百七十四種搜羅羣籍貫穿百氏自謂歲歷三十書采八百餘家稿凡三易然後告成者非虛語也其書初刻於萬歷間王世貞爲之序其子建元又獻之於朝有進疏一篇冠於首至順治間錢唐吳毓昌重訂付梓於是業醫者無不家有一編明史方技傳亟稱之蓋集本草者無過於此矣 四庫全書

奇經八脈考一卷李時珍著

其書謂人身經脈有正有奇手三陰三陽足三陰三陽十二正經陰維陽維陰蹻陽蹻衝任督帶爲八奇經正經人所共知奇經醫所易忽故特評其病源治法並參考諸家之說薈粹成編其源委精詳經緯貫澈洵辨脈者所不可廢又創爲氣口九道脈圖暢發内經之旨而詳其診法尤能闡前人未洩之秘考明初滑壽嘗撰十四經發揮一卷於十二經外益以任

督二脈舊附刊薛己醫案之首案薛己醫案凡二本其一本不載此書醫家據爲繩墨時珍此書更爲精核然皆根據靈樞素問以究其委曲而得其端緒此以知徵實之學由於考證遞推遞密雖一技亦然矣四庫全書

脈學一卷李時珍著

宋人剽竊王叔和脈經改爲脈訣其書之鄙謬人人知之然未能一一駁正也至元戴啟宗作刊誤字剖句析與之辨難而後其爲妄始明啟宗書之精核亦人人知之然但斥贗本之非尚未能詳立一法明其何以是也時珍乃撮舉其父言聞四診發明著爲此書以正脈訣之失其法分浮沉遲數滑濇虛實長短洪微緊緩芤弦革牢濡弱散細伏動促結代二十七種毫釐之別精微無遺又附載宋崔家彥四言詩一首及諸家考證脈訣之說以互相發明與所作八脈奇經考皆附本草綱目之後可謂既能博考又能精研者矣自是以來脈訣遂廢其廓清醫學之功亦不在戴啟宗下也四庫全書

醫案及集簡方李時珍著通志

素問靈樞解六卷針灸至道三卷顧天錫著通志　佚

易簡方書十卷蕭銓著　佚

醫門集要二十五卷陳謨著

津梁醫書李澤溥著

醫方三昧陳雍著

筮法秘傳二十卷陳有夏著

脈法指掌經絡全解古方辨畧新方解畧醫學指要陳其殷著稿存

茶約一卷何彬然著通志譜錄

彬然字文長一字寍野是書成於萬歷己未畧仿陸羽茶經之例分種法審候採擷就制收貯擇水候湯具醞飲九則後又附茶九難一則四庫全書

名義考十二卷周祈著四庫館書　通志雜家

祈始末未詳前有萬歷甲申劉如寵序稱爲周大夫又有萬歷癸未袁昌祚重刻序稱其嘗爲民部郎又稱其幼時授經至綰組擁軺不知確爲何官也其書凡天部二卷地部二卷人部四卷物部四卷各因其名義而訓釋之其有異同則雜引諸書參互辨証雖

條目浩博不無譌誤如論月星則不知推步之術論河源則全據傳聞之譌論廣輪則不知周禮先有此文論化日則不知潛夫論實無此語論鮮卑以柳城爲柳州論肉刑以漢文爲魏文論箜篌爲郎琵琶論杜甫詩竹根爲酒杯如斯之類牴牾恒有然訂謬析疑可取之處爲多惟援引舊文往往不著出典不免明人著書之通病云爾 四庫全書

知天閣李本晟著

風水本義一卷袁培松著稿存 序詳藝文

地理要言二卷胡昌才著

事類叢鈔六十卷陳詩著 知不足齋書目

集部

蒙山集十卷林敏功著 宋史藝文志

功字子仁有詩文百卷號蒙山集兵火後不存 湖北詩徵

二林詩極少曾端伯作高隱小傳云有詩文百二十卷今所存十無一二兄弟皆隱君子不獨以詩重 後村詩序

無思集四卷林敏修著 文獻通考

修字子來敏功弟兄弟以詩賦相友善累辟不起世號二林 廣輿記

遠遊堂集二卷夏倪著 文獻通考

倪字均父竦之諸孫集中如擬陶韋五言疊疊逼眞律詩用事琢句超出繩墨言近旨遠可以諷味 後村詩序

溪園自怡集吳億著 宋史藝文志

東蘄集二卷朱厚焜著 通志 佚

厚焜幼孤未就外傳稍壯愧與長者語乃潛心學問發憤至廢寢食遂博貫羣藝王復嗜詩兼精繪事一日拂素圖蜀葵稷曝日中蜂蛺叢集花上拂之輒來

其神妙動物如此 藩獻記

大隱山人集朱載埒著 佚 序詳藝文

載埒字昇甫喜讀書博經史爲人脫略不羈能折節下士藩王故不投人名刺接諸縉紳亦無賓主禮王獨易之 藩獻記

廣讌堂集八十卷震岳詩話二十卷朱翊鉅著 佚

玉光齋詩草朱翊鑾著 佚 序詳藝文

翊鉅翊壓翊鑾兄弟皆工詩嘗共處一樓號花萼社

明史諸王傳

萬松窩集王翰著 佚

詩文集八卷王儼著 佚

日巖詩文三十卷講學書劄詩文外集十卷顧問著 通志 佚

棲鳳堂集十六卷顧闐著 顧氏家傳 佚

遺興詩稿陳曰恒著

應叩鳴集陳仁近著

邁所館詞李時珍著 通志 佚

蜀游草明月山詩集李建中著 佚

遂初賦稿 倦山詩文集蕭震著 佚

元雋野人集陳一賓著

錦石巖不窺園等集董一化著 佚

雜文詩詞八卷顧大訓著 通志 佚

太初集一卷顧初著 通志 佚

存笥稿詩文集李檏著 佚

東曙詩文集十卷蕭磬著 佚

元滙集汪宗文著 佚

詩文雜卷四十卷石室集六卷顧天錫著 通志 佚

轅門歸隱集陳光遠著

鵲枝館蓼堂等集王允隆著

落星亭集張效葵著

江麓堂集李炳然著

四照堂詩文集三十五卷樂府二卷詩集二卷盧綋著 通志

白茅堂集四十六卷顧景星著

景星著述甚富初有童子集三卷顧學集八卷書目

十卷皆崇禎壬午以前作明末燬於寇顧氏列傳五十卷阮嗣宗咏懷詩二卷李長吉詩注四卷讀史集論九卷矐池錄二百十八卷南渡集共七十三卷皆崇禎癸未以後作康熙丙午燬於火僅南渡來耕二集存十之三四乙酉丙戌之間又有登樓集避地洌溆集亦皆散佚是集為其子暘所輯而其子昌編次音釋之凡賦騷一卷樂府一卷詩十二卷文二十卷景星記誦淹博才氣尤縱橫不羈詩文雄贍亦一時之霸才而細大不捐榛楛勿翦其後人收拾遺稿又

不甚别裁傅毅之不能自休陸機之才多爲患殆俱有焉 四庫全書

天備遺集陳之京著

盧絃叢桂堂詩集序已亥春予自粤歸始盡讀天備近時所作千餘首超逸不羣詞旨蘊藉雖憂愁抑鬱之鳴固自不乏然終不失之淺露激昂殆所謂怨而不怒者深得詩人之旨 四照堂集

石倉詩補顧咸泰著 佚

寒玉軒遺詩張景夷著 新增

雲溪雜著秦餘草張士淑著

遠遊堂集張相著

扇和堂集劉遐祚著

芝鹿山房集熊心璋著

雲峯溪堂集陳其勑著

振秋詩文集李澤寬著

雨湖閣文集李澤溥著

半畝詩集龔栢著

苕兔村集二卷李永昇著

萬濤園集張梗著

栗蔭軒詩十六卷文二卷錦樹堂詞二卷顧昌著 通志

半畝園集陳鼎元著

竹園待正稿熊淇著

東江文集易時憲著 佚

待郢集河干集唾餘集陳謨著

荷汀集芸香草李具慶著

鵠原集李士俊著

物外吟集張梓著

岣嶁草堂詩集陳吾愷著

野航詩草石爲磷著

挹麟堂詩集李敷生著

居易堂詩文集張聯芳著

迴瀾集方彭蠡著

緇守詩文集十餘卷駱思白著

棲鳳堂集黃天福著

矩軒詩集張樞著

愚圃詩集秦京著

号齋詩集張畸著
蒼屏詩文集篆集郭從著
玉山詩稿熊楚荆著
兩峯集六卷楚江吟二卷李生槃著
梧岡詩文集咏史百花吟黄載華著跋詳藝文
雙筆齋詩文集北遊草黄載嶠著序詳藝文
雨湖唫社合集二卷雨湖七子著即上七人序詳藝文
一樂軒集李時用著
約菴集王協著

平泉詩集李永慶著
河干集陳道兼著
巒揖軒詩草熊楚淳著
午夢堂詩草范正著
訥齋草駱藻著
詩文集駱呈符著
松筠堂詩集張志傑著
遠𣶏集張文玘著
念念山房詩草一卷陳瑗著

務斂齋文集駱沛霖著
蕉鹿詩草駱在坰著
耐寒詩草范倩仙著
崑巖集丹九道人著
丹九易氏子陝西人自麻姑洞來住元妙觀
莖草亭詩草釋重珂著
鳴菴東山寺僧與雨湖七子共結詩社
連山全集李易生著佚
崇文又館詩集劉之棠著稿存

鳴和堂詩集張學址著
塞上吟詩草易泗著
候鳴草陳於座著
小殘文集張兆講著稿存
長林詩草鹿門紀事雨湖唱和詩集李同倫著稿存
應谷草詩文集胡昌才著
守廬詩草胡翔年著
寓盤文集雉山小紀胡思謙著
恕山詩草胡寬著

孕秀軒集方相著

匡廬紀遊草李承洛著 稿存

小峯詩集倣古體箴陳紹瑞著 稿存

月軒文集張如照著

夢幻吟釋巨岳著

巨岳字一峯孝感人住持清源殿

雜著

楞嚴解楞伽解方外記顧闕著 通志釋家 佚

性命集徐之徠著

嶺南文獻錄三十二卷張邦翼著

邦翼字君弼號軫南萬歷戊戌進士官至廣東提學副使是以集宋粵中前哲之文分類編次先文後詩起唐張九齡迄於明之萬歷凡二百六十餘人於嶺南諸集搜輯頗廣然明人著作百分之中幾居其九十九時彌近而收彌濫亦明季標榜之習氣也 四庫全書

文禁十卷鳴寃錄夏忠著

古學彙編四卷蕭銓著 佚

穎餘慵緒等書數十卷李樹初著

後松園人物博觀等集顧天祚著

歷試年譜李炳然著

知天閣李本晟著

好生錄張承瑞著

耳提錄顧昌著

滇南錄汪存濟著

茆堂雜著陳謨著

古文篆韻五卷徐琮著

孝思錄范正著

三生瑣談陳良翼著

朱子年譜二卷陳詩著

敬遠錄陳詩著

古今詩翼十四卷駱在垌著 稿存

字母分韻類編五卷陳詩著 稿存

集外叢談陳詩著

蘄州志卷之十一

知蘄州事夏津潘克溥纂修

人物志

儒林

道學之名昉於宋其他史傳諸家皆稱儒林雖源流各殊折衷於道則一也州人士敦儒行者多矣今擇其沉潛經義有所發明者冠人物之首庶幾讀其書想見其爲人焉志儒林

宋

吳遵路字安道父淑字正儀職方員外郎原籍潤州丹陽路博學强記議論英偉累官圖閣學士知永興軍卒子瑛人隱逸傳（宋史循吏傳）

林敏功字子仁號松坡蘄州人年十六預鄉薦下第歸嘆曰軒冕富貴非吾願也杜門不出者三十年弟敏修字子來俱以詩賦相高元符末蔡元度薦之累詔不起政和中賜號高隱處士（江西詩社宗派圖錄詳通志 著作載著述）子仁與弟敏修以文字相友善政和中林震爲郡守謂吾宗有隱君子出郊見之還朝舉其隱德賜號旌表其門子仁謝表云自是難陪英俊之游何敢妄言高尙之士臥牛衣而待旦寒如之何搔鶴髮以興懷老其將至（尙友錄）

明

馮天馭字應房號午山天性寬厚篤於孝友中嘉靖戊子鄉薦乙未進士初授大理寺評事改御史兩任京畿學政設科重行誼敦廉讓崇表貞婦孝子修諸名人廢祠所行皆裨名教大學士王文肅公試時年十二天馭極推重之曰孺子可教出東坡稼說授之後

果如其言四遷大理再爲大中丞歷吏部侍郎平生學有原本深契鄒東郭先生宗旨霍渭崖公嘗語曰馮應房何其溫而能立也遷大司寇致仕歸里捐貲建書院晚於雨湖建臥雲樓纂修文獻通攷百餘卷學者稱午山先生卒年六十有二祀鄉賢

顧問字子承少即有志聖賢年十六偶疾父母以爲憂問曰疾易愈耳政恐以此廢學不至聖賢爲大罪可懼也嘉靖壬戌成進士除壽昌令昌俗好溺女下令嚴禁之全活數萬起爲侍御史遷浙江按察僉事蒞

食淸謹越人呼爲茹茱顧公隆慶中起徐州兵備擢
入閩叅政九疏乞歸講書不倦羅洪先嘗曰子承眞
聖人之徒也年八十一卒詳通志
顧闕字子良問之弟方六歲額焚祝天爲道德性命之
學以報劬勞弱冠舉於鄉成進士除刑部郎父母卒
與兄問皆廬居墓所服除補禮部郎移南京吏部稽
勳司遷福建副使時年僅三十九決意告歸里居四
十七年一日忽召子孫語曰昨夜夢聯云津吏報增
三尺水山人歸臥幾重雲是歲當大水吾將逝矣已
而果然闕治經尤精詩易學者稱爲桂巖先生詳通志

韓萬鍾字天爵歲貢少貧窶所嗜惟書史持守方正步
趨循軌轍分教休寧擢潁州學正皆以身範物先不
失尺寸於天人之理靡不究竟著有象緯彙編三書
圖解皇極詮解四員集要等書士人尊禮之
李時珍字東璧號瀕湖生時有紫芝產庭白鹿入室幼
敦敏以理學自命年十四補諸生屢試棘闈未售益
刻志讀書十年不出戶閾上自墳典下及子史百家
罔不該洽與顧日巖晤言相證深契濂洛之旨待詔
瞿九思師事之生平孝友豁達多陰行善托醫以壽
世千里就藥於門立活不取值楚王聞其賢聘爲奉
祠掌良醫薦於朝授太醫院判數歲告歸結過所館
著本草綱目稿凡三易而成根極理要與爾雅經疏
相發明王世貞稱其學行爲北斗以南一人預定死
期屬葬父母墓側遺表上頒布其書以子建中貴封
文林郎四川蓬溪縣知縣祀鄉賢詳明史
張維號養初萬歷歲貢仕學官居平危冠博帶舉止端
方言笑不苟誠慤有古君子風荊定王爲世子時尊
禮爲師及嗣封又教懿昭世子州人士以經術顯者

多出其門嘗述其遺事爲風勸云
國朝
鄺天錫字重光博通經史受知於督學董華亭爲諸生
有聲改北雍對策及庵寺主司乙之以積分選中牟
令辭不就召行徵辟又辭講學於海淀天津歸陳先
世遺書蒐探辨究教子晨星無間寒暑著有易林說
史評顧氏蘄州志石室集詩文藏於家
李炳然字人虎號東皐崇禎丁丑會試副事官吏部司

務出宰江西萬安尋告歸杜門著述所言皆窮極理要以經爲質有江麓堂集傳世其爲人温文爾雅不苟言笑沈潛疏義老而彌篤州人士以古學相勗皆經其指授云年九十餘卒

盧紘字元度號澹崖順治己丑進士授新泰令陞桂林府同知歷任蘇松督儲參議多惠政雖簿書旁午未嘗廢學州志出其手爲錢某所激賞比之申叔左史晚居鳳山與諸名宿以道相尙窮究源流所詣益邃著有古今樂府四照堂詩文集傳世 詳通志

顧景星 傳見隱逸 以上舊志

陳詩字觀民號愚谷乾隆甲午解元戊戌進士授工部主事以母老告終養歸田後終制聘主江漢書院出其門者多楚中名士聲譽遂震一時雖王公大人莫不勤問道光壬午自江漢歸隱蘄州之草堂至老猶以著述爲業年七十九卒臨卒之夕舌端吐香氣大星落於湖之東南士類咸悲慕之生平於經史子集各有著作書目俱詳著述志子守仕廩生 新增

文苑

自二林之名滿天下蘄於是以文傳也林氏深於經例入儒林其他饒著述名擅百家者皆以文槩之仍叙次其行事與夫立言之所由然庶幾於不朽之義有當焉耳志文苑

宋

夏倪字均父蘄州人自曹府左官祈陽監酒文詞富贍儕輩莫及赴江守日張彦實有贈行詩未覺朝廷疎汲黯極知州郡要文翁均父朝夕諷誦之其服官之勤可知也詩文一卷呂紫陽爲之序 江西詩社宗派圖錄 詳通志藝文

林敏中字子敬註蘇詩 見東坡集註

吳億字大年蘄春人父擇仁爲尙書億仕至靜江倅居餘干有溪園佳勝世傳其樓雪初消詞爲建康帥晁謙作 書錄題解 詳通志藝文

明

郭承恩號惺寰始祖爲蘄令遂籍蘄至七世生承恩性沉靜無所嗜務精經史及先天理數之學由歲貢任武昌府學訓導陞四川崇慶州學正州前從未有科

目承恩賑其貧困捐俸改泮水尤精焦氏易林筮之得賁詞束帛戔戔賁于邱園承恩曰是科士葉之楨應其兆焉後果驗嗣是奮興不絶州守楊伯高奇其事以上聞兩臺疏題除四川漢州什邡知縣冰蘖自矢寬猛惟時什邡以治暇與諸生肄業鄰封皆負笈至歲旱自暴以雩果致霖應尋告歸講學不輟年八十九無疾而卒

甘瑩字德輝別號玉牕子中成化戊子鄉試丁未授福建福寧州知州視篆未浹旬而卒平生涉獵經史百

氏工詩章樂府喜松雪子畫尤尚氣節操履不苟所著有漫興諸稿藏於家

華巒字伯瞻布政仲賢子也蚤負儁才弱冠發解成化丁未進士選翰林庶吉士性資凝重文詞清麗銓注本院編修爲太史陸鼎彝器重有問及館下史材者必以巒對尋卒庶吉士鄒智詩哭之有曰空聞仙珮遠不見相星臨李文正公志墓曰吾黨得之吾曹得之而遽失之噫天誰詰之蓋哀其未大用也著有日新稿失傳

王儼字望之戸部郎中翰之子中正德五年鄉魁選入中書中府都事南京大理寺評事寺正廣西思恩府知府致仕雅能文章同郝守正著蘄志十二卷有詩文八卷

郝守正字中夫嘉靖二年進士南皮縣知縣行取揚州府同知南京兵部職方司員外工部虞衡司郎中温州府知府調懷慶府致仕嘉靖三十一年同王儼修蘄州志一時碑版之文多出其手

陳吉言字夏卿大中子嘉靖乙酉鄉試第一有文名同

王儼修蘄志

朱翊鉦字孟嘗號震岳荆藩樊山郡王少穎異目十行下博學工詩文不喜富貴慕淮南八公之徒折節名士一時士大夫皆與遊年七十甍著廣讌堂集八十卷震岳詩話二十卷行世

朱翊壂字仲艮荆藩樊山王仲子博學能文尤工書翰與兄震岳相倡和海內傳誦之爲楚藩宗正歸第教三子皆爲名諸生於宗室中最稱賢者

陳仁近字元復號孟角天性孝友兄仁民任新喻主簿

患足疾近上書當事懇至得以疾解任博學好古寒暑一燈不輟中嘉靖庚子科鄉試授眉州知州著書鄉小步數十卷春秋一是一粒粟應叩鳴諸集副使顧問評其書曰大雅之音鬱乎沉沉難偕俗心

顧闐字子敬號鳳巖副榜第一孝友方剛文義煥發馮夢禎蕭艮有皆師事之充貢自負才名不詣部後墮馬折踝摘其僕僕假事訟之有司恚憤卒年四十一著有栖鳳堂集十六卷　顧氏家傳　詳通志藝文

周祈字子汞號敬夫禧之兄嘉靖壬子舉人歷官廣西

平樂府知府贈中憲大夫著有名義考十二卷條目浩博陳元龍格致鏡原一百卷內引見四十餘條 志署　詳通志藝文

田乃穉字茂卿萬歷己未科進士考選推官未仕卒夙負才名饒著述未究其用士林惜之

田雨公字田叔萬歷乙丑科進士未仕卒有無齋文稿行世

朱常號鑑㠜荊藩德安郡王通文史善繪事尤以松與梅擅長繪有全譜每幅各有標識詩極新雅間靜深居自文墨外他無所與蓋宗室之賢也

傳作相號舉巖萬歷丁酉恩選天性端嚴學問淵博出其門下者皆知名士初任安居令陞州守官成歸里閒居家庭雍穆有古人風子五人皆有文行長若龍嗣職衛揮使孫十餘人多列膠庠者以壽終於家

顧大訓字德棠年十八補諸生食廩餼折節讀書藏書五萬餘卷手錄千餘卷書法精嚴無一字誤以貢授南昌府通判著有續高士傳八卷資孝事實廣訓十五卷　顧氏家傳　詳通志藝文

袁素亮字公寥世振子歲貢生負才磊砢不羈詩古文詞援筆數千言錢某譚友夏多所唱和晚與艾千子陳大士結天下文社值冠亂不屈死詩文多散佚

王臣縉字大紳一字縉雲號意菴中崇正丙子鄉試庚辰成進士令錢塘忤大吏罷官甲申欲起義擊賊未果順治初走海外魯王授分巡副使兵敗旅還爲僧居姑熟間著有麟經稿行世書法尤精　白茅堂集序

顧初字太初諸生與蘄水朱期晉黃岡王一鳴黄梅瞿甲麻城黃建中廣濟陳以聞里中姜蘷稱六子卒年

三十二著有太初集十卷 顧氏家傳 詳通志藝文

國朝

汪蘅字蘭友號仉懷順治己丑進士知福建南平縣政尚簡靜尤加意士類公餘課業多成就旋移疾歸詩酒自豪與東皐澹巖各以文章氣誼爲一時表率彙集楚中風雅數十卷藏於家

陳之京字覲伯歲貢生學殖淹博與同郡李嵩岑盧澹巖結詩文社盧李籍通顯之京累試不售遂卜築山中益刻苦爲詩文著有叢桂堂集今散失

張正志字爾思幼穎慧讀書數行下諸史百家莫不備究爲文以歐曾爲法與顧景星李炳然相友善時相攷證由順治壬辰進士任河南衛輝府推官遇疑獄剖決無遺一郡稱治以直見忤謫州判遂致仕家居惟文藝自娛而已

張士淑字耳聖號邇菴歲貢生初司鐸黃梅縣梅值兵燹後廟學無存淑極力經營規模立就當事知有經濟才命攝縣事多善政以終養歸屏棄人事悉意爲詩古文後例補縣令辭不赴著有秦餘草宛在堂近藝雲溪雜著

張相字公卜州諸生幼倜儻不羈稍長爲文下筆千言立就立文社與叔泮黃岡汪子維龔孚先輩相倡和著有清遠堂文集戊己之亂士冦猖獗相精義旅力保障於策山之陽鄉人賴之

欽士佃字文思康熙癸酉鄉試第一庚戌成進士官翰林士佃生時父方爲北城兵馬副指揮年十二孤家貧力弱汲挑拾薪養母以孝聞性恬淡臨事不苟磊落無城府遇人機辨寂如也工詩歌古文疎爽幽雋

掌院韓菼極推重之謂其爲尹師魯梅聖俞之亞有瀛洲集行世

顧昌字文饒號培山康熙癸酉舉人美儀表風神雋逸孝友和平善作古體文工詩賦以父景星著作甚富因徧謁諸名公交好卒得荔軒曹寅編輯白茅堂詩文集行世昌亦以勞瘁未仕卒著有耳提錄西軒唱和詩栗蔭軒詩文錦樹堂塡詞江山筆助時藝子諸生三經仕綏湛露等以次梓行

李生欒字谷友號兩峯兵備樹初曾孫生甫三月失怙

節母諸氏撫而教之通經史百家言爲州學生有聲
雍正五年以孝廉舉後應聘修湖廣通志多所攷正
總裁時與質疑辨論輒稱賞貌魁梧飲酒賦詩率常
屈其座八年五十三卒著有雨湖吟社合集二卷楚
江吟二卷兩峯詩文集各六卷尚書義疏四卷
郭從宇層崖一字蒼屛承恩孫諸生讀書過目成誦性
嗜酒豪爽不覊喜讀秦漢書工書畫尤精古篆中鋒
運腕今流在人間私諱小印如韓山片石不可多得
所作詩見雨湖吟社合集原名從政從故號去山云

陳其勑字五惇歲貢生博涉羣書詩古文詞援筆立就
州太史欽士佃極推重之著有雲峯溪堂集
陳謨字友夏號素菴歲貢生天姿穎異嗜學好古教授
生徒成材甚衆著有四書辨論尙書講義同堂集待
郢集河干集茆堂偶草雜著有唾餘集醫門集要二
十五卷弟正誼誥俱舉人皆所造就另有傳
晏昇字東白憲副攄忠長子歲貢生學博才高名動一
時兵憲王公呂公雅重之立爲雲門社長時盧大參
澹巖在南儲修蘄志顧黃公與焉數致書訪遺事名
宦科目事實多出昇手年九十補穀城訓導辭不就
李春期字子疇號宅玉父熣然明末諸生遭難春期師
事伯父炳然下帷攻苦以倡明學術爲己任年三十
即屛棄世事硺石圃於麟阜經史百家務探本原著
有石圃澄源錄二百二十卷彙纂通鑑五十五卷年
八十一卒
孫民則字庶法中康熙辛卯鄉試乾隆己酉爲陝西同
考官稱得士庚戌成進士候補河南蕭然旅邸猶把
卷吚唔聲授武安知縣尋卒

劉退菴字青子號菊潭康熙癸卯舉人授鄖西教諭以
外艱歸補興國州學正諸生有盧姓爲仇家誣陷退
菴白其寃得脫盧酬以金拒不受陞常德教授辛酉
爲貴州同考官所得皆知名士後補銅鼓衛教授所
歷皆以品行文章相砥礪著有扇和堂等集子崙峒
嵋嶠俱諸生孫萬寍舉人石首教諭另傳詳通志以上舊志
李易生號連山生有夙慧經史百家過目成誦所作詩
古文詞力追先正設帳鄉里多所成就卒以明經老
著有連山全集藏於家詳通志

陳於座字甸宣優廩生自幼博覽羣書兼好吟咏著有
候鳴草葺園時藝行世歲試時九學一同舉優學憲
極加獎賞常出穀數百石賑漕河火災咸賴以濟捐
易家河義渡田七斗五升建家塾一座乾隆丙寅督
修郡城隍渠及麟山書院己巳分修黃州府志乙亥
分修蘄州志捐金五百士林重之
張彥字士羣少負雋才試輒高等乾隆丙辰舉人爲太
史陳秋崖孫虛船所器重數上公車不第以縣令待
推銓部主講麟山書院一時知名士多出門下云

張兆講字星五號易居乾隆癸酉舉人少英敏讀書目
下數行制藝自成一家言萬南泉太史以繼武熊劉
目之性豪爽酒趣詩情傾倒一時一上公車房薦未
售年三十八卒著有古今姓韻畧編小殘文集待刊
陳守約號龍崖乾隆庚辰舉人幼穎異爲文援筆立就
著有四書要義待刊與麻城梁景陽黃陂蕭廣運州
人胡薰詩文往來乾隆二十年同錢虞山程拳時纂
修州志
駱沛霖字宗雲幼失怙好讀書長與兄才同門勵志凡
大小試皆列前茅陳虞部謂獨出冠時宜其有以異
於恒人也中乾隆乙酉經魁已而不第授武昌府學
官游其門者甚衆江夏容景春興國陳治策皆出其
門秩滿截取知縣未仕卒著有易經纂說務敏齋制
藝等書子千纛州增生曾孫敏修丁未進士禮部儀
制司主事
張椿字一株號石村中乾隆己亥經魁授枝江訓導復
遷隨州學正生平言笑不苟行坐無欹側嚴絕非道
非義之事人不敢干以私設帳鄉里足不履城市官
枝江宏奬後進課士有法每送府院試僦舘舍務潤
俾多士得就講貫去枝江時人咸泣送依依不舍及
任隨州十載亦如在枝江時卒於官著有四書辨證
梓行

劉之棠號憩亭十歲能屬文肆志力學涉獵羣書爲文
閎博淵雅領乾隆庚子鄉薦甲辰成進士課讀子姪
登桂籍而列膠庠者甚夥著有崇實又舘詩集憩亭
文稿藏於家卒年四十七詳通志
胡薰字與載號蘭亭幼穎異乾隆戊子舉人州牧胡學

山以孝廉方正舉薦辭不赴就志經籍授徒於中林
書屋通經者數十人卒年六十有二陳虞部為銘志
其墓著有四書輯說三十九卷鄉黨義考七卷周易
晰言十卷尚書集義五十九卷詩經詳詁二十九卷
特牲饋食禮集訓一卷禮記纂錄四十九卷春秋通
解二十卷
宋德輝號玉山幼聰穎試輒冠軍讀書寢食與俱得閒
輒手抄盈箱篋帙繁未能驟梓所作詩古文詞頗似
義山獺祭秉鐸江夏時學憲鮑覺生極推重之子昌

筦邑諸生
李昺號坤裳其家藏書頗富昺銳意經史能得所折衷
旁搜百家及古今詩賦皆手纂成集所作古文時藝
卓然大家著有四書通義質疑典疑等書待梓中嘉
慶辛酉鄉試未踰月而卒州人士惜之
張文玘號遠池家貧篤學經史靡不窮詰年六十始由
歲貢生中甲子解元主司王引之賈允升閱其文同
聲推為名宿著有遠池集
桀彪號嘯林嘉慶戊辰舉人幼穎悟力學博洽經史精

攄詩文六上公車五膺房薦丁丑闈中擬中數日旋
又見抑房師李本榆惜之截取潛江教諭未到任卒
子甡廩生豊諸生

忠節

宋史秦鉅傳載同時死事者可謂烈矣自江士旺下
疑皆蘄人然已不可攷謹撮其可攷者著於篇志忠
節

元

李宗可有勇畧善槊佘闕以兄之女妻之以州判權義

兵萬戶統新軍守水砦前後多戰功陳友諒攻安慶
城破宗可橫槊入賊中擊殺甚多聞闕死馳還或勸
之降怒曰元帥平日遇我厚何可背之乃驅其家屬
盡殺之據胡牀縱飲至醉因自刎

明

陳相中所百戶正德九年自廣西調雷州輕便勇敢隨
軍調守陽春鳳凰寨時陽春山賊猖獗乘夜來攻相
督兵拒之兵潰散挺身力戰殺數賊竟為賊所殺廣東
志

陳顯元字長卿由副榜授新安令惡衣糲食徒步諸疾苦以城堞傾頹不利禦寇率士民入保闖門寨闖賊檄降立碎其檄及來犯死守月餘力竭而陷見賊怒罵賊大殺寨中人顯元叱曰守寨者我也百姓何辜宜殺我賊怒遂支解死明史附劉𤋮傳乾隆四十一年

賜謚忠烈

按錢志載公外甥浦某以櫬歸葬今墓在東山寺新安人并立祠祀之志畧

張效方字正甫官荊門州學正崇正中李賊寇州效方盟諸生以佐城守城陷不屈死之明史附盧學古傳

李新字即巖萬歷中舉人令潛山歷戸部主事榷臨清鈔關舊有舟車二稅奏免車稅以便商授陝西僉事以親老乞養歸獻賊屠蘄合家被執脇之跪罵曰賊爾非秦人乎我執節入秦時爾厮養卒耳豈爲爾屈死則死跪不能也賊大怒新抱父屍就刃祀鄉賢明史附許文岐傳乾隆四十一年

賜謚忠烈

張邦翼字君弼號軫南萬歷戊戌進士盛著文名授浙江臨海知縣以廉能稱遷南戸部潔已奉公遷廣東督學最得士刻有嶺南文獻錄並漢魏叢書行海內稱浙江驛傳請免里解累民者三衢志備載其文監軍四川平安世咱諸蠻遷廣東廉訪使轉江西右布政惟貯正供規額俱捐以耄乞歸蕭然澹靜癸未春獻賊襲蘄不屈死年七十有三祀鄉賢子效葵中天啟甲子鄉試孫承位中順治丁酉鄉試舊通志乾隆四十一年

賜謚節愍

董一化號南鯤幼嗜學以明經補仁化令釐剔積蠹禁

止囂風鄉民有冤當事不能决以委之立爲剖釋攺任印江縣興學課士人文蝢起其地逼近苗穴捐俸高固城垣以貲守圉致政之日囊槖蕭然閉戸著述刻有錦石巖不窺園諸集篤親厚故排難解紛天性然也癸未城破不屈死從祀鄉賢子良宣順治丙戌舉人任武昌教諭乾隆四十一年

賜謚節愍

李樾字長甫號赤存天啟壬戌進士初任博野令中璫制嚴保甲以待賊盜調眞定時魏璫莊佃爲民害徑

繩以法盜殺童子於寺以疑東鄰梃趨赴寺見寺聯
有望月字心驚曰二字似僧名此必奸僧外來密搜
捕者至一橋有僧戴笠危坐捕近前呼望月在此耶
僧驚起隨得其袖中短刀血濺內衣以此服罪又童
無故斃於家疑鄰嫗梃視之曰此必中毒物果中苦
杏毒以杏根搗水灌之而鄰人獄解武庫散餉例有
羡銀冒餉樣馬及梃爲主事悉裁之長城之築更役
無宿日梃軫念全活者衆擢直隸遵化兵備道丙子
兵馬雲集遵化糧頓絕難民僵卧滿道官兵竊殺以

冒功梃給錢煎粥又給印票嚴妄殺之罪活五千餘
人癸未春獻逆襲蘄梃條陳守禦二十四欵時衆議
紛紜城遂破賊執不屈死祀鄉賢子本裕本蕃本仁
本晟本甲以學行知名本晟順治已丑科進士另有
傳乾隆四十一年

賜諡節愍

李樹初字客天萬歷已未進士任戶部主事晉郎中督
宣大餉轉陽和知府時太監王坤節制宣大巡按道
員俱行角門進見初稱疾不出將中傷之適瑞敗得
免後以山西副使致政家居扁舟湖上自課詩文有
類餘慵緒數十卷會流冦猖獗罄家貲築柴石符乾
二磯蘄人賴之癸未城破與子孫訣曰我在籍自當
盡節爾輩讀聖賢書死生有命不可屈於賊賊執之
不屈死繼妻封氏長子延慶貢生孫之藾之藻廪生
等從死祀鄉賢乾隆四十一年

賜諡節愍

盧如鼎字呂侯州廪生潛心好學性篤孝友寡言笑恂
恂若處子不與戶外事屢試不遇教姪若子務遵古

訓學者無遠近多遊其門癸未之難如鼎以先人故
廬不可輕棄率家人暨里中少年爲堅守計後賊從
他道襲遂及於難一家從戮者百口後以子綋貴贈
中大夫祀鄉賢乾隆四十一年

予祀忠義祠

饒京號黃山天啟壬戌進士少事遠遊於世務多練達
初任宜興知縣調常熟縣行取御史巡歷蘇松諸郡
再巡淮揚諸郡甚著風裁時有大奸蟠固不可動京
悉誅之遠近肅然癸未獻賊陷城殉難祀鄉賢乾隆

四十一年

賜謚節愍

田有龍三科武舉解元廣東永宿守備死安酋之難子

足國蔭襲蘄州衛百戶

岳璧蘄州衛指揮使字連城叅將岳鎮華之姪癸未獻逆襲城擄之自屋墜地未死賊知其爲官問之璧不應問衣服不應問弓箭馬騎終不應數賊擁至城上脇降璧怒云我與國同休者豈降汝賊怒刺之臥地氣將絶揚目視賊曰我爲鬼亦能刺汝時大雪血流赤丈餘目背不合人皆哀之詳明史郭以重傳乾隆四十一年

予祀忠義祠

田金浦字麗水夙負幹畧萬歷間黃梅冦劉少溪等倡亂剽掠及蘄浦聚義捍衛鄉井乘虛襲破之州牧徐希明以事聞擢浦守營防禦本境與州判陳策戮力赴勦賊竄遁汝賴江黃間恃險爲固浦選精騎驟入斬首數十賊衆奔潰度巳竭渠魁力疲解甲甜修竹間賊忽大至浦與策奮臂殺賊力不支遂死之贈總戎建烈士廟子宗演冒鋒負父屍以歸旌異並壽其孝

李化龍字如雲蘄諸生素有文學癸未獻賊破蘄以不屈死其子位以狀聞祀鄉賢乾隆四十一年

予祀忠義祠

孫仍字雲孫蘄諸生家世積學癸未獻逆之難抗節而死蘄人士義之督學部公列狀以請允與李化龍並祀鄉賢乾隆四十一年

予祀忠義祠

蕭霖字東暘之楨之子農之從弟幼負異才博極羣書

工詩文年七齡州府道試第一次年歲試亦第一食廩餼時稱神童癸未獻賊破蘄時年二十四賊見其聰穎過人欲留以爲佐東暘曰我家世受國恩豈仕汝耶當殺我賊怒而臠割之當時與顧黃公齊名著有詩文集十卷編類書名道器括囊一千六百卷皆不傳

陳正字剛中號宛坵父吾尚有學行正自幼穎異爲文雄奇英邁巡按朱公觀風拔其卷冠九屬與同郡蔡

子都以文名於時兵憲陳公應元甚器重之刻有張陳二子稿癸未獻賊陷城屈正從之正罵不絕口觸石而死其子亦被擄後潛遁負骸歸葬聞者義之

李于節字子高諸生著品行於鄉以子新令潛山封文林郎新官至陝西僉事于節惓惓以忠君愛民屬其子新侍歸養癸未賊陷全家被執于節恐子有顧慮父母意爭先罵賊引頸受刃死新抱父屍罵不絕口賊臠之于節妻楊氏子綺新子承裘承弓俱庠生同死

顧天祚字悠也州學生性耿介節誼為時所推教授里中每出館穀以周饑寒流冦陷蘄天祚不屈觸石而死著有後松園人物博觀等集以子咸泰貴贈文林郎

操桂字丹精沉毅有勇畧洪武四年隨栁艮正征取所向有功授忠信校尉蒞任金州赴遼陽調正遼都衛十六年偵達侵境桂將領本衛馬軍克敵獲其輜重乘勝追奔深入邊地會敵救至轉戰陣亡義獷啣首趫沙場馳歸嚙健兒衣隨往出其首如生函歸續葬欽差侍御趙傑致祭贈宣武將軍蔭其家襲衛職及崇禎甲申操承勳殉難都中廕止

按桂死難在明初以舊志未載故次於後以上舊志

張效鍾字期伯以廩貢入太學有聲工書尤善音律與同里李新相唱和清壯多風癸未獻賊陷蘄執鍾令跪鍾曰吾家世忠良豈屈賊耶罵不絕口賊棓殺子庠生承馮同死時人義之節錄白茅堂集傳

黃正中字君位州諸生崇正壬午秋獻逆冦黃將及蘄其子錦以從避江南泣請於正正笑而斥之及冬杪

錦復請不納如前至癸未獻逆屠蘄正從容盡節畧無難色

入祀昭忠祠名目列後據通志補入

夏德明兵丁　王　進　范　有　蕭　全　楊　發

李有升　王　啟　華得榮　王光元　張萬春

胡占元　鄭漢雲　袁永茂　羅聖懷　柳先富寄籍竹山

黃見高　周老六　唐先成　葉正烈　黃坤烈寄籍竹谿

葉正其　張勝萬　甘學舉　田禮文　李世進

國朝

吳尚賢字克諧號立齋乾隆癸卯科武舉任襄陽水師營千總署襄陽都閫府嘉慶元年正月隨總兵曾攀龍於宜昌府鳳皇山奮攻教匪總兵遇害尚賢奮力死戰亦遇害事聞　上嘉其勇

旨諭入昭忠祠　敕累代世襲雲騎尉子德桂世襲督標雲騎尉德煌賜外委孫必海世襲督標雲騎尉實授安陸府營千總調署樊城都閫府現署襄陽營守備新增

武勳

志政蹟復志武勳者何康蘄國之渡江柳吉安之勇征剿平寇難境內晏如視夫從容民社而宦業成者抑又難焉故别爲一目使觀者以類求云志武勳

明

康茂才字壽卿州人元末進士冠昭蘄州茂才結義旅捍禦有茫茫江滸皆魚鱉何處堪容魯仲連之語尋從明太祖渡江太祖欲速陳友諒來寇以分其力宻諭茂才誘致之友諒敗走嗣後破蘄黄戰鄱陽湖圍武昌收湖南伐吳遏蘇州從征齊魯關隴節制太原再征漢中所在有功軍中疾卒贈蘄國公謚武義詳明史本傳

康鐸字伯聲茂才長子襲封蘄春侯少有父風年十歲侍太子讀書大本堂太祖灑宸翰賜之曰謹承祖業愛爾勤功詔往墾鳳陽荒田年十八統兵征辰州峒獠遂平松疊諸州後從征南將軍傅友德征雲南克普定破華楚山諸砦明年卒年二十三贈宣力武臣蘄國公謚忠愍子淵授勳未襲封

柳艮正州崇履鄉人洪武初以武功封吉安侯嘗於打鼓臺墩集蘄州三戶軍戶其墓尚存

陳福清從高帝征僞漢陳友諒戰於鄱陽湖矢及御舟福清倉卒負帝過舟帝取一珠耳璫賜之福清以箭貫左耳懸璫帝曰眞壯士也封千戶後叙功臣福清不與焉

李楷字端甫同春之子貌如冠玉風流英武萬歷間襲千戶職授靖州守備隨大將軍劉挺征苗播攀藤越山關天塹建立奇功加世襲指揮陞浙江參將會海賊入犯設奇大破之擢吳淞副總官至貴州總兵歸里居喪廬墓孝友同居人皆賢之祀鄉賢

李楝字鄖隆同春次子少爲郡名諸生負雋才兄楷無嗣承兄蔭陞武岡州守備廣西永寧州遊擊再陞四川松潘叅將盡瘁王事卒於官生五子皆庠生癸未城陷相率死難惟四子本綿存尋卒

王啟指揮使勝之子勝亡於陣啟年十五襲父職調充先鋒官從征雲南苗通道造橋應接大軍擒其渠魁又生擒七十餘酋斬獲四十一級拔城寨七十二晉封明威將軍以壽終葬雨湖

陳圖功字朋燕中萬歷乙卯武舉後流賊猖獗圖功獻

策軍門復請歸立羊角砦以衛鄉里兵憲范爲請職遊擊所在有功著有行路難柳絮吟等篇 以上舊志

李光樫字友夏有勇力善騎射崇正甲戌河南賊入蘄黃樫逃在外僅十二歲丁丑春江北賊竄入大山中左師入山搜捕徑投營中深見推許以將士從征覩賊所向隨方勦撫已而至成都雜還於孔昌王部曲中王覩師下玉營爲盧將軍所猜阻旋以射蠟三枝膺首選充官軍前鋒印後累以兵還總兵官鎮銅廠三年予告回籍時同邑雲南布政李暘若雅相契重遂留任二年及歸絶意進取托酒怡情督課諸子九十三終 李氏新稿

國朝

李世忠字厚菴有膂力諳方畧康熙十八年吳逆亂世忠自備鞍馬從黃州王協鎮出征有功授千總復從征紅苗殺賊於六箐口殲滅幾盡生擒十餘人疏請授都司僉書管江西南昌銅鼓營守備事封武宣將軍

楊天貞字自强崇正丙子武舉順治甲午副舉少讀書

通孫吳韜畧對策皆能指陳有膂力技藝絶等倫康熙初搜求材勇貞上書台司請纓自効以功授守備

葉植字容伯號天培順治戊子武舉初授燕山右衛千總以征西山有功陞山東靖海衛守備前官張某以丁糧挂誤追賠力不能償植代賠數百金張得還鄉陞臨清都司尋卒 以上舊志

陳臨號莊齋由蘄州營行伍從征金川屢戰有功擢蒲圻千總嘉慶戊午教匪餘黨擾崇蒲二邑臨隨營悉殲之陞守備

夬大章千總嘉慶初值陝西白蓮教起應有司募糾鄉勇保護一方守城有功授外委後奮力前驅諸督憲賞揖
上聞凱旋授延安府營守府兼護本營叅將事年七十五卒於官
易先殿由武庠生入蘄州營行伍擢黃州協城守乾隆乙卯從征湖廣川陝等處屢立戰功擢四川大壩營都司陞莪邊營遊擊年七十致仕以上新增

余玠詳宋史

蘄州志卷之十二

知蘄州事夏津潘克溥纂修

人物志

仕蹟

州人登仕籍者唐宋以來稍稍可攷至明而盛古稱鄉先生沒而祭於社者不在是與顧其宦業或不傳而傳者又復不備功名之際信當時而貽後世若斯之難也斯亦足以觀感而興矣志仕蹟

南唐

陳起舉進士爲黃梅令時妖人諸祐自言能使貧者富富者貧俚民效之積衆數百夜行晝息取貲如盜起到官諸祐爲里長不服嫚言曰吾取令頭如殺豎子耳起聞執祐斬之由是知名官至御史卒

丁必稱字季言知臨江軍時江西和買例以稅産均敷無稅者以物力必稱積郡帑贏餘代輸之乃請於朝乞永與蠲免擢潼川提點刑獄

元

朱仕俊字時英元至正壬辰以上舍生授樞密院經歷

轉戸部郎中俄遷本部侍郎時方重守令之選出守江西贛州興學勸農禁除淫祀俗尙爲變尋改潮州士豪金元佑僞立名號大肆剽掠仕俊畫策白之當道遂擒元佑未幾調判延平稍遷建寧同知致仕歸自號白雲道人更號東村叟性廉介好讀書喜接賓客涉事不爲誕謾浮薄卒五十一

明

陳堯章博極經史讐校精謹洪武二年任本府儒學訓導陞浙江臨安知縣興利除害惠愛及人以勤勞致

疾卒於官民思之比之羊叔子云

趙霖洪武二年任本府儒學訓導陞鳳陽府通判學道愛人根於天性故其贊畫時政率多裨益長貳無腹誹之者

黃安泰洪武初知彭澤縣時兵燹後民物凋瘵安泰以廉勤爲政百廢俱舉民賴以寧

馮思齊字賢希號香山洪武初以貢入太學上幸學偉其儀度瓌瑰擢御史初爲諸生與百戸黎暄有隙及按江西暄誣繫九江獄中思齊平心直之後以言事激切謫雲南推官尋召還

朱彤字彥公洪武丙子舉人通判紹興廉公有威人不敢干以私去官送者闐郛父老流涕而別浙江名宦

熊翼由太學生中永樂癸卯鄉試甲辰進士宣德中爲御史巡按陝西劾鎭守中官占種屯田擅役士卒田迄還民正統四年授僉都御史督甘肅軍務鋤豪强恤軍士在邊十年以剛正見稱擢副都御史及歸老移籍河南之光州子惘仕至尙書通志

宋誠字彥實治春秋正統戊午鄉貢第三人仕四川劍

州知州以才力調徐州河功成陞叙州府知府礦賊亂練習鄉勇守禦復從大軍征剿賊平蜀王列公入告召對賜食賜蟒加正三品俸陞整飭榆林副使辭予告馳驛歸里居二十年不事請謁捐貲建廣積倉蘄民賴焉卒年八十三孫艮相持敘州名宦録上湖廣督學滕公徽州學崇祀子六長璧綦江縣主簿舉孝子次奎臨清提舉司次環直隸三河教諭俱成化歲貢次埜河南陝州同知次基出穀賑饑旌奬義士次堅陰陽典術環長子艮臣宏治甲子舉人河南確

山縣知縣次子艮相嘉靖歲貢四川來安縣訓導節錄白茅堂集傳

陳溱字濟寬中正統九年甲子鄉試授虞部主事有澤梁之任分督濟寧河閘時値中貴樓船犯禁即繩以法不少假借中貴銜之因媒蘗其短遂詔獄謫戍貴州清平衛溱慷慨就道至則日持戟以從事至於憤集憂深發諸詩歌皆怨而不怒素所爲詩若不加意而清麗疏動有陶謝之風著有獨醉稿散逸無傳

張禧字吉夫景泰庚午舉人授推官性抗直人不敢干

以私讞獄多所平反與長官不合丐歸家貧甚州大夫聞而周之悉不受清苦之節士推重焉

王翰字廷舉景泰癸酉舉人丁丑進士由戶部郎中授廣信知府方正廉勤愛民如子陳便民七事刋落時獘務行其所志性剛直不撓於時適朝廷下沙汰庶官之令將命者至莫不振懾翰獨不一屈膝因與之忤解印綬歸得山曰細石規畝數楹植松萬章以爲環堵因匾曰萬松窩日坐其中校讐古書如不及絶口不理當世事澹如也年八十五卒著有萬松窩集藏於家

華仲賢字廷佐天順巳卯舉人成化乙未進士授刑部時山西潞城縣王濬以貪酷聞上命仲賢按其事竟得實上其狀罪各有差自是名益著轉本部員外擢守常州以循良稱擢廣東參政朝廷命下採珠撫鎮重臣愼選藩臬廉能者董其事僉推仲賢比往祛舊獘釐新政事集而民不告勞擢四川右布政未幾擢福建左布政以廉靜寡欲老成練達考上最銓曹請爲御史大夫未報宏治甲子以疾免越九年卒於家

子鑾另傳

甘澤字仁夫別號貞菴成化丙午舉人授蘇州吳縣訓導遷太倉學正既又教授鎮江府學皆能正己立教士習丕變陞四川渠縣令清愼剛果捍禦鄢寇民賴以寧渠人繪像祀之歸輯蘄州志卷目見明史今失傳

陳大中字時甫高祖清以官籍隸蘄州爲人剛正廉介孝於事親宏治乙卯舉人正德戊辰進士授南京戶部主事始至掌銀庫出納及代積羨金千餘司徒胡

公曰此足以愧旣往風將來矣辛未流賊劉六等徃來江淮勢甚猖獗出師防捕大中督理軍餉冒險應變皆合機宜癸酉奉查蘇松等處糧儲執法剗弊人不敢干以私尋出知慶遠府所屬南丹那地等三州土官舊各以金銀器物爲贄可千金悉拒之有鄉曰逃崑爲獞酋藍錢壓等所據商旅非聚衆持弩莫敢徃來大中率民兵擒其渠魁戮黨與數百人事聞獎譽有加擢轉運使至閩未久致仕歸搆鳳麓書院因號鳳麓居士子吉言另傳詳通志

易灝成化乙酉舉人授四川武隆縣知縣潔己愛民建學勸士公餘不徹琴書政蹟詳武隆志

張思齊字希賢宏治乙丑進士令四會水患洊臻民聚爲盜思齊設法築隄遂成膏壤民皁盜息遷知亳州白蓮賊趙景隆掠歸德思齊偕指揮石堅擊斬之賊平陞四州僉事疏治麻衣河民便之尋遷副使備兵建昌勦雅州獠苗爲亂者鎮守中貴人欲攘其功誣奏思齊混殺良民逮至京事白改霸州民有訴中官奪產思齊上其狀部使者不報遂投劾歸起復瓊州兵備累官布政使詳通志

劉樽字宗器勤苦嗜學無間寒暑年四十六始中鄉舉五十登進士授海豐令民俗多詐樽將以道變之適罹外艱去服闋改令遂寍有能聲擢南京太僕寺丞馬政修舉陞知鶴慶軍民府取道還省墓以疾卒

馮翺字時舉別號雷厓幼穎敏强記年十四補弟子員後以太學生就選授山東兗州府推官治獄寬恕多所平反民有父病死而誣爲怨家所殺者獄久不決翺廉得其狀召諭之曰汝父實病死不速殯顧欲緣

是以陷人於罪耶郎獄成亦必啟臿驗視殘傷遺殖汝忍之乎兄弟相向號泣叩首伏罪一郡皆稱其明時郡之佐承委督所屬逋賦故有賂遺或以例告翺翺曰此何例也名賂者亟還之踰年致仕歸先是爲諸生時旁舍火起勢且及翺自外馳歸負其母及先世誥命以出餘無所問宗族故舊婚喪之不能舉者賴其周卹晚建多景樓日與賓客觴詠其中或閉戶焚香燕坐怡如也卒年七十有七後贈吏部右侍郎詳通志

甘棠字茂夫爲諸生刻厲專靜不以貧乏廢學嘗讀書城南石鼓寺鄉人從之游者取脯脡自給正德八年癸酉領鄉薦授雲南師宗州稱能吏於覊縻之中不失控制之法低昂伸縮悉合機宜遷河南嵩府長史卒

高鵬字汝南正德丁丑進士授淳安縣令冢宰喬宇薦其才當道邑之左遷亳州判官移知南充訊獄果斷不畏強禦士民仰其德歷重慶知府蜀藩長史著有四體發蒙秉忠定論風木雙思省心全要等書

梁珠字瑩卿號近樓嘉靖戊子副車浙江淳安縣主簿多善政有旨旌獎民爲立去思碑

甘澧字鍾衡嘉靖辛卯舉人令旌德時條編未行澧裁省廚傳寬里甲諸費有中貴過縣索供億橫甚澧但致常餼而已中貴度無所得乘傳去

周禧字子吉號乾明嘉靖壬子舉人壬戌進士歷官南畿學校廣東監察御史生有異徵多夙慧性孝友矜仕刑部主事旋入西臺風裁凜凜出按浙江權貴歛手大比典試屬董其事所拔皆名流築海塘嚴海禁修備甚周島寇不能犯毁除淫祠妖僧消地方隱憂浙至今猶傳誦不已視學江南首舉者惟正心術崇禮義釐文體人文奮興卒以積勞致疾未究大業人共惜之

吳鳳瑞字翼靈嘉靖乙卯舉人以理學爲鄉閭倡教諭太和有師範督學檄主正學書院遷丞豐令以遣戍觸權貴竟莫能擠轉判開封有浚河功擢兖州同知以直忤當道廉知其端方愈優禮之每書寄子必勉以耕讀卒於任

周祚字台峰嘉靖戊午舉人令海澄邑新造難治祚墾荒招逋戶口以實覈賦清徭絶蠹食之弊慎舉鄉約保甲民俗丕變後陞官郎中福建名宦

徐之徠字子迎號少華方七齡即毅然有閉戶之志稍長以五經食餼嘉靖戊午領鄉薦授四川梁山知縣歲凶爲粥於路以待餓者蘇困減徭氷蘗自矢調常州府武進縣不避權勢潔已奉公以恙乞歸每自語曰以五彩囊盛栢葉露何可得乎遂務養生年九十有二爲藩王行冠禮五飲於鄉爲正賓三末年杜門

著性命集至今傳焉
王之佐字以才號正齋嘉靖辛酉科鄉薦初任鳳陽府懷遠知縣舉卓異擢都察院都事改都察院經歷陞工部屯田司員外郎督理河東墻垣朝日壇落成補通惠河郎中轉雲南廣南府知府致仕歸築室閉戶不履公庭里族敬重焉
李盛春號夢池隆慶辛未進士選庶常時江陵當國盛春出其門下爲奪情事抗章入奏江陵避之莫不悚然於盛春之正氣而兼服江陵之雅量三年改吏垣

時東宮未正位叩閽特疏詞甚激切旁觀者盡危之終不及於難旋出副閩臬王文衞所援皆名儁以積望入陟清卿出撫保定時礦璫肆虐四方騷動盛春力請停役爲太監王虎所扼然在任數年核兵馬實數綜錢糧整飭戎備厲行伍修廢舉墜卓有成績亡何黨議紛起盛春方晉南少司馬堅意乞歸與昆季子姪深篤倫誼尋卒特賜諡恭質諭祭葬廕其子柳爲廣西太平府知府祀鄉賢
易鴻盤嘉靖丙午舉人陝西韓城知縣政簡刑清百廢具舉有古循吏風尤喜誘進士類以詩文相質者皆指授不倦旋致仕歸卒贈中順大夫
易龍見嘉靖己酉舉人雲南路南州知州路南多冤獄甫下車皆雪辨之號爲神君卒贈奉政大夫
李建中字龍源時珍長子性至孝十歲能文十二爲諸生有廵按御史舟阻風駐驛諸生入謁指柱構虆孔曰楓木年深生孔子建中應聲曰菊花秋老見黃香御史大奇之曰子才位當亦黃公一流嘉靖甲子舉於鄉六上禮官不第署光山教諭爲諸生授經束修

轉給寒士陞四川蓬溪知縣梓潼地磽俗靡建中以廉率下時布衣角巾往來赤城青石鳳門明月之間著有蜀遊草明月山詩數卷潼川旱建中草履行禱卽日境內大澍呼爲李公雨後攝安岳新令至安岳人稱但願如攝令者其攝遂寧亦然封文林郎擢永昌同知因親老不赴三上牘乞休歸無長物惟桃竹蔗霜以餉婣知父母年七十不異孺慕居喪水漿數日不入口年六十三卒於家門徒多貴千里奔喪數十人以子樹初貴贈中憲大夫祀鄉賢顧景星撰

馮汝承號繼山大司寇天馭子應貴州思州知府思州地連谿箐猫苗雜處汝承才性通敏設條令勸農興學風化大行

易可訓嘉靖甲子舉人授四川眉州知州調北直昌平興利除獘所至有政聲

李孟春號愛池嘉靖丁卯舉人初任河南西平縣官箴清肅值歲旱礬產佐賑踰年復有蝗雹災孟春禱息之不忍開徵者數年考成無貝爲撫按所劾民泣控顯完積年逋欠當事疑之隨查覈果全完嘆曰有牧

民若此者乎悔其疏已發亟爲雪之得陞順慶同知去任日勒石建祠任蜀有奢酋之亂屬主儲備之計上下倚賴尋轉江南刑部主事語人曰吾弟舉進士行將出而仕矣事親之任非我而誰世傳孝友皆奉其遺訓云祀鄉賢

李際春字和元孟春季弟也萬歷丁丑成進士宰歸安時詔量郡邑田豪右隱占獨累窮民際春按籍履畝未嘗少狥移戶曹遷凉州叅議尋督廣西學政歸以薦擢四川叅議陞汝南副使平礦盜沒心秤之亂蒇

饑拮据荒政全活甚多以勞瘁卒於官際春天性孝友嘗訓其子曰吾居鄉居官惟以鬼神二字時時在念汝輩宜知之子梴孫本晟另傳

李蕆陽字旭峯萬歷丁丑進士令洛陽才長識裕敷政明敏丈地清徭百姓稱便後以南御史出守漳州加意學校歲饑多方賑恤客役夜譁廉其魁寘之法衆皆讋服累陞太僕卿叅河南福建名宦

袁世振字抑之號滄孺萬歷戊戌進士授江西臨川縣知縣請永次建倉臨川始無漕兑候守之苦善論文

知艾南英於童子升金華府同知戶部山東司郎中鹽法壞商鈔不行諸大煮鹽哭於部堂世振爲十議上之羣議多撓阻上覽奏嘉其能特拜兩淮疏理鹽法按察副使賜璽書疏理之官自此始世振立十綱法政令甫立羣商歡赴期年法大行舊額外溢七十萬上降敕嘉奬加一級留任凡疏理四年助邊餉入太倉四百萬有奇會嫉者謀去世振用其黨世振聞頗不平力乞去其後朝廷思其功崇禎五年起爲揚州海防副使兼理鹽法未到任卒著有鹽法綱册十

六卷子素亮歲貢生少負才名耽詩酒早卒士林惜之節錄白茅堂集傳

張星字聚薇六歲失怙能讀大父方伯公書萬歷壬午舉人事孀母至孝候寢問安三十年如一日上公車數不第或勸之仕星曰母在此身何敢許人終喪授如皋知縣時中官驂擾爲害星正色不避闔邑晏如邑有鹽場十座每一撤丈費商人數千金星單騎自膳不費一錢焚香頂禮者三十餘里又沙田水漲壓沒民苦無收官苦徵糧爲害最鉅星捐俸從海灣濬河道水入海民遂有秋通州有鉅蠹通家入府官民皆畏力請撫按鋤治之兩邑尸祝不衰遷歸德府同知致仕歸里外事不預聞六登鄉賓享年七十有七祀鄉賢

夏忠號孺和萬歷辛卯舉人筮仕桃源海濱苦盜忠修葺城堡申嚴保甲萑苻無警陞任宛鄧陋羨甚重忠痛革不取鄧有大辟繫獄者百餘人忠惻然心隱出脫九十二人梓有鳴冤錄陞思明府同知致仕家居築清白堂先墓側著有文禁十卷蘄州志書八卷未刻祀鄉賢

汪宗文字絅先號泗濱家世積德昆季列膠庠皆擅名譽以孝友聞中萬歷丁酉鄉試介江西上高民瘠而玩惟務惠綏不専倚法民以感動逋賦應期告竣績聞於朝擢戸部主事管河西務鈔關通商裕國自奉淡如復差淮安板閘不易初心轉南康守多善政晉雲南副使巡撫都御史薦進右參政以老乞歸上聞宗文賢特進階右布政以寵之歸築室鳳凰山卒年八十有三著有元涯集易解不昧堂兵火失孫衡另傳節錄白茅堂集傳

蕭震字上嗣號倦山少負文名萬歷己未成進士初授中書舍人天啟乙丑遷工部營繕司主事典試直隷鄉試得名下士爲多轉刑部郎出知浙江紹興府以廉能稱兼攝浙江副使直言極諫與一時朝貴多齟齬因移疾歸里講學家塾其族多能文者著有遂初賦稿一卷詩文百餘卷燬於火節錄江麓堂集傳

晏攄忠字元灝由合山遷蘄家世積德父及時博學多聞教攄忠中萬歷庚子科舉人授廣州海防丞歲有

單餉四十八萬屬丞支放不隱纖毫撰有粵政條議瓊州生黎與熟黎搆禍當事者勒兵深入後援逗留前軍盡衂據忠監紀其地策情形急白大府止回藩鎭行其議寢兵遂無黎患在廣州八年陞韶州知府禁採爐干石鎗遇仙橋稅固江岸嚴游徼茂績大著擢臬副分守粵西右江以疾辭歸後贈中憲從祀鄉賢

王臣紀字爾贍萬歷丙午舉人初令江山有巨猾柴某武斷鄉曲已復聚謀不軌臣紀立除之陞泗州牧時

魏黨脇附數乞歸不予告尋丁外艱服闋遂不仕弟臣縉另傳

李猶龍字又眒崇禎間由貢士任石屏州牧值普名聲叛攻圍臨安州有土人倡亂立燚之境內肅然率民固守賊不敢犯州賴以安雲南臨安名宦

李雲慶字紀卿時珍曾孫崇禎丁卯舉人初任福建將樂縣知縣潔清自矢勸農桑興學校調泰寧昭雪疑獄乞歸日行李一肩送者爲之流涕福建名宦

梁佳字士奇號月崖明四川壁山縣縣佐祀鄉賢以終養歸建烟光樓築險禦寇於州事多所裨益祀鄉賢

邵思學字麟山明南京宿遷縣知縣

國朝

張效葵字叔向號誠菴邦翼次子天啓甲子鄉舉授嘉魚縣教諭造士有法與黃仲霖有落星亭唱和諸集遷四川鹽亭縣令縣多蕪田葵履畝清丈民賦始均又牛斗亮等以傷人抵命案既成葵訊知其冤皆平反活之尋擢陝西延安府同知政聲益著年七十卒

李本晟字賜若號蒿岑際春之孫梃之子初度時大父

夢有人冕紱輿從止於庭自言唐西平王因名焉幼穎異有蚤譽順治戊子舉於鄉己丑成進士授工部屯田主事辛卯分試直錄所得皆名儁出理徐淮河中清稅釐弊商民頌之陞廣西僉事分巡蒼梧時西粵用兵督餉飛輓毫無匱乏常率輕騎撫猺獞定陸川博白山冦遷雲南按察副使值運道阻滯升米百錢來降者不得餬食皆應允策給之建義倉招流散出俸勸義緡贖俘戸男女滇民帖如陞雲南右布政後奉裁歸里值吳逆變以晟入轄滇南遣諜啓投僞

劄至蘄晟縛以
聞起太常寺卿轉大理寺正卿巡撫浙江晟天資厚重與物無忤歷敭中外三十餘年官箴清肅調劑兵民獨得大體撫浙時不矜不伐有古大臣風以勞瘁遘疾卒於官遺表上
賜祭半壇浙人祠祀之著有三楚文獻錄知天閣諸書行世詳通志

高培字茂先號向孚由恩貢官衢州府同知攺調南昌府尋陞臨江知府康熙元年丁內艱服闋起補台州

知府時八閩不靖浙東諸郡靡不被兵自永嘉丹崖失守章安遂爲危疆培調輯軍營訓練鄉勇請蠲賑均徭役人心以固章安扼要遂爲東浙藩籬督撫上其事陞分巡溫處道在任十年致仕

顧咸泰字斌素號思菴順治辛卯經魁任大名縣知縣禦水患廣積貯除妖尼輯軍弭盜咸有能聲予告歸縣人勒石立祠以祀詳大名縣志著有石倉詩補行世

李本衍字介繁楨次子順治戊子貢授河南胙城縣令下車後除積弊懲猾蠹修學宮建書院賙貧賑乏不遺餘力胙城舊多盜官不能制本衍相地要害築望樓伏丁壯設法誘擒之大盜屏息歲大旱祈禱無驗衍晝暴於日夜宿於露三日大雨嘗發沙西賑役衆竭盡嚮家產充公民始得蘇去任之日遠近送者遮道左

張承瑞字帝先號問蕉由歲貢授福建寍德縣令下車首清社夫里役築砲臺禦倭寇修趙公橋以便行人時防帥恣軍剽掠大爲民患瑞單騎諭止之及歸寍

人勒石紀績後補山東滋陽縣稱幹員屢奉憲檄駁審疑獄昭雪者二十餘人著有好生錄以
聖恩勅封文林郎孫彥舉人另傳

張承位字生共號繩菴順治丁酉舉人揀浙江桐鄉縣令興賢愛民務行其志部有猾吏位欲寘之法吏倚勢家骩法曲縱遂移疾歸里寄情詩酒不與戶外事性好獎進後學然不輕許可被其容接者多知名當世云

陳言先字以詞歲貢廷試上卷授九溪衛教授其地獷

苗雜處人不知學言先多方造就庠內外皆彬彬爾
雅舊衛屯諸生貧者多輿出造運罔措每爲之持籌
言於衛守勸諭輿者得牛價以贖無力者輒爲捐助
漕賴以濟予告歸感者咸立石以紀德幼失恃事父
至孝每冬夜父不寢必先溫其被父髦齒脫食輒咽
言先以盂盛自調食年九十三卒於家
孫天衢字幼岐歲貢生任隨州訓導尋陞武陵縣教諭
訓廸有方一時諸生多所造就
李坦字公濟號我平增廣生援例授亳州同知稱幹員

經理江南八旗糧餉歲省帑金數萬陞直隸趙州牧
甫渡河遇饑民挈孥南竄坦給資令歸鄉士隨行者
以千計下車逢奇旱禱之立應發倉貸民穀種歲乃
有秋尋遭蝗害飢民載道坦設廠爲糜捐置寒衣千
餘領以衣窮民境內德之以疾卒於官州人祀名宦
祠著有增刪卜易行世子永昇舉人另傳
張啓翼字仕翰歲貢任應城訓導教士以敦本爲先邑
向無衙署翼捐貲建造乞歸後值歲荒收卹族鄰輿
論推之

王永圻字公錫號申菴博學旁通諸書八歲時避獻逆
亂與父母相失落水漂泊百里外能知其父母所在
人咸異之康熙丙寅以歲薦授衡州府嘉禾縣訓導
修文廟課士詳嘉禾志先是爲諸生時于清端公在
江南聞其賢聘教其子蘇松撫軍于公準其生徒也
熊心璋字公朗號特菴康熙戊午舉人狀貌魁梧夙負
經濟授彝陵學正一以端士習興文教爲己任時學
宮以捐俸倡修葺祀事定課程與人語必勉以道誼
諸生質辨經疏皆厭所請而去州科名由是益盛繼

補廣濟諭一如彝陵著有芝麓山房集
張仕渾字近愚號鹿樵康熙甲子舉人丁丑進士初授
保定縣知縣後任淸水五充同考官所得多知名士
壬辰夏邊陲告警軍興旁午仕渾篆佩八邑屢著勳
勞其文縣近地熟苗勾引外苗搶刼仕渾單騎入其
寨諭以忠義衆苗羅拜散去伏羌夏久旱禱之輒應
秦安連邑染疫癘人人室有聲仕渾聞其事齋戒牒
城隍疫遂寧凡所至皆潔己愛民卒於蘭州
張仕學字琳山康熙巳卯舉人任沅陵縣教諭興學造

士無忝厥職尋署辰州府教授會永順司苗民猖獗
督撫委諭悉歸順加軍功一級又委修辰河路工完
固民咸德之卒於官
陳常字藝極號靜齋貌魁梧性剛正族里咸推重之由
廩貢授邵陽學博勤校課一時甄拔多名士以母老
乞歸後補漢川不就在官置學田居家修學宮以及
宗祠族譜橋路義塚諸善舉皆勇爲之費累千金壽
七十卒子欲珍另傳
王夔弼字兆艮號厢巖事繼母以孝聞中康熙己卯舉

人授祁陽教諭稱貸紓諸生急繼補新化近苗疆習
俗頗悍弼漸摩之文風丕變尋陞宜昌郡授時宜郡
初建學修署身董其事校課扃門分以苜蓿諸生皆
欣欣就正焉乾隆八年謁選歸以疾卒
張之梁字劍川仕學弟康熙戊子副榜任崇陽縣教諭
造士有方悉清被侵學田作貧士膏火又石城古堰
注田三萬餘畝學田居其中梁欲爲士民計久遠派
工修築旱無竭澤堰戶立碑頌之
陳欲珍字席聘訓導常之長子由廩貢授恩施訓導築

館舍贖學田定課程邑人爲立碑紀其事丁父艱歸
盡舉父所捐修者補葺之或又加廣今合濟繼志等
橋是也後補安陸以母老辭
陳文藻字華章號蘭亭襁褓失怙事母以孝聞雍正間
援例以州同効力河工署中牟縣佐督率楊橋小潭
溪十里店毛家庄等汛總河朱公嘉其能復以鄭州
陽武滎澤曹縣各汛委代之咸有成績需次光祿寺
署正乞養歸時州牧開濬隍池屬藻董其事區畫皆
善

熊淇字衛瞻號竹圃蘄州人湖口籍成癸丑進士授博
興令甫蒞任即奉檄浚河築長堤百餘里工竣大吏
咸以爲能弭盜有法逮訊必反覆諭以至情多原釋
之賊諒其誠相戒不入境卒於官著有竹圃待正稿
陳履中字遷登號岸如別號菖湖乾隆乙丑進士筮仕
貴池未半年解任池民攀轅不忍舍脫鞋一雙供奉
城隍廟中每城隍誕辰同前循吏某蟒袍捧獻並崇
祀名宦祠方未赴選時歲壬申有逆賊馬朝柱假邪
術煽惑愚民以天堂寨爲巢穴會飲立誓黨羽日衆

蔓延英霍蘄羅及崇居楊河等處中乃密約大同司吳星夜赴州聲明州牧李郎飛稟上憲親督營兵駐樂如菴中捐備糧草招集佃戶仝弟軼前隨官逐處督拿旣又迎提憲哈到家供應事平李公陞本府知府以爲國宣勞額贈之

劉萬寧號褎堂弱冠補諸生爲文多神悟其家藏書頗富父嶠爲其昆季析箸獨以書俾寧寧益自奮厲領乾隆丁卯鄉薦授石首教諭甫抵任以形家言增修學宮贊牆三尺許以培地脈石邑自後科第相望又

與縣令黃謀建石壇書院於學宮前縣令強寧授生徒一時從遊者皆奇傑士縣有疑獄陳氏子幾以無辜抵罪公力白其冤得脫州孝廉呂鳳岑卒於都寧爲之治喪具歸旅櫬後以秩滿保題赴都未果卒於家有蓼褎堂文稿待梓子之棠進士另傳 詳通志

陳艮翼字孔十號卦峯乾隆癸未進士除福安知縣調繁福清督撫以卓異薦會諸羅彰泉八械鬬大吏稔艮翼才且以爲能靖民也更調諸羅又二年推陞嵩明州知州以毋老告養旣得請矣會有疾未及歸踰年而林爽文作亂破彰化陷諸羅殺文武官吏艮翼亦就縛縣民奔救之曰奈何殺我好官得不死當是時爽文犯臺灣不克遁歸大里杙留戍諸羅賊無幾而鄉民起義者日益多艮翼遣人間道言於府越明年正月艮翼率義民會總兵柴大紀復諸羅遂奉檄復知縣事諸羅居臺灣南北之中於時彰化風山相繼陷府城實藉之爲藩蔽故爽文圍益急而艮翼之守益堅嘗兩獻策於大帥請乘虛搗大里杙賊巢而分撥一軍夾擊之又請分軍一出斗六門一趨他里

霧遏其後而諸羅之兵過牛稠溪攻其前皆不省而援師遷延至刺臂血爲書亦不應乃深溝高壘日激厲民兵堵禦無虛日自六月被圍迄於十月火藥竭兵民食且盡乃禱於神以油粃爲糧士民皆忍飢荷戈以俟 大兵之至而府城得恃以無患艮翼力也事旣平追論餽道府節禮革職又在圍城審錄俘獲具得疲癃老弱有保証者數十人力爭於軍門釋不殺而勉從大紀原奏以巳戮報迹涉扶同擬斬監候讞之日士民皆翕然同聲猶謂艮翼保全無辜泣數

行下也
皇上察其情釋令回籍越一年八都祝
萬壽恩給知州原銜未幾歸丁毋憂遂有疾竟卒葬崇居阜馬山麓著有三生瑣談書二卷通志

陳受琦字越犖乾隆丁酉選拔選竹山教諭推陞湖南衡州府教授時猺匪爲逆闔城官弁出勦檄琦留守城城中火起琦身先救獲上憲記功註册年七十七卒於官子炳堃諸生

陳丹墀號月圃嘉慶壬戌歲貢選授隨州訓導學宮頹敗捐俸葺修士民以德星輝映匾額爲頌子邦憲附

貢衷言庠生

田玉榜名書田號樹人嘉慶癸酉舉人授武昌教諭端士習興文教聖宮被水圮勸輸重修告竣邑人士頌以模範可風匾額以上新增

篤學

環堵之室半畝之宮手一卷書老而不輟非素所嗜好然與雖復著述不盡傳而底蘊不獲効於當世其志行修潔不可廢也故儒林文苑而外篤於學者尚焉志篤學

明

陳詠字叔雅號澗松後號晚全翁以貢任四川萬縣學訓導工文善書言動率遵規度一介不以取人丙歸後始有子息年八十卒貧無以葬門人李家將緒捐貲賻葬如禮蘄士大夫爲詩歌以紀其事曰義敦師殯盡以見先生之取友得人如此

化雨字時雨歲貢性沉靜不好嬉弄家貧依外氏居授江西玉山縣訓導遷深州學正卒之日口占詩以遺諸子有豪雄無勢利富貴有危機之句

陳光遠勤敏狷介涉獵經史以詩文自娛雖執役戍伍歷艱難經險亦手不釋卷以老疾還鄉士君子樂從之遊有轅門歸隱集

國朝

方舟字人濟由恩貢授浙江嘉善知縣以豈弟稱致政歸益勤於學年八十餘猶工楷書盧澹巖修州志舟有跋

張泮字叔度號魯公中順治庚子副車丰采踔厲負志

不羈讀書師其家學與姪士淑互相切劘老而彌篤與修廬志訂訛補遺多所就裁後選靖州天柱縣訓導以老疾辭

李本周字祐岐槱長子英敏過人七歲補諸生年二十中康熙丙戌鄉試益篤於學爲文整飭宏雅未仕卒

金天斗字映北歲貢生少負雋才試輒高等館大冶相國家相國故尊賢天斗名益著

蕭銓字公衡號樗叟少貧嗜讀書學識淵博以明經教授生徒著有古學彙編四卷兼精岐黃術著易簡方書十卷年八十二卒

王世鼎字和臣兄世泰字安臣窮經講學一時推重俱以明經老門徒多所成就著講義文稿存於家

袁孔士字方魯號泰菴歲貢生光祿寺丞光綬之姪素履端潔早擅文名兵憲楊公志遠建七葉簝社孔士名最著兄孔儀孔偘俱諸生暇則論文於竹隱園從其教者多所成就

龔伯字百子號餘菴歲貢生篤志好學至老不倦品行爲士林所推重著有半畝詩集

易時憲字若凡號東江中康熙乙酉鄉試少負異才嗜讀輙廢寢食凡經史子集靡不窮極奧義學者景從多所成就未仕卒著有東江文集四書恭義周易講義諸書

張聯芳字馨遠號播菴歲貢生耄期好學不倦著有居易堂詩文集

張聯翼字界畛號荆野拔貢生一時知名士多從之遊年九十餘猶朝夕呻吟不輟著有歷試草藏於家

劉文起字學山號雲莊匡生孫中康熙己卯鄉魁授湖南清州學正丁酉爲廣西同考試官得卷甚佳而股法倒置文起疑謄錄錯誤薦不售復力爭之及售對勘果誤皆服其識起爲文卓然成家有大醇而無小疵年六十三卒於任子仔佺皆諸生价丁酉舉人

秦京字永識號愚圃雍正癸卯拔貢家貧無子皓首窮經年八十猶累赴省闈常事咸禮敬之雨湖七子京居長詩見合刻

張畸字子駿號另齋年十三爲諸生詩情酒趣傾倒一時晚益刻意於學著落葉吟等集

張禎字孟楠號鴻洲中康熙庚午鄉試授歸州學正辭不就嗜古工詩居獅雲母山多古松築萬濤園朝夕觴詠其中足跡不履城市著有萬濤園詩集

陳詰字嗣康號澹菴氣度雍容言動不苟爲文宏博浩瀚中康熙庚午鄉試選州學正未赴任卒

顧燕翼字貽孫咸泰孫幼聰慧父介指授文體年十二爲諸生後以明經老爲人忠直醇謹鄉里稱長者

陳道兼字庶行歲貢生好讀書與姪鼎元相師友工制舉業著有河干等集

陳鼎元字節九號澴溪州諸生工詩古文詞築園於河干修葺古木亭臺樓舫遠絕塵俗顏曰半畝藏書甚富知名士往來攷正無虛日十躓省闈不售卒年六十著有半畝園集

駱思白字緇守歲貢生選訓導未任生平手不釋卷爲文博大不屑屑行墨間兼善吟咏五律尤佳

朱孔陽歲貢生工制舉業試輒冠軍學使者多刋布其文以爲式性尤嚴謹雖賓朋讌集未嘗輕笑謔子正述乾隆癸酉拔貢

李生棠字蘭根性沉默刻志讀書兄生彬弟生楷相師友家政浩繁悉聽命於兄棠惟手一卷以終老雍正年入貢尋卒

張啟疆字仕開號弼五幼失怙恃伯父正鼎愛若已子伯父歿從兄啟翼授以書初苦魯鈍讀書必百倍或至嘔血已而豁悟輒不忘中康熙乙酉鄉試

劉文超字大章號默齋文起弟歲貢生恬靜簡質有古君子風性嗜學制義力追先正羽翼經傳授徒三十餘年多知名士撫教兩孤姪德佶俱爲諸生後超無子以佶嗣

陳有夏字淑伍歲貢生博極羣書尤精易數著有筮法祕傳二十卷掌白雲書院多所成就云

王子古字丕承癸酉恩貢初授經往復問難輒窘其師長益嗜學每夜讀書必數伺父母寢人稱其孝

姜壎字晦初歲貢生家貧力學行文有奇氣友教數十年環堵蕭然恬如也州牧聘爲書院山長

朱忻字霽容雍正癸卯舉人潛心經傳爲文自出新意

胡宗憲字令巖號樂齋天資穎雋早歲冠童子年二十

餘以麟經中康熙乙酉鄉魁候選縣令適丁艱服終
奉檄詣都會疾歸里博綜羣書尤精左史公穀與弟
宗寅共研極遠近文士多從之遊
蕭濬字翰凝號素齋性謙謹潛心古學里人終年不獲
見其面州牧蔣公慕其爲人延爲西賓濬在署久自
授讀外無一語及他事選訓導未仕卒著有尋樂軒
試草
熊楚淳字師道號涉園州學生勤學能文兼好施與嘗
收埋白骨無以葬者鄉里咸推重之州牧蔣公以望

隆閭閈表其廬著有巒揖軒詩草
高岱字東瞻少負雋才文詞清麗中雍正癸卯鄉試
熊楚輝字仍存歲貢生少與姜壎葉舒翮李生桀生楷
讀書漾葊爲詩文課同受知於學使者潘宗洛楚輝
授徒里塾晚猶講學不倦
黃栽嶠字晉軍號丹巖州諸生與兄栽華讀書棲鳳堂
居甬湖七子之二詩文名著江漢間著有雙箏齋詩
文集及北遊草行世
龔敔堂字豐寰中康熙甲午鄉試任荆門州學正捐清

俸倡修學宮每月刻期集諸生講學課藝不倦告歸
以詩酒自娛比鄰罕見其面甲戌舉鄉飲正賓
范正字倚儒號退菴歲貢生童時多疾苦讀書至嘔血
不輟性醇謹重廉隅耻於非分尤敦本行捐貲建闔
族公祠立友善義社與同里會文經其指授者多知
名士著有孝思錄午夢堂詩草
駱呈符字翰如性嗜學淹貫經史兼通諸子百家著有
天文樂律並詩文集待刊以上舊志
易泗號恕亭州諸生北遊於京入性氏館受知於二十

一王王愛其書法親書存存堂額贈之一時名公鉅
卿皆樂與之詩酒唱和隨
駕北巡著有塞上吟詩草行世考授經歷三署知縣以老致
仕子孫尚留京師
方相號禮齋積學未遇以諸生終生平密課隨手散遺
晚年攟摭其僅存者自訂爲孕秀軒集梓行
黃式澤號惠峰廪生幼穎悟善書法爲文刻露雋永科
歲試輒冠軍一時名流咸器重之楚材觀止麟山課
藝多刊布其文有四書制藝行世

李培滋號蒔圃歲貢生爲文古奥尤工書法年八十餘猶手不釋卷日以吟咏自適著有挹麟堂續集待梓課子姪輩無間寒暑胞姪承謨鄭書昱皆諸生昺嘉慶辛酉舉人子承洛戊辰舉人

陳昆玨字兩玉乾隆巳酉舉人歷仕大冶通城教諭爲文步趨前哲獨出心裁每講一藝必歷時輩著有二論童子問學庸講義二書待梓

范鄉組號若亭累世讀書爲業弟鄉綱爲太學鄉繹食廩餼以文字相切劘皆充然自得子若孫遊泮入貢

者數人四世明經族里以一經傳德爲頌

顧啟賢號樵雲天姿卓越讀書具有神悟詩文才力肖其先正年三十餘絕跡名場後以明經補授保康學博康邑風氣鄙陋賢至人服其教漸事詩書未終任遽以疾歸

李同倫號樂軒諸生少事萬南泉葉函齋程拳時諸名宿能文章工書法性耿介石首縣令張世維聘主崇正書院講席荆襄間多遺墨焉著有長林草鹿門紀事雨溯唱和諸作其子歲貢生瑞玉編入培梓山房存稿分爲上下六卷

劉之紳字玉衡號白水歲貢生與兄庠生之縉同受業於李金臺太史紳尤爲所器重每科歲試皆高等成就及門甚衆虞部陳詩舉人胡鴻翥孟嗣宗俱出其門著有學庸辨難白水制藝待刊

張夢培字西肨乾隆巳亥舉人七上禮闈不售授徒於策峰浠水間晚年以例補學正司鐸歸州癸酉選期學憲鮑按臨宜郡州人士無一赴選者乃召生徒捐俸作卷費州學向鴻翥遂得選拔年逾七十將告歸以疾卒於官著有西牕詩草慎思堂文集秭歸提命錄待刊

劉營詩號愚溪弱冠入郡庠食廩餼爲文如龍蛇夭矯不羣戊午鄉試主司賞其文推爲熊劉再世卒以經藝一字訛抑置副車第一

陳豐露號秋沆家貧力學凡詩古文辭下筆立就中乾隆丙午經魁六上春官不第嘉慶乙未會試卒於京著有望江草堂詩文集待刊

方蔚字澤章少穎悟讀書過目成誦年十五登賢書王

司慶得八七上公車不第後因祖母暨母春秋高不願仕進每旦夕閉戶吟哦不輟著有蘗園詩文集四卷課兒規條十二則年五十一卒

蕭光緒號睛嵐歲貢生性放逸工詩文善書法通經史始設帳里塾繼應浠水諸世家聘旋主荆門講席一時名宿多出其門著有四書說約藏於家

蕭光縉號瑞石幼慧能文年十三試輒列前茅年二十七中乾隆已酉鄉試丙辰會試售而復抑其才器學識引重一時年未四十而卒

張學韶號月岩性聰穎工詩文弱冠補弟子員尋食餼州人爭師事之乾隆已酉舉於鄉著有四書啟悟十卷　字典衆議三十卷待刊

范位盤字友湄性敏積學購書甚富悉加丹鉛用心縝密遇横逆仍手不釋卷夷然也童試冠軍食餼登賢書任均州學正十三年與邑八士循循以文字相切劘嘉慶甲戌學憲朱題贈教洽滄浪額

李華郁號棣園少篤學爲陳愚谷高弟嘉慶戊午亞元上公車不第遂留京師漢陽葉雲素聘爲西賓今葉名琛是其高弟也逾年卒於京邸

陳有執號念蓼嘉慶辛酉副車性穎異讀書輒有會心爲文不落常徑講學里塾出其門下者多知名士有念蓼文稿藏於家子紹瑞道光壬午舉人

張開玉號兼四諸生家貧嗜學寒則擁氈而讀無燈則燃香照字且云吾讀書一字一句必求其所以然不得弗措也讀儀禮祭聘諸書則布爲堂階上下方位而自爲揖讓升降於其間其苦心類如此爲文清剛雋上乾隆戊申鄉試擬元以謄訛見抑後復屢薦不

售抑鬱以終

張學濂號雲菴邑庠生屢試棘闈弗售遂不求仕進以書史自娛子姪輩勸赴癸酉鄉試得中副車著有雲菴近藝擷芳園詩話待刊孫世業廩生

張學址號惺菴廩生少偕同里張兆謙肄業江漢書院課輒冠軍掌院呼爲蘄春二張乙亥分修蘄州志著有和鳴堂詩集行世

張光鼎號洛川歲貢生少負異才能文章下筆千餘言無敢攖其鋒者僅以明經　恩賜副榜士林惜之

陳豐翥字鶴皋歲貢生父𠏉名諸生著有四書說原授徒里中成就多人翥能世其學

陳瑗字半菴家貧好讀書性嚴毅幼補博士弟子員生平無一欺人語久蹶場屋矢志經史尤長詩古文詞鄉居教讀數十年其子廷揚舉進士翁仍循循禮法以謹言愼行爲訓著有半菴詩文待刊年七十六以例滿入貢成均閱五年卒於其子廷揚四川官署

陳田治號半畝州諸生五歲失怙兄弟相友愛好讀書手不釋卷延師督課所費不貲産破家落泊如也族

孫佑祺貧廢讀倡議助金遂成其名其教人云知孔子四未能畢生無可寬之日學孟子三自反天下無難處之人子三本升　恩賜副榜孔皆廩生甲三丁酉經魁孫峻峰庠生

陳其善字汝揚性敏能文章尤好善里中有鬻妻償負者予之金令勿鬻又有昆季爭産欲前赴訴者卒望廬而返年六十嘗自吟云青燈善解窮經志皓首空存報國心以諸生終

張聯璧號次徵自幼與其叔父諸生瑞琪受業於其父廩生道南天姿超邁博極羣書詩賦文章獨冠一時入泮後肄業江漢書院文名益噪刊布課藝傳誦士林中道光庚子鄉試爲江西學政張公芾聘閱試卷著有十三經經解韻學要訣虎山文集待刊其才亦大有爲惜年五十三而卒

童啟倫號叙堂優貢生敏慧卓越攻苦窮年詩賦稱賞一時有養雲山館制藝待梓年二十九卒同里陳工部主事詩表其墓

陳紹瑞號菊人剛方正直不阿流俗慕海剛峰之爲人

取字宗海讀書日數行下成童入泮學憲鮑以大器推許中壬午鄉試著有課徒草倣古體箴小峰詩集藏於家

張如照字兩作號月軒州庠生年十三能讀十三經朱子綱目善爲文敦孝友屢薦不售著有古文一集行世

吳煥鈞號巳山乾隆戊申舉人爲文卓犖不羈詩亦豪放落筆千言立就與同里胡蘭亭駱商亭齊名出其門者皆一時杰士著有巳山詩文集

詹如松號鶴亭嘉慶甲子舉人授漢川訓導讀書務窮經史文筆廻邁一時待門生如子姪不計束修之有無卒於任漢川士子多德之

駱千翥號薛軒童時隨父沛霖居武昌官舍行若成人父卒翥年方十二隨母扶櫬歸里聽母張孺人訓猶讀父書不墮先業可謂克自樹立受業於胡蘭亭吳巳山兩先生之門與叔庠生沛然星炳日相切劘恒以大器期之故能樹幟文壇未嘗少挫奈十試棘闈不遇卒以諸生終游其門者多所成就其孫利鋒即

敏修成進士皆出一手著有原宗論及商亭年譜等書

吳金度號鑑堂歲貢生性最鈍苦心孤詣雖寒暑晝夜無少輟其後卒以魯得之胡蘭亭陳愚谷重其文行俱遣子姪受學教人工課最嚴制藝一以先輩大家爲程式故一時深醇之士多出其門著有鄉黨輯要

張恢鸞號聽泉嗜書成癖有奇書必竭貲購之故其家藏書頗富延師家塾課讀諸子每供饌務極豐腆十餘年不倦雖援例貢成均至老猶手不釋卷子瀚增

廣生

陳本中號爲山郡廪生性耿介不諧於俗屢蹟鄉闈讀書慈雲閣近三十年苦心孤詣務求根抵垂老中壬辰舉人設帳鄉里成就後學登科入泮二十餘人著有易經纂彖待梓子之原連振俱諸生

蕭蘭號藝甫州增生積學能文不與外事州主范六璪李蓮峰極推重之屢赴棘闈售而復抑者再善誘後進出其門者半登賢書入膠庠子于書鎮圭皆諸生

蘄州志卷之十三

知蘄州事夏津潘克溥纂修

人物志

孝友

行修於門內而譽聞於鄉黨士大夫不足奇也州人稱孝子里久矣匹夫孺子一念之誠其至性有過人者愈不得泯焉志孝友

明

劉瑄字本玉博學多聞事親至孝中正統辛酉鄉試執

父喪盡禮仕河南教職迎母就養扁其室曰祿養士夫詩有忠孝先生兩得之之句

馮鵬字翀霄少能文百行修整學者稱獨齋先生十試於鄉不遇晚入太學祭酒湛公若水極推重之父病日侍湯藥夜露處戶外得濕疾卒于天馭舉進士爲御史贈如其官大學士徐公少湖銘其墓

壽儒字宗魯荆藩伴讀章之子成化丁未進士歷官工部主事父冬月畏寒儒每以身溫之母嘗有疾不喜食儒亦不食鄉薦後例贈坊牌工費數百金卻之不得盡以周族屬親戚之貧者其孝且仁如此

顧濂字繼周性至孝任衛輝府經歷時二親已棄養濂額其居曰永懷國子學正林琚爲作記郡人宋誠有詩曰永懷留翰墨足繼白華詩

顧敦字化之性警敏有卓識敦睦媚族愛異母弟素喜陽明則言及宋儒詩每令人歌誦以自適以子問貴封布政司參議

姜梅字實之世爲荆府羣牧百戶蚤孤窶甚人皆勸令承襲弗聽饘粥不給銳意於學爲郡名諸生弟死恤

其孤如已子嘉靖二十二年舉鄉試卒

宋璧誠之長子任綦江縣主簿以親老謝事歸朝夕侍養惟謹親歿哀毀踰常廬墓三年

陳昇字九霄早喪父事母劉至孝每於旁舍得異味必懷以奉母以貢士任無極縣主簿迎母就養母年八十餘矣昇奉養備至九年秩滿而母尚無恙後奉母致仕歸

羅天立蘄人傭工奉母母病割股救之人稱其地曰孝子里

李言聞字子郁號月池性至孝博洽經史里中有弟爭兄田訟不休言聞具酒食召欲解之訟者亦來集醉鬬如前言聞大悲痛入跪考靈牀下曰無狀不能感閭里訟者聞之大笑後數年訟者死獄中族人瓜分遺田言聞爲斂葬焉精於醫官太醫著有醫學八脈註子時珍另傳參白茅堂集傳

李儒字東池生平好施與歲歉盡家貲散賑全活甚衆家貧志不少變年四十二卒子同春得春孟春盛春際春一時文武貴顯咸以爲德報也以子盛春誥贈

副都御史祀鄉賢

李同春號仰池誥封都憲公長子武而能文父早喪教諸弟成名襲職領漕運運軍折米五百餘石先自解囊完納衆免破産追賠累歸至途聞親病篤號泣思歸水漿不入者五晝夜忽夢河神曰吾念汝孝許雙艘先歸可速行明午凍河矣如是者三同春曰神不我欺遂行抵淮淮撫怒趣次以神語對撫因以觀驗至午狂飈驟起須臾水凍奇而釋之同春先世息縣人念同姓在息無通籍者擇族人子若星撫而教之十年登第後爲兵部尚書親親之誼知人之明同春有焉歷廣西都司屢建奇功擢思恩參將乞養歸樹碑於堂曰世世同居子楷棟嗣職

李棨字質甫事親孝善屬文副憲際春長子執憲副公喪哀毁過甚及葬有術士私棨曰是日利某不利公棨叱曰某吾弟也汝欲不利某耶妹適黄梅生員瞿平年十八而寡棨爲資掖者四十八年得旌坊表捐造馬口橋瘞暴骸濟貧乏義聲尤著兩中副車授廣西鹽運提舉著有存笥稿詩文祀鄉賢

陳添順字汝愛甫六歲執父喪若成人扶柩山中雷雨驟至沙土坌集成冢羣驚爲至孝所感事母及伯兄俱委曲承順足風族黨云

國朝

王廷詔諸生幼事父有孝行父殁與妻張氏侍母向盡歡吳逆亂廷詔奉向避賊於黑山洞口負米以養採橡自給值彊寇刼奪張以身蔽向連受三刀寇尋釋之向病疽穢甚張口吮無難色及向殁廷詔廬墓三載乾隆五年夫婦俱蒙

旌表詳通志

余藩事母孝崇禎癸未遭獻賊難以母柩在堂悲號不忍離爲賊所害妻張氏年二十四夫亡守節垂六十年乾隆九年夫婦俱旌表詳通志

李由虞字宗舜性仁厚事父母依依孺慕少時遇相士言子顴高指扁恐妨親未幾父喪虞乃磨其顴指至血出不覺旣葬常坐臥墓側懷棗栗果品瘞墓前悲號竟日事孀母未嘗少離左右後居母喪如其父喪

乾隆十年以母節子孝並旌典詳通志

張仕秀字雲龍天性篤摯父背生癰爲吮膿血母患目疾嘗舐其翳親歿廬墓三年繪親像懸堂中坐臥不離逢生忌日素服哭奠數十年如一日兄弟五人友相友愛有司以聞建坊旌表

李槚字苹甫歲貢生孟春子少以孝聞崇禎癸未獻逆襲蘄弟梃以駡賊死槚殮之一痛幾絕康熙癸卯盧副使修州志其軼事不傳者槚極力搜輯志爲完書以子本衍貴贈文林郎年七十二卒

王御龍字時可內行醇備篤悌孝友值明季寇難家破承平後御龍居積節縮家復饒兩兄早世撫諸姪如巳子析箸腴產悉推予之爲人方嚴公直鄉里比之彥方子綬猷欽猷亮猷皆以學行知名孫開泰選庶常開運進士房山令開藩舉人官鹽大使開銓舉人官行人開翰超儒俱諸生開籙開寅俱太學生以孫開銓貴貤贈文林郎詳通志

熊秩字體若自號天放子州諸生事母至孝崇禎間奉母避賊城中未幾城陷負母以走會母於旅舍以病卒附身附棺造次皆備賊退扶櫬歸里時大旱舟膠不得進秩仰天大慟七晝夜哭聲不止越明雨驟至四野霑足人咸謂之孝子雨也

易爲豫字二如號臨皐州學生獻逆屠蘄豫被掠縶賊營號泣思親水漿不入口賊長温仲元曰此孝子也命釋之豫歸闔門俱盡尸骸暴露拮据殯葬悉準于禮康熙十一年蘄饑人多流亡豫捐穀四百餘石又

請於大憲發倉粟賑之保全甚徧藩憲徐公惺馳匾
褒美康熙二十九年鄉飲介賓

陳助中字右文諸生居父喪盡禮時賊寇蘄助中同母
暨弟避山中母卒遺囊金甚厚弟甫四歲賊至捐金
負弟以逃後弟繼伯父嗣田園僕婢復分以巳之半

李本甲字幼萌州諸生父梴母曹恭人皆以寇亂抗節
死甲事兄本晟甚謹省兄雲南藩署言先塋數失守
木兄恚甚歸譴於僕僕辨甲亦辨本晟叱僕跪甲以
爲叱巳也亦離席跪本晟掖之起且釋僕本晟卒於

浙撫甲匍匐奔喪哀哭之慟尋卒雅工小楷雖登記
不苟

顧慊字自素問會孫專心誦讀與兄咸泰日講學不輟
後咸泰令大名縣代兄操家政課子姪以義方

張錫疇字叙九心正長子州諸生性淳慤敦行孝友與
弟錫爵析箸數十年每讌集必盡歡終其身無誶語
臨卒囑其少子曰汝第爲先人修墓置產族戚貧乏
者助其嫁娶吾願足矣後皆如其言

陳其芳字孟培力學能詩文家傳孝友常以孝友訓俗

晚乃一杖自隨庭内肅然州牧高舉鄉飲賓

張繼發字克昌諸生父尚騏明諸生家饒樂施繼發少
時即成父志置一米倉於廳右自權其出以拯老疾
賊陷父死於難繼發年十二爲賊所執留養營中乘
賊睡潛逃賊平復故業立古柏軒義塾以勸學慟父
遇害每飯必祭年八十卒

蔡于燕字平若號氷素幼穎慧喜讀書年十二父母相
繼亡于燕居喪號泣之聲不絕既葬廬墓即墓廬讀
書年十九補諸生尋食餼品誼爲士林推重

劉守忠字君愛諸生篤行孝友兄弟同爨六十年卒子
姪以正

陳師儁字士美諸生時值兵燹甫熄族人多苦轉輸儁
獨任不爲攤派康熙癸卯歲饑捐穀數千石以周族
里之貧不能贍者

王永墭字載侯號坤菴性孝友母年九十墭依依孺慕
與伯兄永垣仲兄永圻愛敬彌篤以文行受知於于
清端公公爲顏其堂曰孝友傳家由諸生貢成均授
縣丞未仕年七十五卒

汪存濟字洪普號澤菴州諸生事繼母段以孝聞有從兄避亂出亡濟遠訪滇南遇兄偕歸故里割巳産之半予之著有滇南錄

王欽猷字思承號敬亭積學能文以明經老季弟亮猷早世弟婦易誓志守節欽猷以子開幾嗣之教兄子開泰入詞垣開運開藩開銓皆登科甲子開翰超儒另傳

張錫爵字賜侯州諸生必正次子家世孝友篤於文行闔州公舉鄉飲賓巳啟請會兄計至辭不赴耄耋皆

學讀書至夜分不倦築別墅顏曰尋樂與族里約立文壇一時多宗之

陳以德號坤君州諸生事母郁氏以孝聞族推爲長講明大宗之法建祠修譜爲族屬觀型者四十年

陳道亨字和玉性至孝雖亂離中事親不缺甘旨癸未全家載糧艘泊鴻宿洲急趨南畿得免

國初州試第一補諸生晚與友朋文酒讌飲每擊節狂歌發其胸中蘊蓄

李生桂字酒秋州諸生偕弟生采生梅事繼母諸氏撫幼弟槃綜理家政內外肅如善愾諸有晉人風

黃天福字錫五歲貢生少能文尤篤行誼事親以孝聞友愛兄弟無間言族有貧乏者咸見收恤選蒲圻訓導以老辭搆軒課子姪吟咏自適梓有棲鳳堂詩集

湯光明字被四有孝行由期功以降至同宗罔弗親睦州稱孝友之家輒推湯氏子力忠拔貢生

胡啟相字皇錫州諸生讀書數行下晚年病目猶口授諸子姪尚書講義及家規十二則

程盛德字宏執州諸生兄弟友愛七十年不析箸理戶

事闔族賴之

王鉽字鼎又故家子性敦孝友處家庭閒和藹可親嘗傾囊以應族人臨終時貸券悉焚

陳材選字元錫以德長子州諸生父年老材選出入必侍卧起不離父歿依柩寢居爲諸弟倡孝稱益著

易時用字放六州諸生性敦孝友父母病衣不解帶長兄時敏恩貢次時憲舉人奉命唯謹終歲坐書齋如處子著有一樂軒集

陳贊元字與參幼肆力於學童子試時巳擅文名比長

爲州諸生累試不售入北監考授州判性孝友事兄肇元若嚴師析箸後事無鉅細咸稟命而行生平輕財好施遇人緩急輒解囊無吝素善形家言嘗欲於溪南建巨閣以收風水暨由鄉達城石路以便行人年四十餘賚志歿妻熊氏以次經營克成其志

李永慶字來譽儀表俊偉喜吟咏工舉子業銓次州佐未仕州牧華公文振郡守孫公爾振以孝友端方申薦因母病辭不赴母卒哀毁廬墓卒年六十二著有平泉詩集

張作梅字粱舟國學生性沖和不立崖岸然必以禮自飭或事出非分覩之恬如也與兄作楫弟協占友于敦篤人無間言值歲饑輒貸佃民牛種賴以舉火者甚衆

李永芬字紫榮號慕軒州增生七歲執父喪哀毁如成人事節母金氏備極孝養母卒茹蔬三年從兄弟析箸有負債者代償之姑母適韓而寡芬貸餉數十年姑老病將死遺銀餅數枚其姑之嗣子莫知也袖還之乾隆二年舉孝廉方正

王學古字優仕由廩生貢太學考職縣丞與族兄紹尼相友愛尼卒以孤託焉學古經理其家撫孤如己子及長反其家業倍於前生平勇於赴公如修文廟及架橋治道雖傾囊不惜

龔必成字孔集好讀書入府庠明季之亂艱險倍歷侍父繼嵉得免於害時稱其孝

胡鍾義字汝梅幼失怙候母膳畢乃食夏驅蚊冬溫被每出必告所在母殁往來墓前必呼拜至老不忘駱駝山路甚崎嶇義捐修以利行人

陳部字爾咨諸生年十六抱四齡弟出兵火中艱苦備嘗後皆成立振家聲

何中興字繼武篤於孝友家百口共食庭無間言族人疎遠者嘗賴以舉火

王上選字銓士號松菴志搏第四子穎敏強記少應童子試屢蹶遂謁國學考縣佐家居善繼父志輕財重義修廟學刊族譜諸首務皆踴躍董其成晚於室之西南隅築亭園植松署其門曰松園書宋儒格言訓子若孫四方名碩往來唱和藉以娛老家傳孝友云

陳於校字名夏號忠甫由諸生就例貢遵父贊元遺訓事母熊氏待兩弟以孝友聞擁書據案課諸子甚嚴每歉月平價出糶以邮鄰里母多善舉皆踴躍襄其成年六十有八依依孺慕得老母歡

吳璘字叔璠士龐第三子早失怙事母陳氏及兩兄甚謹年三十不續娶篤行孝義雍正五年荒出穀賑饑嗣買本族義田歲租百石年六十三卒

高益宣字勑萬溫處道培之孫兄溥弟益鼎先後爲諸生益宣不與家事讀書蓮池别業恂恂若處子惟祖訓是程

李能遴字克繁幼而孤克自成立從姪芳華失怙恃無所倚能遴收養如子教讀成婚并予產屋生平多篤一本之誼職吏未仕卒

駱呈倩字萬吉國學生克武冢子性至孝勤于供養與弟萬鍾萬方汝愷同爨四十餘年庭無間言嘗捐四百餘金修分路街以利行人鍾尤好施與每遇歲饑穀必減價窮民負欠者輒焚其券鄉里稱爲一門孝義

李由夏字奠川太學生性至孝父病嘗父糞慟幾絕及歿廬於墓每一悲號行路必惻母夏氏病露禱求代病尋愈平居事親出告反面飲食必躬親凡時物未進父母不敢嘗乾隆十七年

欽旌五常碩士百行完人建坊

方有燮字以玉父汝德爲州諸生以篤行稱有燮克承父志友愛兄弟無間言託形家術放浪山水鄉人目之爲隱君子云

王東山字積長號魯崖弱冠喪母哀毀骨立事繼母尤極承順伯兄早逝僅遺一女山愛憐之三弟如曜年未三十卒孤姪德鉦甫三齡山撫養過于已子乾隆丙辰闔州公舉孝廉方正

李芳蘭字景明太學生考授主簿諸弟相繼殁事母孝病篤衣不解帶者月餘待諸姪如子教育多所成就

王琮字廷瑞號靜菴康熙癸巳舉人篤孝友接物和藹然遇非道輒義形於色鄉里莫不敬憚幼侍養於伯父元吉事之如父飲食必奉出入必隨所志必爲曲致終元吉之身不少變以友義課諸子姪皆成就

何熼字萬瞻太學生天性孝友收卹宗族不能嫁娶者
捐金助之俾得完聚戊子饑捐囷賑給復捐義田十
石永貧寒儒前州牧轉申藩憲旌其門第
李廷楷字範遠國子生力學能詩文敦崇實行嚬笑不
苟事繼母以孝聞晚年急州中公事樂育堂忠孝祠
皆捐金志於石年七十三卒
朱性字成存公安縣訓導事王母先意承志友愛弟忻
教以成立壽躋百齡
陳欲璋號莊崖性謙厚有雅量篤行孝友昆季五父沒

所遺田宅交讓之陳氏族故繁舉璋爲戶長家政肅
然夙好讀書以諸生老
李永耆字依仁剛方樸實重氣誼所行必軌于正家貧
力學事節母邱氏以孝聞督學宋得其試卷激賞之
賚志殁
陳法騫字二閭敦行孝友事繼母三十年無間言兩兄
早世撫遺孤成立鄉人義之
李敷生字方佑一字奏廵貢生少能文尤崇信義伯父
永昇卒妾葉氏與敷生母顧氏同起居凡服食禮儀

事之與母同歷四十餘年不懈
王興鑑字德操幼執父喪若成人母病鑑依依牀第母
沒廬墓遂不復應試事諸兄甚恭三兄鈞無子殁家
中落鑑經紀其喪割巳産贍其嫂以次子世灝嗣之
童心純字肇昜庠生克承父志一日父出祖父暴病心
純刲股以愈晚好施年荒出穀時疫施藥多所存活
駱員圖字羲則博文强記過目不忘事親左右就養寢
處必侍父殁依柩側三載修家譜親督其事
李大生字暎賓州諸生少事父母以孝聞值母病諸弟

幼大生晝夜哭泣兩目盡盲禱於文昌神夜夢神語
吾哀汝孝起汝母痊汝疾翌日母病愈大生目亦瘳
聞者奇其事
余載廣字應煌性至孝父病危刲左股煮糜食之愈未
幾母病割右股和羹妻汪亦割股進弗瘳兩親繼逝
廣如孺子哀塊苫三年不入內前牧王舉爲田畯官
王夔穗字對書早失怙折節讀書至廢寢食善屬文期
無負母教賚志卒妻陳氏守節
蔡明璋字莪士州諸生性孝友父病爲父嘗糞母病刲

股叔父負債逋亡罪累璋父幾繫獄中璋白其冤事

寧復假乞丐訪求叔父遇于懷寧迎歸中分已產事

之如父

鄭啟達國柱子男婦百口緦服同爨食無異饌家無私

蓄鄉里推爲義士

王球字琳先號淡齋郡　恩貢生四歲失怙凡事悉遵

母教兄卒遺孤一兒臨終託之球撫至成室又卒姪

孫媳守制球又撫曾姪孫始終不負兄託以上舊志

李宗海天性篤厚同居三代凡內外大小雍睦之誼藹

如孫華郁嘉慶戊午亞元詳通志

蔡明謙字受益年十六失怙友諸弟默體母有愛憐季

弟意當母病革時呼季至榻前以母所蓄金數百予

之晚與鄉飲介賓曾孫道熾確遵其舊裔孫景星領

鄉薦

蕭韶號蒲溪國學生少孤母董　旌表節孝韶善事母

母厚於族戚韶備極賙恤家中落僅有田七十餘畝

其從弟以債窘乞憐韶盡售其田代償之而以舌耕

自給屢躓棘闈子光緒歲貢生光縉中乾隆已酉鄉

試孫曾之在庠內外者皆善屬文

楊勳號柏亭國學生與兄貢生照弟煥三建祠宇置田

保墓兼補修學宮文昌閣生平怡怡友愛終身無間

言年八十無疾卒子世瑞孫大昕大彭大椿俱諸生

袁淮號月溪少習舉子業以養父故不樂仕進援例授

貢生弟出嗣伯父淮仰承親意財產均分曾補修學

宮及文昌閣並經理書院均不惜家貲以成其事子

之芬歲貢生孫曾可仕伯彥俱爲名諸生

劉之桂字蘭友諸生性至孝父襄堂官石首教諭桂終

父喪備極哀毀與諸弟處事孀母未嘗廢離弟之棠

成進士未十年而卒桂撫姪成立子姪輩多列膠庠

孫輩亦能繩武

陳佑模號旦餘歲貢生弱冠失怙撫諸弟成立三弟佑

梅館均州僧寺遇流寇害模聞訃繭足走千里覓骸

骨扶柩歸葬工舉子業制藝已入選行世子懋修庠

生孫世型枡宗俱廩生

黃載渾號清溪國學生甫十齡父老病家難并作渾盡

散資財委曲求全人咸以孝稱性樸誠有隱行嘗活

數人命秘不欲宣課督二子式瑛式琦學成而夭撫
諸孫成立年八十四卒季孫體仁道光甲辰舉人
陳時光號月臺父没家赤貧以課讀自給兩弟亦窘不
能供母光獨力奉養有酒食必呼兩弟共以娛母中
嘉慶丁卯鄉試所得餽遺揣母意多分與弟以母憂
未與挑壽卒
陳鵬枝號雲程嘉慶癸酉舉人早失怙事母孝母病危
百藥不起割股醫之立愈館離家三里每夕必歸省
弟卒姪無所依收撫之為娶妻生子給產焉

顧啟環號步瀛歲貢生理學日嚴六世孫慱學黃公四
世姪孫日嚴著作燬於兵燹黃公傳書惟白茅堂文
集其說字數百卷尚未刊行環父兆福欲抄寫以防
散佚未成而卒及環稍長節母朱語以父志環手抄
三年始竣其事屢試秋闈售而復抑者再從遂絕意
功名以硯田所獲奉養其母
王桂德號一峰國學生父早卒事母至孝以兄國學生
琳承運漕艘遂廢學持家節省家用捐金數千入戶
濟漕族人德之子光焯孫士達學仁曾孫紹沂誼姪
孫沅沅子汝嘉一門皆諸生
楊世鍾號雲林國學生幼穎異善屬文讀書碧雲菴值
母氏中痰卒鍾歸痛幾絕遂杜門不出近五十年益
肆力於詩古不慕榮利時吟咏自娛尤工書法善臧
否人物一二言遂定其終身子大濂諸生古直方正
陳統字學賜國學生孝友稱最兄病危兄子僅歲餘統
撫如己子姪又卒復撫其孤其伯兄仲兄臨終均托
以孤統又撫之子三登甲庠生玉晃庚子舉人孫光
桂廩生

陳德麟號子仁恩貢生父早喪事母孝與昆弟極友愛
家庭雍睦藹如也有詩文集藏於家
查時鑑字映斗廩膳生篤廉隅工詩事母孝母病寢食
俱廢及卒以哀毀得驚悸疾服闋距歲貢額僅數
月竟以是疾卒
駱孚着號恪齋國學生嗣父抒懇早喪母吳氏守節四
十餘年孚事之惟謹乾隆十年請
旨建坊旌表生平端方不苟孫尚賓庠生品廩生
陳嘉穀字佩懷善事父母得堂上歡昆季六人極友愛

仲弟卒穀以次子嗣之嗣子又卒教嗣孫仰入學食餼所費皆穀出且分已産予之孫洙增生懋昭諸生懋烈甲午舉人即補知縣出嗣懋森廩生

胡昌恕字致祥不茹葷事親孝母歿痛哭失明既葬廬墓三載

張忠取父染偏枯疾五載取晝夜調護負起扶卧不離左右五載如一後廬父墓三年亦廬母墓三年州牧劉給有孺慕天真額

王泰安字漢光性至孝貧無妻授徒里中每日自塾歸

躬爲母炊母食已始就學徒食母老衣裙皆躬親盥濯終母之身無懈四十後入庠娶妻生四子又兩弟遠出尋歸分産耕以爲食喪葬盡禮年八十猶嗜學不倦季子森諸生

駱天驥字應羲州諸生好讀書雖困頓揚歷不少輟有松軒制藝稿事後母最孝待二兒盡弟道於子姪誼切比兒三世同居無間言族黨皆稱之

高肇芹字鈞獻性謹慎嗜書以文行自任父至儉早逝日侍慈幃無意進取以母命貢成均與弟斯勤斯潤斯澤皓首窮經教子姪以嚴正翔高翔煥翔藻相繼列膠庠家八十餘口五世未析箸

王元長蘄州大同鄉人道光丁亥閏五月山水陡發瀕田江湖多被漂沒孝子家赤貧父某客江夏茅屋數間母棺在焉水驟至孝子倉猝無措大慟以身縛母棺隨流入江浮沉三十里風雨忽反水逆行浪捲母棺及孝子至所居沙岸止焉水即平近孝子居十里中房屋人口皆無恙鄉人感之醵錢爲葬母棺延爲村塾師大同巡檢邱炳申其事於權知州林君寅召

孝子詢知習舉業以館穀養親貧不赴試時州試初竣林君補試之贈以考資列其事於府郡人士咸賦詩美之余亦爲之歌守憲周凱詩序元長是科入泮

王制逸邑廩生性孝友母患目疾不離床席兄弟早逝撫姪如已子族鄰以實行公舉蒙學憲王額奬

李永庚字西有性純孝遭家中落授徒以養老父家人雖恒饑父不知也婦湯氏亦善體庚意

張瑞木父背生癰吮膿血爲人所難

庠生田登甲增生胡藻壽踰九旬庠生胡攸錫壽九十

五國學生王煌吳紳秀吳洪杰陳法震及子學訓民邸金鳳壽九十五余勳俱五世一堂者賓吳柏舉壽九十六四世同居此皆友愛之報也故不名詳其事一類書之

胡海洲家居夙講孝友年百歲請

旌建坊並　予以昇平人瑞額及五代同堂額卒年百零三歲李來淦壽八十八咨部

恩賜遐齡示錫額胡其倖國學生壽一百零五歲

駱如川幼讀書不得志名厠例職同胞凡七人友愛之

篤有漢姜氏風年登大耋子其佑其任其仕俱入成均例職孫曾元賚衍踰百人入庠序者十餘人五代同堂一時推爲盛事

駱輔仁號友齋州庠生性最孝尋規步矩不少踰閑終日以讀書飲酒爲樂事命子洪槃書林山房延師教讀令子孫輩入庠序數人

張仁安監生夙敦孝弟尊重師儒捐貲建祠又捐田課拾擔以給族中生童之應試者子良簡良策俱援例貢孫如源如潤俱入州庠

田正梧號崑山事親孝年四十猶孺慕親歿恒依柩不入內室薨則廬墓以居讀書不得志士類咸惜之存心忠厚每逢歲腊族戚貧乏樂爲解推毫無德色學憲王以額獎

柴得常性最孝父早逝撫弱弟得明得崇成立友愛至老不衰析居距里許每於途中聚會携手涕泣油油然不忍去子厚安隆德亦綽有父風父子皆享大壽孫曾輩入成均庠序者八人

張良彥例貢生爲人和易事親以孝稱捐田培祖又捐

田課拾壹石以爲本族寒與之貲學憲吳以額獎之其子如珩入國學捐貲建祠復捐田課拾伍石以助族中生童應試者

張良淮監生性至孝善承親志樂爲輸助捐田課二十石爲族中生童應試之費學憲王以額獎之

王　煌監生居鄉以孝友稱學憲王有額獎

吳玢號郁章諸生事繼母孝母病衣不解帶居喪哀毁不食教諸弟成立善詩文與劉懷堂孝廉多唱和

吳萬選號晴峯太學生事父母盡孝事孀嫂盡禮仲兄

出嗣家貧歲助穀一百二十石外祖僅存一孫貧不能娶爲聘婦並置產屋子敏孫煥雯皆諸生人謂孝友之報云

王開寅號復皐國學生同堂兄弟開運開泰開銓開籓每會試之資皆取給於寅俾運得成進士泰選庶常凡有勸輸之事皆身任之不欲累及族人修學宮及書院諸務捐貲數千尤人所共見者晚年舉鄉飲介賓以上新稿

駱其權字履中篤孝友讀書務存氣節不肯苟同於俗

里中以正人目之子見儒有父風孫之諧諸生

李珩號醇齋廩生性嗜學與兄瑛善承孀母教怡怡友愛以清德相勵家故饒母命瑛發粟賑貧又平糶族中讀書士母命珩召致家塾親爲訓廸供膏火多列膠庠晚歲兄弟益相切劘子若孫俱諸生以上新稿

管世本監生性至孝善體親心每過永福新開圓山親墓所必泣再拜不忍去教弟世德世球世錄世芳讀書出就外傳親運薪米勸勉殷勤以古塘祖田六十畝爲恕菴義莊承先啟後刊有碑記

王遂中字道理監生性孝友忠厚傳家宗族咸敬服之子鵬翔貢生祥瑞文炳國學生事親罔不盡禮年五十餘依依孺慕得老母歡至於急公好義濟其餘事

管適中布衣士人品端正尤敦孝友子籥監生恒三學昌亦緯有父風課子弟以力學敦品爲要於公務雖傾囊不惜

何煜監生性恬淡好讀書事父配蒼母舒氏愛敬敦篤與弟孔惠小峯式好無尤子烜列上庠克承父志族鄰咸重之

管宜託以篤行稱子庠生成武克承父志友愛兄弟無間言課子姪以力行敦品爲先務值歉歲減價平糶族人貧者咸賴以舉火

查繼達號斐然監生性孝友家貲頗裕歉歲族中多賴之至於急公好義尤爲里中所稱道

方梁材號桂廷拔貢生前補崇陽縣訓導能文章善交遊許魚泉學使延請教讀制軍林公少穆撫軍裕公謙皆有題贈生平衷敦友愛與兄共爨被數十年無少間其子樸初廩生以崇陽軍功賜八品職銜

蔡恒山號荻灘積學能文事節母盧至孝兄故撫姪成立州牧曾以孝友克敦額獎舉耆賓姪及望子及堂及選孫萬秋萬錄萬忠繼承先志及選另傳

郝有仁字京安父早喪事母色養兼至母年九十依依孺慕未嘗一日離尤好義鈷鉧潭爲祟大出入門戶下臨深淵而路惟一綫崎嶇險巇京捐修平之張家涼亭河狹而水疾來往不通倡建石橋費約千金至今稱康莊其他飢食寒衣遇比閭族黨親戚故舊死喪患難加意助之鄉里稱善人云 以上新稿

蘄州志卷之十四

知蘄州事夏津潘克溥纂修

人物志

正直

法語之言人猶從之矧以身率物與上者服其教次亦畏其知老成典型有裨風化至今存可也志正直

明

王泰字德溫方正不阿人有假貸不償者輒焚其券子翰歷敭中外所在稱骨鯁人以爲有德溫之風焉孫儼歷任知府

史朝貞號介臺中萬歷戊子京闈鄉試負性剛直宦成歸里與人言色不苟時事有不便者輒持正議爭之無所避諱鄉里多倚賴而執政亦增畏敬焉

陳華字仁所州諸生潛心於學詩文力追漢唐善訓俗時稱古君子

孔庭訓字聞卿州諸生少負儁才李少司馬及副憲公甚器之諸子姪奉爲師生平篤氣誼惡惡甚嚴落落寡所與萬歷丙辰大司農吳公長谷倡議築浮玉磯

建文昌閣紳士推訓爲首事

陳禮號瑞菴少通經史善屬文年十六郡試第一補諸生鄉閭屢躓遂杜門却掃風族以正

嚴政荆府醫士家貧甚好學能詩出入府禁一無所苟荆國重其爲人以田給之年九十卒

陳一元字不息郡諸生其父仁民以疾解組伏枕八年一元善養之人咸稱孝好古籍謝絶賓客言笑一無所苟

沈士望字公輔州諸生才學優長留心時務崇禎間詣

闕上書名見授兵部叅軍詩詳藝文

陳信號恂齋恂恂謹飭雖獨處必正襟危坐無跛踦容弟書年十八爲諸生窮經至嘔血不輟兄弟學行爲時所重云

胡其志字存雅太學生夙負氣節遇事抗直敢言癸未避賊於蘇家山被執其志曰釋我妻子奉母歸吾願荷戈賊許之行至五里腦黙計毋可免乃罵賊死妻張氏撫子世煜世炳以節終

陳其劾字無功號勤菴讀書數行下爲州諸生有聲明季賊陷避亂於牌石地方慷慨悲歌坐水中而死

陳其瑜字拱珍存心仁厚居渴口鎮路當孔道雨若泥濘出貲數百金修石路建石橋又貧死無殮者施與喪具捐河西地十餘畝爲義塚山遠近德之明季死於賊

國朝

張效鍊字治仲思齊孫以副榜授浙江平湖縣丞人不敢干以私署桐鄉縣篆值歲饑開倉發賑然後上聞去桐日民勒石紀政後解組歸以正自守梓里憚之

王恊字恭男號約菴雋才博學由明經授華亭令疎狂自喜不顧任吏偶與當事齟齬遂拂衣歸居蘄城之南山以詩文自娛著有約菴集

熊轍字復由幼讀書敦氣節不苟委蛇于時弱冠爲諸生時多寇難棄筆硯學劍談兵爲左右射崇禎癸酉丙子兩中武榜授南京守備練兵訓卒慨然以疆圉爲任

劉匡生字生生正直好義鄉里咸倚重之中順治甲午鄉試未仕卒子戬諸生孫文起康熙己卯舉人文起

歲貢生曾孫价丁酉舉人
韓宗愈字又昌副宗友次子　恩廕廣西陽朔縣令性
剛直不屑夤緣當事會吳逆兵起愈抗節不屈死妻
李扶柩歸葬
張正鼎字若鉉增生弟正瓏早逝姪啟疆甫數齡正鼎
撫而教之登康熙乙酉賢書族戚有急常傾囊以助
極力幹濟雖瀕於危不悔捐產作通族祀田綜理家
政庭內肅然子三啟翼另傳
馮以泰字彙升大司寇天馭曾孫州學生性端方兄弟

以詩文相砥礪制行悉遵祖訓弟以觀由拔貢任常
寧教諭子煥州學生焜諸生姪炯康熙乙酉副榜
吳善玉字百美太學生操行耿介率子弟以正尤樂施
與里中農有苦無牛者輒買與之嘗載麥泊陳子鎮
值水荒貧民絕食持券乞貸者百餘家玉慨應之如
期往貸者貧難給也遂火其券以歸
王志摶字公遠爲諸生不得志於主司赴國子考授佐
郎尋以疾歸督家政課四子皆成名居常善決事不
少阿曲戚里有屈於理者畏其知好施與出貲建濬

源口螺絲港二涼亭及橋路行旅德之北上時有婦
泣於橋詢之乃貧家婦也夫亡翁姑將嫁以自贍訪
諸鄰如其言遂見其翁而慨然厚與之囑成其志衆
皆感而泣謝焉
張爵字浴亨郡諸生氣概豪邁不拘繩尺然諾取與雖
小必斷以義聞人過輒面責無隱人亦不憾一時比
之王彥方云
陳國棟字懷玉號待菴諸生性方嚴不苟同流俗年方
十三失母哀感如成人家隸衛籍順治癸巳經畧洪

承疇督師湖南路催漕急時國棟年甫冠侍其父挽
運涉大江洞庭之險風惡與湖神盟願就溺無驚乃
翁少頃風定卒無虞鄰艘咸賴之晚年蒔花種竹招
集名流嘯歌忘倦年六十七無疾卒
陳正誼字右商號純菴剛直公平不阿流俗中康熙甲
子鄉試授辰州府沅州學正當事有缺失正言不諱
以丁艱復補授棗陽教諭致仕歸鄉里咸畏重之
田際泰字亨若號端巖郡增生素行端潔族里有紛爭
一言解之皆帖服晚乃葛巾芒屩逍遙遊嘯有古逸

子風

黃錦字雲織爲人有膽畧尙氣節不踰繩尺崇禎癸未賊陷蘄州大肆屠戮錦被執不屈賊壯而釋之順治初爲州諸生四子皆著名

呂呈瑞字輯五文名噪蘄黃間性方嚴倜儻多才排難解紛不遺餘力由例貢授訓導未仕卒子玠另傳

王藻字秀友州諸生以正自守族黨有爭賴其一言康熙癸未舉鄉飲介賓州牧劉顏其堂曰今之彥方

張世升字秦瞻號岱巖承瑞子年十六爲諸生隨父歷

任閩粤歸日囊橐蕭然閉門守寒素風性直常面斥人是非族黨憚之教四子極嚴出入坐立不假聲色

陳欲瑞字覲牧太學生學博常之四子好古能文書法尤工篤施與里中貧不能娶者輒解囊助性質直率族屬以正家政肅然

陳正經字綸章太學生少有籌幹讀書明大義然諾取與雖小必出於正年十五代父理戶事爲族人輸丁賦三十年會各屬丁隨糧派經力勸其事爲士民倡州人德之子履中乾隆乙丑進士任貴池知縣

王鎬字夔韻號西周永圻次子貢生少能文曉工書法遊歷江淮貴介咸推重之授荆州府學訓導以老辭

馮煒字彤友天馭元孫州學生臨事不苟族人矜式之雍正己酉仝叔父及弟姪輩捐銀佐修學宮當事以優行舉

陳肇元字普資州學生數躓棘闈遂援例入成均考授縣丞廣交遊重然諾每值歲饑輒減價出售未任卒

張正問字蒙清嘗讀書城南鉢蓮菴至夜分不寐僧燭之暗爲驅蚊弗覺也中康熙癸巳鄉試分習刑部清

勤供職守正不阿以勞遘疾卒

陳治猷字贊侯號抒懷士猶長子由貢生授應山教諭歷任三載以正自守不私請謁修學宮獎拔寒俊邑有陳生者貧而嗜學年五十未娶適生往江南過蘄治猷父以四十金贈生生大駭目兒輩問中有請助君娶語勿卻也遂得娶以歸子文獻縣丞文藻光祿寺署丞

張溥字廷弼號靜菴諸生少嗜學步趨不苟建義塾課宗族秀良給貧者以膏火復捐金置祀田春秋餘贊

存濟族人

王有信字正誠號恪齋貢生少失怙奉母無違禮教弟以正家素饒貲尚節儉覩義爲贏縮時州多創建如修學宫浚隍渠諸務捐千金不惜

王有斐號竹齋少失怙事兄甚謹援例授州同教五子寬嚴有方皆成材性尤好施歲饑減價平糶以濟閭里累捐多金以襄公事乾隆甲子舉鄉飲大賓

張杓字魁先由例監考授縣丞負氣節英資磊落臨事不苟遇人有機辨一以情理折之靡不帖服行誼爲

鄉里所重

張愓古字咸卜號吉菴州諸生丰采踔厲能文章歷試不遇閉戶著書自娛乾隆甲子公舉鄉飲介賓州牧蔣重其人爲給匾

湯周明字融遠號坦菴太學生家世素封抗直有幹畧見義輒勇爲收卹族鄰常待舉火尤重文章氣誼周明卒州士夫暨宗族鄰里咸爲之哀輓

陳於粱字奕山幼失怙事孀母以孝養得其懽心佐兄理家政事無大小悉稟命行友愛季弟尤爲篤至由

太學生考授州同性好施予每值歲歉指囷廩減價以糶族黨中貧不能舉火者周給之無德色家本衛籍屯務瑣細勾稽出納一稟於公遇人無少長悉遵禮法

王世泓字希曾號蓮溪州學生負雋才沉潛經史與李生槃善日夕往還課詩文暇即揮麈佐飲相誡勿預外事雍正巳酉以優行舉

王鍾字藩臣少攻舉子業試輒前矛旋援例入太學爲人慷慨急公州當事每有刱建多資其力樂施予每歲必合藥煎膏以療人疾苦歷三十餘年不懈

黄載安字東鎭號墨齋太學生精秦漢篆著有印原十册生平取與不苟急於公事州牧多委任之修學宫浚隍渠及書院諸務載安經營如家事勞瘁卒

李澤湘字判南性方正嘗謂讀聖賢書期於能行生平言行必法交遊不苟母病不寢不食及卒以哀毁致嘔血尋卒於苫次

張璸字名儀太學生操行耿介有古君子風處族黨以身範物不失尺寸人有過失私畏其知孝事母扶持

抑搔必敬嘗修合濟橋與陳欲珍共捐金數百

張翼字仲恕士淑曾孫以歲貢授咸寧訓導蒞任後約學係數則以身先之士習蒸然丕變尋以疾卒於官

王思孟字近聖州學生爲文有逸氣兼工詩賦制行端方里中優禮之延課子弟研究無虛晷

張世珖字瑛璧由太學生考授縣丞性剛直爲族里所憚服生平樂施與歲癸亥大饑珖竭廪穀平價以售州牧給額奬之

張元勲字翼周州諸生性直不可犯倡行義舉族鄰有

公正稱

胡鼎元字登二州諸生與知名士相砥礪學益大進選吉擇地動遵禮法

駱昆玫字輝吉以正自守取與分明設家塾延師課子不聞戶外事

張瑗字則玉太學生居嘗寡言遇排解紛爭輙持正論屈者畏服

胡瓚字瓉公州諸生自幼不與羣兒伍父母鍾愛之下帷攻苦朝振厥家

陳聖泰字子寧州諸生母歿父理家政常抑鬱聖泰善承意旨得歡心婦克相之晚益以正直著

張爲煥字光溥太學生嘗謂讀聖賢書知之非艱行之惟艱篤行誼然諾不苟

張國翼字雲翥諸生性剛直人莫敢以非分干有爭者質之輒解爲州牧李所知欲以優行薦會李擢撫州郡丞去旋卒翼走賻千里且鐫其政蹟以傳晚鑿靈巖寺險以利行人

陳範字叔淇杜門不與外事嘗書朱氏家訓及諸格言

以自警鄉鄰推重

陳視古字鏡書太學生理家政俾諸弟得肆力於學爲人公平正直族鄰推服

易德邁字陶希父時憲門下多俊彥德邁砥礪以成其學因素善病遂精岐黃術生平以禮自持舉動不苟

田用中字思舜國學生執父母喪皆如禮事兄如父率子姪以正與兄偕合捐田助書院膏火

裴天明字才高有貧家鬻婦天明給貲完聚之子向化並給田數斗康熙間舉鄉飲

陳鰲號普菴國學生爲戶長以正服人修廟學以經費不敷用多所捐埜詳碑記

陳琛字憬菴州貢生性剛正不阿流俗族里事多就正抱曲者望廬而返兄殁撫姪如子

汪鵬字元龍號騰九勤學敏於文中康熙丁酉舉人性方嚴族里咸敬憚之揀選知縣未仕卒

熊慶源字衍長頴敏力學弱冠受知於太守康以大器卜之中雍正乙卯鄉試有介行揀選知縣未仕卒以上舊志

黃鳴鳳字集三廩生嗜學能文家貧甚不受人餽遺亦不投足豪門其從弟某以墨史生活鳳雖飢不食其食偶遭婦女於道則謂世風不古感而泣下其生平境況惟書床茶鐺清風明月而已

陳良弼字鵬程乾隆乙卯副榜就職教諭年少理戶事建祠與祭正直公平督率子弟講學不倦弟良翰子賓暨蓮孫元甲俱諸生

胡恩字汝誠號謹堂薰之子生平然諾不苟居鄉以息爭救急爲心會歲凶竭貲運麥以濟貧者飢民賴以生活以歲貢授荆州訓導訓諸生以人倫學術相勵年七十二卒於官

袁培松號石齋國學生爲人岸然負異有古高士風讀書期學聖賢執親之喪不露齒者三年既葬廬於墓遇國制則易服而泣如喪考妣然兄弟之間財產不以自私見世俗營葬爲害著風水本義一書以斥形家之非居常閉戶絕少知交人罕有識之者

張寅國學生明通正直萬南泉贈有推重鄉國匾額虞山錢公修志徵爲採訪生子二長良木　恩貢著有

松亭文集次良朱人太學積學以內行著鄉黨無間言學正王賜孝義堪欽額文二子長如焯有還醇山人詩文集次如煦庠生有月軒文集煦子意森廩生意元增生

駱上達號亥峰邑增生少從萬南泉太史游深器重之與姪庠生見唐國學生見準見儒輩正直見推族鄰嚴氣正性惡少望而憚之事後母盡孝人無間言晚歲闢地爲家塾聘師教讀建望岡亭擁翠園植名種甚多以爲游息之所子天驥孫沛鴻爲邑名諸生會

孫定偉庠生定侯　道光乙未武舉　以上新增

恬退

澹於榮利環堵晏如古稱達觀之士非耶蘄地饒佳山水蒔花種竹飲酒賦詩又適足寄其徜徉宜夫優游退處者多也志恬退

明

郝源字本清聰慧端慤長于訓詁於醫數學無不精曉荆王最雅重之授宮僚不就以子守正貴贈工部員外郎

陳日恒字知德號石居散人著有逸興詩稿正德丙子郡守李素純書行義表其居于仁近仁民另傳

李樸字淳夫正德丙子舉人歷官陝西隴州知州以直見忤調任不赴退居林下豪放於詩酒數年乃卒祀鄉賢

王鸞字應期正德年歲貢授餘干縣學訓導陞舞陽教諭善於課士予告歸猶窮經牖下澹泊寡營兩縣不能忘各載名宦

陳一賔字用世諸生科舉屢躓遂豪放自如時聚族人說家法著有元緝野人集

胡世則號乾封萬歷間官至雲南府太守有聲予告歸日惟常飲鄉居自適

陳仁民字守治號龍岩由廩生就例貢授新喻主簿及致政家居不殊布素端方誠篤里中稱爲長者晚與弟仁近杜門却掃詩酒自娛不與外事

王允隆字爾錫性穎敏能文章甫成童爲諸生凡七試省闈不售食廩餼曹偶推重終以例貢得補丞佐不屑就出處無忝尺寸著有鷦枝館蓼堂等集

陳吾恂字大誠號朗皋州副榜仁近長孫母周氏工文詞嘗築臺舍側教恂兄弟無故不令下樓益究心典籍著作甚富存者僅三角山會龍池記

國朝

李具慶字亞白兵憲樹初次子博極羣書爲州學生值獻寇陷蘄全家罹難具慶被創妻裴創負之行國朝定鼎歸居湖上防道呂延入雲門社與吳東白華二華主盟文壇絕意仕進晚號懷二著有芸香草荷汀等集

張承俊字克灼州諸生布政邦翼孫同知發葵第三子善鋻昹兄承位令桐鄉每省覲必艤舟西湖詠懷古蹟卷軸至盈簏晚號杏圃老人

李本淑字心尼號松筠孟春孫楨之子由文學入監考授州判以親老不仕性謹厚行中禮法晚癖山水築室於桂花亭教子讀先世遺書詩酒自娛不履城市

陳其功字銘常諸生弱冠即有文譽嘗謂文不先行篤修門内爲族屬矜式

張士灝字鄰遠歲貢生工詩文試輒冠軍性豪爽每酒酣吟咏不休築園於城北顏曰梅隱晚益刻苦爲詩

子樞另傳次柟諸生工詩書法尤精

李士俊字潤文號於英炳然從弟從遊於澹巖仉懷諸公時加磨礪駸駸有得扁其居曰鶴原石室吟咏以老著有鶴原集

顧普字康侯景星長子州諸生性純孝母蕭氏病篤籲天祈禱願以身代母殁一痛幾絕父殁亦如之

張梓字琴質歲貢生才學優長文祖唐宋八家晚乃豪放山澤間有物外吟集

陳文炳字爾則時流寇蜂起炳鳩集居民扼險設伏賊不能害無意科名以明經老

李之珖字寶次弱冠爲州學生祖樹初伯廷慶死於難珖承伯祀伯有二女一適貢生馮揖一適舉人張承位凡遺產與二女三分之篤行誼不入公門

陳其勛字彦臣博學不求榮進課子姪敦崇實行年八十州牧遲舉鄉飲賓

胡之偹字偹甫歲貢生苦讀書爲文必準繩豐屢躓鄉闈遂絕意科目作隴上吟

陳吾愷字仲悌郡諸生仁近次孫少與兄吾惆同師母教嗜學好古工於聲律並妙書法著有喃嘍草堂詩集藏於家

石爲璘字璠生號野航州諸生先世河南鄧州人父中玉以功授粵西參將卒於任璘幼隨母扶櫬過蘄蘄營參將爲姻舊遂家焉長從顧黃公遊凡詩文親承指授有野航草尤工書法性閑適輒一琴自隨時比之曼鄉云

葉玉成字崑最性穎悟年十二補諸生短檠風雨讀書

至夜分不倦蒔花種藥清趣自適

張仕厚字存古仕渾之弟讀書多冥會斂迹下帷不喜見賓客以歲貢司訓荊州府未久告歸舉鄉飲大賓

顧秉恪字丹懷號滄洲州學生試輒高等築室於後豈圖擁書據案教授生徒多所成就不輕與識會當事聞其名非公不見益重之

方彭鑫字石鐘號東滙歲貢生博學能文搆室江干棲遲以老著有廻瀾集

田再高字寗宇明季亂棄妻子負父宗濱得免

國初土賊馬蓮山鄭鼎生等踞將軍山仙人臺爲民害再高練鄉勇擊退之授職不就隱居教子弟以老

李澤兌字振秋本淑長子性穎異十歲能文弱冠以第一補諸生博極羣書詩古文詞名噪蘄黃間有文集藏於家

饒斌泰字文安少貧無力就外傅受孝經論語於其母稍長學益進爲名諸生以歲貢司訓竹山循循善誘其邑自是多文學卒於任貧不能歸遂籍焉

李永昇字志南號青郊中康熙庚午鄉試性豪爽聰敏絕倫與同里張士渾馮以觀顧冉相友善每讌集賦詩節響清越慷慨悲歌聞者壯之著有若覓村集

王開翰字守東號杏橋少穎異十七爲諸生同伯兄開泰讀書洪山寺泰選庶常翰數奇弗售與泰愚圃張另齋輩文酒往還年四十一卒

鄭裔周字郜胄號闕吾州諸生早失怙恃刻志讀書屢躓場屋遂放懷詩酒於同輩中稱豪士焉

李生彬字雉文少能文試童子第一補諸生友愛諸弟門內怡然晚乃棲遲湖上以明經終

何光義字臣極州諸生獻賊屠蘄闔門焚殲惟義獨存遂灰心仕進終日杜門焚香默坐罕有接其言笑者

李國華字耀宇貢生明季賊勢猖獗國華負母至深山避亂兩弟幼被掠復計脫之人稱其孝

馮應舉字伯貞居心忠厚癸酉年賑饑又捐募闕口河渡田當事請獎力辭不樂名譽隱居山林

黃天祐字貞符州諸生篤於學後結廬於濟邑之青林湖與舒峻極劉千里詩社往來屏棄一切

王輿鋼字孟堅弟輿鐘字金聲永壚子鋼諸生鐘太學

生兄弟孝友雍睦之氣溢於庭闈外事無所與
張鏡字研修由諸生就例貢敦厚周慎不苟言笑晚猶
嗜學手一卷無間寒暑後輩敬憚之
張樞字鴻緒號紫垣州學生少負大志屏棄一切讀書
梅隱園終日夕不倦善書工吟咏著有矩軒詩集
李永寧字萬咸性醇謹喜讀書下帷攻苦人罕見其面
以明經老
陳起書字公昇性穎敏讀書目下數行後以文就武試
壬午科獲售書素饒方畧有膽氣然守法度足未嘗

一履城市
呂玠字全蜀號濟川康熙戊子武舉公車一上不復圖
榮進建星聚堂課子若孫妹適劉早寡玠爲資撫
其二子妹得終節子三孫士模乾隆壬申舉人
王學裔字洪士工舉子業爲州諸生中年即無仕進意
吟風弄月寄傲於蒼松白石間
董堪字亦仲恩貢父文獻諸生年九十堪年七十不異
孺慕以授徒世其業不與外事
李承先字黄序郡諸生家貧嗜學長於訓詁治壁經者

多由指授
熊楚荆字漢南號玉山州學生爲詩有聲晚搆別業潔
清自處詩見雨湖合刋
黄載華字砥南號鹿亭太學生性恬靜喜讀書質弱冬
夏不鑪扇日手一編兄弟相摩勵善詩古文詞雨湖
七子華與弟嶠皆與焉年六十六卒子式鵬尋卒孫
承堅梓其梧岡詩文及咏史百花吟等集
王開文字超儒號天峯州諸生操履篤實有古君子風
性敏悟能文章家居教子姪以文行相勉勵乾隆乙

丑學使者采其優行
張世永字卜周篤學能文弱冠爲諸生屢困棘闈遂放
懷山水年逾八十
陳鴻猷字襄侯士眉次子少穎異九歲能文章嘗讀書
城北宛中菴屏棄一切由國子生考授縣丞以疾未
仕卒
王思遜字宜山太學生父學古病足遜扶杖納履不以
入代妹早寡爲購屋割膏田百畝與之撫其子成立
築南岡別業蒔花種竹其中有泉石之癖云

陳大孚字容吉州諸生素剛正不阿人有過失直言相
規不少假辭色晚年澹於世故筆床硯匣終日自隨
於經義多所發明
張炳文字崇姬號郁齋由例監考授州同所行一軌於
正晚築別業觴咏其中以一經遺其子不與外事
王世治字傅霖號雲區少能文就例以州貳謁選都中
聞母病趣歸踰年母歿遂無復仕進意築南山樓焚
香獨坐不伍塵俗
陳國凝字襄州郡諸生少有文名比長學益博洽順治

丁酉中副車自是屏跡山林詩酒嘯咏以終
范公逵號半園謹厚恬退閉戶謝塵以書法自娛非義
不苟年七十足跡不入公庭里人推鄉祭酒焉
陳之壎字北垣肇元長子少爲諸生後入例貢季弟於
桂夫婦早亡之壎撫兩姪如子
王世溥字量周例貢生少聰穎善屬文沉靜嗜學一時
從遊者遍閭里循循稱善誘焉
陳可坦字履吉郡庠生磊落有大志文酒談讌怓諧不
減晋人年三十餘卒所爲詩不自收拾多散佚人咸
惜之
駱三捷字克明好讀書年六十手不釋卷督課家塾
陳於棠字蔓華號實齋由太學生考授州同爲人豪俠
重義不就選詩酒自娛棲息林泉以老
陳夔蘭字魯奇諸生貧敏嗜學鍵戶讀書足不履城市
喜獎藉後學晚年寄情山水詩酒自娛年九十卒
余正古字道平歲貢生毋年八十正古年六十依依孺
慕工舉子業遊於門者甚衆
陳坎字帝因性謹篤不輕然諾建祠置產族衆多倚賴

之爲諸生有聲以明經老
王柯字青萬歲貢生居處深山好古籍以幽人自命搦
管爲文詞饒有逸致
王世沅字靈湘力學不售就例入國學生家居篤宗族
之誼遇非禮不動聲色怡情山澤晚字澹齋
駱藻字正音州學生性温敏酖酣經史隨所往必攜書
以行著有訥齋草門下成材者甚衆
胡應虞字文際號續齋州學生卜地一區築室一楹讀
書其中無子卒家人即室爲葬所　以上舊志

張申字聖懷以明經授穀城學博勤校課一時多知名士子舉人兆講先卒遂無仕進意歸築耕月山房數椽植松種竹詩酒自娛自號松崖老人善詩古文詞草書逼眞懷素年七十六卒著有耕月山房詩集待刊

陳絅文字必田號素吾天資英銳博覽羣書善屬文尤工書法律謹嚴造句有唐人風味與陳愚谷吳巳山兩先生爲道義交視名利淡如隱居教子課孫以詩文自娛著有素吾詩草待刊子本中登賢書孫之原

連振俱庠生

陳其般字楚奎弱冠補弟子員鍵戶讀書八不赴鄉闈庚午師友强就試遂獲雋一試春官未售絶意進取銓選知縣不就日以經史自娛著有知鑒錄五十六卷續綱目八卷讀史餘言二卷善病精岐黃著有脉法指掌經絡會解古方辨略新方辨畧醫學指要等書藏於家

李承洛號瑩壺幼慧十齡應州試列前茅後登嘉慶戊辰賢書授鄖西縣教諭終養告歸性癖湖山而淡於宦情結廬雨湖南岸嘗作垂釣圖以自娛生平所作詩古文詞不肯自存其稿僅留匡廬紀遊草一卷藏於家

胡鴻然字明卿號史逸山人恬靜簡質有儒者風三十餘棄舉子業遊心藝苑不預外事著有讀史管見十卷一拳堂集十二卷待刊

駱沛宜號醇菴布衣篤志學問視名利淡如著有事物尋源三卷蕉鹿詩草四卷古今詩翼十四卷一秤金一卷

陳洪綽字德優幼穎悟博極羣書弱冠時即絶意進取族丁繁督修宗譜蕆事後築鮎山別業詩酒自娛不與外事子光詰孫立言俱庠生

宋人龍號心齋國學生宅心以厚接物以公惟尊師重道尤爲人所難及其兄隆壽好施與淡功名族鄰亦同聲稱之

何天評號退谷州諸生爲人沈靜寡言尤篤於孝友常鍵戶不與外事故自少至老足跡未嘗一履公庭年踰八十猶以讀書爲樂將告終臨期囑家人勿他適

沐浴衣冠喚子婦孫曾羅於前坐而逝著有退谷詩
鈔

陳祐瀅號六峰乾隆辛卯舉人受知於督學吳白華白華雅重其品學常款留任所爲忘分交瀅淡於宦情平居惟以書卷自娛終晚年學術益精

劉之綱號松岩歲貢生束身自愛不入勢利之門惟手持一卷無間寒暑怡然不知老之將至子用瑛廪生

王彬德號布若　恩貢生手不釋卷爲文才情超拔科歲試輒冠軍乾隆辛卯丙午房薦均以額滿見抑遂

閉戶安命不入秋闈潛心教讀多所成就子占春庠生

楊世銘號勉齋廪生性豪爽能文貧不能讀者輒助以膏火築室於城北荷池之傍顏曰藕花詩酒自娛不樂仕進卒年三十九士論惜之

王錦鱗號海門性聰穎目數行下博極羣書爲文自闢蹊徑屢薦不售生平不預外事以明經終

蔡及選號顯賓性謹篤好讀書克承先志杜門不出惟以經史自娛以上新稿

蘄州志卷之十五

知蘄州事夏津潘克溥纂修

人物志

尚義

制事之準莫大乎義君子於行義難言之布衣一諾重於兼金中流一壺尊於拱璧夫有取爾也是故慷慨樂爲人緩急者亦足多焉志尚義

宋

祝文蔚蘄州士人嘉定十四年三月金人犯唐州陷蘄

州知州李誠之及其屬吏皆死之詔趙方往救方遂命許國扈再興解唐城之圍國還鄂州保江再興引軍至蘄州之靈山伺金人歸而擊之文蔚横冐入陣大敗金人再興乘勝追逐六十里擒其監軍合答等

張德興蘄州民嘗幼主稱制海中舒黃蘄義兵相繼起德興與安慶野人原寨主劉源起兵司空山屬縣人博高亦起兵應元宣撫使賈居貞移檄諭以禍福兵稍稍潰散高知不可爲變姓名逃元兵獲而殺之

明

顧禧正統中出穀賑饑事聞勅曰咨爾湖廣黃州府蘄州民顧禧國家施仁養民爲首爾能出穀一千一百石助賑朕用嘉之特賜勅獎諭榮以羊酒旌爲義民仍賜免本戸雜役三年尚允蹈忠厚表勵鄉俗用副朝廷褒嘉至意欽哉故勅正統七年四月十八日命有司立旌善坊

陳仁惠字守介宏治例貢和平正直族衆奉爲長諸事悉聽命焉封祖壠增祀田有孝義稱

胡從瀾與弟從滿從漨世居蘇家山五代不析箸正德中載穀千石至省城值饑盡捐以賑事聞勅賜旌善

劉正佳字繼山州諸生性好義嘉靖間兩次爲粥賑饑

李枎字開甫際春第四子神廟末以明經授淮安府同知山東大饑撥米發賑適糧艘以河淺不得進枎向富商貸銀數萬僱人夫起運後鬻産以償事聞加按察司僉事職弟樸兵馬司指揮

陳定國字巽宇客武穴鎮路拾囊金訪爲幕屬所遺得其人悉還之義聲益著子侯周另傳

胡朝宸字正卿天啟間歲荒朝宸出穀五百石以賑復爲粥於路全活甚衆有義聲兩舉鄉飲賓年八十有六卒

陳惟聰字逵承州諸生承惠元孫天性孝友生母唐氏早卒事後母謝氏如其生母與季弟惟顯惟簡惟哲相友愛三世同居不析箸人稱其義

陳仁爵字守崇號南湖州諸生篤行孝義父曰桂遺基業甚豐庶母弟仁敦生甫匝月有謀欲害者爵覺置幽室令巳婦乳哺後敦亦以行義稱

國朝

李彥字美仲州學生僉事新弟爲人謹厚多陰德癸未之難全家被害彥獲免逵竄歸見白骨遍野遂捐貲收瘞於東郊合大塚盧澹崖爲瘞骼記

陳士胥字胥白言先子歲貢生讀書明大義不務章句尤好施予嘗捐牛馬坳爲義塚歿後州牧者估爲巳業其子國學生澤猷候補營千總起超等清出墾田租十石資書院膏火

吳士龔字兩樊善玉子以父疎財析箸時僅米十艇初入國學生至是棄舉子業理家政不二十年田園日

拓其法一本於儉然好義不減於父母歲春出佳種以助農民鄉里頼之

陳道毅字惟執郡諸生性豪爽樂施與於渴口鎮建橋三約費千兩募未及半遂鬻腴田百畝成之

李澤溥字沛蒼歲貢生工詩古文才識過人州牧張六菴有疑案不能決延溥至咄嗟立辨家承貴顯饒於貲溥振乏絕聯姻族製湯藥施棺木鄉里德之蘄俗富家每易佃溥獨不易令子孫世守著有雨湖閣文集津梁醫書

陳心鎮字隱豹州諸生好古慕義時流寇犯境集鄉勇仿團練法立砦以禦有司壯之功授守備駐劄道士洑

葉俊士字秀升號渭公歲貢生初授益陽縣訓導陞零陵縣教諭尋陞施州衛教授所在課士有方人知敬學致仕歸置本鄉橋渡以濟行人辛亥蘄饑俊士捐穀賑之全活甚衆

葉優士字餘公號大軒由貢任浙江仁和縣丞夜聞書聲造廬訪之乃邵生也家貧力學優士月給膏火獎遇有加禮邵生登顯仕士民立石彰其義

汪同斗字天北年十四爲獻賊所執無懼色賊壯而養之乘間得逃遊蜀十餘年挾貲歸恢復故廬慷慨好義收舊姻方張二姓子飲食敎誨幷爲婚娶康熙癸卯歲大水同斗收租高山里減價出糶貧者不取値

劉漢臣字楚相敦睦婣族以孝友世其家父君愛最憐少子析箸時漢臣悉捐膏腴以與其弟康熙間州牧張倡建西河橋漢臣捐金督工陰德尤多

陳豐曾字魯士歲貢生平居謙退不欲先人義所當爲

慷慨身任其責友愛諸幼弟課以成材治家肅穆室無私財食無異饌有義門風

邱天錫性謹樸好施與堂姪文若蓮若俱少孤天錫撫其成立各完婚配嘗埋白骨尤爲鄉里推重

張星炳字仲華當流寇蠭起結鄉勇以爲捍蔽未幾賊衆突入舉家悉羅於難承平後葬其父母以下六棺撫姪如子恩養倍至

盧暄字星耀好施與鄰里不給必量力以助收瘞無主枯骨康熙三十二年以耆老舉太守戴旌其門

吳善鎸字鼎來幼失怙母手病莫舉每食善鎸必左右之歲饑出賑置喪具施山地以瘞貧

胡正綸字敦五有族兄立嗣巳六十餘年單戶胡姓誣爲逃旗幾瀕於危正綸代白之俾承宗祀里閭有爭執一言輒解子便有父風年七十始生子可驗咸謂積慶云

蔡世華字樸先諸生醇謹爲士林推重鄉人有爭執互質於華輒杜門不出後乃緩言以解每歲暮館歸聞戚里不給必解推以濟有義聲

田之魁字士元州諸生端方式俗尤輕財尚義倡修廟埠河大橋石路并置渡田募金不給傾儲以成行旅德之

陳欲乘字奉三太學生丙辰荒乘出貸廩穀千石以應貸者不取息鄰邑蘄水亦製扁彰其義

張爲光字秉元與物無競終身不見長吏家素封族里多感其惠

胡啟觀字用賓諸生性樸實無匿情飾貌家頗饒戚里間扶危濟困略無吝惜

陳欲春字載陽太學生族立房長子姪多就範尤輕財好義州里有公舉輒踴躍襄其成

胡正科字登一太學生性儉樸自奉淡如鄉人有急者嘗稱力周之

蔡士元字儒宗例貢生重行誼好施與寺觀橋梁傾圯者多賴修葺

胡世嶽字中山醇謹老成好行善舉嘗斂穀賑外來饑民全活甚衆

胡獻美字尊五尚義氣康熙間里有私派無敢言者獻美白其事居常就質訟端多息

范龔祿字繼文生二歲而孤事母終養時有徭役之派龔祿承應爲鄉人倡某姓喪母無殮葬既鬻其子龔祿解囊贖歸俾全父子始終無德色子正另傳

吳本瑞字瑞玉天性孝友尤好施與康熙癸酉捐穀數百石煮糜以活鄉人後每值歉歲捐穀如初前牧重其義與温處道高培同舉鄉飲賓

王星慶字皇士號逸菴廩生和平温厚重誼樂施族有孤子公瑞者無所倚星慶給與腴田經紀其家俾得

成立又朱氏子德修兩世單傳貧不能娶祀幾絕星
慶貲給完娶善行多類此士論高之

王興鰲字文恪少讀書不售隱居於鄉百行修整日用
間自奉淡如有羨即爲貧者助

湯美秩字聘卿號庸齋輕財重義兵燹後給族鄰牛種
生計以滋値歲祲捐粟賙饑時分巡守道徐前牧高
胥旌其門

何一貢字序尊家世豐厚好施與族有貸貢貲貿死於
外者貢遞千里扶櫬歸不計前貲仍周其妻子鄰有

鬻子者貢捐金贖之雍正丁未歲饑穀價昂貴卒姪
開卷等減價糶穀六千餘石遠近賴之

王佳士字元臣幼失怙遵母訓撫弟元弼元錫著聲黌
序嘗以四十金置婢臨行母子相對泣佳士憫爲即
還劵不索償候選縣丞未仕卒

陳欲禎字我承貧敏嗜學入郡庠文名噪一時母周氏
病篤刲股求療里黨有義舉尤喜爲之

陳法烾字周琬師儁第五子修葺橋梁道路不惜多金
雍正年山東民流於蘄烾給以口糧路費回籍州牧
詳請表其閭

吳大觀字學禮艮才之子任成都府守備有勇畧至性
過人少子應星字聚五有父風

伊琦字懷璋恩貢生胷次坦白爲衆所信任乾隆五年
修麗澤堂經營事竣以琦與汪俊倧爲首庸

胡啟虞字紹唐太學生丰儀俊秀性樂施與每歲饑輒
竭廩穀平糶著義聲

陳欲亨字乾次州諸生性敦樸無機巧家故饒樂爲人
緩急窮冬無告者資給薪米歲以爲常

葉燠字虔生幼失怙母張氏教之中康熙戊午武舉選
青州千總未任居家好善樂施族里德之

汪俊倧字育中州諸生執親喪哀毀骨立事伯兄濂友
恭曲盡輸金修麗澤堂造湖橋壩人稱其孝義云

湯顯名字嗣武仗義輕財宗族鄉里無少長咸德之前
牧劉以耆賓舉

駱舉字育萬師書子性樂施予乾隆九年捐穀三百石
分濟窮民又貸金貧不能償者令各驗劵悉焚之

胡世祿字天申好義樂施每酷暑恒置義漿歲凶煮粥

濟餓德聲藏道子萬年甲辰武舉

方其昌字未央諸生仗義輕財康熙已丑歲饑捐穀數百石以賑族里平居樂爲人緩急前牧劉以介賓舉

田可升字文舉好善樂施康熙癸酉歲饑捐米賑餓分守篆錫金牌獎之前牧張暨署牧劉累舉鄉賓子僎另傳

陳滋古字書潤歲貢生性伉爽勇於爲善雍正五年捐穀數千石煮粥賑饑族鄰有貧乏者每歲出穀分給之州牧蔣旌其閭 詳通志

張志傑字子占州諸生歲試歸遇婦人泣於塗詢之其夫負官錢鬻婦以償婦不忍別志傑探囊金代完婦得不鬻著有松筠堂詩集纂本草諸書

田僎字殷倫太學生尚義行時丁賦逋欠僎兄弟代鄰人輸納歲歉輒賑貺念沙徑無停泊地築墩建亭今名五里墩

江時珍字立達太學生好善樂施杜門訓子儒學以優行舉

田之玢字宏道由太學考授縣丞賑饑濟貧率多義舉晚年修圳溝西河諸橋梁不惜多金行旅便之

李鑑字治淩宣武將軍世忠長子事繼母吳氏以孝聞捐修北關外橫街輸糧者稱便周鄰里孑殯葬減糶瘞骼善行著聞雍正十年以善人舉各憲旌其閭

陳篤祜字炳文號靜齋少精研爲諸生痛弟夭遂薄仕進樂善好施捐藥濟病晚益醞釀百家吟咏自娛

江萬齡字涵萬由武生就例授千總未仕乾隆間西河驛及小河捐募修橋萬齡出貲勤其事

王鐸字振家例貢生家故饒周恤族鄰修理橋路雖多金不吝

童有念字禾周少孤事母居氏善承其志里有二孀婦貧甚毋憐之稔歲給衣食以全其節侍母疾奉湯藥三年不少懈族中有貧不能娶者輸金爲納婦每歲量發囷廩以周饑寒又捐修橫河橋圳口路數百丈行旅稱便

汪啟邦字惟憲尚德義樂施予凡通衢險礙津渡橋梁多所修葺遠近僉稱美德

陳雍字敦仁州諸生博古能文辭尤善醫方多奇中診

貧者病藥不取值著有醫方三昧

管齊忠字思棠太學生性篤孝義初無子有負逋者願納女忠不許旋取券焚之丁未歲大水池可綱魚僕執竊者告叱釋之舟夜行遇盜呼救來漁家子即所釋者諸如宗祠義渡皆竭貲後生三子長以優行聞

蔡明時字君職性沉靜事父兄甚謹好施與每歲饑捐米以周貧乏族里不能嫁娶喪葬者貲助之時太守李州牧張廉其善各與扁奬賚有差

王世滋字思聖性篤孝孀母石氏孀居事之如母兄斯

覺年老無子立滋次子滋復爲兄娶副室舉二子族黨義之

李開宗字荊門父早世藉館穀饍母母歿廬墓待諸弟以友稱家雖貧必戒非義云

王世永字子配例貢生性穎悟料事多奇中少失怙以哀毀失明事母能先意承志

畢森華字玉章以尙義舉鄉耆年九十州牧蔣親履其門贈詩以彰其善

吳之煥字燦章幼失恃事繼母唯謹妻謝尤得姑歡家居雍睦與人無爭嘗解囊以助不給鄉人咸服其義

吳心亮字廷玉諸生妻李氏奩甚厚亮盡出其有以置公產分諸弟姪州牧劉舉鄉飲介賓

黃時謙字敬純性耿介族黨多推重之晚年尤樂施濟劉公河義渡年久多侵蝕時謙竭力清出增置橋筏族人德之

李元燕字子居國學生事母孝外母守節無子元燕事之如母兩兄中落次兄無子歿元燕以次子嗣並割已產贍其嫂鄉里義之

張繼錫字百朋友愛諸弟妻宋早卒錫終身不再娶收恤族鄰與同憂患人稱其義

楊本謨字聖言性剛正多善行雍正年水荒捐穀數百石以濟貧乏

胡學昇字煥萬國學生慷慨好義篤宗族敬鄉老養孤子皆踴躍爲之

王瑗字景蘧國學生直爽有局度不近非禮弟琦字禮南讀書自定日程補郡諸生教授里中貧士尤資其成就云

陳欽綸字彌先太學生有假貸不能償者嘗焚其券歲
饑鄉里貸穀者減其息
江文理字光緒例貢生幼穎異好讀書事父母稱孝嘗
置渡田復祀產收睦宗族無間疏戚
胡啟倡字紹伊兄弟皆早逝事父母以孝聞世居蘇家
山義命自安風族屬以正不給者輒周卹之乾隆間
舉鄉飲耆賓
鄧植字茂生性儉樸遇邑有大務輒踴躍勷其成周族
黨之急歷數十年不求人知 以上舊志

李方茂號穆菴康熙辛亥歲大荒饑民枕籍發粟以濟
死者瘞之有鬻子求活者予之資反其子人有徵督
婚娶諸急百計成就其貸所未償者悉焚其券
王棫字斯拔歲貢生選江南貴池縣訓導以老辭性剛
正教人多所成就著有詩經題要禮記題要等集藏
於家慷慨好義嘗捐貲募衆開唐家山蘄黃通衢置
田租每歲修理行旅德之雍正十二年監修學宮明
倫堂
王鑾號槐村增貢生慷慨任事首興麟山書院偕州人

士黃載安陳榮封王開寅陳干座捐銀二千餘兩置
田以助膏火經理州志修葺文廟約費千餘金均不
辭勞瘁州牧錢虞山雅器重之歿後曾爲文以祭子
世澍世汜世瀛俱諸生世澍另傳
袁開宙號哲軒歲貢生性慷慨其女
旌節太宜人初適陳未一年寡遺腹生虞部請賴宙以養以
教俾得成進士爲名儒宙之子孫列膠庠而登外翰
者七人 詳通志
陳逑古字彭儒國學生賑災恤困乾隆初捐穀數百石

入社倉五十年大饑時寢疾先命其子施米不繼又
施粥不繼曰是不可以已也復令告糴豫章廣爲周
濟至明年麥登乃止蜈蚣頸巴家橋大王廟界嶺等
處橋路皆逑古修建
李以愼一名傑國學生有胆畧乾隆十七年鄉匪結黨
事發州吏目秦率兵百人捕其黨黨勢張衆莫敢前
請傑助遂大獲州牧李題氣屹如城額以贈精岐黃
生平全活者甚衆三子俱列庠序
江惟金字繼緒附貢生樂行善舉捐篺埠河渡船一隻

行旅德之乾隆戊寅年州尊汪舉鄉飲大賓

田義祥監生端方慷慨友愛降服弟推讓財産乾隆五十年鄉里大饑施粥月餘家儲不足復承領義倉穀以竣事踰年賠補又買義山一所以瘞窮骸鄉里皆推重焉

陳榮封號瑞齋例貢生天姿敏異積學能文雅好義舉時麟山書院經費不敷封偕州人士黃載安等樂輸銀貳千餘兩又與黃天秩王世澍袁滙經理聘名師增膏火公項不足傾囊以助家道因是中落子有慶

有節俱諸生有執孫紹瑞俱另傳

王世澍號時齋州諸生鑾之子克承父志經理麟山書院三十七年覩如已事經費不敷揭家貲以供之如學宮兩廡奎樓文昌閣皆經其修葺並置南關外洲地千餘畝以爲文昌香燈之費州人賢之子裔椿孫應熊俱諸生

陳林盐號栁亭以例貢四入鄉闈性戇直樂善城北關外頹公碻孔道也就地主事重修蘄舊無考棚於麟山書院之側募衆創建重修沙徑義渡董修陳氏六次宗譜並修祖祠祖塋子師曾艮韜諸生孫符節符第諸生

陳尚義年五十無子買妾得某姓女至之夕女哭之慟問之則固有夫與子以窮餓故至此遂免其值而遣之已而慮其或别鬻也更多予之資其夫妻子母竟得完聚後尚義髮妻栁氏年五十擧生二子

張載治太學生家素封乾隆五十年歲大祲鴻廣谷以賑族里並礱穀爲米自是年五月至次年三月共谷千餘石鄉里義之

陳顯駿字艮馭太學生樂善好施有遠族子貧不能娶駿爲娶妻生子又族中有鬻爲僧者駿贖還之伯舅某貧且老駿迎養終其身又師朱子社倉之意約同人各出穀儲之公所俾附近居民取給歲荒存活者甚衆子筠壬午副榜

陳艮榮號亥菴郡庠生篤行誼慷慨急公浚隍渠立賓興館費不給捐囊以蒇其事嘗爲督課堂教子若孫子信淵信溥俱廩生信濂增生孫耀辰焜烈俱舉人漢與德彬暨曾孫輝北俱庠生

詹其祥號玉溪州庠生性恬退讀書自娛尤以勵行敦本爲務爻遠思以孝友聞痛祖墓失考甚多搜求得十數處咸建碑置產祀之其祥繼爻志續置亦饒凡族中讀書進取及貧苦喪葬無資者咸賴之年七十衣冠端坐而逝子元瀚中道光壬辰副舉人

方凱周國學生嘉慶十五年歲饑新穀未登市價甚昂周捐穀二百餘石散發鄉里其妻每歲多購舊衣至冬分給貧者子承福亦敦厚於諸爻行月饋米肉

黃登珏字東珩篤學不遇循例入理問職銜延名師主

講家塾寒士來遊者皆有厚贈祖無遠近必捐金建祠祀之子兆崙州增生兆魁道光丁酉舉人

張廷贊號石潭性孝友勇於爲義幼失怙恃惟兄是依善事兄嘗代釋重負其建祠興學敦宗睦族足以矜式鄉閭專修文廟費金萬餘改建南門移修奎閣重新文昌閣皆捐重貲以次具舉修城内官路大畈頭通衢數百餘丈陸家橋大徑橋烏龜石三處要津各施船隻呼之即渡下河廟橋梁高大水勢洶湧屢頹屢建大費財力每歲青黃不接之時出穀升斗零糶以濟饑民不足其直弗與校里中有窰戶以陶爲業陶不行輒斷炊遂梗於鄉贊貸之穀計口均分償不取息歲率爲常自是不敢爲梗人比之爲王彥方其他善行美不勝書悉見於明經李瑞玉賀贊生子咸韻詩中

王學智字易之　恩貢生歿後選南漳教諭嘉慶乙亥州牧諭邑紳倡募改造城南文明門智一人獨理三易寒暑費歉捐金竣其事

何清字晏滄邑庠生家素封好施予歲歉半價以濟貧者後復糴以繼之老弱不取其值全活無算鄉黨義之

張元賀字光慶太學生性嚴正以興祖建祠睦族爲先務族有貧不能娶者助之金有孀婦或欲奪而嫁之爲代申以全其節

方蕃璧諸生嘗於歲饑竭廩穀三百石贍族里不足又貸數百石以助後鬻田以償

管秩倫監生捐田十二畝弟世德世球世錄共捐田三十餘畝庠生效文捐田十一畝共作義莊每歲分給

子弟辛卯甲午兩次煮粥賑濟派民德聲載道

金萬青號玉峰國學生豪俠好義鄰人涂姓爲仇家中傷入獄青竭力維持始獲雪又鄰人王姓所雇牧童李氏子以病卒於家李氏控諸官青力爲調停案遂息青戶口單寡其貧者悉爲娶婦道光辛卯以來歲比不登售妻女如犬羊金氏一門皆技肯全之其行誼有足多云

駱其炯號秉堅國學生輕財好義每值歲饑以錢穀貸人有貧不能償者悉焚其券

周尚文號蔚菴州同銜年五歲父母俱喪與其弟均待撫於祖母伍氏嘗於掛口捐渡船一隻往來稱便

甘家遴字掄魁號選樓道光甲午舉人品行無瑕壬辰歲歉代鄉鄰借穀百餘石衆莫能償遴悉以其館金賠完至今鄉黨猶歌誦之 以上新稿

隱逸

魯論記隱者逸民皆不世出之士非獨其所遭然也蘄舊志隱逸自宋以來不多載然猶不盡如古人今復稍稍節去增入惟黄公一人志隱逸

宋

吳瑛字德仁以父遵路蔭任補太廟齋郎歷官虞部員外郎詩請休公卿大夫知之者挽留不聽相率賦詩飲餞於都門遂歸臨溪築室種花釀酒家事一付子弟賓至必飲飲必醉有臧否人物者不酬一語但促行酒妹夫某嘗取家財數千貸人不能償瑛哀告之曰是人有母得無重憂召而焚其券門生爲治田事歷歲忽訓去曰聞有言某簿書爲欺者詎不可留瑛命取前後文書示之益未嘗發封也盜入室覺而不言且取被乃曰他物唯所欲夜正寒幸舍吾被其真率曠達類如此 詳宋史隱逸傳

明

袁信讀書敦禮聞義勇爲嘗以便民事陳言於朝特賜俞允錫以爲善陰騭孝順事實二書年九十八無疾而終子膚廣性孝謹居喪盡禮時人樂道之

朱紳字懋孚號竹坡居田野自食其力牛背夕陽卷冊相隨悲今弔古慷慨激烈人莫能窺其際 詳府志

李建木字泰階時珍末子少爲名諸生試輙高等澹泊

耽書史未嘗一至公庭嘗路拾金立俟日不去待遺者還之親戚或就貸不能償者輙焚其券亦不與人言萬歷三十六年大水莩死載道建木為𩞄以食全活數百人古稱隱德君子非歟初無子以兒子樹初嗣誥贈中憲大夫祀鄉賢顧景星撰

翟文英號二楚山人蘄諸生萬歷間人風流諧謔放浪不羈以詩名尤工畫人物筆墨瀟灑輙有生氣標句新雅時人爭膾炙年八十餘卒

陳侯周字舜生州諸生父病割股以愈終身不再娶明季棄衫履短褐芒鞋遯於山澤尋以壽終

余庭蘄諸生萬歷初負盛名與時落落不合人目為狂督學使者試第一讓其狂庭徐進曰願受撻督學問故庭曰不願劄舉耳督學怒撻之徐徐起出竟棄諸生耕耨自食每長歌田野間以詩名有雅兒莫作啼饑狀貽爾清貧樂更多之句自號三槐山人

盧楷字汝端號南槐才識過人少應童子試輙不利改就臯椽應謁選耻不獲大用年四十以親老力辭終養給告身為州祭酒隱居於鄉築園亭濠上訓子若孫治家甚嚴進退之間肅如也生平多格言閭里奉為蓍蔡數請賓筵固辭不赴大司農吳公採輿議建文昌閣悉以委之規模宏壯皆出其指畫卒年七十有七以孫紘貴贈中大夫

國朝

顧景星字赤方號黃公天賜子生有夙慧六歲賦鰲山燈時稱神童比長博極羣書詩文為海內所宗與錢謙益龔鼎孳王士禎相倡和尤工樂府兼善書法崇禎末廷試貢士第一授福州府推官以不附權貴隱

居崑山縣

大清兵下崑山命以原職隨征辭養歸里沉潛經史精研六書以獎進來學康熙戊午

詔試博學宏詞辭病不允己未春入覲　保和殿再以病懇放還廢門著述顏其堂曰白茅有白茅堂詩文集四十六卷行世又撰黃公說字二百餘卷以正正字通之誤卒年六十有七子八曾晨樞諸生昌舉人另傳

徐琮字侶蒼工詩畫精六書學金石刻具有法度與長

沙陳鵬年相友善著有古文篆韻五卷

方技

蘄人通藝術者自方彤以外他技無聞陳子謂不知醫者爲不孝益技也進於道矣抑瀕湖鹿門諸前輩指授淵源有獨得者與志方技

明

張慕愷蘄州人成化初慕愷醫道大行不論貧富一體施劑全活者甚衆扁其堂曰仁壽知州金銑重其人爲作記表之至今稱醫有源流云

陳泰號自然蘄州衛人廣積方書精明醫道診脈斷其隱微用藥咸有裁度教子僖中壬子鄉舉年八十餘無疾終

韓泰字道誠常州府武進縣人高祖瑩元時爲蘄州路提舉子顯卿爲蘄春府醫官孫璽繼業三世遂占籍於蘄泰醫學精熟能甘淡泊憐貧施劑成化中禮部訪求明醫行取赴太醫院三年稱病歸里遂不起年七十九卒

郝守道字立夫以醫名燕齊江淮間論病治方多獲奇功爲梅國劉公陸田周公所重皆有贈言大抵巧不爲鑿工不爲拘者也

龐憲號鹿門幼從李時珍得其學有客耳聾數十日以補藥投之不效就鹿門理脈曰胃家火也客曰屬腎與胃何涉鹿門曰君未知素問靈樞耳胃經絡起某處過於耳旁或於食時則聾更甚一七而愈州守夫人病瘧診之曰此瘧勿藥有喜但過十日當血下夫人不說而果血下亦一七而愈通志

浦心帚荆藩良醫所精太素脈通風角鳥占每診視斷

人窮通壽夭百不一失用藥多立效後以壽終見顧氏耳提錄

國朝

明長人少事儒業改習岐黃脈理精確藥不妄投

鄧元縉字霞素善丹青與徐琮同師黃樵長後徐精山水鄧工花鳥及寫眞見黃岡陳太史玉照堂集

黃軒字著南花草人物工細興常江南文士雅愛慕之向與陳瑗字崑崖同師縉陳亦楚楚有致

方舟工書草蟲尺楮寸幅人寶貴之省志

王萬彭號古吾武庠生善丹青及擘窠書工飛白體遊
歷所至名勝多題額如黃梅五祖寺石壁書爲藝林
所重詩援筆而成有逸致
王昶號蘭渚善山水人物品高神足率以大劈斧帶水
毷皴爲之蘄州以畫傳者鄧霞素黃著南而後此其
繼武與
胡昌才上庠生號雲岩爲人慤實端方有治理才性嗜
山水精地理著有地理要言二卷谷應草詩文集梓
行以上新稿

流寓

州舊志不載流寓府志錄長源以下數人皆安置玆
土者賢者之至其地雖遷移斥逐猶追慕之不忘如
此矧流風善政之在人者與志流寓

唐

李泌字長源徙居京兆七歲爲文天寶中詣闕獻復明
堂九鼎議得待詔翰林仍供奉東宮嘗賦詩譏誚楊
國忠安祿山等國忠嫉之詔斥置蘄春郡 通志

五代

陳曙蜀人嘗舉進士唐末避於蘄山中室中惟一榻素
書數卷與蛇虎雜居雨雪滿堂亦自若數十年顏皆
不改後徙鄂渚不知所終

宋

劉摯字莘老東光人紹聖初以在相位時改新法奪職
居黃州再貶蘄州居住 通志
朱服字行中烏程人熙寧進士曾知廬州值歲饑便宜
賑護全活甚衆後坐與蘇軾遊貶海州團練使蘄州
安置改興國軍卒 通志

宋喬年字仙民宰相庠之孫也仁宗召試學士院賜進
士出身蔡京罷相貶保靜軍節度副使蘄州安置
孫傅字伯野海州人仕中書舍人宣和末高麗入貢使
者所過煩費擾民傅言索民力以妨農功而於中國
無絲毫之益宰相謂其詞意同蘇軾熙寧中所奏貶
蘄州安置 通志
蒲遠猶字仲俞成都人慶歷進士始授縣竹尉後移閬
清令到官踰年病脚氣尋醫歸會任師中攸在齊安
館於臨皋亭不期月孫孫叔康昌齡在蘄春以舟迎

遂家焉詳自撰墓誌

元

顧士徵字季貞元平江路崑山縣人阿瑛第七子也正統間進士至正末參江州總管李黼幕時黼總管江州兼攝蘄州賊徐壽輝陷江州復陷蘄州士徵走詣卜顏帖木兒請兵復江州進復蘄州以功遥授蘄路總管固辭明初隱居蘄之鈷鉧潭躬耕自晦稱顧七官人遂家焉年八十卒

蔡相字鈍夫原籍閩中建陽西山四世孫也元延祐二

年成進士授衡陽令多惠政壽陞衡州守後致仕歸路經蘄陽西河驛見山川秀杰遂家焉晚號西河隱者

駱大四江西德安進士宦於蘄喜風俗龐古遂家焉今子孫繁衍

明

壽章陳邉俱吳人羅啟蜀人以仕荆藩占籍於蘄章子儒舉進士邉子灝本府教授啟子志覲愿慤工詩

蘄州志卷之十六

人物志

知蘄州事夏津潘克溥纂修

列女

元明　國朝已旌節烈各欵　未旌節烈各欵

列女首旌節重綱常昭恩典也義莫重於舍生守莫堅於不字故烈婦貞女次之母儀立而後家道成故賢媛又次之未旌諸節採輿論合者胥著於篇要以年與例爲斷云志列女

已旌節婦

元

張總管二烈女　長女三十一次女二十九俱未適人元至正辛卯寇兵逼蘄二女與父相失聞賊肆擄掠相泣言曰我等宦家子不可爲賊所辱遂至蓮花池投水死今烈女墩尚存詩詳藝文

明節婦分年齒編錄

夏氏　州民張思清妻年十八守志無子立姪文明爲後家貲雖厚而文綺不加於體以節終通志

呂氏　清平衛呂仲貞之女州民陳溥之妻溥幼隨父

從戎於靖平因娶爲溥亡氏年甫十八生一子溥殁
以老疾告還邑家欲留之氏誓歸蘄與遺孤同生死
及歸事舅姑盡禮人以爲難年八十三卒 通志

李氏 生員瞿平妻憲副李公鑑池女年十八守志以苦節終年六十四卒建坊詳藝文志本傳

顧氏 黃陂孝廉劉廷桂子鉞妻貢生顧天錫同母姊氏適鉞甫十八日鉞赴童子試至團頭河覆舟死屍瀆氏抱痛哭翦髮垢面苦節自甘旣而舅姑及夫之兄弟皆死無所歸仍歸於顧而顧之長兄弟亦皆死

惟存一弱弟與之相依顧氏頗有中貲無賴者利其產數以梃刃相加氏竭力揞拄卒全顧氏之家已而張獻逆亂作氏偕弟避於江盂壽七十四卒姪景星以喪歸合鉞墓事聞 旌卹 通志 傳詳藝文

劉氏 生員馬廷實妻年二十守志家貧績紝供姑撫遺孤如駕成諸生如駕又卒孫甫三歲同媳潘氏撫之萬歷二年建坊州東門外酈家坡 通志

黃氏 生員朱用謙妻年二十守志撫子垓成諸生苦節四十餘年垓徒步入都以請得 旌 通志

廖氏 典史張忠祿妻年二十一守志生二子克懋克恕祿病革以母老子弱爲憂氏斷食指與之盟忠祿卒家貧氏紉紝養姑稱孝婦撫二子成諸生年六十四卒節已報部 通志

吳氏 州民陳元妻年二十二守志子佳甫四歲氏惟紡績自給貞操之節人無異議年六十七卒

傅氏 生員晏文明妻誥封郡丞印臺伯母年二十二守志無子視印臺猶已子憲副元灝及諸孫輩皆所撫摩成就年七十五卒 通志

陳氏 州民羅冠妻年二十三守志撫二子姑吳氏老疾氏勤紡績以供孝養苦節三十餘年 通志

黃氏 生員田祿妻年二十四守志家貧不能具饘粥矢志弗渝勤女工撫遺孤鑛鑰成立年七十三卒

按省志列蘄水誤

張氏 主事壽儒妻氏江夏人年二十八儒卒時儒已取科第爲工部都水主事未獲與貤恩之典氏撫遺孤及長訓戒諄諄不少寬假伯子濂以貢仕仲芸亦克成立氏以壽終

潘氏　州民易宗元妻年二十八守志子東初甫一歲氏痛哭嘔血以死自誓卒能不易所守壽八十二通志

劉氏　生員楊杲妻興國員外郎劉守愚之姊年二十八守志無子撫姪芳爲嗣芳本生父楫亦早逝楫妻華氏年未二十與劉課芳得登嘉靖庚子賢書芳又卒芳妻田氏無子勵志同守劉華年逾八十卒田年六十三卒通志

按舊通志載有楊杲妻華氏年未二十而杲卒課子芳舉於鄉考州舊志楊杲妻實劉氏又芳乃楫之子

則華氏乃楊楫妻應附杲妻劉氏傳中

李氏　州氏張熙妻萬歷二十九年建坊菩提壩通志

黃氏　生員陳九德妻年二十九守志撫二子因圓貧居力作以供束脯皆成諸生氏姊適朱用謙年二十寡亦能苦節時有黃女雙節之稱

朱氏　安平鄉生員李震妻年三十守志撫三子成立年八十五卒

龐氏　登仕郎王懋仁妻御史王珙祖母以貞節著珙陳其狀於朝建坊鳳山麓通志

貞女

鄭麻姑　董某聘妻鄭崇德女未婚而董卒女聞慟甚建幽室留隙以受飲食鑿盆爲浣濯具終日績麻其中遂名麻姑其盆名老女盆至今存以績貲置田租九石爲女祀產

孝婦

翟氏　生員楊權母年少守志姑病刲股以進孀居三十餘年教權爲名諸生年六十餘卒

孝女

徐女　年甫十二母病刲股救之愈

烈婦

楊氏　生員盧紱妻崇禎癸未獻逆毀城氏被擄賊擕至趙州關欲負之以行氏紿之曰我自能行擕母朱氏手至火起處投烈焰中焚死一統志詩傳詳藝文通志

袁氏　生員盧震初妻年二十一二獻逆陷城氏度不能免拜辭舅姑抱週歲子投井死時督學堵公有一門節義之褒謂氏與楊也通志

陳氏　生員王從禮妻生員陳治策女從禮幼有痼疾

氏解奩以佐藥餌凡八年禮卒氏孝事舅姑兼撫三子應龍夢龍御龍垂四十年明末避難至鄂城破氏指庭間井謂二子婦曰未亡人已得死所若輩亦有意乎二婦再拜先下井氏取帨履標之井榦亦隨投井死 通志

烈女

張氏 生員張文秀女正德中霸州賊劉六等出秦淮漸逼蘄文秀挈妻女避江南大山磯窖中賊搜獲欲汚之女駡不從並其母邱氏遇害

按一統志並通志載張烈女避難江南遇害今合盧志錢志攷之只載張文秀女同母邱氏遇害一事一統志與通志作兩人誤

國朝已旌節婦

張氏 吳奎佐妻年十八守志撫三月孤苦節三十五年乾隆六年 旌府志

張氏 宋景榮妻 陳氏 生員宋之煌妻 范氏 生員宋世駉妻張年十九守志撫遺腹子之煌煌生子世駉俱早逝煌妻陳氏駉妻范氏皆守志乾隆八年以一門三節 旌府志

張氏 監生桂佐廷妻年十九守志遺腹生一女無子撫姪登岱爲嗣苦節五十七年乾隆十五年 旌府志

朱氏 童扶九妻年二十守志苦節五十一年乾隆十八年 旌

陳氏 張士模妻年二十守志撫遺腹子事祖姑以孝聞苦節三十三年乾隆二十年 旌

董氏 王溥懷妻年二十一守志生一女無子忍死自守以奉舅姑閉幃不出二十餘年撫姪德顯爲嗣苦

節五十四年乾隆五年 旌

陳氏 楊眉公妻年二十一守志無子撫姪爲嗣乾隆六年 旌府志

張氏 貢生陳信古妻年二十一守志無子撫姪學爲嗣一夕大雷雨室圮氏母子俱無恙人謂苦節或有呵護云乾隆九年與姑吳氏以雙節 旌府志

宋氏 汪執信妻年二十一守志郄鉛華足不踰閫撫子之岳成諸生苦節三十二年乾隆十年 旌府志

石氏 處士高自見妻年二十二守志子培甫二歲氏

當難離之時誓以死守孝事舅姑事繼姑亦如之教子培成立以　恩貢由同知累遷知府轉升溫處道荷　覃恩封恭人卒

李氏　生員張仕繩妻生員李宗嶠女年二十二守志撫子正珩年二十四又卒婦何氏遺腹生文煜氏復撫之成立苦節四十四年乾隆三年　旌

郭氏　張復禮妻生員郭從女年二十二守志家貧無子氏毀面刳耳誓不再適依母家紡績壽七十三卒乾隆五年　旌府志

易氏　馮元凱妻孝廉易時憲女年二十三守志無子元凱弟婦俱亡遺一姪氏愛如己子苦節五十五年乾隆九年　旌府志

吳氏　陳法虞妻年二十二守志撫孤成立事祖姑盡孝乾隆九年　旌府志

周氏　生員熊楚蘄妻于歸月餘夫卒年二十二守志無子撫姪爲嗣常於密室奉大士像禮拜以覲舅姑壽乾隆十一年　旌

吳氏　陳斯祜妻年二十三守志紡績以奉繼姑撫六月孤成立苦節三十三年乾隆十二年　旌府志

鄧氏　吳元柱妻年二十三守志甘貧苦節乾隆十二年　旌

董氏　蕭良楫妻年二十三守志事繼姑有加禮課子部嚴四世同居一門雍睦苦節三十年乾隆二十年旌

陳氏　劉崇文妻年二十三守志姑余氏年八十八服勞奉養無間寒暑子二長松次栢俱撫以成名苦節三十八年乾隆二十年與姑以雙節　旌

王氏　程代遠妻年二十三守志姑高以節孝聞氏親操井臼勤紡績撫子巖成名苦節三十五年乾隆二十年與姑以雙節　旌

張氏　董開智妻諸生張梗女年二十四守志無子遺腹生一女甘貧守義撫姪炤爲嗣教以成名年六十卒雍正二年　旌府志

王氏　張大綸妻年二十四守志舅姑老二子翼軫俱幼氏養老撫子後夭子及兩媳並喪又撫諸孫孫媳程氏亦青年守志氏苦節五十餘年雍正三年　旌

府志

錢氏　陳旣均妻年二十四守志長子覲文方二歲遺腹生覲武家貧苦節撫子成立雍正三年　旌府志

駱氏　張仕超妻年二十四守志無子撫姪正驥正紀爲嗣乾隆五年　旌府志作仕起

詹氏　陳法賜妻年二十四守志撫一歲孤事舅姑盡孝乾隆九年　旌建坊青石嶺府志

吳氏　駱捋懇妻年二十四守志生一女無子立姪爲嗣撫之成立乾隆十年　旌府志

孫氏　周延光妻年二十四守志撫孤艮弼成立氏少穎異能誦內則諸篇奉姑孝謹純篤性成苦節七十六年壽九十九乾隆十年　旌府志

王氏　顧燕定妻諸生開烈女年二十四守志遺孤甫六月撫之五歲而殤燕定幼姪又喪母而孀姑復値衰年氏奉姑撫幼咸盡其道苦節三十五年乾隆十三年　旌府志

李氏　張仕治妻生員李之晉女年二十四守志斷髮納棺中事嫡庶兩姑惟謹撫孤成立苦節三十餘年

乾隆二十年　旌

汪氏　田仁浹妻年二十四守志遺孤大受甫六月時夫兄嫂亦相繼亡遺姪大樑僅五歲氏撫立成諸生旋大受與大樑俱生子早逝氏復撫已孫與姪孫三世同居戒毋析箸苦節五十五年乾隆二十年　旌建坊

胡氏　何世灝妻年二十四守志無子誓死靡他姑諭以夫弟生子爲之立後氏咸姑言奉事惟謹後母氏欲奪其志遂投繯死時黨族親鄰皆書額以褒其烈云

張氏　田之紀妻年二十五守志遺一孤甫三月家貧夫兄將更嫁之氏引刀刺面乃已鄰里憐之爲別置屋以居俾磨豆作生活養姑哺子自食豆屑撫夫姪成立苦節三十六年乾隆十二年　旌府志

柯氏　洪方谷妻年二十五守志撫遺腹子苦節三十九年乾隆十二年　旌府志

余氏　生員劉鏞妻年二十五守志事姑以孝聞撫子崇文年二十四卒氏與媳陳撫孫成立苦節六十三

年乾隆二十年以姑媳雙節　旌

王氏　生員張棻妻年二十六守志遺子女各一撫子仁壽成立姑殁倍服衰麻以伸夫志苦節四十年乾隆五年　旌府志

張氏　王有憲妻　胡氏　王德駟妻張年二十六守志撫孤德駟又卒媳胡氏生子承彬甫三月亦守志各苦節三十九年乾隆十二年以姑媳雙節　旌府志

王氏　生員董開勳妻年二十六守志撫遺腹子家貧灌園紡績勳叔父母無子生養卒葬氏身任之苦節

四十六年乾隆十五年　旌

金氏　生員李澤潤妻廣濟翰林檢討金德嘉女年二十七守志奉姑與同臥起姑嘗曰老人苦中得甘惟節婦是賴耳教子永芬成諸生年六十五卒雍正二年　旌建坊官井府志

居氏　童應修妻濟邑生員居大祜女年二十七守志遺孤有稔全任接驗鄰婦江氏馮氏家貧少寡氏每出餘貲相助以成其操教子接驗成諸生孫嶧昕諸生巒乾隆壬申副榜三世同居皆氏教也乾隆十二

年　旌府志

高氏　江有宗妻年二十七守志撫孤成立苦節四十五年乾隆十七年　旌

鄭氏　王民懷妻年二十八守志撫子德驗後德驗夫婦繼亡孤成宗幼立民懷姪華封為嗣娶沈氏而華封又卒氏與沈共撫承宗娶胡氏而承宗又卒三寡子立形影相弔族人為沈立嗣子岱為胡立嗣子瑛苦節五十五年乾隆六年　旌府志

呂氏　劉峯妻年二十八守志撫二子苦節三十六年

乾隆六年　旌府志

陳氏　胡備三妻年二十八守志撫子宗謙成名苦節五十五年乾隆六年　旌府志

張氏　李來亨妻年二十八守志事姑孝謹撫孤成立乾隆十年與子由虞以孝行並　旌府志

張氏　生員張樞妻濟邑生員張左黃女年二十八守志遺孤點朝桂煥奕教朝桂成諸生苦節三十三年乾隆十二年　旌府志

朱氏　吳允執妻年二十八守志姑老病脫齒氏嚼米

供朝夕子三洪道洪美撫之成立儀度成諸生孫曾
五十人苦節六十年乾隆十七年 旌
陳氏 王作霖妻年二十九守志性至孝事繼姑及祖
姑惟謹綜理家政教子德滋成諸生德溢亦成立乾
隆五年 旌府志
張氏 候補知縣陳治猷繼妻 劉氏 陳治猷側室
張年二十九守志劉年二十五守志張無子劉生子
文藻治猷元配葉氏早亡生子文獻二氏撫如已出
文獻卒復撫兩孫成立張守節二十年劉守節四十

九年俱乾隆七年 旌府志
易氏 生員王亮猷妻年二十九守志無子撫姪開畿
爲嗣娶媳而卒氏與媳張氏相依撫三孫世永世涵
世湛俱成名乾隆八年 旌府志
沈氏 管宗咸妻年二十九守志撫孤次子樸成諸生
乾隆十年 旌府志
張氏 生員葉舒翤妻年二十九守志子三遺腹一撫
之成立後多相繼亡未媳韓年二十無子亦守志氏
立長子之子芬爲其後族有梁氏者寡而貧氏收之

俾得所教少子燦昱成諸生苦節三十八年乾隆十
二年 旌府志
田氏 陳芳軾妻年二十九守志撫兩遺孤及一孤姪
皆成名初芳軾弟早亡弟婦宋氏亦守志氏與宋力
支數喪形影相弔人稱雙節宋早逝未旌田氏乾隆
十二年 旌
按芳軾即學坡錢志誤作兩人
張氏 胡啓商妻年二十九守志撫二孤長浚早卒媳
方亦守志氏苦節三十九年乾隆十三年 旌府志

何氏 生員李本蓁妻年少守志撫子坦與澤厚值風
雨暴至壞墻屋氏與二子俱無恙鄉里驚爲神護後
子坦知趙州迎養署中進以綵衣却之年八十三卒
贈宜人康熙三十七年 旌建坊曹家巷府志
諸氏 生員李之璔繼妻紹興人年少守志以父尉蘄
適璔生子槃甫三月綜理家政教夫元配三子桂采
枏及槃俱成名婢駱高氏早寡與氏同榻終節年五
十八卒雍正三年 旌府志
熊氏 監生王琦妻荼陵知州王應昌長女年少守志

遺二子事姑撫子並著慈孝雍正三年　旌府志

陳氏　梅春榦妻年少守志撫子希中成立雍正三年旌建坊崇居鄉府志

吳氏　監生陳正芳妻年少守志遺二子俱幼夫病篤時氏齧指血滴夫掌中誓以養親撫孤自任服闋歸甯其母勸以改適氏痛哭奔回翦髮焚夫靈前終身不至母家撫子信古述古俱成名苦節三十四年雍正九年　旌府志

顧氏　李永觀妻景星女幼讀內則女誡諸書明禮義

年二十八守志事祖姑何存沒盡禮教子敷生成明經年六十二卒乾隆二年　旌府志

羅氏　張必相妻年少守志性至孝通曉大義明末寇難韓總戎招必相運籌幕府必相散已產給士冠使歸為農皆氏助成之相卒子拱辰亦早世與媳王氏各終節乾隆五年以姑媳雙節　旌府志

蔡氏　張盛濤妻　田氏　張盛熹妻乾隆五年以娣姒雙節　旌府志

嚴氏　田本起妻　徐氏　田本貴妻均年少守志二氏夫本弟兄皆早卒各撫二子乾隆六年以娣姒雙節　旌府志

張氏　張宗霦妻　朱氏　張明萬妻姑媳皆年少守志乾隆八年以姑媳雙節　旌府志

李氏　陳欲瑛妻生員李宗嶠女年少守志無子或欲嫁之氏翦髮劈面以拒立姪洪樞為嗣乾隆九年旌府志

鄧氏　吳又岡妻年少守志苦節三十六年乾隆九年旌府志

張氏　余藩妻年少守志以節終乾隆九年　旌詳藩傳府志

張氏　監生呂琮妻年少守志遺一子復夭立姪寅亮為嗣教之成立苦節三十六年乾隆十二年　旌府志

章氏　張復俊妻濟邑生員章亮采女年少守志家貧勤紡績撫孤有伸又卒偕孀媳撫孫成立苦節五十四年乾隆十四年　旌

李氏　王鎬衍妻年少守志撫孤茂清就傳時修脯皆取給女工後得成就年六十七卒乾隆十八年　旌

田氏　龔渭泚妻　王氏　龔臣安妻渭泚卒田翦髮附棺矢志不二子臣安又卒媳王氏繼姑志撫子文海文魁田苦節五十五年王苦節三十五年乾隆二十年以姑媳雙節　旌

高氏　程世瑛妻年少守志撫孤代遠不事膏沐言不出梱後子代遠卒媳王氏亦守志乾隆二十年以一門雙節　旌

貞女

范姑　張士灝聘妻字倩仙父愷吳縣人以明經判與國州遂家焉倩仙幼穎慧父母愛而教之稍長通書史兼善吟哦年及笄未婚而士灝卒倩仙聞訃力求奔喪父母不能奪比至士灝家執喪哀毁如婦禮以書別其父曰兒義不復歸遂留事舅姑立伯子樋為嗣年五十三卒著有耐寒詩草康熙五十六年　旌　詩詳藝文

蘄州志卷之十七

知蘄州事夏津潘克溥纂修

人物志

列女

國朝未旌節婦

張氏　駱其智妻年十七守志歸駱僅五月夫卒撫遺腹子成立事姑孝謹以節終

陳氏　李元序妻年十七適李生二子夫歿舅姑歿兩子亦俱夭無嗣可立孑然一身飲泣奉祀老且病請於州牧王施遺田三石有奇於元妙觀供香火

鄭氏　王景文妻年十八守志撫遺腹子德貢成立苦節四十八年

鄒氏　張正倫妻年十八守志無子立姪文淋為嗣苦節三十六年

董氏　王撝謙妻蘄水人年十八守志與姑同卧起甘旨取給於女紅艱辛萬狀苦節三十二年

萬氏　駱輝越妻年十八守志撫子如山如水成立苦節三十五年

朱氏　監生陳芳轍妻年十八守志遺腹子大綸四閱月始生撫之成名善事翁姑養葬如禮以節終

李氏　陳先偉妻年十八守志撫遺腹子志道紡績事姑苦節三十二年

王氏　監生王湘妻年十八守志撫數月孤與姑同卧起事姑孝每飯必致敬年五十二卒

田氏　吳德懋妻年十九守志未嫁時德懋喪明復遘惡疾翁欲令氏改字時氏年十六謂必送我至吳家與訣至則執婦道惟謹四年而夫卒立姪延令爲嗣

石氏　王又鴻妻年十九守志撫三月孤至中年子媳俱卒復撫二孫苦節七十年

周氏　陳克勲妻年十九守志撫遺腹子俶成立養姑以孝聞苦節數十年

黄氏　胡可堭妻年十九守志撫子宗鋭家極貧以孝養姑嘗與姑同食以病告蓋饔飧不繼懼姑知不忍獨食也苦節三十七年

尹氏　駱丕承妻年十九守志撫彌月孤懿美旣成立每夜禱天祈早死以從夫地下年五十一卒後子懿美亦卒其媳高氏亦以苦節終

涂氏　范卿絨妻年十九守志無子立姪位材爲嗣事姑以孝聞苦節四十一年

韓氏　王裔梁妻年十九守志遺子一家貧紡績膳姑子甫成人復夭立姪爲嗣苦節三十二年

高氏　葉謙妻年十九守志氏幼嫻内則通文藝撫遺孤示遠教以義方事姑盡婦道苦節三十年

張氏　王策勳妻年十九守志孝事孀姑家貧無怨言苦節三十二年

顧氏　張承縏妻年十九守志時翁姑俱歿氏決志撫遺腹子有恪灌園紡紝年饑絶餐無怨以節終

柯氏　監生張效愈妻年少守志撫諸孤皆成立事舅姑以孝聞三子承祖早亡媳龔氏年二十亦守志苦節四十餘年當事以大節重光旌其閭氏壽八十九

潘氏　生員黄應時妻年二十守志無子苦節五十年

盧氏　駱抒幹妻年二十守志無子翁姑以年幼勸改嫁氏曰如此不如無生乃爲立後年五十一卒

陳氏　王一盛妻年二十守志無子立姪爲嗣以節終

高氏　黄汞遂妻年二十守志撫遺孤亨魁於夫墓前種松柏百株以表其操苦節數十年

何氏　駱又存妻年二十守志撫子光緒或欲奪其志氏截髮毀容乃免苦節五十三年

張氏　胡屆遠妻年二十守志撫三歲子成立姑疾氏割股以進旋愈苦節五十二年

王氏　李芳春妻年二十守志撫子同寅家貧奉姑惟謹年三十九卒

程氏　陳宏㓞妻年二十守志撫子受綸成立綸生子

顯悠甫四歲綸又卒氏兩世撫孤艱難備歷苦節五十五年

王氏　陳伯臨妻年二十守志家貧姑老撫一子呱呱襁褓中或欲令再適懼見偪引刀自斷其髮以節終

高氏　董思舜妻年二十守志饑寒交廹竭力撫孤苦節三十一年

陳氏　李由彬妻年二十守志撫遺孤二姑治家嚴氏婉曲得其歡心每篝燈夜績督兩孤兒學教子瑛成名珩諸生苦節數十年

方氏　王一德妻年二十守志撫二子成立以節終

田氏　馮世煦妻年二十守志無子斷髮自誓夫弟只一子弟婦十餘年不復孕氏禱於天弟復舉子氏因以爲後苦節三十年

趙氏　李同庚妻監生趙廷忠女年二十守志撫遺腹子瑞雲越十六年瑞雲卒氏亦卒

居氏　童人虎妻年二十守志家貧翁老或勸改適氏投江因救得免以節終

龔氏　監生胡可驅妻年二十守志孝事姑二鋪不給

無怨言苦節三十餘年

汪氏　監生胡可騄妻年二十守志無子或勸以更適引繩自經乃止苦節三十一年

吳氏　汪佑煌妻年二十守志無子時夫弟佑照僅八歲氏勤紡績教養成立生二子佑照亦早逝氏立其次子養育如同已出與佑妻駱氏以苦節終

王氏　張世迎妻年二十守志撫子岱雲甫六月及長授室旋卒無子氏同媳田氏日不再食安厝舅姑暨夫與子喪立房姪大勇爲嗣監生田仁浩生員田仁

漸捐金代繼嗣娶妻以續張祀氏苦節五十七年

徐氏　曹行仁妻年二十守志孝事孀姑家無擔石或憐而助之悉卻不受毀面嫠居苦節六十餘年　府志

毛氏　龔之烈妻年二十一守志無子撫姪渭沚為嗣苦節四十二年

周氏　陳欲程妻蘄水人年二十一守志撫子宏齡甫二歲家貲雖裕井臼桑麻必親職其勞教子成立克守世業以節終

陳氏　何序周妻年二十一守志遺孤甫八月家貧勤紡績雖凍餒無怨後子亦早逝與媳勵志撫孤苦節五十六年

陳氏　生員張應爕妻年二十一守志撫遺孤履綏備嘗艱苦教之有成以節終

張氏　朱萬圻妻年二十一守志事翁姑得歡心教子仕亳成諸生以節終

朱氏　王道華妻年二十一守志撫三月孤旋卒事姑以終餘年氏卒後始立堂姪孫咸亨奉祀

何氏　裴勝詞妻年二十一守志無子撫姪為嗣教養兼盡苦節五十年

王氏　駱宣韻妻年二十一守志無子夫病時刲股以救瘥數月旋卒苦節五十六年

吳氏　童濟仁妻年二十一守志家貧紡績撫孤成立苦節四十三年

江氏　湯有禎妻年二十一守志撫子餘早娶婦生子旋卒氏與媳王氏共撫孫慶茂苦節三十五年

管氏　董景表妻年二十一守志撫遺孤延師課讀迄於成立苦節數十年

閻氏　周道持妻年二十一守志撫孤成立苦節三十二年

褚氏　梅相宜妻年二十一守志遺一子家無立錐紡績自給母子相依為命苦節二十六年

蔡氏　張位兆妻年二十一守志遺孤甫一歲紡績自給課子勤學苦節三十三年

方氏　監生張腹說妻年二十一守志無子遺一女撫姪有立壻胡鴻珍皆成名事翁姑及繼姑稱孝以節終

許氏　駱杼坤妻年二十一守志苦節三十二年
胡氏　吳旦昇妻年二十一守志事姑教子不少懈苦
節六十二年
馬氏　賈克典妻年二十一守志遺子祚昌甫三日撫
之成人家貧雖午炊不繼不貸於鄰奉舅姑惟謹苦
節五十七年
駱氏　張培道妻年二十一守志與姑陳氏同卧起以
節終
李氏　候選知縣許元度妻中丞李本晟女年二十二

守志氏夫以謁選卒於京師從舅戸部主事承欽僑
居海陵母迎歸於蘄撫遺孤兼五娶余氏後兼五與
所生子俱卒立嗣又卒氏知書能詩文夫没筆墨遂
絶苦節五十二年媳余氏亦終節卒
周氏　張世翼妻年二十二守志遺子復艮甫二歲家
貧終無異志苦節四十二年
潘氏　陳掄元妻年二十二守志撫二子成立苦節四
十年
黄氏　王錫三妻年二十二守志事姑以孝聞教子成
立苦節四十九年
王氏　王遂章妻年二十二守志撫遺腹子廷秀成立
備歷艱辛苦節六十五年
李氏　鄭應昌妻年二十二守志撫二子成立苦節四
十年
董氏　監生張之誠妻年二十二守志撫子士賓宗踰
事祖姑暨舅姑繼姑俱孝謹以節終
徐氏　汪自淑妻年二十二守志撫遺孤鍾俊藝夏麥
秋禾以自給衛守裴廉其實以節操可風表其門苦

節數十年
陳氏　吳延謙妻年二十二守志無子家貧姑老夫弟
延盎僅數歲力撫之成名立延盎子繼艮爲嗣延盎
早逝姑益衰賴氏以安苦節數十年
蔡氏　駱呈蓮妻年二十二守志無子立姪肇慶爲嗣
敬事姑歿葬皆盡禮以節終
張氏　駱周正妻年二十二守志遺子德光或以計逼
氏嫁氏覺避母家謀遂寢後教子成立苦節數十年
陳氏　陳受構妻年二十二守志撫一歲子煒埒翁姑

相繼歿氏獨力支持艱難百出後煒生于甫六月而煒又卒媳張氏亦苦守不變人謂一門雙節云

陳氏　王亨妻年二十二守志遺孤璉嬰疾氏每抱告夫靈祈毋斬後璉長娶媳生子璉復喪氏又撫孫以節終

張氏　李育生妻年二十二守志遺二子長子早夭撫次子成立苦節三十一年

李氏　王世瑛妻生員李大生女年十二父母俱亡哭之哀聞者爲之輟食氏夫穎悟善屬文早逝年二十

二守志無子立姪裔棠爲嗣撫如已出事舅姑問視無間族人稱之以節終後祟祀節孝祠

石氏　高子謙妻年二十二守志無子未婚時夫得惡疾翁姑諭改適氏堅志不從年二十歸高侍湯藥三年夫卒或又以家貧無出爲言遂截髮矢志從一而終苦節六十年

曾氏　龔繼馨妻年二十二守志撫一歲孤成立苦節三十四年

王氏　管效妻年二十二守志撫孤沅成立事姑惟謹以節終

姚氏　龔永儀妻年二十二守志無子立姪天勝爲嗣苦節三十一年

宋氏　姜從龍妻年二十二守志無子夫弟從虎幼氏撫之成立授室復逝亦無子妻彭氏年十七亦守志翦髮自誓與氏同守勤紡績奉事翁姑惟謹以家産創置祭田祠宇宋苦節三十一年彭苦節五十年

韓氏　葉燦暘妻年二十二守志無子侍節姑張朝夕在側立姪棻爲嗣及長以夫遺書籍授讀常涕泣告誡之苦節三十年

王氏　李宗岱妻年二十二守志撫子光祖家貧勤紡績孝事翁姑教子成諸生苦節五十餘年

張氏　王邦烈妻年二十二守志事姑撫孤苦節二十二年

王氏　徐克制妻年二十三守志撫二子値流寇猖獗戶役煩苦操心勵節年七十州牧以孤松鐵幹旌其閭

盧氏　王開元妻副使盧元度姪女年二十三守志無

予立姪世淇爲嗣又卒與孀姑虔朝夕家日益貧元虔官歸氏一省不復往苦節三十六年

李氏　孟良玉妻年二十三守志值歲饑自茹藜藿瀹瀡以養姑氏嘗病劇長子兆熊割左股啖之亦節孝之報孫秀成諸生苦節四十一年

胡氏　張公辰妻年二十三守志遺孤金若時舅姑歿夫弟公準公階俱幼皆氏撫之成立苦節五十年

余氏　生員管一志妻年二十三守志遺孤甫月餘教之成立苦節六十五年

王氏　張杜妻年二十三守志遺孤淑曠教之成諸生復早逝撫姪蘭山爲嗣苦節五十餘年

方氏　張容及妻年二十三守志遺孤四歲有欲奪其操者氏挈其子避於他所謀遂寢苦節四十二年

吳氏　王公三妻年二十三守志撫孤廷表成立旋卒氏又撫孫歷曾元孫皆氏撫育苦節六十四年

熊氏　駱呈彭妻年二十三守志事姑勤謹撫子抒毓抒禮成立以節終

魯氏　郡庠生黄載昌妻年二十三守志撫子式馨式瓊祖姑楊年九十氏勉持家政以孝慈聞苦節三十六年

陳氏　操公遠妻年二十三守志撫孤文彔甫三歲薪米時缺並日一炊艱辛備歷苦節五十三年

鄧氏　王紹唐妻年二十三守志撫一子事翁姑惟謹事繼姑亦如之年五十一卒

易氏　馮炟妻年二十三守志遺孤僅八月撫以成立旋卒又撫孫璵苦節三十七年

袁氏　王兆麟妻年二十三守志遺子一女二侍舅姑

疾惟謹及歿喪葬盡禮事繼姑劉氏供膳甚豐甘自菲薄子德暹早亡立姪孫承埶爲嗣苦節三十六年

孟氏　夏帝扶妻年二十三守志撫子彌周姑病篤刲股救愈里人以孝聞府憲給匾額獎苦節三十一年

章氏　沈六州妻年二十三守志無子立姪爲嗣旋夫三弟繼亡皆氏經紀喪事與祖姑孔氏同臥起苦節三十餘年

王氏　沈時則妻年二十三守志家貧勤紡績事姑謹家漸充置田五畝作祀產苦節三十五年

葉氏　王一道妻年二十三守志獨持門戶撫遺孤烈
後烈生子兩月復卒與媳又撫遺孫以節終
詹氏　操來蘇妻生員詹斗望女年二十三守志無子
竭奩儀爲舅買妾生子晚依庶叔天秩苦節七十四
年
胡氏　操能質妻年二十三守志撫遺腹子暐吉成立
苦節四十二年
張氏　韓天錫妻年二十三守志遺孤大俊甫一歲次
大任遺腹生家貧采藜疍飯敗絮禦寒苦節三十三

年
王氏　翁如瑾妻年二十三守志無子家貧撫姪濬爲
嗣事姑以孝聞姑旋歿夫兄亦歿氏竭力殮葬教子
成立苦節三十三年
蔡氏　張八龍妻年二十三守志生子甫四月撫之成
立娶何氏女爲媳三年子又亡何生遺腹子氏復撫
弱媳幼孫苦節三十九年
吳氏　張永昇妻年二十三守志遺三子姑胡氏亦年
二十五守志氏善事之撫三子皆克家有聲姑媳俱

以節終
蔡氏　龔繼爵妻年二十三守志撫子必賜成立事翁
姑孝謹以節終
范氏　孫朝源妻年二十三守志撫子成立事翁姑克
盡婦道苦節三十五年
葉氏　監生王開治妻年二十四守志長孤世源甫五
歲遺腹世漣越六月始生氏屏絕鉛華教子世源成
諸生世漣食廩餼苦節三十餘年
駱氏　宗天子妻年二十四守志遺孤在襁褓家貧無

倚與嬸姑相依勤紡績姑多病侍湯藥者九年姑歿
悲泣失明遺柩未葬者四氏勤苦經營者數十年四
喪俱舉人稱其節而有幹云
王氏　操贊皇妻年二十四守志撫遺孤博懷孝養孀
姑采茶啜粥苦節七十一年
陳氏　駱恭先妻年二十四守志遺兩孤家貧甚日爲
任舂夜則燒糠秕以績二子從師脩脯皆取給焉苦
節四十七年
陳氏　何聞雍妻年二十四守志遺孤世浦撫之成立

未幾世浦夫婦相繼亡氏更撫孫教養兼至苦節五十餘年

熊氏　監生易德運妻年二十四守志無子立姪湞爲嗣家貧祖姑舅姑暨德運皆氏竭力營葬苦節四十七年

王氏　生員張納誨妻年二十四守志誨少穎悟鄉試卒於鄂邸無子立姪學說爲嗣與姑張氏同卧起以節終

張氏　生員劉德妻年二十四守志無子初德父母早逝育於伯父母氏事伯姑極誠謹立姪觀遠爲嗣家貧勤紡績以老苦節三十一年

駱氏　吳登闕妻年二十四守志奉姑謹後姑遭賊難氏冒刃衛之閭鄉稱爲孝婦以節終

李氏　童有康妻年二十四守志撫孤事姑後姑歿二子隨亡勵志愈堅苦節四十三年

何氏　胡天只妻年二十四守志撫遺腹子從周稍長汲水墮池氏聞之抱以身救俱得全鄉里異之苦節五十四年

何氏　蔡履中妻年二十四守志撫二子成立次成諸生以節終

康氏　吳尙友妻年二十四守志撫二歲子成立艱苦備嘗尤重義戚鄰有不給者輒周恤之苦節四十九年

王氏　張應秋妻生員王崇女年二十四守志撫子履道成立苦節三十八年

李氏　馮容妻年二十四守志無子立姪元梁爲嗣氏夫兄弟五先後亡其四惟少弟篤在凡家事皆氏經理苦節三十年

龔氏　蔡其進妻年二十四守志家貧紡績養舅姑延師課子苦節五十餘年

王氏　張鳳岐妻年二十四守志家貧采藜藿糜粥自茹養姑以孝聞撫子成立苦節四十一年

鮑氏　張承書妻年二十四守志撫遺孤翰孝侍孀姑適盜入執姑索金氏伏姑身受梃刃盜義而釋之姑患疽氏泣抱舐疽子翰長外出氏偶隱几夢老人呼救兒氏驚尋翰陷池中已滅頂得救免里人以爲

貞誠感神也苦節四十四年
蔡氏　梅宜侯妻年二十四守志撫遺孤家貧紡績爲
生姑病瘓以身爲臥起又嘗割股以進苦節五十三
年
吳氏　陳宏湖妻年二十四守志遺子甫週復夭立姪
受檉爲嗣教之成立以節終
陳氏　吳體乾妻年二十四守志撫遺孤備歷艱辛苦
節四十二年
陳氏　李由行妻年二十四守志無子撫姪以尊爲嗣

苦節五十四年壽七十八
王氏　陳名訓妻年二十四守志事姑教子一以禮法
年五十九卒
陳氏　吳陛占妻年二十四守志夫病時曾割股和羹
以進姑善病事湯藥不離衽席者數年以節終
孫氏　康象儀妻年二十四守志撫孤滿東慈嚴兼盡
養舅姑委曲承順後子授室生子尋卒氏復撫孫長
泰成立族黨以節成三美贈之苦節五十餘年
舒氏　陳浩舜妻年二十四守志撫子方潤成立苦節

六十年
龔氏　王宗益妻年二十四守志撫二子傳亘附居伯
兄家以終厥志苦節三十四年
熊氏　生員董飛龍妻年二十四守志無子破指出血
誓無異志事舅姑能得歡心立姪爲嗣撫之成立苦
節三十一年
華氏　陳國佐妻年二十四守志無子撫嗣子泰成立
持身持家內外肅然苦節二十九年
胡氏　張國儒妻年二十四守志遺三子夫弟生子數

日父母俱亡氏口咀米漿哺之撫子姪皆成立苦節
五十一年
何氏　朱仕澤妻年二十四守志截髮毀容撫孤成立
苦節三十七年
汪氏　胡從宏妻年二十四守志遺兩孤日夜紡績擇
師課讀長世德成立次大德成諸生苦節三十年
程氏　王道懋妻年二十四守志撫二子成立姑施與
鄰里多周恤以節終
田氏　陳聖備妻年二十四守志撫遺孤紡績以給衣

食子旋卒又撫孤孫艱難備歷苦節三十五年

陳氏　姚世儲妻年二十四守志撫一子成立以節終

錢氏　陳翼舜妻年二十五守志子八歲值明季荒離茹荼撫孤氷操不易苦節四十八年

李氏　韓宗琦妻年二十五守志苦節五十六年

曹氏　伊其國妻年二十五守志撫子世俊甫八月苦節三十六年後孫琦恩貢曾孫芝蘭庠生

王氏　孝廉張啟疆子文齡妻年二十五守志文齡繼父志攻苦成疾卒遺孤超宗又卒氏慘痛倍常事繼

姑李以孝聞立姪兆魚爲嗣苦節二十六年卒兆魚授室後生一子尋卒媳朱氏撫孤基事祖姑克繼姑志以節終

黃氏　胡可呈妻年二十五守志撫一子有欲強嫁者氏聞自縊遇救獲免苦節三十二年

顧氏　王如秩妻年二十五守志以紡績自給課子有法以節終

駱氏　陳瑄舜妻生員駱龍驤女年二十五守志時值荒雜厲節愈堅教子可傚可倬成諸生以節終

江氏　湯有秎妻年二十五守志無子立姪照爲嗣事姑盡禮尤好施與以節終

管氏　生員王應榮妻年二十五守志家貧孝養繼姑撫子成立苦節四十年

龔氏　駱星竿妻年二十五守志撫子持黨持羔時際荒難竭力支持後二子俱成立以節終

郤氏　程盛義妻年二十五守志備歷諸艱治家嚴肅里多以爲法壽八十八

陳氏　吳希孟妻年二十五守志無子時姑亦歿夫弟

汞樊方孩抱氏力撫之成諸生後立汞樊子爲嗣苦節五十年

張氏　王元妻年二十五守志養姑撫孤現粗衣糲食苦節六十五年

李氏　陳邱長妻年二十五守志養姑撫孤苦節六十餘年

唐氏　童求成妻年二十五守志撫孤成立州牧張給匾獎之苦節五十一年

甘氏　生員董秉龍妻年二十五守志撫遺孤成立事

姑以孝聞伯氏夫婦早亡視姪猶子苦節三十一年

張氏　周道齊妻年二十五守志撫孤盡瘁淡泊自甘苦節三十七年

何氏　梅繼恩妻年二十五守志生遺腹子光國姑某年二十七守志曾祖姑陳年二十五守志氏善事之共撫子成立俱以節終

彭氏　梅遜一妻年二十五守志夫病割股以救不能起無子毁容矢志家貧紡績以事翁姑苦節四十二年

陳氏　張覲成妻年二十五守志遺孤甫二歲禿髮毁容撫子成立苦節四十七年

劉氏　許正元妻年二十五守志撫孤成立後子媳繼亡復撫孤孫苦節三十八年

劉氏　盧聚賢妻年二十五守志家苦貧鬻漿粉度日苦節四十餘年

陳氏　王問德妻年二十五守志撫子元鐸勤女紅自給孝養舅姑終其身無遽言慢色苦節四十年

田氏　陳光照妻年二十五守志撫孤教養兼盡家貧常鬻環釧爲饔飧贄間不舉火處之泰然苦節三十八年

胡氏　程代通妻年二十五守志撫子崑崙成立家貧以十指供姑膳苦節三十六年

朱氏　生員王大猷妻年二十六守志撫子開烈開謨成諸生苦節五十二年

吕氏　陳道永妻年二十六守志撫二子相繼亡操志愈堅苦節四十五年

陳氏　監生吳伯桂妻年二十六守志撫一子恩義兼

至侍姑疾不解衣帶者數月苦節四十七年

胡氏　胡學道妻年二十六守志撫子成立家道日豐皆氏勤苦之力苦節五十年

郭氏　陳宏鄴妻年二十六守志教子甚嚴家雖豐夜半猶聞機杼聲苦節三十餘年

孫氏　黃質先妻年二十六守志有强以他適者拒之垂死乃免苦節四十八年

龔氏　倪明遜妻年二十六守志遺子一斷髮自誓撫之成立苦節三十九年

王氏　畢明玉妻年二十六守志無子撫姪毓珍爲嗣時舅姑已逝逢生日忌辰必敬必誠後毓珍夫婦繼亡竟無嗣年六十六卒

張氏　陳名誌妻年二十六守志夫病時曾割股調羹以進後每逢忌日輙痛哭以勗其子以節終

鄭氏　蔡士昇妻年二十六守志撫遺孤蘭友成立後子婦相繼亡氏復撫孫成諸生苦節五十五年

胡氏　方國瑞妻年二十六守志無子立姪爲嗣勤紡績以奉孀姑苦節四十四年

吳氏　汪佑標妻年二十六守志撫遺孤嵩壽教養成立事舅姑問視曲至苦節三十五年

王氏　張敬五妻年二十六守志撫孤先桂先槐晨夕泣誡勉以成立侍姑疾彌月不解衣苦節五十三年

高氏　張咸吉妻年二十六守志無子撫姪懷遠爲嗣苦節三十七年

宋氏　葉紹芳妻年二十六守志家頗饒不悋施與苦節四十五年

郭氏　陳寬妻年二十六守志撫孤成立家雖有餘貲猶躬自紡績因供施與以節終

劉氏　曹乾一妻年二十六守志撫二子成立家貧紡纑易粟以養孀姑苦節五十一年

劉氏　曹鵬翥妻年二十六守志撫遺孤慈嚴兼至家貧以紡績事繼姑苦節五十五年

鄧氏　生員高克璉妻年二十六守志撫孤益繁成名苦節三十七年

陳氏　陳宏炎妻年二十六守志撫遺孤艱難備歷事繼姑人稱其孝以節終

許氏　生員劉袞妻年二十六守志撫二子次志元成諸生事姑至孝曲體無不如意壽八十五

王氏　易泰妻年二十七守志家貧撫孤成立苦節四十二年

胡氏　易德易妻蘄水生員胡君恊女年二十七守志教子治家一準於禮苦節五十二年

吳氏　高馥妻年二十七守志家貧姑老每自饑餒必甘脆飼其姑無晝夜機杼聲軋軋出戶外送姑終爲子娶婦皆取給焉子姪欲援例請旌力辭以節終

方氏　王道恕妻年二十七守志遺子民球民琳俱幼撫之成立事翁姑以孝聞苦節六十三年

田氏　張杰妻州同田之璋女年二十七守志撫子應秋應燮成立苦節五十一年

張氏　張正濂妻年二十七守志家貧勤紡績教子夢禮中乾隆庚寅舉人年五十六卒

王氏　馮元芳妻生員王鋭女年二十七守志無子家貧藉女工以養姑年五十一卒

王氏　何殿賜妻年二十七守志撫遺孤開第孝養舅

姑仰事俯育拮据萬狀苦節四十餘年

賈氏　康桓東妻年二十七守志遺孤萬芳斷髮一束置櫬中以自誓紡績佐脩脯豐年拾遺滯爲炊歲祲茹荼苦節四十三年

胡氏　舒桂芳妻年二十七守志撫遺孤家貧父母欲令他適引刀盡禿其髮遂不復言苦節四十一年

管氏　生員王濂妻年二十七守志無子立姪爲嗣苦節三十年

趙氏　周大權妻年二十七守志家貧遺孤祉甫四月

撫之有成苦節五十餘年府志

張氏　監生王如曜妻年二十八守志事繼姑以孝聞撫子德鉦既成立卒與媳張氏又撫數月孤承汾苦節三十年

劉氏　陳效古妻孝廉劉文起女年二十八守志無子立姪棟爲嗣事舅姑里有孝婦之稱苦節三十一年

向氏　熊有韃妻年二十八守志遺孤伯億家貧乞食養姑姑卒不能具禮族人給義田穀爲殯殮計後教子成立苦節三十八年

閔氏　生員張標妻年二十八守志遺孤炳文燦文教之皆成名諸生苦節三十六年

吳氏　張仕漢妻年二十八守志事姑盡禮教子有法三世同居皆氏教也苦節四十四年

周氏　陳世珍妻年二十八守志撫二子勤紡績以自給苦節五十三年

龔氏　蔡明瑛妻年二十八守志值歲洊饑飲茶茹蘗强自支持教子其達其迎成立年六十七卒

王氏　陳宏浚妻年二十八守志無子立姪士英爲嗣

以節終
何氏　吳用商妻年二十八守志教子待聘成立孫伯
樞克振家聲壽七十五
汪氏　陳本堅妻年二十八守志撫遺孤德鈉父母欲
令他適氏遂永不歸寧苦節四十年
祝氏　董文趣妻年二十八守志撫兩孤次子成諸生
早亡旋長子媳及孫俱亡復撫曾孫成立身立四世
壽八十
郭氏　張京蘭妻年二十八守志撫三子永弼師尚克

繩皆成立苦節三十年
田氏　詹周𡖖妻年二十八守志撫遺孤占輪奉姑始
終不懈子授室後旋卒無子遺一女與媳胡氏相依
爲命俱以節終
潘氏　趙州知州李坦繼妻年二十九守志夫病時以
母年老爲憂氏竭力孝養以成夫志苦節五十三年
盧氏　生員龎見龍妻年未三十守志事舅姑孝謹撫
三遺孤兢兢以爲善是訓金太史德嘉爲作傳
徐氏　張必昇妻年二十九守志撫子師魯朋舉成立
苦節五十餘年
胡氏　韓嵩楡妻年二十九守志事姑孝撫二子成立
苦節三十二年
樂氏　張次珍妻年二十九守志撫子濬永隆成立苦
節三十七年
龔氏　宋昌後妻年二十九守志撫子隆英隆華成立
苦節四十六年
程氏　陳貴舜妻年少守志事姑必遵禮法撫遺腹子
可應成立年九十猶勤紡績州牧賜額褒美苦節七

十三年
易氏　生員田有書妻年少守志事舅姑無闕禮教子
及孫成名苦節五十年
姜氏　李棟妻年少守志紡績度日撫子僑成諸生苦
節四十二年金太史德嘉詩以表之
盧氏　蔡廷玠妻年少守志性嚴正寡言笑撫二子長
子早卒教次子成立苦節三十二年
王氏　廖景昭妻年少守志養姑撫子苦節六十一年
葉氏　生員李榮妻生員葉解民女年少守志姑老子

幼家無擔石忍饑哺子苦節五十一年

陳氏　李元序妻年十七適李生二子夫歿舅姑歿兩子亦俱夭無嗣可立孑然一身飲泣奉祀老且病請於州牧王施遺田三石有奇於元妙觀供香火氏夫先人名得附勒諸石

高氏　張世芳妻年少守志無子側室嚴氏生子復豫而嚴亦亡氏撫復豫恩勤倍至豫雖長莫知其爲嚴氏子也時三世同居舅姑委以家政氏出奩田爲公産篋無私蓄以節終

朱氏　知縣張承瑞之子世鈞妻年少守志以女紅養姑教子極嚴夜嘗自課苦節五十七年

胡氏　吳惟漢妻年少守志教子洪勳成立又卒撫孫五人以耕讀爲業壽七十九

張氏　監生王開畿妻年少守志初開畿出繼叔父嗣母易氏守節氏善事之食指數十人氏拮作不倦內外無違言教子世永世澠世湛皆成立苦節數十年

吳氏　何開坦繼妻昆山人年少守志撫六月孤及元配陳所出三子艱辛備歷事姑孝律己嚴族里賢之

苦節四十餘年

張氏　生員顧仕綬妻年少守志氏幼沈靜言動皆有法度夫以赴試溺死遺孤兆棉甫數歲繞牀泣女顧而哀之曰特汝在吾爲汝不死苦節三十餘年其婢郝氏早寡與主母同卧起亦終節

陳氏　胡啟德妻年少守志撫二歲孤昌哲事舅姑以孝聞昌哲早逝與媳張氏同卧起各以節終

胡氏　吳惟昂妻年少守志撫遺腹子洪佑事舅姑教子成立足不踰閾苦節三十四年

孫氏　吳惟暹妻年少守志撫子洪嵩甫週歲家無擔石二釄不給事女紅以膳翁姑有愉色無怨言族衆咸以孝稱之苦節三十餘年

張氏　胡昌美妻年少守志無子殮葬夫畢即以女托於夫弟婦自投塘適有鄰母出汲救之乃免立姪宏點爲嗣以節終

陳氏　童有質妻年少守志事舅姑以孝聞教三子成立苦節三十二年

張氏　李榮九妻年少守志遺一子伯氏欲嫁之以死

自誓州牧張深爲嘉嘆俾成其志年六十二卒

王氏　李君安妻年少守志撫五歲子之茂備歷勤苦朝夕支一鐺以五合米炊薄粥延殘喘蓄餘粟以遺子子後考選經歷氏以節終

熊氏　陳德元妻年少守志撫孤於岱成立家貧紡績自給苦節四十年

張氏　顧燕書妻年少守志性嚴正事孀姑甚謹夫家貧父及叔父歿未葬並夫喪三焉氏力爲經營俾得同穸撫遺孤四歲而夭立夫姪孫啟棠爲嗣姑歿殯

葬皆如禮以節終

徐氏　李元焜妻年少守志無子隨母以居先是母王氏與氏姊余俱無子母女相依長姊劉爲之佽助同終節

丁氏　駱抒時妻年少守志撫兩月孤成立苦節三十三年

張氏　黄載瑑妻年少守志夫卒時氏破鏡以半繫夫棺半存奩笥凡祭奠時必出鏡痛哭撫子式金甫五月教之成立事舅姑家雖貧勤紡績而甘旨不缺苦節四十七年

張氏　張正茂妻年少守志撫子文清有欲奪其志者氏以刀自隨事乃寢苦節四十八年

龔氏　黄宗山妻年少守志事姑撫孤艱辛備歷苦節三十七年

鄒氏　胡鍾泗妻年少守志撫二孤長奇光甫兩歲次奇佑未週撫之成人貧苦自甘事翁姑得歡容苦節三十三年

宋氏　張仁濟妻年少守志無子勤紡績餘貲爲夫弟娶妻並置田以遺姪苦節五十三年

張氏　汪佑純妻年少守志撫孤正巳甫三歲事孀姑愛敬曲至苦節三十九年

何氏　吳永隆妻年少守志孝事舅姑和諸娣姒年逾七十孫曾林立以節終

王氏　生員駱向純妻年少守志遺子敦源未週撫之成立苦節四十餘年

褚氏　駱祥光妻年少守志撫子濟川甫四歲家徒壁立終身無怨苦節四十年

高氏　張燦文妻年少守志事翁姑孝事繼姑亦如之
紡績延師教子培瑛成立苦節四十餘年
周氏　張季朗妻年少守志撫子培世紡績延師弱冠
成諸生旋卒二孫俱幼氏撫育之苦節四十六年
張氏　李斗城妻年少守志撫二子水蘗自持姑歿長
子光鑑將就婚又卒氏竭力營葬諸喪以節終
沈氏　王華封妻生員沈世亨女幼嫻內則通文義年
少守志初氏夫出繼伯母鄭氏卒鄭氏先有遺腹孫
承宗尚幼氏體姑志鞠育恩勤如姑意無何承宗又

卒氏自傷孤子又上慰老姑下憫寡媳調護撫恤心
力俱瘁爲夫立嗣子岱爲承宗立嗣子瑛以節終
李氏　王炯文妻年少守志撫一子一女饔飧不繼操
守益堅苦節三十二年
貢氏　駱抒蕤妻年少守志遺子其臨甫二歲撫孤事
姑以孝慈聞苦節數十年
周氏　陳受森妻年少守志立姪爲嗣苦節數十年
陳氏　程明巍妻年少守志氏及笄歸程甫五月夫卒
越六月生遺腹子輿莊家貧紡績自給有時不舉火

人周之力却不受苦節三十五年
趙氏　胡奇慷妻年少守志撫二子家貧燒松節作燈
勤女紅以養舅教子成立苦節三十二年
貢氏　劉世松妻年少守志遺三子夭其二撫幼子承
祐成立以節終
曹氏　胡昌明妻年少守志遺二子家貧恐有奪其志
者常帶匕首以自防後教子成立苦節三十七年
黃氏　陳時興妻年少守志遺腹生子洪詔撫育成立
性方嚴教督不少暇惟一老婢相伴年五十四卒

張氏　方時烱妻年少守志事舅姑以孝聞苦節數
年
陳氏　陳宏清妻年少守志撫子受松成立獨持門戶
里中稱婦德焉以節終
高氏　詹中域妻年少守志無子家貧父母恐不能守
微示其意氏泣曰良人恃吾誓以瞑目安得背之自
是不往母家事姑篤孝初立嗣數歲殤後立姪輿恭
爲嗣以節終
周氏　蘇宏子妻年少守志撫遺腹子受漣成立氏夫

有興母兄弟六人皆無間言以節終

袁氏　張忠卿妻年少守志撫遺腹子琠家貧無依惟紡績以自給哺孤兒每祭必攜往墓所悲啼竟日後琠生子克成家焉氏以節終

胡氏　陳宏瑲妻年少守志教子岱如嚴父家人咸敬憚之門以內非至親無敢入者以節終

鄭氏　監生吳偉妻年少守志無子立姪道嵩道性爲嗣俱成立道嵩旋歿遺三孤氏偕媳葉氏撫之辛苦百端以節終

陳氏　王問俊繼妻無子撫夫元配兩遺孤長元次亨愛猶己出艱辛備至苦節五十餘年

葉氏　陳受鈞妻年少守志苦節三十二年

吳氏　駱萬方妻年少守志終身惟誦經茹素姑病刲股和羹以進姑愈姑覺族里欲以額旌其孝不受以節終

王氏　監生童魏妻年少守志撫二子昌育成立鄉里有不給者時周恤之以節終

姜氏　諸對揚妻年少守志無子單寡衰門無嗣可立依姑姪女工度日苦節三十年

華氏　駱士伸妻年少守志撫遺孤成立壽八十一

張氏　生員陳宏錦妻年少守志撫二子成立事翁姑以孝聞苦節三十八年

顧氏　郭凝暉妻年少守志撫遺孤未幾殤舅姑亦相繼歿家計益窘氏與夫姊張復禮妻同居守節女工度日苦節三十七年

王氏　田仁麟妻年少守志無子立姪禮厚爲嗣以節終

方氏　田再萬妻年少守志翁老病供饘粥者十餘年以節終

張氏　張廷翰妻年少守志撫孤學詩學禮成立以節終

吳氏　張萃盛妻年少守志撫孤學全學美與伯姒張形影相弔教二子成立克繼家聲以節終

李氏　高至俊妻年少守志後變夫名之去辭姑張及叔姒田不食而卒以節終

陳氏　監生張典五妻年少守志無子撫姪宗麟爲嗣

事祖姑盧得歡心以節終
王氏　監生張灼繼妻年少守志撫子培祖成立事姑孝謹以節終
方氏　王伊佐妻年少守志事姑甘旨無缺苦節三十四年
唐氏　彭允蕃妻年少守志遺子甫六月夫病時曾刲股以救事舅姑無少懈家貧勤女紅以日食之餘推食鄰里以節終
王氏　監生李應詔繼妻年少守志撫子自道成立事

舅姑養生送死悉合禮法苦節四十六年
鄭氏　張有昭妻年少守志無子立姪其鉞爲嗣足不踰閾以節終
盧氏　張士恭妻參政紘曾姪孫女年少守志撫子成棟成桂成林家貧艱辛備歷壽七十七
張氏　張成本妻年少守志撫四子曦歷曉晴成立壽八十八
周氏　陳可依妻年少守志撫遺腹子欽健克自成立致家豐裕苦節四十餘年

翁氏　監生黄宗奭妻年少守志撫子無疆事翁姑孝謹以節終
胡氏　吳伯柮妻年少守志撫子聚奎成立苦節四十八年
吳氏　陳欽綸妻年三十守志子二次雲錦撫之成諸生尤孝事姑閭里稱婦德焉以節終

貞女

張姑　顧燕桂聘妻張庠開女年二十燕桂未婚卒訃聞女誓以死殉父母日夜防守請奔喪不許遂謝絶

鉛華日服縞素凡五閱月父母謀改適媒至女偵知佯爲喜笑沐浴更衣密加縫紉自經於寢所時康熙五十六年七月二十七日也
陳姑　英山生員彭永年之子啟傑聘妻監生陳爾全女方納幣訂婚期啟傑卒女聞訃將百里奔喪父母以路遠阻之女怏怏遂易服餙衣縞素越數月父母欲令他適女聞之閉戶縫衣自經而死
殷姑　詹世則聘妻英山生員殷肇庶女世則染瘋疾其母勸女毋家另擇配氏聞引繩自縊急救乃免力

求至夫家晝夜伴孀姑以事瘋夫家極窘日不再食輒忍受一日夫狂甚指女曰汝誰也撻之幾斃後夫以狂死女與姑爲依終身處女立夫姪緒生爲嗣年四十一卒

陳姑　陳宏緩聘妻州同陳於染女幼嫻女則曉大義未婚而宏緩卒女誓不他適在室六年旋往侍姑疾與同臥起者七年姑歿遂以悲傷感疾卒　傳詳藝文

吳姑　廣濟方紹臯次子杰聘妻吳東昇女未婚而杰卒女欲以身殉念親老弟幼遂安於室縞素終身不

出閫閾不與燕會督兩弟苦讀每徹丙夜燈火茶湯手自奉之年七十八

烈婦

謝氏　伍從雲妻未嫁時聞姑病求侍湯藥姑歿從雲病篤顧氏不能語氏許以同穴從雲歿經紀其喪踰三日乃沐浴衣衰麻自經於柩側家故貧不能葬里人哀之醵金合塚立豐碑紀其烈　傳詳藝文

蕭氏　葉育華妻年二十三守志子甫一歲爲流賊所執氏紿之曰待我拜別翁姑乃從汝賊許之氏抱子

泣拜翁姑墓畢赴水死家人決塘水盡乃得屍母子相抱如故時盛夏色不變人咸異之

某氏　管兵丁元妻康熙戊辰元通夏逆受僞札氏預知泣諫不聽乃先手自縊殺兩女尋自經而死元事洩被執乃哭曰悔不從妻言　詩詳藝文

周氏　田躍雲妻年二十五守志有遺腹因誓曰生男則撫孤承祧生女則從夫九泉及娩生一女乃觸地而死

賢媛

勞氏　指揮使田友妻文官雲南山師殺賊被傷寢營氏督軍救之有恢復功　詔封正一品妙金夫人世襲指揮使隨長子霽承襲於蘄因家焉

吳氏　生員李具慶妻廣濟太常卿吳亮嗣女明末賊陷蘄氏翁兵備樹初不屈死夫兄延慶父子及氏所生五子俱死具慶亦被創氏方有娠從積屍中乘間掩諸屍負具慶以竄途中產子之璿晨以行賊平收葬諸骸骨復還舊業皆氏內助之力卒葬陽門冲盧參政銘其墓

熊氏　陳贊元妻教諭熊心璋女幼聰慧曉大義於歸孝事舅姑夫卒繡佛茹素鍵持門戶篝燈課諸兒讀不寬假好施與脩路成梁煮茗合藥族黨中不能自贍者輒捐貲相助承夫志於溪南建慈雲閣以收渴口風水子三於棪貢生於梁於榮州同壽八十七詳傳藝文

列女據錢志入

駱氏　裴濟洪妻年十九歸裴生一子洪濟卒氏年二十一家貧甚忍饑寒養姑撫子年七十一卒

湯氏　儒童駱抒元妻向純女年二十四抒元應試客死無子或議改適氏即夜投環死救之獲免爲立後以節終

蘄州志卷之十八

知蘄州事夏津潘克溥纂修

人物志

列女新增節烈各欵

已旌節婦

張氏　陳永賴妻年十七守制無子立姪世貞爲嗣教之成立時年六十四道光八年學政王額奬

葉氏　朱士魁妻年十七守制勤紡績以養翁姑撫子全榮成立苦節三十一年乾隆五十九年　旌

李氏　李聯芳妻年十八夫卒貧無子依姪德蘇守制苦節七十餘年九十一歲卒道光二十八年詳請學憲王額奬

何氏　廩生楊世銘妻年十九守制侍銘母吳得歡心事嫡桂進退唯謹勤紡績嘗篝燈勸銘孫道爍學至宵分不倦後入廩庠年四十一卒學政茹額奬通志

李氏　胡鴻銑妻年十九守制于歸甫一月而夫亡無子立姪爲嗣謹事翁姑苦節七十餘年嘉慶戊寅學政沈額奬

伊氏　盧汝受妻年十九守制合巹之夕夫故疾發未婚而卒以死自誓立姪銘爲嗣事翁姑以孝聞家貧勤紡績以佐脩脯教子成諸生數十年足不踰梱嘉慶十一年學政吳額奬苦節六十四年壽八十三

楊氏　胡承瓏繼妻年十九守制無子撫嗣子尚英成立以節終道光六年學政王額奬

張氏　田正杰妻年十九守制無子立姪爲嗣苦節四十三年道光七年學政王額奬

查氏　詹之信妻年十九守制遺孤甫六日教之成諸

生事翁姑以孝稱苦節五十七年道光六年學政王額奬

張氏　查嗣鐘妻年十九守制遺孤甫五月撫之成名事姑以孝聞苦節四十年道光六年學政王額奬

王氏　何登喆妻年十九守制苦節三十九年道光二十一年學政朱額奬

吳氏　胡榮蘭妻年十九守制無子立姪士昆爲嗣事翁姑惟謹苦節四十四年道光六年學政王額奬

張氏　監生胡光靳妻年十九守制苦節三十一年道光六年學政王額奬

桂氏　汪馨逵妻年二十守制撫子文炳成立孫國泰道光甲辰武舉苦節五十一年壽七十一道光六年

旌

夏氏　朱鴻謨妻年二十守制撫一歲孤宗成操作不懈孝奉翁姑苦節三十年卒道光六年　旌

陳氏　劉世道妻年二十守制無子立姪爲嗣苦節六十四壽八十四學政茹額奬

張氏　生員汪執佑妻年二十守制無子立姪鍾培爲

嗣教之成諸生壽七十三道光六年學政王額奬

余氏　生員江元妻　劉氏　江魁妻余年二十守制劉年二十六守制二氏夫本弟兄皆早卒無子余立姪祚錫爲嗣劉立姪祚楷爲嗣二氏幷白同操分甘共苦余時年五十四劉時年五十九道光二十四年學政王以雙節額奬

李氏　劉欽佐妻年二十守制撫遺腹子淑玉成立道光二十七年學政江額奬時年五十五

雷氏　余載靜妻年二十守制以節終道光元年學政

楊額獎

趙氏　孫祖謨妻年二十守制苦節五十餘年道光八年　旌

吳氏　王萬剛妻年二十守制無子立姪世本爲嗣撫之成立授室後尋卒媳詹氏年二十亦守制無子氏又與媳同撫嗣子守華成立氷霜兩世荼蓼一門計姑媳苦節俱五十四年道光十年學政賀以額獎

胡氏　張粹珍妻年二十夫卒矢志守義撫嗣子如度承祧事翁姑盡孝歷三十餘年以節終學憲王額獎

至今子媳年逾八十齊眉孫曾蕃昌孫意遠入廩庠

吳氏　張如寬之妻年二十守制立嗣承祧寬胞弟如詩妻鄔氏年二十三守制撫遺孤成立後皆以節終學憲王額獎

王氏　張如與妻年二十夫卒矢志守義撫遺腹子成立年七十七以節終學憲王額獎

吳氏　張如圭之妻年二十夫卒矢志守義以苦節終學憲王額獎子婦吳氏亦年二十二守制苦節三十餘年捐田課十三石作手巾菴香火之貲

闕氏　蔡世八之妻年二十夫卒無子立姪際春爲嗣紡績撫養備極勤勞苦節三十餘年道光七年學憲王額獎

陳氏　駱德光妻年二十守制撫子成立年七十餘卒自祖姑陳姑張及氏皆三代節孝道光九年學政賀旌

劉氏　張復眘妻年二十一守制遺子本甫八月氏以子幼更立姪輝爲嗣閉幃紡績事翁姑惟謹乾隆丁酉學政胡額獎

陶氏　李有本妻年二十一守制苦節五十五年乾隆癸卯年　旌

張氏　周有鐩妻年二十二守制遺子大咸甫八月撫之成人授室後尋卒遺子待聘甫三歲氏又與媳余氏共撫幼孫憂勞成疾年五十五卒道光八年學政王額獎

張氏　胡來坤妻年二十一守制無子立姪觀本爲嗣嘉慶二十年學政朱額獎

吳氏　陳法猷妻年二十一守制夫病時割股救之不

翅姑早逝事伯姑循循有禮苦節四十七年道光七年學政王額獎

許氏　監生蔡道椿妻年二十一守制遺孤世茂時夫弟道楷夫婦俱逝僅遺一女氏撫之如己出世茂方成人復卒立堂姪爲嗣苦節五十八年道光七年學政王額獎

程氏　汪佑煬妻年二十一守制遺孤甫週歲撫之成人苦節四十二年道光七年學政王額獎

李氏　黃美璋妻年二十一守制無子立姪喬福爲嗣時年五十一道光二十五年　旌

張氏　田傳珍妻年二十一守志遺腹生子惠疇家貧勤紡績教子成諸生苦節五十一年壽七十二道光六年學政王額獎

胡氏　吳淞妻年二十一守制無子立姪印侯爲嗣延師課讀教之成諸生時年七十有一道光七年學政王額獎

黃氏　陳受松妻年二十一守制撫子成人授室後尋卒媳余氏亦守制遺兩孫長早殤氏與媳共撫次孫

氏壽八十五余壽八十七道光七年學政王額獎

吳氏　胡鴻鐘妻年二十二守制苦節數十年道光六年學政王額獎

張氏　浦斗豐妻年二十二守制道光元年學政楊額獎

胡氏　方渙妻年二十二守制撫二歲孤成立勤紡績以奉翁姑時年逾六十道光七年學政王額獎

邵氏　方銓魁妻年二十二守制無子撫嗣子成人時年七十道光七年學政王額獎

張氏　監生劉萬侯妻生員晴女年二十二守制無子立堂姪之欄爲嗣撫之成人苦節三十七年乾隆三十八年　旌建坊芝蔴山

柯氏　張其楫妻年二十二守制道光八年學政王額獎

楊氏　劉之憲妻年二十二守制氏歸甫八月憲疾篤禱以身代刲左股未能應手落旋刲右股和藥以進終不可救無子立從姪爲嗣撫之成立事翁姑以孝聞苦節三十八年請　旌建坊大西門內

張氏　陳煇古妻張先鼎女年二十二守制無子立姪衡銓爲嗣飲氷茹荼教之成立苦節五十年道光七年學政王額獎

龔氏　陳信儀妻年二十二守制無子立堂姪紫封爲嗣日夕紡績擇師課子備歴艱辛苦節五十二年壽七十四道光七年學政王額獎

姜氏　宋德實妻年二十二守制無子撫嗣子昌愿成立時苦節五十四年道光七年學政王額獎

柯氏　魯作瑚妻年二十二守制遺腹生子大勲教之

成名事翁姑孝謹苦節五十八年道光七年學政王額獎

湯氏　生員張起妻貢生湯任環女年二十二守制無子立姪亜時爲嗣事翁姑以孝聞苦節六十八年壽九十乾隆五十七年　旌

齊氏　陳先春妻年二十二守制無子立姪爲嗣道光六年學政王額獎

蔡氏　王易才妻年二十二守制無子立姪泰源爲嗣後泰源授例就職時年六十二學政王額獎

駱氏　陳顯誦妻年二十二守制撫遺腹子苦節四十年道光七年學政王額獎

段氏　駱其爔妻年二十二守制撫子成立苦節四十七年道光六年孫庠生光祖呈請學政王額獎

華氏　張德昌妻年二十三守制事孀姑孝謹撫孤成入學政茹額獎

李氏　方銓齡妻年二十二守制無子撫嗣子成立事姑孝謹時年七十道光七年學政王額獎

吳氏　孫祖講妻年二十三守制無子立姪時連爲嗣

撫之成立苦節七十三年壽七十六道光八年　旌

周氏　黃登瑤妻年二十三守制子立忠束髮受書課讀弗懈教之成名現苦節四十五年道光二十五年　旌

文氏　張善佑妻年二十三守制撫孤純緯束髮後令越千餘里從師數年未嘗以孤兒故弗使離授室後尋卒媳詹氏年二十二亦守制無子撫姪育壽爲嗣姑媳形影相弔門戶獨持文苦節六十三年詹苦節四十二年道光七年學政王以姑媳雙節額獎

詹氏　張純全妻年二十三守制生遺腹子育會撫之成立事姑順承同居數十口綜理家政無間言時苦節五十三年道光七年學政王額奬

田氏　監生詹景疏妻年二十三守制撫孤中典成立授室後尋卒遺孤與魁與元媳何氏年二十三亦守制氏又與媳撫兩孫成名一入文庠一入武庠氏苦節三十年何苦節六十八年嘉慶二十五年學政朱以雙節額奬

劉氏　何開樞繼妻年二十三守制撫前妻遺孤成立苦節五十五年壽七十八道光八年學政王額奬

孫氏　監生胡東曙繼妻年二十三守制無子初氏夫家貲頗裕曾捐田課八十石以作黃城河渡田及沒之嗣家產盡散族人遂至中落氏晝夜紡績苦積餘貲置田一石五斗捐爲胡氏四分考費花紅以成夫志道光六年學政王額奬

朱氏　顧兆福妻年二十三守制孝奉翁姑子啟環歲貢苦節五十年壽七十三嘉慶四年　旌

王氏　易中榮妻生員王世灝女年二十三守制遣一女無子服內無嗣可立依母家女紅度日終其身無怨言苦節三十一年卒道光六年　旌

吳氏　駱建輝妻年二十三守制無子立姪爲嗣時年六十九道光七年學政王額奬

劉氏　葉承宙妻年二十三守制撫子期元成立而歿媳桂氏依姑爲命矢志靡他劉苦節六十三年壽八十六桂苦節四十三年時年七十一姑媳雙節道光六年　並旌

方氏　張其達妻年二十四守制事孀姑惟謹撫子成立嘉慶己未學政陳額奬

胡氏　方潤誨妻年二十四守制遺腹子新貫越四月姑生撫之成人道光七年學政王額奬

雷氏　余載靜妻年二十四守制撫孤成立苦節六十八年嘉慶二十五年　旌

張氏　王德鈺妻年二十四守制事孀姑以孝聞遺孤承汾甫數月撫以成立苦節三十九年乾隆四十九年　旌建坊冷水井

張氏　吳德樹妻年二十四守制無子立姪兆梅爲嗣

教之成諸生事翁姑必以禮道光二十四年學政王額獎

王氏　陳信葵妻監生王承會女年二十四守制遺孤漣撫之成立授室後旋卒無子氏立姪孫爲嗣調護撫恤心力俱瘁時年六十有五道光七年學政王額獎

吳氏　裴遠澈妻年二十四守制無子撫嗣子善達成立苦節五十四年時壽七十八道光七年學政王額獎

程氏　汪佑松妻年二十四守制遺孤二俱幼撫之成人苦節四十五年道光七年學政王額獎

宋氏　汪正燦妻年二十四守制無子立姪忠坤爲嗣苦節四十年道光七年學政王額獎

孫氏　田相爏妻年二十四守制無子夫病時曾刲股以救不起立姪爲嗣苦節三十九年道光七年學政王額獎

胡氏　陳遵炯妻年二十四守制無子立姪守瑕爲嗣道光六年學政王額獎時年六十一

胡氏　陳以紳妻年二十四守制撫子于玉成諸生學政額獎苦節三十餘年

程氏　監生陳英妻年二十四守制遺二子相繼殀立姪登鏊爲嗣氏病革鏊兩割其股氏嘗於秋末時思食筍與桃鏊皆應念取來人以爲孝之所感氏卒鏊廬墓三年道光八年學政王額獎

劉氏　諸生朱繼歡之妻年二十四守節無子立姪軫光爲嗣旋卒媳鄧氏年二十守節亦無子劉氏復立奎光次子爲孫姑婦兩世撫孤備極艱苦劉氏卒年

五十五鄧氏現年五十四道光二十六年詳請學憲王額獎

朱氏　李文錫妻年二十五守制苦節三十四年學政沈額獎

張氏　夏勝觀妻年二十五守制生遺腹子職員松炎年翁歿氏虔事孀姑乳哺孤子備極艱辛道光二十六年蒙學憲王額獎

吳氏　朱士璜妻年二十五守制家貧勤紡績教子全畱成增生苦節三十年嘉慶十年　旌

張氏　童定煥妻年二十五守制無子立姪作珉爲嗣幽居教子歷盡艱辛乾隆甲辰年學政王額奬

劉氏　廩生陳天騭妻年二十五守制遺孤甫週歲艱辛備歷教之成諸生乾隆二十七年　旌建坊渴口市

官氏　管軾賢妻年二十五守制乾隆四十八年　旌

王氏　陳良顯妻監生王元龍女年二十五守制撫孤言信屛鉛華操井臼事翁姑孝謹教子成立苦節五十一年道光元年學政楊額奬

鄧氏　陳信鏡妻年二十五守制生遺腹子手元復立姪手福俱撫之成立苦節四十一年道光十五年學政朱額奬

鄧氏　汪佑楫妻年二十五守制撫孤杰成名苦節六十一壽八十五道光七年學政王額奬

王氏　監生陳以瓊妻年二十五守志遺兩孤次甫週歲家貧勤紡績以自給撫子成人生平未嘗苟言笑苦節五十五年壽八十道光七年學政王額奬

姜氏　生員陳光國妻年二十五守制撫二子成立苦節五十年道光八年學憲王額奬

王氏　繆正榮妻年二十五守志撫遺孤大旺絕鉛華操內政教子成立時年六十五道光二十五年　旌

程氏　張心悃妻年二十五守制撫二子成立苦節六十九年壽九十四道光六年學政王額奬

楊氏　孝廉蕭光縉繼妻年二十六守制遺一子教之成人而歿氏又撫孫孫復殤立姪孫眷福爲嗣苦節四十年道光七年　旌

吳氏　胡鴻桂妻年二十六守制道光七年學政王額

奬

張氏　方鈺恕妻年二十六守制苦節四十六年嘉慶乙亥學政朱額奬

顧氏　王恩溥妻顧景星曾孫女年二十六守制無子立姪厚遠爲嗣撫之成立苦節二十四年卒事聞獲旌

夏氏　例貢周暉翥妻年二十六守制無子立姪道禮爲嗣時年五十八道光二十五年學政王額奬

張氏　王貞度妻張若俊女年二十六守制撫子彤次

成立事繼姑以孝聞彤次授室後年十九卒遺孤中
燦甫三月媳胡氏亦守制氏與媳撫孫成立教之成
諸生氏苦節三十四年胡亦以節終乾隆二十三年
以雙節　旌建坊墓側
童氏　吳道恒妻年二十六守制無子立姪爲嗣以節
終乾隆四十九年學政王額奬
方氏　朱全中妻年二十六守制苦節三十三年道光
七年學政王額奬
程氏　詹祚謌妻年二十六守制事翁姑以孝撫二子

嚴慈兼盡俾克成立守節三十七年卒咸豐元年奉
學憲杜額奬
張氏　生員葉定邦妻年二十六守制遺孤幼家貧勤
紡績以奉翁姑撫子成人道光十年學政王額奬
梅氏　蔡道晟妻年二十六守制苦節五十三年壽七
十九道光三年學政李額奬
吳氏　張文炘妻年二十六炘卒家貧事節姑呂紡績
度日遺孤光培甫六月撫育成立苦節四十五年道
光六年學憲王額奬

韓氏　張高棟妻年二十六守制撫孤達誠成立苦節
六十四年道光七年學政王額奬
孫氏　胡玉符妻年二十六守制撫遺腹子賢緒教之
成名苦節五十七年道光七年學政王額奬
陳氏　詹本霦妻年二十六守制撫孤成立苦節三十
六年道光七年學政王額奬
段氏　監生田昶妻年二十六守制撫孤桂成立事翁
姑無間言苦節三十五年道光七年學政王額奬
陳氏　李盛留妻年二十六守制撫子泰甫五月敬事

翁姑後泰援例就職學政王額奬
王氏　駱見賓妻年二十六守制苦節六十三年壽八
十九道光六年學政王額奬
吳氏　易中樧妻年二十七守制家貧甚紡績度日奉
姑惟謹撫子成立苦節五十六年壽八十三道光六
年　旌
居氏　張其解妻年二十七守制夫病時曾刲股和藥
以救不起立姪元慶爲嗣撫之成立苦節五十三年
道光癸未年　旌

甘氏 童作培妻年二十七守制乾隆甲寅年學政初
額獎

李氏 監生童作斐妻年二十七守制撫遺孤紡暑績寒足不出戶孫曾林立長孫啟鐸成諸生苦節六十一年壽八十九嘉慶乙亥年學政朱額獎

江氏 余純一妻年二十七守制撫子通古成人授室後尋卒無子立姪承禮爲嗣教之成諸生媳顧氏亦守制以節終乾隆四十九年 旌

伍氏 周邦富妻年二十七守制遺子三俱幼勉持家

政勤紡績以養翁姑教之成立性好施與見貧苦必周恤之苦節五十四年壽八十一乾隆四十年學政毛額獎

江氏 黄希輅妻年二十七守制生二女無子立姪爲三爲嗣勤紡績以自給時年五十七道光二十四年學政王額獎

夏氏 周有銜妻年二十七守制遺子二撫之成立年五十四卒道光八年學政王額獎

馮氏 監生張墀妻馮世堂女孝廉馮士偉姪女幼承家訓通文義工書法年二十七守制撫五歲孤兆瓚孤苦零丁形影相弔加之横逆重來氏惟含忍消弭杜門紡績苦力支持教子成立援例就職苦節五十三年壽七十九嘉慶二十年 旌

陳氏 范卿繹妻年二十七守制無子立堂姪位樞爲嗣夫病篤剪髮付夫手誓不他適扶病奉姑甚謹姑殁經理其喪致哀盡禮苦節五十七年乾隆二十九年 旌

郝氏 李復椿妻貢生郝輝國女年二十七守制遺孤

效貢卜臣家貧日夜紡績以奉翁姑值歲饑鄰有不舉火者數日氏取給母家以助數口得無恙次子以攻讀成疾年二十四遺孤元度媳龔氏年二十九亦守制郝善病侍湯藥不少離教子成諸生郝苦節六十四年壽九十龔苦節三十二年壽六十道光六年學政王以兩世節孝額獎有黄州守楊星山雙節傳載桐雲閣全集

傅氏 吳錫琮妻年二十七守制無子時無嗣可立三十年後始立桯硹桯砳爲嗣孫家貧紡績課讀孝養

翁姑苦節五十三年道光七年學政王額獎
張氏　陳惟範妻年二十七守制事翁姑孝謹撫子成
立苦節五十四年道光七年學政王額獎
張氏　田義信妻年二十七守制撫兩幼孤延師課讀
修脯必豐雖典簪珥不惜焉二子授室後尋卒氏又
撫孫教之成諸生苦節五十年壽七十七嘉慶二十
四年學政沈額獎
方氏　陳洪堉妻年二十七守制無子立姪受銓爲嗣
家貧甚夫殁時脱衣斂以營喪葬受銓授室後尋卒

媳王氏年二十八亦守制無子立姪顯勇爲嗣姑媳
相依以女紅爲生計方年六十八王壽七十七道光
八年學政王額獎
吳氏　陳洪綬妻年二十七守制孝事翁姑苦節三十
五年道光八年學政王額獎
王氏　貢生張艮簡妻年二十七歲夫卒苦節三十餘
年敬事舅姑始終如一撫二子成立長如源入州庠
學憲王額獎
裴氏　胡鴻燕妻年二十八守制夫病草割股救之不

起苦節五十八年嘉慶辛未學政鮑額獎
翟氏　吳仁坊妻年二十八守制事翁姑以孝聞道光
七年學政王額獎
陳氏　童作堅妻年二十八守制無子立姪爲嗣道光
丙戌年學政王額獎
黃氏　童述紛妻年二十八守制道光己亥年學政方
額獎
杜氏　徐耀杞妻年二十八守制遺子膺珍甫三歲與
諸伯叔已析箸氏獨力支持備嘗辛苦翁姑衰老勤

紡績以奉甘旨不少懈未幾憂勞成疾以苦節終道
光二十三年旌
吳氏　葉永遠妻年二十八守制遺子期盛期茂撫之
成立期茂授室後善病媳童氏曾封股以救不起童
年二十八亦守制遺孫一榜一元氏與媳調護撫恤
心力俱瘁至於成立吳苦節五十一年壽七十九童
苦節四十六年壽七十四嘉慶四年學政陳以姑媳
雙節旌
秦氏　周有尊妻蘄水孝廉秦克科姑母年二十八守

制無子立姪金銑爲嗣教之成立事翁姑能盡禮晚年猶紡績不懈時壽八十一道光三年學政李額獎

江氏　董景厚妻生員江峻亭女年二十八守制撫子瑞玉成立年五十一卒道光二十四年學政王額獎

陳氏　胡自照妻年二十八守制無子立姪來續爲嗣撫之成立事翁姑以孝聞苦節六十五年壽九十三道光六年學政王額獎

何氏　監生吳洪璧妻年二十八守制撫二子祖喜祖喬成立孝事翁姑勤苦操持家聲丕振苦節數十年

學政陳額獎

胡氏　張如拱妻年二十八守制撫孤意美成立苦節二十三年卒道光六年學政王額獎

汪氏　范世蘪妻年二十八守制遺孤承芝甫三歲事翁姑孝養竭誠喪祭悉如禮娣姒五人輯和無閒言子授室後與媳相繼卒遺孫美質氏又撫之成人時苦節三十九年道光六年學政王額獎

李氏　劉與八妻年二十八守制夫病時嘗刲股救之不起遺孤隆文甫一歲撫之成立事姑惟謹苦節五十七年壽八十五道光七年學政王額獎

陳氏　田禮豫妻　周氏　田禮槐妻　徐氏　田相保妻均年少守制陳周二氏夫本弟兄徐則周之孫媳也陳夫禮豫卒陳年二十八誓死撫孤事翁姑惟謹豫弟禮槐卒妻周時年二十二遺腹九月生子竭力撫之每出入必與孀姆相偕禮槐孫相保授室未久卒妻徐年二十四家人欲奪其志誓以死守遺腹八月生子撫之成立備歷艱辛陳苦節四十四年周苦節四十三年徐苦節五十三年道光六年學政王

以一門三節額獎

方氏　生員吳容妻年二十八守制初氏未生子勸夫娶妾鄧氏生子泉甫三月而夫卒鄧亦年少守制氏與鄧共撫泉教之成諸生氏苦節七十九年壽一百有七歲鄧苦節五十六年州人陳詩爲吳作百歲傳道光三年學政李額獎

蔡氏　何嗣烈妻年二十八守制遺腹生子炳光鞠育辛勤紡績佐讀教之成名援例納粟奉堂上旨甘始終不怠苦節四十三年壽七十一道光十三年學政

旌額獎

姚氏　生員李瑞麟繼妻年二十九守制奉翁姑得歡心撫前妻子與已子皆成立蔭襲監生蔭宇從九品苦節五十一年時年八十道光六年　旌

李氏　張復露妻年二十九守制苦節四十九年學政額獎

李氏　李汝霖妻年二十九守制苦節四十二年學政旌額獎

葉氏　王承寵妻年二十九守制撫子祥符成立授堂後生子逵全壽卒氏又與媳張氏撫孫成八時年七十餘道光六年學政王額獎

段氏　田仁仕妻年二十九守制遺兩孤俱幼有欲奪其志者誓以死守撫二子成立苦節五十一年壽八十道光七年學政王額獎

陳氏　許光夏妻年二十九守制時壽七十七道光六年學政王額獎

岑氏　監生許大壯妻年二十九守制苦節五十四年壽八十三道光八年學政王額獎

董氏　蕭艮楫之妻年少守制撫子部成立部屢蹶棘闈孫光緒歲貢光縉中乾隆己酉鄉試皆氏之教也以節終事聞獲　旌

胡氏　田仁偉妻年少守制無子立姪為嗣苦節數十年乾隆四十九年學政王額獎

熊氏　蔡及堂妻年少守制以節終嘉慶二十一年學政朱額獎

周氏　生員張邦式妻年少守制苦節五十年崇禎丙子下江防道唐旌其門曰貞節　前志未載

張氏　庠生胡昌和妻年少守制乾隆甲寅學政初額獎後以子鴻薰貴　誥贈孺人

方氏　胡昌泗妻年少守制撫嗣子成立苦節四十餘年嘉慶五年學政陳額獎

田氏　監生張有瑞妻年少守制苦節三十九年學政額獎

李氏　王澹若妻年少守制無子遺一女立姪正春為嗣教以義方苦節四十年學政李額獎

朱氏　張其解妻年少守制學政　額獎

吳氏　封金會妻年少守制撫子成立道光七年學政
王額奬
張氏　胡鴻銑妻年少守制道光七年學政王額奬
羅氏　方鈺恩繼妻年少守制婚未百日而夫亡前室
遺子潤徒甫三歲撫之成人事翁姑以孝著學政朱
額奬
張氏　胡佐考妻年少守制無子立姪爲嗣道光七年
學政王額奬
張氏　胡佐全妻年少守制道光七年學政王額奬

浦氏　胡佐堅妻年少守制道光七年學政王額奬
阮氏　監生張暘生母年少守制撫二子成立道光八
年學政王額奬
封氏　胡佐衡妻年少守制道光七年學政王額奬
童氏　林德盟妻年少守制撫孤本仁林族零丁他無
可託氏形單影隻子然一身鄰里無不稱恤後本仁
甫授室卒媳王氏克承姑志相依爲命極盡淒凉尋
嘗　旌表入通志殊王氏無出無嗣可立徒令兩代
貞魂竟屬一場淒夢惜哉

何氏　監生高序颺妻年少守制無子踰十三年夫弟
始生子立炯立爲嗣撫之成人奉翁以孝聞道光七
年學政王額奬時年七十一
程氏　王承安妻年少守制撫孤成立苦節四十年道
光八年　旌
李氏　孟柏志妻年少守制苦節三十五年道光七年
學政王額奬
王氏　生員周疆妻年少守制撫子道淳道洽時苦節
二十餘年道光六年學政王額奬

葉氏　職員周大勳妻年少守制撫子道海苦節二十
餘年道光六年學政王額奬
孟氏　監生方士魁妻年少守制撫孤銓蘭成立授室
後旋卒媳蔡氏亦守制遺孤承慈承惠氏又與媳撫
之均以節終道光七年學政王以雙節額奬
陳氏　孫重齡妻工部陳詩姪女年少守制兩次刲股
救舅救夫苦節五十八年道光元年學政楊額奬
林氏　陳家聲妻年少守制遺子鉅才甫六月撫之成
人苦節數十年壽七十一道光七年學政王額奬

袁氏　贈工部主事陳猷漢妻年少守制遺腹生子詩家窘甚紡暑績寒孝事孀姑食膳必求豐潔並以女紅所出佐脩脯爲子課讀之資教之成進士任工部虞衡司辭不供職　乞告歸以養孀親學問品行足爲一時表卒皆氏之教也事聞獲　旌建坊檀林河

詹氏　田義永妻年少守制夫病時刲股救之不起遺孤幼撫之成立事翁以孝聞翁病亦刲股療之病尋愈後翁壽八十二苦節五十五年道光七年學政王額獎

張氏　朱柏亭妻年少守制無子立姪德城爲嗣德城授室後尋卒遺孤昭銖氏又撫之成立備歷艱辛苦節四十四年道光七年學政王額獎

何氏　監生田大受妻年三十守制初氏未生子大受又苦瘵疾力勸夫娶妾程氏生子飛鴻甫一歲大受卒時程年二十亦守制氏與程竭力撫孤成人後飛鴻成諸生孫達材歲貢何苦節十一年卒程苦節四十四年卒道光六年學政王以雙節額獎

余氏　陳傳仁妻年三十守制撫子成立學政　額獎

蘄州志卷之十九

知蘄州事夏津潘克溥纂修

人物志

列女

未旌節婦

高氏　雷錫萬妻年十八守制生遺腹子受天家貧甚以紡績佐伯兄撫孤成立備歷艱辛後孫曾繞膝丕振家聲苦節四十九年

張氏　參軍職黃選鎛妻年十八守制於歸甫數月夫卒無子立姪會川爲嗣撫之成人授室後尋卒媳陳氏年二十亦守制無子立姪中理爲嗣氏又與媳同撫幼孫教之成諸生張苦節五十年陳時年五十五

鄉里稱爲姑媳雙節云

李氏　吳祖臯妻年十八守制遺孤未週歲家貧紡績撫子成人事翁姑克盡婦道苦節七十年壽八十八

鄧氏　詹能立妻年十八守制無子立姪宏恩爲嗣家貧勤紡績備歷艱辛苦節五十四年

鐘氏　黃立功妻年十八守制於歸甫數月夫卒撫堂

姪美鴻爲嗣事翁姑惟謹年三十六卒

王氏　張如品妻年十九品卒子甫八月氏矢志守義壽九十二以節終

宋氏　張復蘭妻年十九守制無子立姪有容爲嗣容授室後生一子旋卒與孀媳吳氏撫幼孫成立苦節五十餘年

伍氏　程廷晟妻年十九守制撫八月孤蘭成立援例納粟苦節五十八年壽七十七

胡氏　李朝典妻年十九守制無子立姪爲嗣苦節五

十年

管氏　江承意妻年十九守制撫孤逵岵成立苦節五十年

陳氏　高惠沾妻年十九守制無子立堂姪同埻爲嗣家貧勤紡績以事孀姑岳氏埻年二十七[illegible]卒遺孤甫三歲氏偕媳程撫之成立甲辰年相間三月二氏繼卒陳年七十四程年四十八

王氏　管傳瑾妻年十九守制撫孤成立苦節四十一年

丁氏　葉一治妻年十九守制無子立姪嶽高爲嗣備歷艱辛苦節三十一年

王氏　王德璋妻年十九守制于歸甫三日夫卒誓以死守撫嗣子成立時年七十四

胡氏　龔明機妻年十九守制無子立姪時衡爲嗣授室尋卒媳彭氏年二十七亦守制無子立姪楨本爲嗣胡苦節五十三年彭時年五十八

周氏　梅春琇妻年十九守制無子事孀姑撫孤姪歷盡艱辛苦節四十二年

馬氏　梅希階妻年十九守制遺孤一未幾殤立姪繼金爲嗣事孀姑盡婦道秉性剛方言笑不苟時年五十八

范氏　田相經妻年十九守制無子夫病時曾刲股以救不起立姪爲嗣撫之成人事翁姑孝謹苦節四十二年

舒氏　文時章妻年十九守制遺子長森撫之成立事翁姑惟謹苦節四十五年

屠氏　吳燦豪妻年十九守制遺子彬教之成名苦節

四十四年

張氏　李兆蘭妻年十九守制無子立姪九豐爲嗣撫之成名苦節三十六年卒

黃氏　李時坤妻年十九守制撫孤成立苦節三十八年卒

夏氏　陳士燦妻年十九守制家貧勤紡績以奉翁姑有欲奪其志者氏截髮毀面乃止無子立姪世堵爲嗣授室生子旋卒氏又撫孫苦節五十八年壽七十七

陳氏　張復椿妻年二十守制無子立姪興仁爲嗣歷三十餘以節終

王氏　王裔棻繼妻年二十守制撫前氏子映輝教之成諸生年四十餘卒

熊氏　童有厚妻年二十守制適厚甫兩月厚歿立姪爲嗣屏絶鉛華苦節三十年卒

官氏　胡崇富妻年二十守制適富甫十九日而寡立姪一海爲嗣時年五十七

程氏　彭世選妻年二十守制撫孤登瀛成立苦節三十年卒

胡氏　高序正妻年二十守制無子撫嗣子立度成立苦節三十二年卒

劉氏　徐文潔妻年二十守制撫嗣子成立苦節四十四年

朱氏　李大闓妻年二十守制撫孤成立苦節六十四年

洪氏　徐朝著妻年二十守制撫孤成立以節終

陳氏　許際理妻年二十守制遺孤鍾坤甫半歲紡績存活撫子成人苦節三十餘年

李氏　胡一榮妻年二十守制無子立姪本瑱爲嗣時年六十一

胡氏　馬桂質妻年二十守制無子立姪學崇爲嗣時年六十

孫氏　吳王學妻年二十守制夫病草割股救之不起遺孤甫三月家貧奉姑撫幼備歷艱辛苦節五十一年

駱氏　吳德源妻年二十守制于歸僅逾廟見之期而

夫卒立姪延豫為嗣奉姑恪謹紡績課讀教子成立苦節五十九年壽七十九

姜氏　吳及壽妻年二十守制生遺腹子大金家貧無依紡績自給撫子成立苦節三十三年卒

吳氏　陳艮煥妻年二十守制撫子忠信成立苦節三十二年

宋氏　姜宗高妻年二十守制遺腹生子正施撫之成立授室後尋卒遺孤輔晃媳王氏亦守制氏又偕媳撫孫苦節五十一年

吳氏　宋昌元妻年二十守制于歸次日夫以事遠出道斃於水時翁老且病奉養不衰勤苦備至苦節三十餘年

嚴氏　李朝祿妻年二十守制遺腹生子時相撫之成立苦節五十七年壽七十七

晁氏　生員田之彩妾年二十守制遺孤禮文甫二歲越四載元配陳氏亦卒氏竭力撫孤迄於成立後孫曾滿室依依膝下族里咸愛敬之苦節七十四年壽九十四

張氏　王一紀妻年二十守制撫遺腹子成人苦節五十年

陳氏　駱沛烈妻年二十守制于歸甫一月而夫卒翁姑以少寡無子欲令改適氏誓以死守立姪為嗣苦節四十三年

董氏　李粱材妻年二十一生子甫六月而夫亡矢志栢舟先愛其伯兄子撫如已出後亦立為嗣事舅姑以孝聞延師家塾供意優於富室遇族戚有急難時輒諭二子周恤之今年五十七

鄭氏　張有昭妻年二十一守制無子立姪為嗣撫之成人事翁姑惟謹以節終

孫氏　洪文彬妻年二十一守制撫嗣子成人苦節三十九年

白氏　童學祥妻年二十一守制家貧撫孤茹荼度日苦節十三年卒

黃氏　童有慮妻年二十一守制無子家貧未立嗣操守彌堅族人咸敬恤之為立貞節傳苦節四十三年

徐氏　童述銜妻年二十一守制撫一歲孤成立縞素

終身苦節三十二年
胡氏　高至楯妻年二十一守制撫遺腹子斯濱成立苦節五十四年
葉氏　高時泰妻年二十一守制氏夫貿易溺死遺子斯瑚甫六月撫之成人孝養翁姑惟謹苦節五十五年壽七十六
陳氏　王理才妻母家素封甫入門不以夫貧爲嫌甘苦守淡年二十一夫故守節五十一年卒年七十二
王氏　董盛峻妻年二十一守制遺孤一煒甫二歲教

之成立苦節五十年
駱氏　張萬玳妻年二十一守制撫遺腹子民泉教之成諸生嗣子民淮亦成立事翁姑惟謹時年六十一
蔣氏　吳祖剛繼妻年二十一守制遺孤德達甫八月撫之成立事繼姑孝養倍至視夫前妻子如已出時壽七十九
宋氏　吳延贊妻年二十一守制無子誓死奉姑越二年姑亦歿遺夫弟甫三歲氏又撫之成立授室生子及相始立爲嗣苦節六十三年壽八十四

張氏　何立誠妻年二十一守制遺孤世昌世泰撫之方成人復相繼逝世昌遺孤以寬氏又與媳梅氏撫孫以節終
鄧氏　方成美妻年二十一守制無子時無嗣可立俟其翁天珍納妾生子膺尚成人授室生子銓其始立爲嗣苦節六十三年
吳氏　陳慶儀妻年二十一守制遺孤甫三日撫摩成人苦節五十年壽七十
李氏　陳先照妻年二十一守制生遺腹子經五撫之

成立年五十九卒
何氏　談占魁妻年二十二夫故苦節四十八年
邱氏　胡長生妻年二十二守制撫孤惟聰成立孝事翁姑備嘗艱苦時年六十
宋氏　張殿光妻年二十二夫卒苦節三十四年
王氏　張瑞枝妻年二十二夫故撫孤成立苦節三十十二年
吳氏　陳遵鏞妻年二十二守制遺孤甫三月撫之成立苦節四十年

胡氏　高位三妻年二十二守制無子撫姪立庚爲嗣時年五十三

駱氏　吳世釗妻年二十二守制撫二歲孤時祖翁姑尚存兩姪幼孤撫之如己子苦節五十餘年

朱氏　王自岐繼妻年二十二守制遺孤炳琇甫十九日撫之成立苦節五十八年壽八十

吳氏　鄭源祚妻年二十二守制遺孤甫數月氏孝養翁姑撫子成立苦節四十五年

車氏　童作荀妾年二十二守制無出家貧紡績存活

時年六十七

余氏　童述鄒妻年二十二守制克承姑歡撫兩孤成立時年五十四

吳氏　張琴亭妻年二十二歸越二載夫故氏矢志守義敬事舅姑始終如一撫遺孤宅三成立家聲不墜苦節三十三年里人以賢淑稱

石氏　甘振環妻年二十二守制撫孤成立苦節四十九年

管氏　王遇亭妻年二十二夫故矢志守義撫孤蘭芝成立苦節三十八年

高氏　管錫鵬妻年二十二守制家貧女紅存活苦節四十年

張氏　李來馥妻庠生清士女年二十二夫故遺孤三貧甚氏拮据辛勤燃松葉紡績兼課子讀苦節三十三年卒年六十二

胡氏　管宜祖妻年二十二守制撫孤成人苦節三十九年

王氏　王道璘妻年二十二守制無子立姪爲嗣家貲

雖裕猶日事勤勞苦節六十八年

周氏　張之楷妻年二十二守制無子撫姪道照爲嗣姑老且病侍奉不倦時年六十三

余氏　李儀國妻夫故時年二十二二子俱在襁褓事姑盡禮撫二子皆授室不數年二子長媳相繼而歿氏與次媳余氏撫諸孫足不踰閫守節四十九年其媳亦守節三十年現年五十九

董氏　伍錫銀妻年二十二守制遺孤常慶甫數月撫之成立授室後生子科發尋卒媳李氏年二十四亦

守制氏又與媳撫孫成立李舉動必遵姑命奉事惟謹董苦節五十九年時壽八十一李苦節三十五年時年五十九

文氏　胡尚鳩妻年二十二守制家貧勤紡績以奉翁姑撫子成人時年六十四

胡氏　徐文壽妻年二十二守制撫遺腹子宗訓成立時年六十二

駱氏　王錫康妻年二十二夫故撫孤正規成立苦節四十二年

張氏　江華國妻年二十二守制撫孤成人苦節三十一年卒

朱氏　王周模妻年二十二守制遺孤甫數月撫之成立苦節六十三年壽八十五

高氏　王與爵妻年二十二守制撫子久和甫數歲而殤立姪孫有元爲嗣甫八歲又殤時年五十九

吳氏　黄儼思妻年二十二守制無子立姪遐椿爲嗣撫之成人時年七十六

陳氏　張碩凡妻年二十二守制時翁姑早逝獨力支持撫孤三世苦節六十八年壽九十一

蔡氏　孫道光妻年二十二守制遺孤祖德甫週歲撫之成立後爲諸生苦節四十年

鄧氏　梅希禰妻年二十二守制遺孤繼望甫二歲撫之成人家貧紡績存活苦節五十一年壽七十三

方氏　陳信禮妻年二十二守制無子立姪振玉爲嗣翦髮自誓撫子成立事病姑不少懈時年六十

闕氏　蔡世玖妻年二十二守制無子撫嗣子際春敬事翁姑苦節十八年卒

余氏　進士陳履中妾年二十二守制無出氏揚州人其兄來欲迎歸力拒之誓以死守苦節三十年卒

宋氏　詹能光妻年二十二守制撫孤宏才成立後宏才次子道誌授室後壽卒妻陳氏年二十一亦守制無子撫嗣子義春一遵祖姑遺法宋苦節五十九年陳時苦節四十二年

孫氏　蔡道祁妻年二十二守制遺腹生子世璧並嗣子世金撫之成立苦節三十九年

汪氏　宋昌義妻年二十二守制撫孤隆擅成人時苦

節四十二年
陳氏　田正衡妻年二十二守制無子立姪爲嗣苦節
四十七年
涂氏　葉萬川妻年二十二守制撫子成立姑老病事
之惟謹苦節六十六年壽八十八
文氏　王萬亨妻年二十二守制無子立姪邦健爲嗣
撫之成立事翁姑孝謹時年六十一
張氏　張以元妻年二十二守制撫遺腹子培蘭援例
納粟時年六十二

陳氏　張錫齡妻年二十于歸越三載夫故克篤孀居
四十七年壽六十七歲以節終
張氏　吳大珍之妻年二十三夫故家貧事舅姑甘旨
必潔喪葬皆氏措置撫遺孤不假姑媳辛苦百端守
節四十年卒
朱氏　劉榮和妻年二十三守制無子立姪耀衡爲嗣
遺家中落易奩具助伯兒奉翁姑不給以女紅所出
繼之茹蘗飲冰備嘗艱苦年四十二卒
張氏　吳大貞妻年二十三守制撫三月孤成立苦節
五十餘年壽七十餘
涂氏　張其福妻年二十三守制撫孤成立時年六十
七
柯氏　張有聲妻年二十三守制聲九齡失怙能讀父
書受知郡守胡公振鷺冠童子軍以疾未應院試旋
卒氏孝事大翁姑暨孀姑皆終養葬教子雲錦成增
生苦節四十四年壽六十六無疾卒
王氏　黃則甫妻年二十三守制撫子成人苦節五十
年壽七十三

李氏　彭與言妻年二十三守制撫孤正發成立苦節
三十八年
張氏　高旭彩妻年二十三守制無子與夫嫂葉氏同
志相依皆以節終年六十五卒
黃氏　武生江錦煌妻年二十三夫故守義安貞事翁
姑以孝聞撫孤成立時苦節三十九年
熊氏　董開極妻年二十三守制無子立姪錦心爲嗣
苦節四十七年壽七十
梅氏　何世昌妻年二十三守制撫子以寬成立壽卒

遺三孤文元文适文傑氏又撫孫成人又年未三十
俱卒遺二孤章煥章煜氏復撫曾孫成人章煥又先
氏卒苦節六十八年壽九十一

文氏　陳艮恭妻年二十三守制撫子信樹信杞刈夏
麥秋禾以爲食苦節三十年

管氏　張善質妻年二十三守制無子撫嗣子純煜與
夫弟妻范一室同心甘苦與共時苦節三十三年

姜氏　王萬透妻年二十三守制無子撫嗣子世旺成
人授室生子親見曾元林立時苦節六十五年

吳氏　王世龍妻年二十三守制撫子守江成立苦節
四十七年

蔡氏　陳艮桂妻年二十三守制遺孤信東甫四月家
窘甚勤紡績以奉翁姑供養無缺時苦節三十年

張氏　姜開綸妻年二十三守制遺孤成譜初氏與綸
幼俱從父僑居陝西白河綸贅於氏家病篤時屬歸
舊籍及卒有欲奪氏志者氏潛負子跋涉二千餘里
乞食歸蘄勤紡績以自給遭逢阨地生長農家守義
如此人所難能時苦節四十八年

汪氏　姜成煌妻年二十三守制撫孤宗紹宗模成人
事姑惟謹時苦節四十四年

宋氏　姜成謨妻年二十三守制遺孤宗福甫週歲撫
之成人授室後旋卒遺孤正啟正欣媳詹氏亦守制
氏又與媳撫孫成立苦節四十三年

何氏　詹宏儒妻年二十三守制無子立姪道模爲嗣
撫之成人時苦節五十九年

詹氏　汪利富妻年二十三守制遺孤益思甫兩月夭
立姪益泰爲嗣事孀姑孝謹以哀毁成瘵疾年四十

卒

陳氏　何式理妻年十八于歸二十三夫故苦節四十
餘年六十四以節終

王氏　談萬金妻年二十三夫故歷四十餘年以節終

張氏　蔡其慰妻孝廉張文玘之姊年二十三守制撫
子成立苦節五十年

張氏　涂起鳳妻年二十三夫故撫嗣子成立苦節三
十餘年

汪氏　田禮根妻年二十三守制遺兩孤俱幼撫之成

立教長子賓與成諸生苦節六十年壽八十三
查氏　田義正妻年二十三守制撫孤成人時年六十
郭氏　陳受琮妻年二十三守制無子立姪顯濤爲嗣
苦節六十九年壽九十二
周氏　陳顯蓮妻年二十三守制撫三子成立苦節四
十九年壽七十二
繆氏　駱沛朗妻年二十三守制撫子成立事翁姑惟
謹苦節五十七年壽八十
王氏　宋隆廣妻年十八于歸五載廣卒矢志靡他撫

子成立教誦讀治中饋嘖嘖有賢聲
田氏　張如煥妻年二十三歲煥卒守制四十九年敬
事舅姑族人稱貞靜焉子監生意勤妻胡氏年十八
于歸越五載勤卒亦守義清苦卒年五十五
張氏　太學生葉鍾璜妻年二十三守制時璜宦遊卒
於京都氏孑然一身扶櫬回籍立姪期鰲爲嗣鰲又
卒撫諸孫紡績度日壽七十三
丁氏　李廸光妻年二十四夫故撫一子家貧無以養
姑氏砍柴薪易米熬粥奉姑自取野菜和粥與子共

食嘗因砍柴傷指血流滿衣忍痛如故苦節二十五
年卒
劉氏　吳國正妻年二十四正卒敬事舅姑撫遺孤蘭
成諸生苦節六十三年卒
郝氏　駱裕世妻于歸時夫病篤刲股以救卒不瘳姑
二十四子尚在襁褓夫弟亦幼稚氏堅貞自立撫養
督率成家飲氷茹蘗凡五十餘年猶及見孫兆祥入
庠序年八十餘卒
張氏　蔡鳳庭妻年二十四守義庭卒後三月子紹清

生撫養教訓備極勤勞苦節三十二年
胡氏　監生張意功妻年二十四守義越四十二年以
節終
周氏　吳崇武妻年二十四守制家貧灌園以養翁姑
苦節五十餘年壽七十餘
劉氏　李蔗龍妻年二十四夫故氏矢志守節家貧不
能舉火紡績以養舅姑至今奉事如初現年五十四
梅氏　呂希儼繼妻年二十四守制撫子勝元苦節四
十餘年

張氏　胡立忠妻年二十四夫故撫孤成立六十二以節終

戴氏　張復麟妻年二十四守制子方襁抱女尚遺腹皆撫之成人事翁姑曲盡其孝以節終

朱氏　生員張復震繼妻年二十四守制紡績易貲延師教子曾售私業以贖祖山後子成諸生人以爲節孝之報云

查氏　洪文律妻年二十四守制撫孤成人時年五十八

李氏　李盛才妻年二十四夫故遺腹生子啟隆氏立志撫孤覓食苦守五十餘年卒年八十

張氏　童延誠妻年二十四守制撫子啟發成立苦節三十年

王氏　劉營洛妾年二十四守制無出立姪爲嗣家貧甚女紅存活姑苦終身族人咸敬恤之苦節四十年

王氏　杜錦文妻年二十四守制勤紡績養姑撫子以節終

方氏　陳英雅妻十八于歸二十四夫故氷霜苦節十餘年以節終

管氏　生員董登第妻年二十四守制無子立姪盛旺爲嗣以苦節聞時年五十三

王氏　熊調武妻年二十四守制無子立姪爲嗣事翁姑惟謹苦節歷五十年壽七十餘

龔氏　胡得意妻年二十四守制撫孤泰階成立授室後壽卒遺孤二媳黃氏亦守制氏又與之撫孫時年六十二

田氏　龔時行妻年二十四守制撫遺腹子務本授室後壽卒媳吳氏亦守制無子立姪立春爲嗣姑媳均以節終

陳氏　吳祖美妻年二十四守制撫孤德芳成立苦節六十年

陳氏　田正珽妻二十歸珽家二十四珽病革以妻青年而襁褓爲慮卒後氏飲氷茹蘗歷四十餘年以節終

王氏　吳廷善妻年二十四守制無子立姪及長爲嗣養姑撫幼勤苦百端苦節五十六年壽八十

張氏　梅全元妻年二十四守制撫遺腹子家貧無依
紡績自給苦節三十六年
陳氏　梅紫高妻年二十四守制無子立姪爲嗣苦節
三十八年
胡氏　張心制妻年二十四夫故撫孤華國成立苦節
四十一年
張氏　陳信釗妻年二十四守制遺孤手策甫兩歲姑
旋歿哀毀如禮篝燈夜績獨力支持以節終
余氏　管世王妻年二十四夫故守制撫孤成名孝事

舅姑苦節四十一年
鄭氏　艾光前妻年二十四守制遺孤心傳翁姑復相
繼歿家貧甚灌園紡績撫子成人苦節三十六年
熊氏　程英才妻年二十四守制撫子成立苦節五十
六年
陳氏　田傳相妻年二十四守制撫孤成立苦節四十
二年
余氏　王海洲妻年二十四夫故撫孤恩勝成立苦節
三十七年

胡氏　陳守淮妻年二十四守制撫子道濟成人苦節
三十七年
田氏　監生陳以望妻年二十四守制撫子鳳藻成諸
生壽卒氏又撫孫雲瑞苦節四十年
段氏　朱勉齋妻年二十四守制撫孤昭祿督率有方
持家整嚴守先人基業不替時年六十九
陳氏　詹某妻年二十四守制無子立姪名榜爲嗣家
貧甚乞食撫孤迄於成立苦節四十餘年
徐氏　胡鳴先妻年二十四守制撫子自沅自兩自椿

教之成立姪敏嘉慶丁卯科舉人苦節三十三年
陳氏　武生駱斌妻年二十四守制撫三孤俱成立事
姑惟謹苦節四十年
余氏　范承奎妻年二十四守制子美錢甫一歲撫之
成人事姑康二十七年不怠卒塟盡禮苦節三十一
年
汪氏　駱見達妻年二十四守制撫三子成立苦節三
十八年
劉氏　駱成文妻年二十四守制苦節四十六年壽七

十

姜氏　宋德服妻年二十于歸越四載服卒守制五十四年卒年七十八孫曾藩衍繼續書香鄉人稱節孝之報云

張氏　庠生王熯妻年二十五守制歷四十五年以節終

宋氏　王繼宇妻年二十五守義夫卒日子方八月撫之成立歷四十八年以節終

周氏　張書軒妻年二十五軒卒撫子意軫成立苦節四十八年

左氏　葉萬全妻年二十五夫卒撫數月孤誓不他適屋漏雨及翁寢氏冒雨升屋補葢天大雪翁凍且餓氏以身著破綿襖與翁禦寒自著破單衫乞食養翁苦守二十九年卒

曾氏　易廣文繼室年二十五守制無子撫姪時萬爲嗣苦節四十餘年

方氏　黃式賢妻年二十五守制親操井臼事姑曲盡其歡撫子成立以節終年八十餘卒

李氏　胡顯構妻年二十五守制事瞽目姑無少懈以節終

李氏　徐秉剛繼妻年二十五守制翁姑早逝祖姑八旬氏奉養十有三載無少懈撫一歲孤兩歲女並元配童氏所生子備歷艱辛苦節三十五年

胡氏　童作秩妻年二十五守制遺孤述敦殀立姪述舜爲嗣生三子復卒氏又撫孫苦節三十一年

王氏　張兆蓮妻年二十五守制無子截髮自誓立姪大坌爲嗣積紡績餘羨爲夫建墓表苦節二十餘年

石氏　胡開球妻年二十五守制撫孤宗棠成立事翁姑惟謹時年六十八

高氏　生員管文才妻年二十五守制遺孤廷松廷葵廷蘭俱幼撫之成立苦節五十年壽七十五卒葬安平管家林山中環麓諸塚悉屬氏裔有碑記

李氏　董運浹妻年二十五守制無子將家產半捐於佛半歸於祖苦節五十一年壽七十六

王氏　熊方山妻年二十五守制撫子有斗成立授室後壽卒媳韓氏年二十七亦守制氏苦節六十三年

壽八十八韓年四十六卒亦以節終時有一門雙節之稱

王氏　胡德岱妻年二十五守制子一仁甫二歲岱貿河南光山縣病卒氏携子赴光山負骨歸葬苦節三十年

王氏　陳廣攀妻年二十五夫故苦節四十餘年

李氏　黄亨美妻年二十五守制遺子廣全甫三歲養姑撫孤艱辛備歷苦節四十九年

宋氏　王永夏妻年二十五守制無子撫嗣子繼宗成

立苦節五十四年

張氏　陳英典妻年十九于歸二十五夫故撫孤成立苦節三十餘年

孫氏　范世燦妻年二十五守制撫子永旗成立苦節四十八年壽七十三

孫氏　康萬成妻年二十五守制初夫病祝天刲股醫治獲痊後復病救之不起遺孤俱撫之成人苦節六十六年壽九十一

吳氏　文勝輿妻年二十五守制無子立姪爲嗣家貧備歷艱辛苦節六十二年

曾氏　程英光妻年二十五守制撫子成立事翁姑惟謹苦節五十五年

錢氏　詹和玉妻年二十五守制撫孤成立謹事翁姑時年六十

王氏　曹醴泉妻年二十五守制無子立姪嘉瑞爲嗣寡色笑勤紡績足不踰閾時年五十有五

王氏　田豐遠妻年二十五守制撫遺孤督率甚嚴迄於成立年四十七卒

田氏　朱萬智妻年二十五守制撫子成立家頗自給子若孫皆不衣帛一如氏之所教導苦節五十三年壽七十八

鄒氏　陳文沼妻年二十五守制撫孤苦節十二年卒

康氏　王定宇妻年二十五守制遺二子俱幼撫之成立苦節五十五年壽八十一

許氏　王邦域妻年二十五守制遺子易嶼殤立姪易剛爲嗣授室生子復卒氏又撫孫成立苦節六十年壽八十五

黃氏　王昜準妻年二十五守制撫子艮湘授室生子
旋卒媳甘氏亦守制氏又與媳撫孫氏時年六十一
甘亦苦節二十餘年
駱氏　李後添妻年二十五守制遺三孤撫之成人長
子授室後與媳俱早逝氏又撫孫艱辛備歷時年六
十
潘氏　袁正邦妻年二十五守制無子立姪大智爲嗣
督課甚嚴教孫叟成諸生以節終
黎氏　胡應輝妻年十九適輝家七年輝卒氏矢志守

節訓子必彩成立孫四榮若鼎科俱庠生
胡氏　吳宗相妻夫卒時年二十六家極貧勤紡績撫
孤嘗日不舉火冬不衣綿教子國煦國照成立不少
姑息苦節三十餘年
何氏　宋昌浩妻年二十六夫故守義五十二年子婦
張氏年二十二亦守義歷三十餘年以節終
馮氏　易淳妻年二十六守制無嗣可立依食母家以
節終
管氏　陳佑賢妻年二十六守制遺孤甫週歲撫之成

立堂上甘旨取給於女紅苦節三十年時年五十六
余氏　晏鳴淇妻年二十六守制無子家貧日食取給
女紅後依母家時年六十三
劉氏　胡佐通妻年二十六守制遺一女無子家貧以
紡績終其身苦節三十年
呂氏　方時理妻年二十六守制事翁姑惟謹教子成
人苦節五十五年壽八十一
汪氏　黃恒順妻年二十六守制撫子成人時年六十
鄧氏　甘家綿妻年二十六守制撫孤成人苦節四十四年

胡氏　李啟禮妻年二十六寡子後瓊二歲家貧有勸
之嫁者氏誓不欲生撫孤守節三十五年現年六十一
王氏　葉承瑜妻年二十六守制無子時瑜有二弟俱
幼無嗣可立越十餘年始立瑜弟琳之子荊筐爲嗣
撫之成人苦節五十六年壽八十二
張氏　葉永康妻年二十六守制遺孤甫四歲家貧幾
不能存活忍飢寒者十餘年歷盡艱辛撫子成立卒
之日沐浴更衣無病而逝苦節四十二年
余氏　胡宗梓妻年二十六守制無子孝事孀姑時年

六十五

駱氏　胡廷兆妻年二十六守制撫遺腹子行鰲成立時年五十六

梅氏　吳德輔妻年二十六守制遺孤必簡甫四歲撫之成立事繼祖姑及繼姑克盡其道時年六十五

葉氏　梅子俊妻年二十六守制撫孤成立授室生子尋卒氏又與媳同撫幼孫家貧紡績備歷艱辛苦節四十九年壽七十五

何氏　梅德遠妻年二十六守制撫孤成立授室生子尋卒氏又與媳同撫幼孫苦節五十二年壽七十八

蔡氏　陳手輔妻年二十六守制遺孤占馨占御事姑教子門戶獨持苦節三十年

田氏　范位柯妻年二十六守制無子撫嗣子廷光事姑以孝聞後廷光成明經苦節四十三年

張氏　何立貴妻年二十六守制撫孤世昌家貧賴姪卜年奉養終身苦節六十六年

田氏　典吏王惠悉妻年二十六守制遺孤才儒家貧紡績自給才儒授室後尋卒遺一孫氏復撫之成立苦節七十五年

孫氏　何浚郊妻年二十六守制撫遺孤家貧紡績自給苦節四十七年

陳氏　張後覺妻生員光穀女孝廉太賡姊年二十六守制撫遺腹子澤恩成立苦節三十八年

陳氏　操有庸妻年二十六守制無子立姪德義為嗣苦節三年尋卒德義授室生子復早逝媳宋氏年二十九亦守制時年五十九

查氏　田義行妻年二十六守制遺孤幼撫之成立日勤女紅以事翁姑時年五十九

孫氏　生員陳鳳藻妻年二十六守制撫子雲瑞成諸生時年六十一

張氏　王聲和妻年二十六夫故撫孤正嘉教之成立事翁姑以孝聞苦節三十八年

鄧氏　駱見堯妻年二十六守制撫兩孤成立苦節六十四年壽九十

柯氏　監生周際泰妻年二十七守義撫子倘淳成立年七十以節終

汪氏　陳英燦妻年二十于歸二十七夫故撫孤成立苦節三十餘年

周氏　陳立行妻年二十七夫故苦節四十三年

鄭氏　職員張朗玉妻年二十七朗卒撫子意濟意立教之攻讀苦節三十四年鄉黨以貞靜稱

龔氏　張其勤妻年二十七守制養姑教子備歷艱辛苦節四十年

鄧氏　陳英勤妻年十九于歸二十七夫歿苦節三十餘年

董氏　江心通妻年二十七守制家貧撫孤元學成立備極艱辛苦節五十二年

袁氏　張近鸞妻年二十七守制遺孤大全甫週歲撫之成人苦節四十餘年

顧氏　葉彬然妻年二十七守制無子立姪一耘爲嗣家貧勤紡績以奉翁姑時年六十九

韓氏　張信廣妻年二十七守制無子嚙指出血誓無異志撫姪長榮爲嗣苦節三十一年

劉氏　從九職胡新國妻年二十七守制遺孤觀藺觀桂茹苦食貧撫子成立時年六十六

劉氏　周從範妻年二十七夫故撫孤阜薰成立苦節三十五年

胡氏　龔時純妻年二十七守制遺孤二時翁姑早逝家窘甚紡暑績寒撫子成立苦節五十一年壽七十八

朱氏　梅裕後妻年二十七守制家徒壁立備極艱辛氏曾兩割股一瘥姑一救夫鄉人咸以爲難苦節六十年壽八十七

袁氏　陳守尊妻年二十七守制撫二子成立時年六十三

蔡氏　何文适妻年二十七守制無子立姪章煥爲嗣奉姑孝謹苦節四十五年

陳氏　張善璜妻年二十七守制撫孤純良成人授室後尋卒媳裴氏亦守制遺孤育與氏又與媳同撫幼孫延師課讀時苦節三十三年

方氏　王萬壁妻年二十七守制撫孤世錦世鍈世立時苦節四十三年

張氏　監生管坤茂妻年二十七夫故守義撫孤成立妻翁姑以孝著苦節三十八年

何氏　田相紋妻年二十七守制撫三子翁姑病侍湯藥不怠長子傅現授室後卒遺一子媳韓氏年二十亦守制氏與媳撫孫慈嚴兼盡苦節三十五年

沈氏　陳以照妻年二十七守制遺孤甫週歲撫之成立苦節三十七年

查氏　朱德幹妻年二十七守制撫孤昭錦成人時年六十一

王氏　李盛貴妻年二十七守制撫子啟金啟銀成立孝事翁姑喪葬如禮時年七十七

王氏　李軼羣妻年二十七守制撫子成人授室旋卒無子氏立姪孫爲嗣苦節三十二年

葉氏　管宜詔妻年二十七守制無子立姪世玉爲嗣教之成立玉妻余氏年二十八夫故撫孤定甲守南成立定妻徐氏年二十八夫故守妻胡氏年二十四夫故俱守制氏苦節三十一年

鄢氏　黃克家妻年二十七守制撫四子皆成立事姑以孝聞時年六十一

江氏　駱萬春妻年二十七守制撫子芳煥授室後壽卒媳程氏亦守制無子氏立姪孫爲嗣時年六十四

周氏　生員武祥開妻年二十七守制無子立姪懷清爲嗣時年六十三道光二十八年學政龍額奬

黃氏　州庠生張如潤妻年二十八潤卒撫孤課讀有賢聲苦節三十七年

潘氏　李廣泰妻年二十八夫故貧苦無依操作守制不與族戚往來撫遺腹子翠雲成立年七十二以節

終

楊氏　黃式瑛妻年二十八守制子三俱幼翁姑衰且老侍奉惟謹血淚十餘年未嘗以涕痕見爲子延師曲盡其禮迄於成立長承昇監生次承曜次體仁登道光甲辰賢書年七十卒

吳氏　監生黃式琦繼妻年二十八守制撫元配子監生承暘如巳出暘尋卒又偕媳劉氏撫孫寶善成人現年六十三

張氏　管坤茂妻年二十八夫故撫孤成立苦節三十七

八年

張氏　周漢池妻年二十八守制遺孤興茂有裕家貧紡績存活撫子成人苦節四十三年壽七十一

胡氏　生員張復賢妻生員啟觀女年二十八守制撫四子旋夫弟睿卒夫弟婦劉亦守制無子氏以三子輝爲之嗣長子聲卒媳柯氏亦守制氏苦節四十一年壽七十劉柯均以節終

鄧氏　楊獻賓妻年十九歲守制歸楊甫三月夫卒無子撫姪耀奎爲嗣時年五十八

張氏　陳襄涵妻年二十八守制撫孤成立授室後尋卒遺兩孫又撫之成人壽七十七苦節四十九年

葉氏　貢生何小峯妻年二十八夫故撫孤聯城兄弟成立孝事翁姑苦節三十四年

余氏　張環泗妻年二十八守制遺三孤俱幼家窘甚有欲令他適者氏潛入內房自經得救乃解族人嘉其志醵錢爲撫子之資艱辛備歷第三子早殤長次皆成立閭里以匾額獎之苦節四十四年

王氏　胡奇芝妻年二十八守制撫子有禄成立苦節

六十二年壽九十

李氏　張用商妻年二十八守制撫遺孤從師課讀勤紡績以佐脩脯教之成立姑病善侍湯藥數年不倦時年六十

李氏　何同仁妻年二十八夫故氏孝事翁姑敬禮倍至撫孤子三教訓有方年五十六卒守節二十八年

吳氏　駱其煥妻年二十八守制撫子見剛成立苦節五十三年壽八十一

鄧氏　吳世錄妻年二十九錄卒氏撫雙孤艱辛倍至

守節五十餘年卒

陳氏　吳世鎬妻年二十九鎬卒甘受貧苦守節三十六年卒

龔氏　吳德淮妻年二十九淮卒遺孤甫五歲無遺產居亨堂勤紡績以自給苦節三十二年卒

夏氏　監生吳道修妻年二十九守制苦節五十三年壽八十二

熊氏　李來佑妻年二十九夫故孝事翁姑姑病革氏齋沐禱天求以身代日夜食不下咽累年姑愈逮後

孝養不衰喪葬如禮守節三十年卒年六十

方氏　陳昌亨妻年二十九守制孝事翁姑撫子成立時年六十

陳氏　高至榮妻年二十九守制撫孤斯注成立苦節四十六年

何氏　李由道妻年二十九夫故三子長幼相繼逝撫中子以仁氏父欲奪其志氏淡泊堅守五十餘年卒年八十

丁氏　徐應榮妻年二十九守制家貧甚勤紡績撫孤

成人後家道漸興孫曾林立苦節五十三年壽八十三

葉氏　管如賓妻年二十九守制撫子宜春現年七十

段氏　張玉成妻年二十九守制撫子聯璧開鎔成立時年六十六

胡氏　駱沛鋆妻歲貢有贊女年二十九守制無子立姪爲嗣苦節三十餘年

張氏　胡其志繼妻年少守制氏幼習書翰曉大義痛夫明季遇賊不屈死茹素奉眞終身不改壽八十餘

胡氏　生員楊世瑞妻年少守制撫孤成立苦節三十餘年

嚴氏　張輝璧妻年少守制遺孤殷鰲幼或欲奪其志氏禿髮嫠面誓死靡他撫子成人授室後尋卒氏又撫孫金權成立備歷艱辛時壽九十二

董氏　監生張軼羣繼妻年少守制遺四子俱幼撫之成名孫道南廩膳生以節終

葉氏　監生張履雲妻歲貢葉紹京女年少守制撫二子成名長兆龍歲貢次兆庠刑部分司以節終

胡氏　張晉勳妻年少守制遺三孤俱幼撫之成立三

子瑞琪成諸生以節終

朱氏　張兆魚妻年少守制遺孤大坦甫數月家窘甚迄於顛連不易所守族人嘉其志爲之供食十載大坦稍長遂母子相依大坦後入武門以征川功補行營指揮使苦節四十餘年

貞女

張姑　陳文萃聘妻張希賢女未婚而文萃卒聞訃奔喪栢舟自矢以紡績養翁姑苦節三十六年乾隆五十一年旌

楊五姑　吳灝聘妻楊照珩女未婚而灝卒聞訃即欲身殉得救乃免遂截髮自誓持齋十餘年一日忽晨起沐浴更衣絕粒不食越數日而卒年甫三十

吳姑　李氏子聘妻如奢之女年甫及笄未婚而李氏子卒聞訃奔喪哀毀骨立欲以身殉因防守甚密不獲死即留以事翁姑誓不他適嗣翁姑相繼亡母氏迎歸居斗室終身不出閭閾年六十八卒乾隆五十五年制憲畢額獎詳通志

吳大姑　桂榮名聘妻女幼失怙特依伯父錦鸞撫養

年二十一榮名疾故女得信欲往守義誓以身殉錦鸞見其激烈暫行勸止女絕粒數日一慟而絕錦鸞以女柩與桂合墓成初志也本年蒙學政杜錫以貞烈幽光匾額

方姑　胡鴻達聘妻未婚而鴻達卒誓不他適守貞七十餘年嘉慶己卯學政沈以徽揚彤管額獎

孫姑　管吉三聘妻進士孫氏則孫女年十九未嫁而吉三卒聞訃奔喪縞素終身足不踰閫守貞六十一年

葉姑　杜耀珠聘妻葉崇興女年十八未嫁而耀珠卒聞訃奔喪誓不他適謹事翁姑立夫姪世執爲嗣以節終

王姑　管傳麒聘妻年十九未嫁而傳麒卒聞訃奔喪一執婦禮孝事孀姑立夫姪宜相爲嗣守貞四十九年

王姑　生員吳萬青聘妻年十八未嫁而萬青卒聞訃奔喪誓以死守家貧勤紡績以奉翁姑道光五年旌

吳姑　陳手玉聘妻監生吳祖詰女未嫁而手玉卒聞訃奔喪誓不他適終身不出閭閾撫嗣子占易成立年六十卒道光七年學政王額獎

高姑　黃立人妻年十九未嫁而立人卒凶問至即欲奔喪父母阻之不獲至夫家泣奠如禮誓以死守撫夫弟孝廉兆魁子美鼎爲嗣教之成諸生事翁姑孝謹姑嘗患指疔女以口吮之而愈其他克盡婦職悉類是後翁姑相繼歿喪葬盡禮哀毀成疾鄉先生陳愚谷詩作貞女行時年六十現請　旌表

李姑　吳彬質妻年十七未嫁而彬質卒聞訃奔喪誓不他適立姪炳爲嗣親操井臼勤紡績孝養翁姑不懈道光六年學政王額奬

李姑　陳洪陵聘妻年十八未嫁而陵病危力求歸省甫面而陵卒卽留以養翁姑絶跡母家矢志不嫁立姪愛樂爲嗣家窘甚惟勤紡績爲日食計壽八十一道光七年學政王額奬

周姑　胡一楷聘妻未婚而楷卒聞訃奔喪誓以死守立姪本煐爲嗣時年五十八

程姑　陳均言聘妻年十九未嫁而均言卒聞訃奔喪哀毁如禮泣請立嗣撫之成人苦節五十五年

何姑　張啟富聘妻年十九未婚夫遠出以病卒於異地氏念姑無依誓不再適立嗣承祧守貞五十餘年

王大姑　儒童孟化南聘妻化南身故姑年十九聞訃至誓以身殉父母勸解送至化南家遂矢志守貞家貧甚紡績度日事舅姑以孝聞立兄子廷炬爲嗣教養有成入州庠生現守貞三十三年

孝婦

胡氏　陳勝祥妻事姑孝家窶貧祥耕不給事畜氏丐以養姑病劇醫藥無措氏禱於家願刲肝以療刲少許將再刲忽聞聲曰足矣炊破籃烹以進姑食訖氏姑昏潰姑漸愈氏亦無恙予初涖蘄疑此事後聞董前牧曾令內子驗之刀痕猶在云

陳氏　霍廣照妻黃梅人住州之伍家壩家貧甚姑年九十老且病事之惟謹道光七年閏五月蛟之大至房屋突傾姑没於水氏卽赴水抱姑不釋隨流二十餘里姑忽被水衝開氏遇救得起仍欲赴水尋覓忽瀝水處姑屍浮出鄉人醵金以助殯葬如禮州牧林以孝格穹蒼表其廬事聞上憲旌奬一時知名士多以詩歌紀其事云

秘氏　朱美家妻年二十六夫故氏立志守節事姑朝夕不倦無子立胞姪廷珍爲嗣慈愛如已出現年五十九歲

李氏　林時茂之妻年二十六夫故遺一子矢志守節不幸殀亡氏依夫弟夫弟亦相繼卒氏苦績事姑姑逝喪葬如禮今現年六十四歲

烈婦

曹氏　參議李梴妻蕭氏　生員李本育妻陳氏　生員李本純妻馮氏　生員李本繹妻邵氏　生員李本張妻管氏　生員李本泌妻張氏　增生李本德妻鄭氏　生員李本嘉妻張氏　生員李本昌妻俱於前明崇正癸未獻逆屠蘄殉難據李氏節義題名碑

馮氏　學正張敎方妻明季癸未獻逆屠蘄同妾劉氏赴水死前志未載

李氏　布政張邦翼妻明季癸未之變同夫死節撫院

何疏聞

旨下議卹加贈忠烈一品夫人前志未載

劉氏　生員張承區妻明季癸未逆獻陷蘄氏同姑死節繼妻侯氏因夫承區殁不食死節前志未載

王氏　張敎旗妻遇賊恐辱抱子投水死

周氏　生員張承己妻聞賊至恐辱溺武山湖其二女俱從母死

陳氏　岳廷獻妻年二十五守制遺一女無子立姪為嗣夫弟謀奪其志將氏紿至他處氏稔知遂投繯死

乾隆二十四年　旌

何氏　生員陳時砳妻明季癸未之變獻賊屠蘄旋入崇鄉時砳罹害氏挈子師儁避密林中得脫歸求夫骸於積屍中認自製頭巾得之具棺以殯厝之河東旋赴北極尖避難而賊又至氏見勢危囑兒左肩曰速逃吾從此訣矣遂投山後懸岩死前志未載

魯氏　駱沛輝妻年二十二夫卒數月之間憂憤不食而死

烈女

張姑　張懋文聘妻少失怙恃惟兄嫂是依年甫及笄未婚而懋文卒女聞訃誓以死殉請奔喪兄嫂阻之索夫家猶子承嗣亦未成厥志女屢欲以死報之防守甚嚴不獲一日兀坐忽扈廚煩擾知為媒妁乃泣曰志既不遂必受汚因跪向夫家稽首遙辭閉戶縊衣自經於寢所

王姑　管元度長子聘妻年十五未嫁而夫卒聞訃至力求奔喪父母不許即絕鉛華毀容截髮誓以終身一日忽聞媒至知父母有改適之意閉戶焚香自縊

於寢所

何姑　田相恕聘妻何杜武女年十九未嫁而夫卒女聞訃泣請奔喪父母不許伏牀不起者數旬旋父母將別議婚女微聞知詭告父母云待三年後方可從命未幾哀毀成肺疾嘔血而卒

田姑　太湖張詩管妻名愿媖幼習儀訓未嫁而夫卒女聞訃隨父奔喪哀毀如禮泣請於孀姑陳爲之立嗣喪葬畢其父諭歸泣答曰兒爲張家婦矣事姑撫子義循吾分復安歸時有難其說者女翼早肎再不

知所之旋見倒歿於夫墳壙中土掩身過半血流被面急舁歸湯藥之尋蘇越數日聞廳前數客耳語若將議婚者私告其姑曰是刺刺者必爲兒媒也何如此其過激仍櫛沐作常態家人以爲有回心不伺守是夜竟自經於寢所嘉慶二十二年　旌建坊太湖縣張家河

舒姑　田同春聘妻田酷貧父兄窺女及笄欲改適女見逼遂自經田族聞之迎櫬歸葬立碑爲紀其事

賢媛

黃氏　生員楊大昕繼妻夫病篤刲股以救不起翁亦尋逝喪葬一切氏獨任之撫子義興迄於成立入國學生

張氏　胡旭初妻性極孝姑病篤割股救愈旭初病又割股救愈族黨稱之

夏氏　童以立妻無子撫孤姪極盡恩勤明季癸未寇熾立被掠氏子立保姪匿跡深山採蔬充食奄奄之息僅存一綫尋立獲釋歸夫妻完聚氏撫姪教養彌篤厥後熾昌皆氏之力盧參政爲立傳

五嫣　童氏生明季夫歿無子家貧姑亡翁哀老嫣勤女工事厥翁奉養扶持曲盡悃款值時疫鄰婦病嫣詣探問病者前夕聞鬼私語明日五嫣來當避又流賊夜間縱火比屋灰燼不忍嫣死先趨之出其孝行所感格至今里人津津道之

胡氏　陳孔泗妻孝廉陳錦文次媳年二十七守制無子立姪爲嗣事翁姑惟謹後嗣子嗣孫相繼卒孑然一身積紡績餘羨承夫志置田五斗五升捐作通戶考費又捐田一石作胡姓考費苦節三十九年

何氏　衛守府職蔡蘭圃妻年二十七守制遺孤世錦甫一歲鞠育劬勞教之成立事翁姑孝行無間族里稱之時壽八十七

龔氏　州同職黄遐綉妻事姑孝好施與見貧乏輒出所有以濟值荒年全活者甚衆壽七十八

吳氏　陳法忠妻事姑孝姑嘗病篤割股救之延壽三紀

王氏　陳信佑生母姑有疾親嘗其糞子四皆幼孤教之成立壽九十無疾終

王氏　姜從富妻性慈善家小康俗好溺女勸夫抱乳其家或屬孳媼力救出貲撫育道光七年命子呈請州牧示禁刊刷千本遍送鄉人子監生開庠開序克承先志歲饑有餘穀減價平糶族有鬻媳者助金贖之氏壽八十二

陳氏　孝廉范位盤妻進士陳履中姪女性好施與每歲私存穀百餘石隨時析升斗給貧乏夫赴均州學正任氏在家孝事翁姑綜理家政內外無間言里中稱賢母焉子五世和世醇監生世標諸生

周氏　陳顯經妻姑善病氏侍湯藥未嘗稍離曾割股和藥以進後因積勞成疾年二十九卒道光八年學政王額獎

柯氏　監生袁壽妻年二十九守制撫子錫純教之業儒授室後生子升季壽卒媳嚴氏年二十二亦守制家貧勤紡績以葬夫養姑孝謹教子誦讀以積學著名授室後生五子復卒妻褚氏亦年少守制家益窘饑寒交廹事姑不怠撫五子俱能成立克全家道三代貞節萃於一門閭里誦之柯苦節三十八年嚴時年逾七十褚時年六十一

袁氏　庠生駱西園妻幼隨父康于讀書識大義年二十歸夫家時翁病篤氏刲股和湯藥以進卒不能起事姑盡孝朝夕無少懈夫大小試每出門自起程至歸日未嘗一日安於寢見人有急即脱衣質釧不少悋年三十九卒族黨聞之未有不泣下者

王氏　柴厚安妻姑尹氏好勤氏紡績中夜不輟姑未寢不敢入私室夫足癱潰日夜侍事如是者八年與夫偕老年皆九十子盛榮華玉賢四人俱列成均孫

桂森曾孫紹溪俱入庠

王氏　從九許其昱之妻刲股救姑姑壽得至八十勸夫納妾生子得承十四代孤傳之祧其餘善狀俱載本族家乘

壽婦

何氏　王億甲妻祖大勳舅時忠俱諸生氏曉大義逮事兩世克盡婦道歷兵燹後享太平八十餘年壽百有二歲生於明天啟五年卒於

國朝雍正四年生子五親見孫十五曾孫三十六元孫五

同里以壺中人瑞表其廬

詹氏　姜希榮妻壽百歲生於順治七年卒於乾隆十四年當

國初定鼎後土賊猶肆劫掠一日氏獨居賊突至氏脫簪珥以塵坌面詭稱賤婢得不辱嘗有虎躍入垣搏犬豕氏以杖擊其首曰我雖婦也何敢爾虎遂俯首去州人明經王材爲作百歲傳謂其智足以脫强暴德足以馴猛獸云

方氏　生員吳容妻壽百有七歲容早卒氏撫子泉教之成諸生克紹先業州人工部主政陳詩作百歲傳道光三年學政李額獎（詳節孝錄）

田氏　典吏王惠悉妻壽百有一歲（詳節孝錄）

夏氏　談時豪妻壽百有一歲生於康熙辛丑年卒於嘉慶庚辰年氏勤儉慈惠克盡婦職至今子孫昌盛皆氏之德行致之也

詹氏　查成瑛妻壽百歲生於雍正辛亥年卒於道光庚寅年

江氏　監生董詮妻壽百有六歲生於康熙戊戌年卒

於道光癸未年

游氏　李敦厚妻二十六夫故遺孤三歲越明年翁姑繼逝撫子成立曾元繞膝守節六十八年歿九十四

吳氏　郝延煌妻年二十八夫故撫二子惟杞惟桂一五歲一三歲家窘甚氏上奉下撫倍極艱辛數十年無間言逮二子克家曾元林立人以爲苦節之徵守節六十七年壽九十五卒

蘄州志卷之二十

知蘄州事夏津潘克溥纂修

藝文志

古文

南軒張氏有言蘄春人物彬彬前輩遺澤漸濡未泯意當時所謂前輩吳氏林氏足以當之然舊志錄碑版之作多矣兩家所撰著不槪見文章之傳不傳固有數存於其間與抑其散佚沈伏在天壤間者莫由遍覯而盡識也獨兩家然乎哉志古文

唐

頌

蘄州新城門頌并序　符　載

大唐庚辰歲秋九月鄂岳觀察使御史中丞鄭公前牧於蘄春始佩銅虎符是年冬十一月蔡人不虔天子詔諸侯之師誅破之我有疆埸與人腹背慮禍甚劇爲虞落疑有闕文然民大愁恐若冦暴至是邦也夙昔無事人傲慢垂百餘祀城隍不張頹墉壞堞僅爲平野公乃度舊址量客土備畚鍤肅丁壯勃然而興於是謹力畜以索力考鼛鼓以蕩氣嚴進退以設令立師伍以程課悉徒雷呼萬鎚星飛誅惰聳勞間無留時凡甲子五癸崪然城成矣墉高三雉門容兩轍周迴一千八百四十步門臺睥睨霞飛雲截如崇山斷岸邈不可覿譏金湯者我居首焉日者嗣曹王皋討希烈之叛於此嘗具板幹作爲坯築役徒巨億經費稱是樹而復潰卒無以能名風俗耆老以爲蛟螭靈怪蟠窟固護使人不見其績也公躬自省視循理辨物心禱且計輔之至誠遂用堅緻於戲蘄城楚舊封也疆淮蔡邇申息地當隘束實生攻奪

若向時敵者驅鐵衣出穆陵襲我無備搖脛而至卽江淮之南吾見其波動矣然俾夫大藩倚其固郡屬抱其勢千里士庶高枕而臥冦不敢萌彎弓捻矢之意者新城之謂也由是大君聽民間威聲聞以公有文武上才故拔自倅牧雄居盛府山川幢蓋皆舊物也夫賢爲世重績因時達微新城吾見公之才力事業其湮鬱不揚乎辭曰

庚辰之歲鶉火有彗入用五兵維彼蘄下疆及風馬賁啟戎情我昔無虞滅其闉闍埤堞頹傾我公作守披拓

荒舊乃修其城百堵言言四阿孱顔矗如雲平扼衝據會寇不敢過生人攸寧綱維盛烈遭時而發鴻振芳名我有貞石不追不琢孰聞風聲是用作頌冀茲不朽日月並明 碑久佚文見文苑英華按三句一韻亦變體也

宋 各體文十首

勅誥 二首

贈李誠之正節侯勅

蘄春介在疆埸然所恃以爲險者六關也朕命藎臣往專守禦之責而措置疏畧負我使令爾誠之儒紳之望

屬分符守蘄以孤城而攖敵鋒蓋亦難矣慷慨激烈盡其命義合門死難朕甚痛之廼加論撰仍躐崇階爵之通侯謚曰正節廟食茲土賁延于後夫忠臣之心非慕名祿國家之澤當峻彝章今𡨥印纍纍未足爲爾寵將滅此讐敵始足以慰爾九泉也可贈誠之朝散大夫秘閣修撰加正節侯

崇祀李誠之褒忠廟誥

盡忠者臣子之大分全節者古今之難能河北二十四州眞卿而已雎陽數百餘戰張巡以之卓卓可稱寥寥不數我國家之養士氣獨盛前朝故守臣之守邊疆相望芳史蠢茲殘猲盜我邊州忽聞二士之殲莫起萬夫之贖爾誠之早傳正學夙負儁聲屬分蘄水之符適有邊戎之寇獨能以大義而作三軍之氣以嚴合而安萬室之心州邑官聯咸仰天而更誓閭閻童稚亦擊鼓以揚聲故能以七百餘衆之兵固壁爲二十五日之守奈之何赴援之將顧遲而不進功成之卒旣入而復逃雖勢盡而力窮猶呼號而巷戰痛矣豫州之赤地百姓何辜哀哉卞壼之一門千載無及興懷至此有涕潸然爰

冊命於列侯俾蒸嘗於茲土誰能免夫一死足以愧彼偷生殆將滅此仇讐庶少恤其哃憤

傳 二首

李誠之傳 宋史

李誠之字茂欽婺州東陽人受學呂祖謙鄉舉第一後入太學舍選亦第一慶元初釋褐爲饒州教授丁父母憂廬墓終喪幹辦福建安撫司公事遷刑工部架閣擢國子學錄以言罷起爲江西轉運司幹辦使稱提會子第其物力高下輸錢以歛之誠之以爲憂使者不悅曰

商君之令猶能必行今乃齟齬如此誠之愀然曰使君儒者而欲效商君之所為乎遂辭去使者遜謝罷令而後止改通判常州知郢州知金人必敗盟大修邊防戰攻守禦之具移知蘄州蘄自南渡以來未嘗被兵誠之曰備禦無素長驅而來將若之何相視城壁而增益之備樓櫓築軍馬牆教閱廂禁民兵激之以賞積粟四萬先是酒庫月解錢四百五十千以獻守誠之一無所受寄諸公帑以助兵食嘉定十四年二月金人犯淮南時誠之已逾滿代者不至欲先遣其孥歸聞難作而止謂

然謂其僚曰吾以書生任邊壘行年七十抑又何求獨欠一死爾當與同僚戮力以守不濟則以死繼之乃選丁壯分布城守募死士迎擊遇於橫槎橋大破之居數日金人擁眾臨沙河欲渡又破之明日金兵大至決湟水焚戰樓又拒退之明日金移兵要衝為必渡計蘄兵直前奮擊殺其酋帥金人雖屢挫然謀益巧攻益力未幾薄城下圍之數重遂燔木柵誠之出兵禦之又殺其將卒數十人奪所佩印三月朔金人攻西門射御之俄造望樓以窺城誠之為疑兵以示之又使持書來脅降

誠之戮之而還其書越二日金人以攻具進誠之設械禦之夜出擣其營料敵應變若熟知兵者金人卒不得志會黃州失守併兵為一凡十餘萬池陽合肥援兵敗走朝命馮榯援二郡榯至竟遷延不進誠之激厲將士勉以忠義城陷率兵巷戰殺傷相當子士允力戰死誠之引劍將自刎呼其孥曰城已破汝等宜速死無辱妻許及婦若孫皆赴水死事聞贈朝散大夫秘閣修撰封正節侯立廟於蘄賜名褒忠賻銀絹二百仍賜爵迪功郎者三特贈其妻令人士允通直郎子婦及孫女之没

於難者皆贈安人從誠之之死者通判州事秦鉅

秦鉅傳　宋史

秦鉅字子野丞相檜曾孫通判蘄州金人犯境與郡守李誠之協力捍禦求援於武昌安慶月餘兵不至策應兵徐揮常用等棄城遁城破鉅與誠之各以自隨之兵巷戰死傷畧盡鉅歸署疾呼吏人劉迪令火諸倉庫乃赴一室自焚有老卒見烟焰中着白戰袍者識其鉅也冒火挽出之鉅叱曰我為國死汝輩可自求生擧衣就焚而死次子浚先往四祖山兵至亟還與弟瀈從焚偕

死特贈鉅五官秘閣修撰封義烈侯與誠之皆立廟蘄州贈顏褒忠贈浚灉通直郎賻以銀絹各二百州學教授阮希甫贈通直郎防禦判官趙汝標蘄主簿竇時鳳錄事參軍兼司戸杜諤俱贈承務郎監蘄州都太監轄蘄口鎮倉庫嚴剛中贈承事郎統制官孫中小將江士旺陳興曹全兵卞軍士李斌等皆闘死司理參軍趙與裕先率民兵百餘人奪關出外求援僅以自免而全家十六人皆沒淳祐十二年特封鉅義烈顯節侯黃州之陷守臣何大節亦投江死焉

記二首

州學教授廳記　朱熹

乾道八年秋予友建安李君宗思爲蘄州學官始至入學釋菜召諸生坐堂上而告之曰朝廷立學建官所以養人材而待其用德意甚美宗思不佞得備選焉深惟淺露懼不能稱今將何以告二三子者而相與朝夕乎古人爲已之學庶以無負朝廷教養之意二三子其亦有意於斯乎諸生起而對曰諸生不敏惟先生有以教之則幸甚於是李君退卽其居則距學且十里所李君顧而歎曰學官宜朝夕於學與諸生相切磋者其相距之遠可若是耶翌日相學之東偏有廢壞焉請於州願得爲屋以居而日往來於學以供厥事於是通守北海王侯某實領州符嘉李君之意而悉其力以相之不逾時遂以備告然後李君得以日至於學進諸生而教誨之蓋使之潛思乎論語孟子之書以求義理之要又考編年資治之史以議夫事變之得失焉日力有程不躐不惰操策而問勸督以時凡以使之知所以明善修身之方齊家治國之本而於詞藝之習則後焉而不之急

也旣又禮其士之賢有德者李君之翰而與之居凡學之教治悉使聽焉由是蘄之爲士者始知所以爲士之事而用其力李君亦喜其教之行而將有成也礱石於堂考前爲是官者得自某人以下若干人之名氏歲月刻之而以書屬予使因記其所以然者予惟李君之教可能也而其所教則非世儒之所及王侯之垂意於學可及也而其不以李君之說爲迂闊於事者則非俗吏之所能是皆宜書以詔於後蓋非獨使繼李君而居此者有所考法抑亦承流千里而師帥其民者之所宜知

也於是悉書其本末如此俾刻寘題名之首云九年秋七月壬子新安朱熹記

蘄州惠民倉記

眞德秀 西山

嘉定某年某月金華李公守蘄始至曰城郭完乎有司以圯告則命繕而新之凡若干丈尺又曰城完矣兵械具乎有司以乏告則命爲某器若干某器若干既又曰吾城堅而械良於守易矣無其人可乎則舉凡兵之在籍若寓於埜者教之率以法期年士咸就紀律公曰可矣猶未也夫守恃兵兵恃民民恃食故食民之大命也

邊之首政也蘄故號沃壤中興以來流逋未盡復荒茀未盡治歲所出不能當中州一大縣而輸于公家者才萬斛焉以廩吾兵且不給設不幸有旱溢之菑蟲螟之孽其奚以相恤哉余爲二千石於此而奉養齎於斗食吏非矯也重民之脂膏不忍褻而用也覬圭勺之贏還以遺吾畊也時會而月計之泉之在官者廛有餘歲幸比登粟之在民者亦廛有餘以其餘於官者易其餘於民者不幸告儉則以藏之官者復散之民此備豫之善畫也廼簡僚吏之材者蒞厥事凡告售者優其直與之未幾得粟爲萬石者二靡錢緡若干萬千百有奇築屋若干楹以謹其出納命之曰惠民倉著公志也夫民食足然後有固心人心固然後可冀以死守昔者孟子談王道於戰國皆是物也彼爭地爭城之將從横馳說之士未有不哂其迂卒之莫或能易者蓋民弗自安而欲與俱危不卹其生而欲責之死無是道也公之學醇以深其氣剛以大蓋淵源乎孟氏者故其治邊之政大抵以保民爲本是倉特其一爾始倉之成公既以告于朝下部使者核其實又書來命某識之其欲以諗後人俾

勿廢乎余謂使繼至者有公之心雖毋識焉可也不然則金版玉書猶弗足紀恃此以存難哉雖然仁人心也人心不可泯則是倉不可廢姑識之庶異時有考云公名誠之字茂欽嘉定十三年夏五月辛卯朝散大夫集英殿修撰權發遣隆興府主管江南西路安撫司公事馬步軍都總管眞德秀記 遵西山集更正

表

代蘄守謝上表

秦觀 少游

奉法明時方悔推行之謬分符近地俄蒙假貸之私祗

荷寵恩載深感涕伏念臣資材闇昧問學空疎遭逢昌辰叨竊劇任徒冀事功之立靡思罪釁之成昨以出按荆車兼程鹽課猥虞曠廢妄致勤勞屬吏承風不無過當小民競利豈免怨尤雖不待於人言即行改正儻追論其事迹殆可誅夷敢祈造物之恩猶竊長人之任矧蘄春之偏郡實淮右之名區風氣和平獄訟稀少平時來者尚樂寬閒謫官居之眞爲僥倖此蓋伏遇太皇太后陛下推天地之賜回日月之光黜陟不失其所宜輕重各當其所適察臣過舉止于四月之間許臣自新付

以一州之寄念捐軀而莫報徒撫已以增慚復路迴車顧迷途其未遠輸肝剖膽庶報効之可圖

蘄州蘄春縣興學頌　危　素太朴

蘄春縣長野仙普化今譯額森布哈君既新廟學郡學教授衛炎爲記君上計京師稍爲余言治邑之事君始至官修農桑水利之政平獄訟郵災傷無所不用其情其興學之績爲最大蓋蘄春之學在郡城東北之鮮原素無恒産儒之在籍者二十有八家多貧不能自振於是學舍傾圮絃誦寂寥君始至伏謁廟下大懼無以塞國家崇學右文之意乃出廩給爲之倡尹邊守誠丞孫克昭主簿蘇世榮敎諭魯志暨胥吏富民咸相其役因其舊而修之者大成之殿明新之堂撤而新之者門廡齋舍創成之者靈星大成二門若夫祀所龕室帳帟祭器無有不備學之閒田悉以種桑歲集之以補贍學之費民知令之所向相勸從事於詩書而敦行孝弟君之於政知所先後如是乃爲之頌使刻之石其詞曰

我行江濱爰采其蘄田多汙萊戶有嚬呻天監下土哀此罷民畀我賢令惟皇之仁學校之行先王善政廹我

世皇著在甲令蘄春有學以祀先賢棟撓宇傾曷以廣傳賢令聿至顧瞻徘徊乃鳩羣工罔敢弗來祇奉明命僉言允諧有嚴俎豆民德孔懷雍雍童冠濟濟弦誦修行明經聯翩充貢繫此長才小試其用伐石刻辭與人之頌碑久佚文見說學齋稿

書一首

與施蘄州少路書　張　栻敬夫

久聞蘄春文物彬彬有前輩遺澤漸濡未泯也計士人中氣質多美者鐵錢事如何計循其理而爲之不若但

人做工作事也大抵今日人才之病其號爲安靜者則一切不爲而其欲爲者則又先懷利心往往貽害要是儒者之政一一務實爲所當爲以護養邦本爲先耳此則可貴也某冒居要藩日夜悚仄蓋日勉焉而未之能益也臭味一家偶及之耳

墓誌 一首

自撰墓誌 元祐六年　蒲遠猶 閬清令

遠猶蒲氏家成都字仲俞生於大中祥符辛亥歷五朝八十有一年遠祖本河中寶鼎人仕於唐隨僖宗幸蜀

及乘輿反正中原亂遂爲成都人會祖父諱勳祖父諱裕先君諱亮皆不仕遠猶幼而好學學賦於代淵受易於任維翰學詩於周式受太元於徐庸慶歷六年進士及第授綿竹尉移集州司理參軍梓州司理參軍皆以親憂不赴服除了無仕宦意閒居益讀書學文婆娑鄉里者數年親友激勸乃調河南尉用薦章移臨晉令以蜀人例移閬清令到官踰年病腳氣尋醫歸至舒州長風沙而舟壞全家幾葬魚腹是歲熙寧庚戌也會任師中攸在齊安館我於臨皐亭不能期月孫叔康昌齡在蘄州以舟來迎至則寓浮屠舍且謀歸蜀而蘄州亦江淮之會有稻魚布帛養生之具足年又漸老遂卜居焉買宅一區有田數十畝可供伏臘其歸蜀與否則在子孫矣娶晉陵張盃之女卒於元祐戊辰葬州南石鼓院南二里二男二女長女嫁眉山陳綱長子穆舉進士再試禮部次女嫁河南王嶪亨幼子稷自有母孫晏始十歲女五歲有歌詩雜文十帖未次嗚呼古之誌其墓者維誌其前後左右山澤而已後世遂銘其文行功業然四物者必躬有道德仁義遭時遇主有崇爵大位有功

於社稷有澤於生民或不遇無位則必有卓然獨立之行可以名世苟無此不可以黃壤朽骨厚誣來世乎生太平時無可銘之具衣帛食稻大耋而不衰但乾坤中一幸民耳恐後世有銘乎墓者加釀空文死而有知乎豈不自愧乃作誌付穆與稷慎無廢於理命元祐辛未九月十三日誌

明各體文四十二首

誥勅 三首

追封康茂才蘄國公誥命　太祖

朕惟帝王之待功臣生則顯官厚秩以榮之歿則加封錫爵以報之此國家之常典也榮祿大夫同知大都督府事兼太子右率府使康茂才初自京口率衆來歸爾即以水軍勝張氏獲其海舟繼取樅陽攻安慶守龍灣及陳氏犯境爾能擊退其兵及復從朕以舟師攻舒城江蘄興國漢陽郡繼克廬州大戰彭蠡遂平武昌以至隨大將援江陵湖南四川取泰州援宜興戰崑山之巫子門擒淮安之馬邏港破吳興下姑蘇北征汴洛守陝蒲二州招徠絳解之衆其功可謂偉矣豈期隨征興元

旋軍中道因疾以歿朕聞訃音不勝感悼念今天下混一方欲論功行賞以報汝功爾乃遽然長逝其於朕心何可忘哉兹特勅爾官勳賁爾靈爽倘其不昧承兹新命於冥冥之中也可贈推忠翊運宣力懷遠功臣光祿大夫湖廣等處行中書省平章政事柱國追封蘄國公謚武義主者施行

整飭兵備蘄州下江防道勅書

勅湖廣按察司僉事魏艮輔先該湖廣巡撫官題稱湖廣江道漢陽一帶波濤浩渺村落荒疎其本土及流寓軍民率多嘯聚爲盜必須專官督理事可責成今特命爾整飭彼處兵備在於蘄州駐劄照依該部題准事例往來巡歷專一提督漢陽而下至黃州蘄州並德安等一帶江防湖禁巡司修理城堡操練軍兵民快清查錢糧軍衛有司悉聽調度其江西河南直隸隣界地方遇有盜賊生發會同各該兵備相機剿捕九江南昌汝寧安慶等各府衛等衙門事干盜賊及會勘詞訟不分軍民職官俱聽調用爾仍聽巡撫官節制爾爲憲臣受兹委任尤須持廉秉公正己率下務在盜賊寧息地方安

妥斯爲爾能毋得自違憲度及縱容管軍人員科需尅害臨賊退縮誤事如違一體治罪不宥爾其勉之愼之故勅

諭

卻蘄州進簟諭

古者方物之貢惟服食器用故無耳目之娛玩好之失今所進竹簟固爲用物但無命來獻恐下聞風爭進奇巧勞民傷財自兹始矣卻之仍命四方非朝廷所需者毋妄獻

疏一首

進本草綱目疏　　李建元州人

湖廣黃州府儒學增廣生員李建元謹奏爲遵奉明例訪書進獻本草以備采擇事臣伏讀禮部儀制司勘合一欵恭請聖明勅儒臣開書局纂修正史移文中外凡名家著述有關國家典章及紀君臣事跡他如天文樂律醫術方技諸書但成一家名言可以垂於方來者卽訪求解送以備採入藝文志如已刻行者卽刷印一部送部或其家自欲進獻者聽奉此臣故父李時珍原任

楚府奉祠奉勅進封文林郎四川蓬溪知縣生平篤學刻意纂修曾著本草一部甫及刻成忽値數盡撰有遺表令臣代獻臣切思之父有遺命而子不遵何以承先志父有遺書而子不獻何以應朝命矧今修史之時又値取書之會臣不揣謭陋不避斧鉞謹述故父遺表臣父時珍幼多羸疾長成鈍椎躭嗜典籍若啖蔗飴攷古證今奮發編摩苦志辨疑訂誤留心纂述諸書伏念本草一書關係頗重註解羣氏謬誤亦多行年三十力肆校讐歷歲七旬功始成就野人炙背食芹倘欲獻之天子微臣採珠聚玉敢不上之明君昔炎皇辨百穀嘗百草而分別氣味之良毒軒轅師岐伯尊伯高而剖析經絡之本標遂有神農本草三卷藝文錄爲醫家一經及漢末而李當之始加校修至梁末而陶宏景益以註釋古藥三百六十五種以應重卦唐高宗命司空李勣重修長史蘇恭表請伏定增藥一百一十四種宋太祖命醫官劉翰詳校宋仁宗再詔補註增藥一百種召醫唐愼微合爲證類修補衆本草五百種自是人皆指爲全書醫則目爲奥典夷考其閒玭瑕不少有當析而混者

如葳蕤女萎二物而併入一條有當併而析者如南星虎掌一物而分爲二種生薑薯蕷菜也而列草品檳榔龍眼菓也而列木部九穀生民之天也不能明辨其種類三菘日用之蔬也罔克的别其名稱黑荳赤菽大小同條硝石芒硝水火混注以蘭花爲蘭草卷丹爲百合此寇氏衍義之舛謬謂黃精卽鉤吻旋花卽山薑乃陶氏别錄之差譌酸漿苦膽草菜重出掌氏之不審天花栝樓兩處圖形蘇氏之欠明五倍子耩虫窠也而認爲木實大蘋草田字草也而指爲浮萍似兹之類不可枚

陳畧摘一二以見錯誤若不類分品列何以印定羣疑臣不揣猥愚僭肆删述重復者芟之遺缺者補之如磨刀水潦水桑柴火艾火鎖陽山奈土茯苓番木鱉金枯樟腦蝎虎狗蠅白蠟水蛇狗寶秋虫之類並今方所用而古本則無三七地羅九仙子蜘蛛香猪腰子勾金皮之類皆方物土苴而稗官不載今增新藥凡三百七十四種類析舊本分爲一十六部雖非集成實亦粗備有數名或散見各部總標正名爲綱餘各附釋爲目正始也次以集解辨疑正誤詳其出産形狀也次以氣味主

治附方著其體用也上自墳典下至傳奇凡有相關靡不收采雖命醫書實該物理我太祖高皇帝首設醫院重設醫學沛仁心仁術於九有之中世宗肅皇帝既刻醫方選要又刻衛生易簡藹仁政仁聲於率土之遠伏願皇帝陛下體道守成遵祖繼志當離明之正位司考文之大權留情民瘼再修司命之書特詔艮臣著成昭代之典治身以治天下書當與日月争光壽國以壽萬民臣不與草木同朽臣不勝冀望屏營之至臣建元爲此一得之愚上干九重之覽或准行禮部轉發史館采擇或行醫院重修父子啣恩存殁均戴臣無任瞻天仰聖之至

傳六首

康茂才傳子鐸附　明史

康茂才字壽卿蘄州人通經史大義事母孝元末寇亂陷蘄結義兵保鄉里立功自長官累遷淮西宣慰司都元帥太祖既渡江將士家屬留和州時茂才移戍采石扼江渡太祖遣兵數攻之茂才力守常遇春設伏殲其精鋭茂才復立寨天寧洲又破之奔集慶太祖克集慶

乃帥所部兵降太祖釋之命統所部從征明年授秦淮翼水軍元帥守龍灣取江陰馬駄沙敗張士誠兵獲其樓船從廖永安攻池州取樅陽太祖以軍興民失農業命茂才爲都水營田使仍兼帳前總制親兵左副指揮使陳友諒既陷太平謀約張士誠合攻應天太祖欲其速來破之知茂才與友諒有舊命遺僕持書紿爲内應友諒大喜問康公安在曰守江東木橋使歸太祖易橋以石友諒至見橋愕然連呼老康莫應退至龍灣伏兵四起茂才合諸將奮擊大破之太祖喜茂才功賜賚甚

厚明年太祖親征友諒茂才以舟師從克安慶破江州友諒西遁遂下蘄州興國漢陽沿流克黃梅寨取瑞昌敗友諒八指揮降士卒二萬人遷帳前親兵副都指揮使攻左君弼廬州未下從援南昌戰彭蠡友諒敗死從征武昌皆有功進金吾侍衛親軍都護從大將軍徐達再攻廬州克之取江陵及湖南諸路改神武衛指揮使進大都督府副使士誠攻江陰太祖自將擊之比至鎮江士誠已焚瓜洲遁茂才追北至浮子門吳軍遮海口乘潮來薄茂才力戰大敗之擒淮安馬騾港拔其水寨

淮安平尋拔湖州進逼平江士誠遣銳卒迎鬭大戰尹山橋茂才持大戟督戰盡覆敵衆與諸將合圍其城軍齊門平江下還取無錫遷同知大都督府事兼太子右率府使洪武元年從大將軍經略中原取汴洛留守陝州規運饋餉造浮橋渡師招徠絳解諸州扼潼關秦兵不敢東向茂才善撫綏民立石頌德焉是年復從大將軍征定西取興元還軍道卒追封蘄國公謚武義子鐸年十歲入侍皇太子讀書大本堂以父功封蘄春侯食祿一千五百石尋世劵督民墾田鳳陽帥兵征辰州蠻

平施疊諸州從大將軍達北征又從征南將軍傅友德征雲南克普定破華楚山諸砦卒於軍年二十三追封蘄國公謚忠愍子淵幼未襲授散騎舍人巳坐事革冠服勒居山西遂不得嗣宏治末錄茂才後爲世襲千戶

李時珍傳　　明史

李時珍字東璧蘄州人好讀書精於醫醫家本草自神農所傳止三百六十五種梁陶宏景所增亦如之唐蘇恭增一百一十四種宋劉翰又增一百二十種至掌禹錫唐愼微輩先後增補合一千五百五十八種時稱大

備然品類旣煩名稱多雜或一物而析爲二三或二物而混爲一品時珍病之乃窮搜博採芟煩補闕歷三十年閱書八百餘家稾三易而成書曰本草綱目增藥三百七十四種釐爲一十六部合成五十二卷首標正名爲綱餘各附釋爲目次以集解詳其出產形色又次以氣味主治附方書成將上之朝時珍遽卒未幾神宗詔修國史購四方書籍其子建元以父遺表及是書來獻天子嘉之命刊行天下自是士大夫家有其書時珍官楚王府奉祠正子建中四川蓬溪知縣

許文岐傳李新附　　明史

許文岐字我西仁和人祖子良巡撫貴州右僉都御史父聯樞廣西左參政文岐崇正七年進士歷南京職方郎中賊大擾江北佐尚書范景文治戎備景文甚倚之遷黃州知府射殺賊前鋒一隻虎奪大纛而還獄有重囚七八縱歸省墓期就獄皆如約至乃請於上官貸之十三年遷下江防道副使駐蘄州賊魁賀一龍藺養成等萃蘄黃間文岐設備嚴賊黨張雄飛將南渡命遊擊楊富焚其舟賊乃却巡撫宋一鶴上其功副將張一龍

善馭兵文岐重之嘗共宿帳中軍中夜呼噪文岐曰此奸人乘夜思遁耳堅臥不出質明叛兵百餘人奪門遁一龍追獲盡斬之一軍肅然楊富既久鎮蘄一鶴復遣參將毛顯文至不相得兵民洶洶文岐會二將以杯酒釋之始無患十五年左良玉潰兵南下大掠文岐立馬江口迎之兵莫敢犯時警報日急人無固志會擢督糧參政當行文岐嘆曰吾為天子守孤城三載矣分當死封疆雖危急奈何棄之遣妻奉母歸檄富顯文出屯近郊為固守計無何荊王府將校郝承忠潛通張獻逆明年大舉兵來攻文岐發礮斃賊甚衆夜將半雪盈尺賊破西門入文岐巷戰雪愈甚礮不得發遂被執獻逆聞其名不殺繫之後營時舉人吳鼎鉉等數十人同繫文岐密謂曰觀賊老營多烏合凡此數萬卒皆被掠良民若告以大義同心協力賊可殲也於是陰相結期四月起事以柳圈為信謀洩獻逆索之果得柳圈縛文岐斬之將死語人曰吾所以不死者志滅賊耳今事不成天也含笑而死時文岐陷賊中已七十餘日矣事聞贈太僕卿賊既陷蘄州遂屠其民鄉官陝西僉事李新舉家

被執賊欲屈之新叱曰我昔官秦中爾輩方為厮養今日肯屈膝厮養耶賊怒新抱父屍就刃其時屬吏死節者惟麻城教諭定遠蕭頌聖蘄水訓導施州童天申

比部李公傳　　桂有根 西平

公諱孟春字愛池中隆慶丁卯鄉試授西平縣令萬歷壬辰甫視政集耆老部民訊之曰爾邑民其適乎其亦有不獲者乎吾以往吾無若及吾以還吾其與若聚耆老部民咸唯唯退相謂曰吾輩今有父母矣會歲大祲饑饉摧挫流離奔竄莽舍邱墟公為憮然乃詳請發帑

金老弱給饘粥壯丁給錢穀追流亡散結聚息者起之骨無收者瘗之又貸窮民耕種有蝗至公乃齋沐禜蝗所祭且禳俄而蝗盡出境不爲民害歲額逋負當道數下令催科公輒緩其期探囊金於蘄以應急勑例罰俸公嘆曰吾民免於離散即以此報國家矣吾何以俸爲也民感泣負擔輸納不數月而額辦戊戌以考最陞重慶府丞會疾辭歸疏聞天子下詔曰同知某令西平六年清勤供職實心爲民救荒足方略不伐有勞寵辱不驚精誠孚及異類是大有功於朕朕甚嘉之今遽以官

乞休朕不忍奪其加陞南京刑部主事致仕以優榮焉公父都御史東池伯兄總戎同春弟少司馬盛春副使際春皆名世大儒與公咸祀於鄉其政績大者在作興士類修學宮立義學申飭鄉保以提省愚頑買義田鑄大將軍火器均編附馬凊保甲袪除積弊諸所厝注可勒金石盖公之心本乎仁其行仁有術故能爲天子愛民而民皆受其實惠如此苟虞利害矜得喪營營逐逐日墮汝闇其胡以鏡治心哉心不鏡治而欲民之無失所也無由矣若公者可以爲法矣

二顧先生傳　三楚文獻錄

自嘉隆距萬歷中天下咸重二顧夫子云二顧夫子盖所稱日巖桂巖先生者也日巖先生成進士官止參知桂巖先生進士官止憲副然天下誦慕乃在公卿碩輔之上人固不因祿位重也作二顧先生傳

日巖先生者諱問字子承蘄州人也太母娠娩時夢巖端日升大如車輪驚寤而目中猶睹光耀流燭上下以故自號日巖云幼與羣兒嬉羣兒皆如尋常馳逐獨先生積瓦礫陳盤盂雍容揖拜作籲帝禜祈之語比入小

學先以請於父母而泣父母曰兒飢耶對曰兒不飢欲讀書耳使就師師每爲句讀竟十行十行告覆無舛年十七有疾父母以爲憂先生曰病易與耳政恐以此廢學不至聖賢爲大懼大罪也遂閉戶危坐時以性理遣養未幾補郡諸生第一登嘉靖戊戌進士已亥除浙西壽昌令昌俗生女多溺死先生至爲之厲禁凡生女彌月旋其父壽昌各以顧名女壬寅徵爲侍御史雖居官而講業不輟有陰忌之者中以他事出爲來安令甫下車邑以祲告多方區畫民忘其凶乙巳遷邵州守又明

年陞浙中按察僉事蔬食清謹越人呼爲茹菜頭公庚戌陞叅議留越是歲弟桂巖登春官榜先生滿三年考階朝議大夫恩逮所生久之以內艱歸與弟桂巖同廬墓側三載服闋先生稱疾同弟侍封公於山水木石之間曰寘摎眞遇生理所在安能長逐塵囂不爲色養計耶暇與王龍溪錢緒山弟桂巖講學於崇正書院已未封公謝世哀毀如內艱兄弟復廬墓於鈷鉧水上家食者十年隆慶己巳起徐州兵備組練咨論皆合機宜庚午擢入閩叅政天下向學之士赴閩者項背相望時弟

桂巖亦以南銓郎出爲閩海鹽軍副憲同地同官同時海內嘖嘖而桂巖公竟拂衣焚檄以隱先生曰吾弟年三十九未强乃勇退如此吾奈何以頹頓之身共瘴烟海氛乎弟固招吾隱也於是九疏乞骸得報歸歸則講學養道於時若念菴荆川剛峯耳泉見羅近溪東郊二耿諸先生以及本州李瀕湖先後竿牘相應晤言相證針芥所投會心政遠先生一言一行必本於道衣冠與妻子語如對外賓日長晝靜無一雜念自編日程以疏功過羅洪先曰子承眞聖人之徒也耿定向曰豈其忠信可行蠻貊論行誼鬼神無疑矣唐順之曰不賞民勸不怒民威子承其近之卒於萬歷辛卯年八十有一自拂衣以與海內尊宿暨弟子艮切劘于山野林露之間者垂二十年屬纊時迎武昌故人劉應元爲別先生曰他事俱非在我惟去來明白不負此生爾乃瞑學者私謚爲中和夫子手編語錄詩文三十卷又詩文外集十卷萬歷癸丑桂巖先生亦卽世

桂巖先生者日巖之弟也諱闕字子艮少日巖十七年生有異徵六歲頖焚祝天願爲道德性命之學以報劬

勞恩十七補郡諸生志希聖賢甚厭薄舉子業封公强之始瞿然屈首帖括試輒高等年二十二舉孝廉先生欲侍親無意計偕封公隱爲之治裝趣行先生泣不勝及至都尙孺泣如別狀試事竣卽歸省道中聞朝報已成進士矣比歸傚褐寂如封公意且落第詢之曰見已登禮官榜矣癸丑當廷對先生不欲往封公不聽業緩劍待之先生涕泗交頤而別廷試二甲除爽鳩得與海內聞人相倡和歷下弇州嘗招之入社乙卯聞太恭人訃匍匐歸與日巖先生同廬墓所服闋與兄証悟道德

性命宗旨不忍離誓不復仕己未封公卽世復廬墓於
鈷鉧之濆蘄某村舊俗獷悍格捕逋賦數扞有司文網
中丞直指公建議按法治之先生哀其愚力言於兵備
使者與其州大夫願以禮化自請往偕門下數輩申以
孝弟一鄉聽之不踰時而咸若於訓服除隨牒補儀部
郎旋移南銓部勳司郎於時有蔡百貫者倡教白蓮實
繁有徒所司捕得餘黨數百人一切置諸理先生徐為
之解曰若輩豈盡左道誣民哉或苦饑寒抑迫脅而從
之驅無罪之民槩從白刃忍乎因得及於寬宥當是時

公年僅三十有九決策不仕稍遷至閩中臬副予告歸
里前後推轂者凡二十餘疏竟不為意召陞銀臺不起
朝夕從日巖兄抵掌討論思修身體道布袍韋舄者四
十五年前後宦遊四載而笥橐蕭然萬歷辛卯日巖先
生捐館舍先生悲不自勝至有隱几曲肱成一夢弟兄
相見語悽其之句先生自少壯而老非宦遊則時時左
右日巖公日則促席夜則同被每出必揖必告所往歸
則告歸日巖公出入亦如之其孝友雍吉蓋如此萬歷
癸丑先生年八十有六春暮忽召子大儀孫天錫語曰
昨夜夢聯云津吏報增三尺水山人歸臥幾重雲是歲
當大水吾將去矣已而果然危坐垂目私謚為宣靖先
生先生治六經尤精詩易所著有諸議諸說而其要以
社學社倉為王道首務云

李鑑池傳　三楚文獻錄

公諱際春字和元別號鑑池蘄州人也先世河南息縣
人洪武間始祖慶以軍功授蘄州衛百戶傳信至斌改
滁州已又改蘄州俱世其官斌生俊從景皇帝征香爐
山擒偽王韋同烈累功世副千戶俊兩傳至儒為東池

公始矢文德以季子贈都御史東池公生男五公其第
五子也生而蚤慧九齡贈公歿撫公曰不及觀爾成愛
日以學及時以行務立身愼擇交敬受教乃與伯兄參
戎仰池仲兄諸生思池叔兄比部愛池季兄少司馬夢
池相誓立石世世無析箸迄今六十年男女千指怡然
同爨飲食以齒執觴觚杯豆秩秩也事受成於家督橐
無私財衣無常主身無私力母太恭人黃憐愛少子不
輕令就外傅十三始授章句自講詁迨行文僅百餘日
比部公方孝廉家居公執經焉終身不敢序雁行隆慶

庚午以第一補郡諸生萬歷癸酉中鄉試第三名時御史爲舒公念廷方伯爲王公鳳洲皆國士遇之丁丑成進士館試時江陵欲以才望見收公不稍動遂不果試出宰浙之歸安有富監者淫人妻而焚其夫姻連要津殆不可問公卒窮治之抵於理時神廟詔量郡邑田豪右隱占獨累貧民公按籍履畝未嘗少狥分試浙闈當路以愛子越籍見託許酬美官公峻拒其請癸未量移戶曹丁亥督餉蘭州一幕官解數千緡中爲盜刼公廉其實以他羨補之幕得不死戊子丁内艱服闋復督餉

於蘭壬辰遷凉州叅議地方苦倸馬公力陳不便忤大中丞匆恤甲午遷督學廣西得人爲盛前所忤大中丞銜之以去任風影事見中部覆改調公竟拂袖歸絶跡郡邑別營郊墅以詩文自娱無何比部公亦致政歸而中丞公又復扼礦璫解節鉞三兄弟嬉咏林泉塤箎應和又亡何中丞公捐館舍比部公春秋高漸謝賓客公獨操家政十九年婚嫁子姪一出公手復增置義居義田以膳族姓重宗法車馬不入里門節嗇寡約潔於其官里中呼爲東門李家嘗募數千金築堤長二十餘里

障郡之赤東湖水患人又方之爲雒橋蘇堤也癸丑以兩臺薦擢四川叅議回賊亂公壯方畧殲厥渠魁蜀以定乙卯陞河南汝南道副使過里門値比部公喪戚易備至徒跣號送汝南礦盜名没心秤者聚黨千餘拒殺捕兵公計縛之數歲不登拮据荒政全活數十萬竟用是瘁而公病不起矣易簀時猶訣云吾登高科歷方面未嘗寃一民持一錢死復何憾獨垂老出山建樹止此報國恩未盡耳公偉身長髯英異天植内嚴外寛辨而不察坦而不阿非禮樂而有所紛華則稱不習太恭人

病癲天乞代衣不弛帶者兩月自皇祖朝筮仕至卒官歷中外所至恪共不畏强禦不侮鰥寡不懾兵荒歿之日僅以四竹篋歸嘗訓其子曰吾居鄉居官惟以鬼神二字時時在念汝輩宜知之公不役文藻而口所擄詞皆成珠玉内行醇備博依而端於師友多信而寡貌嗚呼貞古之篤行君子哉

記十三首

蘄州儒學重修記

萬安 眉州人

天順五年辛巳春正月蘄州知州趙侯重建廟學新成

初侯來涖職因過安言將建廟學功成願有記也時安許之至是學正涪州朱成具狀介生員陳玘詣安請曰功成而記之執事嘗墜言於趙侯矣願無辭辭旣弗獲乃攟狀紀其成績按蘄春本漢蘄春國後爲郡爲縣不一後周始改爲州後又更置不一國朝洪武初爲府尋復爲州其州之有學則自宋景定癸亥始蓋自漢以來孔子有廟不出闕里唐制州縣始立廟通祀孔子然蘄之學雖起於宋而其學之有廟則固始於唐矣國朝混一天下首詔京師及海隅郡縣咸建廟學而蘄之廟學

實知府左安善重建也然規制卑隘且歲久頹敝戊寅春趙侯來爲牧欲更大之顧勢有未能迄再期民懷其惠士服其教遂謀及僚屬曰廟學不飭惡足以妥靈明崇教化吾輩奉朝命來官於州茲事尚怠何以塞職責撤而新之僉曰職分事也敢不祗承於是相與合謀市材鳩工首建大成殿東西兩廡戟門靈星門雕塑聖賢像次建明倫堂進德修業時習三齋及賓客之位會饌之舍至於庖廩咸以次備完輪奐具美規度適加始稱祀聖育賢之所而湖南北廟學莫有踰者矣是役也以

庚辰夏四月庀事僅十越月而成迺二月丁丑侯率僚屬及諸生行釋菜禮退卽丁寍諸生祗礪行業期其有成又爲之豐廪餼蠲徭役凡可以崇教道而敦俗化者侯罔不究心也蓋蘄介舒黃間其形勝阻山帶河其民務稼穡士習詩書有鄒魯之風比來掇科第躋要津以及持麾外郡者顒顒繼出今又得侯剛明仁恕勤於撫字汲汲惟學是興者政教其間則當坐收治化成効也可期矣所可書者詎止工役之勤而已哉故併書之使刻諸珉石用以志蘄之學大典則自趙侯始侯名應隆

字文盛早以明經領鄉薦拜知郴州事尋以憂去任服闋再調於蘄於時佐其事者同知淮安王倫判官覃懷武信也若耆老助貲匠氏効力者其名氏悉列碑陰云

修廣廟學記

戴珊浮梁人

蘄之儒學在州治之東背麒麟山面江漢而趾通衢肇於宋燬於元復於我國朝與孔子廟規制咸備餘百二十年於茲守左安善錢敏王坦趙應隆莊轍其創以修者久之入於敝廟爲甚且左逼於官民家參以非其鬼之祠不可以尺寸展諸弟子升堂齋服師訓退而會講

或獨息無所於居在宋守李誠之王彥明通判秦鉅後先捍金元兵力不支死之王玠有事蘄黃鎮撫司會孔彥舟謀逆以罵遇害四侯之忠節學政有關欲祠之以表以式而未能者州當藩府末流監臨大吏曠歲無足跡雖有之亦不能以累日加之才不裕見與力不定惡乎賴哉宏治五年夏秋之交司禮監太監蕭公敬錦衣衛指揮同知孫公瓚偕珊奉使蒞州旣事待報謁睟廟學胥曰是誠修廣之不可緩者而鎮守太監劉公雅巡按監察御史汪君宗器右布政使王君範知府劉君蕭

具在以爲然巡撫右副都御史樂安謝公綬進分巡按察僉事蕭山富君玹及知州山陽楊君淮而言曰修學有明詔矧得之爲有財緩當圭之若輩其相以成玹曰敢如命時祠已據法撤去聯屬數家商議他徙址悉來售酬其直以丈計橫盈十而加二縱倍橫之數而加三併之以秩隆殺繚之以堵高堅中搆講堂五間南向扁曰麗澤前翼棲息房四十八間東西相向門三間西向扁曰道義房絕處仍限以堵外搆祠三間另門道出入用妥四侯之神扁曰四節其廟學之殿堂之齋廡之門

庖倉庫凡棟梁榱桷板檻之腐折者蓋瓦級甓圮壓之破損者以至繪事之解駁不鮮者一切易以堅良仍舊增新規制益備以宏矣其費白金五百五十餘兩米二百餘石酌官民之當取者而非正供非橫斂力亦擇其班役於官者用之始事於秋七月至冬十一月訖工淮率同知鄭昕學正袁珽訓導楊浩衛永昌諸弟子劉廸吳山游仲瑀輩請爲記珊嘗爲御史爲按察副使董學西南每見誦法孔孟而忘筌蹄者切恨之所請能已於樂道耶洪惟我朝聖聖相承稽古右文置學立師徧郡

縣簡俊秀充弟子員聚而教之所瞻仰聖賢申申夭夭誾誾侃侃巖巖之氣象所講讀易書詩禮春秋文字所明所率仁義禮智之性君臣父子夫婦長幼朋友之倫驗諸心身而有得形諸詞說而不悖推諸家國天下而可行從而厚廩餼以養之公貢舉以登之班爵祿以用之是則居之無異處教之無異術取之無異途矣於戲孟子三遷其業隨之程子見獵猶動俗好人非大賢異處顧可以居之乎廟學之所以修廣要非美觀聽而已幸相與深鑒而勉進之師知所以教弟子知所以學毋壞

心於巽衛毋失身於異途處爲正士以善其俗出爲名臣以善其治雖遇變臨危成仁取義亦非所難夫然斯有以光衍我聖朝人文之化而於教養之恩作新之圖均不負矣雖然春秋以民力爲重築臺囿作門觀新延廐法無善書今玆之役時且義者其諸異乎彼之書歟若謝與玹非裕於才而有定力定見果動罔不獲能若是哉敘成績揚休風以爲來勸固不可少也庸書以復

文昌閣記　吳國仕　新安

蘄陽呑吐吳楚志所稱淮壖之上腴而帝轂之衝會也

其脈自潛霍溯流蜿蜒數百里至蘄之東南隅伏行水中突而爲磯泛泛焉與波光上下文其名曰浮玉其石如牛如犀如象如馬隱隱現現凨爲檣帆患然砥柱江流最爲奇勝非若零陵之燕徙作怪石供者先是江防侯公築基構亭創無前之蹟而韓公復增葺之尋以大浸就圮葢無人不廑修舉之思焉不佞承乏玆土歷歷江波見此磯映帶山川前賓圓峯後枕馬口右擁麒麟鳳凰之王氣左挹唐帽玉屏之晴嵐躍然鼓秩曰洋洋乎大觀也哉此固蘄之地軸也而夷爲孤嶼耶因聚族

而謀鳩工採石基增文許建飛閣以峙祀文昌帝君於其上按天官書文昌星在北斗魁前與三公同此閣正位於巽巽又爲太乙文章之府揞笏斯郡則星之所臨氣之所鍾上感下應化機周流誠有如元禦經之語云尋睹黃潤之氣歷紫薇經陰德爛然文昌之次必郡文學應之矣閣成之日進諸文學而校藝其中語之曰李青蓮登落鴈峯謂呼吸通於帝座恨不攜謝眺驚人詩來今登此閣非惟心情開滌亦覺日月清朗諸生能作是觀乎試與子摹境會心縱目遐睇彼夫層巒絕岫插

漢排霄長江巨濤一瀉千里非卽文之雄傑而浩蕩者乎花洲獻妍雲樹騰蔚朝霞夕暉水天掩映非卽文之菁華而濃郁者乎風靜月輪霜空雪巘澄江如練絕無纖凝非卽文之清虛而瑩潔者乎梵磬雨聲漁歌江韻沙鷗與皐鶴爭鳴簫鼓共松濤競響非卽文之縱金戛玉鏗然鏘然而餘音者乎乃若空嵌谺谽嶙峋硉矹迴狂瀾於旣倒障百川而東之則文之挺幹標貞其屹立有如此矣又若壓喧鯨舞雷响電激川岳倏然色改盲賁愣而瑰瑮豈非文家之神奇變幻驚風雨而泣鬼神

者哉況憑欄拄頰望大別之蘭若撫興霸之雄圖思禹功之平成拜壯侯之義烈捐柴桑之故里問白甫之遺踪弔古長吟但可收爲毫端揮灑之用諸生際此佳景賦雄風歌白雪揚葩振藻能無解箋於境物之中而探珠於文字之外者乎江山助人艮非虛語異日驤首龍津翱翔皇路沛然若羣流之赴海而歸然若一柱之支天長發其祥則地之靈以人傑重斯閣且載以不朽豈獨與黃鶴岳陽諸名勝徒聳澤國之觀已哉閣高三丈許地直六丈餘橫半之甃以累石繚以周垣翼以長廊

繪以丹青閣下三楹中爲游燕兩隅一爲僧舍一爲庖湢所是役也經始於孟夏落成於仲秋約費金錢四百餘緡捐助者有判王劉憲伯劉少叅及郡守佐紳衿商庶若而人其餘金置田若干畝以供祭祀香火僧餼并賑貧生之費另悉別紀董是役者州守倫應祥州幕吳繼宗河泊張桂省祭盧楷諸生孔庭訓盧如鼎劉得鉦書是爲記

重修城隍廟碑記　馮天馭

歲二月辛卯吳郡竹里馬侯承學修蘄州城隍神廟成節判文君烱率僚士耆庶過寢祠別業謁予爲記予寡於文承命惟谷然詛不得謝乃諗於衆曰侯自尚書司馬郎來貳蘄務甫四越月姦彊帖柔隱詘發舒政稱孔肅民翕嚮治予方慶惟邦士之依冀專於理爰速丕乂顧遑若役爾耶且廟久而圮圮而復緝常也常則不書而惟文之需之亟也然哉僉曰侯適視篆有盜公所吏牘者詰無自侯爲禱於神且再矢新頹宇用答靈貺嗣果夢授之獲盜者某抵法收散牘還於官凡聽决率類是是固侯精誠之極之感而神之翊相於茲爲烈焉願

紀一言以賁鑱石予惟國家受命奄有方夏咸秩祀事郡邑城郭溝池山川阻固有神主之而統其祭者謂之城隍神與天子之命吏寄同恤庇已也揄方明而災福之其理蓋相消長盛衰焉爾吏而司平集和於治則民不干紀壞鮮祟孽神第享成式歆禋祀不者如疾疢薦興旱溢時作神之不吊有餘讁焉吏罔攸職矣然神道顯人道晦又有識者所憂吏固不得一聽於神而末鑒以省也昔有唐乾元二年秋七月不雨縉雲令李陽冰躬祈於神約五日罔應有峻議焉及期果雨乃爲遷廟

報之使令而非陽氷也祈且不克剋期以約以峻乎顯幽相需影响若揵侯與陽氷均必有得此于神者然神吾心也其氣吾氣也中和之致位育因之圖度者儁貪功者僣皆非所以語於斯也本體皜皜精明密察靈源不牿物無遺照是固吾人之所以自修而存神其道二乎哉予與侯乙未同薦於朝稔侯夙學遠業萬不僅是漫述事略并兢定之慮則絕歛計庸戒亟又侯灼今芳後之餘也廟修退殿一坊一門肇建齋寢一時日出納與諸從役名氏具刻碑陰云

建復四節祠記

翁學淵 栝蒼人

蘄州舊無四節祠宏治五年壬子知州楊淮始建時刑部侍郎浮梁戴公珊奉使來蘄修廣廟學考宋守李誠之王彥明通判秦鉅後先拒金元兵力不支死之王玠有事蘄黃鎮撫司會孔彥舟謀逆以罵遇害四侯忠節學政有關故於學東隙地構祠三間另門道出入用以妥神額曰四節祠後十七年知州陳壽移置泮宮坊隨令廢撤王入敬一箴亭後春秋舉祭如儀此四節祠之顛末大畧也按宋史李誠之傳公婺州東陽人知蘄州宋寧宗嘉定十四年辛巳金人犯境極力捍禦城破子士允鏖戰死引劍將自刎呼其孥曰城已破汝等宜速死毋辱妻及婦孫皆赴水死事聞贈朝散大夫秘閣修撰封正節侯廟祀於蘄賜額褒忠仍贈其子通直郎妻令人婦孫皆安人秦鉅江寧人通判蘄州與誠之協力捍禦不支乃赴一室自焚有老卒冒火挽出叱曰我為國死汝輩可自求生掣衣赴火而死子浚與澤皆從父死鉅贈五官秘閣修撰封義烈侯浚澤贈通直郎淳祐十二年仍封鉅義烈顯節侯合祀李誠之廟若同時死

節之士防禦判官趙汝標蘄春縣主簿甯時鳳州學教授阮希甫都大監鎮嚴剛中錄事叅軍杜鄂蘄春縣令林棨統領孫中江士旺皆蒙褒贈有可考者志載王彥明守蘄州元兵壓境力戰糧乏忠義不屈挈其妻乘大艦於城西龍眼磯鑿艦沉水而死州人以為烈士立廟於磯之北岸祀之景泰間知州金銑展地重建王玠蘄黃鎮撫司聘幹辦公事會孔彥舟謀叛玠閉陳百端不聽入罵曰逆賊萬段彥舟并玠家屬沉之龍眼磯而死此四侯之忠節行實也夫誠之與鉅之死同事同時褒

忠之廟同祀已久定矣二王之死雖時不同而地同事同烈士之祠同祀亦無愧焉客歲予以事過龍磯見塑像露坐江干詢之曰此烈士祠也心愀然不樂適致政郡守賓雲王公以語居民僉議建復尙艱於財力予卽毅然成之於以慰邦人專祀之思若襃忠廟廢合爲四節祠固宜昭揭於人與日月爭光使百世之下咸知感慕興起庶幾天理民彝之心可以不泯廼今重以廢弛而附諸學宮之後地不容旋官僚諸生時祀展拜無所庶民子弟至有罔知其典故者褻神簡禮甚矣不亦大

可憾耶予生忝與李誠之公同鄉每誦眞西山爲公傳記輒歔欷不已州人少叅顧公日岩憲巡東浙爰念桑梓祓公餘澤旣訪其家親眞之復刻襃忠集徧遺鄉人且諄諄語及欲予復建茲祠乃檄知州崔君一濂亦忻然從之遂命州判官徐光衛指揮王天相董其事其費則取諸鍰贖與民之好義者相率構之度地得學東故址延袤約三十丈有奇繚以周垣樹以門扁中祠三間置木主四座而以同時死節者配食於左右後寢室二間塑公與妻孥同死難者肖像使侑食一堂儼如其生

或者忠義之䰟炳炳有靈未必其不敍家人嘻嘻之樂也噫物之在天壤間久則必敝惟忠義之在人心終古不磨方公之初守蘄也完城備械選兵足食敵氛方熾凡以保障斯民者靡不汲汲圖之以爲死守之計卒至援兵旣絕智力俱困躬自蹈之獨其忠義矢心形諸言曰吾以書生再任邊壘行年七十抑又何求所欠一死慷慨殺身其視巡遠眞卿武穆數君子相伯仲焉推李侯可以知三侯之心矣三四百年來凡蘄人士緬懷四侯往事未有不潸焉出涕瞻侯遺像亦莫不肅然起敬

非由衷情之所發有如是耶信乎忠義之有關於世教大矣抑予重有感焉四節有祠創而始之者前壬子也病於隘陋修而復之者今壬子也六十年而興廢之迹若合符節豈非默然之數耶祠成咸謂不可無記而以屬草於予第愧荒陋不文勉强執筆識其歲月終始得以附諸戴公廟記之末竊有光焉異時采入載志當有博雅君子其藻潤之是爲記

重修二王烈士廟記　王儼州人

忠義之在人心古今一而已人同此心則同此理同此

理則同此忠義也惟其同雖於世之有盛衰時之有成敗而吾身之生死殆有所不暇計者亦惟成就其一是已爾嗚呼孰有如二王烈士之舍生就死以全此忠義者乎考之實錄云王玠吳郡長洲人南宋爲蘄黃鎮撫使王彥明未詳何許人宋季爲蘄春守當王玠逢總管孔彥舟有異志謀叛問計於玠開陳百端不聽入罵曰逆賊萬段誠欲反幸先殺我彥舟遂囚之併家屬沉於龍眼磯下乃宋高宗紹興二年也王彥明守蘄春惠德在民當元兵壓境力戰日久糧乏不屈民不忍叛未幾

城陷遂挈妻子乘大艦於城西中流慷慨鑿舟沉之乃宋理宗景定三年也夫二公仕於蘄時雖不同其生而姓偶同死而地偶同況亦忠義之在於心自有不能不同者乎蓋嘗觀高宗既南渡而天下盛衰之勢可知元主取江南而彼此成敗之迹已著世變輪雲渙萃不常大端已不可收拾而況蕞爾一州一郡乎使二公中無所主而從盛以趨成亦隨時以就功名而可圖者乃能奮不顧身不畏死而罵賊宼舍生以自靖其忠義之氣上薄雲霄下臨江漢此心有如此水而龍磯爲藏璧乾坤主蓋棺其得死所之地也信哉二公相隔踰百年而各相安於忠義者乎先是褒忠弔古者哀其志而立廟於龍磯之涯屢經兵燹隨修隨廢維茲辛亥秋楚兵憲丹山翁公臨江按迹慨發金貲亟圖修復而蘄守崔君遂鳩工掄材暨僚宷儒紳集議相視越三月而創成之於是二公生像凜然上無風震雨淩之患下俯洪濤激浪之區但見其瀕騰灝漭間旋若昔年之憤聲怒氣未終息也何其壯哉何其壯哉廟成不可無紀寻林下閒官也承丹山公命據楚通志古蘄黃志及二公傳記而

旁搜無疑若蘄續志誤以王彥明爲土著因仕晉不受劉詔而遽沉於水則不審軒輊而死傷於勇矣其何以信後哉雖然二公忠義言之芬齒頰書之輝簡篇地下有靈亦自得其心事之真而俎豆於斯廟宜矣又奚所容予喙耶是故可不辯

按紹興初蘄黃鎮撫使孔彥舟聘玠入幕幹辦公事旋被害記以玠爲蘄黃鎮撫使誤矣又以王彥明爲蘄州守景定三年元兵犯境力戰糧盡不屈挈妻子自沉江中亦誤矣彥明蘄春縣令非守也 節錄白茅堂集

按景定三年元兵犯境之說緣張習亨傳誤以蘄縣爲蘄州耳蘄州自移治以來元兵未嘗厯境考之宋史理宗紀及元史世祖紀對勘自明彥明之祀存疑可也 陳氏志存稿

吳公生祠記

李維楨 京山人

新安方伯吳公以憲使部武漢黃三郡治蘄樹風聲著話言引表儀制事典正法罪辟刑獄教防利委常秩期年吏恪於位兵輯於伍農狎於野商旅出於途時無逆數物害無生尤以建國長民教學爲先羣所部博士弟子員而董振擇之游有鄉處有所使惇惠者敎之使文

敏者道之使果敢者諗之使鎮靜者修之體貌以左右之明法以宣翼之恭敬以監臨之勤勉以勸之德音以揚之爲新學宮使羣萃而州處其心安焉不見異物而遷又爲置田廩於籍東南鍾而藏之而匪頒之貧士無失職者又以山土之聚藪物之歸川氣之導澤水之鍾也當江下流中壘石爲山建文昌閣其上聚不弛崩而物有所歸氣不沉滯亦不散越於形法家言最勝州人士爭自濯磨求無愧爲公弟子春秋獻賢能書升司徒曰選士升司馬曰進士辨論官材布在中外倍於疇曩州以文獻大國名國人與四方縉紳學士歸功於公而公已晉秩行其門人歲時伏臘有事於文昌閣者相與歎曰吾黨小子仰公若黍苗之仰陰雨公實芘蔭膏澤之使成嘉穀薦在宗廟夫文昌血食於茲非公何有吾黨擇柔嘉選馨香奉儀象陳鼎俎靜巾幕考鐘鼓駿奔走於文昌而會不以簞食壺漿如鄉者迎送公惡乎可庚桑楚匹夫耳居畏壘大穰畏壘之民尸而祝之祀而稷之不腆蘄稱方州公之爲德也深矣植本也固矣生而尸祝公不亦可乎夫公盛德大業學校則祀瞽宗廟

廟則從大享他日誠未可量然而俟河之清人壽幾何及今日而祠公觴酒豆肉庶幾公不吐夫亦感恩知已至情不容已也諸與余善者走使質余於禮可否余報之曰禮非由天降非由地出人情而已諸生情之所至禮亦至焉是爲禮以義起夫誰曰不然余按舊史生祠自漢欒布石慶于公鄭重張奐任延以來代不乏人人無異議秉彝好德民所歌舞天必從之禮從宜因時牲牢當之爲貴復何所疑諸生曰宗伯典禮諸古而不謬

紀言以敘之述意以導之明耀以照之其在斯乎祠成録其說勒諸麗牲之石

崇賢祠記　邵寶 無錫人

蘄州儒學有祠祀其故學正莆田敬齋林先生先生去蘄州若干年矣其生也故祠之其殁也春秋饗焉至於今不衰仕蘄之君子謂是舉也義不可弗繼乃葺其祠之敝益加崇奉而使來請記其事也寶作而歎曰於戲盛矣此古之遺教也夫古之教者蓋斆之以學率之以行格之以規演之以恩裁之以義而分不與焉非惡夫分也徒分不足以爲教教之本立矣則是分也乃吾教之所以行也而益以遠故有林先生之教則有蘄諸生之思觀其所思而教於是乎可知矣非古之遺而今乃有是哉今學校之師例出銓注其於子弟蓋分相與也始先生至蘄諸生事之亦以分而已矣久而資其學焉懷其恩焉畏其義焉曰先生吾師也是雖不吾莅固將輕千里而從況以朝命而來哉於是凡蘄諸生無長幼後先翕然以歸論者謂蘇湖之風復見於蘄而先生擢揚州教授去矣此祠之所以作也寶不及見先生見其

孫中丞公出故太常少卿贈禮部侍郎公文所爲先生墓碑謂先生始爲諸生學成未出提學高公强而後舉及會試得乙榜例授學職或勸之辭不聽卒以教顯其校文格以義理無少遷就時稱得人至以養歸自揚尙未老也郡守岳公蒙泉客之訪之則答餽之財辭之蓋其少也敏而重其壯也順而莊其老也靜而廉迹其學行有古之遺焉以是爲蘄之師其規也非抗其恩也非狥其義也非激吾所謂古之遺教固在是矣蘄之諸生曰先生吾師豈過也夫鄉先生殁則祭於社古之道也今蘄之爲祠實取諸此而義起焉者視尋常名宦之舉相去遠矣且學校達天下而祠其師如蘄者乃不多見蘄之師在先生後先無慮百人而惟先生是祠蓋功深思遠自有不能已者而豈徒分所能致哉記禮者爲學莫先於嚴師而極其効至於民之敬學其於師去而祠殁而饗其爲嚴至矣推是心焉爲子必嚴其父爲臣必嚴其君固興起於斯豈直知學之敬而已哉然則是舉也其亦古之遺也先生諱宗字存敬敬齋所自號其出唐九牧若干傳而至先生中丞公文章德行望在海内

蓋古遺才君子推其所自亦必歸諸先生云

新建廣儲倉記

馮天馭 午山 州人

蘄舊有藩封戎衛官僚胥卒歲額俸餉取諸近邑而僉總於州登儲紓給亦舊有倉所法俾諸合食於公者月具券以請受便稽覈無黠怙寡弱胥均焉蓋肇造惟昔多歷年所迄於今日就傾圮而奸囮弊匯法意寖失可慨也愚往家食嘗習聞之每會計自上州時走牒於邑輸不若期率稱遺負卑官貧卒間困自贍始舉而鬻諸里之諸豪取值濟乏其所獲固不逮按給之三之一矣

積習薦久僞冒益叢豪者乘以基富乃謀牒郎邑賂吏計將專之緩所部赴以需而官卒之鬻嗟嗟未愬於上未請於州未速於邑而復靡所恃以生活欲不盡鬻得乎鬻且盡豪者故善通謁狀態種種而坐守鍵閉倉人之職虛矣又其甚以嘗覈給之劵更市以歸遲之歲時漫詐乞補有識者閔之而末由以易也歲壬寅五月巡察沱村史公褒善肅憲貞度以風紀屬檄郡推近川查侯秉彝臨視州邑搜滌垢弊迫於蘄首及倉務纖悉無遺見焉獲犯者百餘人各寘之法收贖金三十餘斤以付公帑一時政禁孔嚴人矢弗貳侯曰清額而時給之弊源剗矣吾其新若廩舍以廣儲峙遂聞於兩臺諸司可之而巡撫石涇陸公杰先是拒請議貲並亟嘉乎曰沿襲殆深釐正非易允惟子之賢之須侯既底定舊址移屬州守張君洗同知李君智判官文君炯董其事胥飭奮庸冀荅委遇以所藏贖金鳩工購木建倉凡四每倉凡五楹左右對峙藩衛州司各扁識以辨中設廳宇是涖出納其前爲憲史行臺堂一室一旁房二門二蓋舊臺僻在城隅之下區數議遷未果今並創之週遭百

四十五丈限以高垣井井煥煥惟十月戊子興事十二月乙酉工告成民多未知若役者聚而來觀皆相顧嘖嘖謂是奚從有邪奚不藉吾力也侯再戾蘄過予問記曰此惟兩臺諸司威德之致吾懼莫贊其美於今而或泯其績於後也將礱石以傳馭曰唯唯愚無以遠喻也侯其觀於廩之未穴棟之未蠹乎而何有於敝也久也隙焉蟲鼠乘之矣乘之則廩棟且敗補塞罅漏勞鮮於益固不若易之而絕其穴蠹之所由生斯善治已不然安能使不旰夕謀食而大壞因之故泥常守迹未有不

爲蟲鼠樂趨之地也今茲之舉察弊惟悉而變以救之急務之智也將命隹慎而勇以成之敷德之忠也取足於贖以存戒而民用無擾操術之仁也俾遡于憲以廣威而人用有儆秉法之正也維官若卒歲得藉以均食永永有餘惠也維豪若吏時得賴以遠咎永永有餘畏也一事而數善備焉是可以無紀也哉愚何謝於不文不執楮墨之役

重修石鼓寺記　荆藩維庭（名慈煙）

梵宫古刹稱名境者多借靈江山形勝而其完缺修舉

實資人力成之蘄郡濱江麟巒鳳嶼環峙東西城北則石踞中流名曰龍磯透折城南石又粼粼蹲出名曰浮玉磯泊岸數武厥有遺址曰石鼓寺志稱建自宋咸寍間至所名石鼓殊未悉何解俗傳寺有石形如岐陽石鼓宣王獵碣之類說亦杳無所據考諸紀載雖白鶴鼓槌零陵鳴石河鼓星搖蜀桐扣響種種奇蹟多有之亦何取義而名厥寺嘗搜覽名山凡創闢精舍恒視一方風景所聚昔惠藏道通二禪師緝茅紫玉竺道生豎石爲徒禪乘宗風聞性空寂無聲有聲棒喝癡聾以臆釋之或亦靜峙亢巖神鉦遠覺將寓有微指非僅如里俗傳云者予藩先世自建昌遷國於蘄覽茲形勝爰議修舉乃不靳重貲命承奉阮古督其役鼎新殿廡莊嚴佛像一切鐘磬鑪瓶之屬咸爲鑄造寺側園圃給僧蔬供以司香火爾時紺宇巍然頗多幽致委稱境內名剎數百年來江山臻勝浮玉磯壘成高閣遊覽名勝者駢集江濱而茲寺日漸頹朽郡中賢士大夫慨然有修葺之議予遂嘉與維新捐貲助役共襄盛舉殿循舊宇規制稍更繚以周垣可禦風雨而後殿居奉接引大士則向

來有僧載赴海上阻畱茲地者機緣相湊良自不偶昔之缺而未完者今固犂然備之矣憑眺江山來憩斯宇叩寂聞聲寶花香散將無枹舉響應種性菩提鼓甲而出者乎殿宇落成命鐫諸石俾後之覽茲剎者與江山形勝共垂不朽云

顧氏祠堂記　王世貞（弇洲　太倉人）

昔者三川之民被髮而祭於野夫子蓋夷之云先王之世亡論貴賤人人得緣等盡其孝而秦好尊大制黔首毋特祠卽卿大夫過抑殺嫌其比於上冡不復廟矣而

熟於禁者以爲固然而忘其自甚或執政大臣坐祠寢見糾有司至勞人主斥縣官費爲廟者噫何其陋也楚俗號稱樸嗇其民涅於外鬼而畧於祖先蘄顧公業諸生時則已中非之歎曰蘄之中大夫之宫鱗然其後者山節而藻梲所以自居亦足矣卽藉先人遺饒什一之息亡所施施之叢林之社而奈何蘄一椽先人也此何以敎民孝且合族哉於是謀置祠祠其高大父以下而屬爲諸生力未遂久之公二子㧞祭問比部闕先後成進士各以祿之餘至公乃合耕之餘庀材鳩工爲屋若

干楹卜宅之陰厥梲維岡堰陂爲塘劃燥臨濕檜栢蒼蔚深靚洞幽神所憑依春秋牲牢相協厥資益置腴脂凡數十租族之貧者遴使奉祠取其秩以醴茁彼芉豕左右飧粥以給事育祠既告成乃合昆季乃率子姓卜日之吉奉高大父以下入祠左右昭穆咸秩於禮肅若盻蠁儼若有體雍容禖將始卒不愆尸警位嚴靈風肅然既畢事公乃餕神之賜揚觶而戒曰嗚呼凡我後人毋墜忘先德歲以其日必躬必慇子思日孜孜祗節勵心毋辱其遺叙穆如也又翼如也以聽君子曰楚自是愧祭寢矣不忘其親孝也合族而以惠遺貧仁也詩曰孝子不匱永錫爾類楚之大夫家有廟也顧公風之矣其二合子宜哉

四見亭記　　劉廷聞安城人

蘄陽郡治負麒麟山自山之麓壘石十級委折以升至於山之巔有亭曰四見今郡守雲中李榮祖所重建也亭之高仰瞰城郭屢居鱗次若在淵谷岷山嶓嵱之流洞庭雲夢之滙合集奔于滔滔洶洶千數百里而來縈帶洲渚橫流於亭之前而後紆徐以東去吳蜀荆揚之

山高者插霄漢遠者隱烟霧昂者龍驤伏者虎踞莫不出奇獻秀畢赴乎軒楯之側至於林廬之隱見溝塍之分畫原隰之衰衍衢里之衡從凭几而觀近在目睫於是一郡之勝概畢萃於斯亭矣按圖志郡有舊址在廣教山一名白雲山去州西北五十里蘄水界其陰水北白雲山有四見亭則故范忠宣公純仁所名也宋治平中忠宣以御史言事出守是邦暇日升白雲高處徬徨顧瞻而樂之山僧爲之作亭忠宣喜而名之屬士林敏功爲之記其後郡治薦罹兵燹轉徙不常再易所而至於今

治凡城之廨宇里閭臺榭之觀釋老氏之居悉遷於治而不易其故名故麒麟山之亭非復白雲山之北而四見有扁猶仍其舊焉然其爲室卑陋弗稱歲久且圮李侯承天子命來爲郡牧思所以稱朝廷遴選任賢之意廉以持身仁以率人恤民隱袪吏蠹期年之間弊無不除廢無不舉令行禁止闔郡大治迺乘其餘力撤故亭而新之重簷穹楹焱舉霞映雄峙盛麗倍蓰於前而未嘗有一毫賦於民父老聚觀而美之曰偉哉斯亭前所未有也仁哉太守其使吾民安於田里以同其樂也於

時僕自江右校藝還泝李侯邀余舟宿江之滸設觴豆於亭上曰亭成子適至宜文以記之辭不獲則敘其因革始末之故以示來者舉酒而復於侯曰吾聞樂民之樂者民亦樂其樂侯之爲政其庶幾古人乎侯爵觴而謝曰吾不足以知之然吾聞之百年之先長淮大江南北烟塵桴鼓之警交乎遠邇蘄於斯時號爲邊郡其人狼顧倉皇莫之攸底方是時士君子之遊於斯欲頃刻遊觀若今日暇豫其可得乎吾今升高以望四境桑麻連陰禾稷蔽野黃童白叟熙熙然遊於雞豚之社商馳

官舸東西上下於江波烟靄之中者朝暮而不休太平之盛世久矣吾黨之於斯也得以燕居祿食幸其風淳俗簡時和歲豐而與斯民相安於無事委蛇自公時從僚寀賓友嘯咏斯亭無瘝官之譏有登眺之暇聖天子之深仁厚德所以光被寰區涵照庶類蓋無一民一物之不得其所又不特一郡之幸一時之美而已余曰盛哉侯之言其將致吾君于唐虞之治而與天下同其樂歟遂書其言以爲記

江山清趣亭　　戴珊 浮梁人

宏治五年壬子五月戊寅珊偕司禮監太監劍潭蕭公錦衣衛指揮同知鄒平孫公奉使黃之蘄州命下甫七日即就道衝冒暑雨跋涉山川如是者月餘比會鎮守太監劉公巡撫右副都御史謝公巡按監察御史汪君暨都指揮同知高君布政使王君按察司僉事富君往理乃事月又二日事始竣以聞孫公北產也南壤伏暑殊不堪假館鳳凰山之四祖寺殿堂門廡簷礎聯屬又無從而風之爰率官奴剗峻坂小徑蜿曲魚貫而上之得隙地孔艮凹凸者平之欹斜者正之蕪冗者芟之構

亭一間雕飾不施門戶不設後抱平岡而左右翼猶就刹前駕殿廡城堞而出之無所障蔽長江大湖一碧千頃遠近山岫起如劍截伏如波濤柳陰荷香鳶飛魚躍相率爭獻奇秀天風時來肌髮颯爽恍若身世之在廣寒九成也蕭公爲書江山清趣扁之作詩若干首孫公方適趣於桯笏凭欄之頃而有感於候鴈南歸之音江漢朝宗之勢憣然思以憂曰瓚職在侍衛出入禁闥天顏不違咫尺外處及今夏向秋矣而我聖躬天祐歟帝德日新歟文教興行而武衛不弛歟求賢從諫若渴若

流歟一切無復瓚所與聞者能超然不介之懷徒戀清趣於一山一水之曲邪常舉以語瑚竊惟人所以参三才而靈萬物謹諸天人之際而已故月令有曰仲夏可以居高明遠眺望升山陵處臺榭范文正公曰處江湖之遠則憂其君孫公出積善餘慶之裔好讀書明理道通古今謂父兄門第不足恃膏粱紈綺不可溺不避艱險左右大將軍克捷貴陽之不庭者以奇勳授顯秩屢御使命之汴之陜之南京綽著聲績今茲一憂樂張弛間而順天時修人道符合古先聖賢之語良可書也雖然地因人而勝人以賢而名韓昌黎之詠豁堂蘇東坡之賦赤壁歐六一之記醉翁亭後之人誦其詩文猶想其盛美蕭公名重海內而詞翰得之者不啻若隋珠荆玉然重孫公之賢大書長扁無所吝而謝公輩紀之皆傑作千古江山一時光重亭之名未必不與豁堂赤壁醉翁同其傳也而瑚得以託名於諸公之次其亦榮且幸歟知府前監察御史劉君肅偕知州楊淮請爲記遂書以歸之

會龍池記　陳吾愷 明華州人

選三角山之勝曰伏虎巖會龍池巖桓祖修證處至今存池不知所在余家世茲土王父孟角寬於品評亦未之及偶隨形家步自老龍折而南指得一區其中有池可畝許水之清冽與洞泉無以別池上龍宮遺址歲旱就禱輒應環而列之左東龍右西龍開合俯仰與衍深宏奇哉果雄視伏虎者也稽諸县概詰諸傳聞駿諸靈異古會龍池意在斯乎歷朝以來夷爲民居至明爲李姓所有幾二百六十年餘今始得售於余急爲標識地之顯晦固自有時若夫長潤渟而大豐美其所願於會

龍者倏矣

序八首

蘄州舊志序　　翁學淵 丹山

郡邑有志非制也其昉於作史之遺乎周禮分六官以掌九州山澤人物財賦風俗之故冡宰統領其事亦總爲史官之職下至列國亦各有史以記言書事若職方氏所典之圖志卽今州郡所載之實錄以俟史氏之採擇二者事實相因而權則稍異故曰志者備史之遺史者稽志之成也然史以通紀天下之故每稱汗牛充棟

輒厭其繁志以專紀一方之書脫或因陋就簡人得以訾其失矣故作史宜畧修志宜詳而公是非核事實愼去取嚴筆削俾之信今傳後以昭勸懲以示法戒以維人心以助風教其致一也第古今作者志向異趨紬繹殊製蓋有鉤元索隱語涉荒唐其失也誕高談濶論好爲侈大其失也夸膠於故常捕風捉影其失也泥溺於凡陋庸猥瑣細其失也鄙語誕則弗經語夸則弗實語泥則弗達語鄙則弗雅夫經以植常實以敦本達以通變雅以崇正病是四者而古昔渾渾灝灝噩噩之風衰

矣緬維楚服蘄古名郡漢以前莫之可稽唐宋以還名賢忠烈樹勳揚休煇映簡册入聖朝文蒸武滃海內從乂又幸密邇龍飛郢都沐化殊勝荆藩宗室綏惠尤切士習民風之厚胥飭胥守確然未之有改人文宣朗視昔加隆邇然倘已愚不佞謬以憲臣握兵玆土風紀攸司昕夕惴惴焉以瘝曠厥職是懼而於崇學校育人材重彝倫端風化抑强扶弱釐奸剔弊修廢舉墜竊有志焉而力未之逮也間取州志一繙閱之迺嘉靖己丑州人甘君眞菴纂輯其用心誠亦勤矣第出於一人之手

聞見失眞蒐獵未廣不免有掛漏魚豕之患予未愜焉翙可垂之永久乎重越二紀缺畧殆甚板刻家藏邇遭煨燼宰物者若啟以重修之機而黙畀予有主張之責焉也鄉士夫揣知其意亟請事於予惟天下之事行之匪艱而主之惟艱謀之於衆宜决之於獨築室潰成盈庭孰咎匪主則渙然靡統匪决則悠然罔斷雖有智才弗能就緒爰乃毅然任之檄州守崔君次泉經理惟謹諏日闢館禮延鄉先生賓雲王公湘東郝公總裁纂輯會闈儁士顧君桂巖以在告未與鄉貢士陳君龍坪高

君綰厓楊君蘄南郡庠生田子于藍鍾子沂同任校編據通志楚紀合黄志蘄志凡有關該載羣書採錄無遺揮汗竟日不謝勞匱于公事多暇適館授餐躬親校閱諸公筆削去取罔狥私情視舊志之缺者補之訛者正之繁者删之簡者增之疵且穢者剗去之於是文獻足徵義例允協頗爲一州之完書矣甫閱月而脫藳雖曰廣衆思集衆益工不愆於素亦幸甘子先有載錄而折衷隱括有所憑藉也否則今志視昔事詳而核文增而粹顧其功成之易且速有如此哉是志也分門別類釐

爲十有二卷一曰沿革則禪代職官之故詳矣二曰選舉則古今人材之類辯矣三曰疆域則山川風俗之大可攷也四曰建置則公署坊郭之類可推也五曰版籍則戶口財賦防衛之纖悉具矣六曰藩封則宗室官僚兵屯之規制存矣七曰名宦則吏茲土者賢否別也八曰人物則士之賢者行義彰也九曰祀典則明禋之誠敬有徵也十曰藝文首之以御製尊王之義也次之以十一十二曰詩文名賢之墨蹟不泯也有凡例以揭其槩有目錄以著其詳有圖以布方位之嚴有名氏以刻修志之士凡此數者斟酌損益稽之有衆而一决之於心而所謂誇誕鄙泥之失胥可以少免矣是舉也不踰期以妨公不糜費以病民不私好惡以違衆故凡咸樂成之既乃次其卷帙繕寫成編僉曰鋟梓之以永傳可也遂命鏤工各執若役再閱月而事竣管窺蠡見方深恧惕未卜將來以予爲功也夫以予爲罪也夫

蘄州舊志後序

崔一濂州牧

昔夫子善夏商之制而悼其無傳卒歸之文獻之不足夫文獻何爲也乘載之宗也天地之紀也匪獻弗作匪

作弗述匪述弗志匪志弗傳志之不可已矣然必紀載備而後彰往之跡昭苟以膚狹者失之俚其究不過剽掠公羊模竊左氏而已矣取乎公而後憲今之義備苟以毀譽者失之誣其究不過組織班范妄肆譏評而已矣聞見博而後參訂之見眞苟以疑似者失之謬其究不過摭燕晉滕紛朵譜乘而已矣傳之不遠焉用文之蘄州之有志舊矣越年二十殘缺頗多憲史丹翁懼其久而或湮也移檄於州爰集諸鄉獻以攷成之凡十有二卷曰沿革曰選舉曰疆域曰建置曰版籍曰藩封曰

名宦曰人物曰祀典曰御製曰藝文曰詩類此其大致也蓋以國於天地有與立焉故首之以歷代之沿革才之華國代不乏焉故次之以歷年之選舉應選舉者必有所鍾之地故次之以疆域而分野山川災異風俗物產之殊皆疆域之疊見也宰疆域者必有出治之所故次之以建置而公署坊郭之修城池防衛之固皆建置之所先也司建置者必先民物之數故次之以版籍而戶口之盈虛賦錯之多寡皆版籍之所出也然版籍之出宗室之賦貢與焉故次之以藩封有藩封者必有吏

治故次之以名宦有名宦者必有鄉賢故次之以人物功敘既勅明信可昭故次之以祀典歌樂既成文華斯沛故次之以御製次之以文藝次之以詩類凡此皆鄉士大夫稽其詳而丹翁折其衷也一濂得而讀之再拜稽首颺言曰噫嘻休哉颯颯乎斯典也文不在茲乎勿懼其不傳也已質而不俚公而不誣確而不謬其跡昭其義備其見眞可以志矣其尚有不足徵也夫

本草綱目序

王世貞 弇洲

紀稱望龍光知古劍覘寶氣辨明珠故萍實商羊非天明莫洞厥後博物稱華辨字稱康析寶玉稱倚頓亦僅僅晨星耳楚蘄陽李君東壁一日過予弇山園謁予留飲數日予窺其人睟然貌也癯然身也津津然譚議也眞北斗以南一人解其裝無長物有本草綱目數十卷謂予曰時珍荆楚鄙人也幼多羸疾質成鈍椎長耽典籍若啖蔗飴遂漁獵羣書搜羅百氏凡子史經傳聲韻農圃醫卜星相樂府諸家稍有得處輒著數言古有本草一書自炎皇及漢梁唐宋下迨國朝註解羣氏舊矣第其中舛謬差譌遺漏不可枚數乃敢奮編摩之志僭

纂述之權歲歷三十稔書攷八百餘家稿凡三易複者芟之闕者緝之譌者繩之舊本一千五百一十八種今增藥三百七十四種分爲一十六部著成五十二卷雖非集成亦粗大備僭名曰本草綱目願乞一言以託不朽予開卷細玩每藥標正名爲綱附釋名爲目正始也次以集解辯疑正誤詳其土產形狀也次以氣味主治附方著其體用也上自墳典下及傳奇凡有相關靡不備采如入金谷之園種色奪目如登龍君之宮寶藏悉陳如對冰壺玉鑑毛髮可指數也博而不繁詳而有要

綜核究竟直窺淵海茲豈僅以醫書覯哉實性理之精微格物之通典帝王之秘籙臣民之重寶也李君用心加惠何勤哉噫碔玉莫剖朱紫相傾弊也久矣故辯專車之骨必俟魯儒博支磯之石必訪賣卜子方著弇州巵言恚博古如丹鉛巵言後乏人也何幸覯茲集哉茲集也藏之深山石室無當盍鍥之以共天下後世味太元如子雲者

袁抑之疏理成編序　　李騰芳

予嘗怪王介甫不善學管氏而好以其言肆也曰富其家者資之國富其國者資之天下欲富天下則資之天地使爲國者但闔門而與其子市而門之外不入焉雖盡得子之財猶不富也嗟乎古今之言財計者至衆矣苟未能執通施御司命而漫試其身於彊釜以祈收弊人之券卽闔門而與其子市豈易易哉我國家邊計莫大鹽莢而兩淮尤鹽莢之歲劇者其言自宋元以來猥雜無專家而國如耿清惠周文襄及近世龐都御史皆以清理鹽法聞及讀其所條列設施實反覆茫然不得其解是鹽法在二百五十年間匪惟觀成乏人求所謂

抒軸予懷君發穎豎述成言以啟丹册者無有也惟無成跡又無成書故終今以來或仰鉥而鑽拘或懷紘而膠鼓相率茫然視鹽官爲不得其解之官愈益視鹽法爲不得其解之法商賈無以賡其本而威福吏日以豪其奪致使撲地沸天之業無兼辰洊歲之資傷哉兩淮如此景象其奚以問國計之工楷爲予友袁抑之氏貞明强固國家之才力臣也其爲學有經術明於大義尤穿貫百氏原本六經冀一吐其奇於玉衡泰階之上宏輔時政而先以土苴小試於郡邑間令聞令望響若坻隤顧其泰宇空明恥爲俯仰用是二十年來不獲以其材典彝常之盛而分邊面之憂維抑之以介以和胸中寬靜如一日也迨任計曹綜理鹺政於軍需於商困有隱憂焉於是密圖大方悖率常憲條爲十議以上之藎琅乎園府之舊章經國之讜論上遽報可而下其奏於廷抑之始奉特遣之旨以兩淮疏理任予是時甚爲兩淮喜甚爲疏理危之矣管氏以仲父之尊惕大慮而容小白經營三十年僅得有海之國焉劉士安任職久勢軋宰相要官華使半出其門奔走名利使不得有所訾

短而僅乃得上六百萬緡於縣官我朝自成宏以來奉命疏理者率皆地卿使相之重且竊威柄任械數以行乎其間其有成績與否人無得而訕謫之者乃臬憲勢出御使下而又以其身處於謗嫉高張之秋以料理大壞極敝之事甚矣疏理之難爲也即饒爲之慮其或矯枉而過直也居無何側有所聞於兩淮則綱法立矣套搭解矣超掣行矣借庫補未兩期而入太倉者二百二十萬矣給塞下者一百二十萬矣嗟嗟古稱善舉事者國人莫知其解灑乎天下滿而不見其聖哲之作用是

固然耶然不有日不行其野不逆其馬乎是何盡折羣情獨行智匠而且也於旬日之間爲之舉長裁大出死斷亡皆取定於俄頃而神無滯用辨調和之至而莫知其所以然彝汜畫塗宝若是耶雖然吾嘗聞其旨矣其言首明王伯之辨深明法令之本而至云所用之人全是當年作弊之人所用之法全是當年作弊之法舉明王之所謹擇仁人之所務白者一旦用如流水薄乎方而轉乎圓論至此則未嘗不廢卷三嘆息恍然悟夫羿之爲道非射也奚仲之爲巧非斲削也有極深研幾者

存焉又豈一二才力心計之士所得測其津涯而窺其牆仞也乎我朝鹽政凡三四變矣或一瓶之功不足以周邊腹或眉睫之守不可以權久遠而茲已大惠溥於商大利歸於國大功夐絕於今古乃天下之人聞其事者則却而走讀其書者若惟恐臥是何嘗取其法而一一昭晰之何嘗取其書而字字紬繹之未得其法中之一事與其書中之一字而徒竊據流聞莫窺神用以斥錢穀爲國華以病商賈爲卓識無怪乎其於鹽筴邊計終茫然而莫得其解也頃抑之於報功之後彙其所著

部議所立綱法所處置食鹽諸事宜並其疏理始末若干卷合爲一編垂之永久法爲成法書爲成書上有果有成績之王音下有核實有成之疏覆其篇中指掌利害量計本委蓄盛藻發昌言蓋富强之軌事於是爲備矣抑予嘗觀莊生之書於疏理者竊有悟焉從古英雄救世用其識會以入麤入細有餘也而必有可爲之術有可爲之時以無厚入有間而後恢恢乎其有餘地鹽法一壞於正德浮課再壞於嘉靖邇者丙丁之際套至一百八單物極則返是鹽法之一間也是時朝士爭談

鹽法乃所見無非鹽法者而抑之以超掣挑大卻以疏積導大窾提十綱之肯綮而因赤簿之固然拂鐘無聲應機立斷既不若墨官之割折又不犯奸囮之大軱多寻多取轉輸絡繹而抑之若新發於硎當楚鹽有加價之譏食鹽有病綱之怨其怵然為戒者備嘗之矣迨物論氷消輿情理解在朝在野翕然誦休而其提刀而立躊躇而滿志者是蓋輪扁所不得言非無厚而能若是乎而使抑之以哫嘔繩墨疏也以拷掠析楊疏也以利於邊滯於腹利於腹滯於地方利於今日滯於持久疏

也而又或鼎食規行糜大官之歲月秋荼夏日遺乎曰之煩宽可謂無厚乎噫為善無近名安知後之人不有讀是書而諱為異論者善刀而藏此抑之所為摧撞而息機也特謂聖明在上國家多難大音之解嶽何獨鹽筴一事而使疏理者徒抱是書以終天下事日非矣寻忍言哉

疏理成編序

胡文學

論鹽筴之書於兩淮昔人必首推劉晏矣謂其知所取知所寻也寻獨惜劉晏用强力之才任專且久績既驗矣而未及舉其所以取所以與者與所以卽取為與卽與為取者勒著一編俾後世言鹽筴者考得失辨久暫通彼此當不至弊與利勝常十得九焉自明以來抑又甚矣大抵利之所在卽弊之所倚競𦁥失調舊法漸從邊商與內商交病新引與積引互窮於是鹽筴之利不歸國不歸民而盡歸於奸駔之橐奸駔既擅其利則視賄賂也易吏胥又匿其弊而陰持之以為市甚或窺伺主者之喜怒與為用焉主者又傳舍其官曰吾歲月易需耳姑聽之否則矜任智械曰吾目前足恃耳姑行之

且也津要竿牘鹽等束脯然交遊車馬鹽等芻秣然析楊鞭撻又鹽等丹汞然安得不呼吸相應為地中痿痺患哉若爾則雖使劉晏當日舉其成績勒著為一編亦不能盡後世之人而淆滌之啟牖之禁格之使必出於此一編而後可雖然亦存乎人耳寻承乏兩淮於鹽政極儆之日業業兢兢恐無以報塞上命因取鹽法諸書反覆求其要領得袁抑之先生疏理成編所載除套搭以復舊制定十綱以行超掣置册禁囮平價絕私諸事確可行之實蹟而非託空言因念劉晏當日位十於袁

權百於袁紓歲月十五於袁使亦如袁舉成績勤著一編其詞旨揮霍應亦什伯於袁與然而惠商裕國之心則袁未嘗視劉減也予更朝夕旅進衆商於庭博采旁證遂洗心滌慮奉成編以周旋不數月而商樂輸課不後予庶得藉手告無罪則成編之爲利又驗也特予於其條議之餘閱雜說問答諸說並往反尺牘憂讒畏譏心更苦矣而猶幸外有龍侍御相爲臂使內有李司農商黃門相爲桴鼓遂能使此編有成不徒託之空言耳予忝厠侍從凡鹽筴利弊得自陳請似乎較先生易然

意有欲爲事或中怵力所可及倒或上持苦心苦口恒不獲半蓋以任事者之難而劉晏之得以就其功名蓋有幸也嗟呼成編具在行之唯人使後之人以成編之心爲心不爲包苴移不爲聲勢奪不爲旦夕計取成編而細察其變庶幾鹽筴泉布永有賴焉不然敗楮陳言於國計奚補哉

大隱山人藁序　李維楨 京山人

樊山王昇甫輯其所著賦頌樂府五七言詩體諸志論表狀序記尺牘凡十有七卷名之曰大隱山人藁而使使者以書祗不佞請爲之序其言曰軒冕塵跡耳操觚之客多推貴鄙人不以學士見稱鄙人中心竊耻之惟足下高明可以此相告不佞讀其書已讀其藁而憮然有感於古今人事之變也古聖賢帝王盛德大功必百世祀由皇帝至舜禹同姓而異國號以章明德其法天子賜姓諸侯命族姓相生而族相屬蓋周千八百國諸侯與公子公孫爲卿大夫世濟其美第以樊論樊出顓頊高陽而苗裔曰鬻熊爲文王師諸子實自此始至繹而封至達而强其子孫以邑以官以字以氏爲氏若鬭

若薳若屈若昭若景若詹若伍若蒍若申若蒞若左史工尹連尹沈尹箴尹芋尹之屬皆聖賢帝王之後其人建邦能命龜田能施命作器能銘使能造命升高能賦師旅能誓山川能說喪紀能誄祭祀能語搖筆泉湧動詠彝紛故道德政事文學言語四科未有出於聖賢帝王之後之爲公卿大夫者錫姓法廢譜牒散亡而聖賢帝王之後與庶人無別士以四科名自號崛起邁種而不知其世系所自來封建法廢而分茅胙土者類使吏代其治食租衣稅豢養而無所事事人視之若芻龍土

模貌尊而心輕之周之宗盟同姓爲長司馬遷表漢興以來諸侯同姓異姓相錯而不以劉氏先表建元以來王子侯而次於高祖功臣及惠景建元以來諸侯也若曰親不敵功也楚趙荆燕齊五世家而次於外戚若曰是猶外戚之恩澤侯也梁王五宗三王世家而次於絳侯若曰是不若絳侯之有條侯也其事與文寂寥不甚稱其手筆所最慷慨頌說賢豪乃在列傳而諸王侯不與焉班固表因史記而夷世家爲傳自是以後寒畯單微儒林文苑輙踞乎傳圭襲組之上而南面稱孤者如

淮南菟苑依倚賓客以就其聲價如陳思表求自試甚者如隔越願不復生帝王家古今人事之變其多寡輕重相返一至此哉昇甫列爵爲王高皇帝之雲孫今天子之叔父而荆王之某孫也於天下不賤矣耻夫以國屬推貴而欲與學士同類而共稱則世祿之末勢極而不返俗漸摩之使然也晉范宣子述其祖保姓受氏世不絶祀以爲不朽而叔孫豹辨之此謂世祿何國蔑有魯臧文仲既沒其言立其是之謂乎言之不可以已也如是昇甫孤覩胸旋自成體勢不共他人生活可方何遜排沙簡金往往見寶可方陸機在有意無意之間可方庾敳其可以立於後而不朽矣不佞將舉龍門蘭臺例特爲三閭大夫作傳而不附於楚世家傳楚元王而所重實在中壘校尉使後人稱明德茂盛維楚有才與古公卿大夫比肩不以世祿借資而以立言取重其無乃自矜奮乎雖然昇甫弁髦王爵而竊比於東方曼倩避世金馬之義此未易言也大隱隱朝市豈惟諸王侯天子亦有之仲尼言堯舜有天下而不與深於隱者也昇甫所爲隱抑有出於是槖之外者乎介之推身既隱

矣焉用文之楊子雲薄雕蟲小技壯夫不爲梁武帝謂曹景宗技能甚多人才英拔何必止在一詩其說各有當不佞不善隱而又不嫺於文無可爲昇甫元晏是序也聊比於他山之石可也

王光齋詩草序

李維楨

荆樊山王自署大隱山人人稱之山人則應稱之王則否閎覽載籍修辭甚富元子孟嘗嗣王仲仲艮叔叔衛兩鎮國于將軍秩最尊皆塵視軒冕志在立言以垂不朽玉光齋詩草者叔衛作也不遠千里使使視余余誦

之貴之猶贈若華獻龍輔然請以玉喻夫玉爲圭爲璧爲冒爲祼爲璋爲琮爲案爲肉爲好爲羨爲射爲邸爲椎爲杼爲大爲中爲邊長短廣狹有法存焉詩之法具在方策而信心者往往離之叔衛詩於法無不合矣玉府所藏典瑞職之以禮天地以肆先王以禮上帝四望以祀日月星辰山川以享天子以勞諸侯以頫聘以起軍旅以治兵守以致稍餘以䘏凶荒有體存焉詩用於朝廟閨門邦國塞鄙燕饗登覽慶賀傷弔因地因時因人因事體裁各異而昧者一之情景恒不相副叔衛詩

於體無不宜矣治玉謂之琢謂之雕他山之石泥沙礛礛礱錯之用所資非一物所習非一日詩學必專攻也亦如是而苟就者曾不研精冗濫苦惡不中覆瓿叔衛詩句雕字琢思深而力勤矣玉之琢有鎮有命有桓有信有躬有穀有蒲璧有蒼琮有黃珪有青琥有白璜有元其薦之也有璪五采有黃金勺青金外朱中其佩之也有組綬必致文焉詩三百篇出市井草野蚩氓婦孺之口而采者修飾潤色之以成文章猥云自然便於聽解俚俗之語令人嘔噦叔衛則緣情綺靡矣惟按法而後體正惟積學而後文著故其詩神明融朗氣象高華若魯璠璵遠而望之煥若近而視之瑟若理勝孚勝也若崑山丹水之膏五色是清若鍾山之玉炊爐炭三日三夜而色澤不變也若魏田文徑尺置之廡下夜照一室也若白頭公之柱杖光輝屬天也若璑之三采若符之雞冠豬肪純漆蒸栗也若瑳之鮮若璪之藻若昌城之蒜長洲之英也名曰玉光信聲中其實者哉余又稽楚故卞和荆玉之璞玉人不識雙足受刖而作怨歌三閭大夫懷瑾握瑜窮不得所示而作離騷叔衛養尊處

優賦詩言志藝林所珍國不以白珩爲寶而寶叔衛詩可方觀射父之訓辭左史倚相之訓典楚父子兄弟間有以先王命圭剡爲鍼秘者埋璧太室之庭遠者跨者附加者壓紐者夷爲冠䩞叔衛誦法先王貽以藍田生玉之令名兄弟相師友塤吹箎和覩辛攀三龍一門金友玉昆過之天所以奉叔衛抑何豐也詩含神霧述孔子之言曰詩者天地之心刻之玉版國家積功累德垂三百年泰和在宇宙間地不愛寶所謂不藏金玉則紫玉見服飾不逾飲食有節則玉英玉甕出者奚必他求

是玉光草也非協氣嘉生圖籙上瑞而何彼謂珠玉非寶談者爲價第目論耳

清溪進酌之什序　陳仁近 孟角州人

進酌者何贈陳氏也曷爲贈曰褒何褒爾褒陳氏之能公善也夫善何爲公之蘄陽之東有溪清瑩徹洌潄滌濁穢鑒照羣物至悉也陳氏屋其涯觀象於溪取準於水亦時有得焉嘗嘆曰吾其酌之誰也歲戊戌有倒輸粟若干者類得爲藩府官陳氏曰吾其假此以進吾善乎於是爲榮府引禮孟角子曰是可與歌而風焉者也

夫儀以威下儀不淑則啟侮侮啟而易心生焉民之攜也誰能維之黃崖之伯有穆叔卜之矣是固相王者之所宜慎也故其首章曰清清者溪以洗汝痍既見君子願言酌之暢厥文德逸豫無期陳氏乃起而賦鳲鳩之一章夫禮以輿政禮不植則階亂亂階而佌心生焉民之去也誰能留之商任之齊衛敬叔卜之矣是固相王者之所宜慎也故其次章曰清清者水濯汝之疵既見君子且以酌醴願言隆之胡不自禮陳氏乃起而賦相鼠之末章夫敬者儀禮之經也不敬則儀不淑禮不植無之焉而可也鍾離之高原士莊子卜之矣是固相王者之所宜慎也故其卒章曰溪水清清有逝斯沄下觀其讓渙言其文既見君子酌之淳淳葛藟纍只庇其本根陳氏乃起而賦抑之七章君子謂斯役也一舉而三善集焉夫儀以爲章善之敷也禮以爲幹善之固也敬以爲基善之聚也敷以文之固以守之聚以畜之相天下者不是多矣而况一國乎於是乎以進酌贈

書 小簡附 四首

上馮少宰書　王世貞

伏惟相公秉鐸三吳豪俊蝟起咸喜自門下而獨世貞以間出無所比數如牛溲馬勃欲一附於藥籠之物而不果然世貞初從選入隸棘寺相公固儼然辱臨之且復以家大人游從之故數惠顏色至接卮酒奉溫言之歡而相公則益日顯重握風紀世貞待罪西曹之屬間繇公事一再見外不敢踽進其履於相公門庭唯數從一二友人如吳給事宗考功得相公一言相與擊節推伏大雅宏度不幸而不得奉几席稱受經諸生幸得爲私淑足矣是一二友人皆少年銳情瑣屑末藝又不善

掩避相攻讁補而獨世貞既前自疎外無纖末可覬於相公衆口謗詠至視為大澤之麋求以飽嗜者乃聞相公力明其無他而湔祓之得無齒罪籍是世貞後先自棄於相公而相公終始收之也古人云感恩則有之知已則未夫恩之大者及於出萬死揮千金而古人不肯輕加於知己乃相公知世貞矣所以援骨噓枯之恩深矣何以為報也不佞素有膏肓之疾自今而往竊自誓不欲療即一日不罷而以汙民社者不敢毫髮有所負於幽明即罷不死而願以生平之力下上千古著述一

家之言更不諱而遇封疆干矛之變必不委瑣苟免以負門下知人之明如其僕僕亟叩昵昵縷謝為兒女之戀相公將遂弁髦而厭之哉不佞期相公且日坐廟堂進退百官於不肖姓名如素不識人足矣他非所敢望也

答樊山王書　王世貞

今寰宇豐洽文軌大同即朱邸諸賢王不獲辭遠遊冠鷃弁以樹干城之績而獲以清閒之燕寄悰毫翰流譽竹素抑何盛也迺者豫章王子侯大梁灌甫南陽子虛桂林雲仙皆與不佞雅相聞固自琅琅一時然皆爵僅公乘祿等銅墨未有擁南面之尊佩綠盭之華而修三不朽之業如大王者也伏讀訓辭謙光藹然循覽諸什賁文以止令人歆豔嘉服世貞老矣少不如人今精已銷亡矣大王過聽而奬飾之不知其心之與髮俱短也魚鳥之蹤轉入深僻方塞兌杜機收聽反視為嬰兒之不暇安能復作長卿敬禮游白雪之苑坐綠苔之閣乎哉以此負大王大王勿怪也不腆大士經呪一筴是貞所刻者山園記一帙是貞所撰者大王試一寓目焉庶

幾若不肖之獲奉清塵也冬寒為宗社為道珍愛

奉樊山王　吳國倫　明卿　興國

偶爾涉江載塵賓序遂辱觴之名園覩以宏藻幸厚矣一醉以往渺焉川陵欲附南皮之遊而續西園之詠可更易乎歸未數日徐可源攜翰札來細玩諸篇益近風雅王公之好學不倦甘士如飴者求之古人亦不多見至欲品題新社之作而綴言其中則非僕能也敬謝敬謝可源行造次布復

復李夢池巡撫　王錫爵　太倉人

追從館下已識門下文章之美既而舉止連捷覺玉氷金矢餘輝照人自五尺應門之外庭除若無跡竄突若無烟乃知世眞有晏平仲也盛撰領教會史事促成急如星火過此月卽當效韃附呈納謹復

跋 三首

賜蘄春侯御書跋　宋　濂 金華人

洪武三年蘄國武義公子康鐸襲蘄春侯時年十歲欽當入侍青宮大本堂讀書洪武六年六月十三日太祖高皇帝幸大本堂召康鐸於階下慰勉再三御筆親書

八字併康二子三字賜之又賜以金牌鐫蘄國武義公五字置帽上別其幼小便趨朝叅洪武六年夏六月十三日皇帝幸大本堂堂乃儲君講道之所而諸親王肄業於左右當是時勛業之子亦聽執經來侍上旣至召開平忠武王之子鄭國公常茂蘄國武義公之子蘄春侯康鐸列於階下慰勉再三復敕奉御具觚翰親書二帖一賜茂一賜鐸帖皆八字其賜鐸者云謹承祖業發爾勤功鐸稽首再拜而受乃命良工用黃綾玉軸裝潢成卷珍襲以示子孫鐸嘗受經於臣濂來請識之臣伏覩國家之遇勳舊義雖君臣情踰父子上下相孚胳合無間蘄國公値四海羣爭之初多樹奇功不幸蚤逝不得見今隆平之盛宸衷憫悼朝夕弗忘旣勅近臣經紀家事復令其子習學禁中且以承祖業爲勗其恩數至優渥也夫祖業未易承必勤功之人乃克能之聖謨所及正合書中業廣惟勤之意鐸宜拳拳服膺而弗失庶幾上不負君師之訓下可以保前人之功業矣鐸尙勗之哉鐸尙勗之哉帖傍書康二子者以別與茂也二子鐸與其兄鑑鑑今僉廣西護衛指揮使司事云九年秋

月二十二日臣宋濂恭跋

蘄州舊志跋　陳吉言 夏卿州人

蘄志成矣攟摭博矣稽覈精矣澄汰嚴矣此皆我丹山公兼人之知之材之力之底於績者也是故無夷齊之漏無桃棗之譌無闕止之溷粹乎無以議爲也於是睎前志若宦迹若人物增入者什三其他以蕪穢陋劣損於前者亦且什一矣公之言曰匪眞庵吾孰馮吁厚矣哉或亟欲毀故志謂可作燈炷者其相越何如也人之言曰志其堪輿哉三才函矣或曰志其櫝哉萬寳閟矣

陳子曰志其鑑乎哉其用廣矣遠矣夫政有秕艮人有淫善辟則隴㢘孟陬同臺並照則朱紛謝妍媸昭矣夫惟形生辨辨生憤憤生勇勇以遂憤憤以終辨是故太上藝成其次淑身以無秕政無淫人志之用也即鉅重秦系純光范譜邁亦繩武感慨繫之故曰其用遠矣不然宾然悍然尤而效之如我生何此我公於人材之辨尤屢致意焉嘉惠之甚盛心也不此之求第曰仰繫星紀俯及昆蟲草木之么麿細碎而曰志云者抑末矣用告觀者

題荆王贈張太史文後　王世貞

右荆王贈左相素齋先生致仕敘及諸名士大夫之作附焉今百年矣宛然熙朝盛事可見也昔漢東平王蒼好善其驃騎司馬中郎咸之宦於國至老不忍去爲它吏天子兩賢其道加旌賞流膽史册蔚爲美談先生實以方直侍王後相之七十而始歸王之所以賢先生與一時艷羨故不多讓也至於出處大節超洒寡累又非申公枚叟所敢望者先生誠賢哉余故書其後以遺張氏子孫使寶之知其久於疏傳之金也

碑銘五首

明勅賜榮祿大夫同知大都督府事兼太子右率府事贈推忠翊運宣力懷遠功臣光祿大夫湖廣等處行中書省平章政事柱國追封蘄國公謚武義康公神道碑銘有序　宋　濂金華人

皇帝即位之三年混一華裔聲教所被罔間遐邇梯山航海奉贄獻琛上念熊羆之士不貳心之臣東征西伐宣勞有年方將胙土分茅以定功賞而都督康公薨於陝州上聞之嗟悼不已既勅有司穿土作室以宓體魄

復欲昭其功勳於悠久詔翰林學士臣宋濂稽諸簡牘所書文於堅石以垂示於億萬載臣濂謹按公諱茂才字壽卿康其姓也世爲蘄州人曾祖文廣皇贈中奉大夫中書叅知政事護國追封京兆郡公祖德懋皇贈資善大夫中書右丞上護軍追封京兆郡公父壽皇贈榮祿大夫同知大都督府事柱國追封蘄國公母蕭氏追封蘄國夫人公當元之季四方雲擾未幾蘄州陷公結義旅以捍蔽爲務受以長官俄遷爲鎮撫同諸將復九江壽蘄水黃連寨轉蘄州路同知總管府事屯戍和之

裕溪太平之采石使者考其功狀陞淮西宣慰副使同知元帥事又陞宣慰使都元帥乙未六月上帥師渡江將士家屬尙留於臨濠陣人多效死於是數戰不克後數月常忠武王遇春遣遊兵虛撓之公連日發軍以應王度其力疲夜設伏兵質明殲其精銳殆盡然猶收合潰散壁寨於天寧洲明年二月上命諸將以襄陽大砲破其寨公奔行臺便宜陞淮南行省參知政事甫踰月上亦克金陵又奔京口舟師追及之公度天命有歸乃率所部餘兵三千解甲來附免冠頓首言前日之戰各爲其主今日屢敗天數也事至於此死生唯命苟得生全倘竭犬馬之力以圖報效上笑而釋之仍許統所部兵從征又明年授秦淮翼水軍元帥守禦龍灣取江陰之馬馱沙八月僞吳張士誠犯我疆境公驅兵逐之獲其樓船上賜名馬一匹黄金一錠歲戊戌從廖楚公永安攻池州取趙雙刀之樅陽遷都水營田使兼帳前總制親兵左副指揮使明年八月攻皖城僞將率樓船出戰公復獲之又明年六月僞漢陳友諒傾國入寇攻陷我姑熟殺戮我吏民意將窺我南京上召公謂曰爾不

疑我乎公復頓首謝上曰汝既不相疑宜作書遣使僞降友諒爲内應招之速來仍紿告以虛實使分兵三道以弱其勢友諒果如所言既至諸將同公奮擊大破之縛其士卒二萬有幣帛金之賜歲辛丑八月上怒友諒來寇率將士親征公領舟師行擊安慶破江州僞都友諒西遁遂下蘄州興國漢陽公沿流而下克黄梅某家寨十一月取江之瑞昌敗友諒八陣指揮友諒之勢遂衰還帳前親兵副都指揮使明年九月復龍興又明年攻左君弼於廬州六月友諒圍龍興上親往援公與諸將皆從友諒聞上至亟解圍還七月大戰於彭蠡湖軍聲嘯呼湖水爲之起立浮屍蠢蠢動至數十里友諒遂至敗又有幣帛之賜十月上親征武昌公從之歲甲辰二月下之友諒之子理啣璧出降三月進金吾侍衛親軍都護府副都護四月從大將軍徐公達進攻廬州七月下之八月拔安豐繼取江陵及湖南諸州加賜幣帛明年二月改神武衛指揮使五月進大都督府副使閏十月士誠兵犯江陰京口上帥大軍水陸並進公在行中及至鎮江士誠兵已遁又明年正月追至巫子門擊

敗其衆獲士卒二千公功爲多四月擣淮安之馬邏港拔其水寨復獲士卒與艨艟無算淮安平七月遂攻湖州十一月破之進逼姑蘇姑蘇士誠僞都郎遣銳卒來逆鬬大戰尹山橋公持戟督戰益力銳卒盡覆乃進圍齊門刀劍林立飛鳥不敢下大將軍命諸將合攻之吳元年九月姑蘇平公取無錫州十月陞同知大都督府事兼太子右率府事進階榮祿大夫洪武元年上以江南之地旣入版圖乃遣大將軍經畧中原公從齊魯之地復由黃河取汴梁下洛陽駐師陝州規運饋餉造浮

橋以渡大軍鎭河中善撫綏遺民爲之立石頌德絳解二州則公所招徠蔽遮潼關秦人不敢東向三年復從大將軍征漢中奉詔還軍中道因疾而薨實八月之三日也年五十有七上下羣臣議贈公推忠翼運宣力懷遠功臣光祿大夫湖廣等處行中書省平章政事柱國追封蘄國公諡曰武義卜以九月二十一日葬於應天府上元縣鍾山鄉之幕府山上親臨奠而百司繼之祭幄相望聯絡原野時人以爲榮公娶方氏追封蘄國夫人繼室田氏封蘄國夫人側室朱氏余氏子男三人鐸

田氏出鑑朱氏出鎭余氏出公通經史大義事太夫人以孝聞輕財仗義意氣磊落而尤有志於事功値元季將終其才弗克盡施然而眞主龍飛於羣雄之中公即能識之卷甲韜戈率衆臣附坦然而不惑可謂上知天命下察人心者矣由是昭被寵眷倚之以心膂用之爲爪牙十餘年間屢從征討茂績奇勳著稱當世存則安富尊榮加以爵位薨則疏封賜諡賁及九泉令名垂於竹帛重祿延於子孫公其可以不朽矣臣濂謹拜手稽首述辭於碑系之以銘深懼不足以稱上報功之意銘

曰

於赫大明受命於天如日之升煦於八埏於時康公江險之峙大軍西來視如平地巨礮轟雷物莫敢攖何戰弗潰何守弗傾天人攸歸勢何敢抗知幾先來率衆內嚮皇帝曰嘻有疏附兮予開誠心遇爾不疑爾礪予鋌爾部士卒助予四征以寍萬國公拜稽首賜死爲生誓殫報效如無餘齡孰爲不庭率師往討矯如翼如風馳雹掃東吳西楚踧陳巂張身經百戰克豎始亡大將北伐冏取汴洛出鎭於蒲恤其孤弱蔽遮河潼以鐵爲關

誰敢操戈睥睨其間元龜負碑以頌遺愛民亦何心恩義斯在從伐漢中迢迢西征有命班師中道而薨帝念將臣血戰之苦將酬其恩錫以茅土孰不壽考以樂承平公胡嬰疾隕魄泉扃帝情惻悼恩命絡繹穿山爲堂畢茲窀穸名垂於史祿延於家翩然而逝公復何嗟史臣造文大書深刻以昭公勳有永無極

華編修伯瞻墓誌銘　李東陽 茶陵人

嗚呼伯瞻乃止是耶伯瞻質偉氣充才勃勃不可遏其志所期甚遠且大舉進士才三年官一命年二十有四

而止悲夫初伯瞻從其父廷佐君居京師時未冠學於楊邃菴應寍與太原喬宇希大董價予見伯瞻書勢已遒人私喜吾湖南後來之傑蓋其在此及伯瞻舉鄉試第一連得進士入翰林爲庶吉士汪寅軒傅體齋二公奉詔授業大見甄賞每閣試與藁城石瑤邦彥相甲乙授官爲編修予又喜曰此天所以玉其成也予與廷佐君同鄉又邃菴知己友故伯瞻視我厚至是又同署日益密每有作未始不出見見輒加進一二載間遂脫舉子習得古人蹊徑詞簡意遠粲然成章予嘗以闇語劉文安公者告之謂爲文必先博而後約收歛太早則其地無所容伯瞻以爲然然執不變意者天將速其成故使至是哉使天果有意焉則斯人者胡不姑涵育長養俾大有所就之爲愈也予益以慨人之才不易得且不易成也悲夫今年春廷佐君以常州知府入覲歸伯瞻已病秋益劇臥不見客予數往乃彊見之怪其神薾然比得告猶函一卷具書致予曰戀且别願得手書數通以歸書未成而訃及予既往哭之念無以慰其志者乃據邦彥所著狀爲銘屬希大書而刻之又自書於卷中

以畀其家俾藏焉償舊諾也伯瞻姓華氏巒其名世居蘄州以州學生舉生成化丁亥十月八日卒於宏治庚戌七月二十八日某月某日葬於州之某原少喪母安人陳氏繼母安人潘氏娶王氏子女各一人皆幼銘曰

吾黨得之吾曹得之而遽失之吁天誰詰之

贈監察御史南濱馮先生墓誌銘　徐階 華亭人

馮先生諱某字某學者稱爲獨齋先生後又稱南濱先生黃之蘄州人也蘄故多巨族而馮氏尤以文學世相傳有名聲先生曾祖銘父翱皆嘗貢於有司然其仕不

幸不至通顯銘為京衛經歷覊終兗州推官推官父漢以經歷之不遇過自懲不仕以卒然馮氏雖不仕乃蘄之人言高衡德門必以馮為首稱意其後必大先生少而能文章督學使者前後十數輩至輒取所為文置首選而先生行又甚修數曰君子之學要無媿乎其獨其施於人事依於厚至其自守凛如也其赴人之急若已與有至其平居未嘗有疾言遽色也於是時先生雖在庠序其賢聞四方人則謂馮氏當遂振矣而先生十試於鄉竟不遇復繼其父以貢入太學祭酒甘泉湛公司

業琴溪陳公得其文奇之已又廉知其人益奇之陳公館先生於家使教子若壻而先生賢亦益聞六館之士踵先生門思得聞緒論接容色幸有所警發者屨相接也未幾注選歸踰年喪其父方父病時先生終夕侍湯藥而天甚暑其室又迫隘父力遣之先生即戶外露處閱月由是得濕疾比父歿先生哭又甚哀疾增劇嘉靖辛卯六月十六日父喪甫小祥而卒遺言以素服斂距生成化丁酉九月二十三日得壽五十五蘄之人相與訝曰天之道固不可信乎後五年乙未子天馭舉進士授大理評事改御史贈先生如其官再奉命董南畿學政遷大理丞諸所與友盡海內名士而士之出其門者亦咸知重行檢薄利祿自別為午山弟子午山者大理號也於是人爭言曰馮氏之厚積而遲發如此予故與大理遊聞而歎焉今年大理以中丞賈公狀請予銘墓予既得論次其事則又歎曰嗟乎人之與善豈非其性然哉有不善人於此其於彼非有損也然而聞其用則以為憂聞其敗則以為喜有善人於此其於彼未必有益也然而咨嗟於其不遇而幸其後之昌者至於久而

猶然蓋予所見聞若是者多也而先生尤著自修者其殆可以勸夫為再拜而銘之先生子二人長即大理次國子生天駿女三其二蚤喪存者適生員張儒葬以卒之歲十二月一日墓在安陽山之陽銘曰

茲維先生之遇耶其詘於躬者既賴子以顯融其垂於後者又待子以無窮耶嗚呼先生塞耶通耶彼暫焉者果足以介於中耶

廣西思恩叅將李公墓誌銘

李維楨京山人

余偕李淑元舉於鄉講兄弟之好在史館時淑元晉讀

中秘書而伯兄千夫長一元公部賦入京師得見之膚
革充盈才可急使也公名同春一元其字父爲東池公
兄弟悉以池爲號公則仰池云先世息縣人隸鳳陽府
後以崇王就國隸汝寍府始祖慶公從高皇帝起義累
功授正百戶隸山西朔州衛再傳至斌公征香爐山有
功晉副千戶改隸蘄州衛左所數傳至震公無子東池
公當以弟繼掾吏持之若多與我金不則削一等貧無
以應因降授百戶歸而司屯政有郡理奉檄聚蘄州衛
所事而身坐岳陽徵諸案牘東池公亟奔命遺其籍郡

理疑父乾没幽圄之公時從行匍匐入愬請以六日爲
期取還報無令父受誣涕泗雨下司理憐而許之冬大
雪舟楫不通跣而行足爲重繭如期至事遂解而語諸
弟吾乃今而知文吏之貴也自今以始諸弟任學予任
費學無婧嫚督學使試蘄士與國涉江踰嶺覓得驢以
乘幼弱弟而身杖策隨之不違淖體鴻大股以下爲裂
矣父病泥首呼天乞以身代醫藥百端不效而父執少
弟手付公若代我爲父公泣受命與諸弟謀親喪所自
盡今不能成禮諸弟他日卽富貴何益某可貸某可貸

也父聞而呼之曰孝哉天鑑斯言必有佳兒報君吾復
何憂第憂兒過飮耳哭而伏牀下頓首曰敢不服膺而
父遂瞑終其身不內勺飮服闋詣京師言祖爵爲舞文
者所奪詞辨如雲司馬奇其貌仍以千戶嗣奉職恪勤
而淑元與仲弟少弟先後舉進士公笑曰猶記策驢時
事耶獨恨吾以介胄踞諸弟上雖然吾亦有以自見以
武功爵進指揮僉事有巡江之役建營房使士不露處
而贈列戍數百區所捕盜數十百人桴鼓不聞部賦半
道假寐若有語者河且厎淤怪之起勅舟人速進迴視

他舟滯者累千漕帥罪公亂次督府不可是宜論功何
罪之有後一歲復領運遭石尤風覆舟稱貸以償粟貫
漕卒不問已視篆布其德而兆其謀理僚屬貧廢嗣者
十餘曹同列因汗鹺以他事當道悉公賢讒不行稍遷
楚運糧都護都護無公署所領諸衛各以四十金儥舍
公歎曰是誨貪也損槖中六百金建署至今不得口實
箕歛矣慫家夫婦反目婦執夫所誣公移文來訴公取
焚之勝敗若化吾不介之胸中久矣而長舌何爲公初
與叔弟俱艱於子謁款泰山出資爲仲署側室而公有

二子仲有四子已晋分閫於浙爲副於粤爲長單騎之官剡厲如昔而戒其婦奉母無違過全州大佛寺佛燬於火取沉木香造之爲母祈年已晋思恩叅將居無何念母心動遽解組歸次武昌承母凶耗嘔血數斗自投於牀病加矣入門號咷擗踊食不溢米毁甚不及葬母而卒公宦三十年一錢不入私室視兄弟子姓如一身慕張公藝同居立家訓兄弟致美無分異無蘊利生孽又爲義屋義田贍宗之貧者所全濟鰥寡孤獨顛連無告戚疏遠邇不可勝計病日自爲祭文理凶事卜塋域

遺令葬無過七日無焚形家言無受奠吾飲水數日即祭當以水語畢擧手别諸弟而逝年五十有九仲子棟與季弟子太學生樸屬余志銘銘曰

急父難兮胼胝痛母亡兮身隨友諸弟兮咸宜廪有粟兮同炊譬纏綿兮葛藟死寍忍兮離披禍溢我兮繹思復世官兮靡虧屬橐鞬兮四馳既能廉兮能慈部曲驩兮誦之不二心兮能羆古之人兮兼資今之人兮誰其赴武夫兮愜奇爲邦家兮羽儀五葉傳兮歲襲如一日兮怡怡江有沱兮名蘄卜兆吉兮在斯瞑則藏兮何遲考終命兮寔嬉格上下兮神祇顯百世兮本支美不虛兮銘辭

文昌閣銘并序　李維楨

蘄春南郭里許江有石磯突起唫呀桃花水盛暴集没頂舟行遇之輒敗或窒碍不得轉移旅客凛凛不免是懼徐州守倣挈轡合舍之意搆亭其上劣容數人耳方伯吳公治兵於蘄廣盱營表謀夷夔而築宮乘水勢殺時周遭揵菑爲隄激齧累成基平正如砥建傑閣鎮之長年三老識其處晝眠而過無復患苦刱辨方正位厥

位當巽巽風上坎水下於卦爲渙睢渙之水五彩成文號之曰績在天成象在地成形非文昌孰能當此者乎閣祀文昌禮以義起也形家又謂控扼下流山聚土澤鍾水水土演而民生蕃殖更裨益學宮之勝自是入省試上春官得儁盛倍疇昔登閣四望左有南山右有麟鳳二山後則匡廬秀色遥可攬結前則龍津蘭若洲渚逆亘縈帶大江而下城郭廛市人烟氤氳林薄蓊薆魚鳥飛躍比屋絃歌樓船簫鼓榜謳漁唱鐘梵之音輻輳並至耳目不暇應接居者行者得未曾有後談其事而

州人陳茂才孺子索余爲之銘竊比張孟陽之劒閣云

其辭曰

兩戒四瀆江河爲尊自北而南湍悍長奔江有灩澦河有龍門以遏狂瀾以奠厚坤峩峩横石蘄江中央乃召匠氏削成四方象彼北斗戴魁六匡聿攷新宫用祀文昌如辟雍環如霞標揭上下往來巨艦細筏足不虞觸趾不虞蹶氣無沈滯亦無散越載占諸易惟涣則然柔順從剛在中罔偏血去惕出機得願焉爰假有廟利涉大川鱗介游泳恬風澄波天時地利協於人和登高能

賦於茲婆娑仰觀俯察釃酒賡歌四民樂業旣富方穀思皇多士菁莪棫樸貴相理文司命司祿江神佐之咸蒙禔福作者伊誰新都與公尸祝俎豆輿誦融融離堆砥柱奇蹟攸同史記合名河渠書中

蘄州志卷之二十一

知蘄州事夏津潘克溥纂修

藝文志

古文

國朝各體文十首

傳九首

孔聞卿傳 盧紘 元度 州人

公諱庭訓字聞卿蘄諸生族單寒終鮮兄弟乏嗣撫姊子爲己子於紘爲中表戚故視紘先人若同胞視紘亦

猶子也公兒時忽若有所憑發狂語類謡云萬丈深潭栽葡桃水底無根栽不牢有人栽得葡桃住千年結子萬年牢呶呶不絕口如是者數日父母驚錯不知所自後數日漸甦問公公亦不復記憶及爲諸生有文譽少司寇李公夢池副憲李公鑑池皆器重之諸子姪松藩副戎郅隆太學生質甫諸生清侯皆能文士一時稱賢者敬公爲執友遵化副憲亦存淮安郡丞木夫皆從游在弟子列生平論文甚刻不輕許與人其爲文亦甚刻終日搆思不輕就草亦不輕示人一字求合繩墨而後

止屢試於闈不售性方執居恒或靜坐一室或獨步於庭若有思者終不發一語疾惡若讐雖一時聞人與公居同里而非意所許終絕之弗與交獨於李氏世締交卒罔間李之前輩既從事宦游其繼起諸子弟咸惟公是託公悉與成就蕩逸則規正之禍患則周旋之以故其後隆隆多振拔罕墜厥聲繄公力也萬歷之丙辰時公年四十四年矣忽憶童時謠語與紘先大父暨先人謀曰江中石磯於吾里最近雖建有亭而基甚卑臨水盛時輒汎沒矣舟往來多犯患形家言若增築而建傑

閣鎮之祀文昌其上不特舟行獲利濟辨方厥位當巽巽居坎上於卦爲渙渙而成文於學宮之盛最裨益吾與若其請諸當事圖肇茲盛舉也時新安吳公治兵於蘄多善政躬詣相度慨然捐貲築磯建閣董是役悉委公暨紘先人不數月而底成巋然巨觀矣於閣之外仍翼以亭存吳明卿先生浮玉故蹟又置田以膳士之貧者吳公既遷秩行而豪者肆侵毒公以力爭至今守勿替公雖從貴介游生平取予無所苟其貲產固不豐而於閣之建及紘先人不惜爲傾儲助公又獨倡建報功祠以專祠吳公而請大宗伯李公本寧爲記蘄之得雋者至今猶盛悉歸德公暨紘先人兼信公兒時謠語爲不偶也公卒於崇禎之乙亥八月時年六十有三喪具悉紘先人及紘爲之理葬諸雨湖之濱其先塋旁越數年而其配王氏亦卒其撫子亦不能守產蕩盡逮癸未之春蘄城隳且蘄然並絕矣紘既悉公生平而懼其久而遂湮也爲之傳俾後人知文閣之建所自始（四照堂集）

貞譽顧先生傳　盧紘

先生諱天錫字重光遠祖士徵元平江路崑山州人元

統間進士官蘄州路總管遂家於蘄高祖濂曾祖敦累世有聲至祖闕號桂巖伯祖問號日巖俱於明世廟時成進士宦遊早歸以文行重於鄉世所稱二顧先生者也先生爲桂巖冢孫年十四父別駕少桂公見背其姊貞節嬪劉而早孀乃歸撫之先生日侍大父桂巖公朝夕薰磨純於理義周規折矩尺度罔愆弱冠治尙書戴記春秋涉獵文史歲丙午應童子試受知於督學華亭董文敏公名譟一時若艾公南英張公公亮等俱托聲氣交不遠千里以古學相倡和文壇選政必得先生片

語以爲折東癸亥改國子生與數十名家結社燕臺學者傳誦所爲文輒見售其門人涉館局臺省者不乏人而先生終以數奇不第及熹廟時奄黨方熾先生負重名都人士走如騖乃爲杜戶謝者歲餘甲子北闈對策涉論奄寺主司恐落其名先生坦然勿悔也甲戌丙子講學於天津張氏及河間保定兩郡弟子從遊者數百人以積分部選中牟令不就詔行徵辟復固辭丁丑决意歸里時長君景星甫髫齡負異姿因築室松園榜曰中心願取易中孚九二辭也悉陳先世遺書相與蒐探

辨究癸未正月寇屠蘄先生姊劉貞節以正義感賊閫門得不死四月避亂九江荆世子迎爲師代世子遺左良玉書辭甚剴摯左帥得書感泣遂還駐武昌八月辭赴崑山依族氏居焉甲申後益謝人間事惟力修文辭多燬於兵火有津門三書分別丹黃又私著蘄州志故至今名顧氏蘄州志云辛卯後歸蘄歲大歉茹柏飲水居草廬支石爲几嚴寒裹氈足不移榻手不輟書怡然自樂素善病乃精擣煉鍼石著鍼灸至道素問靈樞直解並焦氏筮說傚袁了凡功過格平居一言一行以至學念每夕皆筆之於書叩稽焚告其潛修篤學克己勵行皆此類先生既不逮事父母事貞節姊甚勤恪每遇知契談及撫孤事輒流涕崇正二年請旨旌表癸未九月貞節卒於江寇先生時客丹陽得報自床投地以爪破面流血沾襟生平不輕受一錢族有無嗣者分遺百緡力却以賙族之貧乏族有貧而自鬻者質衣代贖更給以田避奄禍時踉蹌出都或寄以金封識密囑主人是我所著書幸護藏勿失寄者且疑攜歸至邸驗封識如故始大媿服癸卯二月乙丑晝晦有白鳥千百數飛

止松園盤旋三日乃去先生愀然謂長君曰余生平歲逢癸輒不利且大父卒年大水今如之殆不久人世矣十一月二十七將旦諭喪葬禮宜從古棺用瓦勿受吊奠勿刑牲既窆勿封勿樹午後忽索衣冠正襟危坐而逝先生生明萬歷之戊子卒於

大清康熙癸卯鄉人素致誠服者私謚曰貞譽先生子一即景星甲辰奉遺命來崑謀移姑貞節之殯以歸爰持先生狀來告曰不孝孤知識晚先人隱德多不言略舉大端孝友誠恪其性也澹泊廉讓其操也淹雅博綜其

學也智慮通敏其識也一命不拜其遇也吾子素偕先人遊諳其素履編紀之任亦安得辭余既逡巡不獲避爰括其狀而爲之傳贊曰

聞之家服爵者世以榮家立德者世以學前代若程朱胡陸兄弟父子淵源世業著號儒宗休乎盛矣其在吾蘄以理學名家厥推二顧有孫繼起修名砥行不墜祖風方之昔賢無多讓矣至其貧居視履易簀全歸祖孫一揆非其學焉有獲胡克臻斯歟昔楊玄農以清白貽後人及葬有大鳥飛集墓頂哀鳴不去然則松園白烏

之感當不徒然綴諸簡端可爲學士風勵也

顧黃公傳

李炳然（東皋州人）

公諱景星字赤方一字黃公先世吳醴陵侯丞相雍之裔元末崑山諱瑛字仲瑛公十二世孫也仲瑛文采風流照耀江左遭世變祝髮儒衣號金粟道人以故公嘗自稱後玉山金粟居士云自仲瑛公第七子元進士季徵公功授蘄州路總管國變後隱於蘄遂家焉子孫世篤孝行至曾祖通政桂巖公與兄侍御日巖公以理學名家海內比之二程父貞譽公尚氣節勵志不仕公生母明太君懷十三月而生公生之夕巨蛇亙屋上光色燦異貞譽公夢星降於庭形如半月占曰是謂景星因以名焉姑劉貞節稱爲奇兒提攜笑語必教以方年三歲尚不語一日語忽遽彌月及前生事甚悉五歲值葬大父哭踊如成人歲饑荆王命有司元夕張燈家人衣以彩襦慫往觀公蹙然曰何不以此賑饑吾不願往六歲能賦詩八九歲遍讀經史目數行下時稱聖童束髮就郡試合肥芝麓龔公令蘄水過郡舍一見薦之太守錢塘我西許公公試風簷下立草十數藝日尚未昃也

許公與論古今事歎曰此王佐才拔冠黃郡九屬第一督學崑山澄川王公亦試置第一歲辛巳丁嫡母李太君憂時饑疫相仍寇氛四熾賊張獻逆等蟠結旁邑日伺蘄城鄖總督熊文燦擊獻逆等十餘營降賊過蘄荆王止賊首飲令走馬後宮與寵姬觀之爲戲公年十六聞之急謁州守唐公曰熊公不得死所矣獻逆與諸賊最黠不早除之必貽後患奈何既不爲備反令此輩得窺王宮虛實耶唐公色變勒技勇人衛周旋竟日而罷明年獻逆果焚穀城叛癸未正月屠蘄戮王棺虜其寵

姬公暨貞譽公被執於賊前爭代貞節姑死槍首觸石
血流衊面賊校啨啨稱善遂縱出闔門得免展轉避亂
之崑依族氏居焉崇正十七年九月南畿試七省流寓
生貢御史陳公良弼舉公第一十月武英殿廷試特授
推官隨上敬陳四事疏詞旨愷切通政抑不敢上公遂
去遊黃山白嶽歸過錢塘浮家澱湖爲長隱計
大清兵既下崑山多羅貝勒土賴固山額貞命以原職隨
征浙閩公力辭養親還里是時公年既壯學復豐肆筆
爲文才與情赴東南名宿如張公公亮周公簡臣錢公
某皆敬憚之曾遇艾公千子於金陵艾公數擕具就語
謂貞譽公曰吾數就郎君語爲後來斯文託耳歲庚寅
母明卒明年公奉柩歸楚侍貞譽公結茅舊第著述自
娛順治十六年
詔徵天下山林隱佚之士撫藩强之不起癸卯冬貞譽公卒
明年奉遺命迎姑劉貞節柩於崑山合葬蘄州癸丑以
後究心六書之學康熙戊午
詔求鴻儒六科薦公專心誦讀雅擅詩文品行端方兼精字
學公以病辭巡撫疏請不允再奉

溫旨云督撫作速咨送來京以副朕求賢至意檄文敦迫乃
扶病就道明年給檢討俸米三月朔入覲　保和殿賜
坐賜茶賜饌再以病懇旣放還杜門息影顏其堂曰白
茅取易無咎之義自訂詩文若干卷曰白茅堂集又撰
說字以正正字通之誤摘發義例批謬引繩凡二百餘
卷詁釋磅礴雖一家言實綜百氏之奥歲甲子後嘗往
來鄂渚與郎山徐公相唱和丙寅冬徐公酉公度歲四
月自東山辭歸六月疝作七月致書交好徧爲訣别康
熙丁卯十月初七日年六十七卒元配蕭淑人先十三
年卒驃騎將軍副總兵官諱世忠公女男八長普郡庠
生次暢次昌康熙癸酉科舉人次晨郡庠生次歷次樞
邑庠生次旹次昱　江麓堂集

盧澹巖先生傳

錢　鋆　檢亭　州牧

澹巖盧先生諱紘字元度其先本吳人督糧蘇松時與
余族某詩文相友善書問往復歷敘生平其遺蹟猶有
存者故余悉先生家世與其爲人云先生幼穎異好讀
書崇正丙子領鄉薦癸未冠陷蘄先生方在京師其父
贈大中大夫呂侯公暨一家盡死惟母羅淑人匿頹垣

得免先生歸哭控上憲以闔門節義旌先生痛父勤學困諸生且遇難益刻苦讀書順治已丑成進士爲吳梅邨龔芝麓洪閣部所引重庚寅授山東濟南府新泰縣知縣先是海逆爲亂自膠東經莒沂間千里震動先生躬宿譙樓兩閱月一夜南城邏卒見所執鎗頭火起如列炬一軍讙然以爲不祥先生往覘之曰虜破有日矣衆問故曰昔車師後王姑句家矛端出火其妻股紫陬曰此兵氣也利用殺敵又晉惠帝永興元年成都王伐長沙每夜戈戟鋒有光如懸燭以此卜之勝氣在我無

疑矣即夜撤守就內寢未幾海逆果授首居新五年擢廣西桂林府同知攝梧州李春華洞庭巨盜也以招安補梧州守備分防賀縣持令短偪之至死械繫梧州獄蒼梧道某利其有栲掠備至四不能堪越獄走某乃選健卒二十人具短夾棍以示司獄楊茂千曰此何與女事梧州受賄縱之耳茂千曰小人宼桎梏死實不能以微軀誣盧公某怒甚命二十人前力斃之忽大風雨雷震靂角繩索寸斷如剉大中丞于公廉其寃疏請爲先生申辯又五年迺得移東昌守先生好古所至古蹟多修復在新建文廟求孫明復後爲立祠於鄉表師曠高堂生羊太傅墓立官塚在桂林建尊經閣購藏書在梧修伏波將軍祠封尉陀劍塚至東昌建文場修文廟葺光岳樓築護城隄守東昌二年遷長蘆鹽運使新包孝肅祠又一年遷江南蘇松督糧道蘇松多積逋庶務如亂繩先生以一身兼數郡事心力俱瘁者幾年乃退居林下以老元配張淑人生子二長旦初從其考死賊難次昭初太學生讀書太學有聲先生博極羣書尤究心於海內山川形勢風俗瞭如指掌生平著述甚富有四

照堂文集詩稿及蘄州續志等書行世

朱母貞節傳

龍　塤 夢先 黃岡

朱母黃孺人者蘄州庠生朱垓之母也姓黃十六歸朱益所公用謙益所公本楊姓是爲楊小池公季子出繼於姑之夫曰朱信菴遂姓朱母遂呼朱家婦益所游於黌序厥志未酬而竟蚤夭母哭輒絕爲遺孤垓而忍死時年但二十有二耳擁兩孤女一孤男左提右褓霜冷冰寒譬彼慈烏獨峙羣雛啞啞環而聲不歇口血枯心血亦與之俱枯信菴立繼後復生二子頗不利於嫂之

孀母曰異姓而嗣故宜退處不爭之地安有憾之夭吾何求哉獨晝荻課兒是吾事也後有興者吾其爲朱之冢婦楊之支裔乎於是一切節嗇而奉尊章則必腆嗟乎兩姓骨肉之間柴池萬狀卽善調者誰與合異爲同而母能使之和協賢哉夫爲朱也子者而薄予之產外之也義可歸矣而母弗忍曰姑徐之卽復姓不宜在吾兒身其俟之後人乎及舉孫道衡然後乃尋楊之派道衡年十五卽補諸生有聲夫母一身耳佐夫長子孫詩書之效畧見端矣乃母以四十餘年茹荼餐蓼神瘁血

枯疾乃大劇垓醫禱百方候息寢側者六十晝夜而母卒時爲壬戌七月也乃母卒僅七日而諸文學縉紳咸以節舉州郡上其事于學憲公允以題旌未卽俞垓乃走京師上疏得所請夫世之孀者卒奉金仙禮僧尼以爲盛節而母弗是也若以塵案壓眉有影子然寔機曳肘厥緒棼如日以筋力酬前志而衍貽謀之不暇而暇作二六功課未之前聞也斯其爲儒門之女儒門之婦儒門之母也哉 三楚總志

旌表劉貞節傳　　顧天錫 重光 州人

旌表劉貞節字永貞天錫同母姊也至孝剛正聰明邑稱女聖讀書旁覽百氏善爲詩法漢魏不肯作近體府君難其適聞同里孝廉劉廷桂子鉞者有至性許之吾母先後十六娠子最後娠五六月胎動母撫腹語姊曰此胎疑是男自來生男殤哭成疾得母腹累我耶誓不飲藥姊潛與婢柳愛計掠蓐媪至母蹙額曰是汝勾當媪取鼠穴土入無根井泉順匙攪飲母胎定姊提錦裙贈媪故姊嘗教天錫偶不聽輒詈曰惜我紅錦裙換汝命來錫卽泣以此錫生萬歷戊子季冬二十九日日照

腮睜視不畏體有黃毛寸許母抱而憎之姊笑曰昔周彥祖生而醜狀駭人其母欲棄之其父不可曰吾聞賢智多異貌興我宗者必此兒今弟安知不興吾宗者不肖老矣痛無以報矣姊于歸之翼日既贄見舅姑公鉞曰鄰有賢人可拜見賢人者貞節馬氏也公鉞重禮畧俗如此歸始十八日公鉞試童子舟次黃陂囤頭河墮水物故屍歸盛夏姊伏屍哭糜爛沾面求死殉外祖母馮夫人年九十卧病以手挃婢數輩曰嚄疾去女死汝死於是羅而守之竟不得死不飲水漿五日不櫛沐者

數月髮脫皆瘡家人久不相見者見幾不識時年十九耳無何舅姑卒先妣迎歸居斗室溽暑嚴寒不出戶每哭輒嘔血盈盌先王父聞之曰歎過矣禮踊有節哭有時如曰弗忍行道之人皆弗忍也姊括其髮而拜遂節哭後數年予長兄嫂逝次兄逝吾母又逝姊水漿不入口又五日府君病革令婢扶而跪曰我祖宗九世名儒汝第九世大宗一綫耳汝守劉氏節撫顧氏孤兩盡孝今托汝勿復辭姊叩頭哭天錫以首觸地涕塗滿面左右皆哭於是姊始飲食明年府君卒又水漿不入口五

六日州守宋公圻聞之拜於堂榜之曰禮宗祀必致膰冬必致帛炭後州守以爲常崇禎二年巡按御史宋公景雲上其事上命禮部覈實以聞尋命有司建坊旌表已故童生劉鉞妻顧氏貞節十六年春張獻逆陷蘄州予與景星掖姊行雪中憩一空廟賊至叱曰何物老媪討早死姊曰吾未亡人荷上恩旌表恐混死辱朝廷來討一明白死以首觸石血濺面天錫及妾明氏兒景星幼女阿二爭代死賊斂刃曰噫汝一門慈孝吾不害汝姊又曰少年汝勇力如此不報君親立功位反爲賊賊

熟視曰坐吾當來須臾果來持糒與棗曰孰爲節婦家者善飼之汝屬幾塊賊稱人爲肉塊也曰十三日夜見火起可東馳去予南陽人姓王爲賊脅非賊也夜北城樓火起如其言得免避亂九江八月抵南京寓上清河疾作以堊畫壁曰崑山產艮璧瑤池集瓊璣鄙德比貞玉形神同所歸姊自孀居不復作文字臨終始書此嗚呼痛哉壽七十四生平不衣帛不晝寢不夜哭不聽音樂不處暗室所居香燈奉佛書史縱橫父母舅姑忌日未嘗食遇禽蟲有溺死者輒悲惋不自勝歲有孤鶯巢

於楣上垂二十年畜一白牝雞不雄不伏亦十餘年其感物如此甲申十二月載櫬如崑山寄葬栢家瀼遺命合葬與公鉞合墓天錫服斬衰三年景星比不杖期禮以義起也

伍烈婦傳

錢棨

烈婦謝氏蘄州漁家女年二十適伍從雲從雲少時伍家鬻問架爲從雲結束紿氏父母然嗣是數閱歲不一至氏家一日氏兒遇從雲衣敝衣招羣丐走村落間遽歸白其母母疑語鄰媪媪曰信且有渴疾當速死死可

改圖也氏聞截髮誓以死歸伍明年歸伍以紡績養姑從雲不乞丐姑病累月不解帶姑卒從雲宿疾大作從雲死羣丐爲乞棺氏叩頭謝血流被面已而沐浴衣齊麻自經於柩側里人醵金合葬立石紀其事至今呼烈女墳云余居蘄道過此問其里人聞其事余曰表彰幽魂司土者事也昔張總管二女遏於寇同日死蓮池中蘄人名其地爲烈女墩謝氏何甚相類也然謝氏以漁家女爲乞人婦非夫家世識大義者窮苦窘辱以爭一死烏虖抑又難矣

陳貞女傳　張易源望渠梅川

貞女陳大姑蘄州人父於梁由太學生授州貳母廣濟拔貢生壽光令張元爵女也大姑幼嫻母訓曉大義賦性閒靜不妄言笑年十三許字恩施教諭同里陳欲珍長子宏綬越五年而欲珍家以期請歸有日矣忽宏綬得暴疾卒凶聞父母深爲大姑憂祕勿言無何大姑亦稍稍覺乃大慟遂悶絕父母更相慰曰兒苦矣愈滋我感諸凡唯兒言不相强也即日除簪珥屛鉛華平時所針紉繡刺者盡取焚之樓頭闢一小室日夕寢處其中自省視外家人罕見其面如是者數年其舅欲珍宦寘恩施獨姑胡在室善病長年不離枕席大姑告父母請歸侍姑疾介期往與姑共臥起飲膳藥餌悉手自調理歷七年如一日姑病篤目不交睫者十有數旬乃夜焚香告天求以身代旋厲匕首割左股和藥以進卒弗起帷堂號慟投繯者再家人救得免後以悲傷感疾卒

旌節吳氏傳　黃册元保康人

吳氏州諸生從恭女少敏慧曉大義年十九適太學生陳正芳甫六年正芳卒子逊古信古俱在襁褓初正芳

饒於財盜乘其病持炬夜入將縛之氏破頭流血厲聲曰寍殺我毋傷我病夫盜感其激烈正芳免於難然自是病不起正芳卒時家幾中落氏節衣縮食綜理家政內外肅如復故業餘貲悉贍鄉人康熙己丑氏賑族鄰饑八百屛乾隆間奉文備賑氏輸穀三百餘石嫁其族之女二人婚其姪孫三人他如烏龜港劉公河建橋置渡費累千金其勇於行義如此氏請
旌在雍正九年信古又早世媳張氏以乾隆九年
旌稱雙節云

記陳熊氏事 附傳　　錢鋆

余居州三年矣講
聖諭課農桑編里甲以公事接見士民畢事必問人之賢否以爲彰癉合州士民皆云陳熊氏賢余徐廉其實如修八里湖石路設栢樹園段家渡義渡渴爲煮茶夜則懸燈病則買藥没則買棺皆仁事也又渴口水駛東下形家言宜於東起高臺以收水口水口收則科第興氏曰渴口山川淳樸吾陳氏世習詩書有積德少科第緣此故積數十年出數千金爲慈雲閣余曰貽謀莫如推仁

推仁則不得不散財氏散財如此陳氏其大興乎因書其事以彰大之使州士民皆以氏爲法亦守土者之責也氏姓熊氏康熙戊午舉人彝陵州學正心璋公女年二十適州貢生陳君贊元陳君卒氏撫三子暨諸孫今其子皤然各六七十歲氏指畫家事唯唯起立不敢發聲如嚴父云

碑記 二十五首

重修蘄州儒學碑記　王繹曾 太守 宛平

蘄之儒學肇於宋毀於元復於明天順五年記於修撰萬公諱安修廣於宏治五年記於少司寇戴公諱珊明季又燬於兵
國朝重建於順治四年記於巡按曹公諱叶卜自重建以來時近百年楹桷腐壞垣瓦缺漏雍正十一年
詔修天下文廟時州牧會同學官集鄉城紳士議修建並舉分任專責蘄士服其議合志勸捐市材鳩工閱二年學宮成余適搴帷臨蘄兩學率諸生贊余釋奠畢事乞言以記我
朝聖聖繼興崇聖道以培士氣士亦固根本以報國恩此今

日學宮所由新也余惟書其經始有日功成有時趨事赴功之有人而已南面鳳麓北倚麟岡巍然中處者爲大成殿由殿而前東西相向者爲兩廡又前而南面者爲大成門門三洞具六扉則大同鄉紳士捐修又前爲內泮中跨以橋石欄週緻橋前爲櫺星門由櫺星而前有東西對闕之二門前列石欄若干丈石欄左右分闢二門額曰義路禮門門前爲外泮縱橫若干丈下封石砌上週石欄則靑山鄉紳士捐修由大成殿而進爲明倫堂則崇居鄉紳士捐修由明倫堂而進爲五王宮則

永福鄉紳士捐修由五王宮而左爲麗澤堂堂五間爲學正課士之所由堂而進又列五間爲齋居則安平鄉紳士捐修由五王宮而右爲樂育堂堂以後有司訓退食之所堂以前有門有射圃有觀德軒與堂相向而遥映焉則本城紳士捐建又有儒學頭門面南背北高廣若干丈則庠生陳于座王鑾張烒李時可國學生王鎮黃載安等捐修自今以往有入廟而縱觀碑記者由萬公戴公曹公而次及余言當亦躍然於蘄士之學古有獲忠義奮發合千有餘人而爲一心有如是焉者是爲記

蘄州先師廟重修記　陳詩 愚谷州人

我

國家重道崇儒以

聖繼

聖雍正五年封先師五代王爵改稱崇聖祠而大成殿自四配外康熙五十一年升朱子於西序之次乾隆三年升有子於東序之次道光二年增劉子宗周於東廡增湯子斌於西廡其所以崇奉之者可謂至矣直府州縣處奉

德音莫不踴躍爭先惟廟務是急顧其修也類皆良有司倡議於上鄉人士和謀於下始乃有成要未有專任其事如吾蘄張石潭者蘄故有廟元末明季皆燬於兵火順治康熙間建而修之者相續至雍正十二年城鄉紳士界畫而籌之崇聖祠則永福大成殿兩廡至大成門則大同義路禮門外泮池則青山而明倫堂則崇居也學正訓導之署則廂坊及安平也分舉而易爲功而記事者詞繁而不殺亦勢使然與閱八十二年至嘉慶二

十一年木且蠹矣石且傾矣赤白亦漫漶而不鮮矣石潭毅然以爲己任攻木之工攻石之工摶埴之工設色之工日日至集自崇聖祠以至外泮垂三年而後成共費白金一萬有奇石潭曰予豈以是爲名哉亦內自盡其心耳越十年又重鐫朱文公教授廳記危太樸興學頌於明倫堂之壁且礱石而屬予記之將使闔州之人見之而有省焉多聞見以爲富不專利以自封而化其人自爲師家自爲學之陋是則石潭之志也已石潭名廷贊字均萬州大夫夙推重之舉鄉飲大賓云

麟山書院記　　錢　鋆

乾隆八年三韓蔣公旣來州與紳士議建書院書院址在麒麟山下始爲城守營署紳士請他闢地作城守署而以其舊署址新爲書院聘師置弟子十五年今郡守靈武李公代蔣公後一仍其舊蓋蔣公在州復城北舊河作城守署百務俱興李公時山民愚頑奸徒夥羅邑馬逆潛伏公盡心鋤奸奸徒他境卒用訪察力奸徒以次伏誅未遑謀書院善後策十七年余承公後山民思向化紳士欣然廣學舍益置弟子余捐養廉百金爲倡

紳士助之共得田四百餘租銀二千兩生息膏火旣足自今以後書院能不廢三代時田皆官田故旣予農復予士以養士於庠序學校三代後田盡歸民天子不能制產貧農無田何有士然士雖無田而歷代國學鄉學養與教皆詳而有制蓋國家經費之餘上不自私而恩及於士故士不廢學

世宗憲皇帝以太學例詔行省建書院發帑金生息以經久遠諸上憲復體

朝廷意令郡州縣捐養廉各隨時先後建書院於治所而吾州紳士又復體諸上憲意樂捐以爲諸縣先是誠可嘉夫以國家經費之餘不惜頒發以爲行省書院計視三代予田以養士其愛倍至而紳士節儉衣食以餘助化皆

朝廷實意潛孚涵濡禮教故能不自私而樂捐如是歟推厥所由以告多士並遺後人亦守令之事也

蘄州新修麟山書院碑記　　陳　浩　提學

聖天子稽古右文振興學校書院之設徧於直省自大都以至山陬海澨良有司以次修舉者靡弗羣萃州處陶冶

而成之作人造士之盛自古所未有也湖北東南文物所聚在省會者有江漢書院其在列郡州縣者若晴川峒山蘭臺龍山鹿門龍泉彬彬郁郁不可勝紀而蘄州之麟山爲尤著時惟刺史檢亭錢君因舊址而新之創率士民謀及經久羣力畢集合新舊田之以穀種數計者四十石有奇歲收其入擇紳士之賢者籍掌之師儒廩祿惟厚生徒膳膏之給視常有加復以其羨周寒士及州人之與賓興而艱於資斧者（先是太學生何楅捐石鼓河田以備寒士應試之費今亦併附於此）凡數年而規制始備課試有程出納有經

咸可爲後來者法而於政事之暇時至講堂與諸生考經義陳古訓第其高等而加禮貌焉愛士之誠其勤若此刺史其賢矣哉夫刺史之所以拳拳而爲是者豈惟是衣冠典册之盛僅爲觀美已乎將以助流教化樂育人才垂嘉惠於無窮也學者幸生
聖明之世艮師友敬業樂羣相觀而善不可不厚自期許以無負賢刺史之望而後之繼錢君而來者尙其無廢前人之法因已然者而益大其緒則美成在久所謂濟濟多士生此王國者將爲蘄之人歌詠之矣

蘄州新生磯重修文昌閣碑記　黃利通 曉夫 黃梅

齊昌爲楚北雄州距南郭五里許大石崛起江心峻削廉利長年病涉明萬歷戊子州牧徐公築基建亭梅川吳太常明仲名亭曰浮玉嗣是觀察使姚公韓公增築未竟丙辰新安吳公國仕以治兵之節駐防江上辨方正位厥位當巽巽爲太乙文章之府外巽內坎於卦爲渙風行水上波文若繪天成象而地成形庶非文昌莫克當此建閣崇祀宗伯李大泌先生所謂禮以義起也閣高三丈餘縱六十尺橫半之登斯閣也匡山西塞之奇前後拱抱鳳岡麟阜唐帽玉屏之勝左右環帶蟠鬱吳楚大觀矣繼以王公築外磯李公石亭重構州人崇德報功祠祀諸大夫而吳公之功爲最著其捐置田產若干畝條欵詳明祀神養士飯僧置渡州人遵行至今獨閣久不修寖就傾圮劉刺史首捐贖鍰數十緡謀及衆庶罔不率從明經張子馨遠用力尤勤庀木石課徒庸自經始以逮落成由春歷秋凡若干甲子規制一準乎前而費幾倍焉閣成屬予立言於石予亟謂張子故人久不見無亦溺於青烏家言乎相傳吳公建閣後此

地人文大振科甲蟬聯又傳吳公技精堪輿嫌閣勢稍低謂再高二尺蘄當發元今但發魁耳不幸而言中遂爲形家所藉口張子其亦聞之熟矣嘗試仰窺天道俯察地利以準諸人事人事有得失而天運之消長地氣之騰降應之山川雖無語諒不願與力學者爭功又豈甘爲不學者分謗耶蒙將軍三世將秦兵枯殘萬骨何乃罪地脈哉謹按文昌六星司祿司命與人世間勳名相應世儒謂混沌旣剖以來懸象難紀世年不應以後世士大夫當之然而星辰風雨雲雷山澤林麓莫不有

神焉爲之司人道邇神道遠揆諸事人事鬼之義神道卽人道未可臆斷爲不經也卽如世所稱化書金蟒復仇渴龍受記奇幻無可致詰第攷其立身本末言行壹歸於忠孝可知子臣大義無所逃於天地之間學者惇倫務本本立而道生處則修明正學拯人心之陷溺迴狂瀾於旣倒出則忠勤刻厲建樹非常用以拔生民淪胥之厄維宗社磐石之安庶於文昌之靈爲不愧於建閣之意爲無負且以見立言之不徒然也若僅是徼靈片嗼工帖括以倖溫飽誇車馬印綬爲稽古之榮此里

巷婦孺之所嘆羨而予爲賢者願之乎後之覽者入聰洞啟讀閣中詩歌銘序次及余言必將俯仰低徊曉然於天文人文實關
國運之光昌豈但登高作賦觸景成詩寫湖山洲渚之縹緲狀煙月樓臺之鮮麗與漁歌樵唱梵唄榜謳爭此地靈也哉張子唯唯謹授剞劂氏以詔來許

重修蘄州城隍廟碑記　李泌 君采 州牧

城隍守土之神城隍有廟猶官有衙署也民間枉抑訟獄官則曲直之水旱災疫災祲與夫奸宄陸梁爲民害者神乃默禳陰殛之是神焦心民瘼居幽輔治其職與官吏等蘄州城隍廟向在麒麟山右後復移置今址志載建自成化迄今幾三百年歆傾腐裂葺修不可緩今
皇上御極之十五年冬余來牧是邦治民祀神負荷綦重夙夜天厲不敢縱逸以貽神羞政理就緒集州之耆老士庶謀新是廟翕然響應興工於乾隆十六年四月越次年十月大工落成殿廡軒宇於舊加廣余旣擢守黃郡蘄爲屬邑都人士來請記余惟蘄爲古弦子國壤接光蔡皖濤捍蔽江淮爲全楚門戶環江爲城有城卽有司

有明末造躪於獻賊左兵今且章縫彬雅之士類能挾三寸管奮起功名力田者服先疇而歌樂利固浹洽於
聖朝之深仁渥澤百有餘年而默相扶佑者在昭昭冥冥之間不可誣也奸民馬朝柱弟兄挾其么麼小智鼓誘市井無賴巢穴於羅田之天堂寨幾欲張其潢池弄兵之勢余以王法所不容神明所必殛不敢疑沮毅然擒治聞之大憲請兵彈壓而蘄向義慷慨之士皆一呼百應並有縛致從逆以獻者不數日而羽黨解散巨魁伏辜余雖因此得蒙超擢然豈敢貪天功爲己力哉夫神道

設教張皇其不可稽之說似於誣民惑世然門霤井竈胥在祀典況乎高城深池王者所以設險億兆託以安居國有封爵之施蜡載坊庸之祭此尤彰明較著者夫小民多收十斛麥即詠茅索綯以謀厥安而官吏衙署歲施丹雘廟爲神所憑依可任其頹落而莫顧乎蘄士庶能亟其務爲可取也或曰廟在巽隅膠庠而殷闐闐者出於形家事後之論反以沒其新是廟者之初心余故論其神之石釁於廟而陰庇吾蘄者爲之記以塞士人之請並以諗來者之時加葺治也至於土木丹漆幾

何工金錢薪穀幾何費與夫董事之賢勞捐施之姓名則詳列於碑之陰茲不具載

李公去思碑記　陳履中莒湖州人

乾隆十七年七月我公以平馬逆有大功制府丞公奏公陞本郡大府公既赴郡任州人士詳公治州事於石非謟公也不敢忘公功耳蘄自我

朝愛養斯民百有餘年雖深山窮谷庸夫愚婦祖父子孫無不世受

國恩感激歌舞而民樂則驕生驕則惰生一二奸民乘其驕且惰遂以生事獄訟繁多公至州愛行法中勾攝人犯計遠近定期無違期聽訟發讞日定數十案不一年搜前未結三百餘案民釋重累狡者走他境州無訟擾羅田縣天堂寨奸民馬朝柱倡布訛言計取金錢鼠狗輩轉相勾結歃血吃符上名造軍器製火藥漸謀不軌天堂寨界連英霍崇山聯絡四十八寨害將大公密偵州有從逆人親往楊河執鐵工王廷賜訊其事稟請大憲飛咨江南制府尹公合勦公又自分督兵役四路搜拿鄉紳士稟公方畧陸續擒解共獲犯二百餘人起軍

器火藥三百餘事晝夜勞瘁胥合機宜各犯伏辜吳楚以安公侍太夫人慈教持躬質實治事明決寬嚴並至故無留獄無冤民公諱珌字君采號靜軒陝西寧夏府靈州人中雍正己酉鄉試乾隆丙辰成進士由奉天鐵嶺令擢寧遠牧庚午年冬月起補蘄州牧州隸郡治郡即治州然慈母置赤子於懷中一日離百里外慈母亦子其能勿思闔州紳士商民奉公祿位於名宦祠每朔望拜且祝祝公祿壽且祝太夫人祿壽以昭不忘公功耳

李公德政碑

陳紹瑞 蘄州人

皇上道光紀元之九年秋九月州刺史李侯以疾辭職州之士民蒙其教澤休養以安居樂業於今六年矣聞之皇皇然如赤子之失慈父母驚相告語咨嗟太息各以其情之不能自已者議立德政之碑屬邑人陳紹瑞記其事瑞性迂不解作諛詞不文無能爲飾語惟郎州人士所身被而心感者質言以明其大槪侯以道光四年冬由孝感令升任蘄州其明年以買銅出差蘇州乙酉戊子兩充鄉試同考官今春三月復派京差疾不能往旋

引疾告歸實計在職之日固無幾耳是侯之治蘄其時猶淺也侯性剛方不輕與縉紳接見遇事明斷無庇徇是侯於蘄之士其交疎也治淺則疑其心之難以相信交疎則疑其情之無以相浹而侯之居心如青天白日奴隸亦知其清明侯之行政如鳳凰芝草愚賤皆以爲美瑞蓋其所設施一出乎人心之至公故相推相戴初無待於家喻而戶說也今夫古之所稱循良者其豐功偉績顯耀於當時光昭於史册至今猶嘖嘖稱道者時與事不必同前與後不相師而其要總歸於紓民之力

息民之爭去民之患皆出於恤民之心耳錢漕重務也而催科太急胥吏或假以肥私刁民遂因而漁利正賦無增而苛及良善積習非一日矣侯深悉其利弊每征收之際大槪從寬無利己之心而食其利者已衆故四征漕而踴躍輸將無以漕事上控者詞訟要端也明察之吏能使其情之悉得不能使其案之速結一案而延至數年一事而株連甚衆瓜蔓藤延無辜之受累豈淺鮮哉侯無宿獄每一案出摘其緊要者一二人署之勾牒其餘之牽連者槪行釋免數年以來善良賴以保全

其身家刁狡亦慴服其心志非徒無寃民而民自無寃所謂無情者不得盡其辭侯其庶幾乎夫嚴酷或隱濟其貪優柔遂至於養奸此非必其有意以殃民也恃才而罔念民生沽名而不識大體威非不立而畏威者生隱痛矣恩非不施而受恩者狡思逞矣侯不恃才不沽名準乎理之是而權豪不避行乎分所宜而猛寬相濟惟使蘄之士農工商各安其業秀頑良莠一歸於正而獄訟不繁風俗丕變是則侯之志歟以恤民之心行保民之政除病民之患民受其福而不能知其故區區一

邑猶未足盡其所長也然而侯且去矣蘄之士民以爲侯抱匡時之志存利物之思未竟所欲爲遽奉身而退以是爲侯惜瑞獨曰不然古今來身都顯貴據高位而擁厚糈視國計民瘼茫然莫佐一籌若罔聞知者何可勝道侯一官一邑能使其治績銘心鏤背常留去後之思侯之德立矣侯之功成矣蘄之人方共祝侯之壽考且卜侯之克昌厥後則侯自問其心可以無憾蘄之人亦皆足以信侯之心也嗚呼聞侯之風可以起矣侯名鍔字蓮峰號蘭亭山西安邑縣人嘉慶己卯進士

學正程拳時先生德教碑記　李易生 連山州人

從來學師與塾師異塾師之於弟子朝夕切劘無虛日學師自視篆時一課後與諸生以文接見者罕矣應城程是菴先生甲戌秉蘄鐸未到署多士已私相慶曰聞師之於文章固視若性命者也吾黨何幸而沐其教澤乎既晉謁勗士以立品外卽以文會爲兢兢初課州屬遠近士凡二百有七人皆面加勉諭爲酒食以侑之其拔置前茅者若干人又出賞賚以勵之以故人人皆思自奮先是學齋湫隘每課必於明倫堂風雪之夕秉燭維艱因建望林書屋凡會課其中者儼若棘圍鏖戰狀往往至夜分不能寐師亦不寐以待之或以疲倦請少休師曰吾自樂此不爲疲也而又一切飲食供給大半割清俸以助蓋視塾師之於弟子則更加勤而惠矣若是者歷八載如一日師嘗自述其作文甘苦之情大抵多從天闕海枯後得之乃其衡文也則又不持一律如大匠之於木長短厚薄各隨其質而引繩削墨焉故人皆樂以文相就正甚有閱其文經年累月積數十百篇而猶未謀一面者又或有雖不愛其人一得其文而愛

之慕之遂心爲之融者非師以文章爲性命而能若是耶夫能出己之性命以爲文章而又視人之文章以爲性命則其精神之所感召宜惟是吾黨之士而已也今年春師以保舉當赴

京每與易等追憶數年來相依之誼師輒淚涔涔下不禁其襟之濕而喉之咽也則師之於吾黨視自來學師之於吾黨其教澤果何如也因勒諸石以誌不忘云

宗遠禪院碑記　顧景星 黃公州人

萬歷中海內晏然風俗醇粹學者喜譚性命顏山農何

心隱之徒間竊佛氏參吾儒李宏甫逃儒而釋智辨皆足移人於是佛儒其辨如綫先大夫中歲謁部得郡判病足不仕侍曾大夫處林下所從遊多顏何弟子故間取佛氏以廣情而遠俗焉而同里故江油令張公日新指揮岳公某田公某文學易公約菴高公某陳公某爲齋會買蘄城東堧捐屋數楹號八關社亦名八公社八公卒而鹽法副使袁公世振新其故楹與耆老曾黃吳僧太空大定歸宗更名宗遠社宗遠者取陶謝諸賢於惠遠云爾兵興以來人亡社火自建而廢凡五十年藜

藿所狂鼪鼬逕焉僧慈舟者蘄人亂後棄家爲沙門走海上十夏臘歸闢址爲堂殿廊庖十餘楹時大旱饑民有賴傭估以活者地東西南北若干丈陶用若干戶牖外達望南湖諸山明秀如鏡中小舟雜鳧雁草樹虧蔽畧彴斷續春秋異觀晴雨變態鐘鼓悲壯旛幢颭颺院成仍名宗遠乞文勒石余惟佛法自黃初至義熙中國之民始披緇剪髮意當是時不啻與辛有之歎而諸賢樂而與之游何哉蓋有感於中而託以自廣云爾予嘉玆善舉而名又善焉亦重有感於前人故爲記

火星祠碑記

顧景星

歲在壬辰楚大旱春蘄災秋又災大吏以狀聞詔免今年田租之半按察僉事曲周王公禱於神洪雨滂澍焦禾復青乃謀祀火問顧子顧子曰聞之古之占火或主數或主象或主神春秋昭公九年陳災裨竈曰五年陳將復封夫陳水屬也火水妃也妃以五成故曰五年此主數者也十七年冬有星孛於大辰申須曰諸侯其有火災乎梓慎曰若火作則宋魏陳鄭當之於時爲五月以丙子若壬午之日此主象者也明年夏五月壬

午四國災鄭子產大爲社祓禳於四方祈於元冥回祿襄公九年宋災士弱曰古之火正或食於心或食於咮以出內火於是有祝融閼伯相土之神名爲火祖以祀之而紀時焉此主神者也象數不可爲而神則若可禜雩而禱之者無已其主神乎公爰度祠南門之內四旬祠成屬顧子爲記顧子曰詩不云乎靡神不舉靡愛斯牲今以旱祀火古之遺意與火祖官於天宗記曰季冬祀來年於天宗天宗尊不可遽祀因其官而祀之如堂簾遠不得遽聞因在位而聞之不亦善乎遂復於公爲

之記

貞慧寺碑記　顧景星

蘄州東山大伽藍唐貞觀中僧宏忍建宏忍隋末黃梅人廣德中賜號大滿禪師嗣四祖大醫禪師法所謂五祖是寺初名貞慧咸亨中別建於馮茂之東遂改名東山自達磨耶孤傳至是而五宗皆出其後五宗惟臨濟最盛宋哲宗時南嶽下十三世演禪師嘗禪師十四世自禪師靑原下八世戒禪師九世秀禪師嘗往來兩山居之佛幢華禪師者臨濟下三十二世嗣聖恩壁禪師

止匡廬之歸宗歲丁酉郡紳士迎居東山繼演老五公而起則師也此其源委大畧云當貞觀時蘄治去今西北五十里宋景定三年築今城先是荒山大江無廛井城郭而寺之在廛井城郭近在五百年內耳崇正兵火寺歸然在僧海蓮募化之工稍集年饑乃引范仲淹皇祐初治浙事颿當事當事以爲然明年棟桂榱桷甍甃無摧橈欹漏者則蓮爲之也又明年建方丈庖湢則總戎賀公因華禪師爲之也於是海內更知東山爲諸方冠嗟乎佛法衰王縣時隆汙末流滌濫不足殫究然爾桑門梵宇莫盛於今各奉宗師離立宇內皆有刱建篡述而東山實先价偃輩出緜唐歷宋凡一再興於今復振可弗識與寺自洪武十五年僧祖鑑修正統十五年法治又修舊碑渺無攷見於志今華禪師與演老五公當爲此庭列祖蓮曰不碑恐後愈沒前事僉曰然礱石乞文爲記俾來禩獲聞如是共出貨力自職官至庶姓書於碑陰

二郎廟始末記　陳詩

二郎神者秦蜀郡太守李冰之第二子也冰鑿離堆開

二江有功於蜀載在史傳而其子自宋以來尤著靈異人稱灌口二郎累代皆有封號雍正五年冰封敷澤興濟通祐王二郎封承績廣惠顯英王廟祀成都灌縣

大清會典可考也蘄地濱江故有二郎廟以神能禦災捍患其崇奉禮亦宜之而其稱謂有赤城王則惑於僞撰之龍城錄（錄言趙昱封赤城王）像設有犬及行者則惑於鑿空之西遊記（記言灌口二郎擒伏行者行者爲犬所傷事）愚僧奸胥謬爲禍福以怵人射利乾隆甲戌常熟錢檢亭來知蘄州事取行者焚之而應城程拳時並爲之記但知行者之爲寓言而

謂二郎神不載正祀且謂州中士大夫不能以禮正俗化其鄉人余謂其言似是而未核其情實也本邑士大夫其漫無學識者無論已雖有殫見洽聞者亦豈能以一人之口强無知之衆而使之信從哉錢檢亭去任未幾時而行者設像如故艮有司所爲若此而況本邑之士大夫哉予既詳爲考之以明二郎神之爲正祀而沿訛踵謬者之爲習非以勝是也

獅子口文殊庵重修記　陳詩

鄉鎮繁而郡邑之鉅可知也廟祀盛而鄉鎮之興可知

也故曰觀郡邑者觀其鄉鎮而已矣觀鄉鎮者觀其廟祀而已矣蘄治北一百一十里曰獅子口市亦州之一鎮也其上街舊有文殊庵相傳前明州學正余君與其孺人塑而奉焉覆以茅茨僅蔽風雨而已其後易茅以瓦所祀自文殊外益以普賢慈航又益之以釋迦眞武地藏設像骸碩幾不足以容是爲上殿其下殿則專祀關忠義以世所傳五月十三日迎神演劇不懈益虔而向所稱文殊庵者義不足以相攝於是改武聖宮莊生有言物之作始也簡其將畢也必鉅不信然與嘉慶之二年鎮人相與議曰廟久且就圮其規制弗善也於是取上下二殿塼埴木材之朽且脫者易之設色之漫漶不鮮者新之又於殿之左右翼爲僧寮爲庖湢而當其前爲客堂過其地者爲之改觀焉經始於二年十月以三年五月落成而請予爲文以記之予嘗習於鎮之故矣每歲始則燃燈鼓樂雜扮人物故事爲魚龍曼延之戲至於夏五賽神觀劇諸親故輒相延至家酒食徵逐至十數日未已而其費則排戶以出之若是者謂之年例亦謂之門差蓋野處之民所無有也若茲廟之修所

費殆不下千有餘緡而成之曾不遺餘力雖欲不謂之盛其可得乎以予觀鎮之人廛居櫛比逐什一之利而不憚其物力以致盛美若此所謂爲可繼者爲可傳者其可忽也耶故爲文以遺之俾勸諸廟中使後之覽者有所感焉

北門李氏龍磯挂纜碑記　李炳然

凡形氣所憑依曰神靈象教之普濟曰佛力二者如捉影響於風聲探元珠於赤水幽冥而莫知其原而羣愚時遇急難危殆之際莫不相與奔走號呼假助萬一繇

而終無有驗益厭怪迂不若一手一足之反爲烈也吾郡水西門外爲龍江立石槎枒嶙峋百仞岸爲烈士廟則爲昔之守宰王公時遭北寇城陷赴水死之歷代有司蒸嘗載在祀典江心爲龍磯寺洪濤洶湧實砥東南之門戶黿鼉出沒征帆下上佛則尸之每歲冬寒百川歸壑廟寺對峙石逕坦途不煩舟渡魚貫而梁緣焉猿奔則樹息州人士箕踞盤桓其上相賞殊有泉石間意致足樂而志歸惟是夏秋之交嶙峋參差黏天汗漫舟由北岸而泝流者必於廟前取道焉百篙伎拄進以尺寸計額頜奮叫推輓卽隆陰皴裂亦白汗交流縱非黃

牛灘工開導之奇蹤彷彿呂梁懸流噴沫之險絶佔商臨汎未嘗不動色股戰惟神明佛祖之是賴也夫古之禦大災捍大患者皆其功德及身以及民者也後人因而追崇羣祀之苟功德未洽於衆蚩蚩焉策仰望其陰行功德之及人倏爾大災大患之狎至不幾於以其身徼倖者哉故凡事之坐而言之起可施行者不咎鬼神之忽焉喪之而恃吾災患之所不能入蓋人力天時迭相主客爲勝負者也郡庠李君化龍家傳經術世載穆清其先祖諱正芳者睹斷岸之巉巉憫舟人之岌岌當此陜口施以巨絙鎖以鐵柱舟行至此攀緣曳鍊夭矯亂上視昔日之猿啼箭急篙摧櫓折望若休息乎龍門者如羊腸掌頓之迥不侔矣其古之一手一足有功德於民者非耶於斯時也霖潦始盛澎湃有聲乃函撤舊纜之蠹壞者更綴以新筊淇園漢竹竊斧斤截斬數千竿焉放在水次乃偕二三耆宿而進之咸曰年來舟行安流相賀燕喜李氏巨纜之功也郡人何有焉李君化龍逡巡而退曰昔者逆流其難也如彼今日迴瀾其順也如此悉神明佛祖之力也丈尺之組鍊余家何有焉

僉曰善是不可泯滅無記予生旣晚素慚蕪陋爲文鄙拙謀勒貞珉垂之永久先告江神其辭曰

惟蜀都之黃牛兮三朝三暮不可上蘄郡衿帶夫龍江兮烈士磯頭時一望龍蛇蛟蟺以潜躍兮鱣鮪鰌鰍皆用壯嗟天吳之不仁以愁人兮瞽眼空游下天狀銜尾一跌而失利兮捆載黃金輸海莊賈客過而隕淚兮安得百丈長繩引飛泯喜陽冰之裔子若孫永施功德於汩沒之蘄嶹於不替兮譬彼水底三犀牛陵傾海竭將

安放

重修大名港橋碑記　　張士淑耳聖州人

去蘄城北十里許爲大名港舊有橋崇正之季郡國所在兵起守土者以橋當東北孔道用是毀去防寇警也蘄封地固瘠隘西盡大江東南距濠城外半隸鄰壤惟北道跨湖走安永青山暨崇居大同之盡境遥控幾三百里公私以之旦晚來蘄者日無慮千百數他行旅倍之橋既毁冬月水落湖水不可舟率陸行取道於港港不可涉卒呼號岸側以待渡而舟子緩急唯意睨岸人

溢舟方移艇未渡時先横篙索錢滿其索始理檝或雨雪日暮乘渡者急索類溢增額或稍不滿索即艤舟向岸枕篙坐舟尾瞋目不顧視一衣帶水如江永漢廣蘄人病之

淸興十三載負險虓澤之奸次第剷平關梁既稍解嚴蘄人於是始相率請於有司跡舊址而橋之廣長制視舊爲壯始工甲午秋九月至丙申春二月工竣縻金以兩計者約千七百有奇橋既具無忘所自因爲文以記之既書首事以及始終於茲役者之姓名於石而復詳橋之所自毀與橋所再成之由使知蘄地雖瘠隘則俗固多急公慕義輕財好施之士而又以見昔之背水以爲險者今皆有所不事而蘄人行旅之出於其途者亦相與幸見天下之再平後之覽斯記者當亦喟然而有感也

陽春橋記　　李珌

蘄邑黃城河士商通衢每當春夏水勢泛漲不啻江湖瀕冬寒氣凝結厲揭尤難先是州人王勝美暨元臣元弼元錫等設渡架橋後先相繼誠爲可嘉歲久渡既壅

塞橋亦就圮戾止於斯者未嘗不嘆褰裳也竊欲舉而新之使民不病涉將與合邑紳士共襄厥謀適尙義之士王乾胡便等慨然以濟涉是任請會各鄉善士共捐多金水溢則船簰迭用水平則架橋通行猶恐難以貽遠更置渡田五石七斗載册立柱爲經久計爰問記於余殆將誌義事於不朽也夫國以利民爲急以濟人爲務其大者發帑金擇官守若河渠海防利在當世其次通舟楫便行旅往往皆成於好義之鄉人而守土者亦樂得而稱道之借其緩急之功以左右民故余於斯橋

之建既令鐫首善之姓名於石而復爲之記以勸夫後之爲善於鄉者

善慶橋記　錢　鋆

余守是州之二年州貢生袁士昌以重修西河橋垂成請名是橋者於余且道其意曰是役也今郡守李公之志也州紳士之助也而昌實爲之倡昌老未生子將藉茲以祈福焉幸我公憐此意以名之余惟夫善之可爲也古云爲善無近名修德不望報生爲此舉而顧私之乎抑獨慨於三代後世不古處而風俗頽敝蓋非獨無

所爲而爲善者不可得即有所爲而爲善者亦尠覯焉且自邪說溺人求爲福田利益而捐金佈粟出於創造佛宇莊嚴塑像者往往而然若其知所擇而急公倡義顯然功施在民生者尤尠覯焉則如生者不可以風乎且爲善獲福之說在爲之者不有其心而固未嘗不行其理也因遂推本易傳積善餘慶之意而名之曰善慶橋蓋惟西河之源派與是橋之所由來已具李公序中役大費廣凡估工若干度費若干其成之之不易若又皆李公事公宜自爲序其本末此橋功成合州之人與

四方公私往來者歌頌流播固不待余言而顯李公之才明達果決襄事無所不宜其先守是州而見於鋤奸弭盜者已達

上聞用是擢爲本郡守善亦多端非獨此爲可書也今姑記其所以請名而命是名之意以告後之君子使知夫善之可爲也如此抑又以告諸州之紳士苟利於人在所必勉即有爲而爲善者亦聖人之所許也又以勗夫袁生者使由是橋而推之和於衆勇於義廣積善行舉州中諸大役之宜興宜補者樂爲倡首且由是而進於實

心不倦庶幾千古之無近名無望報焉則天道無常常與善人其積慶又自不可量也夫

陳惟聰戶修置沙徑渡碑記　陳　謨　友夏　州人

州治南瀕大江三面皆湖水環之秋夏水漲道由沙徑車馬輻輳亶難失期莫可棲宿或舟小載重遇風覆溺余族人憫之造舟爲渡更爲永久計買田地山屋一契以其所出爲舟人工食資每冬祭日舟人至余族惟聰祖廟具領又以銀十兩入祭費內每年取其息以充國稅操舟者不得取錢呼渡者應時舉棹諸由銀者亦不

得藉口至佃家投宿索食又復搆郵亭邸舍於湖上以
便往來休息特鐫諸石以垂不朽

蘄州盧氏祠堂記

胡周鼒 婁東人

祠堂之設所以表忠彰烈也其宋自輶軒請自禮官載
在祀典者夐矣若乃闔門蹈節投袂爭死疾風嶮塗忠
勁挺出艮亦濕身厲行贍族敦倫而教之家者素也雖
廟食有待而就堂爲祠俎豆苹苹僾存芳烈嗟乎此仁
孝之心所憑焉耳大參澹巖盧公轉運江南公餘枉駕
敝廬手執家傳泣而示鼒曰曩昔癸未冦薄蘄城先人

以書生登陴力拒城陷及難子姪從孫暨諸婦死者八
九人所司狀請烏頭雙闕之旌會鼎方改革不果行歸
骨窮泉拱木將積綫幸成進士懸藩牧三被
貤恩封祖父如已官榮賁黃壚叩心通感今碣於陰碑於陽
者皆有文矣惟茲三楹之堂仰奉靈衣悲纏祠樹將偕
吾族人於時思敬於時思哀也子其記之鼒稽盧氏其
先自吳徙楚果葉風素公大父南槐公父吕侯公磬磨
文行益布家聲南槐公置館解榻結交羣英傳經誡家
備有程蘉吕侯公才峰迅驅龍挐鳳跱毎試輙空流輩
潦倒塲屋四十年負才屹屹不少貶談經窟觚辨若决
潏所摘剔詮解精穿濵涬學者受讀比名金海當是時
生徒侁侁袪衣僦屋附近朱藍經師人師不減西河南
學盧氏子弟肄黌序知名者二十餘人大參丙子雋楚
闈公喜硯耕有人遂謝鉛槧然益爲德盲冥施恩不報
薰風飴露惠浸萌生而規言矩步盡日不斵簡鏡平端
專以誠長者待物里人有纖介郄輙愧曰吾懼不可以
見盧公方巨冦突陷蘄春殺人如麻神奔鬼遁盧諸生
曰紱曰紳曰震初曰晨初駡賊求死紱妻楊氏震初妻

袁氏投軀烈燄浪井中時吕侯公亦被執賊中有呼善
人者竟舍去昔盧植不殺歸隱名山公一白髮儒生手
不能搏乳犬既得不死宜踊地自全顧乃嬰城覆沒終
膏鋒刃若義有不得不死者一門爲烈蓋天性然也始
大參以公車留滯幸脫氛祲收拾靈骸重加棏櫝靑楸
元冢碑銘儼然頃之歷歷高華洊膺
綸誥賁及夜臺榮哀之道亦畧盡矣而永言孝思猶欲寄之
乎盤盂杯椀也卜爽塏地搆祠棲主俾登斯堂者拜而
感曰某也忠某也孝某也貞某也烈魂魄常依焄蒿如

在且使過其祠者憑而弔曰此盧氏一門節義之祠堂也豈不足風示嚮往哉或曰盧之先有盧敖盧生者其人皆仙去嵩山鴻一蓮澗協昭之徒千古稱大隱君子焉呂侯先生緜褐蕭疏寬然長德而名動閭羅自其生平靈福及鬼又何奇異也聰明正直者神其初或感自雷氣生精或名在斗中日下宿稟旣殊而又有淸修隱行爲天神欽重者故能取義成仁血碧杲霜而氣還箕、尾然其精意所屬期於利人而已詩曰神之聽之好是正直班固乃謂楚風重祀謬矣

吳氏義田碑記　程大中拳時應城

蘄吳氏自宋以來有之今可攷者直學士遵路暨其子瑛遵路軼事不傳志稱瑛臨溪築室釀酒種花家事一付子弟又稱其妹丈某取家財數十萬貸人不能償瑛召而焚其劵當是時朝廷重任子瑛以貴胄早歲請休絕意不復出富人逐什一之利有司托名泉府算及鎦銖瑛視棄鉅萬莪如也可謂賢已明大司農吳公宜斯土築閣祀文昌分祀田之餘以贍貧士文酒讌集縈利澹然司農與瑛故同姓其行事頗復相類意亦其氣類相感召若是然吾竊嘆爲義氣慷慨樂爲人緩急者幸而爲司農登高一呼遺愛可以至於後世不幸若瑛之放廢鄉里雖散鉅萬苟以利一時而已是固其勢使然也近吳君叔璠置贍族田貯納有所散給有時經理有法子孫賢世主之不賢雖貧窶不得質易擇賢者使主其事吾聞叔璠善病山水自娛不近城市甚似瑛所爲其所置田族人食其利數十年雖復不爲司農者而其力皆可以至後世勢又足云哉叔璠名璘國學據其家譜爲瑛某世孫故比類其事而推本言之以見仁人之

有後如此又以告夫人之好張大其家世者不惟其名位著而已惟其賢不惟其家世之賢而已惟其肖似乎家世之賢而後足稱也叔璠家故饒計置田若干石歲得其租若干詳載所自爲記先是名贍族田吾欲以義廣叔璠故更名義田云

看蓮亭記　張士淑

由萬松齋出寒玉軒西度花棚行數十武即得碧香池池可半畝許種錦邊蓮數十本中有亭榜曰看蓮周遭護以曲檻置方几一可列坐四五人由岸度亭設竹橋

登卽撤去用絕俗客每歲夏菡萏盛開伸手可摘紅翠雜水面如積錦芳風吹扇痕浪爲香池岸襍種桃柳芙蓉梅竹荷殘香落用綴不及亭背山多古松虬龍百尺蔭亭上寒蒼襲人每夜坐待月月痕初上爲松所掩微露隙際稍上則穿梧柳下映亭上如簾痕篩影轉子夜則氷輪入座水月相涵眞一片空明境界矣友人陳子常有看蓮亭詩蓮觀風吹遠松高月上遲蓋實錄也余嘗謂子常今天下曲沼方塘幽臺古砌奇花佳木助人清嘯者何地不有但汲汲勞勞日不暇給正昔人所謂

如吾兩人間者少耳子常笑而不答

石蓮峰題壁記　張士淑

王子碩叟以文事徵同社於崇居之荷槎山寺山不甚高而僻逈深翳樹木藂茂隆冬積蔭如春夏亦幽境也寺僧蓮輝喜藏古法書名畫兼好客因共山行凡古松卷石曲澗幽巖輒置茗清賞移時方去山故有石蓮峰視衆山特矗起怪石巉峭望之如虎豹蹲踞欲搏人沙彌爲余言石壁中有古洞相傳有道人丹鼎其中後仙去時有雲氣護之不可至至則往往有雷聲余笑焉因

命沙彌導之行石壁着山腰折山西行不得路復迂道陟巔巔多石無雜樹惟松及橡栗數種樹窟於石盤屈轉伸不可得如壯夫受抑殊不耐逞夾樹多猿猱見人來殊不驚稍逼之輒拾橡栗擲人尋逐之方逸去峰頂少憩覔山路微有樵徑殊逼仄不可行因相尾捫藤蘿下峰迴壁出果得石洞初入穴石陰噤悄日色映之稍耐寒慄再入數武頗平塏薪竈烟墨如可認識或羽客丹鼎及先世避地者居此俱不可攷時蓮輝復攜茗菓至同衆席石上作茗飲飲未竟山氣縷縷從峰腰奔上

衆谷助之遂作濃雲捲拂古松石罅間不卽去衣爲濕少頃雲稍薄日色從雲氣中映出青碧紅紫不一色如螮蝀影眞奇觀也余笑謂沙彌雲則有矣雷聲安在穴西有懸石廣方丈面平如拭可書字而路絕不通峭壁斷岸下臨無地望之意惴慄如欲墮墜友人陳謙子善大書喜探奇因以繩貫腰自山頂下懸題留雲處三大字擲筆而上余嘗讀名山記岱巔有無字碑其石不知經幾千百年從有字至無字此石不知經幾千百年從無字至有字皆石中一段佳話也因記其事並題年月

及同遊緇白十一人姓名於壁

策山記

張　相　公卜州人

策山白馬將軍故址山勢峭壁插天上有浮蓋方圓可數尺許能容十餘人下闢小徑止容一武山北怪石崢嶸不能上山西南頗夷坦山曲羊腸行者躅躑戊子秋七月土寇煽亂余禱於將軍廟吉攜婦子聚鄉勇結砦於上韓參軍駐節蘄陽連營黃城河與山勢相爲犄角已丑正月賊乘嚴寒大舉入寇綿亘十餘里余抱鼓峰頭鄉勇登埤莫不一以當百自辰至未衆賊死者不可

勝計我兵開門追約十里而還韓兵亦追及焉賊遂退三月既望賊復舉來戰立三十大營於山下余分門巡守相距三晝夜賊漸逼以火箭焚砦中草屋余尅以水火不害余復以大砲擊其營發皆中韓參軍復繞山北來絕其歸路賊死者過半後不敢出秋七月余率衆下堡各事本業土人思茲山德不敢忘重新廟宇於山麓以垂來禩

蘄州署中小山深處記

顧　澍　伴葉州牧

小山朗麟山在州署後靈秀之所鍾毓爲一州弁冕中有連蜷雙桂昔人因以名焉由是門拾級而上仰見古樟樹三魏然高聳殆數千年神物其他秀而繁陰者亦無不材木衆綠中一亭高峙爲古四見亭余易名試鑑者折而東老屋三楹左爲水雲軒右爲舫齋規制樸質無時下華靡氣余任蘄閱三載矣歲屢豐公餘登眺於此以領江風山月之勝屋之朽者扶之缺者補之有更名無改作舫齋倚叢桂顏以金粟影菴舊額即此意也而樹老花稀草肥艾瘦余初到時見此景象心竊憂之夫治之理也先理其勢絲政之平也先平其缺陷爰補

植牡丹玉蘭碧桃文杏之屬凡數十種且蓺蘭蓄艾名與實副花時嚴戒攀摘懸小牌俾蒔花人守之若護花旛焉並製小山深處四宜詞四宜者宜詩宜畫宜度曲宜焚香默坐是也屬同鄉金君葵菴爲之圖榜𣗳暑備每當金粟花時天香在林月華滿地疑非人間世也余攷修葺此間者虞山錢長白德會稽胡三公外指不多屈三公後來遭際雖殊而皆自蘄陽遷擢以去不可謂非此山呵護之靈矣余因重書小山深處額記顛末於額之陰以自勉且以諗來者然而山其小焉者也

傳補遺

李僉事傳

劉醇驥（千里　梅川）

夫氣烈之於人豈不甚重哉吾鄉蓋盛傳蘄人李僉事死賊事方崇正末年海內蜂屯張獻逆猾渠也自秦中起專殺人泄其怒爲戲癸未春襲蘄城大風雪中破遂屠之特峻令索捕貴介士大夫俾無種事急士大夫逃遁不得已俛躬崩厥角纍街巷呼籲哀痛作可憐狀涕泣滂沱冀幸免而僉事獨以不屈先死僉事名新號卽巖萬歷戊午鄉舉始仕直隸潛山知縣輕徭賦省刑興除邑利害甚著政聲遷南京南城兵馬司歷北京戶部主事奉差臨清關鈔臨清京師咽喉也四方商民絡繹舊有舟稅車稅僉事曰一人也舟車更運可再浚乎舟稅如舊車稅免之時國家軍興用浩煩上聞驟有裁省以爲作紛更匪恤國降俸三月僉事據實抗疏辨竟車稅免轉員外郎中崇正十三年出授陜西按察司僉事分巡隴右部秦州秦州古天水郡用武要地時正值流寇猖獗當事者度僉事才智堪辨遂授以監軍僉事感上恩從役行間布籌策馳介馬晨夕健兒劍客輩起居

器械城守備具秦州部內以安當事方亟深重之而僉事素性孝見世亂念二親甚以侍養告歸蘄迨癸未而賊獻逆破蘄僉事爲賊所執則挺襟而立厲責之而賊也往監軍鼠輩揮厮養獮諸莽而何敢遽無禮賊見其盛氣亦懾之至賊帥獻逆所獻逆踞坐責以屈膝見如衆人禮僉事乃氣怫憤面赤火咤咤嚼舌指賊大罵曰賊非秦人乎我朝廷憲臣列營門植戟臨金鼓秦中汝縱無上我靦顏何以答天子北面汝所難我一死耳余家具在指其父曰我父指其母曰我母指其妻若子曰我妻我子俎上肉狼籍惟所毒之賊帥大怒竟刃其父僉事抱父尸而受死母妻子從之靡遺脫者賊甫退乃盛傳之曰李僉事云李僉事云（芝在堂集從陳愚谷刪本）

劉菊潭先生傳

車鼎晉（邵陽人）

公諱遐祚字青子號菊潭亦號菊水父臣贈祖顯儒多隱德公七歲避冦山谷間卽能抱六經性理書大父喜之甚年十七補諸生登癸卯科鄉薦初授鄖西縣學教諭以外艱歸服闋補興國州學正州庠有盧姓父子者仇家誣陷俱繫獄公憐其冤力白刑官得脫後持三百

金來謝公拒之曰我非乘而危而邀而利也速持去丙辰陞常德府學教授時太孺人春秋高不能遠涉洞庭公上書有司乞終養不可辛酉科公以麟經應貴州省聘闈中有禮經房考官患目疾以其卷屬公閱共得十一人皆知名士黔撫大喜宴鹿鳴時手書楚黔文伯額旌之大主考稱爲理學鴻儒更以濂溪接武額持贈已巳丁内艱服除補銅鼓衛學教授公歷四學所至惟以文章品行相砥礪分俸以佐寒士膏火凡經其拂拭成偉器入清華者指不勝屈前後兩居喪皆哀毀骨立廬

墓三年外人罕得覩其面告歸十有一年州廉僅一見後進有以經義心性相質者輒津津樂育不少倦八十一歲卒卒之前預知逝期爲文自祭自銘自招詩文著有自然天扇和堂集且藺賦鄘渠薈蕞武陵遊騷經句解楚俗方言義類若干卷四方學者咸以誠正夫子稱公云

龔氏義莊捐欵序

胡　敏　遜甫

庚子秋敏以秩滿至省與本邑鄉試諸同人晤旅邸話舊無虛日道邑中賓興費咸推龔何二家不衰座客某云龔巖山之孫又有志復捐以助不足舉座歡然囑敏敘其事敏少從鄉先生遊聞巖山之行甚悉今承諸同人屬其何可辭先生名達字明夏巖山其號也世爲蘄崇居鄉人代敦儒行多陰德至先生少習舉子業不售入上舍赴鄉試又不售遂絕意進取居家以忠厚濟人爲念州北八里湖鉅津也爲本邑往來必由之路夏秋水漲瀰漫數十里臨流皆病之先生捐巨舟四置田租二百担爲久遠計並勒諸石其他賑孤貧施棺木建橋渡一切益人事靡不爲之先是邑有何君捐賓興租百

石先生聞而義之復慨然曰予欲步何君後塵將花園壩田租百石捐助賓與已入通志先生生丈夫子二長如鈞肄業成均先先生卒次玉就理問銜侍膝下先生恒以存心爲訓捐館時執其手曰讀不盡者詩書行不盡者好事女其勉之此可以知先生傳家之得道矣先生卒吾邑讀書士咸爲文以祭之其傾動如此遠次君理家政仍不改先生之行今二孫又能繼志長蘭亭工吟咏手不釋卷不異經生家次中亭英明慷慨二君友愛怡怡以毋墜前緒相戒勉祖若父所已爲者恪守之

未爲者推廣之其於桐見灣建浮橋於聖廟長供香火費又於白頭嶺皋口山界嶺諸崎嶇道開劈而修理之工經兩載費逾千金庚子辛丑連年饑歉道殣相望爲之平谷價穀不繼復在遠地重價貫米歸售如所平價以故鄉人遇凶年亦如樂歲至於施棺木者五百贖鬻妻者數人諸如此類可謂善繼先人之志矣此皆敏見聞所悉而蘄人士樂道者今復有賓興之舉其祟重士類不更有加耶夫尚義難累世尚義尤難先生後先繼起是殆可傳也嗚呼觀龔氏子孫有志者其可奮然興矣

李氏兩世雙節傳

潘克溥 澤農 州牧

節婦郝氏李復椿之妻州貢生輝國君之女也幼習女箴夙遵姆教年二十于歸復椿血氣方剛膏肓遽疾病亟時以事舅姑撫孤兒爲囑氏含淚諾焉是年方二十七長子效貢纔五齡次子卜臣纔二齡也於時上奉下撫治內兼外形骸已槁木矣乾隆乙巳蘄大饑里中汪氏不舉火者數日氏時亦取給郝家十分其一予之汪氏數口得無恙其苦也如此無何次子卜臣以攻讀成疾終妻龔氏年二十九氏誓不欲生累日勺米不下咽郝諭之曰吾與汝命一也吾之不爲汝翁殉者徒以堂上親抱中兒汝亦有李氏一塊肉在獨不能爲我地乎龔氏勉從姑囑其事親之孝且恭也與郝氏同子元度年甫一週襁抱身劬提攜手瘁就傅之年寄舅家攻讀未嘗以孤兒寬也後元度入郡庠氏之訓子與郝同而俾子有成又郝氏所未能得者也黃州守楊星珊先生爲之傳已詳桐雲閣集中嗚乎兩世懷淸一家慕義巾幗中有人如此其可以不愧鬚眉矣

蘄州志卷之二十二

知蘄州事夏津潘克溥纂修

藝文志

古文

國朝各體文十首

序二十二首

修蘄州儒學廟序　顧景星黃公

順治十一年詔天下郡縣學廟兵火廢者有司能捐俸修建皆得疏聞命吏部紀錄十六年己亥刑部丹陽楊公以按察司副使駐蘄右文轄武爲

天子使越明年軍府城郭繇役利病罔弗釐舉德道禮齊率先有司計所部郡縣之有學廟凡四十有四而蘄則所駐邑故首修之州守遼陽王公仔厥任官茲土者咸出廪祿鄉大夫士游於是庠者醵貨力勸事而楊公以文屬景星按學與廟本二古有學無廟釋菜奠幣即於學漢太學闕里始立廟六朝仍之北齊令郡學立孔顏廟此郡有學廟之始唐武德初郡皆有廟未及縣貞觀中許敬宗奏天下州縣置三獻官他如立社開元三十七年詔諸州廟立十哲七十二賢位爵公侯伯有差其後州縣莫不有學學皆有廟然邊徼下邑多無之晚代衰亂庠序頹圮或學廢而廟存以故唐宋文士之碑記多言廟不言學洪武二年冬十月辛巳詔天下郡縣學廟並建嘉靖十年改大成殿曰孔子廟有殿有廡有堂有齋有庫有閣有亭殿廡以祀聖賢閣以尊經庫以藏籩豆琴瑟亭習升降麗牲醴堂以講論齋以居教官及生徒之來學者歷代禮儀至是釐正猗與盛哉久之郡縣學仍空名士鮮游習禮教不行而士風大壞吁足悲矣

兵火以來鞠爲茂草所謂空名者又十不存五蘄之學舊有朱元晦教授廳記洪武初知府左安善摩朱書體刻於壁錢敏王坦趙應隆莊輙數公先後修之崇正十六年正月庚辰賊燬順治五年按察副使山東范公鳴珂始建殿九年曲周王公顯築垣芟薙草萊材甓不固隨就摧敗無廊廡堂齋物力之難不可歎哉雖然使邦邑無賢鸞髦之鄉非廢廟而鴻都之門亦有學如其多賢則杏壇泗水不必宮牆素木瓠葉可當俎豆餘是以言德教盛衰豈系於是

天子右文楊公用咨
天子鄉大夫士宜用咨公景星敬書册端以復

蘄州儒學合社序　張士淑 耳聖

古者民間俊秀羣萃學宫每月吉師儒一道考藝及三
年大比鄉里復上其德行以興賢能不先六德六行也
自西漢以文學舉者十七八而士始思以文章進策於
天子者曰賢良方正察於州郡者曰孝廉茂才上八未
始無崇節正誼之意然行之既久上求以實下應以名
故賢良一科應詔者每對輙百八詣公車上書者歲復
千數而孝廉則萬家之縣無應令或闔郡不薦一人豈
非賢良策對文字或可緣飾而孝廉非實節著炳莫可
冒稱與方今天下以制藝取士士苟非工於文辭卽有
曾史之行由吏之節將無以致身通顯然春華秋實家
丞誠其探志平淡聰明人物誌其先後柳宗元劉禹錫
一代才子以行節虧損卒被擯落吕顒浩謂淩夏詞勝
高宗卒有九成安見工華葉者必得而敦善行不怠者
文采不表見於當代也夫方區俗習醇涼固由風土然
芹宫藻泮之間黨比相漸其功正復不少昔本初之際

太學生徒至三萬餘人其時士習浮詭至晡蘭臺漆書
以合其私文儒術益衰凌不進郭有道身勤翦拂所至
輙勸遣就學如茅容孟敏諸子卒成名儒王彦方陳太
邱東修潔身化行里閭鄉黨耻為所短東京多獨行自
好之士諸賢羽翼匠成其功曷可誣也蘄郡山川秀衍
雨湖鳳岑之内水清而土疏其俗可進於為善我念尼
王夫子振鐸三楚進蘄士而教育之命集一郡弟子共
襄文事考藝之餘益勉行自勵以求進於古賢之列且
令郡有司廉其淑慝月一上聞不以淑不肖俾長社事
其嘉惠後學懃懃懇懇意念何無已時諸同人誠共登
大雅則有夫子社約士鑑諸書在勒之學官等如蔡中
郎太學五經石碑永作條範則書升論秀者將必及焉
又匪獨歌嘯臯澤踽踽獨行君子已也 雲溪雜著

蘄父母金公德政録序　盧紘 元度

嘗讀漢天子褒美循良詔曰安靜之吏悃愊無華日計
不足歲計有餘吏民同聲謂之不煩竊意吏既安靜矣
且無華矣其於一切飾治之具必多所簡畧而希合上
旨以博能聲矜市驩虞以邀浮譽尤其所不屑者然而

至誠所孚實蹟莫掩至於天子亦諒其悃愊吏民亦信其不煩詎可謂安靜之治初無赫赫動人之聲果終不得與文飾治具者同以良吏見稱與蘄守金公小泉始由晉洪洞令擢移茲土治幾二年矣甫下車他務俱未暇舉惟推本至誠求民所疾苦利則興之弊則釐之然公始終樸畧少文民士相安爲固然而謂猶是平平無奇者紘初令新泰距蘄二千餘里聞風而悅之曰公之爲治殆漢之所謂安靜者歟遲之又久當必有異未可以尋常測也甲午冬仲方適粵西因便過里而謁公一

見若故且爲披赤道欵言言皆切治要因語及免荒一事於奸蠹積弊洞如燃犀其初有小民所便爲奸蠹所大不便者以是肆爲譸張說俾公德意不得遽宣猶令窮谷深山疑信居半惟紘親聆誨命曉暢厥旨知公若是斷斷而言之必若是斷斷而行之將使始之疑者終歸於必信始之信者益得所不疑所謂日計不足歲計有餘者其效固如此也居無何彭毛兩庠博率諸弟子謀之紘曰金公之治吾蘄不異治洪洞人至今歌而頌之而祝之胡吾蘄詎洪洞之不若豳甘棠雅化南國遺風吾楚人於歌詠盛德之事原自未殄茲於金公之爲治而可無一言以繼厥美歟吾子儼然薦紳之列宜爲一辭之弁以爲士民倡抑揚扢休風誼適當也紘應之曰唯唯微若言懿德之好已有同心矣因讀洪洞頌德錄題首乃太保覺斯王公所制其所以德公愛公者與紘所見尤不謬以是既不能已於叙述而並繫之詩歌以附康衢之末但計三年報政之期公當不久受褒美之詔且願致辭仰爲當宁告曰吾蘄之得金公不啻襁褓而安之矣無以廟堂須人故亟奪公而去俾蘄民猝失所天則幸矣

修龍磯寺序

顧景星

江漢合流至大別山有禹功磯南爲黃鵠至赤壁洪流稍北汪泿淡漫二百里至蘄春勢欲衝薄有磯焉曰龍眼水大輒砥柱江中如金山小孤江過是漸南引而東形如半環中流有洲是爲鴻宿洲盡則又有磯曰浮玉與龍磯東西峙所以畱馳波而駐淑氣而麟阜鳳麓歸然若冠冕出城內者得此捍衛焉龍磯勢尤壯春水方高秋濤未落西面而望滮滮沖沖顧讓不前近在十步

狀熊欻作湖𧉯澎臯汨从日音覓漏坌擲濟泏湫碕靁輥飇颱始若有忌旋若有畏疾趨爭驅然後按轡水之情狀然也上有寺始熙寧中王師南征載軍仗數十艘風急浪惡龍伏舟中所謂江湖小龍是旣克濟詔封順濟王立祠致祭土人亦遂祠於磯嘉靖末增高篔寺雲甍雨椽風鈴露板矗矗波際正德時霸州賊順流下商賈倉卒捨舟匿其中賊畏其險竟不上崇正癸未寇至水暴長賴以活者又千人磯有功德於民不獨風水捍衛而已且夫南宋時王玠爲孔彥舟幕客不從彥舟叛彥舟

怒沈玠並妻子於磯王彥明不降元自沈磯前今岸北烈士廟是弔澋水之彭咸想胥江之白馬短歌長歗泣下沾襟烈士廟前年風雹毀鄉人修之寺未有修者水勢旣迅百斛之舟牽挽難上而老僧漁父輕刀俗作刁片槳晨暮致少薪米或間放無事之人喜煙波濤瀨逃囂避暑間一至焉總戎賀公時時來葛衣羽扇與緇袍竟日以此知公之賢而又倡議修寺謂不肖曰先生曷爲我序夫公以武功捍衛一邦而有叔子峴山之興可無述乎於是敘之他日落成卽以爲記

胡蘭亭先生鄉黨義考序　陳詩愚谷

考證四子書有全經有摘錄全經之盛傳者前明盧齋蔡氏圖史合考一書寻類考所由昉也摘錄之盛傳者近愼修江氏鄉黨圖考一書蘭亭先生義考所由昉也鄉黨論語二十篇之一而朝廷之大起居之細飲食衣服宮室車馬之繁且賾罔不畢具而言人人殊紛如聚訟其失有二端焉禮惟燕朝爲有堂而或以爲治朝黃衣狐裘爲息民之服而或以爲蜡祭此則蔑古之失也註禮者以天子外朝在庫門之外例之於諸侯而不知

庫門卽天子臯門註爾雅者以天子之屛在雉門之外例之於諸侯而不知內屛不同於外屛至於孔註以緅訓緅乃於絳色爲合而必拘考工五入之文魯論讀瓜爲必始與葵羹不觸而必執玉藻上環之訓此又泥古之失也二者之失蓋雖江氏亦未能免蘭亭先生去短集長折中求是視江本爲優而先之以本義次之以考證章解句釋按部就班使承學之士見而了然蓋又有江氏所未及者則是編雖摘錄卽以是通之全經亦何不可之與有先生舊有四書輯說禮記篹錄諸書皆以

簡帙繁浩未及板行而先出是編以嘉惠學者故爲之述其梗概如此

陳愚谷四書類考序

張方理

元儒朱允升氏著四書通旨一書於四子所載人物及古今制度經書名類一一分門別類說者病其大繁而全書纔得六卷則又病其太畧而薛方山氏有四書人物考四十卷明卿陳氏有四書備考二十八卷而坊間盛行之圖史合考則又嫁名於虛齋蔡氏其紀事也或闕而不全無以見其終始其纂言也又雜而不貫無以

觀其會通予嘗心焉病之嘉慶元年再知荆州延蘄州陳工部愚谷主講其中又爲購十三經註疏與二十一史以資士子之考訂予亦時以公餘詣院與諸生相切劘而患夫書籍浩繁或未得其要領也一日愚谷出其手輯四書類考示予予取而閱之於經書名義及古今制度有綱有目有子目條分縷析原始要終於註疏之菁華先儒之語錄鉤元提要采擷無遺又別爲人名考二十卷有紀傳有編年有前賢之論斷向之所病於諸書者今皆豁然有當於予心矣喟然歎曰觀於類考可以窮經矣觀於人名考可以讀史矣然則是二書者豈非學者之津梁與人名考嘗以活字板行世流傳未廣茲類考三十卷學者恒鈔錄爲難予乃出淸俸以佽之俾付剞劂氏以廣其傳他日書成將并人名考梓之以成全璧云

黃公說字序

趙嶷 國子

嶷讀中庸釋同文之義明乎王者御宇以書爲應圖受籙相符車書混一倫物合軌如此其重也書以言理契以信事官漸緐而治漸紛事漸衆而察漸廣更姓改物

時義爲大五帝有雲穗龍鳥之書表於紀官唐虞三代各有制字星歷久遠遂就晦昒周禮六藝隸保氏與師氏董教並重又史有專官故郁郁之盛尼父歎焉迨王迹熄於春秋六國紛紜文字各異下逮嬴秦斯邈古文變爲小篆八分隸楷迄乎東京雖學童有教受官有善石經有勒仍多所謬妄劉歆蔡邕駁正未就是以終漢之世不能追古魏以後崇尚隸草書法盛而字學愈晦六朝南北濯於車書之判而唐宋祕閣亦止筆法相高有明洪武道統混一命宋濂等定爲正韻亦可謂整齊

簡雅炳烺昭著者矣然而取裁未廣明於俗書背小篆
之譌而不知以小篆正俗書之義後有訂正正韻洪武
通韻廣收古文雖經頒分未甚流傳世不得而論之矣
永樂中命解學士姚少師等編緝永樂大典其書浩繁
至二萬二千九百卷目錄六十卷藏於御府文樓大約
以分韻爲建首每一字輒數百紙惟在廣徵事文六書
義闕疑舊承家學字學有編迄三十年未敢卒業己丑
秋晤桐城方密之以智於枝林辛卯冬又晤於蒼梧於
時倉皇戎馬逮密之托跡黃冠寄命圓頂始爲疑言所

撰通雅大旨後二十年乃見其書雜論音義釋詁小學
諺原頗稱詳至通古今方語之參差精字母音文之轉
變亦罕有之書也丁酉秋晤張爾公自烈於金陵之道
濟堂出其字彙辨疑謂爾公君著述每用辨字既犯物
議亦數見不鮮爾公遂易名正字通謂其旁通事理以
附於通典通攷之別例云因疑談字有所取證下索存
編謹以所閱字彙數百字報爾公起例中參輯諸家有
方密之趙國子姓字後廖氏得之改序更例姓字泯矣
歲月荏苒烱烱在懷方從青原而示寂張托廬阜以終

化壬寅歲覯蘄州顧黃公先生於愚山施使君淸江署
中見其詩文盈笥累卷聲響則鼉鼓龍鏞瑤簧寶瑟色
象則岳雲海樹鏷金淵珠蓋其倜儻非常故其學力智
辨相符也疑三歷江漢茲得重覯於武昌有黃公說字
一書疑驚喜踴躍受而讀之一端紬繹不勝引繩探其
蘊奧未易更僕僕嘗竊論字彙盛行七十餘年緇流雲
水亦必束同梵策正字通出有功於前賢黃公說字出
有功於萬世黃公於梅張二氏人未謀面鬼可通神使
說字大行爲前人掩愆彰功剔微闡義此顧氏之心而

亦梅氏張氏之心也自十三經注疏而外則字學之引
繩切墨厥惟難哉非若他書之有可逃於恕也夫文以
顯道字以顯文學以證字字學之家必融會羣書始求
至當先生經神學海淹貫百家署曰黃公說字蓋自命
之矣於戲車書混一今此其時先生曾赴徵車卽懇辭
還山力疾著書以傳後世覘諸作者較何如哉

蘄州志序　　盧紘

國有史盛衰之迹寓焉柱下是掌而彰信闕疑其職非
賢人君子莫任也家有乘高曾之矩存焉譜帙雖傳而

辨統正分其事非孝子慈孫莫主也至郡邑之有志義亦與國史家乘同而任之主之爲較難者則其職既無專官之設其事又無世守之傳其葺而修也遠者或百年近者或數十年見聞既多曠缺而力憚於旁搜欲任此而勞且歸之取舍易涉偏私而議撓於衆奪欲主此而怨並隨之夫欲任之主之矣仍有意乎勞是辭而怨是避求志之能修不可得也若吾蘄當荆楚之末服控江漢之南流阨塞要害於是乎憑攷在周時號爲方國其易而爲郡爲府爲路爲縣爲州則後代事也既名國

矣則君此者亦當在千八百執玉之列而何竟荒忽不可稽也以此推之則其間名號事蹟所爲沿革變遷不知凡幾遠者誠莫救其荒忽而近者固可任其闕畧耶地乘燬爇代値鼎新於此而不亟爲興廢舉墜之圖則荒忽者益見其荒忽而闕畧者終成其闕畧矣凡生茲土者孰能無心紘雖不敏間嘗與蘄之士大夫咸有意乎任之主之而求遺志於舊家所藏已不可復得乃歷官齊魯燕粤之鄉於凡宦遊於蘄者徧求其所藏而亦不可得然則紘之用心亦已苦矣壬寅冬紘宦於吳偶

謀於錢農部三峰因其先亦曾宦楚者三峰告紘曰吾將爲子求之一日以全楚志黄郡志蘄州志見示云是邑之毛氏子所藏夫以十餘年求之不得諸宦族乃一朝於毛氏子而並得之固知志之見也不偶而獲重修也有緣能無幸慶按舊志凡三册卷十二爲例凡二十有二修於明嘉靖三十一年兵憲括蒼公爲之序序載志之修州守崔君爲之經理鄉先生王公賓雲郝公湘東董其政鄉貢士陳君龍坪高君紹崖楊君蘄南庠生田子藍鍾子沂佐其成舊志之因則嘉靖己丑州人甘

君員菴所募輯夫自己丑迄壬子甫歷二十餘年而修之必合衆賢之長時當治平尚不甚煩搜輯其於斟酌損益猶戛戛其難之矧自嘉靖壬子及今計已歷有百十二年舊志之外典故所存長老所記又無可深攷蘄人士凡有同志於斯者又散處各方而不獲聚紘且以一人寡聞窺見毅然欲獨取而任之主之其爲難也更倍紘固無所誘而於其闕畧近而聞見所及者則直錄之遠而莫之或詳者則以一統志三楚全志楚紀黄郡志參補之或見聞所漏又爲諸志所未備者則致書於

蘄之士大夫博稽而互訂之反覆校正期必成可信之完書良以失此不修終遺廢缺然則紘之用心又甚勞矣舊志分紀事類悉無所改惟建置有時事已更昔宜詳而今宜畧者稍芟之此紘之不得避其怨者也民生所關莫如丁畝今淆混特甚告有所歸而直書之此紘之不得避其怨者也凡仕於土者治績可稱則公道之存雖爲泯没餘則付之不議此紘之不得避其怨者也鄉賢節義亟宜表彰以光編錄然所聞未確未敢妄書寧闕其文以俟來者此紘之不得避其怨者也蘄城之燬實由内釁萬家慘戮禍首漏誅書無所諱此紘之不得避其怨者也夫於勞既無所辭而於怨又無所避可以質之州人士而共信其無他者惟是存心之公焉耳然則此志之修方諸國史未敢自居爲賢人君子方之家乘尚欲自託於孝子慈孫也歟

重修蘄州志　　錢

蘄州黄之支郡東漢爲蘄春國明爲荆藩重地居荆服下流山川形勢素稱阨塞州志修於嘉靖壬子迄今一百十二年載籍蕪廢州人盧使君澹巖有志補續搜訪於兵燹殘破之餘久之獲舊志於吾邑故家手自排纂發凡起例拾遺補闕於是蘄之掌故燦然臚列蘄志始得爲完書矣余惟郡國之有志名曰地志實則史也有唐元和以後地志始盛宋人撰地志者吾所及見則宋敏求之長安東京二志程大昌之雍錄范成大之吳郡志陸務觀之會稽志詳畧得中具有體要有明地志盛稱康德涵之武功王敬夫之鄠縣都元敬之練川顔惟喬之隨州武功鄠縣練川近古而太畧隨志畧於隨而雜舉時政非體也使君有良史之才留心蘄志輶軒所至廣咨博訪如楊子雲所云把三寸弱翰齎油素四尺以問異語歸即以鉛摘之如槧歷載搆綴以有斯文文直事核有倫有要其事則蘄其文則史當與宋程諸公抗行後世豈不偉哉余嘗習乎楚之故矣黎爲高辛氏火正以淳燿惇大光照四海故命之曰祝融其子孫實光啟土春秋詩禮樂故志訓典之教則申叔時志之三墳五典八索九丘之書則左史讀之韓起見易象春秋曰周禮在魯楚兼之矣自公羊子斥楚爲南夷而宋儒解一匡天下證明其說余詳攷之詩所謂蠢爾蠻荊畜

毛萇曰蠻荆荆州之蠻范曄以爲長沙九溪蠻也孔子稱齊桓一匡天下爲其伐山戎斬孤竹非爲包茅征楚之役也宋儒承公羊之誤合蠻荆而一之使祝融明德之後與盤瓠犬戎之種共襲南夷之號春秋以來冀軫鶉尾之區蒙氣未雪此亦楚人之責也使君今之申叔左史也其亦以蘄爲職志徵文奮筆爲三楚一洗之他日將爲楚語爲楚書而假余言以發其端余請執簡以竢焉

蘄州志序　錢銎

副使盧公濬巖官蘇時於余家得湖廣通志黄州府志蘄州郡志遂以書詞往復於蘄在署修成盧志前輩勇於任事如此余先世秀峰仍峰公兩宦於楚視楚直如一家楚中所得諸文籍如守家珍子孫不敢壞故諸志悉存余家是盧志成亦余先世意也盧志後九十年間文獻漸就湮没而余又適宦於蘄責有所屬余不敢辭聘請名儒開館纂修復得成今志蘄故多世家顧黄公博極羣書所著白茅堂考據精詳於蘄事尤密黄公不仕號召生徒人材畢出各有著述故事文倍於盧志又盧志人物自甘志郡志歷數百年今志纔九十年人物亦倍蓋我

朝愛養教誨薰陶涵濡人爭自濯磨義士孝子節婦十室必有則我

朝功德及人邁於往古者卽今志人物可見矣余宦蘄承今郡守李公後事治人安不費經理得以其暇興書院徵文獻是志成又皆李公功也

重修蘄志序

往余守蘄州得盧副使紘所爲州志愛其文博而事贍

公餘未嘗不往復觀之及聞其書成於江南官署又未嘗不嘆其任事之勇雖簿書錢穀應接龐雜之會而粹然能自立言如此其才固不可及也方今距副使時近百年

聖治涵濡人文日盛士夫卓犖可傳之事日益多郡縣舊有志者重修無者創輯次第並舉蘄志自副使後無復踵其事者余守蘄幾二載愧無副使之才遂亦不能竭蹶以從事其視修志固有志焉而未之逮也乙亥春州守虞山錢君迺始招集文學之士因盧書增而新之富體

例慎去取親為釐定非苟作者余聞君先世與副使以文章交好州志舊本散失得自君家秀峰公副使乃得據其柢本成書而錢某公為之序是蘄志之至今存固君先世力也及君至蘄蘄志又成前牧是州者或公冗不暇及或議定而終止數十年因仍闕畧以待夫君之為之淵源相繼豈亦有數存焉於其間耶然蘄以繁劇之地中智以下類不克勝任君既治之裕如而兼能以其餘力著書覩副使在江南時何如哉書成問序於余余既嘉其任事之勇又喜其卒有以成君先世之志以

為守蘄者文其陋故條其顛末歸之蘇子云物莫不始於粗而終於精副使舊本善矣今復監而加精焉而事文皆增於舊是又其勢使然也

風水本義自序　　袁培松康千州人

利欲之溺人心也久矣學者昧於義利之辨營營逐逐謀所以利其身者無所不至至於送死為事親之大事亦復不揣其本而術士風水之說從而乘之於是因以為利者駸駸乎日新月盛沈迷而不自知其與佛老之徒以福田利益簧鼓天下者何以異哉夫天理人欲同行異情葬親而求其體魄之安者義也無所為而為之者也葬親而冀其子孫之福者利也有所為而為之者也義利之辨其端甚微而所係於人心風俗者至大吾夫子喻利喻義之說所為深切而著明也培松屈首受書粗知義利之別欲一一辨而正之顧千緒萬端難更僕數端居多暇且即送死之一節稽之於經諏之於律而一證以儒先之說輯為風水本義一書以明葬親之本原以正術士之妖妄閭里間有索觀者所不惜焉誠得其說而深長思之則義利之辨當有曉然於人心者

嗚呼豈獨此一事為然哉　竹隱園存稿

湖北金石存佚考自序　　陳詩

自歐陽氏集古有錄而繼是而作者體例益加詳焉有全錄其文者洪景伯之隸釋隸續都元敬之金薤琳琅是也又以地分以類從者若王象之輿地碑目及寶刻類編是也踵事者增華代出者後勝亦理勢之必然者與

本朝鎮洋畢秋帆先生撫關中調河南皆有金石記已而節制湖廣甫下車檄委德安馬通判徧求湖北十一府

州已乃以漢碑無一存者遂爾中止而予意則有進焉漢碑之佚嘗歐趙著錄時斯固未嘗佚也歐陽兩家既已跋而錄之矣洪氏又全而載之矣今以後此之佚而并曩時之存者置而不錄是碑之佚非獨時爲之而又自我而爲之也其所佚不旣多乎歐陽公謂集錄古文可以考証史傳異同予以爲不唯是而已一代之典章一鄉之文獻往往有史傳所未及而藉遺文以傳者輙推此意凡碑之現存與碑之雖不存而文見於他書及本集者咸輯而錄之嘉慶甲子業據所錄載之通志中

矣十餘年來所見所聞又有進於是者爰與同學諸子裒集成編以地分紀以類相從得卷二十有二所有跋語亦復重加改定夫間於遺訓咨於故實此正學者事也敢曰嗜奇愛古繼跡洪歐也哉

李東臯詩序　顧景星

東臯既解組歸里老眈吟咏毋手書成帙輙用示余反覆咀茹有味乎其言也夫詩貴有品三百篇作者未嘗主名而本事成篇因心造語非有緣聲襲體刊短挈長而七情著焉百度存焉變而爲五七言爲樂府歌行近體始各有主名鍾嶸立論始言品禮少儀問食品曰子亟食於某乎說者曰人情於品味有偏嗜云爾文茁屈芰武鮑齊鱁不與衆同好故足口實焉高廷禮選唐詩各曰品彙品而曰彙通人之言也然而其品各列亦鍾氏之旨焉余讀東臯之詩嘆其有品其爲詩也若奇山遠島窈窕杳冥彪獻猩啼魚跳蛟舞使人畏而不敢入入而莫能窮其蘊蓋其嗜古獨深故能本事成篇因心造語以成其品今夫衆人之所嗜也習而莫易則南稻北麥也羣然大嚼則居釁宰烹也久矣夫詩之鮮品矣

余故讀東臯之詩而曰此東臯之詩之品也

龔百子詩草序　顧景星

錢某序吳梅村詩云詩有不學而能有學而不能有愈學愈不能余嘗不直其說夫滄浪之歌聞諸孺子競病之韻出於武夫偶動於天別無撰著可謂能乎陳伯玉弱冠未知書高達夫五十始工韻可謂不能乎原伯魯不學閔子曰學殖也不殖將落今謂學而不能愈學而愈不能是沮天下之學人而奬其自畫也夫人質秉鈍斂則有之相如腐毫枚臯立就二者誠不可强同而於

學則一也故夫詩有才力品格之殊而未有學而不能者其終不能必也不學乎龔百子少以制藝鳴於有司頓挫塲屋老得貢大廷飛動佗傺無所爲厤乃始爲詩初未嘗學學焉而輙工覗伯玉則遲覗達夫不爲後百子之先草堂先生有重名于古百子其嫡裔也所居羅州故城之東白雲山下有西河東南流匯爲大湖出石穴山入於江去今城四十里百子野服扁舟徜徉遠俗歲不一二入市當年富時裘馬擊劍任俠解紛閱歷亂離撫境異致有韋左司王右丞之風故其詩亦時時似

之至於薑桂之性頭白益堅若加纓茀不爲榮終邱林不爲悶者疑王韋所未能焉寻第四子晨百子館甥故寻知百子居家好學狀而其詩未始問世世亦未之知焉因書詩册之右方以告世之志於學詩者

秦餘草自序

張士淑

秋氣入林木葉就脫張子放開山居感時觸事情往會悲自念生平性躭閒寂懶覩應務家有別業二區一臨清流一在萬松深處各聚古文數百卷每清流沉碧長松發濤輙隨意展讀數篇然畧觀大意不求甚解此自是一生讀書不得力處非故欲效武侯元亮也亂喪以來書籍殘逸張子復不善治生家日落並無相如四壁何從覓古文奇字而當世無蔡中郎即擁書三十乘誰復傾囊持贈者昔昌黎謫潮州尚能從人借得史記一部今生居中原文物之地遂不及荒徼嶺表處念之浩嘆少時知慕古文詞而賦性疎放所作詩歌序記之文脫稿時旋即失去近則亂離播越懷抱鬱鬱筆墨之緣如明妃出塞遠絕漢宮嘗思杜少陵值天寶之亂遠客四川其所爲詩文强半出流離轉徙中因嘆古今人非

獨才不相及即胸次浩落亦正相去甚遠也一日簡敝篋中故紙退筆瘞而塚之忽於敗卷中得往作一帙半爲試牘半爲同社會課把玩一過如逢故人如見所夢因憶曩往與諸同人會業蕭寺振筆搖詞立綴數義酣適之餘或臨流賦詩或登峰遠眺或剪韭夜話今其人半登鬼錄如曹子桓追念南皮之遊何可復得至若臨皋古渡黃鶴離宮昔時錄士較藝故處頹垣廢址蓬蒿沒人連昌之竹滿宮洛陽之荆載道雖鮑明遠賦蕪城恐未盡其凉索也余文向有六六章罰酒篇萬松齋稿

宛在草堂近藝及雲社家社凡數種屢經兵火篇什散逸莫可搜輯始知漢魏來藝文志中載著述家無下百千種今其文或不存或存矣而文無全本非盡書不可傳或亦代經喪亂名山石室之藏半埃滅於兵火灰燼之刼耶文凡廿七首不論工拙錄而藏之詳同社姓氏名號之譜紀臨文歲月地所之變如太原嫠婦情深遺簪若謂五百年必復遇子雲則非余意也

雨湖唫社序　黃利通

詩有以地傳者若宋邕之賦天臺故事劉阮仝仙子懷荅是也地有以詩傳者若王摩詰之與裴廸咏輞川諸蹟是也吾郡蘄陽佳境雨湖爲絶勝而千百年來未聞有以詩傳其地者已亥秋余在蘄陽乃得雨湖唫社詩而卒讀之或曰詩風雅不同體聯唫八人釋鳴菴外七子皆蘄人也是猶列國風各稱其國之謂也或曰若人者皆不得志於時楚之湖孰與洞庭而范文正之記岳陽樓也晴光皓月霪雨陰風墨客騷人望之者悲喜頓易今湖而曰雨取以名社詩人之意亦傷矣而余曰不然由前言之夏蟲不可語氷小之乎視諸子也由後言

之必懽愉之詞難工而愁苦之音易好脫使諸子早爲朝廷達官大人雍頌謳咏其遂不得以詩名乎哉蓋寰宇之湖莫艷於西湖而吳越南宋以後懷古即事之作亦莫艷於題咏西湖廼蘄春李嵩岑先生撫浙時嘗有雨湖不下西湖之語而余爲之廣其說曰賽錢塘彼諸君子者偕方內外合心同道之友際太平之歲月摛胸中之藻采日見夫環城東南一湖瀲灔委紆而漁舟夜月蕩漾於兩岸人煙鐘聲斷續之間境之所至意必至之意之所至詩必至之又何必斷橋春早靈隱秋深始足供人歌咏流連也哉而至於桃花美人之句楊柳竹枝之詞傳與不傳固不足道也家咸砥南晉軍兄弟余既已閱其詩而爲之序矣其爲余言聯唫諸友一皆有古君子風敦行誼尚意氣若秦君汞畿著有愚圃諸集張君子駿著有易齋詩集郭君層岩熊君漢南一著有蒼屏詩文一著有玉山詩稿而兩峰集則李君谷友之所著也李君爲瀨湖先生曾孫讀書芝麓山房即先生著本草綱目舊處上人鳴菴從廬山來駐錫蘄之東山寺悟禪爲詩會詩於禪又不減辨材愚勤一輩人然則

諸君子之以雨湖名社者意蓋不在雨湖也烟消水綠西崖如對數峰山青曲終人遠他日詩之以雨湖傳由湖之以詩傳是非吾之所得而知矣

兩峰詩集序

侯執信

雍正七年

天子命各省大吏選詞臣及其地之老宿耆儒文行重於鄉者纂修通志吾楚齊安郡舉三人以應其一則兩峰李先生也余襄其役朝夕得晤欽其人領其論讀其文心甚偉之通志成兩峰之所輯已呈

闕廷傳之無窮後見雨湖七子集稱兩峰擅場顧以不獲覩其全為憾乾隆六年令長君用枚肄業江漢書院兩峰已謝世矣余時復監院事用枚出其笈中兩峰詩集請余序余撫卷太息悼兩峰之不復聚首而喜得其詩盡發而讀之瀟洒灝瀁咳唾風生若蘄陽竹樹雨湖煙波中有兩峰在焉夫詩與史相為表裏兩峰之志列於良史而其詩亦自不可泯滅且其先人瀕湖先生著本草綱目以壽萬世其曾祖兵憲公以靖難祀忠孝祠禮教之遺淵源有自蓋又非徒事風雅之所可同日而語者流風未遠趨庭如昨是有望於用枚兄弟也夫

黃丹崖北遊草序

蕭楚荊 漢南州人

大凡論詩者謂文生於情情生於理尋則更下一轉語曰若止此常情常理則文亦平常爾反不若無文也每見才子為文常橫口橫筆有一段浩然奇偉之氣學者若以常情常理求之末由得其旨趣之所存故善文者必欲醉盡花柳賞窮江山大塊之內遇有可驚可愕之處發為妙論則如有神助矣余友丹崖之詩亦然丹崖少負氣節足跡幾遍天下今年春偶出北遊草一帙示

予予觀其渡黃河過淇水濁浪排空陰風怒號而萊竹漪漪衛武之遺風猶有存者故其詩汪洋浩瀚而不可涯際過廣武之墟望楚漢之戰場想見其黑雲蔽野白骨撐天故其詩悲狀慘凄令人神傷而膽慄謁端木於宜溝弔平原於確縣入龍擅美高陽三字沈冤武穆韓陵石老依然北魏山河銅雀臺荒空對曹瞞疑塚磁州道望賀蘭山蘇子銘鑴雪浪石一切弔古傷今激昂慷慨無不意遠情深故其詩如寡婦之夜泣哀猿之曉叫凄凄楚楚令人感憤而悲傷向使丹崖杜門不出鄉曲

崟咏不過一邱一壑之間耳若夫天地之奇觀山川之壯麗與夫烈士忠臣之故居舊里殘碑斷碣於何而見之於何而咏之哉予既樂丹崖之詩復多丹崖之遊因序以志之云

陳菖湖時藝序　　程大中

蘄爲州當吳楚之交其土地沃衍其山川蜿蜒盤曲其人重義氣能文章顧頗不好名自宋以來吳龍圖林徵君以後作者代興而文章傳誦當世者絶少其風氣近古可知也

國初顧徵君白茅堂集上下千古獨當一代徵君數十年西軒曹公始序而行之他如李人虎之江麓堂李子疇之澄源錄皆蘄地之可傳者今其書之傳雖有後世之名何益若夫其力可以至行世而卒不傳此豈不好名之故哉將毋自視其散軼而不復收而存之者之使人私恨無窮也陳菖湖先生少以文章名一時其時藝風力健舉往往直似古人尤爲世所推重弱冠食廩餼著聞江漢間已而貢成均久留

京師無不知菖湖其人者顧益退抑自下所作皆私之篋笥不以示人及夫成進士出宰貴池歸老菖湖每一濡毫輒壓時輩或勸之授之梓者第曰徐徐俟之蓋其不好名如此先生歿七年其姪艮報始裒輯其稿屬余點次且爲之序余以爲物之有光氣者雖復散軼不出終當見於後世然及其既出而其物或不完或其物完人莫能名其器或能名其器而不知誰實爲之者皆可恨然則不使其散軼而收而存之者此非後死者之責歟菖湖先生之名久在人口其文亦不待余之稱述然後傳爲之後者之汲汲於是有足多者故樂爲之序嗟呼使夫蘄之不好名者而皆能愛其先世之名其書之傳於世不愈多而其風氣不愈進於古耶

駱商亭務敏齋制藝序　　陳詩

道光五年乙酉八月既望駱生翥秋試竣謁予於歸隱草堂出其父商亭遺稾囑予論定而付之剞劂氏蓋商亭以乾隆乙酉舉於鄉相距六十年矣當是時商亭文名噪甚與同里胡蘭亭吳巳山相伯仲而又得學師應城程拳時塾師黄岡周吉夫兩先生相與切劘而唱和之宜其獨出冠時而有以異於恒人也商亭四上公車

己丑辛卯會試兩膺房薦已而授武昌學官予以壬子歲相見於齋舍時猶未老也商亭所爲文無慮數百篇而不自愛惜隨手輒散去身歿數十年竊思表前人之美掇拾於朋友間積日累月得前所持百四十許通而委予去取之予既夙仰商亭文何容復汰顧嘗讀朱文公學校貢舉之議矣以謂命題必依章句而主司命題於所當連而反斷之於所當斷而反連之附會離合不特家法之不立而已竊所收多改訂生徒課試之作以此別裁使商亭可作當亦以斯言爲至論也故約之又

約凡得五十餘首學商亭者於此取則焉既以序其文而并識其說於此云

王敬之先生序畧　陳　謨

王族與吾族居址相接故世相婚媾而王公敬之先生則謨之外大父也謨三四歲時見一翁龐眉皓首方面長髯聲如宏鐘謨見之即怖畏退走而外大母吳孺人執余手曰汝勿畏此汝外家翁也謨初識之無見翁於庭畔手閱一編進而問曰家翁所讀何書我可讀否公笑曰此司馬資治通鑑也備載古今治蹟汝作文時我與汝讀庶爲有用文章至今公之手澤存焉謨方八歲公與吳孺人間一月而卒謨亦不知公之生平爲何許人及長侍先祖華重公側間詢及公之行誼先祖爲余言汝外祖敬之公少負不羈才任俠揮金如糞土廣交結座客常滿遇知名士必投轄盡歡不屑舉子業博覽史鑑傳記凡六家七畧輒過目不忘每談論古今成敗較若列眉其後際亂離田園荒蕪家道中落及
大淸定鼎乃招募開墾數年遂致盈富是時族人因喪亂各逃散遠邑所有田畝俱荒棄不治而官家糧餉公以

一身承納斯時若任糧募種可益田數十頃而公不取招致族人復其故業給以牛種還定安集之其有功於族衆甚大後又捐所應得之貲買產若干爲祀費至今烝嘗世守焉謨所聞於先大父者如此公生子四其女一即先妣王孺人也生謨弟兄四人忍令外大父之行誼湮沒不傳乎因述其行俾公之曾孫某鐫諸板

引　三首

募修鳳山寺引　陳　詩

蘄州有古刹在鳳山之麓曰正覺亦曰四祖寺四祖開

禪於黃梅之破額山賜號大醫禪師黃梅故屬蘄州故州人建寺亦沿稱之卽今鳳山寺是也寺建於前明洪武初有轉輪藏閣鐘鼓樓爲殿左右翼有僧寮榜曰七葉

本朝順治間一再修之而規制以備迄於今百有八十年矣風雨之摧殘蟲𧓍之剝蝕亦自之漫漶而不鮮積漸使然頹爾如委於是住持明修奮然思復其舊觀而與吾鄉之耆宿文君紹箕商之文君語之曰衆擎易舉盡心力而廣募之勿懈勿耗何患不迄用有成哉乃以序

引見咨於余余嘗愛趙松雪之記九宮山也以謂士食舊德農服先疇而坐賈行商皆不墜其先人之業而各盡其心各善其事則斯文日以新庠序日以盛家日以益富室日以益隆安有壞家毀室者哉吾人之心與佛祖之心其致一也體佛祖之心以爲吾人則吾人可以安居而粒食推吾人之心以爲佛祖則佛祖亦將安享而效靈余故本松雪之意以爲斯說庶幾見者欣然聞者躍然而寺之成也行有日矣於是乎書

西河橋引　李柲

西河在州治東北六十里衆流之所匯也河干卽西河驛緈絡孔道冬春水淺褰裳病涉夏秋水漲加以大風望洋思阻往往公私羈程余涖蘄因公頻渡矚有石橋半亘而圯問瀕河居民云康熙中牧官率紳士所建未竣厥功後爲木梁修而屢壞今用編桴編桴水小大皆難行適貢生袁士昌等以繼修請余曰石橋難成木橋易壞寬砌石以釃水密架木以成梁可以永久夫修治橋梁王政也守土者所當急舉急公好義者所樂襄也因捐微俸爲紳士耆老勸擬覩成有日焉

附 原募西河橋引　張士駟 州牧

謂夫山靈根道河伯稽天泣歧望洋嗟同一轍然而陰平鑿裏猶險縋士載而來華陘梯飈仍計取昌黎而下是則乞天一線還應分猿鳥之路以惠人若夫隔水盈溝豈易向魚龍之宮而借逕毋際棠梟横出之候未免乘旺氣於荻苗卽起伊人宛在之思止可咏閒情於匏葉至若衝當郵遞扼要輪蹏辟水無犀架梁少鵲未容暴虎何所恃以馮河卽若爲狐宜不妨其濡尾最是烏知返樹墟煙欲斷之時騎不飛空溪雨驟來之會狂歌

擊楫難追士雅之蹤決策唧刀慮挫阿童之鋭始聰懷於周道行矣無辭旋太息乎阮途窮而有悔斯時也田單之裘暫煖曷盡彼乎臨淄子產之乘徒勞將不繼乎溱洧所以君子詳稽王政知病涉足以妨民而艮士廣佈福田即利濟無非善果也維此西河之驛是鈐孔道之吭然而扶策而來動低徊於問渡望烟而集輿嘅息於迷津豈其阻衣帶之盈盈劃分大庋聽其抗蝸蠅之攘攘不講成梁斯里民劉楚相所以矢願鳩工抗懷逼道不惜千金盡廢結大願於愚公黼慮一簣鮮終銜凼

恨於精衛欲終慧業丐我微言念其苦行不比枯禪在君子當愛人以德若更着脚皆為實地寍我輩不玉彼於成舌豈徒饒膜期立破行見柳遮春岸紛離緒於翅塵曙起秋原爽旅人之秖矢豈為百世之利固已在茲郎如萬里之行任從此始

按志例不載駢體以西河之有橋自前州牧張公募修始故附錄之

文一首

瘞枯骨文　蔣尚德 德興州牧

明季流寇充斥張獻逆蹂躪楚蜀虐始於蘄夜半襲城恣行刼掠盡驅其男婦老幼於濠邊坑殺之濠遂就湮迄今百有餘載余司牧茲土耆老縉紳以濬城濠請迺詳請興工白骨暴露奠以酒脯告諸靈曰爾生不辰適於陽九獻賊鴟張荆藩失守維爾諸靈或儕旿伍或列簪纓或士以烈著或婦以貞名骸積成山血流為谷天地晝昏風雨夜哭嗚呼哀哉

聖朝受命治逾百年民不識兵革室共樂粥饘追維往事涕泗泫然余涖茲州恭宣天澤利與衆興弊與衆革復理

城濠通商集益爰動畚鍤發爾幽墟爾墟泥淤壓以屋廬爾骨既暴余用欷歔捐貲以收更諸爽塏鑱石勒銘千秋不改嗚呼自古有死兮白骨成塵爾獨罹殃兮曠世酸辛移藏高壤兮庶返其眞貞魂毅魄兮寃孁與親維此生民兮爾戚爾鄰無為厲於茲土兮將終古而不泯

論一首

陳卦峰保臺論　檀萃 默齋

余讀三生瑣談而為之論也曰此役也吾卦峯同年陳

君之功幾出張睢陽上其曰三生者卦峯三瀕於死而究得生天之生卦峯者所以保臺灣也臺地雖隔海漳泉諸郡之民咸往居之如古青州之嵎夷暘谷今江南之崇明沙廣東之瓊州雖越海實爲內地故諸羅以捍蔽臺灣臺灣以捍蔽閩浙粵東諸海疆爲東南大保障無諸羅則臺灣不守失臺灣則海疆諸郡不能安舋起於械鬭禍兆於天地會隙開於嚴煙楊文麟勢大於林爽文卦峯已陞去不肯見事機而委卸因復諸羅而守之臺得不失師至賊就擒內郡以安東南之保障復固

其功大矣而曰出睢陽上何也昔張巡以雍邱令與許遠共守睢陽睢陽不能守韓文公論之以爲遮蔽江淮阻遏其勢終歸以功況卦峯之能守乎其請救不至血書不省則其時之爲賀蘭進明者舉相望也食絕糧盡至於刮地煎硝掘草根煮油靴何異於羅雀掘鼠之危急也猶且旦夕出戰意氣不衰豈非天人卒成大功故曰功出睢陽上也且後人有事矣過前人者當時不之覺也後來宜知之當不以吾言爲不然嗟乎臺灣之禍始於風俗之頹敗政令之廢弛營弁之包庇幕胥之猖

獗相習成風牢不可破使唐令早從卦峯查辦之言毋使滋蔓則禍可以不作禍之既作諸大吏若聽其乘虛直搗大里杙期會剿大捕林之謀首惡亦易於就擒而選輭不前不顧生靈之塗炭卦峯自分必死又以大兵之救而生吏議復欲死之

天恩總爲生之感憤積於胸中著爲此書瑣屑而談以作官臺者之龜鑒也其書質而不俚年月日時紀載之分明地里姓名詳書之具悉其中言曾於鹽水港記湧出大砲二十移巡廳衙門或千斤或三千斤洗出之大得其

用是知善爲政者平日無處不留心也昨者南籠之變亦然賊正急時無砲以禦金君某守城謂曾見總兵署庫有大砲五座總兵不知也查之果得移以禦賊賊退而城全武官專司其事有遺砲而不知文官知之天下事大抵皆如此也至於用砲之法鉛子如碗山崩地裂賊成齏粉女嬰以壓牲血塗而發之他如進步連環長鎗長刀皆械鬭之用瑣叙不遺俾知所考也於漳州有秦光昇者工械鬭其徒甚眾與林爽文不相能林逆最憚之

大兵至有言光屛者卽招請閲軍裝見盔甲與器仗曰此官兵打仗耳非械鬬所用也另爲造之隨過海林逆聞光屛以衆至卽披靡於是光屛得武官卦峯竟陷於重罪自來軍營之功過原不足憑言之能無慨然卦峯於吾爲鄉榜大同年辛巳之春相遇於山東道上因同行時張丈念祖梁君景陽張君宗政及其洲一路懽集以至於京後來予累至其家拜其尊老交其兄弟所居住望天坂祖墓爲雪菴和尚所卜世爲富族好行善事以至於今馬朝柱發覺由於陳氏所保全者至衆終不言

功今卦峯之守諸羅平逆匪沿海諸郡數十俱受其福功德至大子孫之受福更無窮憶臺匪熾時孫補山爲粵督急往駐潮以控制則其搖動內地之勢亦岌岌矣得補山往駐而靖予曾爲頌以寄之吾輩豈盡粥粥無能爲由得地與不得地耳補山得地矣且勇往矣聞之壹似有所牽制不能盡其心意所爲卒鬱鬱以行陣終陳勤齋晚乃發擄旋卽殂逝徐雨松亦然官望雖顯而以迍邅至於道殂言之令人酸楚豈盡得地哉予與卦峯别來久先後俱出予至以竄人羈於滇聞其來牧嵩明庶得合并而卒不果今春予自滇回夏抵鄂渚遇其四弟韞山出此著以相示閲其後海內諸鉅公之所爲詩篇序傳無不備故爲立論以著其功其書指叙無不盡然其中亦多意不盡言之隱是在讀者善會焉時以卦峯容貌動作粹然儒生一値事變刼之以衆臨之以兵見死不更其守雖危起居竟伸其志不忘百姓之憂百姓戴其仁賊人懾其勇此固儒行也何足訝卽予以爲功出睢陽上亦何足訝也杜陵許身稷契人或笑之使得効用安知不建稷契之事功夫稷契倘可許則出

睢陽上亦不以爲驚吾輩諸人補山勤齋晷見之矣吾雖不得所爲而比似卦峯之所爲亦聊以共喜信吾學之不虛云

惜字圖說　陳詩

惜字本讀書人事也幸而垂之竹帛則華裝整軸恭敬而奉持之其或醉墨投稿片楮零章取之朽蠹之餘而投之紅罏轉之清波歸之無何有之鄉亦非有甚高難行之事也而習焉不察者視若嘆唾棄若泥滓有以爲固然者矣王母楊太君心竊憾焉教其子以讀書教其

子以惜字而以身先之其拾而取之也如積金其舉而投之也如觀化於是其子蘭渚心奉之且手圖之而屬諸君子題之詠之披是圖者其有不油然心動者與

贊一首

盧氏二烈贊并序

吳偉業梅村

蘄州盧大夫以其先公殉難始末來告命余文其隧道之石而及弟姪諸婦之從死者因得牽聯書之亦既聞見於余文矣顧惟楊袁二婦死狀尤烈不可以莫之詳也今按大夫之言楊氏爲諸生盧紱妻袁氏則諸生盧震初室紱即大夫之母弟震初其從昆弟之子也楊氏父曰諸生楊榜母朱都梁宗室女癸未正月廿六日蘄城陷賊執紱曁其子晨初令負擔紱度不得脫涕泣拜辭母羅淑人去竟絕莫知所終楊與母并老婢許氏偕陷賊署至北門趙州關楊方在娠賊欲負之走楊紿曰願少舒比我不能行而後負我賊緣道爇火驅脅行値焰熾處楊牽母腕躍入火中自燒死賊嘆息去老婢守之稜日楊頭目猶未盡已隕殰矣審視男也後數日語家人往跡之不復得頭目所在矣袁氏諸生袁瓚第三

女城陷震初父紳與子俱被執袁度不免拜辭祖舅姑及姑夏氏抱周歲兒曰天喜赴井死明日賊退家人具棺木瘞之甲申秋棺爲貍貉所搰和門見袁母子面如生儆儒飾身訖不甚毀改窆於迎山先墓而震初卒未知死所世稱質柔而易奪者莫婦女若也一旦遇變倉猝犯白刃蹈爐炭斷死於前而不反顧有烈丈夫之所不克爲者何歟古者男有教女亦有教功事則閑姆傅之訓行步則協珮環之節所以豫遠燕私而養成其貞一盧氏二婦內外宗雖皆名家見聞薰習通知禮義然生於閭閻非夙有師氏詔之女史書之也非其芳潔得之天性能引決自奮如此歟昔人題清風嶺詩褒譏至召禍譴五代時王凝妻李氏逆旅斷臂歐陽史表而出之以厲世愧俗矧如楊袁駢首捐糜一門爭烈嗚呼可書也已業也不文舊塵詞館以記注爲職敢因大夫之傳信而僭爲載筆若此俾司彤管者尚有攷焉且爲贊詞六章以旌之其文曰

厥初生人取則二儀坤貞應健作配無虧曰惟婦德直信是基豈緊婉嫕廼果實宜孰云纚笄不敵須眉　一章

有美楊袁並出華宗來嬪盧室盥饋克從芳徽藹秘鳳鳴和雝宗周俄隕遘此鞠凶滔天作孽張燕樊崇二章

蕙帳珠簾一朝委地齊姜宋子化爲鶡頳皷哉季芋不汙賊臂投軀鬱攸燎原罔悖祝融回祿扶輪擁彗隍殰得雄爐餘猶覞三章

鬵沸寒泉甓甃圜圍褰裳距躍子母同歸清泠濯身彭咸叟依泥而不滓珠沉澤輝喜遅英皇耻從宓妃四章

宋有共姬待火灼爛今也則楊神耀司爟楚有貞姜漸臺流渙袁踵其武畢命并幹豈無邦媛偷生衎衎曷不顧懷爾顏泚汗五章

凡此義烈壯夫弗如人綱人紀永賴儲胥彤管朱煒近登載書外史作頌徵信匪譽綽楔榮旌停光素閭六章

題跋五首

跋蘄州志　顧景星

歷代史成於一人者爲善而輳諸衆手者爲劣史遷而下莫不皆然唐以後不足觀矣唐蓋出多手歐陽氏起而一之於是論定始有義例惟郡國之志亦然志即史也宋子臧史駢稱引前志狼瞫厨人濮引軍志范無宇云云申胥曰此志也志通於史自春秋已然故史莫不有志史之志亦以各出一家爲長唐修晉書以天文付李淳風地理付于志寍誠如江淹所云修史之難無出於志非考於典故莫克操觚豈不信哉常璩之志華陽崔鴻之志十六國宋敏求之志河南劉宗讜之志襄陽褚孝錫之志長沙博采舊聞歸諸一致近代郭青螺豫章志李于鱗青州志陳士元灤州志康對山武功志郭造卿平安志稱善衆韋聯局抽憑臆牖若築室道謀汲深綆短尠不歎頭白可期汗青無日矣蘄之有志自嘉靖初渠縣令甘公澤始及二十餘年鄉大夫王郝五公

合修之僅十二卷是後未經撰補先君子毅然已任起春秋傳襄公四十二年止崇正十七年計二千一百六十年爲類二十有五爲卷百甫就稿而澹巖盧先生之書出先生之書綜覈史乘罔羅遺軼攷緗縹於蟫蠋揚忠孝於汶沒義例既嚴勸懲都婉斷出一手折衷衆言百世鑑衡卓犖不朽矣先生家學源遠年少通籍益肆力古文楚自長沙下逮大泌而後惟先生稱傑其登仕自大尹豸將太守今豸政南儲所至必有功德雖簿書旁午操槧懷鉛未嘗少輟宜其著述精當如此先君子

書本失之繁先生亦時一二取嗚呼來禩方長前芳必繼後之君子其茲法諸

蘄州志跋　方舟人虎州人

澹巖盧先生督南儲三年而奏最

天子將以鼓吹迎東渭橋乃先生不自滿假謂邦本民天於是乎在凡有利於民者不惜爲東南請命可謂勞勩獨賢矣而又以其暇博綜典故遊神翰墨於水利則有志於松江則有志三吳之利害在水水之匯而入於海三江居要故志之最後者蘄志蘄先生之鄉也大江上游

南北之衝不可無志於是咨諏考證表章揚扢較舊志增十之七鹽政榷茶天文屯田之數條鞭之額舊志所無而今有餘例皆舊志所畧而今詳班然粲然可興可勸自漢以來二千年事蹟具稱自嘉靖修志後百十有二年事蹟具舉猗與盛哉余友顧黃公嘗爲余言先生見一事切於義勇於爲政夜不待旦得一義切於理勇於爲文筆不加點其至性然也鼎在新秦則志新秦矣叅西粵則紀西粵矣守山東則序岱史矣榷長蘆鹽則議鹽法矣而又表師曠之墓攷羊祜三世祖之墓復壟

先賢高堂生之隴其他闡幽舉廢不可勝書生平第四庫五車之富著數百萬言蘄志特其一斑焉耳舟受而卒業曰嗟乎先生積學博用意勤是非論斷光明俊偉本於理學出於忠孝所謂至性者非與語云莫爲之前雖軌弗臧莫爲之後雖範不章先生生諸賢之後起而語如同堂後先生者奉先生之臧軌章範可不朂哉可不朂哉

郭去山篆集題辭　李炳然

征家藏緣天精舍石圖章一按製者何氏旁勒數行悉

巧妙細書蓋前代物歷經刼燼獨存之頹垣碎瓦中斯已奇矣吾友郭子去山一見驚嘆曰此吾所祖述雪漁何先生鐫也何從得之爲摩挲難釋手髣髴索幼安之坐臥道邊碑矣他如陽元之於射武子之於馬遙集之於展叔夜之於鍛宜僚之於丸兒說弟子之於閉是豈有法而可傳者哉凡此都屬懸解解者以不解之法解之乃爲真解人矣郭子好古多聞士也相其容與墳邱翺翔翰墨克吐棄一切而唯奇是耽至周秦史籀李斯筆意尤所神符冥契蝌書龍體旁分區刻似不從人間

來其中鋒運腕殫厥身之全力而縱送之一畫一點如轉圓石於萬仞之山下墜不測之谿焉故酸棗之珠蒸栗之帙溢滿篋笥觀者莫不形神俱肅也郭子之言曰余課業之餘搜獵鐫法聊可作書畫觀耳郭子儻有堂下輪扁之思乎若然將形上形下揚鑣分轡道之與器終齟齬而不合矣古之所爲不可更則推車至今無蟬匱故曰百工之作皆聖人也况六藝之文列在學宫美並日月有不原本道德而能千禩常新者哉寒陵片石子山以爲可與共語積五十餘年泰焰不能磨磷之彈

子而一旦硎發於今日神物顯晦不可不謂之不相值也夫有古人之風者始贈以古人之物余何吝薈璣緣天不以貽郭子墨妙堂中其相慶有遺矣乎噫精誠所至金石爲開固亦郭子之志也

書四照堂文集後　錢鋆

副使盧公以文章經濟名於時其治吾蘇政事卓卓可稱述是有功於吾蘇也蘄州兵亂後文獻無存公獨任其事廣搜博採彙成一書使前代不至湮没後世得所稽攷是又有功於蘄也余至蘄問其子孫流離奔竄並無室家其所刻四照集亦僅有存者嗚乎其可哀也已

百花吟跋　張德源 慕渠 梅川

砥南先生百花吟成余向過棲鳳堂讀而心飫之嘗謂昔人繪月繪影繪水繪聲如百花吟者匪直肖其形容併其情而肖之矣宋廣平鐵石心腸不能不爲梅花作賦砥南此吟羣花别開生面增重聲價而陰陽變化四時之景俱收入筆床硯匣中不獨爲東皇主人勸駕催裝而已花而有情得有情人寫之吾烏知其不爭解語耶今砥南墓且宿草而讀其百花吟猶想見當年抱膝

微吟一番淋漓佳興也所著有梧岡詩集數十卷令冡孫承堅先梓此編爲大集板行之嚆矢因附此語於卷末

墓誌 十首

高母石太恭人墓誌銘　施閏章 愚山

湖西領三郡而蘄人高君倚爲臨江廉平不擾郡賴以寍居三載以母太君憂將去孑愕然若奪左右臂已而請代不得命彊以墨衰視事視其貌嘗涔涔有淚痕久之徒跣再拜泣曰培不獲奉母喪以歸死不塞責今

行有日矣願得公一言以誌母幽宮死且無恨予請徵其狀嗚咽不能語有間乃起曰母姓石氏年七十有二逮事先府君僅六載稱未亡人時母年二十三生不孝孤一周閱七月耳當是時狼狽零丁内外無所倚高氏不絕如縷母誓以身殉孤從旁睥睨者僉謂不可終日而母卒之死靡他其拮据茶蓼以鞠以教雖百其口弗能狀也培既官豫章母就養布衣蔬食饑中蕭然子婦或以爲言母嘆曰視昔糟糠不厭時何如吾所耗侈矣培是以無敢漁民也培旦出聽事母倚杖側耳聞脫人

械則悅或箠楚聲盈庭則愀然不食培是以刑不敢濫也襁褓而哺之不有其聲及長大有過庭跪而責之督諸婦若孫也亦然培是以無敢傲且惰也夫母之蚤年苦節艱瘁百端培幼不及知而粥粥晨昏以庶幾無隕越則母實使然而今已矣雖待罪考績例當受

封蘄之士大夫合請之學使者將上其事於

朝用旌其閭而母已不待言及此不覺大慟於戲有是母厥有是子信哉會顧子亦方至自蘄於母爲通家子具言石太君爲苦節事藉藉州里間蓋實而可徵也乃次而爲之誌太君爲處士玉華公女年十七歲歸高贈君諱自現爲諸生才而不永母嘗籲以身代事繼姑鄧氏生死盡力有子培即倘孚官江西臨江府知府孫二長曰克紹州庠生考授州同知次曰克楨州庠生考授縣丞曾孫凡七八歲康熙壬寅十月母終於臨江府之官舍今葬於崇居鄉大林山之陽銘曰

陵谷可移石亦可泐惟母心之匪石更終古其不磨滅

明中順大夫山西按察司副使李公墓誌銘

顧景星

公諱樹初字客天蘄州人曾祖諱言聞祖諱時珍大醫院院判封文林郎生考諱建中文林郎四川蓬溪知縣贈中憲大夫妣某氏封安人本生考建本贈中憲大夫妣某氏封安人初太醫夢朱衣人曰來報汝陰德覺而生孫蓬溪弟建木未有子乞爲子蓬溪卒舉家産付兄弟而自以菽水事嗣母舉萬歷四十六年鄉試明年成進士授戶部主事天啓二年榷河西務寶源局銅乏派榷關備解若干斤公不以擾民自捐貲購銅又先期入大司農能之薦於朝召對上但稱聲音洪亮薦者大失

望明年以郎中司宜府餉鹽商輸粟不實按名責補商齎金乞寢其事叱遣之因中貴人為之請又不聽無何出知陽和府魏忠賢遣其黨巡宣大自巡撫下望塵拜謁公稱足疾不出烈皇帝誅忠賢臺臣以方正薦陞山西按察副使巡赤城口外立市恕中國不信公至勒石示不欺順義王遣使厚謝公公亦厚報聞於朝降諭慰勞覃恩授中憲大夫請移封本生父而自以中順大夫落職築館湖上扁舟野服號西湖釣叟耽酒工詩有穎餘傭緒數卷崇正八年寇犯境公捐郭外大池決堤通

湖以衛城十六年寇陷蘄遇害年五十七配朱氏宜人先卒繼封氏宜人偕死生於萬歷丁亥四月七日卒於崇正癸未正月二十八日子三延慶貢生同遇害具慶文學朱氏出全慶文學封氏出具慶子三之琯之玖之瑤全慶子一繩祖以某年月日葬公東湖猴耳洞之源公在陽和赤城皆有祠蘄則自其祖考皆崇祀景星既受其子所為狀為李氏四賢傳而又為公誌銘銘曰

仁術壽世職公先宜樹贈言報靡嘗俎豆三世侯邦賢處豐而約厥德剛毅魂雄魄歌國殤目窮千里歸心傷鍥石維幽旌日新匪昭羨門援後人爾臧爾熾宜子孫

敕贈中大夫盧公神道碑銘

吳偉業

丙子歲偉業被命偕給諫萊陽宋公九青典校湖廣鄉試時中原已憂寇盛彌漫豫楚之交流氛四出羽檄交道謬以一介虔奉簡書揚旍馳驟巖疆轉徙金革幸得畢使以鉛黃甲乙多士鎖院三試所弋獲皆為俊民而蘄州盧大夫紘在選徵棘捧雉來謁翩翩然君子人也既而詢知其家世以儒業發聞尊人邑侯公經行犖犖為儒林長德余嘉其學有淵源稱歎者久之迄今兩閱

星終而大夫來為蔡藩董儲偫於茲土一再過存具邑侯公素履及奉諱始末以覗泣而請曰先君生平好古篤行阨於時數潛德弗耀重以寇禍陷夭毒流方嶽闔門抗節竟殞非命孤每念此日夜悼心今幸蒙恩
聖朝榮施泉壤告第納書秩登三品於令得樹碣隧道以紀休昭烈而徵辭摩勒尚缺載筆惟夫子辱知最深又前職記注若不鄙而賜之光闡孤實假寵以報所天徵直成我而已敢固以請余衰爾不任脂澤之言何足為公增重顧念公積學純行法宜備書其死事一節尤奇且

處大夫父子間契分特厚采録懿懺傳信惇史固其所也庸敢以不文辭謹掇大夫自狀與虞山錢先生所爲傳而繫之左方公姓盧氏諱如鼎呂侯其字其先吳人遷楚之梅川勝國永樂間始占籍於蘄四世而爲南槐公諱楷郎公之考也因孫貴

贈中大夫妣宋氏繼李氏皆贈淑人公生而奇穎承傳家學丱歲屬文有聲南槐公義方甚嚴嘗丙舍於濠上引泉植竹疎窗閒靚以爲公肄業之所延里中少俊讀書談藝其中公挾册唫諷鞠曛究明不問家人生產淵涵

停滀霈爲文辭弱冠游博士宮頻受知督學使者試輒雄其儕伍數踏省門不售中間危得之而更抑置人皆爲搤擥公一意修學著書以造進後昆爲已任抗顏家塾說經鏗鏗疏疑釋難敎施如雨至者虛往實歸充然意得去由是負笈雲集江黃間推爲大師嘗手箋向書四子書科別同異丹粉狼藉成就子若從子多列鴻生畯儒比大夫以丙子名薦書英譽鵲起公遂撞弦息機不復事榮進爲人厚重質直不苟訾笑服勤孝弟內行修飭南槐公治家嚴公應唯伺顏色惟謹少有不懌或

形譙讓彌益蹶踖起敬執內外喪毀瘠踰常分財產能適長兄田廬取湫隘者僮奴取羸拙者撫兄子如已子同仁均愛有鳲鳩之心辛巳凶札横道多殣公倒囷賑贍親致醫藥宗黨卒倚以全閭閻有爭相率就公平決片言折衷愧屈過於要質其爲時所信嚮如此異時鄉里子弟不悅學公用形家言請於當事增壘江中石磯閣祠梓潼神其上俾助文風自此雋兩闈者蟬聯不絕蘄人士至今頌德焉公之卒也劇寇自廣濟乘夜襲蘄公被執賊中有識者曰彼善士縱諸寇退舍公勸習里

中人分布闤隘爲死守計自守南城寇盡鋭來攻公督勵守陴殊死鬭賊垂却而他樓堞驟從公後肉薄而入刄及於背公拒不及遂遇害時癸未春也子姪從孫及諸婦楊氏袁氏同時死者八九人嗟乎自盜起中原生靈塗地大城名藩相繼陷沒其間義夫淑媛就煨塵而不稱者何限而堂堂身都將相擁强兵牧伯正長覆師失守委而去之色甚安者多矣公進趨退怯恂然儒者又老困呫嗶未登仕版無預封圉人民之任而能臨難賈勇授兵登陴力屈則鈹交胸腹横屍原野而不惜可

不謂識取舍烈丈夫乎况於雞斯弱質聲不出梱起追
如歸者成羣乎公生萬歷戊寅四月下距癸未壽六十
有六娶淑人羅氏生男子二長郎大夫紘次紱公卒後
三日羅淑人屍於江滸焚而瘞之五閱月大夫歸自公
車以殉節狀鳴於所司將拜章請旌未及上會政物而
止丙戌冬大夫卜新阡葬公土門珠樹林己丑第進士
由邑令累官藩廉擀肅給善政流聞凡三報最推恩得
贈公自文林郎三命至中大夫壬寅歲今
皇上紀元之載奉

命督糧蘇松而俾余書其隧道之石公可謂有子矣雖不
獲光顯其身而洊受哀榮於後天之報忠義不爲無意
也在禮死寇之士旌之曰兵戰於郎童汪踦死魯人欲
勿殤子曰能執干戈以衛社稷雖欲勿殤也不亦可乎
如公精忠大節有光册書無疑也昔魯共姬待火而殞
春秋賢之書曰宋災伯姬卒盧氏貞姬競烈玉碎不汚
曾何愧焉余不揣固陋採摭遺芳牽聯書之比於春秋
禮傳之義以詔來者狀又稱公邑子暴卒攝至冥途冥
王命屬盧某保任而後釋歸正直之人鬼神所欽有是
哉事涉恍惚故從附見然世所喜傳者在此則亦莫得
而畧也銘曰

卓哉盧公儒宗文師幼聞庭訓悅禮惇詩法律繩已名
教夙資嚅嚌道眞克昌厥嗣進思經世有物嗌之退淑
諸徒南面臯比敷陳聖謨牛毛繭絲疏理滯碍如結得
觽躚躚媚學陶鑄靡遺方領矩步好仁樂施閭里質成
彥方愧知運鍾百六天狼失維巨寇狂猘帕首朱眉羣
飛海水潰隄莫稽若火燎原撲滅詎期祝融郊甸魚爛
則悲我公孱者武奮熊羆部勒壯士卒用鉅鋌丁寍振

鐸擐甲登陴戈衝賊喉日舍欲移環城百礮三板突驟
戰鼓不揚渠門火旗身膏草野刳腹折頤志均馬革義
逐死綏婉婉彼姝瓶爾自持清泉虐焰視甘如飴號無
茅絰哀動出謫一門忠烈前行後隨似川卬浦啓佑本
支巍科洊陟
熙朝羽儀位崇岳牧綷節金龜禮備哀榮鸞書紫綬旌幢棨
戟邦委來尸停驂訪舊南史是咨徵文篆刻巖懿昭垂
佳城鬱葱奐㶊豐碑松楸馬鬛傳信在斯於千萬世式
瞻慕思

勑贈盧母羅淑人墓誌銘

吳偉業

淑人姓羅氏楚之蘄州人
贈中大夫鹽運使盧公首山諱如鼎之妻進士管江南漕務左叅政綋之母也首山於癸未二月賊張獻逆攻蘄誓死設守得正而斃叅政時計偕在都次子紱又先期遇害淑人號哭行求收公屍於骸骨撐拒之中以待叅政之還憂勞成瘁不半載而卒得年六十有七蓋公之死則殉城也淑人之死則殉夫也可謂酷矣人猶爲淑人厚幸曰未歿於兵又六年叅政成進士

聖朝推恩其母初以新泰令贈孺人再以桂林府同知贈宜人三以長蘆鹽運使贈淑人
國家十數年間凡有覃慶大典叅政母子未嘗不在褒寵中可謂榮矣人猶爲淑人惋惜曰不及於祿偉業讀其家傳而歎曰天地慘黷生民糜爛閨門婦孺以一身措拄於室家骨肉九鼎一絲之際豈不難哉當蘄之初被兵也首山之次子紱紱子晨初從子紳紳子震初皆死而紱妻楊氏震初妻袁氏死尤烈又一月而首山及叅政之長子旦初同罹於難蘄黃既全楚之望盧氏尤稱忠孝義門推厥本源咸出公與淑人之教至於今曹江之水空流宋廟之火久熄有過中郎之閭而弔其禮宗者幾與共姬孝娥同其節概淑人生嘗荼苦歿被寵榮烏頭雙闕且與豐碑冢木照耀天壤此史氏所必載而私紀可以弗之詳乎按狀淑人之父繡軒公官藩府書記從荆邸自建昌遷於蘄因家焉盧氏叅政之大父曰贈大中大夫南槐公兩家共里閈爲世好繡軒任俠能文南槐之弟曰南林好碁酒尤相善南槐嘗遠遊而不在兩人共奕從者劍首山立於側南林撫之曰兒子也

請君女以爲婚羅公笑而應曰諾南槐至而弗改也南槐娶於宋有二子而毋見背公生已五年矣繼室以李氏無子視之如所生羅氏則爲愛壻蚤失恃其周恤甚有恩紀叅政言之輒出涕曰吾外王父之德猶吾王父也淑人年十九歸于公生長高門裝送爲盛淑人綦縞自甘紈縠弗御篋筐盤𥌓紉治必工爲人儉而莊柔而正通詩書能識其大義事高堂具有禮法南槐天性剛嚴寢門之內懾氣屏息李淑人雖賢乎後姑也舅氏之佐遣者又擬於女君勃稽語言易生嫌閒伯兄長姒爲

之析産異居淑人則下氣怡色就養無方二十餘年能奉之以終始斯其孝可知已羅氏之饔人膳羞脯醢倣王家食官之制南槐食而甘之舍是卽投箸命徹淑人知之中厨躬自割烹約水火之齊醬物珍物必致其美命媵者奉以饋曰此羅氏羹也淑人性不飲自奉麤飯無兼味有潔癖簠簋匕箸必手滌而几席振拂無纖塵身親井臼生殖漸充僮指百餘計口賦食嘗御之以寬終歲不聞疾言遽色而内外奉其規程莫敢陝輸嬉笑者其家法如此首山屢躓於鎖院淑人婉語相勞逮參

政兄弟就外傅所以教督之有方嘗篝燈聽夢夜讀至東漢宋宏傳舉宏糟糠貧賤之語以爲訓又至寇準傳曰天下好用寇老兒爲人當如此矣得參政丙子賢書信曰若他日所就詎止此旁人睨之殊無驚喜容退而皆服冠禍之作也首山自郊徙於城淑人方盥洗聞鬼哭愴然知不保城陷公被縛矣已而釋手執參政之子旦初昭初扶其母張淑人以免弟綖則與妻子偕殁淑人倉皇散有外戚熊姓者導之使歸踰月冠復至公與於難二孫别而纍昭初乘間逸旦初遂不知存亡淑人僵立壞牆之旁同里顧氏妾者左右之還之以其衣遂與張淑人偕脱嗚呼此二者孰非天爲之哉首山以二月二十二日殪又十日於江滸而得淑人哭而收之焚以殮亂故不成喪也參政間道西還遇其孥於湖涘之舟相扶歸辰山鄉莊而淑人亦已病八月之二十二日遂卒其訣也猶以殁身於手爲幸飯含之夕非淑人避兵時所攜帛中金則不能爲椑參政言之輒噭然哭墓在蝦蟆湖之秀山原以祔土門珠樹林首山藏骨處爲别葬孔子曰衛人之祔也離之魯人之祔也合之季武

子曰合葬非古也周公蓋祔君子之重其親有其禮無其時不能行也同穴之詩平世之所爲作詎所論於流離板蕩哉夫升陘之復以矢狐駘之弔以髽若首山公者所謂埋而置揭得土而已此窮於禮者之禮也淑人則猶得歛以時服懸棺而封故其於公也有杞梁同絶之心而援蒼梧不從之義别誌者蓋變文以起例所以著其孝而申其哀焉余嘗汎覽史傳每歎天下大亂女子之死節者其姓名最易爲抑沒傳者蓋千不獲一惟子奉其母婦奉其姑幸而得免者其後門第光顯後人

爲之稱述或側見於孝義獨行世家列傳之中而負姬節母遂以奕世不朽今觀淑人得全而楊氏袁氏因之並著於後蓋造物若留之俾生者絶而復續死者隱而得章必如此始可報首山於九原而啓黍政於身後豈偶然耶余史官也又嘗使楚於楚事宜詳黍政今宦於吳爲廉吏爲孝子傳曰非此母不生此子然則淑人之必傳於百世無疑也是何可不銘銘曰

鈷鉧原泉兮其流發發爰采香草兮我心則悅石穴洲高兮銅零江小翠篠霜筠兮停雲縹緲若堂若斧兮出於湖墳二湘之皙兮八米之門釋奴龍子兮一日千里伊誰貽之兮母之懷矣蘄春大澤兮狐鳴篝火黃巾城下兮白骨道左哭求死子兮婦求死夫無使併沒兮天乎何辜崩城隕霜兮匍匐喪亂歛魄山邱兮夫復奚憾我刻斯銘兮用昭

懿綸誰曰不見兮後千百世其長存

明誥封明威將軍王公墓誌

金德嘉會公梅川

公諱敏姓王氏世爲鳳陽五河人高祖忠元末起義徐州歸命明太祖爲總戎充先鋒官首克釆石拔南臺一時戰功與無比太祖錄其績授錦衣揮使至父勝承樂中復屢征有功調淮安金吾衛揮使進征江西義安府陣亡是時公生方六歲母夫人丁負公御營告功得給原品俸比年十五宣德朝襲父職即統兵充先鋒征雲南開通道路應接大軍首擒苗王韋同都君俯烈寄戈等餘黨悉平叙功陞授世襲蘄州衛揮使公五河人以世官蘄州遂家焉殁葬州之諸家湖啟公長子瓊並扞忠公葬此山嶺左而前後左右諸塋皆子若孫所扞葬者故至今稱王氏祖墓云公以將家子生而英武絶倫長多謀畧宿將重帥自顧無能出公右以故未弱冠驟以功自拔於儕偶其生平茂伐懿行可紀而傳者不勝書而鼎革兵燹家乘遂刼燬無復存可慨也今公之八世孫綏猷等念歷世旣久將愈湮而無聞王氏之後恐不復知墓之爲公而公之所以墓於蘄也方卜勒石墓側表其畧以垂遠將事有日矣而綏猷之長公開泰適以曲臺舉賢書予姓昌熾益於茲始雖公之行事不復盡見於世然得其梗概生平皆可想夠觀發祥尤可以卜世德也則我公之武功文德所以承先裕後者夫豈

共微哉

王文學爾錫先生墓誌銘　　盧　紘

王氏於蘄爲望族數百年間甲第蟬聯不絶也其在明隆萬時水部郎正齋公特以治績聞晉滇南廣南郡守是生陪京虎賁衛幕秉吾公秉吾公生文學文學諱亂隆字爾錫生癸巳年甫成童補蘄庠博士弟子以能文有聲屢試輒高等鄉闈凡七試幾售復擲者再自食餼廩一時曹偶多見推終以落落不遇爲憾天啓末以例貢應得補郡邑丞佐員不屑就仍赴省試者三至

庚辰冬以疾卒時年四十有八大志未竟惜也方秉吾公之生文學也得頗艱然性嚴峻不事姑息居恒訓導自進退威儀以至應對賓客秩秩有紀朝夕習於庭不中度譴訶輒隨以故文學雖生長貴介恂恂若處子選言而出擇地而蹈自師淑外無妄交中年始聯郡知名士爲社相砥礪學大進王氏之先世以尚書名家自侍御長石公以麟經售文學亦治麟經著有鷦枝館歷試草蓼堂詠及淡社初編制舉書外又著有金剛經解及梓感應篇以行生平凛凛惟先訓是程無愆尺寸居爾喪尤有禮母馮孺人大司冠午山公從女元配李孺人憲副鑑沚公次女生子四長志溥次上年又次宗亢又次士濟皆諸生生女三許聘皆名族孫三晉凱咸亨乃志溥生履泰乃士濟生蘄郡之罹冠難也文學先四年而卒殯於堂遂及燬李孺人暨志溥士濟獲免上年宗亢歿於冠時家僮某暨僧克凡者於殘礫中收遺骸殮而藏之李孺人暨二子脫難後易以棺移殯鄉莊閲九年歲在辛卯始葬於西鄉圓峯山之麓蔡家橋先人墓左之數武又十七年志溥以紘於文學爲世交悉其素

履命弟士濟持書來告云先府君葬雖有年而藏地片石尚鮮一字之識無以示來茲乞爲之銘垂諸永久二子方不憚千里數言是徵可謂不替孝思矣爰爲作誌並系以銘曰

有峯圓兮鬱其崔嵬有流長兮如帶縈洄藏貞宅兮屹起崇陔本太原兮世德之培惟文學兮生挺楨材旣全歸兮令譽無隤安斯寢兮蕭然墓臺華表高兮靈鶴翔來松與楸兮孝子顧哀累千禩兮榮葉斯胚

王雲峯先生墓碑銘　王澥遷居高淝康熙戊寅年撰　　顧　昌　培山州人

謹按王氏誌曰吾高祖雲峯公刱居珠峯山下有田數百畝桑麻掩映世守耕讀公生而穎異剛果有識斷詩書寓目成誦應童子試刺史蕭公拔爲冠軍後棄制舉潛心詩史以山水自娛嘗遊圓峯陟鷹嶺見山勢迴曲曰此可卜居距山二里許有窩曰吾家澥澥者四面山環形若仰盂中有腴田數千畝春水時漲則隴畔成河故以澥名世傳此宅背巳向亥前列虎峯居者多不獲吉吾祖曰吾何畏乎遂與妣陳孺人遷居焉未十年而生吾曾祖父輩兄季五人曾祖父輩生吾王父輩兄弟

十四人入黌宮者五人至先父輩兄弟三十人貢監入泮一十四人至鳳輩兄弟七十人或補博士員或登成均或食廩餼而習制藝者三十餘人至余子姪輩入膠庠者亦五人此莫非祖澤之遺也妣陳孺人治家嚴肅有法年逮期頤孫男百餘人莫不凜凜遵爲矩範居側有小山另出自峯頭蜿蜒而下狀若虺蛇吾祖自卜生基囑吾曾祖西溪公等曰吾歿後葬此必獲吉厥後陳孺人歿吾高祖繼歿遂遵遺命合葬於茲兵燹之餘未丐一言誌其墓明末立短碑歲久剝落今始議修短垣圍護重豎碑以表其墓云顧生曰嗟乎孝德之於人大矣哉匪特其親必及其祖匪特其祖又推其祖之所自出以言孝也况近在五世之內云乎哉王氏蘄之望族人以地稱皆曰王澥吾不察其所自來及覽九來家乘乃知雲峯遺澤匪惟未墜迨將卜世滋大焉僉謀修墓爰爲之銘銘曰

太原巨姓復有瑯琊遙遙華胄未及其他乃有吾蘄鷹嶺之下厥字雲峯厥居以化負性剛果秉姿穎奇日之所卜曰必在茲生則胥宇沒而合墓子孫繩繩永瞻永

顧

陳太宜人墓誌銘

張方理

余始來楚中卽聞蘄州陳虞部以方壯之年棄官歸養而家本寒素不能不藉館穀奉節母旨甘心竊韙之其後遂延虞部主荆南講席虞部雖勉來然不時輒歸省嘉慶辛酉虞部來會食聞有家報至五色無主倉皇登輿買輕舟卽日東下余不及知也已而虞部來以母病全愈告余爲之躍然以喜而節母竟以是冬卽世哀哉越明年夏節母將卜葬虞部以余數年來相知爲最深

持所為行狀再拜稽顙以銘幽之文屬余自惟服官三十年遇孝義節烈所以表章而揚扢之者惟恐不至矧余於虞部尤相識於風塵之外者其敢以不文辭按狀節母為女者二十有一年事贈公者一年事姑龔宜人者十有六年為母者五十有四年封太宜人者二十有二年姓袁歲貢生孔士君女孫舉鄉飲介賓歲貢生開宙君女為蘄州望族祖母龔李兩太孺人皆賢淑夏川冬夜嘗舉古烈女及州里淑媛逸事相告語節母耳熟而心儀之婉娩聽從不更煩母訓也其歸我贈公也娠

虞部方五月而贈公遽以疾夭當是時節母痛不欲生姑龔宜人拭淚曉譬之曰陳門世忠厚此區區遺腹者幸而得男即陳氏不絕若綫若之何出此節母乃稍稍進飲食已而生虞部闔族人皆讚賀然歲時伏臘輒淚下如綆縻不自知其眼枯見骨也事孀姑以孝龔宜人中年失子意黙黙不自得家又中落凡百無可代匱者往往小不如意輒急繕其怒節母委曲順承多方開解之俟色霽乃即安夕膳晨羞均出十指餘喪葬一如禮不以貧故少闕虞部少羸多疾病節母與孀姑形影相

弔上下共抱持依之以為命及稍長有知識必以正教之既就外傅不懈益嚴每夜歸篝燈課讀紡績與書聲相間每以小故塾師予夏楚歸必痛責之曰吾所恃賴者寔有二人耶已而虞部年三十一成進士授官主事捧

覃恩封誥以歸湖北大吏又上其行義請

旌表如例建坊於祖祠之左偏里中人榮之曰贈公有子嗟乃母之教澤也節母性方執聞外户有爭詈聲輒[illegible][illegible]然發悸中外諸子姪不衣冠不敢見語偶近戲恒義形

於色虞部族居倚兩山間中分小溪舊宅在溪東頗狹隘虞部既假歸請移於溪西節母勉從之然意中殊戀戀曰是先人之敝廬也虞部因是仰窺意旨終其身不敢萌仕進意節母自少壯時悲憂酸辛大恐小恐中坐時驚蓋所謂精已銷亡者晚得心悸疾其始十餘歲一發既數歲發其後頻歲發虞部百方調之病良已卒之前四日飲食安健如故常至其日午膳後就寢如熟寐竟不省舉體皆溫軟一如平時十一月十八日也距生於雍正四年十月初四日年七十有六矣子一人即虞

部孫一人守仕州庠生孫女一人適士族曾孫一人道
生尚幼以嘉慶七年月日葬於大同鄉長峪里某山之
原銘曰
惟婦於夫義在代終區區身殉其道乃窮春暉未報代
夫以孝遺育未成代夫以教慈孝既全大節彌堅幽光
所賁乃徹於天薺告之甘荼告之苦甘苦備嘗
帝則錫汝象翟在躬服之以肅棹楔在道樹之以風舊宅難
忘肯從祿養愛日之誠顧天莫相蘄水潺湲墓門是存
埋辭幽壤用妥貞魂

胡蘭亭先生墓誌銘　陳詩

嘉慶四年六月十七日蘭亭先生以疾終於里門余時在荊州聞之哭失聲曰先生歿吾邑中治經之士無所問業矣又數月歸造其廬撫棺一慟於是其孤子愿稽顙以請曰卜葬有時請所以誌其墓者予泣而應之念鄉黨姻好中知余者莫若先生知先生者亦莫若余然則銘幽之文非余其孰能為之先生姓胡氏諱薰字輿載蘭亭其號也世為蘄州人先世皆有陰德自先生考東山府君出後其從父孝友如故時本生諸子姪雍雍穆穆不肅而自嚴余嘗誌其從子鳳池墓具載於篇其家教然也先生性坦易不言而飲人以和雖悍且詐者每就見輒獻其誠而勃窣窮經自少至老未嘗一日廢於先儒經說一一味其義根手自抄纂彙成卷軸執經問難之侶無不各得其意以去弱冠補諸生又數年以副榜貢太學又數年登賢書旋以臨場改經見黜於
功令而攻苦下帷不以挫折故少懈如是者垂三十年先生之學可謂安且篤者矣先生生於雍正十年十二月二十二日得年六十有六配繆氏子一即愿邑優廩生與

余為姻家孫二人榮本邑庠生榮紳曾孫七人以卒之明年十一月二十日葬於中林書屋之左偏從治命也著有四書輯說三十九卷鄉黨義考七卷周易斷言十卷尚書集義五十九卷詩經詳詁二十九卷特牲饋食禮集訓一卷禮記纂錄四十九卷春秋通解二十卷藏於家余既述先生學行大畧而具以兩人情好系之於銘其詞曰
余見先生始由號舍瀟洒風簷笑言啞啞越十四年爰始造門印證經義猶針芥然自時厥後以心相友一出

一要動則必偶每歲發春往輒踰旬冬暮還里率止逡巡粤戊申歲授經同地月數過從語合符契晰義賞文排難解紛以通以介經緯則均人亦有言奚其爲政先生道行與物無競自我遠遊君亦歸休胡盍忍予乃赴九幽往與君語資以待老今失先生七十猶夭人生奇樂莫如相知我雖有懷今當訴誰吁嗟已矣歲行在巳遺書具存以貽孫子胡敬之衝馬鬣是封九原不作吾將焉從

蘄州志卷之二十三

知蘄州事夏津潘克溥纂修

藝文志

詩賦

舒黃之間蘄爲勝區詞客之所流覽縉紳先生之所敷陳而詠歌載在前志不勝錄也今頗審酌體例別白眞贋期有當於不朽之義諸不足以攷故實備舊聞者辭雖工無取焉志詩賦

賦

明　賦二首

浮玉磯賦

李若訥 季重 濟北

浮玉磯者蓋蘄江之勝觀黃郡之秀出截然中流欻而崒斯亦不列於岳志絶紀於山經物有遘美人或探靈覰銳玉之如削沓奇石之若零巔趾與楚源流潛霍縈波吳獻佳名爰託砥柱崢嶸標以磊硌洪濤遶乎四周遠脉亘乎叢薄似月之洲玉塵紛錯若木之華朱曦磅礴諦登厥勢擅彼一方圓峰前睨截業球珋馬口後扼潗淊洸洋左挹諸岫唐帽玉屏右拍近麓麒麟鳳凰

收名區之醞釀擷上遊之徜徉其爲狀也浸百丈於蛟窟峙一尖於練影彷彿巉巖憑陵菝井嶄然天成屹以日永磴長川其似柔插孤空其欲猛雲根跬武而層層霜骨凸凹而冷冷紆曲作枕於股肱綽約爲延於項領於是地形既据人巧載施綠紛糾而戢脊削路道而躚跜瑩夷如砥化彼離奇雕石成檻卽峻爲基宛欺懇之不閡羌窈窕以相宜撫瀺灂盈於頫仰因窔兀撐於崎巇層累遒上㟧嵽參差鴻飛朝棟洒瀰湝兮星簇夜疏洩瀆瀑兮藻棁雲棨重欄複甍桀閣修梠文昌題下控巽地之明昌符升華之福蝦引三楚於目中劃九江於袪把八牕熒熒宇宙咸開疑開四戶儵儵山川交輮儼列宿其環枒擁紫薇其庇廈太乙巍崇如薦之氂鈎陳森列似排之榎聳羲文於獨尊散殷質於猶野混沌千秋一旦而寫乃有翹秀之品穎俊之人登高寄思眺遠無隣扶搖九萬攬結三春呼佳儕而領略聞眾業而談論飛鴻目送流水神覩意匠則寥廓悉入手斛則澒洞爲新陟爾帝座呼吸可因降而龍藏出沒有眞掬絹珠於泣淚起繡虎於文茵福粽法像瑞叶鴻鈞發江靈之鬱

勃宣文曜之幻神此其符釆大義吐納彬彬者也若其寒食梨雲重九桐雨芳草王孫臨淵漁父溯洄輕舠攜賓侶王當萬頃之既凌望片石而來撫斥絲竹其勿喧愛江天其欲譜徙倚登臨月光遙吐薄烟渲之上下川浦笑起僧寮茗汁半茹咀彼清疏揮茲麈麈採鷺帆而未能引螺卮而願舞蹈綠苔之鬖鬖忘紫蘚之腥臊亦以點綴玉痕潤色天宇無取於粉黛之綷縩悤墳之綺組驚破天門之夢汰消佛德之祜至於僧田百畝蒲饌一盂仰庀俎豆俯結精廬隔水鄉而不遠栖山閣而爲徒指秔稻以檀越守饔饍以苾蒭升斗之水不減衣珠方寸之名可代神符推其餘粒餐及寒儒篝燈之夜可熄蛟人之欷歔肩玉之子皆揚帝宿之居諸抑又功德與磯並泐福利將江並濡嘶嘶不朽何潤何枯

白雲深處亭賦　　高鵬南庄州人

有一布衣性躭山埜東走吳西走越老子長之脚跟飽見天之風月曉來放嘯於鳳眉展望於麟脊第見非烟非霧郁郁紛紛瑞璋宏開素屏森列峰迴路轉有亭翼然榜其上曰白雲深處也少焉天挺一人立於遊亭南

面問其童子曰此白雲洞主也布衣心悸進而言曰主人物以寄與亭以寄身翠軟紅柔孰非可樂顧乃淡素白雲而獨爲之怡情耶童子曰樂涉於僅同者夢蕉襲石之見事出於特異者馮虛遺世之心吾主以白雲者陰陽奇氣山岳精英玉質金輝堆崖拂袖脫洗塵俗氣象萬千疊閣層樓不煩模寫之圖畫舞風弄月不費招呼之可人如囷如輪掃春黛也如蓋如擎點夏峰也巧飛銀漢白雲秋霽也梅雪交魂白雲冬曉也白雲朝兮穿友猿之蕙帳白雲暮兮挂引鶴之疎楞舒卷隨時鼓

登壇之詩將往來適意縱旋凱之棋兵四達無塵一榻千金顧彼臨春結綺曾不滿乎一哂紙屛石枕嘗夢破乎三生飄旡浮名虛舟宦情龍潛必於淵海鳳隱必於深林闕典謨而倘友呼喬松以定盟契天人於獨坐付理亂於不聞院落洗洗硌砑百尋雖懸河貝錦者特宮墻之外望雖濫竽鼓瑟者徒鞅掌於浮生是蓋淡而不厭簡而盎文雖青雲之騰踏不足以爲貴紫雲之輝耀不足以爲珍浩浩乎與造物相忘堂堂乎與日月爭明不知天壤之大何樂可以加此也布衣輾然而笑曰噫吁嘻美哉景乎古有所謂壺中海上者今物色之矣遂擊節而歌曰雲淡淡兮縹緲無涯亭隱隱兮悃悃無華通一徑兮委蛇寄一人兮清嘉彼柏梁建章兮烏足爲家歌竟長揖請辭童子指之曰此荊藩膚主寄樂處也布衣駭汗掉臂而走回翔再拜嘆嘖以歸恍然心曠而神怡不覺天淵之勢隔按此多用通韻轉韻不可學

國朝 賦 三首

獲神龜賦 原序覯異龜於金沙之濤厖大若錢云云疑卽蘄龜　顧景星

夫何一神龜兮秉玉衡之微芒腹圓穹以象天兮體正

色乎北方恣輕逕以容與兮廼般辟虖罷梁覆白雲之輪菌兮衛紫貝之蓍莖極五銖之匼匝兮實千歲之靈長運轉運而殺四時兮日左右而媲陰陽背平隆以熒熒兮甲屈折而翕張瀉北斗與南辰兮羅五星及八風維王人之上瑞兮胡見宧于痗鄉僕夫行而獲此兮猥辱處夫揞囊繄靈物之炫幻兮羌儵存而欻亡遐吉人之宵兆兮感至誠于神明覯元裳之莘止兮嗣恢台以旁唐招偓佺與洪厓兮棄鮮雯而上翔拂蜺嬰以螮蝀兮會不可虖相羊屈祟龍而示異兮神與我虖何辭爰

啟匱而箏之兮布筵篿而從橫繇告我以好辭兮曰君子之餘慶肇斯文之權輿兮象刻畫于倉兊豖詩書之姚煜兮奏周道于繇庚苟菁華之既竭兮甆八百而褰裳與綺繡而鈷鑽兮盜曳尾于塗中彼宋君之入夢兮曾不免乎刳傷元緒困于諸葛兮暨罹厄乎妖桑蠵千齡而受縶兮終見蛻于陳王曷若茲之神異兮遯諸無何有之鄉重曰神式至穀降茲祥兮禽精豖曜文道昌兮負乾抱坤理中黃兮高山下澤濴歸藏兮明晌變化終豖臧兮葆合太和壽無疆兮 白茅堂集

山居賦　陳之京 覲北州人

羅亂離之瘼瘼傷北郭之居焚既所如之不合乃決志乎山雲仳儷十載倏忽三春索莫雙影伶仃孤身洵遣俗而寡侶兮匪道高之無隣維時義馭廻轡斗杓東指和風紛兮以披靑陽豔兮以後玫瑰抽玉兮薔薇露蘂見天桃之零落兮對垂楊之旖旎雖山花野卉之無窮兮其羅生于茅舍疎籬者僅若斯而已矣爾乃新燕相宅舊燕葺巢擬笙簧之並奏恍姑婦之相嘲若乃驚心暴客兀坐假寐裏骨蒼山頹情白水霏霏晨露聒聒荒鷄當夢覺之初分兮憎百舌之利觜先生曰晏强起叕篚茹蔬凭席而隱几誦風雅之篇什探羲周之奧旨兼以漁獵衆芳汎覽百氏懼目力之將疲乃閉關而節制既而掩帙抽韻援毫賦詩緒若春蠶色如死灰慘淡經營位置敲推或終朝而一字不成或須臾而千言立揮誰測其工力之所底而興會之所之已而罷杼軸歸渾淪墮肢體斂精魂既何思而何慮兮復無搆而無營徜徉堦除徙倚簷楹曳杖阡陌緩步陂岑付陰晴於蒼穹忘理亂於寸心淸歌放濁酒斟俯仰堪輿往來古今庶立言期不朽兮歷浩刼而豖貞 天衢遺集

二水亭賦 亭爲渴口陳家别業刋水張生授經於此　金德嘉 會公

天一生水地中湧亭吐吞沆瀣呼吸滄溟卓爾張幔歸然挂鈴祖衡彌綮而纖塵絶沐日浴月而百寶生象曰習坎居之元亨工垂成也喜雨客乍至焉占星躔礎川花琢岊谷刻桷丹楹凌霄寘睎嶺澥之洞酌仿君山于洞庭方春巢燕徂夏蔟螢雁影秋冪虹藏冬撐非魚而知魚之樂好鶴而使鶴若丁賑可洗耳清斯濯纓充庖祇用垂釣果腹無勞挈瓶揖謝稚纖坐留娉婷邋披籛

之逸叟邀鼓瑟虙湘靈爾乃拭素几斟中冷鬚眉競爽
襟滯餘馨傳徧玉川諸椀淫完桑苧一經琴彈雅操劍
試新硎似得漳河之瓩疑浮泗上之磬叶 濤浩浩而无
息木忻忻以向榮松檀檜柏櫧桂𦮲菭杏榆杜蘅辛𡰱
在鳴芙蓉稱城桃葉梅根並價姚黃魏紫齊名迭茁迭
秀或從或橫鷺嶼鷗嶼蒲汀柳汀沱無馬人蚤戶氾有
鹿柴騂耕鬬鴨叠檻飲牛坳泓賓朋灑翰童冠揚舲鼓
柁青林才三舍牽纜赤壁可二程榻畹仲舉北牖詞指
茂先西京若上巳流觴晻藹似江心古寺砯砰虎臥龍

跳聯卷軸宮袍畫舫及郊坰斯蘄春之壯觀而藝圃之
鴻聲也亂曰長尋遠眺何濛濛叶 兮來何迅邁去何終
叶 兮張融郭璞一海一江兮混茫大手疇匹雙兮電戰
雷奔滙此亭叶 兮鯨魂龍魄將毋升叶 兮踏瑤階酌桂
漿兮若有人奉予觴兮含宮吐角激徵清叶 兮碧鷄黃
鵠俱翱翔兮 居業齋集

詩

唐古今體詩十三首

五言古一首

州刺史座右詩諸州同　元　宗

眷言思共理鑑古想維艮猗與此推擇聲績著周行賢
能既俟進黎庶實䇿康視人當如子愛人亦如傷講學
試誦論阡陌勸耕桑虛譽不可飾清知不可忘永民迹
易見安貞德自彰訟獄必以情教民貴有常恤惸且存
老撫弱復綏强勉哉各祗命體予眷萬方

七言古一首

謝鄭公惠簟　韓　愈退之

蘄州笛竹天下知鄭君所寶尤瓌奇攜來當晝不得臥

一府爭看黃琉璃體堅色淨又藏節滿眼凝滑無瑕疵
法曹貧賤衆所易腰腹空大何能爲自從五月困暑濕
如坐深甑遭蒸炊手摩袖拂心語口漫膚多汗眞相宜
日暮歸來獨惆悵有買直欲傾家資誰謂故人知我意
卷送八尺含風漪呼奴掃地展未了光彩照耀驚童兒。
青蠅倒翅蚤虱避肅肅疑有清飈吹倒身甜寢百疾愈
却願天日常炎曦明珠清玉不足報贈余相好無休時
昌黎集

七言律五首

寄蘄春李使君播　白居易樂天

下車書奏龔黃績動筆詩傳鮑謝風江郡謳吟誇杜母
洛城歡飲會車公笛愁春盡梅花裏簟冷秋生薤葉中
不道蘄州歌酒少使君雅與與誰同　白氏長慶集

送蘄春李使君赴郡　白居易

可憐官職好文詞五十專城未是遲曉日鏡前無白髮
春風門外有紅旗郡中無處堪攜酒席上誰人解和詩
惟共交情開口笑知君不及洛陽時

送蘄州李郎中赴任　劉禹錫

楚關蘄水路非賒東望雲山日夕嘉薤葉照人呈夏簟
松花滿椀試新茶樓中飲興因明月江上詩情為晚霞
此地交情長引領早將元鬢到京華　夢得集

送蘄州裴員外　李山甫

正作南宮第一人暫隨霓旆愴離羣曉從闕下辭天子
春向江頭待使君五馬尚迷靑瑣路雙魚猶惹翠蘭芬
明朝無路尋歸處禁樹參差隔紫雲

前題　羅隱

一枝仙桂最先春灕灑高辭九陌塵兩晉家聲須有主
六朝文雅別無人榮驅豹尾抛同輦貴上螭頭見近臣
蘄水蒼生莫相羨早看歸去掌絲綸　義山集

五言排律　三首

九江口南濟北接蘄春南與潯陽岸　蘇味道

江路一悠哉滔滔九派來遠潭渾似霧前浦沸成雷鱗
介多潛有漁商幾泝洄風搖蜀柿下日照楚萍開近瀨
溢城曲斜吹蠡澤隈錫龜猶入貢浮獸罷為災津吏揮
橈疾郵童整傳催歸心詎可問為是洛潮廻

寄簟與元九　白居易

笛竹出蘄春霜刀劈翠筠織成雙文簟寄與獨眠人捲
作筒中信舒為席上珍滑如鋪薤葉冷似臥龍鱗清潤
宜成露鮮華不受塵通州炎熱地此物最關身　白氏長慶集

酬白樂天寄蘄州簟　元微之

蘄簟未經春君先拭翠筠知為熱時物預與瘴中人碾
玉連心潤編牙小片珍霜凝靑汗簡冰透碧遊鱗水魄
輕涵黛琉璃薄帶塵夢成傷冷滑驚臥老龍身　元氏長慶集

七言絕句　三首

洛中春末送杜錄事赴蘄州　劉禹錫

樽前花下長相見明日忽爲千里人君過午橋回首望
洛陽猶自有殘春

丫頭山　施逵

何不梳粧嫁去休常教人喚作丫頭只因不信艮媒說
䑼閣千秋與萬秋

蘄州行營作　戴叔倫

蘄水城西向北看桃花落盡柳花殘朱旗半捲山川小
白馬連嘶草樹寒 幼公集

宋古今體詩二十二首

五言古

咏張牧之竹溪　林敏修 子來 州人

幽閒古城陰結屋清溪曲溪流堪回映上有青青竹漫
郎欣得之綠髮詠空谷高風及前修勝趣隨遠矚惡客
徒擾人立談非我欲麾去寍汝瞋眞意聊自足或言不
當耳徃徃相謗讟荅云豈吾私恐作林泉辱源流別涇
渭臭味同草木肯當百事勝容此一物俗獨餘嵇阮輩
蕩槩戒臣僕濁醪澆古胸日沒還秉燭僕忝瓜葛後意
氣頗相屬平生幾兩屐共老三徑菊行年事無定此計
諾已宿徑須買牛衣間亦荷書簏從子竹間遊溪魚剌
寒玉 無思集

龍眼磯　陳造 唐卿

誰謂石一拳不作江流礙朝來揚帆西曾若驥歷塊龍
眼風水磯培塿視華岱似聞黃潦時亦復鼓滿匯鑿去
本不難奇巧禹所愛其上嘉樹密其側魚網曬居帷羨
漁鄉復欲老犢背西歸倘得此廂敵七里瀨 江湖長翁集

泊蘄州城下晚思　董嗣杲

日落烏雀下笛聲起譙樓舟泊倦欹枕枕此秋江頭寸

心積萬慮浪寄非久留蘄新雉堞壯環塹柳影稠城中
酒旗飛窈窕吳姬謳風濤何凄然抑揚邈難儔往時聞
黃茅今此委青油香凝燕寢晚喜見鴻集秋磯月照客
衣苦觸聽砧愁夜深不敢語我吟月解不月落不旋踵
雲過江聲浮逗晚入城步將詩叩郡侯 廬山集

七言古

寄蘄簟與蒲傳正　蘇軾 子瞻

蘭溪美箭不成笛離離玉筯排霜脊千絲萬縷自生風
入手未開先慘慄公家列屋開蛾眉珠簾不動花陰移

霧帳銀牀初破睡牙籤玉局坐談棋東坡病叟長羇旅
凍餓饑吟似饑鼠倚賴春風洗破衾一夜雪寒披故絮
火冷燈青誰復知孤舟兒女自嘔啞黃天何時及炎燠
媿此八尺黃琉璃願公淨掃清香閣臥聽風漪聲滿榻
習習還從兩腋生請公乘此朝閶闔東坡集

寄吳德仁兼簡陳季常　　蘇　軾

東坡先生無一錢十年家火燒丹鉛黃金可成河可塞
只有霜鬢無由元龍邱居士亦可憐談空說有夜不眠
忽聞河東獅子吼拄杖落手心茫然誰似濮陽公子賢

飲酒食肉自得仙平生寓物不留物在家學得忘家禪
門前罷亞十頃田清溪繞屋花連天溪堂醉臥呼不醒
落花如雪春風顛我遊蘭溪訪清泉已辦布韈行青躔
嵇山不是無賀老我自興盡回酒船恨我不識元魯山
恨君不識顏平原銅陀陌上會相見握手一笑三千年

牧牛謠　　謝童子

童子謝姓蘄州人少慨慷十歲不能言父母怪之令牧牛一日忽歌云

可若何遠遠騎牛下淺坡長笛一聲嗚也清歌一曲無
多楚風補

五言律

送俞尙寺丞知蘄春縣　　梅聖俞

應見言風物於今有貢蚳潛踪遠竈黽飲露上蒹葭清
潔一如此傷殘都莫嗟君惟修職業男耒女繅車

蘄州厲使君七夕祈雨　　戴石屏

樽酒忘佳節衣冠肅黃庭爲民祈一雨何暇賞雙星五
馬無懸德三龍合儆靈前山好雲氣早已動雷霆

泊蘄口泛月湖中　　陸　游放翁

炎天倦長路月夕泛平湖晃漾披銀闕淸寒住玉壺鈞

絲縈藻荇蓬艇入菰蒲自別蜻蜓浦斯遊十載無劍南集

舟泊蘄城下　　董嗣杲

秋蕪埋戍雨暮荻捲濠風禦侮弓刀利揚威鼓角雄雲
連淮樹暗月透漢宮空捩柁貪遐眺興衰自古同廬山集

過鴻宿洲作　　劉子澄

洲名號鴻宿流徙合來居淮郡侵江密人煙舉水疎無
山供笛竹有港便罾魚壯士休營業擒胡返故廬玉淵吟稿

和秦壽之蘄春驛浸月軒詩　　王之道

千山初過雨萬籟不鳴風寶鑑沈寒水氷臺上太空竹

梢低蘸碧楓葉冷浮紅終欲金沙去經營一畝宮 相山集

七言律

謝劉本玉先生惠篔 王 學

南朝笛竹蘄爲良織成文篔琉璃黃舊時正爾冷如鐵
此君無奈寒如霜山齋溽暑正六月野人清夢迷三湘
卷舒隨分且藏節作詩爲報劉中央

和秀野蘄篔之句 朱 熹 元晦

使君兩鬢尙青青學道仍抛後院笙溽暑快眠知篔好
晚涼徐覺喜詩成人從蘄水當年寄句比韓公此日清

坐對更深誰是伴惟應闕月共長庚 晦菴集

蘄州早起 楊 時 一作魏了翁

城頭雷動角聲哀似共行人怨落梅欲報晨炊粱未熟
喚回殘夢眼慵開霜淸暗覺貂裘冷月淡空令犬吠催
倚杖起肩風正烈不堪嘶馬重徘徊

送爾仲性赴蘄州 李 洪

中興岳牧任詞人分虎初班楚澤春四紀才名文價重
一麾江海璽書新春深丹扆虛前席祖憶黃梅試問津
政事盍須外庸訖遄歸淸禁掌綸 芸菴類編

聞何立可節夫李茂欽誠之訃 劉克莊 潛夫

初聞邊報暗吞聲想見登譙與敵爭世俗今猶疑許遠
君王原未識眞卿傷心百口同臨穴擊目孤城絕救兵
多少虎臣提將印誰知戰死是書生 後村集

和吳仲庶寄吳瑛比部道安之子壯年致仕歸隱蘄

春 司馬光 君實

負母承親願已賒 遭母憂服除遂致仕 恥隨雞鶩啄泥沙一朝投
綬眞高士萬卷藏書舊世家齒髮未衰非藥物山林不
返爲雲霞麗眉尙有郎潛者狥祿憂生直可嗟 傳家集

七言絕句 四首

寄夏倪 林敏功 子仁 州人

嘗憶他年接緒餘饒三落拓我迂疎溪橋幾換風前柳
僧壁猶留醉後書 見呂紫微詩話

贈蘄篔與潞公 范純仁 堯夫

雙文封卷如筒小六月鋪張滿榻寒會是吐茵狂醉客
敢塵齋閣助淸歡 范忠宣集

涵輝閣 郭祥正

天垂星斗數尋近地捲雲山千里來冰壺倒影露華淨

玉寶浴雪蟾光顏

白巖寺石刻　無名氏

金殿重重鈴動風六龍飛入碧雲中晚來落盡山前雨
人借僧房鶴借松

元古今體五首

五言古

望蘄州　楊基 孟載 蜀人

未見蘄州城已見蘄州山諸山初不高蒼石礪且頑想
當至正時民物庶以繁大江從西來萬里不閉關茲山
獨儲英羣雄出其間遂爲禍亂階滋蔓莫可芟憶我聞
亂初我方總兩髻侍立父祖傍聽說國步艱焉知三十
年見此董與營骨肉亦已零安得髮不斑披榛欲弔古
豺虎愴我顏蒼茫望茅宇日落孤舟還

五言律

宿蘄陽驛　幹克莊

夜宿蘄陽驛湍聲已慣聽擁衾裁短句風指數殘更世
慮如山重身謀似葉輕不堪天外雁急作兩三聲

蘄州城下晚泊與土人語及四方事平有喜而作

野潤秋無際天空夕始涼漁舟下浦急僧火入雲長洲　范梈
遠懷鸚鵡山危指鳳凰成人新斂甲垂手幸時康 德機 集

七言律

四見亭　幹克莊

前朝亭廢野蕪侵夏日躋攀試眺吟楚地寒煙青嶂遠
漢江秋水碧流深連城阡陌桑麻藹負郭人家竹葉森
千載麒麟山下路不知遊客幾登臨

前題　觀音奴

臥麟山前江水平臥麟山下草如茵山雲山樹幾時好
江水江花顏色新長江西來流不盡東到滄海無回津
我欲登臨問興廢今時不見古時人

明古今體詩五十二首

五言古

樊山王東園宴集　吳國倫 明卿 興國

涉江釆秋蘭江路阻且遙豈惜行路苦恐離芰與蕭美
人眷同臭解佩行相招歡言展高宴綺閣闢層霄奇卉
粲以繁修篁夾飛橋潛魚躍華池翔禽厲神飈珊盤進

嘉勝瓊卮瀉甘醪吳歈變節楚舞何妖嬈衆賓起爲
壽賤子申久要綜以大雅音結以青霞標庶幾永終譽
千齡無崧喬 甑甄洞稿

題人壁東友夏 譚元春　袁素亮

騎馬擁歡眠遂有專儂意粗知好浮名向儂求姓字姓
字却不言但與譚郎好遣人問譚郎悟儂非草草

七言古

環翠亭　高啟 季迪 長洲

環翠亭開紫霞裏更挍麟峰拜雉水千崖秀色傍窗浮

萬壑濤聲從座起煙消日出天溶溶玉壺倒插金芙蓉
鉤簾相對坐長夏灑然冰雪生心胸

蘄州竹簟歌　郭鳳儀 舜符 祥符

齊安土瘠百不宜蘄春竹箭生獨奇疎節洞幹梟煙霧
色參碧玉冬華滋尤物自合神理惜良工競采含苞枝
欲矜意匠誇能手苦濯江漢曝朝曦幾經折縷等薙葉
一加織組同纖絲就中巧思誰更識藏倪續斷渾不知
綢繆但見雙文密摩挲驚嘆眼還迷鮫人夜杼蘋綃綺
游魚吹浪搖文漪已聞滑溜能什雞更笑苦濡嗁痴鬼

稀有價重錦繡段展舒光映黃琉璃三疊九折柔耐卷
八尺半握行堪隨五月毒熱氣如炊嗚呼舍爾吾何支
匡牀石枕夢亦爽翛然似過清秋時覺來涼意侵人肌
只疑流汗翻成澌簟乎簟乎願爾化爲太平之衽席使
吾民盍一安寢常如斯

瀕湖李先生見訪之夕即仙師上昇時也并出所校
定本草求叙戲贈之　王世貞 弇洲 太倉

李叟維稍直塘樹便覲仙真跨龍去却出青囊肘後書
似求元晏先生序華陽真逸臨欲仙誤註本草遲十年

何如但付賢郎曷羊角橫摶上九天 君有子爲蜀中名令故名 弇洲稿

悲高山詩　楊晉

高山郵舍也距廣濟三十里崇正丙子冬設險高山廣
濟尉魏時光以鄉兵守之賊初不敢度相持旬日尉夜
襲賊有功翌朝賊大至尉馬蹶斷被執不屈死

殺氣障天天不雨中原白晝驅豺虎無賴少年好英武
擁尉登壇建旗鼓尉也膽氣本粗豪百金市馬如人高
馬上結束青絲繩左右馳擊雙寶刀搴旗斬將不足數
眇視秦寇同鴻毛軍中昨夜傳飛箭鐵騎西來亂如蟻

不聞犄角有何營獨引鄉兵當一面健兒身手等閒强
矢石未交先怯戰衆寡相持大不如支吾日久情形見
尉也膽氣眞絶人夜叩壘門惟一身歸來笑擲人頭臥
不知禍福如轉輪亂流馬嘶侵曉渡高山遥望寇知數
竹筒一吹已會圍塞斷孤軍歸去路此時拔劍怒衝冠
翻身上馬突圍看黃巾赤眉有羽翼有將無兵勢難測
兜牟脱處戰猶酣靭帶斷時死不得可憐壯士在垓心
援兵望絶無消息高牙大纛坐城中薄祿微官死山側
朝廷有事須將才豈復下僚多屈抑高山燐火繞忠魂

爲爾悲歌淚沾臆

蘄民謡四首　王廷相 儀封人

有芃者艾生我土七年之病得者愈五内失調邪作主
富貴耽慾乃自取艾縱有靈將奚補我欲言之上官怒
右蘄艾

龜背生毛綠的的大如錢貴如璧養來盆中水凝碧細
人之玩有何益　右蘄龜

白花蛇誰教爾能辟風邪上司索爾急如火州中大夫
只逼我一時不得皮肉破積谷如巴陵殺爾種類絶自
花不生禍胎滅　右蘄蛇

龍鬚作席光電電暑眠不及蘄陽簟凉如冰滑如藤一
簟幾工能織成官府取之只一聲有價無價誰敢爭 王氏家藏集
右蘄簟

五言律

曉發蘄州　李東陽 茶陵人

城曉遲吹角高雲濕未開驚波風不定危石岸將頹青
入無窮草黃低欲墮梅江湖苦留滯遊宦恥凡材 懷麓堂集

坐蘄州西河驛　顧璘 上元人

衰年重作宦入楚問民風豈謂山川異還嗟杼軸空官

常存國典惠澤自皇躬千里旬宣寄安危仗數公

白雲深處　蔡潮 霞山

瑞靄浮仙苑悠悠別一寰春陰琴柱潤風静鶴聲閒舒
卷心應似登臨興未慳玉窗淸夜夢元不到巫山

答富順王 朱厚焜 二首選一　王廷陳 稚欽 黃岡

帝室分封重王孫别館開禮於南嶽敵客比小山才爲
善心知樂逼親表自裁雄風雖可挹何日侍蘭臺 夢澤集

寄上富順王　王廷陳

南國諸王館池亭獨有名楚風蘋末動淮月桂叢明中
物醒先析當天暈巳生無令爲善樂專美漢東平

題浮玉亭　吳國倫

石扼中流險亭當一柱支河山懸震盪日月莽推移岸
樹微茫出風帆上下馳望中吳楚盡秋色最堪持甔甀洞稿

舟次蘄春避暑法勝寺顧大叅子承按察子艮董司
理友仲易州牧子田攜具見訪　吳國倫

梵宇千門遶僧房一鑑幽艇分蓮葉出軒抱水雲流疑
結逃禪會何當載酒遊却疑陶令醉三笑虎谿頭

龍眼磯　吳國倫

片石亂流中巍然抗佛宮諸天龍樹表萬象蜃樓空花
雨都成雪濤驚不爲風孤僧容膝處應與海門通

蘄春江上謁禹廟　吳國倫

山遶鴻沙曲城憑鳳嶺孤古祠銜絕磴飛浪灑平蕪萬
里來江漢千門過舳艫可知神禹蹟浩蕩古來無

宿玉泉寺寄顧日巖　陳仁近孟角州人

元宴一生病幽棲百丈陵無錢金井客有髮玉泉僧烏
篆敎皇字螢分照佛燈湖山千里外寥落幾艮朋應郢鳴集

過湖上舊館　盧如鼎呂侯州人

偶然趁春晴閒攜湖上行山樵隨意問茅舍幾番更烏
似曾相識花如舊有情壯懷空潦倒祇自怪浮生

結屋山中　盧如鼎

身閒成野癖地遠絕囂氛池靜生寒月山空臥白雲栽
花聊作伴近鹿喜爲羣幸少浮名利荷衣可不焚

七言律

東山寺　朱厚焜富順王

平湖漠漠接平沙芳草青青沒燒涯着雨小桃紅錦濕

受風新柳翠絲斜牆頭過酒情偏愜馬上啣杯興轉賒
更把東城比東郭每逢春日欲移家東蘄集

前題　張袞江陰人

鷲嶺逶迤俯碧沙鶴林風色浩無涯門荒老樹昏鴉集
歲晚寒江落雁斜地盡三吳蒼雨濕山傳五祖白雲賒
城中奕奕王孫地誰問湖田百姓家

前題　戚昂金華人

湖光晃漾臨蕭寺十里荷花散綺霞遠浦笙簫仙客舫
小山松竹野人家堆盤氷果清堪掬入饌江魚味總嘉

戀闕有懷雙眼濶五雲縹緲隔天涯

蘄州江中怪石　李東陽

崒兀山城抱此州江間怪石擁戈矛隨波草樹愁生隙
駭浪蛟龍却避流豈有嵒荛能砥柱祇多衝突向行舟
憑誰一試君山手月落江平萬里秋 懷麓堂集

法勝寺　盧濬 天台人

坐我官州正午陰豁然乘輿此禪林可憐靈谷眞驚眼
聊對天花一賞心沙鳥樹邊煙淼淼玉梅開處月深深
莫緣芳草頻羈思萬古青山只右音

四節祠　王儼 賓雲州人

百年正氣激飛湍磯眼難消血淚乾一艦煙埋骸骨冷
八濱風灑鬢毛寒心存社稷應難死夢擾魚龍苦未安
酬酒臨江頻觸目征雲猶鎖樹光團

前題　高鵬 南崖州人

鑿舟應不愧江湍罵賊同心口未乾磯面水聲猶帶恨
城頭山色向凝寒不緣平日識先定爭得臨時死亦安
羞殺奸諛在何處四侯祠上月團團

仙人臺　郝守正 湘東州人

每到山中訪二仙仙童仙洞尙依然巖隈靈藥應千種
石罅喬松已萬年苔蘚厓前留幻跡藤蘿雲外隱諸天
兩丸日月移朝暮陵谷由來幾變遷

奉答樊山王 朱載埒　吳國倫

老病龍鍾臥北園思君何日奉淸言眞風好與神仙近
雅道誰如帝子尊石上彩雲流錦席松間白鶴引華軒
平臺授簡多賓從不必狂生更在門 甔甀洞稿

奉寄顧子良副憲子良期過訪予三年不至但時時
勉予學道因寄此詩　吳國倫

一水盈盈河漢遙空中鸞鶴似堪招循溪易返山陰棹
鞭石難成海上橋學道豈應妨老大藏眞只合混漁樵
乾坤萬事捐都盡白日看君羽翼驕

寓蘄州示諸生　沈鍾 金陵人

蘄州雄跨楚江頭隔岸羣峯紫翠浮文事因仍延信宿
春光追逐縱遨遊懷鄉魚雁常違約弔古風雲亦解愁
擬就滄浪歌一曲媿將軒冕對沙鷗

過蘄州冬至　毛伯溫 吉水人

年年冬至未能歸悵望孤雲天際飛上國衣冠朝會遠

故鄉戎馬信音稀蒼生到處關休戚青史他年有是非
獨坐窮愁隨日長栢臺清晝掩重扉

菩提寺　毛伯溫

三過野寺兩停驂王事馳驅苦不堪石磴清風驅落葉
竹林斜日靜寒潭似曾識面鳩頻喚如有羞容花半含
試問寺僧今幾許何人能唱望江南

蘄城值雨　陳　溱 濟寬州人

天意含愁不放晴鴻洲煙雨暗蘄城江邊薏苡忠臣憤
湖上松楸孝子情龜鶴何年開壽域鳳麟千古應文明

傷心龍眼磯頭水也爲英雄帶恨聲 獨醉稿

江山清趣亭　富　玹 會稽人

鳳凰山下水流東亭下青山四望同春樹鳥啼屏幛裏
夕陽人在畫圖中松風清爽生孤錫花雨繽紛落半空
待得公餘無俗事南薰一曲奏絲桐

遊白巖寺　楊　清 州牧

共說廬山天下高誰知此嶺直摩霄三十六澗水連渡
一百八聲鐘細敲山果熟時猿在樹佛燈明處唄沖霄
也知老衲通三昧舍利光騰萬丈豪

夜月池　朱　紳 懋字州人

清池半畝浸寒蟾消長盈虧景亦兼玉鏡影搖雲母帳
金鉤光映水晶簾漁翁舉釣情偏逸酤客傳觴興轉添
天道信知元有數升沈端的不須占

鴻洲煙雨　朱　紳

一片平沙二水通幾翻煙雨亂長空樹籠野色千林暗
山隱嵐光兩岸同沙鳥飛翔濃淡裏風帆搖颺有無中
待看海上金烏出一掃層陰萬境融

煙霏樓　顧　闕 桂巖州人

濃濃淡淡起天涯縹緲眼前來原作親橫復斜雲母屏風低
映戶青絲步帳漫籠花絪縕造化憑誰判早晚陰晴恐
認差分付豐隆收拾起好教日月吐光華

竹塘　陳仁近

不將長策射楓宸閒向池邊種綠筠風捲銀花營百畝
日篩金屑走羣鱗蒲攢紫筍雲橫塔篳閣青萍錦壓茵
共約明朝烝玉版何須煮簀怪吳人 應叩鳴集

春日元舉君鉉見訪酉宴雨湖館　李　樸 質甫州人

齋居無伴憶停雲忽漫相過笑語聞花事半殘春欲暮

壺漿頻促酒初醺樓頭徙倚蟾蜍滿檻外空濛煙霧紛
一水盈盈愁對晤酒連深夜惜離羣 存笥稿

登浮玉磯 鄒志隆 蘭陵人

石閣淩虛勢欲飛江沙積玉動浮磯平分堞雉當軒出
遙帶舠鳧入檻依白社未招心亦醉青山有分願非違
使君好遯風流事赤壁移來在水沂

過齊昌登浮玉磯 官應震 賜谷 黃岡

萬頃茫茫片石浮孤亭獨障大江流月明有影鯨鯢懼
風吼無心波浪休吳楚兩分天塹在衡廬一望帝鄉收

斜陽不盡登臨興遲我重來作賦秋

登文昌閣 吳亮嗣 明仲 梅川

文昌高閣倚層巔閣外江流小百川千頃澄波搖素練
一方寒玉鎖晴煙根盤鰲極疑無地勢接龍門別有天
天爲斯文培命脈棠陰南國自年年

贈錢受之 袁素亮

招我皮冠意已疎須君牀上廣何如自存天素非忘物
聊爲中原苦讀書世界蓮花共履屐工夫楮葉著樵漁
智雖不用何能腐留待浮雲竟有餘

癸未挈家避地鴻宿洲旋上西塞作 顧天錫 重光 州人

鬢斑之鏡自羞髮摸破青衫已上藍人竄萬山誰告語
燕巢春樹枉呢喃孤城師旅烽加劇盛饌將軍酒正酣
河上逍遙渾故事先機媿我未逋南 詩文雜卷

文昌閣 石崑玉 楚陽 黃梅

綺閣中流踞石岡巍然上接斗魁芒臨階學字池紋遠
倚檻加冠鏡影長賦月波心人授簡吟風渡口客收航
只疑天祿然藜處少此蒹葭水一方

七言絕句

送蕭使君奇勳擢守蘄州 王世懋 太倉人

十載誰憐國士心一官吳楚任浮沈積薪莫自疑懷璧
剖竹猶堪問賜金

山中吟 顧問 日巖 州人

山中名器一簑衣帶月和雲著得歸借問先生何品秩
上農夫也是耶非

送三弟稚隆入吳省兄 李樸

青山兩岸墜丹時風冷江門送別離肯借尊前同此醉
帆開咫尺是天涯 存笥稿

蘄州志卷之二十四

知蘄州事夏津潘克溥纂修

藝文志

詩

國朝古今體詩二百四十三首

五言古二十八首

詠高士吳瑛　顧景星

伯仁起齋郎簽書黃州守入爲虞部員挂冠方黑首臨
流獨長嘯種竹還漉酒歡笑迎嘉賓絕口不臧否青氊

就盜乞力田門生耦不顧尙書期鶡冠狎鄰叟世遠言
亦湮著述曾不有高躅留史篇芳名僅身後白茅堂集

詠高士林敏功敏修　顧景星

松坡節氣士少小負學術一舉偶見遺塞門卽弗出經
通郭子橫名比皇甫謐隱處非盜聲率性不就辟子來
實愛弟豹席共牀筆湮沒無思篇零落蒙山集立言期
不朽傳後豈難必所望賢達人名山拾遺佚

酬蕭霧　顧景星

之子志我同端居媚幽獨樂從大賢遊久謝時入門徵
雨山中來竹梢低入屋鳴蹬寂不聞閉向東齋讀濁酒
時復斟高倚頻折牘一日凡幾回蛩音滿空谷

棲來店有序　顧景星

石城徐公子星昔在山左招徠廛集漸成市廛士人德
之呼徐公店茲守楚駐蘄於四郭隙地各建舍十間名
曰棲來行旅乃得休止詩以紀之

伏莽既以平大江亦以淸舊時荆榛地更有行人行山
川故覿突寇攘仍縱橫落日怖商賈凄風悲遠征懸祓
市門閉城上哀笳鳴一擔立四顧但有鵶烏聲官柵久

不設負戴何悙悙一物不得所憫惻仁者情褚哀寄牛
屋土龍眠古壁安知歧路泣不有狂阮生公昔駐山左
二載德教明荒涂聚市肆廬宿無流氓楚俗最蕪陋茅
竹支椽桁虎狼一斷道伐屋登空城杜陵思廣廈盧願
終何成如君事實政永宜良牧程

答康伯問字說　顧景星

斯文義軒後微義竟誰紹智哲識其情遺象存理要流
傳有淫體臆說恣攻剽瑣碎雖百家無能救沈溺鼎彝
各異狀鼓彖亦難校沿襲誤後學徒然痛先覺六書非

細事宜洩扶道妙囊括二儀間津梁五經奥我勞夫如何十載心力耗變通固無方苦辯非執拗學官會有時覆瓿君豈料庶幾桓譚知不惜劉歆笑兒童干祿樣腐鑿兔園鈔規矩表高曾笘牖轉相告老眼困昏花研精矢朞耄莫怪和者稀陽春本孤調

鈷鉧潭今名洗馬潭　顧景星

長河自西北曲注仍東馳發源司空山萬壑爭奔嘶雨崖忽開展水行得歸依到此若無力十里平風漪深沈百尺潭色勝青玻璃巨魚不受網窟穴安能知甘霖應

祈禱雲氣初如絲委蛇金龍子色變十二時土人爲余說漢祖行軍奇出征九江王洗馬會於斯神龍遂來合遺種留今茲訛傳信鄙謬此實藏蛟虎洪流轉木石澹沱無攺移深潛不害物意若全幽姿雲中望天柱泚水尤透隨圖經莫能悉靈境與追思

山僧說靈虬茶　顧景星

四野寂無人明月照高樹僧來貢茶約且向蕭齋住長瓶貯春雨熖爐傳陸羽身上木蘭衣猶帶山中霧靈芽清士福盤曲來烏路千歲寶掌翁門徒始焙作鳳棲山下水久付龕鷲汚煩師一卓錫濮漏須復故虎跑持地與龍井伽藍護神異倘再開還能覿仙姬

上巳步湖村　李炳然

久不到南湖彎環僻若此豔豔花匝樹磔磔石淬齒逶迤凡幾曲屋隱茅茨裏莫是武陵人依舊桃花水石林高復下坐客箕或倚稚耋少扳援貴賤一我爾問我來何所大笑稱上巳雞犬與爲鄰邱壑趣猶美得魚卽易酒臨淵盂洗耳直待菡萏香還來劈蓮子江麓堂集

秋日石璠生爲璘攜饌邀遊如是菴　李炳然

西灝崢嶸光今日固如是明日復何如恐虛林壑美生涯看黃葉損益隨秋水靜款幽人扉高凭北郭几嵐氣奔不歇湖心澹若此天飔躡般雷蓮心散堦阤掃開若竹影妙發醍醐理香稻飯青菰筐蔬點蒼耳奥義衍三車清詞辯四始交臂採芙蓉何必貝多子

從家人訊知里中故居近狀　盧紘

故里臨江滸人當冦殘餘休息十年來疾苦尙未舒非無仁明長蠹痼堅莫除水則勞舟楫陸尤困稅糈奔走服徒役終歲少安廬官錢不可問兼斂奉狼胥形枯骨

僅存索盡囊無儲欲脫此鄉去茫茫何所如呼籲不得聞蟠固難聞疎吁嗟此孑遺仰首空躊躕余久宦遠方聞之生長嘘不顧所忌諱憤貽長官書幸邀聽轉環夙獘一朝祛役仍出官僱夫額復其初從此獲寍止咸遂樂土居遠聞忽與躍願頌循良譽慚瑟寍盡張改絃姑與徐屈指二三年生聚盈郊豬余亦當倦遊欣然返青廬（四照堂集按盧韻複疑作故墟）

蘄州盧氏殉難始末　周茂源（雲間人）

伊昔蘄黃間冦禍最慘烈官兵為先驅貪冒同饕餮賊從上游來萬竄化魚鼈盧公偉丈夫嬰城誓死節賊衆如蟻附交衢徧流血骨肉相因依一朝半屠滅公當瀕死餘拒賊氣勇決登陴揚健兒瞋目眥爲裂嚴關倏焉摧鏃矢亦告竭逢掠長賤貧與城共存没長公間道歸遺骸裹衰絰負土壅舊阡殉難叙始末或死或竄亡歷數多嗚咽烈婦楊與袁大義明霜雪楊爲絨也妻絨去成永別自投燎火中珠胎並燔爇袁也歸震初堅貞儷積鐵從容拜姑嫜溺井求蠲潔漆簡與丹旌采風宜首列夫何金鏡淪幽光殊未徹純孝揚合名孤忠欽曩哲

况乃黃鵠操挺然不可折庶幾楚倚相紀美無遺鈌援筆愧如椽奚庸表碑碣

頌楊袁兩孺人節烈　張錫懌（雲間人）

蹈火既不易赴井良獨難先後何從容雙烈稱二難至今趙州側火燼血猶丹化爲祝融峰擣毋俯千盤貞魂干氣象白虹貫井榦化爲三峽水抱子激危湍慘死未及旌慨焉摧心肝國史幸有紀能令白日寒

策山行　張士淑

危巒矗空起壁古長箐篠里中數士姓相依共昏曉家舍平林西雲樹可數眺豈不懷田廬四野飛旌旐鄰伴約夜歸路黑山月小谷靜發空響膽怯驚鳴鶯到家夜過半月落荒村窅生業各蕩廢頹垣翳蘿蔦破屋疎星入照我天漢表時聞虎豹嗥更見蛛蝸繞雖是舊所居不敢久停遶嘆息出門去覓徑登林杪安得天下盜賊盡歸農令我笑敷青峰臥亭沼（雲溪雜著）

雨中訪顧赤方（二首選一）　張仁熙（長人　梅川）

日夕大江流江聲莽回互蘄陽萬古心旅客愁無數高士亦城居茆屋幽難遇著書二十年草長門前路相見

亦何深抵掌生煙霧論詩數百篇一一兼秋雨豈惜酒
杯長展轉彌清素藕灣集

過蘄春懷顧黃公　　陳大章黃岡人

徵君瀟灑姿搖筆富文藻弱冠充王賓時論推國寶激
昂世務書𠛬匐兩京道志大徒次且時危久枯槁高揖
辭風塵閉戶狎魚鳥經傳毛鄭宗學比崔蔡老一尺白
茅堂樸質謝雕巧晚就蒲輪徵束縛難爲好王式本不
來臺佟節彌皎依然犇牛翁歸作釆芝皓六書大義微
研精肆幽討上窮皇頡初下逮篆隸藁䉡縷辨形聲錯

綜出要眇善誘物之師博洽時所少伊昔奉微言今來
悲宿草歲月忽已遒風流竟誰紹抆淚下寒江白雲空
浩浩玉照亭詩鈔

寄欽人田士佃　　萬燦季方黃岡

浏彼清谿水素鱗託蘋藻風日豈不殊縈情惟夙好河
鼓已宵發織機傷顏老天漢望容舠所恨秋霜早攜手
上河粱金玉傾懷抱兩鳧忽驚飛抗志凌雲表與酣搖
五岳榮名以爲寶隻影誰與同止水空潦倒落葉滿階
庭寒蟬泣秋旻新芳及殘芷臭味分菀槁楚山接燕雲

行行寄長道衣帶日以遠珍重思紵縞

嘯月軒　　陳鼎元濛溪州人

昏鴉棲已定幽人忘夜永仰見千尋竹搖動疎星影少
焉東山上金盤光如炯頓令塵土中燦若玻璃鏡緬懷
步兵狂思與蘇門等雖非鸞鳳音或不類鼃黽劃然草
木震直上此君頂空翠靄林間悠然快獨領半畝園集

半畝園即景　　陳鼎元

四時各有序草木測其端季秋與冬孟辨在微茫間赤
日照高樹霜風薄朱顏昏旦變節候凄然難久安坐我

草堂中綠橘已可攀雙柑下斗酒耳熱有餘歡㒚㒚芙
蓉露秀色眞可餐採菊籬邊去悠然亦見山蒹葭正蒼
蒼伊人良獨難

曹荔軒寅梓白茅堂集將竟感賦　　顧昌培山州人

和璧不世出剖璞須其人珊瑚結海底網取非柔紉力
大用必壯鑒別識乃眞明公賦至性挺特空羣倫束髮
事高步老大能親仁生鍾燕吳秀氣壓京華春時維先
君子旅臥越嶠岬公也獨慨慕意洽如飲醇走馬出
殿直攬轡來城闉晏語或達暮夜懷難及晨豈惟骨肉愛

竟以膠漆論身今致通顯揚扢據要津金閨總羣彥雅
志獲見申古人不可沒後哲盍隱淪厖工市棗梨鍥鏤
崑頴新驪珠粲煤墨玉版開瑀璘陳思慟敬禮護惜猶
苦辛剞同珙璧覗忍終榛莽湮 中丞宋公許刻不果　栗蔭軒集

宮井 荆府雜咏之一　張畸 子駿州人
禾黍悲故宮荆棘生宮井不照綺羅人空拽寒泉綆秋
來梧已落冬至桃還冷過此獨潸然興亡良可省 另齋集

喜麥莊至　李生槃 谷友州人
春風倚竹窗脫帽就暄暖徘徊念故人狂喜臨清錧君

言別日多我問來何緩與君向階前花看梅梢滿 兩峯集

自渴口歸陳芳衢伯仲送至舟中　張溥源 梅川人
天水共淒清積雪覆洲渚湖遊雙溪曲遥向大江游激
廬待我歸安能長羇旅野濶雁聲疎別離良太苦長揖
謝故人脈脈兩無語

陳母行 陳虞部詩之母　喻文鏊 石農黃梅
鬱鬱千尋松上有太古雪松比人心貞雪比人心潔一
解 嗟哉陳母賢八月爲新婦姑言諳食性夫言諳箕帚
二解 天風吹海枯海風吹不住吹起離鸞聲痛泣九泉
路三解 死夫固有婦新婦固有夫長謝堂上姑甘殉冢
中夫四解 阿姑前致詞淚落大小珠有娠纔五月珍重
千金軀五解 强起語阿姑焉敢惜一死慰夫宗祏心且
夕吾瞑矣六解 珠顆好男兒羅薦蘭湯沐嚴風吹寒幃
抱向靈前哭七解 慈烏生一子哺鷇漸成雛典我嫁時
衣購我架上書八解 讀我架上書還我嫁時衣死夫亦
有婦賢母亦有兒九解
彤廷下
紫誥表爲人母式豈惟人母儀允稱士林師十解 紅蕉山錧詩鈔

高貞女行 字黃立人　陳詩
青青女貞木皎皎心不稜斷爲太古琴絃以寡女絲一
解 琴亦不在御絃亦不在指哀鳴聲烏烏女心井中水
二解 井水有時枯女心無時渝再拜辭父母願言養舅
姑三解 舅姑前致詞淚落連珠子有婦如此賢吾子良
不死四解 死者肉已寒生者志益堅卓哉高貞女清風
激愚頑五解 大桴山人存稿

出唐家山　宋德輝 玉山州人
在山聞泉響出山聞人聲人聲與泉響孰濁孰輕清此

道非天關五丁開榛荆諸峯屹相對一路傍巖行緩步無側足路險心自平倏經奥折處往往清風生下有溪源水流出萬古情雖無蒸蔚氣頗得謝煩營吁嗟山中人回首白雲横

倣古體箴讀書亦以自勉　陳紹瑞 蘄州人

斯世獨無我權憑造化操聖人不著書終古任寂寥有書更有我長日肯坐消柳篋無多藏曹倉亦未足入夜焚蘭膏常將晷影續行其分所宜何須夫子勗佛書與仙方咿唔徒艱澀所不憚形勞六經子史集不把此心

死如澆鴨背水不養此心活拘牽守故紙我愛鄭康成馬帳目不睞我惜王荆公青苗誤周禮

我身處平地仰面見天高更上一層山仍不低分毫瀟灑武夷頂超然勢岧嶤崑崙泰華巔羣嶤接九霄試一登其麓依然首可翹自下而覩上層層境若招自上而觀下無限路迢迢可知自足人終身井中囂歐公畏後生劉郎怯題餻想見古人心不吝尤不驕

天地祇一理生出古今人仁義禮智信一一付性眞斯人祇一身肩挑古今事忠孝廉節烈致命以遂志胡爲能如斯惟恃此心定松寒色轉新竹瘦節彌勁誰敢擬聖賢求與聖賢近設身立門牆必不遭斥擯世人喜讀書意重求名令富貴等浮雲窮達聽天命大本能無虧焉在非傑俊願常守此心賢關當漸進

五言律入十五首

山居　顧咸泰 思菴 州人

别自爲清晝晝閒意轉清香煙縈古篆竹韻走溪聲村斷煙光接湖遥雲氣生農歌隨岸曲雅俗各怡情 石倉詩補

答王純伯顯次來韻　顧景星

白日空環堵窮愁未著書野田看射雁春岸指叉魚萍跡還爲客荷衣亦號儒雖歸故鄉陌終與俗情疎 白茅堂集

鈷鉧潭　顧景星

遮雲催萬壑起伏更嶙峋百里檀梨水千山巖壑春林陰著魍魎潭定落星辰瀑漲循河下蛟龍亦有神

豁口　顧景星

野岸泥難栈江船纜繫斜迎風放桃葉宜雨是梨花流水東西堰新村入九家兵餘得淳樸漸欲見桑麻

王子雲一煮隱居廬山忽過訪　顧景星

只愁歸不易歸後轉饑寒知已十年別貧家一飯難白頭仍避地遠害肯投竿孰是鄧文子能令王憲覓屬餅徵碑

送方澹還靜明山二首　顧景星

石徑入窈窕回巒知幾重雪高松際亮鳥下午時鐘斷碣無人讀空廊有鹿蹤題詩向崖壁長倩白雲封

刼火不能燒空山長泬寥寺名遺舊志鐘款認前朝踏雪迷歸路隨緣懶挂瓢獨餘雙草履留向杖頭挑

廣教寺　顧景星

空山春雨足亂放杜鵑花瀑響猿羣喜天青鸛鵲斜客

來尋舊竹僧去焙新茶作者今何在風流憶永嘉

秋日登拱奎樓　防憲徐公建　李炳然

鴻文懸石閣白露滿城隅直爲藏書計非關寓目須寒藤纒古木亂葦擁澄湖卓立羣峰外疎林半欲無江麓堂集

蘄陽營兵丁元逼逆受僞札其妻某氏預知泣諫不聽乃紋殺其二女尋自經而死夫丁元事洩被執乃拊膺大哭云悔不從妻氏之言　李炳然

不謂丹青烈芳蕤出婦人嫁從厮養卒愁見陌頭春薄命緣蜚構三生義滅親早知嬰母廢那到槀街陳

萬壽寺訪天山老人夏玹伯不遇　李炳然

訶場久寥廓大雅得狂生鵰鶚淩風急驊騮驀澗橫巾車憑逸軌釣艇或知名不見黃公叟松風滿院聲

重過水月山寺　李炳然

十月林葉赤晴空愜舊遊山川天氣好橘柚露珠留野火連斜郭寒溪戀去舟幽人不我棄落日過橋愁

粤歸展墓　盧綋

六載見歸日悽然拜母墳青非初植樹白是舊瞻雲支感吾宗弱哀新地下聞將辭東郡去心與楮俱焚四照堂集

將適東郡值雨過梾樹林望先塋不得上　盧綋

每憶煙荒地時從夢裏遊到家旬日雨偏隔一山邱北道催行急長空併涕流愴魂從此去夜夜遶松楸

楚蘄首山盧公一門節孝詩四首存三　癸未寇薄蘄州首山盧公率衆登陴誓死守城陷不屈死前後從公死者次子諸生紱紱子晨初從子紳從孫震初紱妻楊氏震初妻袁氏　楊枝起扶曦雲間

昔賢盧子幹身隱道彌尊抗節仲炎漢流徽到遠孫譚經時握麈殉敵不呼胥異代縹緗素應憐風義存

早播黃香譽終成王蠋忠時危貧賤奮義重死生同碧
血流霜草鴻聲感玉穹元成方繼起人憶范陽風
嗟爾四君子翩然華國才不期霜鍔染能使陣雲開忠
孝傳家業精靈越夜臺當時仗節者騰告忍徘徊

殉難詩四首存三　　張一鵠 丹齋 雲間

楚國先賢傳千秋事可師家留子幹學人畏彥方知槃
澗鴻飛日孤城鳳鍛時年年江漢水常與薦芳蘺
彤管垂遺詠芝蘭此共傾無心猶恤緯有淚已崩城朱
火芳仍烈寒泉骨愈清自緣誠感切執義及衿纓
褒典殊前代推恩自
聖朝天書暉草木泉戶卬雲霄華表遲歸語青春託大招尚
餘榮養慽灑淚滿征軺

初夏山中送李嵩岑赴粵西僉憲兼憶盧漕嚴先生　　陳之京 覲伯 州人

西湖老病休出處各爲謀遠宦蒼梧去幽棲叢桂留楚
山紛漠漠湘水淡悠悠佳句頻酬和人逢柳柳州 天衢遺集

七葉寮　　談允謙

朝氣尚未散鬚眉都已侵苔雲流水上非雨濕松陰容
漸移鳩杖會猶阻鳳岑城中有空翠何必萬峰深 樹讓草堂集

洗雨湖　　談允謙

洗入雲深處鷺鳧入水涯引人湖最曲豈我與彌睽客
靜親鷗鳥舟行讓藕花幾時兵火靖遂志得還家

蘄州官署題壁　　呂暘 全五 無錫

梧桐纔葉下絺綌已驚凉健翮香承露紛英晚帶香魚
開菰子白鶯喚柳條黃虹見愁無雨花陰聽早蛩

蘄州三角山寺　　王顯 純伯 曲周

三峯稱勝地登眺有餘情鳥語堪留偈花香可作盟俗
緣閒裏斷禪法靜中明林密山藏寺鐘聲雜雨聲

三角山龍門寺二首　　僧天章 嶽州人

嗒焉虛隱几規月恰投牕喝石山羊醒揮塵野馬降巖
空天借半橋臥影如雙此意憑誰指遙峰插翠幢
臨欄不能寐山空月一樓草蟲虛沸夜梧雨壯迎秋却
坐涼如瀉相看意自酬寂寥生曠眼扶策好優游

送黃公還　　施閏章 尚白 宣城

强起非君志京華豈復春懶充虎觀客閒許虎門身冠

謐看今日湖山讓此人狂歌自遁隱未老豈長貧 愚山集

悼袁先生公寥 素亮 二首 張仁熙

頗識東阿乂還疑李賀同幽思華屋裏鬼語玉樓中地志文偏古浮亭賦獨工孤墳不得意搖落耐秋風

風俗爾先憐繁華亦自牽眞才人欲殺駿骨恨難捐老眼荒天地雄文半鬼仙廣陵無限調凄斷付哀弦 藕灣集

喜盧參政紘自姑蘇歸里 張仁熙

憶昔繁華地春風玳瑁觴錦帆留極浦花信到橫塘對月聞歌倦看雲笑吏忙歸來無一事重上讀書堂

蘄州蓮花菴道上 舒峻極 梅川人

靑草留行路黃花徧野田數家成市井疎樹點炊煙估客遠來羅溪橋春集船同遊歸興動未到已凄然 葦園集

同集生公卜過柳塘故居 張士淑

昔時遊冶處池館徧荊榛白髮悲前事靑山憶故人鳥呼如識面樹老不知春爲問荒堤柳長條幾暮晨 雲溪雜著

宿福勝菴 龔栢 百子州人

不待安身久虛空靜裏生各言心所受共識理無爭一榻禪初定千秋月正明鐘音隨谷起桐葉落三更 半畝集

雨宿王部石山房 欽士佃 人田州人

信宿十年地重來路不歧山川高士傳風雨故人詩酒熟秋前秫交盟鬢上絲蕭蕭窗外竹况味此君知 瀛洲集

舟泊蘄州追憶顧黃公 張瓚基 梅川人

問孰張吾楚伊人絶可嘆龍旂刑白馬牛耳誓朱槃聲勁松風肅韻流竹露寒白茅猶似昔寂歷夢魂殘

烈士廟 黃天福 錫五州人

江水朝昏逝丹心日月懸兩朝悲合璧一死感重淵凜烈龍磯石蒼凉鳳麓煙偷生苟富貴到此覺徒然 棲鳳堂集

烈女墩 黃天福

雙娥凜大義一奮葬澄淵死骨淸如水貞心苦在蓮泉中誰勁節波底感遥天隱向塵埃外池墩護月圓

山居秋懷 駱思白 緇守州人

東皐凉葉下遠岫亂雲生嫋嫋秋風夜凄凄楚客情空庭流月色虛壁響蟲聲展轉難爲寐晨鐘不肯鳴

遊靜明山 張仕渾 近愚州人

驟入初疑誤沿源典不窮穿林人漸小攬葛道微通湖出千樹杪鐘生萬壑中晚來山吐月遥指斷巖東

和方伯徐公悝雨湖秋月原韻　僧普紹雪嵩

不知秋樹裏住有幾人家吹笛響山翠敲砧弄月華閒情歸野趣清賞在煙霞行到水窮際芙蓉處處花

涵輝閣舊址　鄭裔周部曹州人

霜白蘄州路凌虛見女牆夕陽會水郭高閣自江鄉處處芙蓉岸山山薜荔房城隅一回首極浦是瀟湘

聞友人讀書大泉寺却寄　鄭裔周

北郭茅齋晏南湖梵宇清芰荷千頃處風雨廿年情殘臼升雞犬枯槎逹海瀛徘徊清磬寂念此意怦怦

太平山寺鐘銘古名靖明蘄志失考　顧昌

拔地起崔嵬崇巒萬仞開障褰青靄合崖護紫峯回草色常煙雨山光到醱醅須知覔絕處步屧接三台栗蔭軒集

題張巾祖師洞門　顧昌

一片寒山石中藏不壞身放光頭上髻說法手中巾溪中有石巾紋宛然傳是祖師遺跡定自六朝入慈堪浩刼親至今施惠雨枯旱及黎民禱雨輒應

挂口晚歸　李永昇志南州人

十里南郊路行行日已昃浪花飛驟雨江火散晨星暗笳初動天寒戶早扃蕭條場圃淨鄉國近多螟若鳧村集

遊東山寺二首　李永昇

數里招提路崎嶇不易尋山隨黃葉亂寺共白雲深世界煙霞外諸天鐘磬沈何因登寶地信宿戀林林

暝色入長松禪關露氣濃一燈空萬象孤月印千峯眞性閒時見塵心覺後慵再來尋舊路只恐亂雲封

拜康國公祠　秦京永繼州人

下馬入祠內英雄足敬恭驅元獲入刺敵漢走羣兇采石磯頭虎鐵橋水下龍明廷推武義嘉謚久銘鐘愚圃集

夏夜渡金沙湖　郭從

一葉東湖往夕陽光有餘烏飛昏擇木鷺宿晚窺魚明月投雲暗殘星映水疏遙看燈火亂相信是村居蒼屏集

七懷詩有序　張晴

郡中師友一時名宿日月如流零落殆盡撰詩懷人感往增愴云爾

東臯李夫子炳然字人虎順治辛丑會試副車官吏部司務出宰江西萬安早賦歸來杜門著書文宗選體詩學少陵有江麓堂集傳世

大雅存吾道高懷詣古期宿精文選理老敵杜陵詩五

柳歸來日千秋著述時暮年陶後進不倦講帷披另齋集

盧公澹崖鋐字元度順治己丑科進士歷官蘇松糧儲參議罷居虎邱講學海內知名士無不景從四照堂文集盛行歸蘄宦橐蕭然古書器玩俱散佚四方惟結容膝軒於鳳山之麓年八十餘猶手不釋卷

風波辭宦海著作老山阿文體分西漢詩情帶永和虎

邱曾講學鳳麓久安窩獨掩柴扉靜藏書付薜蘿

汪公仉懷蘅字蘭友順治己丑科進士知福建南平縣以不媚權貴罷歸詩酒自豪與東皋澹崖諸先生各建旗鼓一時擅場

高揖南宮日風流雅絕倫才餘隨酒展興溢惹花瞋秀

句浸寒月駢詞麗曉春囊空免羞澁灕灑露天眞

王約菴先生協字恭南雋才博學由明經出宰華亭疎狂自放不能為五斗折腰遂拂衣歸蘄居城之南山以詩文自娛

鶴唳華亭後南山種豆翁揮鋤輕阜蓋廻首嘆飛鴻書

卷消閒日行藏類轉蓬西湖曾有約花柳六橋中

李千英先生士俊字蘊文少博青衿即精古學從遊於澹崖舅氏東皋伯兄時加磨礪駸駸有得扁其居曰鶴原石室茂林修竹客至剪韭烹葵雅有幽人深致

巾衫端素履石室老鶴原酒結同心侶詩追嘔血魂呼

兒春剪韭問字曉開門世態浮雲外先生古道存

鄭部胄裔周一字闕吾州名諸生屢躓場屋遂放懷詩酒於吾輩中稱豪士焉後余結雨湖唫社而闕吾先賦玉樓十餘年悲夫

昔年詩酒社我愛鄭當時擬古霞成綺飛觴月醉卮不

嫌羨是茶更喜墨臨池制舉科名事流傳豈在斯

郭層崖從一字去山州諸生負性倜儻慷慨有大志喜讀秦漢書書畫獨出匠心更精古篆其生平所歷人情物態悲歌感慨無一不發於詩付梓時病篤夜三鼓招余永訣以不見刻成為恨云

磊落襟期遠居然八尺身文章高格調器度起嶙峋感

遇禽言盡從有禽言十首最工摩鐫古篆神煙雲爭繞紙一嘯出

風塵

經江麓廢址　張晴

江麓堂何在空悲梁木摧重階開野徑片瓦落蒼苔封

禪書無草長門賦有才只今餘弟子過此獨徘徊

歲丁未大水偕丹九道人往泛　李生桀

薄暮來湖上飄搖坐小船岸隨千頃沒波逞一帆懸望

遠低晴嶂光寒倒碧天扣舷歌未穩四顧已茫然兩峯集

陳澴溪鼎元先生二水亭題柱　李生桀

春入尋芳好名園數太邱水知隨岸轉亭不讓河流遙

憶靑蓮句如臨白鷺洲從容還一坐消息到源頭

東山寺　黃載華

蕭然東郭外寂歷古禪關綠隱一湖水青圍四面山鐘聲空際出客氣靜中刪消受蓮花净方知身世閒梧岡集

雲廢菴在安陽山　黃載華

净土藏雲窟雲深山與深朝宗門外水插漢檻前岑松竹清遊興烟雲澹衲心我來思祖澤一笠盖雙林雲覆雲廢兩菴先祖避兵處

昭化寺前荆藩建棟佛背石　黃載嶠丹崖州人

野殿寒光動蒼凉一徑通石關兵燹後聲路夕陽中江水荒荒白山花故故紅誰將當日事回首問春風

宿古泉菴夜雨　熊楚漢南荆州人

深澗飛流疾荒菴夜雨長皷聲寒帶濕燈焰冷無光咄咄頻書暗傲傲强作狂欲眠仍不寐夢亦怯凄凉玉山稿

秋日鉢蓮菴即事　熊楚漢南荆州人

一徑空林古迷天薜荔盤寒山森露骨落葉響彈冠碧鑑清湖水秋風冷釣竿蕭疎無限意應不數嚴灘

過永興寺　熊楚淳師道州人

一徑通山寺泉聲到處聞蒼松能引客老衲喜論文洞僻留殘雪巖高落片雲尋幽方未已啼鳥莫紛紛戀揖軒稿

莖草亭分賦　釋重珂鳴菴

詩人能味道作意窮清幽日月棲莖草乾坤到兩眸平澹湖水净接岸嶺雲流對此塵氛息相將物外遊莖草亭稿

過修靜菴　熊淇竹園

密竹編幽刹深松鎖梵宮纖塵收拾盡一逕曲迂通茶熟花香外經談鳥語中草亭人坐久紅雨落濛濛竹園稿

留別天隱禪師　范正偉儒州人

路險穿雲上徐行挽薜蘿層巒烟景出飛閣翠霞多有意歸蓮社無緣斷酒魔何時清磬裏相對發高歌午夢堂稿

江景　張作楫州人

孤舟憑斷岸落日抱迴流遠樹連山郭遥嵐擁驛樓氣蒸天雨白浪激水風颼今古傷心事烟波天際浮

過白茅堂顧漁溪出黃公先生遺像展視之餘感賦四律選二　張禮源念渠梅川

大雅彫零後園留仲蔚蒿百城書擁榻三峽水迎毫海宇驚詩伯蓬門哭楚騷榛苓思彼美憑弔氣猶豪

白茅堂自古三字額猶鮮畫筆鬚眉見鴻文日月懸未

登琳下拜安得杌中傳末學贍山斗空懷願執鞭

鶴雛山四照堂舊址　程大中

參政歸休日鶴原好著書文猶傳四照蹟已付孤墟知已東南盡山堂日月除可憐煙樹裏別自有幽居甲乙存稿

過白甫冲在鳳凰山下相傳李杜過此　程大中

鳳凰臺下路一徑入孤城白甫曾經此青山爲紀名野田春草變高躅古哲生過客殊惆悵空村鳥亂鳴

過大泉寺　劉之棠懋亭州人

丈室住維摩層巒路逶迤山空麋盗菜林靜犬眠莎石

有千年古田云再易多道書編福地遺此獨如何崇質又館詩集

登浮玉磯文昌閣　潘紹經碧舟浠水

高閣插江流諸天水上浮乾坤此巨石風月古蘄州浪檝看如馬河涯不辨牛曠懷塵世事灘外一漁舟碧舟集

秀雲山寺即紫金寺在長嶺里檀林河七戶公所有鐵碑　陳詩

里社傳初地何年布紫金兩朝崇構古七姓結緣深月淡清溪水風喧翠柏林世家遺舊譜好向鐵碑尋大樗山人稿

五言排律

燕臺東劉克猷子壯　顧咸泰

巍名隆海內彩羽煥天中雷殿初傳遠龍標首建雄文星高射斗正氣獨凌嵩內相聲聞重鴻儒德業崇郗墟碧鏡曉康里紙箋紅久列紗籠秘先題玉宇隆乃知瀛苑異方識木天窿漏永修篁禁懷淸廡鳥風青藜燃太乙皓鶴點仙宮文發蒼鏤異書成黃聿同牙籤咸甲乙籌畫各西東上下數千紀縱橫今古衷一時宏駿望百代蔚宗工昔共名山耦多君表素功石倉詩補

送李嵩岑巡鬱林　顧景星

萬里蒼梧路繩橋百粵懸水通七澤勝山與九嶷聯擴

境新編戶論兵近備邊檄書紛桂聖旌旆繞灕川風俗圖經異城池壤勢偏赤巖晴自瘴巒樹綠多烟野果全如面蚺蛇美似鬈獻歌蘆管鬧叱馭跣郎先孔雀呼都護靈麋識使軿長齋鈴閣靜散帙錦題鮮君長齋奉道家多藏書薏苡休來謗桄榔可駐年火山明劒氣氷井著廉泉炎景憐分秩危途慎著鞭艱難吾道固心力爾才賢白日高歌送青春取醉眠風雲看勁翮險阻信雄褰多難仁人秦盤根利器全策勳寧用武訪道況知元元結碑猶勒丁郎祀不遷丁郎山在梧州岑溪縣孝子丁密故有祀訛傳丁蘭君行忠孝地

駐節儻流連

贈王大紳　顧景星

死別驚重合寒灰肯再溫凄㳅窮海淚痛哭舊朝恩徐
庶初驚放陳宮竟不寃物情龕悼惜天意獨周存熹出
黃泉隧來過黑浪翻遺知嘉慶畢吾語別離𨓞隱忍誰
能識傷心祇自捫他時相見後重疊拭啼痕

夏日傷前宗正朱仲艮翊鏖先生湖上舊居二十四韻

李炳然

廣讌開樊邸扁舟涉雨湖避喧營小築蕩臨漵洪鑪中

鼎經傳久南皮冠蓋殊應徐才總萃山桂色長腴生長
朱門盛傾懷白屋孤河間存禮樂東海表神樞銀榜懸
珠蘂蘭言吐碧梧陳思三父子王李七倡于先生與弇州滄溟七子唱酬寄贈有詩篇最樂貪爲善懷愁涉獨歛蒼天憐水旱赤子
弄萑蒲鳩鵲冲霄去鴛鴦碎地呼渡河舟掬指奪絹血
淋膜龍鼎髯存沒王孫飯有無甘泉驚火徹爰止畢烏
逋栢葉饑猶餅先生逃賊難饑餐栢葉而卒余皇棄在蘆草堂留響
像松菊日蓁蕪泥攤蛇騰窟臺傾燕語雛斷橋通厲揭
浸板畫虢喻珠賣茅誰補坏融枳倩扶琴亡人載筆舟

蠹壓藏隅麥秀蘄谿合雍門涕逝徂雉堙餘竹栢沙嘴
滿鵜鶘感舊聽隣笛傷心擊唾壺縹緗無隻字流恨向
山嵎江麓堂集

過圓峯山避兵寇處追憶有感癸未　盧紘

圓峯幽淨地二梵舊禪林磵接重巒峻巖藏古木深郊
原初竄跡烽火尚驚心方厭塵勞劇希從世外尋如何
逢擾攘猶苦避凌侵病婦趨徒步癡兒挈做衾壑棲虎
不畏風動骨疑森晝永愁難度嬰啼禁勿喑舉家同罪
繫累月坐沉陰伺晚潛歸爨乘昏促向岑艱虞幾歷萬

喘息始存今事後重來過欷歔涕濕襟四照堂集

喜黃公還里　徐惺崑山八

已作經年別誰期今再遊到門湖水白放眼野雲秋孤
鶴遙相喚冥鴻肯不留荷香生遠岸花影上汀洲醉訪
陶彭澤書尋李鄴侯寒烟仍泛艇明月又登樓方遂懷
山樂安能對影愁家園叢桂老風雨話無休子星集

次答黃公先生　朱載震惕人

白衣還漢水最愛竹林遊放艇當深夏看山恰早秋巔
仍張長史傲寄漢陳留江樹繁高嶺蒼葭徧遠洲肯將

司馬賦不換醉鄉侯泉石宜千卷烟霞護一樓狂吟忘
籍在長歗破離愁商洛眞難老還須訪伯休

題陳封峯守城圖　吳省欽

保障資羣牧彈丸海一涯潰池兵忽弄巖邑本難支遺
孁流遐裔狐忠動健兒丹心攖虎口赤子監牙旗管攝
符交下艱辛力自持饑腸搜鼠雀倦骨倚屏帷信義雖
長在存亡未敢知帛書濡血𦂳介士戴星馳遂使瀕危
日眞逢急救時雄師教迭進小醜笑空為漠漠塵煙掃
濃濃雨露滋家完城亦保名著節常垂妙筆分明寫開

窗慷慨披英姿眞颯爽懋績想敷施巡遠輸君遇龔黃
頌爾慈泰平邊郡靖好藉撫綏宜　白華集

五言絕句十一首

蘄州志有八景其龜鶴梅花東池夜月今亡矣盧氏
補其二余增損如左凡十　顧景星

麟苑江山

白晝江山靜空城似馬屯蕭蕭梁苑竹今日幾竿存

鳳寺晨鐘　顧景星

鼓角住清曉枫棱出烟樹山僧百八聲隨風過江去

龍磯夕照　大江一石甚奇嶮水涸乃接北岸宋大觀四年立廟祀順濟龍王故名

義士死長江人來弔夕陽磯聲流不盡遺恨與江長

雨湖漁艇　顧景星

且喜城郭近又無車馬喧打魚呼酒伴風雨過前村

金沙月泛　一名赤東湖　顧景星

明月亦何皎偏多雲水鄉當時兵火地到此即清涼

石牌積雪　治東十里大江中水涸乃見亂流一里水淺為患　顧景星

積雪覆蒼磧橫江走白龍幾時沉鐵鎖水底作奇峰

三角雲封　治東北一百二十里三角矗立　顧景星

北望司空原南下檀梨水中有鼎足山高人合居此

溫泉春浴　顧景星

脫帽林下露振衣山澗風不知春氣好常在此山中

城南柳嶼　在雨湖亦名鏡口　顧景星

湖光本自寬畧約已多設試問築堤人胸中何太窄

浮玉新磯　大江中為舟檝患萬歷十七年州守徐希明甃石增高使知所避建亭曰浮玉

埠垷連雲出濤聲繞樹長無情江上石獨立閱興亡

蘄簟　金德嘉　會公　梅川

高枕得桃笙炎天遊化城中宵醒蝶夢皎皎見參橫　居業

詩鈔

七言古二十首

沈生行 士望蘄州諸生崇正末上書召見授兵部叅謀輔臣稷送江督袁繼咸幕 顧景星

先皇避殿居齋宮宴食不聞司樂鐘黃門晨放罪已詔
皁囊夜啟登聞封是時韋布紛然至沈生棄家走燕市
上書直動萬乘尊宋代陳東毋乃是韎衣給諫名最高陳啓新
呼吸帝座無汝曹沈生上殿一指顧往往廷論歸
儒髦潼關東西薊門北沙蟲擁道邊城塞皇心但警紫

荆圍司馬誰防白波賊銳頭參軍最後來但隨幕府臨
江開短衣出入通侯第岸幘還登歇馬臺倉皇昂首驚
傾覆烏號無弓小臣哭義旗壯士且鷹揚溷跡王孫盡
魚腹渡江忽報安東軍生也收涕趨轅門化龍有讖雖
會應餓馬騰謠忽遠聞凶奸搆禍何倉卒誰夢湖城遠
營日漢安爵命豈非恩廷尉山頭況難必丈夫死即鴻
毛輕石頭取節非純臣帳中濺血黃將軍頭下奏事有
沈生將軍敗後無堅壘凝笳疊鼓軍容改潛身幸託江
海翁青衫已卸麻鞋在瓦盆半菽妻兒瞋憔悴尋常行

路人誰知乞食陶彭澤莫辨埋名梅子眞春風貰酒茅
欄下念是當年請纓者却憶先皇御極初執手相看淚
盈把 白茅堂集

王居士歌 有序 顧景星

居士四十不娶若狂易鄉人共笑罵蘄陷自危堞踊身
下無所損結茅廬山清凉臺巇巉懸空下臨百仞常月
餘不食客至戰慄不敢上居士遙望大笑而已無名字
自曰我仲尼之徒因號尼徒居士僕慕其人爲之歌
尼徒居士本無家帶髮已自披袈裟鄉人共笑死邱壑

獨脫禍亂棲煙霞清凉臺上人蹤少隨意晨昏坐來好
經時石罅生白雲盡日林間絕飛鳥

東湖 名金沙亦名赤沙 李炳然 東皋

蘄陽城闕東南隅金沙赤沙闐東湖勾漏丹丸光的皪
或云其下饒藏珠春水方生百川漲潯崖錯認牛馬驅
罛師榔族頻撥棹鵁鶄鶢鶋雜音呼晏安憶昔全盛日
月夜盪槳雙飛鳧好奇常奪湀陂席江妃來往羣龍趨
水月白露天無滓直汰塵斛于冰壺奈此狂瀾江海覆
斜風細雨誰盧胡長鯨貪餌饜作腊龜口不見血淋顱

南望洞庭是青草西眺匡阜之香爐今年山隆十八丈
共頭塌破古鶚觚最愛湖平流淡淡小艸勝杖短笻扶
青女霜緊水潦降恒河沙聚一邱匾忽慕沔湖泛舟夜
即官新題千祀俱 江麓堂集

甲子冬杪與諸公同涉雨湖會祭嵩岑李中丞作　李炳然

雨湖冬涸潦水平北風橫厲多哭聲蘋蓼泥汨岸角出
禿樹杈枒葉戰鳴一碧泫深清見底鴨頭衣綠茶綸紫
儵魚羣戲乘空遊素心元淡乃如是兩三人航渡口開

葦間延綠魚鳥來老僧可憐餉茶茗野客驚寒就煬炱
更有王孫游衍處落日古兎竄蒼鼠板橋倒臥踏冰霜
牛羊下隴傷禾黍請君回船夜水渾聚少離多看淚痕
今日羊曇猿墮淚檥船慎勿到西門

奉和汪仉懷衢正月十三大雪偕同社諸公赴石璠生爲璘招飲即席賦七言古風一首　李炳然

雪滿五枝水倒舉蝟毛蹙縮傷馬圉豪士飲酒競華筵
日中酒掃還未許醪過牆頭枉用存雪裏款扉春雲溫
折簡招我走稚子槲葉燒爐熏芳蓀鵲巢歲據雙槐上
井口雛邊舊竈煬 石氏堂列二槐樹上有鵲巢下有甃井 可憐七葉落辛
盤笑指銀瓶罄家釀殘杯冷炙莫驚猜槐堂豈爲老春
開觴詠不貴大官讌四座風生見辯才汪子承袁文蝹
起廓清蕪穢詮奇理蔚豹倜儻概凌雲唾壺擊缺不吾
以石子朗朗玉山行照見清襟雪月明芝英筆底書無
算武庫縱橫人莫名八十老翁久疲病谷汲山樵息心
競土膏冒檄省三農梅隴衝寒識七政索居往往惜離
羣衰顏酺會倚觴醺況值金吾弛夜禁灞陵可識故將

軍門外鼓闐燈火節士女擒臂誇白雪宮月蓑衣鋤帶
寒春水方生罇酒別

蘄城弔昔　盧紘

江城怪石環蛟宮鬱覗王氣凌菁葱朱邸晝開傳鼎食
樓船夜汎喧絲桐飛馳上下帆檣會翹首流連大國風
南山週迴森列障沙渚綿亘曲遶弓地居雄服當荊末
萬里奔濤難控遏出峽曾聞一線天朝宗滙此偏驚瀾
東來美聚勢疑蟠突起人文多秀達虎變龍驤命世奇
登壇赤幟紛能奪運適終乘百六年焦毛薄肉殞多賢

修蛇噴毒蟄其後狂鯨鼓翅噬其前炎烽四起百堞墮
廬舍成墟灰蕩然荒原處處飛燐火木叫寒鴟草宿煙
俗承醇厚猶稱淑天怒胡擾罹慘戮我歸骨肉並傷殘
衰絰期功一時服萬戶千門僅有存眼中那見英耆夙
獨坐江頭憶舊遊凄風漫助離人哭 四照堂集

麟山歌 談允謙

客來荷笠登北峯宮殿彷彿生悲風狼籍明月空城裏
埋沒白雲山谷中指顧山河存勝概風華雖改山巖在
山逆江行橫百里湘漢交流到城氾隔岸諸峯張翠屏

鴻宿一洲草青青勢聚軒翥氣葱鬱列岫皆成龍鳳形
桐圭分命册諸王荆藩土茅臨楚江臺殿平陵半天起
碧玉堂高剪秋水紫晶簾軸鷞鷫啄沈香火爇鴛鴦睡
夜讌未巳鳴朝鐘日午君王夢正濃一承顧盼殊恩寵
蕭艾亦與椒蘭同竹生禁地能高潔疎疎爲節密爲葉
截成長笛聲裂雲織作冰紋簟如雪幾多花鳥册妃嬪
累朝老樹封將軍簫鼓喧闐應鐘鎛滿城日夕流天樂
靜如琴瑟人不聞賜妃素手彈珠閣中開七府列煙霄
出入賓從車馬高吹竹彈棊吳越客鬭雞走狗燕秦豪

一水荷花三十里畫舫煙波動銜尾曉夜笙歌何處來
王孫泛舟雨湖裏食祿歲支萬與千王侯誰復惜金錢
閥閱相延習華靡蘄陽佳麗非他比六院背倚熊嶺頭
美人粧閣上簾鉤行客不知狹邪處聞香才覺過青樓
追歡多是少年者每日出門閒倚馬游人歌舞不知歸
夜半城中鑰未下朝朝長捧千年杯誰知樂極有哀來
秦中鐵騎蹂荆楚江上多年震鼙鼓帝子崇封在此間
臣奉藩兮守疆土龜亦不在澤蛇亦不在山不識眞龍
種何年去此間龍折角兮鳳墮翅湯湯龍磯日東逝元

妃祝髮寶月菴中使披緇鐵佛寺 樹蘐草堂集

評鶴原子詩兼贈李士俊 汪衡

里中佳士鶴原子冰雪爲懷絶纖滓幽居築向鳳城偏
花竹蕭疎映圖史身豐暇豫抒深情成詩雅得風人旨
几篋殷殷金石聲不屑示人長自喜偶然小策披汝逕
緒論微言洞名理緘將新製我持歸剪燈吟繹香盈齒
建安端合肖長篇近體還應天寶擬時人此道競輕爲
苦心何處存詩壘願言大雅共扶輪風格堅凝砥波詭
當前好景足唱酬麟鳳之山雨湖水

乾明書院 六巷張公牧蘄十有八載士民旣建書院於城南鳳山坊矣茲復建書院於大士閣之左亦曰張公書院于因其地題曰乾明所以别鳳山云爾　汪蘅

乾明磯石靈芝石乾明磯左羅仙跡大江東下抱磯流
昔時磯址今沙堵磯上平原接鳳城古廟參差臨絶壁
南山排羣自年年州岸蘆花初吐白菱唱漁歌落照時
風帆沙鳥煙雲夕依稀髣髴畫圖中王維欲寫千難百
由來牧伯幾登臨那許蝸樐容片席只今杜父得張公
才出緒餘治煩劇初疑化理鬱多難隨遺方城剸夏逆
征師奕奕困壺漿況復督郵腰頻厄田園典盡厲官箴

飲馬錢空空自惜往苒心勞十八秋鳳山之原歘開闢
經營不日煥宮牆肖像情過惓亦爲湞州外史筆如椽
因機詩歌光史册芳煙掬管散鶴原野老迂疎近笨伯
雕龍麗藻付英才兀把斑枝聊疏觳新詩裁罷睠江瀆
無盡恩波磯前濤

寄懷顧黃公江居　金德嘉

掃地北風搖馬尾送我春明酒半醺我馬且行爲君立
城頭殘月照離羣是時巷南歌偪側君苦欲歸歸不得
五月逢人北寄書潭州博士報雙魚舒郎伏劍客秦隴
君亦掉頭返舊廬蘄春草樹佳可賞草屩紅滕況薦[illegible]
江水盈盈浮玉磯西塞山下鱖魚肥人生安能牢馬走
細爭雞口與牛後元瑜記室事徒然鄭虔官令更誰憐
何如爛熳花前酩酊醉醉眼看雲雨湖邊 居業齋詩鈔

虎入城 康熙辛五十月十四日　郭從

虎入城城民驚有衆逐虎虎負鳳麓之隅莫敢攖專城
都護州牧神明以正止邪虎無生吁嗟乎勢大者小不
能與之敵力强者弱不能與之爭青天白日公然橫行
虎乎虎乎今入城城民驚以正止邪虎無生 蒼屛集

題郭蒼屛畫　李生槃

蕭叟老後王宰死千年突出蒼屛子一邱一壑清且奇
萬里遠勢藏尺紙霜林闇淡秋氣深遥天暮靄羣雁起
中多村落住幽人三三五五自行止舉網者誰釣者誰
結伴更在煙波裏板橋扁舟自相通山水蒼莽青濛濛
牧童牛背何處去令我想見羲皇之高風吁嗟郭君把
筆凝神久沈雄寫付後生須珍重而今米顛風流空遺
蹤 兩峯集

重建文昌閣　劉之棠 憩亭 州人

浮玉磯頭石蹲虎釣魚臺下老蛟舞象罔魂驚遁且逃
横截江心晴噴雨新安使君眞好事百年亭閣存遺矩
風霜剝蝕星物換簷前欲墮竄蒼鼠攜酒登樓謀重構
高撐無慮三尺許物有可觀皆可樂矧兹大乙文章府
上流駭浪撼龍磯隔岸鐘聲敲石鼓石鼓寺名山麓斜帶鳳
凰冲指點遊人弔白甫夜深長嘯落星寒北斗闌干照

汪洛 崇賓又館詩集

題陳卦峯良翼守城圖　戴珊菔塘

武鬱山畔妖氛惡蟻聚蜂屯城下薄官吏胥戕獨釋君

旅館寒檠倚綽綽大府嘉之能得民捧檄重臨七里郭
狐鳴嗥起復攻城蔦松溪外恣剽掠椎牛誓衆招流亡
義民畨社爭踴躍琴鶴抛來也荷戈六月烽煙爭息柝
開濠貸粟計將窮目擊瘡痍轉溝壑瀝血淋漓書萬言
夜縋間道防賊覺城存與存亡與亡籲衆矢言僉曰諾
以糗爲糧古未聞分甘亦復存醴酪守陴皆哭感神天
旌旗飛揚臨衛霍電掃星馳城復完時雨滂沱歡聲作
兩度瀕危寸兎全歸與决計擕芒屩叢語無端又及君
聖主如天鑒誠恪感激臣歸愛日長餘生已遂循陔樂春明

重入畫圖懸指點前塵動心魄尚憶軍行鳌鸛鵝須知
信義行蠻貊新詞海外歲傳芭君亦何慚侍褒鄂

讀泣蘄錄作　喻文鏊

有客示我書一束云是辛巳泣蘄錄作者曾是當年撰
甲人二十五日歷歷身所親十萬金騎薄城下往來硬
探馳快馬指揮將士號令明萬人鼓噪聲震兎去年築
惠民倉今年泣安民堂蠟丸一出無消息千古同痛張
睢陽城上烏尾畢逋深林月黑羣鬼呼我讀此篇重徘
徊從來濟變非無才他時文相囚陸相死煌煌兩傳勞

襲開君不見蘄州樓堞暮江曲至今生氣凜在目憑弔
蒼茫有幾人題詩好寄陳愚谷　紅蕉山館詩鈔

前題　葉繼雯漢陽人

誅人軍師敗則死史傳剛存數言耳覼縷誰述危城危
血淚淋漓補青史憶昔嘉定十四年淨居山寺生烽煙
蘄陽三月初聞警諸公力障江淮境五關一破何披猖
雲車直逼羊馬牆朝禱三清殿夜禮孝弟王驕兵誤我
非天亡龍舒援兵望不至武定援兵亦奔潰王辛袁海
遠隔松陽橋可憐一炬城堞焦積衣林裏緑衣人骨肉

灰燼餘一身忍死偶脫人鮓驚傷心重對鴻雁民同官
遺骸莽煙霧搶地招魂趙與裕出城追罷罰已苛奪闕
求援史尤誤怯將如龜不加誅一腔熱血灑何處 雲素稿

前題　陳詩

黃土關下鼓聲死神光觀前燧煙起渡河直逼羅州城
一日夜行三百里白鬚太守稱能軍白袍通判同苦辛
金汁鍋飛萬牛火鸞軍洞燒雲日昏焚香告天天不籲
蠟丸望斷龍舒路三角空屯朱虎兵萬金坐索圍城賂
可憐蘄陽城盃為李秦死不作徐常生萬死一生趙司

理血淚淋漓書滿紙殘燈無焰風刮天捲卷傷心舊桑
梓君不見八字橋應援將士斬關逃又不見十字街趙
家坏土收遺骸至今麟麓龍磯上褒忠廟貌高崔巍 大樗山人存稿

題葉雲素 繼雯 蘄春訪舊圖　陳詩

青青蘭溪箭泱泱蘭溪水若有人兮修且美朝臨右軍
書暮踄東郭履豪貴到門呼不起君家大別陰我住大
樗趾為訪素心人那惜山川道逶邐高軒既東來徹車
亦西指蓬蓬天上雲歡然聚於此愧我山澤臞不堪忝
入圖畫裏古來交道亦有神不待相見知相親披圖彷
彿得君意況是蘄春村裏人

王孝子歌　周凱 富陽人

霪雨十日不肯止山水陡然十丈起衝田蕩屋人化魚
中有瑯琊一孝子孝子家無升斗儲舌耕養父悲母死
母棺灰積三年塵亦效董永欲賣身賣身誰復奉厥父
夜讀寒燈寸心苦忽驚風雨排山來水聲挾之喧如雷
三間茅屋詎足庇母棺欲漂肝腸摧時也厥父客鄂渚
仰天大慟天亦哀父生倘可親串依計惟隨母歸泉臺

蘄州志　卷二十四　詩　罡

以身隨母棺出入翻波瀾波瀾倒影影接天天鑒孝子
將終焉黙遣河伯驅江水風雨逆行三十里孝子生還
棺亦存共慶重生護桑梓吁嗟乎孝能格天理不枉得
士如斯重吾黨作歌用勸讀書人君不見蘄州孝子王
元長

古樟歌 麟山古樟三株舊傳明末張獻逆陷蘄州城夜見三人擐甲持戈護城疑即三樟樹神也　王乃斌 錢塘人

孝陵樹枯明社屋烈帝諸臣如朽木傳聞流寇陷蘄陽
麒麟山頭鬼夜哭山中老樹鬱奇氣連理三株伯仲季

不誇衣錦遇錢鏐曾見論功坐馮異託根刧歷明山河
高寒不改凌霜柯羅平妖鳥忽飛到虬枝怒奮如琱戈
此際風雲助叱咤羣驚天上將軍下葉戰蕭蕭賊膽寒
貞心凜凜達官怕吁嗟乎一木難支大廈傾空山雨露
沐時清行人尚識古樟樹宰木飄零康壽卿

七言律 六十首

赤東湖夜漁　顧景星

子規亂啼山木疎西嶂已沒殘詹諸橈聲暗問識同伴
星影不知誰得魚全生肯狎蛟鼉窟遠害且非豺虎居

自笑爲農閒袖手漁租歲歲當菑畬 白茅堂集

尋飛昇石　顧景星

乾明磯上飛仙石苔蘚蒼黃棘刺中華表幾時堪下鶴
荒洲依舊只鳴鴻憑高晴見遠山雨得路香聞幽谷風
雲窟江聲重載酒廿年回首欲成翁

旌表劉貞節先姑　顧景星

名香綉佛日周旋膝下承歡二十年韋母周官曾立詁
斑姑漢志亦成編誰家四嫁蒙天語我祖流傳有地仙
鶴駕瑤池歸去杳孤墳四載痛荒阡

寄答高台州培　顧景星

君侯昔自臨江至曾代愚山寄俸錢酒徒甕滿竟累月
窮宦囊空幾半年祇愁海縣無供億偏念山居闕豆籩
晚節漸於詩律放開緘應笑落梅邊

庚申秋楚有譁兵徐方伯攝廵撫相幾敉戢亂庶遄
已步韻寄朱大　顧景星

公卿坐問滿長安近日堪誰大築壇樂毅有才仍未薦
曹蜍無用不遭彈餓鷹啄骨恒思掣野火憂時每罷餐
有信南州徐孺子得官將相救凋殘

兒昌讀書太平寺 寺舊名靖明　顧景星

汝攜書劍入名山萬仞峯頭不閉關欲策龍蛇靑嶂側
試聽雞犬白雲間佛龕太乙來挑火僧坐靈猿許獻環
此地星辰如可摘自無塵想落人寰

思雨湖　顧景星

出門便覺家山好回首園林幾度看浩蕩宮亭一日過
攀援閣皂兩旬難黃鸝帶雨猶調舌紫蟹經秋未入柈
縮項四鰓誰較美歸心何必只張翰

答談長益 允謙 二首并序　顧景星

蘄州城南雨湖曲折二十里峯嶺映帶園亭墓田夾岸高下亂後全見蕭索京口談長益曰前此恨不著是待吾黨名將以爲君㓗曲可乎二詩見投依韻奉答

隔江山色南屛似晴雨眞同西子湖亂後墓田無䇿木長年漁艇伴樵夫君來瀹茗泉稱慧我自逃名谷已愚地僻喜回車馬跡藕花蘋葉隱鷺鳧

何年指水號即官慫恿羣公載酒看但使春波宜白墮不須㓗曲屬黃冠近城禾黍先秋熟接岸風煙入夜寬肯約結廬相伴住預裁斑竹贈漁竿

重過李中丞故居　李炳然

五丈旗開雨水濱藕華香罷沒蹄輪泣珠時藉沈淵客許劍誰當繫樹人杜若草香三間宅孤山梅放五湖春分攜北榷關梁上白馬黃泉恨不申　江麓堂集

秋獨步水月山寺喜友郭素如適至郭近遁跡沙門　李炳然

樹聲滿壑影蕭蕭一院凉陰閉寂寥藉草坐深塵事少結跏話舊客情饒白雲舒卷藏烟岫黃葉飛沈散海潮何乿茹葷猿鶴怨南華悔讀問逍遙

憶被難亡弟茂才樸侯　李炳然

西堂夢助句須成有賦窮愁獨慰兄與到苦吟鶯漏徹家逢絕粒折葵烹沙原浴白同飛啄鋒刃燐青別死生羣從孑遺今長立玉樓梁上可鐫名

過湧蓮菴有傷亡友陳仲啓　李炳然

東林約誓揭朝暾夜雨連牀經對翻陶謝詞場今頓盡鍾王妙蹟與誰論山陽舊館惟殘草天上新文早及門泉壞不聞滄海事車過腹痛已聲吞

蘄陽十景 并序　盧紘

蘄陽八景今有不可考如太清夜月相傳以爲城東有池中沈古鏡夜常吐光久淹沒無存矣今另敘定以雨湖浮玉二景補之茲實不朽勝概質之同人當共以爲然耳

麟阜江山　盧紘

浩淼江光一望收分明圖向坐中留屛開翠障廻青靄波湧晴沙引白洲賈舶千檣鷗影現村炊幾處縷烟浮蹟傳白甫無題句應怪才人也漫遊　四照堂集

鳳麓晨鐘　盧紘

江下蘄陽遶鳳隈蘆分四葉古林開耳根久信塵俱寂
水面猶疑響似雷大覺原從空際徹群迷早向夢中回
遽遽晨起徬徨立方識鐘聲送悟來

太清夜月　盧綋

城東曾訪太清池長老依稀迹舊遺謾道塵沙湮寶鏡
已無陂沼漾淪漪天邊有月孤懸照石上留苔略見詩
方信山川多幻變空傳好景繫人思

龍磯夕照　盧綋

硿砑磊石踞江門浪皷蛟宮晝夜吞高閣窗中搖素練

遠帆天際帶餘昏晴沙芳杜香浮岸漁浦微燈影隔村
勝地隨時堪寄眺尤宜落照看濤翻

城北荷池　盧綋

長夏閒登城北樓輕風時送遠香悠新蕖幾曲沿芳岸
高柳千門繫小舟採罷歌傳歸正晚坐深潭競去仍留
頻來靜對消清晝豈羨羲皇世上遊

金沙夜泛　盧綋

一派湖光疊碎金水烟相淡夜俱深小航獨泛中流靜
圓鏡虛涵片影沉鷗過不驚隨浪穩鴈來早渡怯霜侵
楓林兩岸留燈火村落朝炊且待尋

鴻洲烟雨　盧綋

西風翻浪漲平沙四覆陰雲濕荻花隱隱渡頭依小艇
濛濛村外有人家疑聞驚起呼相亂逸帶銜飛影若斜
萬狀江光收未盡不妨暫作一籠遮

龜鶴梅花　盧綋

雪漫龜鶴似孤山萬片冬來石上斑風送暗香隨隴出
月涵清影待人還驢頭索句寒生韻夢裏通魂玉破顏
夙昔王孫耽勝事探尋正自許乘閒

浮玉晴沙　盧綋

流引晴江一練澄瑩沙波湧石嶙峋孤亭柱藐搖空出
傑閣窗虛入漢憑春到連汀吹杜若夜深依岸起魚燈
擬將七曲陪三島呼吸瑤京且任昇

雨湖漁舫　盧綋

幾曲烟波入畫中兼收風月夜瀜瀜千株高柳圍村綠
十里新蕖覆水紅網罟晚天歸棹集菱蒲深處有歌通
由來蓑笠相傳業沽酒烹魚樂事同

烟光樓懷吳明卿國倫先生舊遊處　盧綋

寥落梁家江上樓氍毹騷客舊登遊烟波晚眺曾留句
沙渚秋平幾泛舟漫對翠屏千嶂合徒存片玉一亭浮
同來覽勝今何去常使經過弔暮流

送李嵩岑繕部入都　陳之京

花妥鶯嬌萬錦攢垂揚千尺拂征鞍名香不事芬喉舌
粉署初栖試羽翰壯麗蕭曹崇漢殿夔龍禮樂映冬官
還淳爲捋工倕指驤首升恒正石磐 天衢遺集

答新泰盧澹巖祉翁　陳之京

避地移家遠索居長竿湖畔釣雙魚故人分俸還沽酒

野老援毫正著書膏雨岱宗雲合後文瀾滄海日生初
琴堂清暇如相憶爲報秋風短鬢疎

浮玉磯　劉醇驥 千里 梅川

怡亭舊落水中央奔突東磯更混茫直劈江心帆路隱
遠垂虹背釣臺荒天圍鶴浪千峯隔風住神燈六月凉
楚客白蘋蕭瑟裏何須聽雪上瞿塘 芝在堂集

龍磯寺　談允謙

鐘鼓波深島嶼晴呼人隔水挐舟迎蛟龍定有窟在此
風雨未來潮自鳴磯險乘流船駛渡江斜衝郭石孤撐

疑僧終世不曾寐每聽夜靜鷲濤聲 樹護草堂集

談長益揚訂遊雨湖次答　張仁熙

州城南郭望霏微郭外澄湖帶夕暉棹入千峯花徑好
溪深五月釣魚肥佳人白羽停宮扇遊子春衫漫薜衣
近得盧敖清興滿題詩多傍彩雲飛 藕灣集

春雨懷臥雲煉師　舒峻極

入春十日多風雨山路時深一尺泥江郭每思飛鳥外
故人遥隔暮雲西草窓擁衲應臨帖野寺尋僧或杖藜
洞口桃花晴欲放肯來覔句竹間題 葦園集

舟中値顧赤方是夜復別去紀贈　龔鼎孳 孝升 合淝

吳船楚語隔中流招手相看續舊遊多難感君期我死
著書空老益人愁香薰袖草三更月酒滴離雲百里舟
落日金閶遲客屐座中詞賦倚應劉

次韻酬徐芳瑤琮　張惟金 貢方 梅川

忘年交淺意還賒樂事相關豈有涯掃徑欲懸徐孺榻
含毫頻寫趙昌花 芳瑤善畫牡丹 高懷落落常披刺一水盈盈
屢泛槎最是江天春色好與君攜手倚晴霞 黄孏堂集

送陳湛我歸濃川　熊心璋 公明 州人

夕陽山外野烟横疋馬蕭條趁晚晴未必通宵行百里
何妨越宿話三更搖鞭却聽鐘初動據琖應知月倍明
好去澴川村酒熟東西渕畔有餘清　芝麓山房集

遊羅州城次陳子巖韻　陳鼎元

剩水殘山偶一遊荒城指點是羅州東周國號傳青史
南宋衣冠成古邱過客幾人悲麥黍居民不自解春秋
芙蕖滿目多蕭瑟清沼猶通廢圃流　半畝園集

春霽偕諸人偶步桃花村因渡蓮市湖過碧雲精舍歸憩山齋得詩四首選三　李永昇

閒吟野望雨餘天何處春光不可憐夾岸柳絲青似染
隔湖草色綠生烟啣泥燕子隨風下倦釣漁郎就日眠
雞犬數聲村落近武陵原只在人間

春漲初澄一鑑開小舟雙槳劃波來趁人野蝶如相識
遶徑幽花不用栽山髻僧頭新帶雨笋根龍角已驚雷
空堦坐久苔紋淨看竹吟成未擬回

山脚落日晚蒼蒼曲巷泥深歸路長箕踞繩牀容我懶
掃除花徑爲春忙盤中棋局重翻譜鼎內茶煙自沸香
客散閒亭初月上美人天末永相望　若甏村集

登鳳凰山　李永昇

孤城憑眺遠蒼蒼山色江光接混茫木葉半空驚鳥雀
草根斜日下牛羊放衙吏散松庭靜負郭人稀菜圃荒
一徑晚烟生杖底佛鐘聲出故宮牆

泊散花洲二首　李永昇

輕舟一葉傍煙棲春意纔教柳色齊遠近晴沙眠水鴨
高低麥隴鬬山雞提壺客集疎籬外問渡人喧斷岸西
徙倚夕陽詩思好戍樓鼓角轉凄凄

暮雲含雨作春寒一片蒼茫入望殘隔浦漁燈浮水面

遠村人語出江干無材自信逢時拙對酒還歌行路難
西塞山前煙浪濶生涯何計託綸竿

偕友人遊大泉山　張栴 亭雲 州人

亭開懸磴白雲低木架如巢竟可棲兩壁青峯春霧隱
千章綠樹淡烟迷山僧供笋情無限林鳥穿花語不齊
醉後放歌天欲暮馬蹄輕踏夕陽西

雨湖春漲　李生槃

盈盈春水欲沈天村落人家鏡裏懸青草岸平三月雨
綠楊隄鎖一湖煙覓橋忽没灘頭路問渡新尋谷口船

獨怪閒情屬鷗鷺終朝游豕不知還 兩峯集

通志館作　李生榘

江漢分譬歲月深星霜幾度鬢毛侵數行墨訂千秋蹟
萬卷書成一寸心太史自堪商筆削楚材尙復憶升沉
由來觀左風流在慚附青雲意不禁

送范仲兼還維揚　黃載嶠

蘆白江空正穩流開帆送爾下揚州霜飛古渡寒生枕
夢散殘更月滿舟過眼雲山添絕調關情兒女破新愁
問中試問隋隄柳風雨蕭條幾度秋 雙筆齋集

九日登鳳凰山　張選桂 丹一

十里江光十里山水鷗飄泊自飛還久嘗世味知喧苦
暫涉林風許寂閒遠壑似隨人俱靜古松覺與石同頑
眼空方會登臨勝不在茱萸強解顏

雨後泛赤東湖　熊楚荆

暮靄初收掉小船溪流奔瀉更潺潺山根曲折蟠籬糸
雨腳朦朧障遠天白鷺妨人歸別浦金波浴日落前川
林禽也解晴光麗巧弄歌聲似管絃 雨湖吟社合集

遊紫雲山訪天隱禪師　范正

幾年夢遶紫雲巔得傍支公意灑然笑起雙峯抽玉筍
飛來疊嶂擁金蓮心空色界疑無地目極虛明別有天
此日塵襟都滌盡不須參學老僧禪 午夢堂詩草

半畝園納凉　蔣尙德 州牧

當暑偏勞長吏行羨君執麈笑相迎藕花香盡池塘碧
篔竹風生几簟清獨處不聞家計聒耽吟應用錦囊盛
倉皇愧我多煩熱只有冰心對月明

蘄州　喻文鏊

鴻宿洲前水瀰茫龍磯突立雲氣蒼天連吳楚孤城閉
地坼江淮百戰荒鴛瓦堆殘埋仄徑虯枝盤屈挂斜陽
梁王兔苑滄桑刼一曲漁謳上釣航 紅蕉山館詩鈔

登大泉山　黃俊 字民 州人

不到名山數十年攀來一望景依然幽泉香藹吸朝露
怪石峯巔起暮煙放眼江湖分左右凭欄烏雀任循還
浮生久被微名誤願聽三車學羽仙 小巘存稿

題蘄州方柱廷梁材鶴樓吟眺集　裕謙 魯珊

雨餘江氣走冥冥過客登臨此暫停勛業曹劉俱有憾
文章屈宋已無靈濤聲拍岸連天白山色穿雲入檻青

莫便高吟卷裏句愁他樓下老龍聽

赴蘄州任舟次口占　潘克溥 澤農州牧

鄂城需次幾經年奉檄快登下水船渾似有情風送我
忽然共樂日光天 久雨忽晴 花開舊縣都含笑 過武昌舊治 柳拂
新旗不肯眠一路江山看未盡鳳關 在城西南隅 指點夕陽
邊 蘄州集

安平鄉 在州北地窪下無大山爲五鄉諸水所歸故多池塘圍田　潘克溥

傍湖依嶺路縱横幾處茅龍衣未更遠水浮天晴日耀
小岡委地暮雲平甃塘蓄藕渾如鑑築壩圍田盡似城
祈得安瀾成樂歲戸開百室粟盈盈

永福鄉 在州西北濱江八十里北通許家河百餘里多山嶺谿河數條由挂口茅山二處入江　潘克溥

溪流一帶日淙淙清淺祇宜渡小艭種稻有田皆枕壑
汪湖無水不襟江幾家世業憑山麓大半生涯賴釣矼
喜得朝宗波浪靜遥聽欸乃發新腔

青山鄉　潘克溥

道過西河第幾又崎嶇之處有人家亂山重疊疑無路
野水縱横半是沙松嶺翠連高下樹菜田黄滿淺深花
牧樵互唱歸來晚一帶紅霏落日霞

崇居鄉 多山　潘克溥

崇居一帶盡崟岑村落稀疎樹木參沙積小山疑是雪
杼横淺瀨俟通河沿溪闢徑紆如蚓繞嶺開田巧似螺
竊喜時和民樂業秧歌方起又絃歌

大同鄉 多大山　潘克溥

一峯方過又一邱重重峻嶺到高頭懸崖石裂草爭長
深澗花翻水怒流障日陰多栽稻晩穿雲徑險動人愁
於今始解
皇恩普虎豹消亡 向有虎今無 雞犬稠

以上蘄州集

七言絶句 四十首

白雲山訪龔百子 栖 三首　顧景星

綠烟高處白雲遮二月山僧入采茶野火樵斤都不到
層層開上杜鵑花

嘉定兵戈記不眞白雲山下起黄塵叢條長養君休伐
留與他年避世人

古寺煙深大道旁午時鐘板出雲堂種松道者歸何處

空懸崇鄉胡家凉亭在山上姓甚多桴浮桐梓河名四家運崇鄉孫梅吳何寺造
鐵碑紫金寺有鐵碑七族全大鄉檀林河三陳劉曹方朱鄧設板橋安鄉鄧信橋
民利姓往顧遺集稿士爭鐫顧黃公集紳士捐金梓姜灣直與劉
冲接永鄉姜家灣劉家冲聶壩崇鄉聶家壩渾如戴嶺墜戴家嶺大鄉彭思
永鄉彭思橋鎮名又安鄉有彭家岡鎮間會記祝永鄉大同塝上豈惟田大鄉
張家塝又多張何姓管樓獨峙茅山麓永鄉管家樓管家畈蔡崇鄉又崇鄉蔡家
悉廬隋嶽嶺畈號馬安鄉有馬家畈童橫北鄙安鄉童家畈界分熊
董接二姓近界嶺蘄水永鄉踞西偏查盤巘險覃羣岫華淩源流青鄉
華家河會百泉清水河名湄兮雷安鄉又永鄉雷家塆伊安鄉伊家畈在青

峯寺名對黃城河卓爾李王傳青鄉王家亭子李家坳李姓有九又大鄉王裕冲永鄉王海灣
達城廟久詳諸戸廟在崇鄉有許葉張諸姓楓樹坳大鄉咸受一廛信
甫黃姓柱名最茲耕讀業晁昇崇鄉望天畈陳戸名歷有孝廉船鴨公
背說蕭崇鄉又蕭家畈爲富獅子口青鄉稱吳姓甚多最先余構凉
亭疑入漢永鄉余家凉亭許環塘角訝臨淵永鄉長塘角呂跨漕市
肆通地郎州志漕河五鄉要路范對甕門壹線天崇鄉石門如甕萬建瓜
祠憐寂寞永鄉萬多居蘄水祠在州高妝新舖安鄉高家新舖想鮮妍務農
毛崇鄉有毛家嶺倪艱辛苦交壤何朱大鄉何家舖朱家冲保甲聯洪祖
二安鄉以戸柱名地又大鄉洪家山財猶阜也白逢三安鄉地名室尚熙然

樵穿小竹操大鄉操家畈傍小竹嶺尋斧灘守濫泥樂姓居江干濫泥灘
扣舷駱分路街雜貢貢家畈青鄉康人擾擾鮑大鄉鮑家山偕詹宋
崇大兩鄉俱近白水畈有詹家山宋家墻宋家灣裔綿綿梅尤青鄉宗姓軍籍祧仍
承祀柯沈貧裘于是饙五岳姓之陽翁據墊永鄉翁家墊兩
河以外葉姓甚多開阡大鄉兩河口韓大鄉韓家塝秦曹衛俱侯伯
孔閔游柴大鄉柴家冲本聖賢武盛永鄉文明崇鄉又永鄉明家湖欣日
進柳崇鄉柳家畈商崇鄉危畢皆姓擬星躔裴依魚墩崇鄉湯依港
安鄉湯家河杜枕磯頭嵐頭磯鄭枕川掛口又青鄉鄭家坳邱傍牯牛洲在
江干沿絕岸方隣羊尾安鄉羊尾巴地名萃炊烟繆汪汪家壩汪家瓢舖

原隰犬牙錯嚴嚴家山永鄉謝永鄉又青鄉謝家砦崇陵蚓徑旋永鄉齊
景任舒均裕後魯安鄉魯家壠會崇鄉會家冲鄒青鄉鄒家砦孟共超
前饒多遷廣濟懷廣濟攜挈去潘自蘭溪帶賄遷岑安鄉擁層
巒凌姓見城廂石闞皆姓唐修古渡唐家渡臨江聚金錢永鄉闞於青鄉
姓甚少此際罕生鹵盧傳盧紘傳作相見州志永鄉有盧家埠傅家坳由來實
牝肩兵選孫黎城中歸隴左崇有左姓軍推鍾史占湖邊永有邊姓
易州志易姓多科第留翰墨垂汗簡段闕鴻溝瀼碧漣大鄉段家河
魏大鄉魏家河費鄙酈永鄉酈家岡胥姓舊邑褚蘇程霍崇鄉憶當
年袁提鹽筴州志袁世振官鹽道海堪府郝青鄉有郝家畈植蒼杉台亦

仙（仙人台）丁（丁彭紹南見州進士賈志選舉）學優誇博洽郃（思學州知縣甘志）

（甘姓多通籍）積懋重旬宣璪（軍籍）歐故宅半傾圮涂尹（青鄉有涂家坊）

（尹家鋪）場疆漫毗連國棟到今尊晏郭（晏攄忠郭承恩俱見州志）榜花

從昔屬封鄢鳳岡吉第詢梁灝（鳳山下有梁姓）藥舍芳踪溯伍

員（永鄉伍家藥鋪）喬（大鄉）向（姓）壽（古姓今未聞）尖（覘壽尖）岳兀兀戈（安鄉）拼

冷井（冷水井）路平平哈（廂坊鄉）繁兒女已盈街談（同譚）習詩書

並鼓絃藍處龍津（崇鄉藍姓近龍津崖）歡驕目廖憑虎廠（大鄉廖姓近打

虎廠）欲摶拳望衡黿桂（城內）課無米附驛（西河驛）阮徐屋數椽

中澤滌施（二姓大鄉）波浩蕩荒疇成陸（二姓大鄉）草芊眠鄔岑支

派誠微矣章佘彭零更甚焉譜牒紛紜難遍紀（姓）聊將

梗概筆濤箋（其中雜姓或有未入籍者俟更詳之）

七言絕句（四十首）

白雲山訪龔百子（栢）三首　顧景星

緣烟高處白雲遮二月山僧入采茶野火樵斤都不到

層層開上杜鵑花

嘉定兵戈記不眞白雲山下起黃塵叢條長養君休伐

留與他年避世人

古寺煙深大道旁午時鐘板出雲堂種松道者歸何處

已見新梢百尺長（白茅堂集）

哀蕭霽二首　顧景星

一抔無自寄空城春草何曾面上生白骨已隨寒雨盡

遺詩猶作斷腸聲

同遭喪亂君爲鹵存歿殊途淚轉滋幾度傷心無可道

一年時有哭君詩

蘄竹二首　顧景星

蘄竹能吹綵鳳鳴彌筠織簟勝桃笙秖因兵火摧殘盡

尋遍空山無一莖

斬伐頻傷嶰谷春教坊撫捻一時新只今蘆荻蕭蕭地

哭殺當年採竹人

鏡湖口二首　顧景星

短蘆高柳酒旗翻蟹舍漁莊水到門撤却石橋漁子渡

望中煙樹即桃源

射鴨山頭打槳頻鮮鱗出水白如銀鑑湖一曲無多勝

只少風流賀季眞

懷菊水（劉退菴）任常德　顧景星

水迴嶂合鷓鴣啼秀句聞君處處題我對青山但西望

一水夢痳武陵溪

桃花村 蓮市湖舊有石刻桃花村裏有人家　顧景星

桃花村裏有人家壚酒當壚更賣茶兵後絕無遊舫到
更誰開地種桃花

桂花亭 治東一里隹泉奇石老桂叢陰　顧景星

六月寒泉好浸瓜但除冰雪有芹芽一從桂樹爲薪後
泉隙芹芽浴水蛇

宏慧寺 二首 一名清溪寺大同巡檢司署前面山有石如人立　徐惺

茅菴結在萬山顚只見雲遮不見山寄語山雲遮護好
莫教雞犬識人間

呼爾爲人若未休風霜剝落不知愁不如祇作峯頭石
萬古青蒼在上頭 子星集

浮玉亭　劉養微 梅川人

孤亭穩着石如拳兩岸波光秋可憐回首庾公樓上月
茫茫占斷玉壺天 康谷子集

迎山 俗名銀山　金德嘉

牛肵馬口水潺湲稼圃人家竹樹灣最喜時清無鎖使
大書此地是銀山 居業齋詩鈔

過顧赤方徵君草亭　李永昇

主人不見亭猶在亭上依稀似舊時杜宇數聲聽不得
落花滿地草離離 若皐村集

自大泉寺看桂花歸憩匡廎方丈　李永昇

醉裏逃禪客又來看花帶得暗香回須知香在無花處
傳語山僧着意猜

渴口觀漲　陳道兼 庶行 州人

揭來野水輒平河此日綠溪失釣坡欲駕扁舟尋舊侶

重重對酒聽漁歌 河干集

浮玉亭 予外王父吳公亮嗣題時官兵科給事中　李生桀

何年鞭石過東海萬里飛來江際浮不道題亭吳給事
錯疑玉影漲中流 兩峯集

文明橋　姚紹祁 心傳 州人

風靜橋平浪不驚一湖清水漾文明夕陽斜挂橋頭柳
兩岸漁竿盡入城

訪臥雲山道人不遇　張樞 州人

閒行動是水雲家水競雲遲意自賒前日共君松樹底

道書一卷把秋霞 矩軒集

麟山晚眺　張錫爵 賜侯州人

江南水曲萬山橫一片斜陽照眼明最好尋春楊柳岸雙柑斗酒聽流鶯

元妙觀夜坐　丹　九 道人

學道年來强自持蒲團兀坐夜深時爐香欲燼問童子月上花梢第幾枝 崑巖集

遊長流寺　王思孟 近聖州人

野雲深護法王關溪水長流雪一灣笑問老僧尋勝蹟

幾株枯樹老荒山

蓮花池弔二烈女　高　鴻 賓南川人

女郎甘與水爲家野碧沈沈玉未瑕湖裏一墩今宛在香魂只合傍蓮花

讀書鎮國寺　張學壇 莫高州人

光分佛火手殘篇戶白鷩看達曉天茶竈未炊僧起早一聲清磬破林煙

示嗣媳董氏　范倩仙 貞女

蘭閨獨坐轉淒涼一縷紅絲恨未忘今日冰心仍是昔到頭終入女兒行 耐寒詩草

遊雨湖 四首　程大中

短橈輕漾七箱船楓葉寒江遠接連九十九盤山盡好幽棲枉自付王宣 王宣湖間村名

次第漁船不肯歸輕橈故傍水禽飛可憐一派煙光落曾照將軍醉打圍 相傳明韓將軍習水圍於此

十月寒林尙着花塵飛不到野人家停舟借問南溪水劇好分煮五祖茶

寒煙祓水日初低尊酒相將過別溪怪底山僧知客姓

故人家在壽林西 甲乙存稿 壽林寺名

蘄州曉起　程大中

曉起江城獨酌時麒麟山下雨絲絲春風一夜苔初綠已有遊人折柳枝

三十六水弔林徵君　程大中

松坡居士老還山大隱終年不出關三十六灣秋水碧飄零詩句落人間

頌　旌節吳孺人 陳正英妻　鄒一桂

一片冰心百鍊鋼秋風夜雨鎮幽光艱辛立就當年志

麟鳳山高江水長

題陳卦峯漁樵圖　施朝幹 鐵如

拔劍曾歌行路難毎天吹角望長安從今莫話孤城事
只作漁樵一劍看

題陳卦峯歸隱圖示其哲嗣弁山　胡齊崙 學山 州牧

蘄春四載憩棠陰倘憶宣和處士林三十六灣秋水碧
詩情好共白崖深

雨湖口號　喻文鏊

蘄州城南有雨湖欲雨未雨烟模糊從來不與晴湖比
杭諺晴湖不如雨湖雨湖不如月湖半日勾畱值得無 紅蕉山館詩鈔

梳粧樓 蘄陽雜咏二首　顧澍 伴槳 州牧

左鑴忠孝右賢良自石粼粼尚有坊野鳥不知花落盡
畫眉聲裏勸梳粧 金粟影菴詩鈔

硃砂井　顧澍

轆轤金井晚啼鴉燕麥春來尚作花帝子當年抱仙骨
臙脂不採採丹砂

登鳳凰山　陳詩

鳳凰山半一茅亭對面鴿雛作畫屛左有南湖右江水
不須更覓舊圖經 大樗山人存稿

登石十山　陳瑗

我遊茲山山已秋秋風吹上遊人頭手把芙蓉一長嘯
驚起松際猿啾啾 念念山房詩草

蘄州志卷二十五

知蘄州事夏津潘克溥纂修

雜志

祥異

君子道其常祥異不常有也顧天變動於上人事修於下惟所以應之者何如耳

國朝仁聖相承屢召休嘉祥固不勝紀災眚偶乘有德政以彌縫之雖失常而不爲變其岀見於蘄者例得直書志祥異

唐

文宗太和八年蘄州湖水溢 通志

宋

太祖建隆三年七月蘄州大雨水壞民廬舍 宋史五行志

淳化元年庚寅八月蘄州水 宋史太宗紀

太宗至道元年丙申四月蘄州甘露降 宋史五行志

仁宗天聖三年巳丑六月丁卯蘄州榷貨務火 宋史五行志

徽宗政和五年乙未八月甲子蘄州獻芝草一萬一千六百枝内一枝紫色九 文獻通考

高宗紹興元年蘄州旱 宋史五行志

孝宗乾道三年丁亥六月蘄州水壞田稼漂人畜 宋史五行志

淳熙七年蘄州大旱 舊志

光宗紹熙元年庚戌蘄州旱 通志

二年蘄州饑 通志

理宗寶慶二年丙戌三月蘄州火 宋史五行志

端平三年丙申三月蘄州大雨水漂民居 宋史五行志

順帝元統二年三月蘄州黄州旱 舊志

元

世祖至元二年蘄黄旱 舊志

成宗大德五年辛丑冬蘄州之蘄春廣濟蘄水旱 通志

延祐七年庚申蘄黄二郡旱 府志

英宗至治元年辛酉正月蘄州蘄水饑 元史英宗紀

泰定帝泰定四年丁卯二月蘄州屬縣饑 元史五行志

文宗至順元年庚午蘄黄等路饑 通志

順帝至元元年乙亥十二月蘄黄地震 通志

二年蘄黄二州旱 通志

九年夏秋蘄州大水傷稼 府志

至正十二年壬辰秋九月蘄黄大旱人相食 通志

十三年癸巳三月月食太白是時徐眞一倪蠻子陳友諒等始倡亂漢沔蘄春間 舊志

是年蘄黄大旱疫 府志

明

太祖吳二年秋七月癸亥太白歲星合於翼 舊志

孝宗八年乙卯十一月蘄州大雪甚寒樹木凍死鳥飛墮地 舊志

武宗正德三年戊辰蘄州大旱六七月湖水盡涸可馳驅 舊志

世宗嘉靖六年丁亥蘄州大水漂流人畜 舊志

十八年已亥蘄州大水低田盡沒市巷行船 通志

神宗萬歷二十八年庚子七月蘄州大風壞屋舍 通志

三十二年甲辰春蘄州大泉山東南裂百餘丈濶二丈崇正初始漸合 府志

三十四年丙午蘄州荆王府火宮室盡燬 通志

三十六年戊申五月大水蘄州城堞可登舟城内巷道水有深丈餘者 舊志

四十一年癸丑蘄州火燬荆府宮室 通志

四十七年已未冬蘄州大雪深五六尺 通志

熹宗天啟元年辛酉正月蘄州大雪大冰屋瓦地上冰厚尺許 舊志

六年丙寅蘄州旱 通志

七年丁卯蘄州田鼠害稼 通志

崇禎二年已巳春三月蘄州地一日五震有聲如雷自東北來屋瓦摇墜 通志

九年丙子春流賊犯蘄州四鄉殺戮無算秋饑冬賊又犯境自是歲多災寇民無寧宇 舊志

夏蘄州雷暝大風提大樹數百株根皆向天小者無算 舊志

九年冬十年春蘄州常風霾沙飛揚如北地 舊志

十年丁丑七月一日夜蘄州大風雨自西北來死雀飛投南城壕死　蘄州竹遍生花 舊志

十二年已卯蘄州夜有五色虹下屬地數刻許天變晦如蒙霧累日不解 舊志

十三年庚辰三月丙申蘄州城隍廟古鐘自鳴 明史五行志

蘄州州署所藏火炮未置藥一日自發棟瓦轟塌 通志

五月蘄州武昌漢陽九江皆雨土於時黃霧四塞百步內不見物氣溫臭焦撲人口鼻着物皆黃塵旬日始霽 舊志

六月蘄州虎入城傷人 通志

冬十月蘄州晝瞑路人失措雞犬驚猎五刻始復 通志

十四年辛巳天下大旱疫蘄黃等處飛蝗蔽天米斗銀四錢民死過半 舊志

十四年十五年夏秋蘄州多蠅飛集孔道團結行轉是年大疫殍屍載道 舊志

十六年癸未正月二十五日夜蘄棠霧黑氣四塞漏一鼓大雪明日張獻逆陷蘄 舊志

五月蘄黃九江武昌漢陽每日將西即見青氣二撐日脚廣各二丈長至地七月始散 舊志

夏秋間蘄州嘗有黃氣非雲非霧高數丈遠望則有即之則無 舊志

十六年十七年蘄州城內多虎穴自麒山攫人時蘄陷後判棘滿衢巷官民惟取一二道行 舊志

崇正末蘄黃雞翼生距訛傳食之殺人 舊志

崇正中末蘄州桃李梅杏之屬常秋冬華衆不爲怪 舊志

國朝

順治九年壬辰蘄州旱 舊志

康熙二年癸卯正月二十九日天黑如夜至晚復明 舊志

七月永福鄉有虎一日傷四十餘人至濁口與牛鬬爲鄉民所殺 舊志

秋大水 舊志

康熙二十九年庚午蘄州旱饑 通志

三十二年癸酉蘄州旱 通志

三十三年甲戌蘄州旱 通志

六十年辛丑蘄州虎入城 碧屏集

雍正年間崇居鄉楊家寨土忽裂一口深入無際觀者引繩數十丈綴石投之無際但覺清泉隱隱後數年後復合至今裂痕尚存 舊志

雍正三年乙巳蘄州大熟 舊志

四年丙午蘄州大水江水泛溢田畝淹沒 通志

乾隆十二年丁卯又三月大風東關城樓毀石器俱移置他所屋瓦紛飛如燕古木拔折無算 舊志

十八年癸酉蘄州水漂民居 通志

十九年甲戌蘄州大熟 舊志

二十年乙亥蘄州大風壞民居三百餘間壓死十餘人 通志

乾隆二十九年甲申蘄州衛水 採册檔

三十二年丁亥水溢南田

三十四年己丑大水城內可泊舟

四十七年壬寅四月望後暮夜大風屋瓦紛飛無算

五十年乙巳大旱秋冬道殣相望

五十一年丙午麥有秋

五十三年戊申大水市巷行船廬舍田屯俱被漂没

嘉慶七年壬戌旱

十三年戊辰旱穀米騰貴

十七年辛未四月蘄州地震

十九年癸酉蘄州大水

二十五年庚辰大旱自四月不雨至明年首夏始遍田可耕插人心稍安

道光元年辛巳歲大稔

蘄州永福二圖民張氏田內麥秀兩岐呈獻 州主顧准詳 府道憲以紀休徵

二年壬午六月大風拔木壞民居無數七月間夜有五色虹見西北角

四年甲申六月間大旱荒斗米錢五百流民四起九月間雨雪

五年乙酉麥大稔

七年丁亥五月霖雨山水大發漂没田廬人畜無算

十一年辛卯大水城內市巷水深數尺漂没田廬無算

十二年壬辰饑大疫

十三年癸巳大水

十五年乙未大旱蝗

十六年丙申大有年

二十一年辛丑大水饑十一月大雪平地深數尺四十餘日未消人畜樹木多凍死

二十二年壬寅春大饑民取草根樹皮以食夏秋大疫

二十三年癸卯春二月天上有白氣一道斜指西方經
月始散
二十四年甲辰有年秋水
二十五年乙巳有年
二十七年丁未大水
二十八年戊申大水十二月布穀鳴
二十九年己酉大水雉堞過舟僅存麟鳳二山及熊化
嶺一帶青崇大三鄉數起蛟漂流人畜無算
三十年庚戌大水民取野菜以食麥有收

咸豐元年辛亥大水青山陳氏家下紅雨
二年壬子歲稔秋多疫

兵事

兵革之事無代無之蘄自漢迄元雖代有蹂躪而罔
禍之烈獻逆爲最嗚乎不覩前代搶攘之秋而欲和
食德者安知
帝力之高厚哉志兵事

東漢

建安二年袁術僭號曹操征之術走渡淮留其將張勳
橋蕤於蘄陽以扞之 舊通志
建安十三年曹操破荆州下江陵先主窘甚乃使諸葛
孔明求援於吳孫權遣周瑜黃蓋迎戰大破曹兵於
赤壁旋師賞軍於蘄之江中名其地曰散花管即今
散花洲也 舊志

季漢

建興元年 魏黃初四年吳黃武二年 六月吳賀齊襲蘄春虜太守晉
宗以歸 通鑑
初晉宗爲戲口 志作蘄口誤 將以衆叛如魏還爲蘄春太
守圖襲安樂取其保質孫權以爲耻六月盛夏出其
不意詔賀齊督糜芳鮮於丹等襲蘄春遂生虜宗 三國志賀齊傳

陳

大建五年五月陳齊昌太守黃詠克齊昌外城 陳書宣帝紀
七月齊遣尚書左丞陸騫將兵二萬援齊昌過西陽太守
汝南周炅炅留羸弱設疑兵以當之身師精銳由間
道邀其後大破之 通鑑

隋

開皇九年正月蘄州總管王世積以舟師出九江破陳將紀瑱於蘄口 通鑑

王世積閩熙新固字古固人世積於是移書告諭遣千金公權始璋晷取新蔡據其城世積繼至陳齊昌太守黄正始等詣世積降 隋書王世積傳

唐

建中四年三月曹王皋敗李希烈兵拔黄蘄州 通鑑綱目

時希烈兵栅蔡山險不可攻皋聲言攻取蘄州引舟師泝江而上希烈將引兵循江臨戰皋乃復放舟順

流而下急攻蔡山拔之希烈兵還救之不及而敗皋遂拔蘄州表伊慎爲蘄州刺史 通鑑

興元元年正月希烈以其將杜少誠使將步騎萬餘人南寇蘄黄欲斷江路 通鑑

包佶轉東南財糧次蘄州賊兵萬人遏江道不得西伊慎選士七千擊戰賊亂斬别將許少華漕無留艱 唐書伊慎傳

乾符三年十二月王仙芝攻蘄州 通鑑

蘄州刺史裴偓王鐸知舉時所擢進士王鐐從賊中爲仙芝以書說偓偓與仙芝約斂兵不戰許爲之奏官鐐亦說仙芝許以如約偓乃開城延仙芝及黄巢輩三十餘人入城置酒大陳貨賄以贈之表陳其狀諸宰相多言先帝不赦龐勛朞年卒誅之今仙芝小非龐勛之比赦罪除官益長姦宄王鐸固請許之乃以仙芝爲左神策軍押牙兼監察御史遣中使以告即蘄州授之仙芝得之甚喜鐐偓皆賀未退黄巢以官不及已大怒曰始者共立大誓横行天下今獨取官赴左軍使此五千餘衆安所歸乎因毆仙芝傷其

首其衆諠譟不已仙芝畏衆怒遂不受命大掠蘄州城中之人半驅半殺焚其廬舍偓奔鄂州勅使奔襄州鐐爲賊所拘賊分其軍三千餘人從仙芝及尚長君二千餘人從巢各分道而去 通鑑

四年十月黄巢寇掠蘄春招討使曾元裕擊破之斬首四千級巢遁去 同上

光啟三年十二月上蔡賊帥馮敬章陷蘄州 唐書僖宗紀 同上

文德三年夏五月蘄州刺史馮敬章叛附於楊行密 唐書

昭宗紀

淮南將朱延壽奄至蘄州圍其城大將賈公鐸方獵不得還伏兵林中命勇士二人衣羊皮夜入延壽所掠羊羣潛入城約夜半開門舉火爲應復衣羊皮反命公鐸如期引兵至城南門中火舉力戰突圍而入延壽驚曰吾常恐其潰圍而出反潰圍而入如此城安可猝拔乃曰楊行密求軍中與公鐸有舊者持誓書金帛往說之許以昏壽州團練副使柴再用請行臨城與語爲陳利害數日公鐸及刺史馮敬章請降以敬章爲左都押牙公鐸爲右監門衛將軍 通鑑

周

顯德三年三月唐蘄州將李福殺其知州王承儁舉州來降 通鑑

七月唐將李平取蘄州唐主以平爲蘄州刺史 同上

五年三月時淮南惟廬舒蘄黄未下唐主奉表請獻江北四州於是江北悉平 同上

宋

建炎三年十一月淮賊劉忠犯蘄州韓世清逆戰破之

宋史高宗紀

初劉忠集兵於東京至是犯黄州蘄黄都巡檢使韓世清與戰破之 陳邦瞻宋史紀事本末

蘄州蘄春縣建炎初爲盜所據紹興五年收復 宋史地理志

紹興十一年二月趣岳飛會兵蘄黄 宋史高宗紀

嘉定十四年三月金人陷蘄州知州李誠之及其家人官屬皆死之 宋史寧宗紀

金人圍蘄州前後二十有五日守倅衆官晝夜親自擐甲登城督勵竭盡心力緣是日午後忽得大雨火牛被雨燒燎不著至二更風色不順彼以火礮石礮攻打民兵無容足之地金人遂以雲梯登城殺戮知州李誠之等至新寨調西門統制縣中小將江士旺等努力巷戰須臾寨內火起彼兵追殺至南門其江士旺縣中即爲彼殺時誠之通判秦鉅等遇賊於子城之十字街各以自隨之兵冒死鬭敵死傷略盡誠之度不能走奔回署內呼骨肉令速赴水自盡遂引劍自刎 節趙與袞泣蘄錄其時同誠之死者詳藝文秦鉅傳

端平三年元兵攻蘄州孟珙遣兵解其圍 宋史孟珙傳

太宗九年冬當理宗嘉熙元年口溫不花改譯布哈別攻蘄州元史
太宗紀
蘄守張可大委郡去宋史孟珙傳
德祐元年正月丁丑元兵入黃州宋史瀛國公紀
陳下蘄州併招其子巖於安東州
知蘄州管景模遣人請降於黃州
元巳延先令陳奕以書招之於是景模遂請降宋史紀事
本末
壬午元兵入蘄州宋史瀛國公紀

江州提舉呂師夔知州孫奐孫遣人請降於蘄州

元

太宗九年冬命萬戶張柔等攻蘄州元史太宗紀
至元二年八月都元帥阿珠畧地蘄黃俘獲以萬計元史
世祖紀
至正十一年八月羅田縣人徐壽輝與麻城鄒普勝等
以妖術聚衆興亂元史順帝紀
徐壽輝一名貞蘄州羅田人業販布往來蘄黃間因
燒聚衆遂與黃州麻城人鄒普勝以妖術陰謀聚衆

舉兵作亂以紅巾爲號因壽輝貌異於衆遂推以爲
主明史陳友諒傳
九月徐壽輝陷蘄水縣及黃州路元史順帝紀
按蘄水元時爲蘄州屬縣
十三年七月卜顏鐵木兒改譯布延特穆爾進兵攻蘄州擒其
僞帥鄒普泰遂克其城元史本傳

明

萬歷十六年歲大饑黃梅賊起劉少溪聚衆蘄之青山
鄉老龍洞余孟新聚衆燕子巖與黃梅劉汝國衆合

州判陳策死之白茅堂集
崇禎八年蘄黃大盜爬天王擁衆八百餘人村民擒之
明史紀事本末
十年二月經畧熊文燦總兵左良玉於蘄招安張獻逆
一丈青等賊荆籓爲之置晏邸中時良玉不主撫議
未二年賊果自穀城叛去舊志
十四年革里眼左金王五營張献逆東來走麻城以勾
之湖廣宋一鶴聞之渡江進兵屯蘄州擒賊誅焚舟
斷渡明史紀事本末

是年招安革里眼賊安插蘄之青山上鄉大爲民害後仍叛去 舊志

十六年正月左帥兵全營南下時各營兵不遵約束鹽舡糧艘及沿江居民多被焚擄非左帥志也 盧志

正月毛顯文楊文富以爭駐防相率叛去從左营後南下楊文富親至城下脅取城内家眷口出不日獻賊破城之語 同上

張獻逆陷蘄州 明史莊烈帝紀

正月二十六獻逆以二百人夜襲蘄州明日令薦紳

孝廉文學各冠帶自東門入西門出盡蘄之遂屠蘄州畱婦女毀城稍不力即被殺執守道許文岐献逆曾販杭州識文岐頗禮之文岐陰謀圖賊乃被殺 明史紀事本末

二月二十二日城外房屋尚未焚盡者居民收集防守賊復攻破三險大肆焚掠蘄民殆無噍類矣 舊志

五月三十日賊破武昌至六月初二日沿江一帶浮戶而下水爲不流 同上

六月方毛於徐四營兵奉左良玉令撥防蘄黄一帶駐蘄新洲不久掣調 同上

國朝順治元年四月

大清兵誅李自成蘄奉

旨置官安撫 舊志

五年三月九江寇水陸並進至蘄之城南叅將韓友領兵擊敗之 同上

六年二月蘄州上鄉土賊焚掠鄉郚叅將韓友領兵擊敗之盡平餘黨鄉民獲安 同上

乾隆十七年春江南霍山縣白雲巷奸僧正修及湖廣

奸民胡濟修等黨首逆馬朝柱前在羅田縣内天堂寨假立神異煽誘動衆作逆書逆示傳單札符旂令圖書軍器等項流言四起知蘄州李泌偵知其實親赴楊河等處擒其黨羽飛報合憲陸續緝獲逆匪二百餘人起兵器火藥三百餘件楚督永公江督尹公先後奏

聞欽奉

諭旨分別輕重按律治罪其首逆馬朝柱從逆熊得勝等尚未就擒奉部覆嚴飭各省懸立賞格多方查詰勘

於必獲遵照節次通緝如初 舊志

蘄州志卷二十六

知蘄州事夏津潘克溥纂修

外志

仙釋

二氏之學涉於虛無儒者每難言之然釋老竝立代衍其傳抑天地間所不能廢也善乎朱子有言曰因彼稊稗之有秋悟我黍稷之未熟故彙而書之非希心於元妙也志仙釋

隋唐

二梵西竺僧隋唐間三僧入中國一住興國東方山一住州之三角山二梵住圓峯山屢著靈異山半有泉土人祈雨輙驗

按舊志載於唐之末今以時代考之當移置第一條

費郎君者名光輝世畊大明山母劉氏餉夫元昇遇雷雨晝晦欣欣若有感遂娠三年乃生郎君四歲就塾學好從澗中洛師跡諸澗則龍也遂失所在一日歸立簷下約父母俱往如期風雷拔屋以父母去

王全昇飛昇於天長觀中

司馬氏道信佛家宗派所稱四祖也礽卓錫於州之鳳皇山繼徙破額山卽山以其法傳宏忍稱五祖後俱徙黃梅蘄有神秀者禮五祖於黃梅遂開南北之宗

令珪涿州人母夢一星墜懷而生卓錫於三角山山多虎珪至虎悉遁去因號伏虎禪師後逢旱年祈雨應宋仁宗高宗俱有賜號　祖師俗姓韓

張祖師唐貞觀時人旁有巨石先爲妖神魯原所據祖師至欲奪之約與俱浴原起祖師覆手巾於上原揭之再三不能起祖師卽石上坐原怒登山發三大石

擊之其二左右楯一幾及頂祖師掌承之遂結爲龕手巾跡猶存遂取以名葬 陳氏志稿

五代晉

羅眞不知何處人相傳飛昇於乾明磯石上踵踵若履跡然後人遂建閣於上名曰飛仙今廢又有劉六者同時人居大桴山亦飛昇去

按舊志載在第一欵以時代考之不合今移錄於此

宋

麻衣道者姓李名和生而紺髮美姿異常入終南山遇異人授一牒曰南陽之間湍水之陽神開汝鄉汝則往之可以翕神蒼茫後得樵者導其處居之十九年義熙中旱居民張爽率衆請雨麻衣苦無術是夕有丈夫十二人來謁狀貌獰猫謂第許之翌日果大雨與唐無藥禪師遺蛻俱存石鼓院中

戒和尚居五祖山東坡同山谷見清老清語坡前身爲五祖戒和尚卽此　考東坡事見春渚錄

明

郝悟通者麥麩李之徒先是荊永定王迎麥麩李於太

和山破衲入王宮王問長生訣曰修身齊家長生訣也送歸至漢上未及岸自舟中逸去後王幾以罪廢國始悟李語因徹悟通萬歷中大旱王命求雨自纍烈日中雨至坐化王以禮葬之

雪蓑和尚者託堪輿往來於蘄之崇居鄉長年不爲人卜一地謂陳氏夫婦賢爲搆一門一葬其先世後不知所終著有字字金葬書行世

考廣輿記雪蓑姓葉名希賢太祖時進士因建文之難遂隱而爲僧後入蜀

僧源潭與里中鄧茂七善一日茂七從石窟中獲一劍以示潭偶撝之飛禽望空首落潭曰此禍本也宜捐之不聽挾之以走閩正統中爲亂於沙尤古田間有司命潭招撫潭仗一劍與之飲乘茂醉起易其劍擲江中亂遂定事聞詔建宏慧寺於蘄以居之

歸宗語不虛發雖尋常談論必透宗旨萬歷間鄉官袁世振迎住宗遠葊結十齋社

靈鑑江右人兄弟凡七人俱爲劉大將軍偏裨從征六人皆卒於軍鑑獨存遂棄家爲僧天啟間募修石鼓寺

張后山不知何許人背纚上僂魁一紒常睨一妓不荅乃引手向空取新衣舉止綷縩衆大笑忽問公等可少儕乎復向空取美酒肥炙餉之後坐盜荆府物下長吏后山涕泣叩頭額盡瘇曰死矣願少與我酒酒至后山注目之叫霹靂應聲自酒中起后山并桎梏俱失所在

不知姓名翁年可八九十好緣麟山高處臥或捽之墜笑自緣起如是三捽三緣起疑其痡也一日言天地圓耳或驚問先生言矣何謂道曰耳其目目其耳鼻其口口其鼻之謂道後失所在

德心爲僧三角山白雲葊不識字惟日拜觀音一日傾淨水處生蓮花因閉關三年遂頓悟解諸經并博通文字言晴雨輒驗後之蜀所居寺后有磐石坼裂有聲欲墜僧坐裂處誦心經石即合

雲外歙縣汪氏子明末以諸生披剃爲僧先居匡山八九年人罕有知者後來州之南嶽寺示寂時預定時日手書法語數千言又著有宗鏡等書

四宏安慶人白龍潭寺僧工書法風骨稜稜得顏魯公體荆府雅重之墨跡至今有存者

國朝

臥雲道人明宗室易姓李住元妙觀工詩不存稾惟雁字百首州人士誦之

丹九道人姓易名來成陝西人由麻姑洞來住元妙觀工詩常運腕臨帖預知化期著有崑崖集

佛幢居東山寺元初居三關葊二僧先後大倡宗旨時蘄當冠難之後士大夫頗言因果多從之

界定鎮國寺僧田氏子州人臨濟門下麟瑞九世法嗣性沉靜工書法託堪輿以自晦著有語錄

宗一居氏子廣濟人明末讀書白鹿洞遇異僧披剃了悟禪宗

國初住朝西庵著有語錄傳法容海再傳悟源掌僧正教最偉福興寺僧與陳友夏參究宗旨多所了悟寂後三年啟龕如生僅一小指朽焉

山月三角寺僧性沉靜通古籍除游謁外終日焚香默坐嘗曰吾山以鎮身月以居心故名州人士咸重之

鳴庵東山寺僧結茎草亭吟咏其中州有雨湖七子吟社鳴菴與焉

慧澤三角寺僧師登寶座大衆側聆師卓拄杖一下僧曰答卽便答又卓箇甚麼師曰百雜碎

迷指三角寺僧有夙慧其胸空洞無物著有語錄法嗣多宗之

天竺住大泉寺又住菩提寺凡九坐道場說法十二會後寂於澗南著有語錄

雷門震和尚江西萬載縣方氏子年十八不就婚入廬山披剃悟宗旨後住蘄之大泉寺有語錄及雜著

紹嵩居三角寺著有語錄

祁庵三角寺僧著有語錄

靜惟慈慶二僧俱工詩有稾以上俱舊志

按舊志所載釋氏以山紀者若烏牙山之行朗清楚彥賓三角山之貞鑑法遇志謙四祖山之清皎法演端師悟通志譓仲宣曇華五祖山之山秀道初大演表自凡十八人以寺紀者四人若龍華寺之曉愚闇元寺之子琦瞿金寺之馬祖龍潭寺之理公皆外地人

以地紀者一若壽聖本州人此皆無可紀述姑附見於此以俟詳攷　謹按錢志所錄盧志以上諸人皆有紀述錢志未詳錄今仍之不復補入但三角山尚有志操龍華寺尚有高禪師又外有廣濟禪師其名亦遺漏并錄以附見之而馬祖則盧志所未見者未深考

蘿庵和尚蘇州嘉定陳氏子母娠夢天竺僧入室而生十五郎好茹齋十八祝髮爲僧自悟宗旨順治甲午自黃梅五祖寺來居蘄之存金寺著有語錄

得祖師蘿庵四世孫少不婚祝髮於州之紫金寺修煉
有悟後居存金寺將示寂預定日時手書詩一首坐
化數年啟龕如生
霜松石牛山朝東庵僧宣城童氏子年將四十祝髮苦
行工詩著有語錄
雨梵西河廣教寺僧能詩與邑侯顧伴檠州孝廉吳已
山往來相唱和
巨岳城西清源殿俗呼小廟僧孝感黃氏子工於詩出家後
常憶母詩多見母憶母之作著有夢幻吟陳愚谷為

之序以上新稿

寺觀

南北之宗皆寓於蘄其勝蹟猶有存者緇流黃冠之
所溺而處也故祠祀之外寺觀亦在所不畧抑古聖
王以神道設教之意歟志寺觀

正覺寺在州治南唐四祖道信卓錫於此通志明洪武
年僧正司明鐸重建俗稱鳳山寺亦曰四祖寺有轉
輪藏閣鐘鼓樓為殿左右翼有僧寮榜曰七葉白茅堂集
國初李廷楷等募修方丈道光己丑僧明修募貲修

東山寺即五祖寺在雨湖岸唐五祖宏忍卓錫於此見
舊志自明洪武嘉靖
國朝順治雍正乾隆凡五次修葺道光年間監生李蔭福
重修觀音堂地藏殿并於雨湖之畔建亭榭以為游
客憩息之所新稿

二郎廟祀秦李冰第二子蘄州衛官軍戍平溪代清浪
征諸蠻數過灌口甚獲神佑故特祀之州境廟有四
州城二漕河二舊志
按考東京夢華錄六月二十四日二郎生日漕河每

年六月二十六日賽神出會炫耀異常鼓樂喧闐又
為嬰兒高臺故事遠近皆來觀劇所費不可貲計乾
隆年間知州錢檢亭禁其事今仍復如故志畧

雲臺仙院在州治內三眼井前

鐵佛寺在北門內佛像皆鐵三鐵鎮蘄陽此其一也明
洪武元年比邱永明剏嘉靖十九年荆府重修

元妙觀祀老子舊在麒麟山宋祥符間道士李可道剏
明洪武間道士王德榮遷建於東門外天順四年荆
靖王重修正德嘉靖荆府復修宋誠王儼為之記詳藝文

國朝雍正李元序妻陳氏捐田爲香火費以上舊志

東嶽廟有七一在州城東門外明洪武間黃均建永樂間陳士冠重建鄉官孫天衢及老會捐置各田國朝道光二十五年稅青葉重建一在閻家冲洪武初閻岳建一在永福鄉雲臺山壽官熊維賢維岳建嘉慶四年熊有銓等捐修道光二十二年監生熊啟第等重建一在大同鄉高砂里十三戸約所一在青山鄉興隆山吳鳳闕鳳樓等建道光年間僧募化重修舊志一在永福鄉螺螄港一在安平鄉臧東畈宏治中高

鵬建萬歷間鵬裔孫楚學捐募增修新增

寶月庵在東門外教場口

宗遠菴在東門外明萬歷間鄉官袁世振爲僧歸宗建

奎星樓在泮池左國朝江防道徐惺建知州綫鋆重修道光初年知州顧澍重新記詳藝文

如是庵在東門外明天啟間僧海瑞建

三官廟在東門外

鉢蓮菴在雨湖中明天啟間鄉官楊芬建詩詳藝文道光二十九年水圮

石鼓寺在西門外濱江羊子墩宋咸平舊志作寧中建明天順初荊府承奉阮古修天啟三年鄉官李瓊岳鎭華等重修兵燹後復就圮僧寂惠募修陳氏志稿記詳藝文

禹王閣在城西南隅乾明磯右舊志遺

乾明寺即觀音閣明永樂中比邱知安遷建正統間福慶重修嘉靖五年荊府新之詩詳藝文

龍磯寺在江心即入蜀記所紀龍眼磯江中巷耳石磯旁山上有龍祠者是也詩序詳藝文龍王號詳鬼神

四官殿在北門外

法勝寺在蓮花池北岸明洪武僧法崇刱建天順二年荊靖王表請爲祝聖道場得賜今額嘉靖十七年重修詩詳藝文

五顯廟在第一關詳鬼神內

八蜡廟在第一關舊志遺詳鬼神內

昭化寺在城北明荊府建成化八年僧智明重修詩詳藝文

萬壽宫在羊子墩江之涯順治十五年豫章客建生員盧灝施基道光二十九年水圮

百神廟在小西門外乾隆十二年僧廣照重修道光二

十九年水圮

白馬將軍廟在西門城內 舊志 因舊宇太狹道光二十八年監生李蔭禰捐基拓建 新稿 白馬將軍姓胡名成宋進士爲崇居胡海始祖國初土寇爲亂將軍保護之功甚多策山亦有廟祀 志畧

魯王廟在小西門內

高山廟在北門外

三閣庵在南門外今廢

祇園庵在泮池左今廢

慈雲庵在迎山鄉官饒京建盧絃修

大同青山俱有此庵

武當行宮在州治右判府建今廢

三閭祠其址舊有五一在遞運所一在鴻宿洲一在羊子壕一在桂口一在王廠今俱廢

祈嗣宮在四祖寺左判府建以上舊志

三聖宮在州治前向專祀武聖道光十一年因武當宮火星廟祇園庵俱毀移三廟神像供奉於此遂改武聖宮爲三聖宮 新稿

極樂庵在迎山

三元宮在都司署前 舊志遺

慧照庵在鳳凰山下

七聖廟在城守署右

霞蔚庵在南門內

宛中庵一名城隍墩在一關外

天王廟在熊化嶺附近有準提閣第一社

火星廟在南門內今廢附見前三聖宮內

芭茅山廟祀總管星吉 詳鬼神內 在鳳山門

龍峯寺在州北桂口

大泉庵在州東大泉山鄉官李本衍建

華頂庵在州東大泉山陳士矜建 俱舊志

馬王廟今改名太平寺在都司署左道光二十八年營兵重建 新稿

以上城廟

仙塔寺在潟口

威靈都廟在潟口下市 新增

慈雲閣在潟口下 舊志

靖明寺在靖明山今呼太平砦唐建明宏治中重建見鐘文白茅堂集詩詳藝文

按靖明寺一名積善寺鐘皆銅鑄成聲音洪亮可遠遠數十里寺內重器也

廣教寺在白雲山下明洪武間僧守住修正統間僧明鐸重建舊志順治初天章禪師重建白茅堂集

菩提寺在州治東三十里菩提壩明正統六年僧智英重修通志詩詳藝文

開通寺在州治東北六十里高山舖左紫玉山仝上詩詳藝文

萬善禪林在州治東三十里黃土埠黃氏香火

前定庵在州治東三十里曹英戶香火

下河廟在州治東二十五里明庠生張文幟及弟貢生文同建捐有香火田以上新增

南泉寺在州東十里舊志

麻背廟在安二關沙河

新林寺在治東四十五里

萬應庵在展旗砦

古泉庵在治東七十五里嘉靖間僧先枝重修

顯應廟在治東七十里康熙癸巳間建廟前古栢二株甚若秀

城隍廟在羅州城內

楊泗廟在漕河下市乾隆間泗陽人募建 楊泗水神舟人所祀出處未詳

三官殿即翠雲庵在渴口中市陳國棟捐建衆姓共置香火田

萬壽庵在治北四十里

朝陽庵在治北四十里

楊公潭廟在治北二十里

代明宮在治北五十里

萬善庵在大旺山麓

地藏寺在治東十里黃氏香火以上新增

沙徑寺在治北十五里明景泰間僧明珍修

靈泉寺在治東八十里明景泰僧智寶修

福勝庵在治東四十里盧時俊施基并香火田國初僧圓理圓明募建詩詳藝文

崇泉寺在三渡橋王氏香火

廣福寺在安平鄉
雲蔭雲覆二庵在治東二十里黃氏香火
華嚴庵在治東大徑橋一名顧家庵顧氏香火以上舊志
以上安平鄉
圓峯寺在圓峯山西蜀僧二梵卓錫於此旁有亭土八
王氏所建卽祖師眞身所藏處志畧
長流寺在治西四十五里
漁田寺在永福西湖尾有賈島詩刻今佚
金山寺在馬驊山久廢

龍窩寺在高家衝有龍窩井
靈虬寺在治北七十里明正統間僧福興重修
顧黃公有山僧說靈茶詩自註云產寶掌道場相傳
仙媼指出志畧
鎮國寺在策山生員張錫爵建
城山寺在城山巔
永福寺在治西雲峯山明洪武間建
茶庵在彭思橋
歷化寺在歷化坳
策山寺在西瓜尖
衍慶庵在玉屏山生員張錫爵妻楊氏建
三祈庵朝陽觀龍井庵俱在永福以上舊志
福勝寺在五藥山之側有井歲旱不涸
斗姥宮在彭思橋下
青龍庵在永福二圖去廟里許卽畱月井
靈官廟上晏公廟下晏公廟濟渡庵俱在散花洲
宏化寺在治西北五十里宋建張氏香火
茅山大王廟在治西北六十里唐時建

國朝道光間募修
太子廟在張雷冲頂以上新編
以上永福鄉
科亭寺在青山何萬章口相傳唐時建里因以寺得名
里中二十戶公所也寺側有首烏成人形數百年物
也陳虞部有句云古木巢泉聯夜雨寺名鐘敹絕前
朝編戶錄
松山寺在治北一百二十里松山衝頂碧雲峯明永樂
間龍虎禪師卓錫於此旁有古松一株蒼古如畫

二洞龍王廟在三角山宋慶歷間祈雨有應封侯紹興間進封王

龍門資教寺在三角山後梁僧慈應剏宋仁宗賜額龍門高宗加贈資教元至正間比邱德明有碑記明洪武元年僧正果重修

按唐伏虎禪師卓錫於此見仙釋志因祈雨輒應宋仁宗高宗俱有賜號

古佛寺在州北百二十里僧智誠建涂元施有祀田

福興寺在陳家壩明判王建

達城廟在達城河祀二令相公相傳爲洞庭神

白塔寺在治北八十里

桃園庵在治北九十里李勝高勝祖建并施田課一百擔

萬壽庵在分路街蔡家冲駱恭先妻陳氏施並捐香火田

大慈庵陳華重建施有香火田

蘇木堂僧漢月建今更名威濟庵陳氏香火

大琳宮在黃城河口

高店廟在廠脚樓

仁壽庵胡以蔡建

東山庵胡學晟建

廣福庵在陳家壩上

龍崖寺僧止水建今廢

龍會寺在青山

遠塵庵僧自成建後傾圮道光間職員陳國治捐建以上舊志

關溪寺在關溪河李氏香火有齋田

天臺寺在治北八十五里

慧蓮庵在治北九十里

洞下庵在治北百二十里康熙間何元晹捐建

龍泉庵在治北八十五里

智慧庵在火燄冲駱氏香火

文昌宫在分路街監生駱炳生員武繩其募建爲里中士子結文社處旁有字藏

太平庵在治北八十里

菊蘭庵在治北八十里

陳家庵在治北八十里
契如庵在治北九十里生員駱仁止建并捐田課七十
七擔六斗孫捋慧募燈田課二十七擔
隨靜庵俗呼駱家庵駱仁止建
錫麟庵俗呼李家庵在火燄冲口
國初李氏建有香火田道光六年駱兩階捐募重修增置
田課
廣惠寺在分路街何槃八建
靈鷲寺在郝家壋胡心鑑兄弟建

文殊庵在獅子口市明時建嘉慶丁巳市人重修今改
爲　武聖宮陳愚谷有記詳藝文
大王廟一在野雞窩一在分路街祀牛馬大王最靈顯
興福庵在治北一百里俗呼麞麂坪明學官貢其志建
白衣庵在治北九十里生員駱洪建
紫雲庵在黃茅尖下王氏香火
三泉庵在三角山北左有石屹立明州人陳仲悌鐫清
風高舉四大字　又有龍洞寺在三角大嶺之下祀
三洞龍王詳鬼神內囙傾圮道光間職員陳國治募化重修

一空庵僧一空建
黃金廟在胡敬冲祀三司總管
南陽寺在青山坳土地坪廟在董家冲頂祀梓橦以上新稿
以上青山鄉
大長觀在劉公河上晉永熙間王全眞人翔明洪武間
道士蔡倉祥正德間道士盛從改建
金鷙寺在治東北百二十里通志謂嘗有金鷙出石間
其上有籠鷙石
手巾庵在張德斌冲張氏香火

旁有石洞張巾祖師眞身在焉志畧
高溪寺在高溪畈棠紹興間僧自崖建詩詳藝文
大竺寺在治北百三十里明洪武十三年僧印信修
士子庵原名賜子庵生員胡宜典等改建今名爲士子
肄業處
羅漢廟在羅漢尖下曹姓香火宇外有古松二株蓊欝
百年物附近有白雲庵談姓香火
六度庵在州北百四十里監生吳璘改建所捐賑族義
倉在內　今廢

石觀音寺在崇居
寶林寺在治北百五十里唐貞觀時建明洪武二年僧
無塵重建 以上舊志
明善寺在治北百三十五里明吳管財管珍建
鳳嶺寺在治北百四十里太平山吳友朋建
蓮花庵在治東北百里下有市集
樂如庵在青石嶺後陳時疏建捐有香火田
白雲觀在北極尖下陳仲建施有齊田
雲蓋寺在横岡山上有祖爺殿蘄廣二處共祀

隱静庵在治東北百四十里明萬歷中王氏建
雲峯庵在治東北百五十里
國初張氏建
白石庵在治東北百五十里明宣德中陳氏建附近有
瑞龍庵
總管廟在聶家壩
河東悟眞庵黄泥堂俱陳氏建
雲林宮在胡家涼亭祀張七相公即麻城所稱蓋天帝
主是也

太尉廟在治東北百六十里王裕冲 以上新稿
田太尉相傳即唐雷萬春也以雷爲田正與桯史所
載成都優伶謬稱田萬春至於祖禓舊牟遽曰有兩
頭也得以諷主司者相似然彼以爲戲言而此以爲
實事何也辨論雷田事見桯史第十卷 編戸錄
以上崇居鄉
康仙寶殿在康宗堡 一作師 今改爲康國公祠 編戸錄
康茂才從明太祖有大功封爲蘄國公今居康家冲
者皆其苗裔也 志畧

槎眞寺在康宗堡上冲土人呼槎爲遮呼眞爲禁以鐘
驗之知爲音近之訛而實則名雅正也一名秀峯寺
編戸錄
宏慧寺舊名清溪在大同巡檢司署側宋僧紹慶剏建
明初僧道眞修宏治間奉勑改建 詳仙釋志內源潭傳寺內有明中丞二石皃玉碑
元善寺在治北百八十里燕子崖下明末邑人胡士鼎
避賊於此及賊至縱火焚之鼎夢有人掣置深潭中
乃抱木而浮遂即其地建寺

紫金寺在治北百八十五里四祖寺僧如霽修

紫金寺長峪里七戶約所有鐵碑編戶錄

成眞寺一名瞿金唐貞觀間章金馬祖師建後改爲存金在治北百六十里嘉慶間僧博也重修

按舊志瞿金存金作二寺一如青山寺内龍門資教三角資教分爲二寺同一重載

溪山觀在治北百四十里宋元豐間道士桂道錄刱明洪武間道士江秋修

山有樸樹五株今合爲一蓋前代物也

天眞觀在州北百九十里元至正間道士詹道元刱明洪武間道士王嗣斌重建

觀左有太源山東嶽廟高砂里十三戶公所也編戶錄

迴龍寺在葛塲山田祿戶建施有香火田

普照庵在葉家山

盤石寺在治東北百八十里唐貞觀間僧介一建

三峯庵在治北二百里僧智誠建

朝西庵在大同僧宗一開禪於此雲隱寺亦在此

烈士廟在大同司祀田金浦以上舊志

仙人臺仙人劉五劉六修眞處山嶺有寺正德間州人郝守正讀書寺中手植二杉今無有

天池庵在治北百四十里前明朱氏建附近雲天庵亦宋氏建

桃源庵在治北百四十里

西崖寺在治北百三十里

萬壽庵有二一爲韓甲元建一爲張必相建

鎮定庵鹿苑庵南屏廟衍慶庵明時建孫氏香火

觀音庵明時建文氏香火

龍興寺康熙間建

鐵佛庵吳氏建土人得鐵彿二尊明萬歷時建故名

城隍廟在大同司署程碩卿建

普陀庵在仙人臺下

紫荆寺在治北百四十五里舒祖師修煉處

白蓮寺在將軍山下以上新稿

以上大同鄉

鬼神

古聖王以神道設教論語中庸每每言之則是鬼神

者造化之功用也楚俗尚鬼而蘄尤甚盧志謂爲蘄
一方專祀錢志因之今亦仍其目志鬼神
城隍自清泰以來歷代皆有封號 志畧
明初封京都城隍爲承天鑒國司民統神昇福大帝
各府爲鑒察司民威靈公各州爲鑒察司民靈祐侯
各縣爲鑒察司民靈祐伯 明集禮
謹按春明夢餘錄洪武二年始正稱號各府州縣城
隍之神據此則州當稱靈祐侯舊志稱威靈公不免
沿誤蘄俗先每歲六月六日謂城隍誕辰祭賽必備

今改爲八月中旬
文昌宮有六星第一曰上將第二曰次將第三曰貴相
第四曰司命第五曰司中第六曰司祿
陷河神者舊縣有張翁夫婦老而無子翁日往溪谷
採薪以自給一日於岩竇間乃傷其指血旁注滴石
穴中以木葉窒之而歸他日復至其所抽木葉視之
乃化爲一小蛇翁取於掌中戲玩移時此物似有所
戀因截竹貯而懷之至家則啖以雞肉如是甚馴擾
經時漸長一年後夜盜雞犬而食二年後盜羊豕鄰
家頗怪失其所畜翁嫗不言後縣令失一蜀馬尋其
跡入翁之居廹而訪之已吞在蛇腹矣令驚異因責
翁毒物翁伏罪欲殺之一夕雷電大震一縣并陷爲
巨湫渺瀰無際惟張翁夫婦獨存其後人蛇俱失因
改爲陷河縣曰蛇爲惡子爾後姚萇游蜀至梓橦嶺
上憩路旁有布衣來謂萇曰君宜早還秦秦人將無
主康濟者其在君乎請其氏曰吾張惡子也他日勿
相忘萇還後果稱帝於長安因命使至蜀求之弗獲
遂立廟於所見之處今張相公廟是也唐僖宗幸蜀

其神自廟出十餘里側伏迎道左白霧之中髣髴見
其形像解佩劍賜之祝令效順期賊平駕廻廣贈珍
玩人莫敢窺 王氏見聞錄
梓橦帝君者記云神姓張名亞子居梓橦七曲山仕
晉戰沒人爲立廟唐元宗僖宗宋咸平中屢封至英
顯王道家謂帝命梓橦掌文昌府事及人間祿籍故
元世加爲帝君而天下學校多有祠祀之者明景泰
中因京師舊廟闢而新之歲以二月三日生辰遣官
致祭夫梓橦顯靈於蜀廟食其地爲文昌六星與之

無涉宜勑罷免其在天下學校者俱令折毀 明史

蜀山七曲神所宅之國元命實始興會是以江湖以南神跡多著近世貴進士科士子以得失爲病自此始有司桂籍之說化書所謂九十四化變遷推移涉於不可測知 文文山集

魁星今人所奉魁星不知始自何年以奎爲文章之府故立廟祀之乃不能像奎而改奎爲魁又不能像魁而取之字形爲魁舉足而起其斗不知奎爲北方元武七宿之一魁爲北斗第一星所主不同而二字之

音亦異今以文而祀乃不於奎而於魁宜乎今之應試而獲中者皆不識字之人歟 日知錄

二郎神有方士言蜀道永康軍城外崇德祠乃祠李太守父子也太守名冰秦時人嘗守其地有龍爲孽太守捕之且鑿崖中斷分江水一派入永康鎖孽龍於離堆之下有功於蜀人至今德之祠祭甚盛江鄉人亦祠之號曰灌口二郎 獨醒雜志

蜀中灌口二郎廟是李冰因開離堆立廟今來現許多靈怪乃是他第二兒子出來初間封爲王後來徽宗好道遂改封爲眞君張魏公用兵禱於其廟夜夢神語曰我向來封爲王有血食之奉故威福得行今號爲眞君雖尊人以素食祭我無血食之奉故無威福之靈今須封我爲王當有威靈魏公遂乞復其封 朱子語類

元至順元年加封秦蜀郡李冰爲聖德廣裕英惠王其子二郎爲英烈昭惠靈顯仁祐王 元史文宗紀

國朝雍正五年封蜀郡太守李冰爲敷澤興濟通祐王其子二郎爲承績廣惠顯英王廟祀灌縣 大清會典

謹按舊志云舊稱導江縣高濟王次子秦李兆而今之所祀者又以爲赤城王考柳宗元龍城錄趙昱隋煬帝時爲蜀郡嘉州太宗犍爲潭中有老蛟爲害昱入水斬之害遂息州人德之沒後祀爲神明唐太宗時封爲大將軍廟食灌口上皇幸蜀加封赤城王據此則二郎與赤城王爲兩人故辨正之廟祀詳城廟寺觀內

五顯 五顯者水火木金土之精周於四郊祠五帝漢祠五時李唐五神降稱爲五聖始刱廟立像又稱爲五

顯然廟號止名五通宋大觀中賜廟額曰靈順宣和間封侯淳熙初封公嘉泰二年封王至理宗又改封一曰顯聰昭應孚仁廣濟王二曰顯明昭烈孚義廣祐王三曰顯正昭順孚智廣惠王四曰顯直昭佑孚信廣澤王五曰顯德昭利孚禮廣成王自宋以後祠宇徧天下或稱爲五聖或稱爲五顯或稱爲五通廟貌服色則有青黄赤白黑之分隨五方之色也 周郜修拓五顯靈順廟碑

八蜡禮經郊特牲伊耆氏始爲八蜡蜡也者索也歲十二月索萬物而合饗之也曰索饗者因先嗇而及司嗇因農而及郵表畷以致坊與水庸之爲田利貓虎之能除害者皆報焉則有關於嗇事者求索殆盡矣 禮記析疑

周將軍關聖祠中皆塑周將軍其名則不見於史傳考元魯貞漢壽亭侯廟碑已有乘赤兔兮從周倉語其來已久其靈亦最著 灤陽消夏錄

總管芭茅山總管星吉元人也今國語解譯作桑嘉依爲江西行省平章政事詔令守江州時江州已陷星吉克江州留兵守之而自據鄱陽口日久乏糧士卒咸困賊發矢射星吉昏仆凡七日遂絶 元史星吉傳

黑神唐南霽雲以保障江淮死祀爲水神舊志以爲三閭大夫子非也

按陳廣部附說云競渡之事起於弔屈原此一說也黑神則唐之南霽雲以保障江淮死祀爲水神此又一說也總管之官元世亦有之以爲星吉亦無不可但星吉之死在李黼殉節之後舊志云李黼葬之鳳凰山非也且附總管於黑神之下其爲牽合傅會不足爲據可知 志畧

舊志又載蕭公晏公黑神皆謂之江神按明統志蕭公名伯軒江西新淦人死爲神宋咸淳間邑人立廟祀之晏公清江人廟在臨江府東北三十里亦邑人所祀皆江西禦災捍患之神與蘄地無涉 仝上

順濟龍王宋熙寧中王師南征有龍伏江中有司以聞詔封王大觀中封靈順英昭安濟王蘄廟祀在龍磯 詳城廟寺觀内

三洞龍王在三角山相傳有龍潛洞中宋慶曆間祈而

有應詔封上洞靈祐侯東洞靈應侯一洞無攷紹興
中祈雨又應俱進封王
按三角山水口有東龍巖西龍巖二洞意在此
高山郡王靖明大王莫詳緣起廟祀在城北詳城廟寺觀內
三公土王者一提刑按察司何公一安撫使吳公一安
撫使張公皆有惠澤於蘄廟祀在城內
白馬神廟祀在州城大街中石碑現存相傳有大賈乘
白馬過蘄爲人刼殺遂爲神故蘄有白馬渡云
張王唐張睢陽像旁塑許遠雷萬春以從祀楊州志謂

爲張士誠父非也蘄俗於五月中旬迎其神導衛甚
盛鄉村各爲社或相値爭道以毆謂之搶張王又作
紙船揚旂旛於其上送之江謂之送瘟豈沿公死爲
厲鬼一語而誤歟
張七相公明統志宋時麻城縣人毀沿江諸廟繫獄適
有火災釋行七捍之立止至城北五腦山人馬俱化
邑人爲建廟今里俗傅會遂有藍天帝主之號不知
其何自也湖北金石存佚考
按舊志七郎神以張七事附之恐不確州有廟在祟
居
三司總管不知何許人祈禱輒應廟祀在青山
二令相公相傳爲洞庭神亦楊四張七之類廟祀在青
山
儺神古稱高陽氏第三子沒而爲儺蘄所祀非此其神
有四中一黃衣冠如帝者曰唐明皇三少年花衣帽
從曰太尉按按神記天寶時田氏兄弟三人尚游俠
醉臥天津橋明皇微行見之戲命墨粉塗其面相覷
大笑遂死見夢於帝曰臣兄弟蒙賜粉墨魂不知所

歸乞臣何職帝曰命汝爲儺神每春陽巡行花柳可
乎因令郡邑塑三人像賜號太尉自是帝屢夢挾二
人游蘄事儺七十有二家每遇春昇神遍歷其家至
則男女羅拜鉦鼓喧闐旌旆雜沓神降送以歌歌聲
烏烏畢則內神於廟廟祀向在郎家畈今廢以上舊志
田太尉亦儺神之類緣起詳祟居寺觀內新稿

摭聞

狂夫之言聖人擇焉其傳聞於父老者不必盡非也
茲於舊志軼事外畧復綴拾一二以與其犖故相

發明處刓九百雖多無取焉志摭聞
郎中李播典蘄州日有李生者稱舉子來謁會播有疾
病子弟見之覽所投詩卷咸播之詩也既退呈於播
驚曰此皆應舉時所行卷也唯易其名矣明日遣其
子邀李坐從容詰之曰奉大人咨問此卷莫非秀才
自製乎李生聞語色變曰是某平生苦心所著非謬
也子又曰此是大人文戰時卷也兼牋翰未更請秀
才勿妄言遽曰某向來誠爲誑耳二十年前實於京
輦書肆中以百錢贖得者不知是賢尊郎中佳製下

情不勝恐悚子復聞於播笑曰是無能之輩耳亦何
怪乎饑窮若是實可哀也遂沽以生餼令子延食於
書齋數日後辭他適遺之縑緡是日播方引見李生
拜謝前事畢又云某執郎中盛卷游於江淮間已二
十載矣今欲希見惠可乎所貴光揚旅寓曰此乃某
昔歲未成時所懷之者今日老爲郡牧無用處便奉
獻可矣亦無愧色旋置袖中播又曰秀才今擬何之
生曰將往江陵謁表丈盧尚書耳播曰賢表丈任何
官曰現爲荊南節度使播曰名何也對曰名弘宣播

拍手大笑曰秀才又錯也荊門盧尚書是某親表丈
生慚悸失次乃復進曰誠若郎中之言則並荊南表
丈一時曲取於是再拜而出播嘆曰世上有如此人
哉蘄州遂話爲笑柄太平廣記
愼氏毗陵慶亭之女也三史嚴灌夫因游彼結姻好載
歸蘄春經十餘秋無允嗣灌夫乃拾其過而出之合
歸二浙愼氏慨然登舟親戚臨流相送乃爲詩以語
灌夫覽詩畢悽感遂爲夫婦如初其詩曰當時心事
已相關雨散雲飛一餉間便是孤帆從此去不堪重

過望夫山雲溪友議
江淮有何亞秦彎弓三百斤常解鬥牛脫其一角又過
蘄州遇一人長六尺髯甚口呼亞秦負我過橋亞秦
知其非人因爲背覺腦冷如冰即投至交牛柱乃擊
之化爲杉人瀝血升餘酉陽雜俎
諸祐蘄州獨木人自言不茹葷者數世能使貧者富
者貧里民稍稍效之其徒十數男女猱雜互易匹耦
謂之忍辱生子不知其父行之數年積數百衆夜行
晝息取資於盜競相推唱云祐術能升虛空入水火

妄意民藏潛使致之而民初覺也先陳起僑蘄春惡
其妖昇元中起第進士授黃梅令到官之日里首畢
賀祐獨不至數日起命籍祐爲里長不服祐嫚言曰
吾取令頭殺豎子爾起聞大怒會周鄴爲巡撫使師
次黃梅起藉其兵以執祐等並其婦人幼稚皆縛沃
以豕血祐迄不能神因索其家得輿服器用皆埒王
貴郡將斬祐等曰婦人何能爲幼稚宜無預意且貰
之起曰此皆瀆亂人倫去無遺類遂並斬之起由是
知名還監察御史卒　馬氏南唐書

陳曙蜀人舉進士唐末避地淮南多遊於蘄州山中鄉
人有會集或祭神曙不待召而至醉飽乃辭去由是
人多設虛坐陳酒殽以俟之同日或至數家舍中惟
一榻素書數卷與蛇虎雜居不設聽戶雨雪滿室亦
自若人有乘其出往窺之者曙必自外來凡數十年
顏鬢不少異允宗命中書舍人高越召之不肯起後
徙居鄂渚及洪之西山不知所終　陸氏南唐書

蘄州有鬼鳥宋王禹偁自黃徙蘄聞此鳥詢其名或答
曰此名蘄州鬼禹偁大惡之未幾果卒蘇子瞻作禽
言詩曰使君向蘄州更唱蘄州鬼我不識使君寧知
使君死人生作鬼會不免使君已老知何晚今按蘄
原無此鳥或謂即梟鳥俗名扛喪聞其聲即惡爲不
祥然此鳥處處有之春夏間卯晡時多夜鳴何指爲
蘄有也　一統志

傅七郎者蘄春人其第二子傅九年二十九好狎游常
爲娼家營辦生業遂與散樂林小姐綢繆約竊負逃
林母防其女嚴緊志不能遂淳熙十六年九月因夜
宿用幔帶兩條接連共縊於室內明日母告官驗實

收葬紹熙三年春吉州蘇客逢兩人於泰州酒肆爲
主家當爐供役蘇嘗識傅問其去鄉之因笑而不答
蘇買酒飲散明日往尋之主人言傅九郎夫婦在此
相伴兩載昨晚一客來似說其宿過羞愧不食封夜
同竄去今不可復詢所在也　夷堅志

宋理宗景定二年安撫使王益避亂率民保鴻宿洲築
城於今治麟山之陽掘地得墓碣云本是千年地暫
借五百年感謝王刺史移我過西川按王益爲知州
稱安撫誤舊傳爲郭景純所留自晉迄宋末不止五

百年文傳荆藩建邸時所獲皆誤一統志

蘄春縣大同鄉人黃元功富室也佃僕張甲受田七十里外查梨山下紹熙初無疾而死體未全冷妻已治棺三日不忍斂但泣守其側忽起坐言曰我承得文引差遣黃解元可速具食命置草鞋一雙妻不敢問即辦之張不下席而飲自空鞋失所在復瞑目明日又寤一切如前及寤雙屨皆破云方始追得今次與汝相別從此長往不復甦黃解元者即元功也夷堅志

禮部林郎中言兵部許侍郎昔爲翰林學士忽夢著綠

心甚惡之未幾奪職以起居舍人知蘄州然未見著綠之應官制既行改朝散郎本階正合衣綠方悟前夢之可信也文昌新錄

蘄州境有三洞一曰龍洞在三角山下神龍居之禱雨皆應而光景變化未嘗表露二曰龜洞在廣教山下龜生其中品類不一而綠毛者尤多三曰蛇洞在蘄口鎮側即今龍峰山蓋白花所聚今不復有矣土人捕采乃出羅田山谷中施小路澀舒自信陽解印造朝舟抵蘄口詣近處龍峰寺游覩距蛇洞不遠詢於寺僧皆言徒有其名耳因信步到方丈後躡石級百層得一堂方疊足坐憩旁人驚曰一巨蛇蟠屈於下相與持梃擊逐施下榻蛇逕入山見者無不汗駭此蛇之毒甚於蝮或爲所傷即急剜去肉少緩則徧體盡生白紋方花如其形不踰時即死到闕除蘄春守蓋且將爲地主故山川之靈陰相之特令此物出異以示衆吁其危哉言之令人毛豎洪邁夷堅志

白承節樂平人淳熙初監蘄口鎮市客金生抱販米舟每出入鎮宅甚熟一日暮籌畢來縛物貨頓几上開

譚市井商事問答頗久出酒炙飲食之所坐靜僻白竊取其邵陽隔織兩匹藏篋中胡妹壻自外至適見之謂與爲戲耳客酒罷徑有所適行次日點閱不見亦但疑宅人故相惱不深介意至暮乃以爲請乞爲詢究白怒曰我固卑正是本鎮官如何擅誣作賊客翻遜謝拭淚去後子夭逝其母石氏痛之極空篋中以爲斂兩匹在焉胡妹壻來弔見之極嘆惜通志

蘄州民費翁家素頗裕生二子長曰小二次曰小三長者事親極孝逐日辛苦經營纖微收拾悉以供父母

季殊不然方七歲見父如仇未嘗見面話語至慶元元年十有九歲矣其年三月盜錢用數十千賭博叉詣市買刀宣言悖逆或報其父父遂避於捘子山寺中相去五里有道氏庵老僧宗顯忽遣侍史邀相見逆子踵至使闔人別室然後謂翁曰是皆宿世因緣當爲汝解之翁拜謝宗顯旋呼季使來座下即懽然作禮願充弟子之列顯命翁還家頃售所蓄得錢四百千顯爲辦餘直置祠部牒至九月度季爲僧立名法淨才踰月顯坐化去　通志

康茂才以元進士授南康太守歸命明太祖康郎山之戰厥爲首庸太祖既定天下論功錫爵爰封蘄國公子鐸錫爵蘄春侯靖建文之難時鐸守後宰門勒兵拒命死遂失封世宗起藩邸入纘大統念康公爲楚人功大殄祀甚憫悼勅湖撫下郡邑求康氏子孫時康姓居青山鄉聞命驚錯以爲靖難禍復作恐附族誅有司求急康氏議一椎魯之人稱爲嫡派赴京陛見上不樂止襲留京錦衣千戶及別支有流寓燕者號明元光宗爲太子時明元以黃冠奉祀太清宮香火太子亲習勤苦常諮訪民間事明元乘間陳先世失封狀太子允復其封尋一月崩遂未議及蘄庠生康再奇字鳴來蘄國嫡裔其始封券及宋濂所撰制誥萬歷間州守徐徵驗其券復其丁徭二十戶以示優恤　四照堂集

刑部尚書馮天馭張夫人無子鍾愛其女十歲時尚烏帽錦袍揖見縉紳大老於邸第大學士嚴嵩見之欲爲媚娅奉酒上壽公佯醉嚴大懟嗾給事中侯某劾尚書致仕　顧氏家傳

隆慶辛未夏秋大水蘄黃濱江之地鼢鼠徧野皆鯽魚所化蘆稼諸根齧食殆盡　正字通

萬歷己未間土人於江中之散花洲得小鍾一口擊之無聲以獻之兵憲王公迴溪亦不能識時大宗伯李公本寍過蘄王公質之李公曰此三國時周公瑾破曹兵軍中會食之鐘也共十有二以重物擊之無聲以蘆莩輕擊之其聲始發驗之果然　盧志

御史王琪字大美號荊石蘄州人官蘇松直指矜若無子以祈嗣請於先師三昧老人老人適開創黃梅四

禮寺因令創醫祖殿於正位必保得子公篤信頓發肯心乃獨力創建備極壯麗甲於楚中殿成公旋得子夕闖賊將破蘄忽一老僧趺坐公門七日公出見問何所募僧曰不募别事止化居士一門剃髮出家公曰吾忝在宦家如何一門能剃削乎老僧曰稍遲大禍立至矣言訖忽不見公憬然大悟曰此必四祖現身說法也乃聚青黑衣帳幃幔盡製爲僧帽將百頂一家老幼皆剃髮忽報城陷遁入城北隅四祖寺全家獲免說鈴

沈士望州諸生崇禎末上書召見授兵部參議輔臣厭之移送江督袁繼咸幕白茅堂集

州人王居士年四十不娶若狂易鄉人共笑罵蘄陷自危堞踊下身無所損結茅廬山清涼臺巖巘懸空下臨百仞常月餘不食客至戰慄不敢上居士遥望大笑而已無名字自言曰我仲尼之徒因號尼徒居士白茅堂集

故荆定王樂工周諒其先元樞密使名信初洪武初編入教坊孫某正統初賜荆憲王至定王時諒以技冠教坊嗣王尤愛之國亡爲道士白茅堂集 諒爲人勇力善幻以響馬株連繫刑部獄崇禎乙巳應募爲兵敗歸鄉里麻城土寇白么兒據虎頭關諒擊散王遽召還白茅堂詩注

蘄俗近文雅善歌者多習吳中雅調雖布衣之士咸能以絶技擅名如黃綺雲之善謎馮道衡之善奕雖曰小技王公大人亦樂與游至今猶述爲里中美譚也

蘄山水秀麗人文故多應之遠不可考近代王公折節樂與士大夫游往往結爲詩社宗藩中以繪事擅名

者如竹侶之草蟲定王之菊竹鑑虛之松梅季御伯誠之水墨花卉維宗之松書則如震岳仲艮龍渭諸昆季皆得飄然蕭灑之意縉紳之工書者若王之楙號天目王之鼎字定仲李新字庚伯王可象字孝儀王縉號意菴而諸生中有袁素亮字公寥鍾士艮字伯駿陳之京字覲北王瑄字大玉周至德字文仲張效鍾字期伯陳宰字屠長盧紳字元薦周宏德字叔毅袁道長字天倖其楷書行草皆擅絶一時藝林翹楚

浦心韋蘄州人爲荆藩良醫所精太素脉是時諸生中名噪人耳者唯予與蕭東曙浦一夕延予至其家曰勿飲酒夜半吾當爲子候脉既候而嘆曰吾意子少年科第將有所託今科第雖不可得而心脉起一峯將來必以文章名世吉祥壽考固不待言矣惟蕭脉七斷八截恐非令終之客及城破蕭死獨慘然後知浦術之精耳提錄

明季州人文頗盛應試常數千人額亦無定并宗學約五六十名試塲於雨湖西岸爲棚或以繩區之諸童

入庠後各持香楮至其處云辭季家犇又諸童入庠歸次日晨早各穿巾服詣藩邸朝王王御殿諸璫如數捧茶至階下飲之各分賜紙筆謝恩而出舊志

蕭霽字東曙長予一歲每與予即席賦詩皆頃刻就贈予有云欲擬逸才何所似裁雲鏤月作詩篇嘗賦巾幗行見嘲畧云顧生意氣何揚揚鼻頭吐火眼出光自言有詩二百章踵門長跪求雌黃豈知小巫神氣澀幾欲出手還沮藏鍾會隔墻擲四本不敢對面投嵇康予戲賦龍嶠行答之有云豈知仙經那可假手執靈文故彌罹顧爲橋上授書人不識爐頭畫灰者東曙蹤跡至王大叫傖何日我做不得癸未張獻逆屠蘄予家以貞節感賊免害東曙彼執詈賊賊臠之痛哉後予說向張公堯先生先生曰蕭詩輕露君辭重渾吉凶所以異也東曙有集十卷編類書名道器搢囊一千六百卷並失又嘗謂予曰一穴不兩蛟我當殺汝予笑曰君當爲貞敘我爲李謐何至相殺耶黄公詩話

崇禎十年冬寇犯黄州總兵張一龍駐蘄州馭下急傖

夫刺一龍不中軍譟十四年大饑先是地震釜底皆有篆文有鄉民四歲兒一夜變爲番僧狀又楓樹生花如蓮江上雷震一物魚身牛首青山鄉周某家水甕及滿立涸漩渦作聲城東李姓家地下有聲如牛至是大旱疫民死十之六七十五年秋尾雀數萬自投湖冬鐘鼓自鳴十六年正月城陷賊令男婦折城入石但下城與屍齊乃止顧氏家傳

樊山王次子常泶封鎮國將軍崇禎十二年獻逆破襄陽劫藩府將軍挈家人一夕遁長史追不及失所往

十六年獻逆陷蘄眉之僇荆王屍郡王皆被害刼諸妃夫人將軍免順治三年歸蘄與英山男子王六如起兵斗方砦死之 仝上

按斗方砦在蘄水縣

嗣樊山王朱某亂離後漂泊蘄東百里外隱於醫更姓樊字曰孝山荆府名妓某工畫蘭楚楚有致酒間曼聲度曲能說開元天寶故事孝山寵之遂娶焉已而孝山病殁歸蘄結草廬以居今蕪没矣詩云白頭宮女嫁王孫陋巷頹垣煙雨昏撿著爐香會此地琵琶一曲客銷魂 居業齋集

蘄州楊嫗某氏少寡鞠一孤年三十不能娶嫗懼蘄夫祀百計營聘所少僅數金嫗私許富家爲賃舂預乞其直得娶婦時嫗已往役婦入門索其姑不見不肯成禮夫語之故婦泣曰妾橐中金足相當立趣贖姑夫夜馳往猝未持金已而來索婦曰金適已付汝矣夫大詫蓋貧家壁皆編葦鄰人竊聞其語職詐爲夫取金去也婦羞見姑又無餘金贖姑不得贖遂縊死質明雷擊盜金者死戶外金故在手而孝婦復甦 施愚山集

蘄南城外三里許關帝祠神像甚有生氣城中人事之甚謹癸未賊後祠爲土人所壞神遂露處韓叅戎爲建祠於荆邸沉香樓之廢址擬移神卜之不許强移之神仍像而淺赤豐頰有拙工爲之改削其人立死神前威靈顯著如此乃順治己丑夏事也

康熙七年安平鄉蔡某家鴨卵有十七篆文歘起其西村又一方卵或煮雞卵破之中復得一卵六月十七日甲申地震雨穀釜底皆篆文不可識亦有作花卉狀 白茅堂集

州西永福鄉寒婆嶺寒婆墓在焉嶺以是得名不詳爲何代人墓前有道往來行人每採薪一束置於墓側積多則焚之以示却寒之意歷來相傳至今未改有詩云嶺頭荒草没孤墳每遇寒天怕夕曛此後且教休怯冷道旁薪火足供君 西園雜記

道光癸未三月北關外清江門俗呼大漢口外洲灘水内出火 志畧

按黃公說字晉穆帝升平四年涼州澤中火起此水

然也然者陰之極也凡大水中皆有火小水則無今小水中出火殆雨雪綿連過久陰極陽生然問之高年人從未之見 西園詩注

咸豐二年州崇居鄉張氏家雄雞生卵有六枚又有黑豕忽變爲白豕又有豕三尾 新稿

按紀曉嵐姑妄聽之載新齊諧所記雄雞卵一事非怪異也陽氣團結積久而成其形長不能圓以之治目疾甚效每枚可值十餘金人多以蛇卵混取之日中照之内有紅光則真又有可以人力爲之者將雄

雞置之籠中使羣雌旋繞不能相接則陽氣團結亦成卵然與豕變事皆罕見也故録以附撫聞